汉史其实很有趣

赵君◎编著

北京联合出版公司
Beijing United Publishing Co.,Ltd.

图书在版编目（CIP）数据

汉史其实很有趣 / 赵君编著 . — 北京 : 北京联合出版公司 , 2015.8（2021.8 重印）
ISBN 978-7-5502-5670-5

Ⅰ . ①汉… Ⅱ . ①赵… Ⅲ . ①中国历史—汉代—通俗读物 Ⅳ . ① K234.09

中国版本图书馆 CIP 数据核字（2015）第 165241 号

汉史其实很有趣

编　　著：赵　君
责任编辑：王　巍
封面设计：中英智业
责任校对：王　梓
美术编辑：宇　枫

出　　版：北京联合出版公司
地　　址：北京市西城区德外大街 83 号楼 9 层　100088
经　　销：新华书店
印　　刷：唐山楠萍印务有限公司
开　　本：720 毫米 ×1040 毫米　1/16　印张：26　字数：620 千字
版　　次：2015 年 12 月第 1 版　2021 年 8 月第 4 次印刷
书　　号：ISBN 978-7-5502-5670-5
定　　价：59.00 元

前言

人性是推动历史发展的动因，以人为本，历史才有意义。每个历史人物身上都有很多可以评说的生动的故事，这些故事组成了丰富多彩的历史。有位西方历史学家说过：“所有的历史都是思想史。”他觉得，只有穿过历史事件，进入事件背后所隐含的思想，才能了解历史。我们选取中国历史上最有影响的几个朝代，如汉朝、宋朝、明朝、清朝等进行解读，深入到历史事件内部，用现代的视野，以故事说人物，以人物说历史，以历史说人性，用全新的观点、现代的语言、诙谐的文字，将这些朝代中的人和事真实地展现在读者的面前，以期帮助读者真正地了解历史，并以史为鉴指导未来。

汉朝是中国历史上最辉煌的朝代之一。公元前206年，刘邦建立汉朝。汉朝自建立之初，就被刘邦的一曲《大风歌》激出了它狂狷的气质。虽初始无为安养，亦未能耐得住中原的寂寞，在武帝的激情当中，实现了金戈铁马、觥筹交错的旷世风流。而汉朝的雄风所鼓动起的，不只是汉代人的气度，更有后代人的狂想。

风过咸阳，吹起了秦宫白色的绫罗纱帘，卷落了秦王朝历史的最后书简，拉开了汉朝四百多年的序幕。兵刃碰撞的声音似乎犹在耳边，乱世之中必然有人陨落，然而纵使陈胜有鸿鹄之志、项羽力拔山兮，亦未能成为这乱世的胜者，落得个陨落的下场；乱世之中亦有人称王，刘邦看似幸运，实则步步为营，最终赢得了天下。

风过汉宫，吹开了长乐大殿的门扉，几近推到了长安城的宫墙——治国平天下的言论流泻而出，征西闯北的轻骑从长安城的大门踢踏而过。刘邦、刘恒、刘彻、王莽、刘秀，张良、萧何、陈平、贾谊、窦婴、曹参、董仲舒、霍光、韩信、李广、卫青、霍去病、周亚夫、李陵，司马迁、张骞、班超，这些名字似乎成了明君和能臣的代称，后世几乎无出其右。

而在汉阙深宫里，也藏了无尽的悲欢离合。吕后的深思尚未结束，已然化做宫墙上沉静的驳影；窦氏深谋远虑，依然抵不过时间的打磨；卫子夫的柔软身姿已无法舞动，武帝的目光却永远也落不到金屋角落里的娇娘。

风过塞外，卷起无边无际的落日狂沙。“犯强汉者，虽远必诛”，只此一句，即可见当时汉室的奔放气焰。“匈奴未灭，何以家为”，霍去病喊出了他永世不灭的辉煌，也道出了大汉千年的战绩神话。英雄豪杰、功臣武将横空出世，一度把马蹄声带进了亚洲的荒漠，震动了欧洲的边陲，用血汗和辛劳书写了一部瑰丽的青史。

风过简史上的丹青，沥干了过往的人事，无论喜与悲、是与非，只留下深刻的字迹让人琢磨。不过，汉风悄然止步，但凛冽的大漠狼烟似乎仍缥缈于时空中，不肯遁迹；那开疆拓土、东镇卫氏朝鲜、征伐西域、南安百越、北捣匈奴的情景犹然喧嚣。这就是不甘寂寞的汉朝历史，在千年之后，依然想要向世人展现自己的风姿。

书写一部历史，不是为了向世人展现往昔的人情世故，叫人为往者感叹踌躇，而是为了与历史的人物身影交错，携手同游，共经盛世兴衰的波澜，体味人生的豪迈与遗憾，捕捉人性中的善与恶。《汉史其实很有趣》正是这样一部书。

本书以人性解史，以趣味说史，一反传统西汉、东汉两分的写法，将整个大汉朝四百多年的历史分为“灭秦兴汉，治国之路步履维艰”“雄风卷起，打江山容易守江山难”“帝国没落，满腔柔情失江山”三个阶段，从秦朝末期的群雄并起夺天下写起，全新解读这个中国历史上最富气度的朝代。本书尽量避免枯燥乏味的叙述方式，在尊重史实的基础上，以幽默风趣却不乏智慧的语言，调侃轻松却不失庄重的语调，讲述中国两千多年前的历史，并试图进入到历史事件背后，深度挖掘历史人物内在的真实情感，用历史事件来展现人性的复杂和诡秘，透过历史的迷雾，解构历史中的人物，以人性洞察历史，还原历史的真相。

目 录

第一卷　灭秦兴汉，治国之路步履维艰

第二卷　雄风卷起，打江山容易守江山难

第三卷　帝国没落，满腔柔情失江山

第一卷

灭秦兴汉，治国之路步履维艰

第一章　风雨秦末，群雄并起夺天下

风雨大泽乡

峰峦如聚，波涛如怒，
山河表里潼关路。
望西都，意踌躇。
伤心秦汉经行处，宫阙万间都做了土。
兴，百姓苦；亡，百姓苦。

——元·张养浩《山坡羊·潼关怀古》

此曲一语中的，道破了秦国由胜转衰、民不聊生之景，真可谓国家兴也百姓苦，国家亡也百姓苦。

公元前210年，五十岁的始皇帝嬴政第五次大巡游，到会稽祭奠大禹，在返回咸阳的归途中，身染重病，七月，病死于沙丘。

始皇帝死后，皇十八子嬴胡亥在赵高和李斯的帮助下，假下诏书害死了皇长子扶苏，登上了秦国皇帝的宝座，史称秦二世。在秦二世倒行逆施、奸相赵高专权祸国的情况下，一场反抗暴秦、逐鹿天下的惨烈战争拉开了帷幕，江山之争的大戏悄然上演。

历史的视角首先投射在了大泽乡。大泽乡，是中国历史上的一个转折点。本来，此驿站不过是今安徽省宿州市南蕲县的一个小村庄，在历史上也名不见经传。然而，历史往往喜欢发生在那些不为人知的地方。

秦二世元年（公元前209年），秦王朝从泗水郡征调九百壮丁到渔阳（在今北京密云西南）做戍卒。谁知这队人马行到大泽乡时，被忽然降下的暴雨拦住去路，只能在此处停留。

在秦朝，征调壮丁有规定抵达的最后期限，如不能如期抵达，就是犯了失期之罪，有官职的要罚缴纳盔甲，贫民要处死。如今暴雨拦路，想准时抵达渔阳是不可能了，到了那里也只有死路一条——为什么千里迢迢地去送死呢？

“不如造反！”这是陈胜心里的想法。

陈胜也是这九百壮丁之一，他被两个负责押送的将尉选为屯长，另外一个屯长名为吴广。陈胜吴广两人都是泗水郡人，祖祖辈辈都是农民。

“这事能成吗？万一失败了怎么办？”大雨浇在脚边的水坑里，一个个细小的水花瞬间生灭，看得人绝望而又无力。陈胜知道，再这样下去，自己的意志会消磨干净，于是咬了咬牙，转身去找吴广了，心中琢磨，吴广应该会相信自己而且还会支持自己的做法的。

陈胜没有看错吴广，吴广也知道继续走向渔阳只是死路一条，而造反说不定真的能够杀出一条血路！就这样，陈胜、吴广的手紧紧地握在了一起，看向彼此的眼睛也露出了笑意。不过过了一会儿，吴广又有些犹豫。陈胜看出了情况，为他分析道：“天下人受暴秦统治之苦已经太久了，心怀不满想造反的人绝不仅仅是你我二人。只要咱们找个好的借口，还怕没人响应？现在的二世皇帝胡亥不是长子，不该继承皇位，当皇帝的应该是公子扶苏。扶苏因为屡屡进谏，始皇帝不爱听，把他派到塞外带兵。我听说，现在的二世皇帝已经找借口把扶苏害死了。老百姓都知道扶苏是好人，没几个人知道他已经死了。还有原来楚国的项燕，是个极受楚人爱戴的名将。当年楚国被秦国灭亡的时候，有人说他被杀了，有人说他逃掉了。我们可以利用这两个人的名气起义反秦，对外说是他们的队伍，肯定有很多人跟随我们！”

当然，这都是以后的事，眼下最重要的是，如何让这九百壮丁跟着他们一起造反。陈、吴二人找到了当地的算命先生，算命先生不是常人，一开始就知道了二人的来意，于是按照程序捣鼓了一通，煞有介事地说：“你们两位要干的事肯定都能成，不仅能成，而且还能立大功。不过，你们要做的事，是不是应该求鬼神帮忙？”

陈胜吴广恍然大悟，扔下卦金回去了。

在为众戍卒置备晚餐时，陈胜和吴广捉了不少鱼，后者偷偷在鱼腹中塞进写有“陈胜王”的布条。这个“王”字读四声，是称王的意思。“陈胜王”就是陈胜将会称王。众戍卒吃鱼时发现了布条，个个心惊胆战，不知如何是好。“难道陈胜和我们不一样，不是凡人吗？”众人暗暗地想。

接着，吴广又在夜里学起了狐狸的叫声。

“嗷嗷嗷呜……”诡异的狐鸣声惊醒了静谧的夜空！

“嗷嗷呜……大楚兴……呜……陈胜王……呜呜……”

声音阴不阴，阳不阳，人不人，鬼不鬼。戍卒们饥寒交迫，又担心“失期”被斩，正捂着咕咕直叫的肚子在草席上辗转反侧，骤然听到这鬼哭狼嚎的叫声，顿时毛骨悚然。

“陈胜王？”这声音里有“陈胜”？而在前几天他们吃鱼的时候还在鱼肚中发现了写有“陈胜王”字样的布条，莫非……？黑漆漆的夜里，大家都将目光投向陈胜，但谁都没出声，各自盘算着直到天明。

如今，所有人的注意力都集中到陈胜的身上，吴广的计策成功了！

押送这支队伍的两个将尉好酒，加上遇雨失期，眼看要破财，难免借酒浇愁。这一天，两个人喝醉了，走路都打晃。陈胜一瞧，冲吴广使了个眼色。吴广心领神会，故意在将尉面前唉声叹气，总说要逃跑。将尉一听气坏了，顿时恼羞成怒，一把摁倒吴广，抄起鞭子直接向吴广的脊背抽了过去。

吴广平时对戍卒们特别关照，不摆架子，办实事，所以他在众人心中的声望比陈胜要高，很受爱戴。看见吴广挨打，戍卒们很生气，情绪很激动，不少人围拢过来要阻止将尉打人。

一个将尉看情形不对，把剑拔出来了，一边喝骂，一边摇晃手中的剑。他酒喝多了，剑拿得不稳。趴在地上挨打的吴广瞅了个空子，突然挺身而起，伸手把剑夺过来，顺势向前刺去，只听“噗”的一声，一剑把还在发呆的将尉刺中了。

将尉惨叫一声倒在地上，眼看活不成了。另外那名将尉大惊失色，吓得酒也醒了，拔剑去杀吴广。此时陈胜顺手抄起根劈柴，跟吴广眨眼的工夫就把第二名将尉杀了。两名将尉殷红的血流了一地，血腥味迅速弥漫。戍卒们的心情阴晴不定，精神亢奋，个个咬牙瞪眼。

陈胜稳了稳心神，把所有戍卒都召集在一起，提着滴血的剑高声说："你们现在都是犯了失期之罪的现行犯，都是要掉脑袋的。就算不砍头，到了渔阳，修长城、跟匈奴人打仗，十之六七还是得把命丢在那。反正没活路了，咱们何不起来造反，轰轰烈烈地死呢？何况造反还不一定死，王侯将相也不是生下来就是富贵的！"众人一看，日期也误了，官兵也被杀了，反吧！

于是，陈胜自立为将军，吴广任都尉，打出大楚旗号，起义反秦，迅速攻占了大泽乡、蕲县、铚县、酂县、苦县、柘县、谯县，继而占领陈县（今河南淮阳）。在陈县，陈胜自立为王，定国号为"张楚"。

秦朝大一统之后，第一个举起反秦大旗的势力就此宣告诞生。

志做鸿鹄，却无鸿鹄的气度

近代史学界对陈胜其人评价颇高，作为中国第一个大一统封建王朝统治下第一场农民起义的领导者，陈胜被刻画成为正义的化身和反抗暴秦的急先锋。《史记·陈涉世家》也被有节选地放进语文课本中。因此，许多人对陈胜曾经的豪言壮语知之甚详。

且说陈胜当年跟其他人一起给人种地。有一天，大家正在干活，陈胜突然扔下锄头，闷闷不乐。好一会儿，他突然对着大家说："我以后要是得了富贵，一定忘不了你们！"大伙一听，都乐了："别开玩笑了，你一个给人种地的哪来的富贵？"陈胜说了一句："嗟乎，燕雀安知鸿鹄之志哉！"你们这帮小家雀儿怎么知道我这天鹅的志向啊！

一样的历史，分用什么眼光去看。有人觉得"燕雀安知鸿鹄之志哉"这句话，充分证明陈胜是有大志之人，志存高远。他觉得自己就不该是土里刨食的泥腿子，该是只翱翔天际的白天鹅，肯定要大富大贵；其他种地的同伴都是小麻雀。因此，陈胜大发感慨的重点在"苟富贵"而不在"勿相忘"，是对自己的催眠。

相比于安于现状、没想过翻身的同乡们，陈胜确实跟他们不一样，不是燕雀，可也绝非性情温和的天鹅。

大泽乡起义的时候，陈胜还打着吊民伐罪的旗号，要跟大家共享富贵。可是一旦势力大了，陈胜的头脑就被欲望冲昏，人就变了。

陈胜带着大军刚打下陈县的时候，有善于奉承拍马的当地乡绅鼓动陈胜，说："将军身被坚执锐，率士卒以诛暴秦，复立楚社稷，存亡继绝，功德宜为王。且夫监临天下诸将，不为王不可，愿将军立为楚王也。"这句话的意思就是吹捧陈胜功高盖世，让他自立为王。陈胜听了很高兴，但是没直接答应，装模作样地问他在陈县新收的张耳和陈馀。张耳、陈馀是陈郡有名的人才，比陈胜看得远。当时两人坚决反对陈胜称王。因为陈胜起兵时打的旗号是为天下诛暴秦。秦朝现在还没灭亡呢，大军刚打下一个容身之地，陈胜就要称王，这就等于告诉天下人：我说解救饱受暴秦之苦的天下人，那是骗人的，我实际是为了我自己。这等于出尔反尔，肯定会造成己方阵营分崩离析的后果。陈胜不称王，派人重新立齐、楚、燕、赵、韩、魏六国后裔为王，就会赢得天下人的好感，增加自己的朋友。集合众人之力，推翻暴秦就易如反掌。到那时候，陈胜再据咸阳以令诸侯，诸侯感恩戴德，自然也会拥护陈胜。陈胜的帝业也就指日可成了。

二人分析得很在理，可是陈胜没有听。他想：我打的天下，我干吗要立别人为王？我先当两天过过瘾再说吧。于是，陈胜便自立为楚王。

陈胜称王的消息传开之后，不少亲戚朋友都来投奔。陈胜进入角色速度非常快，这一称王，就不拿正眼看别人了。陈胜的岳父和大舅哥当时来投奔陈胜，想跟着享两天福。没想到，陈胜根本没把他们当亲戚对待，以对待普通宾客之礼待之。陈胜的岳父脾气也挺倔，抬起脚就走，临走扔下一句话："怙强而傲长者，不能久焉。"老头儿说陈胜自觉了不起，对待长辈不恭敬，他这个楚王长不了。

对自己亲戚都怠慢，对外人更不用说了。

有个当初一起给人种地的老乡听说陈胜称王了，想起陈胜当年说过"苟富贵，勿相忘"的话，兴冲冲赶来投奔。好不容易见到陈胜的面，说上了话。陈胜想起自己当时的誓言，总不能自己打自己的脸，就把老乡带回王宫，好吃好喝好招待。这位老乡进了宫一看，羡慕不已，忍不住说道："陈胜，你当了大王之后好阔气！"他也真没拿自己当外人，天天在王宫里进进出出，吃饱喝足了就喜欢跟人拉家常，有时候就讲点陈胜的旧闻。

想当年，陈胜给人种地，日子过得挺窘迫，发生过许多尴尬事，都被老乡说了出去。有看着陈胜老乡眼红的，就向陈胜打了小报告。陈胜很生气：我现在是楚王，你不经我允许就在背后谈论我，这不是不把我放在眼里吗？

许多开明的皇帝不跟百姓一般见识，但陈胜很显然欠缺这种心胸。这位老乡说话不知道注意，申饬一番，命人轰出去也就是了，但陈胜却直接让人把老乡拉出去砍了。"苟富贵，勿相忘"誓言犹然在耳，陈胜翻脸比翻书还快。其他亲戚朋友的心都凉了，怕不知道什么时候轮到自己被杀，纷纷告辞。这件事造成的后果就是，从此以后"无亲陈王者"。

陈胜手下有个忠心耿耿的大将，叫葛婴。陈胜攻占了蕲县的时候，单派葛婴带一支人马南征九江郡（郡治在今安徽寿县），可见葛婴是有能力的。葛婴到了九江郡，遇到了楚王后裔襄彊。当时陈胜打着楚国的旗号起义，葛婴觉得如果立一个楚国的后裔为王，有利于楚军的发展，有利于团结力量。当时正是战时，来不及汇报，葛婴猜陈胜也应该是这么想的，就自己做主立襄彊为楚王。

没几天，陈胜称楚王的消息传过来了，葛婴知道事情不好办了。天无二日，国无二主，不可能两王并立。他立即杀死襄彊，面见陈胜请罪。葛婴私立襄彊全是一片好心，事后为了陈胜也积极补救，可陈胜倒没客气，把脸一沉，不容分说就让人把葛婴拖出去杀了。

张楚政权建立后，吴广奉命攻打秦国重镇荥阳，久攻不下，陈胜又派周文率军绕过荥阳进攻咸阳。周文军打到距咸阳仅有百里的戏（今陕西临潼东北，戏水西岸）。秦朝连忙命少府（官名，为九卿之一）章邯率领由骊山刑徒组成军队迎击。结果，周文军一触即溃，周文绝望之下自刎。这一来，围攻荥阳的吴广军就暴露在章邯军的刀锋之下。

吴广手下的田臧打算分兵迎敌，他认为吴广骄傲，不懂兵法，不会采纳自己的迎敌计划，于是缴王令把吴广杀死，提着吴广的头向陈胜请罪。吴广对陈胜有拥立之大功，现在身首异处，凶手就在眼前，陈胜非但没降罪，还赐给田臧楚国令尹（官名，是楚国在春秋战国时代的最高官衔，是掌握政治事务，发号施令的最高官）之印，拜为上将。眼高手低的田臧率领精兵在荥阳以西的敖仓（秦朝重要粮仓，在今河南荥阳东北敖山）迎战秦军，在战场上被秦军射杀，张楚军四散奔逃，秦军兵临陈县。

秦二世二年（公元前208年），陈胜在章邯的进攻下战败而逃，在逃亡的路上被车夫庄贾谋害。

陈胜的败亡，与其人得意忘形以致众叛亲离有直接关系。

陈胜、吴广两人的行为对于中国历史而言异常重要。二人首倡反秦，打了秦朝一个措手不及。虽然两人最终死于非命，但全国各地有野心的人们通过这次起义惊讶地发现：秦王朝原来没有想象中的那么强大。也因此，各路英雄逐鹿而起，加入到了轰轰烈烈的反秦事业中。刘邦，项羽，为人所熟知的当时两大人物，就是在此时走上历史舞台。

市井出身

汉高祖刘邦是一位传奇帝王。对于刘邦的出生，史书的记载不免充满神话色彩。

司马迁在《史记·高祖本纪》中这样记载：

高祖，沛丰邑中阳里（今江苏徐州市丰县）人，姓刘氏，字季。父曰太公，母曰刘媪。其先刘媪尝息大泽之陂，梦与神遇。是时雷电晦冥，太公往视，则见蛟龙于其上。已而有身，遂产高祖。

东汉的班固在《汉书》中的记载与《史记》基本相同，但是用词大有深意：

高祖，沛丰邑中阳里人也，姓刘氏。母媪尝息大泽之陂，梦与神遇。是时雷电晦冥，父太公往视，则见蛟龙于上。已而有娠，遂产高祖。

纵观史书记载的历代中原汉族帝王，大多带有点神话色彩，有的看见彩虹而怀孕，有的因吃了神鸟蛋而怀孕，有的梦见红日入怀而怀孕，千奇百怪，可是记载说母亲跟蛟龙行周公之礼而怀孕的，独刘邦一个。

于是后人便有种种揣测，认为刘邦很有可能是其母红杏出墙而与外人私通所生。

刘邦也确实不像是刘家的人。刘邦的两个哥哥长大后，就帮着家里劳作，为养家糊口而终日辛劳，尤其是二哥刘仲，干活是一把好手，为刘家改善经济条件出了不少力。可是刘邦自幼顽劣，念书的时候就经常逃学，长大了更是游手好闲，也不懂给家里挣钱。不仅不赚钱，刘邦还爱交朋友，有了钱就同一群朋友吃喝玩乐花个精光，刘邦因为不求上进没少挨父亲刘太公的骂。然而骂是没用的，怎么骂，刘邦也不肯干农活。没办法，刘太公凭着自己人面熟、交际广，花了点银子，让刘邦当上了沛县泗水亭的亭长。

亭长的官职其实不大。当时，十里为一亭，设一个亭长，一里有百十户人家，一亭之长就相当于今天管理千八百户人家的村长或者街道办事处主任。十亭为一乡，乡再往上是县，县之上是当时行政区划的最高级别——郡。亭长属于芝麻绿豆大的小吏，主管治安警卫，兼管检查停留旅客，治理民事。

当了这么个小吏，刘邦也利用职务之便胡来，成天带着几个手下在街上厮混，与开酒馆的王氏、武氏有暧昧关系。刘邦没事就去王氏、武氏的酒馆喝酒调情，喝醉了就在两人那睡睡觉。喝了别人家的酒，刘邦也不给钱，只是记账。王氏、武氏也不客气，刘邦不付钱喝酒，以后酒价翻倍。刘邦也不言语，翻倍就翻倍，反正不给钱，他是无所畏惧。

酒账一直记到年末，王氏、武氏去要账，刘邦自然不干，直接点明两个酒馆掌柜针对他抬高酒价的事实。县官不如现管，账没法要，也就作废。王氏、武氏赔了钱财又失身，还得给自己找宽心丸吃，跟人说刘邦睡着的时候身上常常冒出一条龙，可见刘邦不是一般人，酒钱要不来就不要了。不仅跟王氏、武氏玩暧昧，刘邦还与一个曹姓女子有私，并生下一个儿子，此子就是日后的齐王刘肥。

在这期间，刘邦还发明了个东西。《史记·高祖本纪》记载："高祖为亭长，乃以竹皮为冠，令求盗卒薛治之，时时冠之，及贵常冠，所谓'刘氏冠'乃是也。"后来这个刘氏冠还流行起来，晋朝皇帝祭祀的时候都得带这种帽子。虽然说是小发明，但是在古时候却是不务正业的举动。

孔夫子说，男人三十而立，四十不惑。刘邦到了三四十岁却既未成家，也未立业，终日流连酒色，不务正业，在亭长职位上还假公济私，派手下专管抓贼的"求盗卒"出差到鲁国去帮他弄"刘氏冠"。估计刘太公都被这个"问题中年"弄得面目无光，可是谁又能想不久的将来这样的一个人竟会开创一个王朝，写就一段传奇呢？然而，偏偏就是这么一个普普通通的小人物，不是凤子龙孙，不是簪缨世家，不是一方富豪，没有满腹经纶，没有举鼎之力，却压倒了那些名门之后、盖世雄杰，平天下、定诸侯，成了富有四海的一国之君。

有人说，一个成功男人的背后，一定有一个默默支持他的女人。刘邦的发迹，也正是因为他后来娶到了一个默默为他铺路，又差点毁了他半生心血的女人。

好汉无好妻，赖汉守花枝

人们常说：好汉无好妻，赖汉守花枝。以刘邦的家世和生活作风，可以说在家乡臭名远扬，哪个好人家也不愿把闺女往刘邦这个火坑里送。所以，一直到四十多岁，大小也算是个亭长的刘邦尽管与三个女人都有来往，却没娶妻，是个名副其实的光棍汉。

没人给刘邦说媒，刘太公也不张罗，刘邦本人倒也不着急。

却说这一天，沛县来了位贵客。此人姓吕，与沛县县令有来往，因为与人结仇，为了避祸而举家迁到沛县。

吕公搬家到沛县，沛县县令很高兴。为什么高兴？吕公有个闺女，姓吕名雉，闺名娥姁，模样长得漂亮，被县令相中了。县令曾经递过话，想娶吕雉，吕公没同意。吕公是打算把这闺女许配给大富大贵之人的，区区一个县令，那么大岁数了，可没放在他眼里。

现在，吕公一家搬到沛县，托庇于县令，这对县令来说可是个难得的好机会。于是，沛县县令大摆筵席为吕公接风洗尘，借机炫耀炫耀自己的威望。县里的乡绅、富豪、大小官吏得到消息，自然是要着意巴结，纷纷赶来赴宴。筵席可不是白吃的，给县令大人的朋友接风洗尘，怎么能空手而来？于是乎，有带土特产的，有送钱的。

这么多人来捧场，得有人接待，不能乱了。接待宾客的工作就被县令交给沛县功曹萧何了。功曹就是郡守、县令的秘书，专门辅佐郡守、县令工作。萧何作为县令的首席秘书，自然领会领导的意图，当即传令：送礼不满一千钱的，不许上堂跟大人和贵客坐主席，全部在堂下就座！

堂上、堂下隔不了几步远，可是待遇却有高低之分。来的这些宾客，心意一样，待遇却有天壤之别，坐在堂下的有的心里不高兴，可是也不敢说什么。

就在这时候，刘邦得到消息来蹭饭吃了。到了门口，刘邦抹了抹口水，抬腿就往里走。守门的跟刘邦认识，知道刘邦一文钱余财都没有，准是空手而来，立即拦住他："哎，刘亭长，等等！功曹吩咐了，贺钱一千以上的堂上就座，一千以下坐堂下。你准没带钱，往这边请吧。"

刘邦一听，心想：这正是与贵人结交的机会，我怎么能坐到下边去！于是，他冲把门的一努嘴，意思是让后者把自己名字添上，他刘邦会付贺钱一万！

守门的嘴都合不上了。一万钱？刘邦怎么可能有这么多钱？但是刘邦执意让他写账，他也只好从命，写好礼帖，高声喊：“泗水亭长刘季，贺钱万！”

这一嗓子不要紧，把正在跟大家聊天的吕公给惊动了：他与此人从未谋面，对方一出手就拿一万，究竟是谁这么有钱？他连忙站起身赶到门口迎接刘邦的大驾。

到了门口，吕公细一打量，只见眼前站着一个大眼睛、高鼻梁的美髯公，长得真是人见人爱，经人介绍知道正是刘邦，当即拉着刘邦到堂上的上座就座。

刘邦的底细，吕公不知道，萧何可知道得一清二楚。平日里萧何跟刘邦关系不错，一见刘邦不知深浅地往堂上来，怕刘邦惹祸，连忙拉住吕公，说：“吕公，刘季这人一向爱吹牛说大话，根本就没见他做成过什么事。他哪来那么多钱啊，准是跟您开玩笑。您让他坐堂下就行了。”吕公不信，这样仪表堂堂、出手万钱的好汉，怎么可能是个吹牛大王呢？萧何说话声音大了点，刘邦听见了。本来刘邦打算能在堂上找个角落就行，也不敢造次。可是听了萧何的话，刘邦下不来台了：什么叫自己爱吹牛啊！刘邦心中一阵憋闷，觉得不出这口气是不行，竟就着吕公的邀请，毫不推辞地就坐了上座。沛县在堂上就座的有不少人认识刘邦，看见吕公把这么一个泼皮无赖请到上座，均是非常气愤和尴尬，可是也不好说什么。

喝着酒，吃着菜，刘邦与吕公高谈阔论。期间，吕公也得知刘邦根本一文钱没拿。可是老头儿偏就喜欢刘邦天不怕、地不怕的劲头，越看刘邦越喜欢，用眼神示意刘邦：一会酒筵散了你别走，我有话跟你说。刘邦心领神会，吃饱喝足之后留了下来。

这时，宾客已经散尽，吕公语气异常和蔼地跟刘邦拉起了家常，得知刘邦尚未娶妻。吕公大喜，立即说：“我年轻的时候喜欢给人相面。我相看过的人多了去了，没一个比得上你的。我有个女儿，也到了谈婚论嫁的年纪了，我愿意许配给你。”吕公有钱有势，刘邦做梦都没想到自己能攀上这样一门婚事，自然是百般愿意。刘邦和吕雉的婚事就这么定下，择了吉日拜堂成亲。没两年，刘邦添了一儿一女，起名叫刘盈、刘乐。

以前没人要的无赖，如今娶了如花似玉的媳妇，有了儿女，刘邦心里自然是高兴得不知所以然。所以亭里的工作也不好好干了，隔三岔五就请假回阳里的家中陪老婆孩子。有时候刘邦心里就在想：有老婆做饭，有儿女绕膝，拿着国家的津贴，等过些年攒够了钱，买田置地，也成了老爷。这不就是神仙过的日子吗？

命运偏偏爱开玩笑。秦王朝的统治者们从未想到是自己赖以治国的严刑峻法给自己创造了一个毁灭者。刘邦自己也没意识到：自己一生中最逍遥自在的日子，即将结束。

这样一个不知道该说是幸还是不幸的日子，就这样在刘邦毫无准备下到来了。

“承天景命”斩白蛇

月朗星稀，溪水淙淙流淌，蟋蟀唧唧鸣唱，大泽西的夜色有那么一点撩人。

醉醺醺的刘邦倚在一块石头上，不时打着酒嗝。他有心对着这一片良辰美景赋诗一首，怎奈肚子里墨水不多，心里又有几分烦躁不安，想了半天，也没想出一句。又想起家里娇妻幼子，还有那卖酒的王氏、武氏和情妇曹氏，刘邦心里一声长叹：怎么就混到这步田地了呢？

婚后的泗水亭长刘邦终于享受到了属于自己的家庭温暖。然而，官场上有句话：当差不自在，自在不当差。领国家的俸禄，也不可能总吃闲饭。这一天，任务来了：奉朝廷旨意，沛县解送咸阳给秦始皇修骊山陵的刑徒凑齐了，要求刘邦负责此次押送任务。

当时，押送刑徒的任务已经不好干了。自统一中原之后，秦始皇造长城、修骊山陵、建阿房宫，大兴土木。那个时代没有什么先进的工程器械，甚至连铁都没有被广泛应用，干活全靠人拉肩扛。

长城，中国古代的伟大工程。骊山陵，方圆一百多里，从秦始皇十三岁即位开始修，一直修到他儿子胡亥登基，最后还是因为战乱草草收尾，仅仅是其陪葬坑中的兵马俑就被列为世界八大奇迹之一。阿房宫，从公元前212年开始修一直到秦朝灭亡都没修完，要是修完了，又得是一个奇迹。

这三个大工程，哪个不是用人命堆出来的？三国的杨泉在其著作《物理论》中称：“秦始皇使蒙恬筑长城，死者相属。”秦代有一首叫做《长城谣》的民歌：

生男慎勿举，生女哺用脯。不见长城下，尸骸相支柱。

意思就是说，生了女孩要好好喂养，生了男孩千万别养，养也是白养。没看长城底下那些壮丁尸骸相连吗？

修骊山陵、阿房宫虽然死亡率不会像修长城这样高，但是苦役累死、病死、被打死的情况也是经常发生的。故土难离，妻儿难舍，生死难料，老百姓对被抓壮丁是非常恐惧的，在被押送的路上常常逃亡。壮丁逃了，押送的人就得负责，就得挨骂、挨打、受罚。所以说，沛县县令此次派刘邦押解壮丁，绝没安什么好心，很可能就是因为吕雉的关系。

刘邦押着刑徒们启程之后，一路上刑徒们逮住机会就开溜，没走出多远，人跑得差不多了。刘邦暗自琢磨：看这阵势，等到了咸阳，就剩我一个人了，安能得好？看来我这个亭长当到了头，也得逃命了。

逃，也得会逃。像之前逃走的那些苦役，单打独斗，一个人没法生存，十有八九还得被抓住。要跑就得多带几个人，拉起一支队伍，找个地形有利的山头做山贼。于是，刘邦眼珠一转，计上心来。

这一天晚上，在大泽西，也就是今天的江苏丰县西，刘邦买了酒菜，把剩下的几十人召集到一起聚餐。酒过三巡，菜过五味，刘邦站起身来讲道：“各位壮士，这一路上不少人都跑了，也就你们够义气，没撇下我一个人。人已经跑了不少，就算带着你们到了咸阳，咱们也都没好日子过。既然如此，咱们干脆就在这告别吧，你们都赶紧跑，我也得逃命去了。”刘邦一发话，大家纷纷逃命，只剩下十多个人愿意追随刘邦。刘邦对这十几个人热情笼络，添了酒菜继续喝，酒足饭饱之后连夜赶路，寻找安身之所。

此刻，因为对道路不熟，刘邦派出一个人探路，自己则倚着石头，一边醒酒一边等消息。

正在此时，探路的人慌慌张张跑了回来报告说：“前边行不得了。我去探路，看见有一条蟒蛇横在路上，这么老粗，好几丈长，要不是我发现得早，就被它一口吞了。咱们换条道走吧！”

听探路的人一番描述，众人心里也怯了，都劝刘邦调头另找道路

有道是酒壮怂人胆。刘邦的胆子说小不小，可也没多大。要在平时，听说前边有巨蟒拦路，刘邦早就避得远远的。可此时借着酒劲，刘邦胆子大了许多：“没出息！堂堂男子汉，还能被一条蛇挡住？看我的！”

说完，刘邦“锵”的一声拔出佩剑，迈着歪歪斜斜的步伐冲了出去。没走多远，果然有一条大蟒横在路上，大概是刚吃饱，正在消化。刘邦没给蟒蛇任何的机会，一时间也顾不上找蛇头，举起宝剑向蛇身用力一砍，巨蟒当即被砍为两截。

这本来是一件小事。但是刘邦将此引为自己的得意之作，后来，有人据此编出一段神话故事：

据说，刘邦斩蛇之后继续往前赶了几里路，实在不胜酒力，躺在地上睡着了。跟着刘邦的十几个人不见刘邦回来，就一起去寻。寻到刘邦斩蛇的地方，看见一个老太太坐在那呜呜哭。有人就问："你在这哭什么呢？"老太太一边哭一边说："有人把我儿子杀了，我能不哭吗？"有好打听的问："怎么回事，你跟我们说说？"老太太回答："我儿子不是一般人，是白帝的儿子。他今天变成一条蛇挡在路上，结果被赤帝的儿子给杀了！"众人认为老太太在胡说八道，正要拆穿，老太太突然在众人眼皮子底下不见了。后来众人找到刘邦，把这事说了。刘邦从此成了赤帝的儿子，跟随的人也称刘邦是大神之子，日益敬畏。

白帝是中国上古五帝之一，东夷人的首领，中国嬴姓及其秦、徐、黄、江、李等数百个姓氏的始祖。有说法称白帝就是少昊。总之是神。赤帝则为炎帝，中国上古五帝之一，中华民族的始祖之一，也是神。

《史记·封禅书》记载："鲁人公孙臣上书曰：'始秦得水德，今汉受之，推终始传，则汉当土德，土德之应黄龙见。宜改正朔，易服色，色上黄。'是时丞相张苍好律历，以为汉乃水德之始，故河决金堤，其符也。年始冬十月，色外黑内赤，与德相应。如公孙臣言，非也。罢之。后三岁，黄龙见成纪。文帝乃召公孙臣，拜为博士，与诸生草改历服色事。"

种种迹象表明，刘邦斩蛇或为史实，而所谓的"白帝之子被赤帝之子所杀"等一系列神话纯属杜撰之言。史书所载不能不信，也不可尽信。这则传说的起源，大概是刘邦为了提升人气、扩大队伍，与人串通之后造的谣。

后世常有人说"高祖斩蛇起义"，这也不符合事实。此时的刘邦手下不过十几人，连兵器都不齐，哪里谈得上造反，不过是带了一伙人落草为寇。

刘邦当了山大王之后，据说秦始皇称"东南有天子气"，因此屡屡东巡，要用自己的王霸之气镇压东南天子气。秦始皇浩浩荡荡地出游，刘邦怕被剿，就带着队伍到芒砀山（今天的豫、鲁、苏、皖四省结合部）打游击。

那时候地广人稀，山贼生意不好做，难得开一次张，刘邦等人过得跟野人一般。多亏吕雉时不时能带点东西来，大家不至于饿死。趁这个机会，刘邦还有闲心造谣。吕雉每回来探亲，总能找到行踪不定的刘邦。刘邦当着大家的面故作惊讶地问："你怎么总能找到我呀？"吕雉也跟着演戏："那有什么难处？你住的地方天上有云气。我看着云气找你，就找到了。"望着云气找人，实属胡言乱语。这其实根本就是刘邦和吕雉串通好了的。其他人可不知道这夫妻二人装神弄鬼，以为是真事。许多被严刑峻法逼得活不下去的人就有了"实在不行投奔刘季当山贼"的念头。

一直到这个时候，刘邦眼前仍然是漆黑一片，看不到出路，看不到希望。反秦？刘邦没这个胆量。一直当山贼？东躲西藏、提心吊胆的日子实在是不好过！

在惶恐与焦虑中，秦始皇死了，胡亥即位了。

沛县起兵抗暴秦

在刘邦带着队伍躲进芒砀山做山贼的日子里，山外的世界变得越发精彩。

公元前209年，陈胜、吴广在大泽乡举起了反旗，第一个吃了帝国的螃蟹。

有时候，当第一未必是好事。枪打出头鸟，出头的椽子先烂。陈胜、吴广走投无路率先起义，最终也率先被剿灭。但是，这场起义给山大王刘邦的命运带来了转机。

陈胜、吴广起义后，接连攻城拔寨，在陈县树起了王旗。附近郡县"苦秦久矣"，纷纷杀官造反，响应陈胜。起义势头如火如荼。辖区就在张楚政权边上的沛县县令心慌了。

集结战士抵抗张楚？作为区区一个县令，别说要兵没兵，就算募集了一批乡勇，兵器都凑不齐。尽忠报国？千古艰难唯一死，县令可没打算为大秦搭上自己的性命。思来想去，县令认为还是应该举沛县向陈胜投降，先熬过这一关再说。

投降也不是县令一个人说了算。别看他在沛县官最大，手下要都不同意投降，他也降不成。因此，县令把功曹萧何和管刑事的曹参找来。这两个人在县里都是说得上话、很得人心的。县令首先发表了一通"为使本县免于战乱之苦携沛县投降"的高调开场白，然后很民主地征求萧何、曹参的意见。

萧何、曹参早就提心吊胆地琢磨过这件事。好歹他们也都是县里有头有脸的官吏，是百姓眼中的官僚，如果顽抗到底，百姓绝对不会对他们客气。县令一直以来没动静，两人早就着急了。今天听县令这么一说，两人心想：原来你也怕死，也难为你硬挺了这么多天。

萧何比较重义气，他早就知道刘邦跑到山里当山贼的事，有心趁这个机会把刘邦找回来。于是，萧何上前拱手施礼，慢条斯理地对县令说："大人，沛县这么大点地方，不够人家一口吃的，抵抗肯定是抵抗不了，归附也肯定得归附。但是大人，您是朝廷任命的官员，如今要是由您来带这个头，带着沛县子弟归附张楚，恐怕大家不能信任您。我建议您把本县逃亡在外的人找回来，组成一支队伍，估计人数能有数百人。咱们用这群人作为震慑力量，不怕大家不听您的。"曹参一向唯萧何马首是瞻，立即发言表示赞成萧何的意见。

县令想了想，觉得有道理，当即采纳。萧何与刘邦一直有联系，联络员就是樊哙。樊哙本来是个卖狗肉的，跟刘邦交情莫逆，后来跟着刘邦一起在芒砀山当山贼，时常往返于沛县和芒砀山。萧何火速找到樊哙，让他赶紧请刘邦带人来接管沛县。刘邦得到消息激动得热泪盈眶，谁想到这种好事居然就落到他头上了！刘邦赶紧把手下聚拢起来，直奔沛县。

再说沛县这边，樊哙刚走，沛县县令再一寻思：不对！刘邦来了能听我的吗？刘邦要是不听我的，我可是什么办法都没有啊！大秦连六国都灭了，小小张楚能成什么气候？朝廷大军一到，张楚顷刻败亡，投降张楚不是找死吗？左思右想之下，还是觉得不能反！

于是县令便下令城门紧闭，不放刘邦进城，还命人把萧何、曹参抓起来，准备杀了二人。萧何、曹参非常机灵，见事情不妙早就溜出城去投奔刘邦了。

刘邦带着人马来到沛县一瞧，城门紧闭，自己这点人想攻城那是不可能了，还是攻心吧。在萧何的参谋下，刘邦写好书信，让弓箭手射上城头。信中如是写道：

父老乡亲们，天下人饱受暴秦役使，早就不堪其苦。现在陈胜已经造反了，你们还敢帮县令守城？你们不知道陈胜的队伍遇到抵抗不降的都要屠城吗？你们应该赶紧把县令杀了，选一个带头人响应反秦的诸侯，这样才能保全性命，否则，陈胜大军一来，大家全得掉脑袋！

沛县百姓早就听说张楚军喜欢屠城，再加上早听说刘邦不是一般人，天命所归，被刘邦鼓动之后立即杀死县令，迎刘邦入城，要拥立其为沛县县令，领导大家干反秦的事业。刘邦假装不同意，假模假样地推辞："我这个人没什么本事，恐怕不能保全你们。你们选一个更好的吧。"有人也觉得刘邦不过是一个泗水亭长出身，恐怕真干不了大事，认为萧何、曹参素得人心，应该从他们两人里边选一个。

但是，萧何、曹参属于文官，根本不懂得造反这回事，而且二人也考虑到造反有失败的可能，一旦失败，领头的人准得诛九族。于是萧、曹二人坚决推辞，都说还是刘邦最合适。萧曹二人大力推荐刘邦，自然就有人为刘邦说话，有人便就着二人的举荐说刘邦上有云气、夜里斩白帝子，还有人说秦始皇几次东巡就是因为刘邦上应天命的，更有人说卦象说刘邦是最合适人选的……总之是都同意刘邦当这个带头人。

刘邦其实心里也害怕，毕竟是脑袋别在腰带里的事，谁心里都打鼓。可是他已经没有退路了。私放刑徒逃亡、畏罪潜逃的是他，躲在山里当山贼扰乱治安的是他，造谣说自己是赤帝子、有云气的是他，兵临沛县鼓动百姓杀死县令的还是他。桩桩件件都是死罪，还怕加上造反这一条吗？因此，刘邦假意推辞了一番后接受了，但觉得不能当县令。众乡亲也来了个折中，不当县令就不当县令吧，称沛公。

秦二世元年（公元前209年）十月，刘邦欣然接受家乡父老的拥立，称沛公，祭了黄帝，宰三牲发血誓，正式起义反秦。因为之前刘邦制造谣言说自己是赤帝之子，因此沛县兵马打的旗子是红旗。

既然打出了造反的旗帜，就得干点造反的实事。刘邦在沛县招兵买马，凑了两三千人，气势汹汹奔胡陵、方与而去。胡陵、方与两县就在沛县西北方不远，在今天山东鱼台的东南。刘邦是市井混混出身，根本不懂兵书战策，手下其他人也没一个是将门之后、鬼谷子的传人，这么点人马却要攻打两县，已经犯了兵家大忌。更何况，因为陈胜、吴广起义，本来都没有防备的各个郡县现在都是城门紧闭，轮班放哨，绝不出城迎战，一心严防死守。沛县军来到城下，顿感狗咬乌龟——无从下口。围城多天，却一无所获，沛县军只好灰心地撤退了。

战友背叛，后院起火

刘邦撤回沛县丰邑老家混日子的时候，秦朝各地已经乱成一锅粥了。

随着张楚军的四面出击，秦朝大地上继陈胜称王之后，又冒出燕、赵、齐、魏四个王。秦王朝一边急调大军四处救火，一边命各地守将立即出兵平乱。

接到命令，泗川监郡御史是“拔剑四顾心茫然”。谁肯让他打啊？他敢打谁啊？想来想去，监郡御史惊讶地发现，原来在沛县丰邑有一伙两三千人的毛贼，他大喜过望，感到保住饭碗有希望了。

事不宜迟，监郡御史点齐兵马，直奔丰邑杀来。接到探马报告的刘邦顿感紧张，但是这场仗躲不过去，硬着头皮也得打。好在刘邦在之前打胡陵、方与的时候学了一招——坚守不出。

此计果然好使。监郡御史带来的兵马也不多，一连攻了两天也没消灭刘邦，己方反而损失惨重。就在秦军久攻不下、士气低落的时候，刘邦军寻了个破绽突然杀出城来，居然将秦军杀得溃败。刘邦高兴极了。这是他起义以来打的第一场胜仗，意义很重大。

为了扩大战果，刘邦亲自率领一部分军队进攻薛城，就是今天的山东省枣庄市薛城区。自己走了不能没人看家，防守丰邑大本营的任务，他交给了手下大将雍齿。

雍齿也是沛县人，据说是刘邦的街坊。雍齿的家境比刘邦好，出身于豪强，在当地有钱有势，也算是一个人物。从刘邦鼓动百姓杀沛县县令的时候起，雍齿加入了起义军，因为在当地有影响力，而且有把子力气，因此雍齿被任命为带兵的将领。刘邦这时候确实是缺人，有点本事的人就能领一份独当一面的差事。

刘邦兵进薛城，泗川守急忙组织抵抗，结果没抵抗住，兵败被杀。占了薛城之后，刘邦又进军亢父，也就是今天的济宁市任城区张城后村，准备绕到背后攻打之前没拿下的方与。到了方与城下，刚摆开架势，刘邦竟然撤军了。为什么？因为后院起火。

这事还得从头说起。

陈胜起义称王之后，原战国七雄中魏国贵族甯陵君姬咎跑到陈县投奔，希望陈胜能够帮忙恢复魏国。陈胜当然不会白白为他人作嫁衣，但是觉得这事可以利用，就派手下里来自原魏国的大将周市带兵去收复魏国。周市不辱使命，很快收复魏国土地。他当即召集部下开会，商议迎接姬咎就职的事。

因为涉及自身的利益，部下们的意见是一致的：不同意迎立姬咎为魏王，希望周市自己来坐这个位子。周市说话了："你们懂什么叫忠义吗？世道越乱，越能看出忠奸。从道义上说，不立魏王的后代坐这个位子，坚决不行！"周市力排众议，接连五次派使者去见陈胜，要求陈胜把姬咎放回来就位。陈胜顿时气不打一处来，他确实是在公开场合表示要帮姬咎复国，可那不过是场面话，实际上心里是打着恢复魏国的名义扩张领地的主意。周市本来是他一手提拔起来的，没想到竟然跟自己对着干。他有心抓着姬咎不放，可是周市倔强如牛，驳回一次又来一次。陈胜有心不答应，又不敢得罪周市，怕失去这个有力支援。最后为了大局，陈胜只好同意，于是，姬咎回到魏国做了魏王，投桃报李，拜周市为魏相。

本来姬咎称王，周市拜相，这跟刘邦没有一点关系，就算有关系，刘邦也管不了。可是，刘邦没想法，周市有想法了。周相国一门心思地要为魏王打下一片广阔天地。不过，说说容易，古往今来，有多少帝王试图开疆拓土留下美名最终却吃了一嘴灰？

对着魏国地图研究了半天，周市眼前一亮，派人给镇守丰邑的雍齿带了句话："丰，故梁徙也。今魏地已定者数十城。齿今下魏，魏以齿为侯守丰。不下，且屠丰。"就是说：丰城那地方是魏王当年徙居之地，现在我们已经拿下数十座城了，你雍齿要是归顺我魏国，魏国封你为侯，丰城仍然归你管；你要是不归顺，别说你活不成，我们拿下丰城之后鸡犬不留！

当年秦国灭亡魏国之后，秦始皇把魏惠王姬婴弄到丰城。按理说周市既然反秦，就不能承认秦国迁徙魏王之举。可是周市蛮不讲理，明摆着欺负人，非说丰城也是魏国地盘。使者把话带到之后，大将雍齿毫不犹豫立即投降魏国。

雍齿叛变倒不是真的因为被周市吓到了，也不是因为想攀高枝，完全是因为对刘邦这个人的厌恶。雍齿早就看刘邦不顺眼，想当年他也是沛县响当当的人物，跺一脚县城都要晃三晃。刘邦算什么？小小亭长一个。当年刘邦见了他还得客客气气，瞧他脸色行事，现在倒好，他这个地头蛇反要听刘邦使唤。雍齿觉得窝囊不是一天两天，恰好周市递橄榄枝过来，他当然是高高兴兴地携丰城全体叛变。

自老窝被人抄了，刘邦是又急又气，深感待雍齿不薄，没想到居然背叛自己，若是不收拾此人，他誓不为人！

看来，刘邦是真的将此事计较在心头。他后来当了皇上衣锦还乡的时候还说："我对丰城印象太深刻了，因为这是我出生的地方，也是我的家乡父老背叛我的地方！"由此可见被家乡人背叛，对刘邦的刺激有多大。

怀揣着万丈怒火，刘邦顾不上图谋方与，火烧屁股似的带着大军杀到丰城。别看之前这几仗打得顺风顺水，到了老家，小小一个丰城仍旧是打不下来。原因很简单，刘邦的队伍里很多人都是丰城子弟，亲戚都在城里，哪有心情打仗。丰城没打下来，刘邦一着急，急火攻心，大病一场，只好撤退修养。

此时陈胜在陈县战败逃亡，部下秦嘉在留县（今江苏徐州）自立为大司马，拥立一个叫景驹的人做了楚王，收拢了张楚政权的部分人马。得到这个消息，刘邦索性率军投奔了秦嘉，打算请秦嘉帮忙报仇。没等说动秦嘉出兵帮他报仇，秦将章邯派人带着大军先杀了过来。火烧眉毛先顾眼前，秦嘉命令刘邦迎击秦军，结果接战失利，转而攻取了砀县、下邑。

秦嘉指挥着刘邦四处兜圈子，刘邦心里很着急。恰在此时，一支由项梁、项羽叔侄指挥的起义军队伍对张楚政权残余势力挥起了屠刀，秦嘉战死，景驹被杀。等秦嘉帮刘邦报仇，看来行不通。对秦嘉的幻想破灭，刘邦转而将希望寄托在新近崛起的项梁、项羽身上。

项羽豪言，少年即有壮志

项梁，下相（今江苏宿迁市宿城区）人，楚国名将项燕的儿子。

项羽，项梁的侄子。

项梁这个人在史书里没留下多少痕迹，也没什么值得大书特书，他的侄子项羽则不同。

项羽名籍，字羽。古时候称呼人，直接叫名字是不礼貌、不尊重的，所以后世对项羽只称字而不称名。

根据史书记载，项羽有拔山举鼎之力，而且天生异相——双目重瞳。

重瞳，就是眼睛里有两个瞳孔，是瞳孔发生畸变造成的，对视力没什么影响，又叫对子眼，现在叫多瞳症。

项家本来在楚国是贵族世家，家里的人大多在楚国做官，最有名的就是项燕，当年给秦国的统一战争设置了不少障碍。因此，楚国灭亡之后，项氏家族遭到了强烈的报复，项羽、项羽的堂弟项庄、项羽的叔父项梁和项伯侥幸留得性命。

项氏家族遭此劫难，项梁把家族振兴的希望寄托在侄子项羽身上，哪知道项羽跟刘邦有个共同点——厌学。项梁请名师教项羽读书，项羽学了两天半，不学了。不愿意学文，那就学武吧，兴许能在武艺上有成就。于是，项梁又请高人教项羽剑术。项羽学了两天半，又不学了。项梁很生气，可项羽说："叔父，学文也就记个姓名用，剑术也不过是单打独斗的本事。学了这两样能顶什么用呢？所以我才不想学。我想学的是做'万人敌'的本事。"项梁听到就乐了，心想：我侄子有出息，不愧是重瞳啊！于是项梁亲自出马，教项羽兵书战策。

早年间，项梁曾经因为与一桩案子有牵连，被栎阳县逮捕。好在项梁跟蕲县狱掾曹咎有交情，曹咎又跟栎阳县狱掾司马欣有交情。项梁求曹咎出面说情，这才被放出来。进过监狱、留了案底的项梁没有记住教训，不久之后竟然杀了人。

杀人不是小事，不仅官府要捉拿，死者生前也有势力，家人肯定要报仇。项梁为了避仇，带着侄子逃到到吴县（今江苏苏州）。项梁也是有本事，在天高皇帝远的吴县很快又过得风生水起。

有胆大包天的叔父带着，项羽也是天不怕地不怕。有一回赶上秦始皇出巡，项梁带着项羽看热闹。项羽看着看着，突然说："我要取代他，当皇帝！"这话可比刘邦的"大丈夫当如是"响亮多了，非常直白地表明项羽此时立下的人生目标。说"男人要像秦始皇"，这话不犯毛病；说"我要取代他"，在那时候许多人有胆想但是没胆说。项梁对侄子能说出这番话感到很欣慰，觉得这孩子有出息。

秦二世元年（公元前209年）七月，陈胜、吴广在大泽乡起义，不久之后势力越来越大，秦朝疲于应付。当年十月，会稽郡（今浙江地区，郡治吴县）郡守把项梁找来密议。郡守开诚布公，说："项梁，你看长江南北现在全反了，这是天亡秦朝！所谓先发制人，后发制于人。反正秦朝是要灭亡了，我不想绑在秦朝这艘船上淹死。现在，我想起兵，由你和桓楚率领，响应反秦。你意下如何？"

项梁一听此言，心里瞬间闪过无数个念头：反秦？反还是不反？天下大势确实如此！但是，跟着郡守一起造反？这可不行，如此绝佳的机会，他项梁怎能屈居人下！莫不如杀了郡守，由自己取而代之，遂领兵造反！

项梁迅速做出决定，装出一副敬佩和受宠若惊的表情，说："郡守大人您真是目光长远啊！我同意您的决定。不过，桓楚现在逃亡在外，谁也不知道这人在哪。他跟我侄子项羽是好朋友，我估计项羽知道他藏身何处，请大人允许我去问问。"得到郡守同意后，项梁立即找项羽，趴在项羽耳朵上仔细嘱咐了一番，然后让项羽佩好宝剑，在郡守门外候着，自己春风满面地走进房中，重新落座。

项梁对郡守说："大人，我把项羽带来了。您看我是不是这就把他叫进来？"郡守急忙命项梁把项羽带进来。项梁趁这个工夫观察了一番，确定附近没有别人，高声把项羽喊进来。项羽刚一进来，郡守还没醒过味来，项梁立即使了个眼色。说时迟那时快，项羽"唰"的一声猛然拔出宝剑，直奔郡守心口刺去。只听"噗"的一声，来不及叫喊的郡守倒在血泊之中。

项羽初次杀人，心里一点不紧张，从容地拔出宝剑，把郡守的脑袋砍下来。项梁手提郡守的人头，又把郡守的印绶搜出来挂在脖子上，在项羽的护持下大摇大摆地出现在大家面前。郡守的部下见此情景大惊失色，有人夺路而逃，有人抖成一团，有人拔出刀剑要捉拿凶手。项羽毫不畏惧，大喝一声，挺剑抢先迎了上去，凡是敢动手的当胸就是一剑。

地上尸首相枕，剑上滴血犹温，项羽脸上不见一丝一毫的不忍，开口断喝："还有谁！"胆大、不服的已经在地上躺着了，剩下的就差没尿了裤子，趴在地上哀声求饶。

项梁满意地点了点头，把向来听话、有本事的士绅官吏召集起来，明确地告诉众人："秦朝要完了，我决定起兵造反。咱们平日都处得不错，我希望你们跟着我干。如果你们有不同意见，请跟我侄子项羽打个招呼。"众人偷眼看了看血染衣袍、面目狰狞的项羽，哪还敢有异议。项梁平时经常主持一些工程、丧葬，趁机用兵法组织这些人，早就对这些人有什么本事了如指掌，此时当堂分派职务，各就所长，皆大欢喜。

秦二世元年（公元前209年）九月，项梁自立为会稽郡郡守，以项羽为裨将，聚拢了近万精兵，割据一方。

秦末历史上的另一个英雄人物项羽登场了。

第二章　时无英雄，竖子也能成名

无意间壮大的势力

世人都说福无双降，祸不单行，可是项梁、项羽自从扯起反旗之后，好事一桩连着一桩。

项氏叔侄起义这会儿，四周除了秦朝控制了大片区域，差不多都被其他造反势力所占据。项梁手下不到一万人的人马，说多不多，说少不少，一时也不敢有太大动作。正在项梁、项羽谋划下一步该怎么走的时候，第一张馅饼砸了下来。

陈胜手下有一员名叫召平的大将。陈胜在陈县称王的时候，派出几路人马开拓领地，其中一路攻取广陵（今扬州）的队伍就由召平率领。召平带着队伍到了广陵，久攻不下。正没主意的时候，吴广遇害、陈胜出逃、秦军将下一个目标瞄准召平的消息相继传来。召平心想各位英雄要来广陵，他怎敢怠慢了！便一刻也没耽误，带着兵马渡过长江逃命来了。

单丝不成线，独木不成林。没了张楚政权做依靠，召平很孤单无助。正好这时候项梁带着七八千人马竖起了反旗。召平激动得热泪盈眶，反正陈胜生死不知，召平大着胆子以陈胜的名义给项梁写信，拜项梁为楚国的上柱国，就是楚国军事武装的高级总帅，相当于大将军级别。这对于项梁来说可是意外的惊喜，有了这么一顶帽子，对于他收编张楚残兵败将、联合原属张楚政权的其他势力无疑大有好处。

官不是白封的，召平对项梁说："江东一代豪杰四起，暂时不用管了。现在有一伙秦军到了江南，如果让他们站稳脚跟，渡江打过来，你我就危险了。希望你能率领大军渡江迎击，解决这个麻烦。"

拿人钱财，与人消灾。项梁够仁义，也识大体、顾大局，接到召平的请求，二话不说，带着八千子弟兵渡过长江，准备迎击秦军。

刚过江，项梁就得知了一个好消息：有个叫陈婴的家伙在江南竖起了反旗，而且攻取了东阳县，也就是今天的江苏盱眙县东阳乡。聪明人善于团结一切可以团结的力量，蠢人才逞英雄一个人蛮干。项梁自己渡江本来有些为局势所迫的成分，现在如同发现了一棵救命稻草，连忙派人联络陈婴，约他一起西进攻秦。

陈婴原本是东阳县的令史，是个小吏。别看陈婴官不大，在县里名望很高，素以诚信、谨慎著称。陈婴反秦不是自愿，而是受陈胜吴广起义的影响。大泽乡起义的消息传开之后，东阳的年轻子弟心潮澎湃，情绪激动，一时没控制住，就把县令杀了。蛇无头不行，鸟无头不飞，起义造反总得有个领头人。提谁做领袖都有人不同意，唯独提到陈婴便全票通过。陈婴生性谨慎，这种掉脑袋的事他哪肯干。可是，反对无效。大家一致表示：这个领袖就得陈婴来当，想不当也不行！

就这样，陈婴被硬逼着做了大伙的领袖。陈婴一出面，应者云集，东阳起义军很快就达到了两万人。实力激增之后，那帮东阳少年又不老实了，要求陈婴称王，这样自己也好晋级。

陈婴的母亲不是一般女子，颇有见识。知道众人要求自己的儿子称王之后，第一时间劝阻儿子："自从我嫁到你们陈家，就从来没听说过陈家祖上出过达官显贵。咱们家就是这个命，得知足，不能有非分之想。我听说那帮人劝你称王。咱们是什么人家，哪有当王的命啊？你要是当了这个王，离死也就不远了。依我看，你莫不如投奔别人，如果大事成了，你也能当个王侯；如果失败了，天塌下来自然有人顶着，只要你不是带头人，不会被注意，逃掉也容易。"

别说称王，本来连这个领袖陈婴都不想当。母亲的一番话，陈婴深以为然。正好这时候项梁派人来联络，陈婴心想正好，不如干脆投靠项梁！他便召集部下开会，对众人说："我没什么本事，你们抬举我，让我当了这个带头人。既然我坐在这个位置上，就得替大伙的将来做打算。刚才派人来送信的项梁，许多人可能都知道，那是将相世家，在原来的楚国家喻户晓。咱们要干大事，领袖要是选错了，注定要失败。不论是名望还是作战经验、带兵能力项梁都远胜于我，咱们不如归附项梁，将来大事定能成。"

陈婴与项梁之间的差距确实是太大。原本东阳是没有更好的人选，才把陈婴选出来，现在项梁出现在大家面前，东阳子弟觉得还是跟着项梁更保险。就这样，投奔项梁的提议同样全票通过，两万东阳子弟从此成为项梁的人马。陈婴觉得自己找到了替死鬼，项梁则是得到意外收获，壮大了实力。可谓双方各取所需。

陈婴这两万人刚刚投靠项梁，英布也带着人马来投奔。

英布，九江郡六县（今安徽六安）人。据说当年有人给英布相过面，说英布"当刑而王"，就是将来会先受刑，而后称王。英布几年后果然犯了法，受了黥刑。

黥刑就是在犯人脸上刺字，然后用墨染，以在犯人脸上留下不可磨灭的侮辱性痕迹。就因为这个，英布又被称为黥布。

别人受刑都难受，英布挺高兴："算命的当年说我'当刑而王'，现在我受了刑了，看来富贵不远了。"受了黥刑之后，英布被发配到骊山给秦始皇修坟。骊山刑徒几十万，五湖四海的英雄豪杰、大大小小的管事众多。英布是个妙人，与这些人都套上了交情。瞅了个空子，英布居然带着几个好兄弟逃出来，拉帮结伙往来于长江之上，当了强盗。

因为受到陈胜吴广起义的感召，英布感到自己得富贵的机会来了，决定加入到推翻秦朝的伟大事业中。可是这时候英布手下只有当初一起逃出来的几个弟兄，想独自起义、割据一方那是天方夜谭。因此，英布带着兄弟们投奔了番君吴芮。

番是地名，指的是番阳县，也就是今天的江西省鄱阳县。吴芮就是这番阳县的最高长官。其他县的最高长官都称"令"，比如刘邦老家沛县的最高长官就是沛令。那么，吴芮为什么称作"番君"而不是"番阳令"呢？原来，这个吴芮不是秦朝官方委派的官吏。当年秦始皇派兵攻打楚国，攻占楚国郢都（位于今湖北荆州城郊外的东北处），楚国王室逃亡到寿春（今安徽寿县）。秦军追击楚王，没顾得上整顿番越之地，造成了一大片权力真空地带，以致当地匪患严重。春秋时期吴国开国之君泰伯的第二十九世孙吴芮主动站出来，组织乡勇抵抗散兵、土匪，得到了百姓的一致拥护，势力范围北到安徽祁门，东到赣浙边界，南到福建，西到都昌、鄱阳，人马数万，亦农亦兵。后来陈胜吴广起义，天下皆反。为了稳定南方，安抚百越，秦朝采纳丞相李斯的建议，封吴芮为番君，想用这么个称号换一个不要钱的帮手。

英布投奔吴芮之后，游说吴芮参加反秦大事。吴芮不仅欣然同意，帮英布凑了数千人马，而且认为英布是条好汉，能成大事，还把自己的女儿许配给英布。

英布是秦末有名的名将，敢打硬仗。秦将章邯势如破竹剿灭张楚之后，别人都不敢捋章邯的虎须，英布却敢主动出击，带领着弟兄们在青波（今河南息县与新蔡县交界处）大破秦军，顺势夺回了陈县。

一场大胜并没有使英布头脑发昏。他知道自己不是军事统帅的材料，并不奢望挑翻秦朝、平定诸侯当皇上。因此听说项梁占领会稽、陈婴率军归附，英布当机立断，也投靠了项梁。

项梁转眼间不费吹灰之力就成了拥有六七万兵马的强大阵营的领袖。实力大涨的他首先对张楚政权残余势力发起攻击，借口是“陈胜生死不明，秦嘉却擅自拥立景驹为王”。真实目的是拓展领地、扩充军队、把隐患消灭在摇篮中。结果，秦嘉战死，景驹在逃亡中被杀，部队被项梁照单全收。

项氏势力从此开始在天下诸侯中占有了沉重的分量。

矢志报仇张子房

项梁、项羽迅速崛起，帐下猛将如云，手握精兵十万。相比之下，沛公刘邦很凄惨，手下满打满算不到一万人，老巢还丢了；刚找了棵大树，没等乘凉，被项梁砍倒了。

人不可能一直走霉运。就在这段很倒霉的日子里，刘邦与张良相遇了。

张良的大名，可以说在后世无人不知无人不晓。中国历史上有几位被神化为前知五百年后知五百载的神人：头一位是西周的姜子牙，第二位就是西汉的张良，之后还有初唐的徐茂公、明朝的刘伯温。

张良以谋略著称，算是一个谋士。他字子房，是战国七雄韩国贵族后裔。张良的祖父张开地辅佐过韩昭侯、韩宣惠王、韩襄哀王，张良的父亲张平辅佐过韩釐王、韩悼惠王，都是当时的相国。到了张良这一代，他还没等到做官的年纪，韩国就被秦国灭了。

秦始皇对张氏一族并不如想象中的那样赶尽杀绝。《史记》记载：“韩破，良家僮三百人。”韩国灭亡了之后，张良家还有实力养着三百仆役。说明秦始皇并没有对张家下手，不过也没用张良做官。张良心里自然是不甘心。且不说他自己做不成相国，韩国对张家也有知遇之恩，这正是国恨家仇，不能不报。因此，张良把家财全投入到反秦事业中，连亲弟弟死，他都没舍得花钱办葬礼。不过根据史料来看，张良这些钱也没花对地方，只做出一件轰动全国的大案——锤击案。

公元前220年，始皇嬴政第三次出巡，目的地是现在的山东烟台市北边。

皇帝出游自然是惊天动地。张良当时正在淮阳（今河南周口淮阳县）学礼，得到这个消息，立即策划了一场刺杀行动。

他首先找了一个被称为沧海君的人。关于这个沧海君是谁，是历史上的一个谜。有人说可能是一个东夷领袖，有人说是东海的神仙，有人说是一个隐士的绰号。但是有一点可以肯定，这位沧海君也是个反秦志士。张良见到沧海君，请沧海君帮他找了位可靠的大力士，又打了个重一百二十斤的铁锤，大概类似于现在体育竞技中的链球。

准备妥当之后，张良带着大力士埋伏在了秦始皇此次东巡的必经之路——阳武博浪沙，位置在今天的河南省原阳县城东郊，准备刺杀秦始皇。当时没什么情报机构，秦始皇对于危险一无所知，乘着銮驾，在仪仗的护卫下浩浩荡荡地从博浪沙经过。就在这时，张良一声命令，大力士抡起铁锤，掷向仪仗中的一乘銮驾。虽然秦始皇事先不知情，但是按照惯例，帝王出巡都会准备多乘帝王专用的銮驾，帝王不一定坐其中的哪一乘，其他的空着，为的就是防备刺客。张良看见那么多辆车，有点懵，也没办法凑到跟前挨个确认，只能撞大运。结果，也不知道是张良没猜对，还是大力士的准星有偏差，铁锤砸在了没人的銮驾上。

张良和大力士可没管结果，铁锤扔出去之后，两人拔腿就跑。另一边，仪仗队头一次遇袭，也很慌乱，错过了捉拿刺客的时机。虽然是虚惊一场，但是秦始皇仍然震怒不已，命令全国戒严十日，搜捕刺客。那时候也没有电话，只能靠驿卒骑马往来传递消息，不可能做到全国步调一致。因此，张良很容易就脱身了。

张良一口气逃到下邳，也就是今天的江苏省邳州市，隐姓埋名藏了十年，成了游侠。

在下邳藏身的日子里，据记载，张良遇到老神仙黄石公，演了一出“圯桥三进履”的戏，这是耳熟能详的故事，毋庸赘言。末了，黄石公留下一本《太公兵法》，说读好这本书，就能辅佐帝王成就霸业。说完，黄石公“嗖”的一声凭空消失。

《太公兵法》也就是《六韬》，又称《太公六韬》，共分文、武、龙、虎、豹、犬六韬。文韬讲治国用人的韬略；武韬讲用兵的韬略；龙韬论军事组织；虎韬论战争环境以及武器与布阵；豹韬论战术；犬韬论军队的指挥训练。一共六十一篇，不到两万字。

所谓“太公”，指的就是姜尚姜子牙。当初这本书上写着是姜子牙所著，但是后世有人怀疑是其他人假借姜子牙的名义所著。根据发掘银雀山汉墓考古发现，西汉初年就有《太公兵法》这部兵书了。至于这部书是否确实为姜太公所著，目前尚不可考。可以确信的是，所谓的神仙黄石公，那纯粹是子虚乌有。可能确实有黄石公这个人，但绝对没有这个神。之所以宣称是神仙授书，不过是张良为了便于自己被人认可、得以晋身而制造的光环。反正当时没第二个人在场，谁也没办法拆穿他。很可能，所谓的《太公兵法》就是张良在下邳藏身十年期间自己写出来的。因为在此之前的典籍之中，从未有对《太公兵法》的记载，直到张良出山，这部书才横空出世。张良为了使自己的治国思想被认可，假托是姜太公所作，可能性极大。

在下邳藏了十年之后，陈胜吴广起义的消息传来。张良作为一个一直致力于反秦的人当然不能放过这个好机会，立即征募战友。等张良好容易凑了百八十人，发现陈胜死了，好在秦嘉拥立景驹，重新竖起大旗。张良带着凑来的一百多人启程投奔景驹，半路上跟刘邦相遇了。刘邦这时候正好已经归附了景驹，张良就直接加入了刘邦军。

刘邦一开始没把张良当回事儿，给了张良一个厩将的职位，让他负责管养马。张良当然不能满足于这么一个职位，这一路上逮住机会就跟刘邦讲兵法。刘邦是个纳言的人，不管你什么地位，只要你说的他觉得有道理，他就采纳，这一点是张良最喜欢的。张良认为刘邦有天命所归的迹象，也不去见景驹了，一心要辅佐刘邦。

景驹很快被反秦志士项梁除掉，左右都是为了找个靠山，刘邦丝毫没有“忠臣不事二主”的想法，决定顺势投靠项梁。为了表示诚意，刘邦带着张良轻车简从而至。项梁也听说过刘邦这号人物，因此不仅接纳了他，而且还拨给他五千人马、十员大将，助他复仇。

得了这五千人，刘邦麾下头一次有了上万兵力。这一阵子，刘邦的一切行动只为了两个字：报仇。以前是兵微将寡，奈何不了雍齿。这回总算是要兵有兵，要将有将了，刘邦一刻也等不得，立即发兵进攻丰城。

丰城是个小城，兵力不多。刘邦大军一到，丰城顷刻就被攻破。刘邦提着宝剑，两眼冒火，带着亲兵满城搜捕雍齿。然而雍齿见势不妙，早就跑去了魏国。

老家夺回来了，但是仇人跑掉了。刘邦愤恨不已，但也无可奈何。可是他可没想到，虽然在秦末历史上的第一场演出结束了，但是，雍齿是不会这样就退出历史舞台的。在战火纷飞、尸横遍野的秦末，雍齿的命真的很硬。

楚王得立

人人都想富贵，殊不知穷人有穷人的欢乐，富人有富人的烦恼，卑者有卑者的安逸，贵人有贵人的危险。

项梁以“陈胜生死未明而擅立假王”的借口除掉了秦嘉。奉命攻打襄城（今河南许昌襄城县）的项羽在活埋了襄城全部秦军后，带回了一条很值得高兴的消息：陈胜已经遇害了。

项梁召集麾下全部将领在薛城开会，研究选出新楚王。

听说项梁要开会研究楚王人选，鄛县（今安徽桐城南）人范增坐不住了。范增此时已经是七十岁高龄的老者，却毫无老守田园、安度晚年的自觉。他专程找到项梁，提出建议：陈胜败固当。夫秦灭六国，楚最无罪。自怀王入秦不反，楚人怜之至今，故楚南公曰‘楚虽三户，亡秦必楚’也。今陈胜首事，不立楚后而自立，其势不长。今君起江东，楚蜂午之将皆争附君者，以君世世楚将，为能复立楚之后也。

范增认为：陈胜败亡，张楚覆灭，纯属咎由自取。原因在于陈胜不立楚王后裔而自立为王。被秦所灭的六国之中，楚国是最无辜的。而且当年楚怀王芈熊槐是因为被秦昭襄王用谎言欺骗，到了秦国被强硬扣留，才客死异乡的。因此，亡国之恨楚人没齿难忘，所以楚南公才说“楚虽三户，亡秦必楚”。他指出：项梁起义之后，楚国人蜂拥而至，争相归附，看中的就是项梁是楚国将门之后，认为项梁一定会拥立楚王的血脉。范增的结论就是：选楚王，一定要选熊槐的子孙。

范增对项梁做出的建议里，有两点值得一提。

一是“楚最无罪”。范增说楚国是最无辜的，这话未免一厢情愿。

秦楚两国在春秋战国时期恩怨甚为纠葛。公元前505年，伍子胥率吴国大军攻破楚国郢都（今湖北荆州城郊外的东北处），鞭楚平王之尸泄杀父之恨。当时在位的楚昭王仓皇出逃，派人向秦国求救。秦国接受请求，出兵与楚军打败吴军，化解了楚国亡国危机。

当然，秦国不是无缘无故地帮助楚国，而是有其政治目的。但秦国对楚国有救亡之恩，这毕竟也是客观事实。楚国是怎么回报的呢？

公元前318年，魏、赵、韩、燕、楚五国联合攻秦，楚怀王被选为此次联军的“纵长”。要不是这五国各怀鬼胎，秦国恐怕就此灭亡了。

公元前313年，车裂了商鞅的秦惠文王在攻打齐国之前，为瓦解齐楚联盟，派张仪游说楚怀王。张仪谎称：“楚诚能绝齐，秦愿献商于之地六百里。”楚怀王贪便宜，立即与齐断交，并派人去接收土地。张仪当场反悔，说当时答应的是六里，不是六百里。楚怀王勃然大怒，兴兵攻秦。史书记载的秦楚丹阳之战就此爆发。结果是，楚军被秦军杀得大败，反而被秦军夺去了六百里国土。楚怀王不甘心失败，又派兵攻秦，结果再次战败。

此后，楚怀王一会儿与秦国结盟，一会儿与诸侯结盟，反复无常，唯利是图，不仅得罪了秦，而且得罪了其他诸侯。因此，说“楚最无罪”纯属夸张。

第二，要说一说“楚虽三户，亡秦必楚”。

这话是楚国贵族楚南公在楚国灭亡之后说的。关于这句话的解释，其他都好说，唯独“三户”二字，在史学界自古就有争论。有人说，这个“三户”指的是楚国三大名门望族——昭家、屈家、景家。也有人说，“三户”是楚国的三户津这个地方。还有人说，“三户”是虚指，意思就是“只要楚国人没死绝，就一定能灭亡秦国”。

综合比较而言，按地名说解释这句话，文理不通。显然地名说并不正确。而“三族”说则于礼不合，因为这个解释里没包括楚国王族的芈姓。作为自豪的楚国人，这未免太瞧不起自己的王了。因此，第三种说法是最合情理的。

当然，楚南公到底是什么意思，已经没办法知道了，今人只能猜测。

再说老范增一厢情愿地说大家投奔项梁都是为了能拥立楚王后裔，倒是一语点醒梦中人。项梁想称王，但是他一旦自己称王而不立楚王后裔，他爹项燕以及列祖列宗挣下的好名声就全毁了，这就等于直接授人以口实。再者，对于楚怀王的遭遇和楚国的灭亡，楚人确实是切齿痛恨，如果请出一个楚王后裔做门面，肯定能赢得楚人的狂热支持。

秦二世二年（公元前208年），项梁派出人去，寻找楚怀王的子孙。至此一个放羊娃被从山沟里带了出来。经过知情者的确认，这个放羊娃被确认是楚怀王芈熊槐的孙子，名叫芈熊心。芈熊心很快被接到盱台，也就是今天的江苏盱眙。为了激起楚人同仇敌忾的情怀，他被要求接受爷爷的谥号，也称楚怀王，史称楚后怀王，后又称为义帝，以盱台为都。

大秦的最后一根稻草

秦国，以战争起家。在秦国到秦朝的六百多年时间里，名将辈出，屠戮无数。虽然被陈胜吴广起义打了个猝不及防，一旦缓过气来，大秦的刀锋还是那样锐利。

秦二世时代，秦国最猛的武将非章邯莫属。

临危受命的章邯，率领着大部分由刑徒组成的军队，就像一头从山上冲下来的饿虎，势不可当。在消灭张楚之后，章邯并没有把江南群雄放在眼里，仅仅派出几支队伍去围剿，自己则把主要目标对准了魏国。

复国后的魏国正处于战略要冲，是秦军东出北击的瓶颈。拿下魏国，秦军进可攻退可守，将一举扭转不利局面。

秦二世二年（公元前208年），就在项梁刚刚推出楚后怀王这个傀儡没多久，章邯将魏都临济（今河南封丘县东）包围了。

魏王姬咎本是西周文王之后，怎奈此时立足未稳，不复乃祖遗风。早在听说秦军将要杀过来时，姬咎就已经惶恐不安，找主心骨周市商量。忠心耿耿的老周市的意见是：向齐国、楚国求救，三国合兵坚决抵抗。姬咎也别无他法，只好鼻涕一把泪一把地写了两封求援信，派人杀出重围，送到齐、楚两国。

唇亡齿寒的道理谁都明白。接到求援信后，齐王田儋率先反应，亲自与弟弟田荣共同领兵前来救援。

田儋出兵，一半是因为休戚相关，一半也是因为要还周市的人情。陈胜占据陈县称王的时候，派周市率军北上。周市在黄河下游辗转作战，为田儋创造了机会。田儋当机立断，和从弟田荣、田横杀死当地县令，自立为齐王，恢复了原齐国领地。田儋能有今天，多亏周市。投桃报李，田儋带着人马来了。

相比齐王的身先士卒，楚国的反应并不热烈，项梁只派远房族侄项它带一队人马赶来援助。齐、楚两军与魏军在临济城下合兵一处，一时间车如潮水马如龙，刀枪林立，人浪起伏，倒也壮观。姬咎与周市喜极而泣：援兵来得很及时，这下有救了！

临济城内，三国联军紧急布防，忙得热火朝天。临济城外，章邯的大军镇定从容，不急不躁。章邯并不在乎面对多少人马。临济就在眼前，他相信自己要胜利了。

当忙碌了一个白天的魏、齐、楚联军疲惫不堪的时候，这天夜里，驻扎在城外的章邯命令秦军人衔枚马勒口，悄无声息地对临济发起突然袭击。齐、楚两军驻扎在临济城脚下，围成一道坚强的人体屏障。没想到眨眼之间，势如疾风的秦军幽灵般来到了他们的营外，默契地平端矛戈，雷霆一击般冲进了齐、楚军营。

使用了偷袭战术的章邯军如同猛虎闯入羊群，杀得齐、楚两军措手不及。在这个沉寂的夜晚，打破了静谧的喊杀声和惨叫声没有持续多久，就又恢复了宁静。只是那强烈的血腥味刺激得临济城上的魏军欲呕。

旭日在同一个位置升起，并不顾及人间悲欢，兀自放射着耀眼的光芒。临济城下却已经成了死者的坟场。天刚大亮，秦军已把临济包围得水泄不通，魏国顶梁柱周市和齐王田儋已经在昨夜的混战中战死，魏都已变成了一座孤岛。

姬咎得到报告后，一声长叹。事已至此，又能如何？天赐他一个天皇贵胄的血脉，天赐他一颗不甘沉浮的雄心，天赐他一个千载难逢的良机，然而，天没有赐予他指点江山的实力。此时的姬咎自知死期不远，反倒看得开了。他派人向章邯送信，表示愿意放弃抵抗，开城投降，只求秦军不要屠城，放过满城百姓。章邯回答得很干脆：好！得千金一诺，姬咎下令开城投降。就在秦军浩浩荡荡进入城内之际，姬咎纵火自焚。

宏图霸业转眼成空，壮志残躯尽付寒风。姬咎到底是文王后裔，没有让先祖蒙羞。

末世的秦朝，在章邯的南北厮杀下，发起了绝地反扑，掀起了冲天巨澜。谁能阻挡秦军的脚步？谁能在秦王朝的坟丘上堆下最后一抔土？

姬咎死了，他的弟弟姬豹还活着。在逃出生天的项它的带领下，姬豹成功逃到了楚国。在楚后怀王芈熊心驾前，姬豹痛哭流涕，恳请楚国看在死去的魏王份上拉他一把，给他一支军队报仇复国。楚国需要这样一个战友，可是也不能拿出太多兵力做冤大头。在项梁的授意下，熊心拉着姬豹的手，好言安慰，给了几千人马，交给姬豹报仇。

几千人马也不算少了。姬豹当即跪谢楚王，带着这点人马杀奔魏国。

章邯一举灭掉魏国后，田荣带着齐国的残兵余将退守东阿（今山东阳谷县东北阿城镇）。章邯正好打算继而攻打齐国，当即衔尾而来。田荣正准备鼓舞士气、组织人马抵抗，不幸的消息从后方传来：齐国留守人员得知田儋战死，马上趁机拥立原齐王田建之弟田假为王，拜田角为国相，拜田角之弟田间为将军。

这一下子可要了田荣的命。前有秦军虎狼之师，后院又起了火，失去支援，这仗还怎么打？田荣赶紧向楚国求援。项梁这时候正带着项羽、刘邦攻打亢父（今山东济宁市南），得知田荣有难，基于战略考虑，立即放弃亢父挥师急奔东阿，与田荣军一前一后夹住了章邯军。楚军骁勇，田荣军拼命，章邯军腹背受敌，消耗太大。章邯当机立断，指挥大军跳出包围圈，向濮阳（今河南濮阳市）方向撤退。

项梁此次挥师增援的目的之一就是要吃掉章邯军，解决秦朝最强战斗力。章邯撤退，项梁立即亲自率军追击。

山雨欲来风满楼，一场攸关秦楚命运的恶战即将开始了。

灭了邯郸，掌控大权在望

楚军包围了章邯军，项梁得意极了。只要把章邯军消灭，通往咸阳的道路上就再没有值得一提的障碍。

到秦始皇为止，每一位秦王几乎都是有为之君。在他们的统治下，秦国良将辈出，带领秦军不断地取得胜利。而到了秦二世上台，秦军突然变得软弱可欺，除了章邯率领的这支刑徒军之外，再无一支能有昔日嗜血之勇的秦军出场。那么，昔日扫灭六国、气吞山河的秦军哪里去了呢？

秦军战斗力的蜕变，首先在于秦王本身。

在秦始皇扫灭六国、南定百越、北拒匈奴之前，秦国地处秦川一隅之地。秦国建国晚，西周灭亡后才真正建立，不比其他根基雄厚的诸侯国。而秦人因为以前生活在西北草原，与戎、狄、羌杂居交融，在血统方面也被中原诸侯所歧视。地处偏僻、实力较弱、不受尊重，这些固然是秦国的不利因素，但也激发了历代秦王的雄心。为了获得至少跟其他诸侯平等的地位，在夹缝中求生存，军事上，几乎历代秦王都厉兵秣马，热衷于开疆拓土。尤其秦孝公用商鞅实行变法后，秦国国力迅速上升。之后的秦王发现自己有了统一天下的条件，更是以扫灭其他六国为己任，坚持不懈地出兵讨伐。历任秦王在军事上的积极作为，无疑促进了秦军战斗力的提升。秦始皇统一天下后，秦国再没有任何等量级的敌人，秦始皇与继任的胡亥失去了进取心，大多数秦军的战备日渐荒废，秦军被分散到各地担任安防工作，战斗力迅速下降。

秦军迅速蜕变的第二个重要因是蒙恬含冤而死。

蒙家三代人对秦王赤胆忠心。蒙恬在秦灭六国后是秦军中的第一名将。蒙恬军向心力和战斗力极强，对秦王的忠诚度也极高。因此，当时的蒙恬军是秦军中最具战斗力的队伍。如果蒙恬健在，挥师南下，仅仅依靠蒙恬军的力量，秦国就有很大把握迅速平定起义。而且，以蒙恬的声望和能力，也足以调动指挥全国秦军，不至于造成将领各怀心思、各自为战的局面。

然而，在胡亥与赵高的心目中，蒙家是属于长子扶苏的派系，是对胡亥即位的威胁；而大臣李斯热衷于权力，怕扶苏即位后用蒙恬为相，自己被贬斥。所以，三个人一拍即合，在阴谋矫诏赐死扶苏后，也将蒙恬杀害。蒙恬被害死的消息一传出来，全军悲愤含泪，士气低落，战斗力大打折扣，而秦国也失去了当时最杰出的将领。这无疑是巨大损失。

秦军迅速蜕变的第三个重要因素是秦末三大军团的问题。在各路人马发起轰轰烈烈的倒秦战争时，秦国还有三大主力军团。

一个是西南军团。

秦始皇统一全国后，以屠睢为主将，赵佗为副将，兴兵五十万大军讨伐岭南。屠睢因为滥杀无辜被当地人杀死，秦始皇任命任嚣继任。经过四年的努力，这支队伍完成了平定岭南的大业。秦始皇在岭南设立了南海郡、桂林郡、象郡三郡，委任任嚣为南海郡尉。南海郡下设博罗、龙川、番禺、揭阳四县，赵佗被委任为龙川县令。

陈胜吴广起义爆发后，刘邦、项羽群雄相继而起，中原一片混乱。如果此时任嚣和赵佗能带五十万大军及时从广西杀回来，完全有能力解除秦国的危机。但是，任嚣有心自立，不仅按兵不动，而且下令堵塞了南北之间所有的通道，根本没有北上作战的意图。西南军团主将怀有异心，直接导致五十万秦军失去履行义务、维护秦军荣誉的机会。

另一个有实力的就是原来的蒙恬军团。蒙恬虽然被害，军队还在，仍然履行着防备匈奴的使命。这支军团的新任主将王离是名将王贲的儿子。

王离军原本有三十万兵力，陈胜吴广起义爆发后，一些兵力被陆续抽调。后来，各地起义陆续爆发，王离军奉命南下平乱。但因为深受爱戴的主将蒙恬蒙冤遇害，主力被连续抽调，这支队伍士气低落，战斗力不高。王离虽然出身将门，但缺乏独自统帅大军的经验，不能充分发挥这支善战队伍的优势。种种因素使这支原本战斗力一流的队伍沦为三流队伍。

秦国的第三支军团是章邯军团。这支军团原本不存在，是胡亥征发骊山数十万刑徒临时组建的。在章邯的率领下，这支由亡命徒组成的队伍，在自由和富贵的诱惑面前爆发出了极大战斗力，成为了当时秦朝唯一可以依靠的队伍。

因此，可以说，只要消灭了章邯军，秦朝就等于是一只案板上待宰的羔羊，再无反抗之力。已经将章邯围困在濮阳的项梁怎能不得意呢？

项梁以为大事已经指日可成，章邯却并未绝望。濮阳城内，章邯着手做了两件事：

首先，章邯下令挖开河堤，将河水引入濮阳城外的护城河，使护城河水位立即升高，河面立即变宽，水流迅速湍急。这样一来，已经准备妥当的项梁不得不暂缓进攻了。他需要紧急制造相应的攻城器械。

延迟了项梁军进攻的脚步之后，章邯紧急下令，要求能够及时抵达的各路秦军立即集结濮阳。

城高河深，源源不断的秦军正在赶来。项梁眼见马上就要到手的鸭子扑腾着翅膀要飞，却只能望城兴叹，徒呼奈何。

随着军力对比的此消彼长，项梁感觉有些捉襟见肘了。但是，他并未太过在意。放眼望去，江湖上到处有兄弟。自己的实力不够，可以请朋友来帮忙！身后的齐国田荣，那是被自己救过命的，这时候该还人情了吧？赵国虽然跟楚国素无交情，但是本着唇亡齿寒的考虑，也应该不会旁观！

就在追击秦军之前，项梁已经兴冲冲地写下书信，让手下火速送至赵王和齐国田荣处。

送信人出发了。项梁遥望濮阳城，料定章邯已经插翅难逃。

项梁的算盘打得很好，然而，事情的发展真会如他所愿吗？

死要面子活受罪

满怀希望的项梁向田荣和赵国发出了派兵援助的请求。然而，田荣与他哥哥田儋不一样。

项梁出兵替田荣解围之后，田荣没有跟着项梁追章邯，而是火速赶回老窝救火去了。虽说章邯打得很惨，但田荣带着这点残兵败将，借着自己在齐国的余威居然把齐王田假打跑了。田假逃到楚怀王那里避难，国相田角和田间则是躲到了赵国。田荣对死去的大哥够义气，没有趁机自立，而是把大哥的儿子田市推上了齐王的宝座，自己任国相，辅佐侄子。老三田横这时候浮出水面，被任命为大将军，掌管齐国所有军队。

就在这时候，项梁的求援信来了。要是田儋还在，可能就急着出兵了，田荣却不是。看过项梁的亲笔信之后，田荣回了一封信。信上说：

武信君，您之前帮助我们齐国度过危机，我深表感谢。您独自率军与章邯交手，这又让我非常之佩服。我非常愿意出兵协助您消灭章邯。可是，在我出兵之前，我希望您能答应我一个小小的要求。前些日子在齐国出现了几个乱臣贼子，就是田假、田角和田间，自立为王，迷惑百姓。我率军平叛的时候，田假逃到了楚国，田角和田间逃到了赵国。为了我们齐国的安定团结和咱们齐、楚、赵三国的和睦，请您和赵王把这三个叛逆杀死。只要我见到这三个人的脑袋，齐国马上派兵支援！

项梁接到信后大怒，几乎拍案而起，暗叹自己交的是什么人，想当初他救人的时候什么条件没提，今天对方竟然来跟他讲条件！

项家有个传统：死要面子活受罪。项梁就是这样的人。田假在楚国避难，属于有利用价值但可有可无的一枚棋子，杀了也就杀了。但是项梁不这么想，项梁认为：田假走投无路投奔楚国，那就是瞧得起自己。如果为了田荣那点有也不多没也不少的救兵就把来投奔自己的人杀了，那天下人怎么看他项梁？谁还肯投奔他？于是，项梁断然回信：田假好歹也曾经是齐国之君，齐楚两国一直友好。现在他走投无路来投奔我，我是不会忍心杀他的！这番话，《史记》说是项梁说的，《汉书》说是熊心说的。不管是谁说的，都是项梁的意思。

项梁不肯杀田假，赵国也就不肯杀田角和田间。反正田假不死，齐国就不肯出兵，赵国杀了田角、田间也没什么意义，还要担被天下人指责的风险。

田荣果然说到做到，不见田假等三人的人头，他真的就不出兵。项梁着急，三番五次地遣使催促。田荣是毫不理睬。楚国信使好像皮球一样，在齐楚两国之间被踢来踢去，直到章邯都快等得不耐烦了，项梁也没得到想要的结果。实在逼急了，田荣最终答复：一个人如果被毒蛇咬了，咬到手就应该砍掉手，咬到脚就应砍掉脚。为什么呢？因为如果不砍掉的话就会死。田假、田角、田间三个人在楚、赵两国一点用处也没有，没有半点手足亲戚关系，为什么你们就不肯杀呢？反正你们不把他们三个杀了，我就不出兵。到时候秦国缓过气来，那时候我跑不了，你们也得死！

田荣这话说得很硬，隐然有那么一点要挟的味道了。项梁自从起兵以来哪遇到过这种事！这回他是真的愤怒了。没想到田荣居然敢要挟自己，他还真是不指望田荣那点乌合之众！等他收拾完章邯，下一个就收拾田荣了！

没有外援，盛怒之下的项梁决定独当一面。他首先命令刘邦和项羽攻打城阳（今山东鄄城县东南），进而攻打定陶（今山东定陶西北），以防其他秦军呼应濮阳。刘邦和项羽不费吹灰之力就把城阳拿下，将城内屠戮一空。但是在兵临定陶的时候，刘项大军受挫，转而攻打雍丘（今河南杞县）。在这里，刘邦和项羽遇到了李由率领的一支秦军。

李由此人来头甚大，他是秦朝当朝国相李斯的长子，公子扶苏的好友，蒙恬的学生。从这里足见李斯城府之深。李斯师从荀子，是法家传人，正是由于他的建议，秦始皇下令焚书坑儒。公子扶苏在思想上倾向于儒家，曾经因为“焚书坑儒”事件进谏，使秦始皇暴怒。至于蒙恬，也是李斯一直忌惮的人物。当初赵高说动李斯同意矫诏拥立胡亥，就是以“一旦扶苏继位，可能用蒙恬取代李斯为相”作为借口。可是李斯居然让儿子与扶苏相交，拜蒙恬为师。扶苏、蒙恬相继遇害，李由却因为父亲的关系没有受到牵连，反而领兵在外。当年陈胜命吴广攻打荥阳却久攻不下，就是因为这位李由公子在荥阳坐镇。

现在，李由率军到了雍丘，正遇到刘邦、项羽引十万大军而来。刘项军兵精粮足，士气旺盛。李由见敌军势大，急忙一面派人向章邯求援，一面组织军民固守。此人虽然生于当朝国相之家，锦衣玉食，倒也是条好汉，在战场上身先士卒，拼命死守。双方激战到第四天中午，李由左臂中箭，血流如注。这位公子毫不退缩，拔出箭头包扎好伤口，继续指挥作战。战至下午，雍丘城破，李由率秦军与刘项军展开巷战，直杀到身边只剩下十几个贴身护卫，仍力战不退，直至战死沙场。李由死后，仍然手握长矛，怒目圆瞪。刘项军中有人见此情景也不禁落下敬佩的泪水。项羽素来敬慕好汉，当即令人把李由的尸体送回其上蔡老家安葬。

刘邦项羽取得了巨大战果之后，项梁率领大军来到了定陶。对于刘邦、项羽的战绩，项梁非常满意。“连李由都死在了我侄子手里，秦军不过如此啊！”项梁不无骄傲地想。包括陈胜吴广在内，其他各路英雄面对秦军的反扑都是屡战屡败。唯独他项梁，不仅杀得章邯龟缩在濮阳，还杀死了国相李斯的儿子、力保荥阳不失的李由！试问天下谁是对手？

项梁的自大情绪被宋义察觉了。宋义也不是简单人物，他原是楚国令尹，也就是宰相。楚国被秦灭亡后，宋义隐居楚地，在项梁立熊心为王后出山辅佐，此时正在项梁帐下。项梁被几场胜利冲昏了头脑，宋义却很清醒地认识到，区区几场胜利并不足以令秦朝一蹶不振，章邯也绝非浪得虚名。他不无担心地对项梁说：“将军，带兵打仗，最怕的是胜利使将领骄傲、士兵怠惰。现在我发现士兵们已经有些怠惰了，而秦军势力益胜。这种情况，令我不能不替将军担心啊！”宋义没敢直接指出项梁骄傲自大，绕了个圈子。项梁不傻，哪里会听不出宋义是在说他？项梁心里很不痛快，可是宋义毕竟是资格老，也不好把他怎么样。于是，项梁阴沉着脸说：“你提醒得很对，很及时。你的批评是个好批评，我回头就收拾那帮偷懒的士兵。我充分考虑你的意见，觉得单凭我们自己跟秦军打，损失太大，因此想请你亲自去齐国跑一趟，再好好劝劝田荣。等他想通了，你立即带着援兵赶来，与我会战章邯！”

项梁哪里是虚心接受意见，分明是觉得宋义讨厌，索性把他赶到齐国去。宋义气得无话可说，应了声“诺”，调头就走。瞅着宋义憋屈的背影，项梁开心极了，咧开大嘴哈哈大笑。

却说宋义走出帐外想了想，反而高兴起来，收拾收拾行李，带着随从乐呵呵地上路了。在去齐国路上，宋义遇见了齐国使者高陵君。宋义停车问道者：“这不是高陵君吗？你这是要去见武信君吗？”

高陵君恭恭敬敬地见了礼，说：“是啊。我们的大王命我去见武信君。”说着，急急忙忙就要继续赶路。

宋义连忙拉住高陵君，道：“你慢点走。我料定武信君必遭大败，你要是慢点走，还能留得性命，要是走得快了，恐怕正好赶上这场杀身之祸!”

高陵君很惊讶：宋义怎么说得这么肯定啊？左思右想，自觉还是小心点为妙，反正也不是什么着急的事，就亦步亦趋地往前走了。

宋义与高陵君没什么深厚的交情，拉住高陵君说这一番话，多少有些赌气、看笑话的成分。而他这一番话救了高陵君一条命，却也断送了自己的性命。

项梁殒命

当痛苦地闭上眼睛死去的时候，没有人知道项梁那时是否后悔自己没有听宋义的良言相劝。

而现在，项梁还活得很开心。听人劝，吃饱饭。项梁并不懂这个后世才被总结出来的道理。支走了讨人嫌的宋义之后，项梁的耳根子清净了许多。对于龟缩在濮阳城的章邯，他满心鄙视。什么名将？不还是被我打得不敢露头？等我拿下小小的定陶，章邯还何足挂齿！

项梁想得很美，然而章邯却不打算如项梁所愿。出奇制胜是章邯的拿手好戏，他决定把攻打魏国的那出好戏再重演一次。

在临济，章邯曾经对魏军上了一堂夜袭课。项梁军中滋生的骄傲与怠惰情绪被嗅觉灵敏的章邯察觉了。当项梁以为章邯被吓破了胆、不敢出城的时候，章邯决定给项梁一点颜色看看。

夜色深沉，万籁俱静。濮阳城内，章邯整军待发。微弱的星光掩映下，密密麻麻的人影悄无声息地站立着。人人嘴里衔好了枚，战马也勒住了嘴。军官们用阴狠的目光来回扫视，试图寻找出一个敢于出声的倒霉蛋立威。没人敢说话，章邯也没有说话。他只是猛地一挥手，千万人组成的大军骤然而动，秩序井然而轻盈地飞奔出城，直扑定陶。

深秋的定陶，夜色中冷气袭人。天越冷，人睡得越香。就连夜巡的士兵也睡眼惺忪地履行巡逻职责之后，溜到背风的角落悄悄打盹。

在项梁军毫无警惕和察觉之中，章邯军已经摸到了项梁军大营附近。看着酣睡中的楚军大营，章邯伸出猩红的舌头舔了舔嘴唇，森然地冷笑一声。多么丰盛的一顿美餐啊！他伸手指向项梁大营，低吼一声："杀！"

一声令下，秦军如同风卷残云一般杀了进去。楚军根本没有防备。他们丝毫没有想到章邯还有出击的胆量。骄傲的楚军被秦军肆意屠戮着。被惊醒的人如同没头苍蝇一般四处乱撞；来不及起身的人则被堵在营帐里乱刃分尸；那些奋勇拿起兵器抵抗的，在挥刀的瞬间就被数支羽箭射穿。

就在这个凄美的夜晚，新楚国的缔造者、陈胜和吴广之后最著名的一代猛将项梁，在乱战中窝囊地战死了。他的尸体只是与士兵们倒在一起，没有显得更壮烈、更高贵。死亡面前，从来没有高低贵贱的分别。

楚国的一杆大旗在猎猎风中折断。噩耗传来，正在奉命攻打陈留（今河南开封市陈留镇）的项羽、刘邦目瞪口呆。项梁死了，陈留久攻不下，他们该何去何从？来不及悲伤，来不及祭奠，考虑到项梁之死对楚军士气的打击，刘邦、项羽立即仓皇东撤，项羽军撤至彭城（今江苏徐州）之西，刘邦军撤至砀县（今安徽砀山县南）。

陈胜手下原来有位大将吕臣，陈胜遇害之后，趁着章邯率领秦军转而攻魏的时候，在新阳（今安徽界首北）组织队伍，与英布重新夺回了陈县，杀死了庄贾，重建张楚政权。吕臣得知项梁兵败而亡，也感到局势危急，率领军队弃守陈县，归顺了怀王，驻扎在彭城之东。三路人马严阵以待，准备抵御秦军。

而楚后怀王熊心乍闻项梁战死的噩耗，心中欣喜若狂！这哪里是什么噩耗，对他熊心来说分明是个天大的喜讯！

项梁的存在，使熊心一直笼罩在死亡的阴影中，熊心当然不甘心。他想活下去，他想风光地当一回楚王，他想不受任何人约束地发号施令。项梁活着的时候，他没有任何机会，只能被动地等着死亡。谁能想到没有忍耐多久，机会就这样意外地到来了！

熊心很激动，他要迅速把权力掌握在自己手中，不让任何人再掌握自己的生死。为此他做出决定：北上迁都彭城。来到彭城之后，他立即传出几条命令：收回项羽、吕臣的兵权，拜吕臣为司徒，拜吕臣的父亲吕青为令尹，封刘邦为武安侯，以平衡其他将领与项羽的势力。曾经的一个区区亭长，仅仅几千人马起家，今日的刘邦已成为堂堂侯爷，在熊心有意为之之下逐渐进入了楚国统治集团的中心。当然，对项羽也有必要安抚一下，以免项氏强烈反弹。怀王熊心封项羽为长安侯，称鲁公。

此时，楚国盟友姬豹也在西线密切注意着章邯军队的动向。带着熊心拨给的几千人马，姬豹一路横冲直撞，没几个月，竟然从秦军手里夺回了二十几个城池。楚怀王立即封姬豹为魏王。

项梁战死后，项羽、刘邦、吕臣在彭城一带准备迎击，姬豹准备从后方夹击。两国各就各位，静候章邯。结果，消灭了项梁军的章邯对楚国的残兵败将不屑一顾。他没有追剿楚国有生力量，而是挥师直奔赵国而去了。

警报暂时解除。熊心感到迫切需要一个可以依靠的心腹辅佐自己。

那么，谁才能成为熊心的擎天白玉柱、架海紫金梁呢？就在熊心考虑这个人选的时候，高陵君来到了楚国。听取了宋义建议的高陵君果然躲过了一场杀身之祸，不由得对宋义佩服之至。因此，在得到熊心的召见后，高陵君向熊心提起了这件事："我奉命去见武信君，恰好遇到出使我国的宋义将军。宋义对我说武信君不久必败。没过多久，武信君果然兵败身死。还没交战就能看到失败的征兆，这说明宋义将军是熟知兵法的军事专家。大王有这样的人才，我真替大王高兴。"

听了高陵君的赞誉，熊心听得心里暗暗称奇，立即把宋义招来问对。君臣相见之后，对当前形势、应对战略等大事进行了深入讨论。熊心对宋义非常满意，当即拜宋义为上将军，赐封号为卿子冠军，命他统帅诸将。"卿子"是公子的意思，是一种尊号。宋义为上将军，全军中级别最高，所以又称冠军。同时，为了安抚项羽，他又拜项羽为次将，范增为末将。

在熊心抓紧时间掌握权力的时候，章邯军已经以凌厉之势渡过黄河，一路斩杀，势如破竹地攻入了赵国都城邯郸（在今河北邯郸市）。章邯打下邯郸之后，做了两件事：一是掠夺人口，把赵国的百姓迁到河内（今河南武陟西南），减少赵国人力资源；第二是毁掉城池，把邯郸彻底破坏，夷为平地，让赵国失去东山再起的根基。赵王歇被人扶上王位没多久，就被章邯追得四处逃命，一直逃入巨鹿城（今河北平乡）。章邯这回执意要斩草除根，咬定赵王歇毫不放松，派率领北方军团前来增援的副将王离军队团团围住巨鹿，他本人率军在巨鹿城南屯军准备打援。

为了保住赵国这个盟友，高瞻远瞩的熊心命令宋义率领楚军主力营救赵王歇。

秦二世三年（公元前207年）闰九月，楚后怀王熊心命令卿子冠军宋义率项羽、范增、英布等将领北上救赵，命令刘邦独领一军西进攻秦，沿路收集陈胜、项梁余部，并与诸将对天盟誓，约定"先破秦入咸阳者王之"。项羽不愿意北上，希望跟刘邦一道西进伐秦，为叔父项梁报仇。熊心以前备受项梁欺压，早就跟项家结下了仇，哪能让项羽如愿？

项羽碰了一鼻子灰，这时候大权都在熊心手里攥着，项羽只好从命。

十月，辞别了楚王熊心，宋义和刘邦分别率军出发了。宋义行至安阳（今山东曹县），让军队就地驻扎听候命令。此时，安阳离巨鹿直线距离只有不到五百里。全军做好最后的准备，士兵们都相信，决战的时刻就要来了。

第三章　谁的江山，马蹄声凌乱

张耳、陈馀落井下石

等待盟友救援的日子里，赵王歇在巨鹿城里瑟瑟发抖。城外，王离的二十万秦军正在日夜不停地发动攻击。多亏秦军屠城的传统使守城军民上下一心，大将张耳居中调度，这才挡住了秦军的一次次猛攻。摇摇欲坠的巨鹿城始终屹立不倒，让赵王歇对生存有了一丝期待。

大将张耳面容憔悴，眼睛里满是通红的血丝。他已经许多天没能睡个好觉了。巨鹿城坚持不了太久，张耳对这一点十分清楚。他焦躁地踱了几步，再度派使者去见陈馀，要求陈馀赶紧援救巨鹿。

使者顺利见到了陈馀，并再一次被陈馀打发回去。陈馀已经记不清这是张耳第几次派人来催了。他也很无奈。他知道巨鹿危急，他也想救张耳。可是，他手里的几万人马全都是刚刚收拢的乌合之众。攻打王离，他没有半点胜算。在他看来，张耳并不应该提出如此不切实际的要求，不应该明知道是火坑，还要求他跳进来送死。因为，他们是兄弟。

是的，张耳，陈馀，他们曾经是生死与共的兄弟。

张耳和陈馀都是魏国大梁人。张耳当年曾经是魏国公子无忌的门客。公子无忌是谁？战国四公子之一的信陵君，与齐国的孟尝君田文、赵国的平原君赵胜、楚国的春申君黄歇齐名。历史上有一个有名的“信陵君窃符救赵”事件，就是公子无忌所为。

在春秋战国时代，不是人人都能当门客，更不是随便一个什么人都能当战国四公子的门客。不管是鸡鸣狗盗之徒，还是文武双全之士，总得有一技之长才行。张耳能成为信陵君座上宾，这也体现了他的才能。

但是，张耳在信陵君门下混饭吃的好日子没过上多久，就不知道因为犯了什么罪而亡命江湖了。这一逃，张耳就从魏都大梁（今河南开封）逃到了外黄（今河南商丘民权西北），隐姓埋名住了下来。

据说，外黄有一个当地首富，生有一个貌美如花的闺女。这位富翁把女儿嫁给了一个没本事的穷小子，富翁的女儿对婚事不满意，索性溜之大吉，投奔了父亲旧时的门客，请门客帮忙再找个好的。这位门客就隆重推出张耳，说：“你要是想找个好丈夫，那非张耳莫属了。”富翁的女儿听了门客的话，坚决地与原配丈夫断绝了夫妻关系，嫁给了张耳。

张耳此时还是一个亡命之徒，自然没有不乐意的。有了富翁做老丈人，在女方家里出钱资助下，逃犯张耳摇身一变，居然做了外黄令。当年给人当门客的张耳，如今自己养起门客来，贤名远扬。张耳的名气有多大呢？当年在沛县游手好闲的刘邦都听说了张耳的大名，从今天的江苏徐州跑到河南商丘来见他。由此可见张耳当时是何等的风云人物了。

陈馀比张耳年纪小了不少，也是才华横溢，名声在外，后来被一位富翁相中招为女婿。张耳当县令收门客的时候，陈馀就慕名而来，对待张耳就像对待自己亲爹一样那么尊敬。两人相处时间长了，惺惺相惜，做了异姓兄弟，不求同年同月同日生，但求同年同月同日死。

秦始皇把魏国灭了之后，听说了张耳和陈馀的大名，觉得这样的祸患不能放任自流，悬赏一千金捉张耳，五百金捉陈馀。安生日子算过到了头，兄弟两人改名换姓跑到了陈县。人们常说：最危险的地方就是最安全的地方。张耳、陈馀两人大概也懂得这个道理，在陈县当起了里正卫。里正卫属于身份比较卑微的小吏。张耳、陈馀当差的日子里没少受上司欺负，但是倒也从来没怀疑他俩的身份。

终于，秦二世元年（公元前209年），陈胜起义，占据了陈县。张耳、陈馀苦日子可算熬到了头，连忙前去投奔。陈胜对这两人也是久闻大名——海捕告示里见过，当即留用。也就是在这个时候，张耳和陈馀劝陈胜不要自立为王，可陈胜没听。

张耳和陈馀见自己的建议不被采纳，断定陈胜的日子长不了，决定外出避祸。于是，陈馀对陈胜又献一计，建议陈胜在进攻攻打咸阳的同时，让他和张耳带一队人马夺取黄河之北的赵国故地。陈胜倒也同意了，但是留了个心眼，安排心腹大将武臣为将军，邵骚为护军，让张耳、陈馀分别任左右校尉，防止两人起异心。张耳、陈馀心里恨呐：计策是我们出的，居然让我们给人打下手，而且还是区区校尉，这也太欺负人了！

恨归恨，人在矮檐下，不得不低头。在武臣的带领下，张耳、陈馀等人率三千征北军挺进河北。一过黄河，陈馀就发挥作用，把附近诸县的豪杰都召集到一起，请武臣发表了一通讲话。这些豪杰本来就是脑后生有反骨的，在武臣的鼓动之下纷纷同意加盟。于是，武臣军滚雪球一样迅速扩充到数万人。

带着数万人马，武臣连下十城，屠尽官吏。当然了，都是小城，大城一个也没打下来。屡屡在大城面前碰壁的武臣直眉瞪眼就奔范阳（约在今北京市和河北保定市北部）去了。敌军即将兵临城下，范阳有位谋士，姓蒯（kuǎi）名通（原名蒯彻，后来因为避汉武帝刘彻的名讳，改称蒯通），跑去见范阳令陈说利害，终于劝得范阳令决定举城投降。然后，蒯通又带着范阳令的求降书信去见武臣，鼓起三寸不烂之舌为武臣献了一条不战而屈人之兵的妙计，让武臣不仅接受范阳令投降的请求，而且重重封赏范阳令，再让范阳令穿着华服乘着豪车到处旅游。这样，各地看见投降者有这么高的待遇，争相归附了。不费一兵一卒，武臣就得了三十城。

就这样，武臣没费什么力气就打到了邯郸。这时，从陈县传来两条消息：忠心耿耿的葛婴因为私立襄彊得罪了陈胜而被杀；楚军西征主将周章战败自刎。

张耳、陈馀两人对视，心中都有了计较：报陈胜羞辱之仇的机会总算来了！两人当即面见武臣，劝说道："陈王打着楚国的旗号起义，现在自己称了楚王，看来是没有一定要立六国后裔为王的打算。将军您仅仅凭借三千兵马拿下赵国故地三十几城，独据河北这么大地方，您要是不称王，恐怕就压不住场面了。再说陈王这个人爱听信谗言，如果有人嫉贤妒能，在他耳边说您坏话，您不称王也是称王了，恐遭杀身之祸。您要是实在不愿意自立，可以立陈王的心腹为王，或者立赵王后裔为王。时不我待，机不可失。将军不要错过这个大好机会啊。"

张耳、陈馀这话说得武臣动心了。他觉得自己为陈胜打下这么大个地盘，称个王也不算过分。于是，武臣当即自立为赵王，封陈馀为大将军，张耳为右丞相，邵骚为左丞相。

陈胜听说武臣自立称王，先是勃然大怒，后来决定忍一时之恨，先解决章邯这个燃眉之急再说。于是，他派使者致贺，正式认可武臣为赵王，同时命令武臣赶快派兵西进伐秦。

陈胜的小算盘被张耳和陈馀看得一清二楚。他们力劝武臣不要被陈胜的虚情假意所蒙蔽，宜北伐不能西进，先拿下燕国故地的代县（今河北蔚县），再向南收取河内（今河南武陟县），扩大领地，据黄河天堑自保。武臣对张耳、陈馀言听计从，立即派大将韩广攻代县，派大将李良攻常山（今河北正定县），派大将张黡攻上党（今山西长子县）。

大将韩广进入燕国故地，战果辉煌，在燕人的拥护下居然自立为燕王，与武臣分庭抗礼。大将李良作战也非常顺利，而且本本分分，不敢行差踏错半步。然而没想到，李良在率军回邯郸城复命的路上遇到一支百人随从的仪仗，以为是武臣出游或是赴宴归来，立即跪倒施礼。仪仗队走到跟前李良才发现，车上坐的是武臣的姐姐。这位大姐刚参加完宴会，喝得烂醉如泥，也没管道旁跪得是谁，随便派了个随从打发了几句，自己扬长而去。

士可杀而不可辱，李良心想，我跪错了怨我自己倒霉，可是你一个女人，还不知道自己的身份吗？竟然坦然受拜，不把我放在眼里！李良有气，他的心腹更生气。将军都被一个女人如此轻贱，他们这些下属更没地位了，于是纷纷发表不满之辞。李良的火气被众人越煽越大，当即派人杀掉武臣的姐姐，自己率军奇袭邯郸，将赵王武臣和左丞相邵骚斩于刀下。张耳和陈馀消息灵通，及时逃出城外，幸免于难。

重整旗鼓、聚拢残兵，张耳、陈馀集合了五万余众，准备对李良进行反攻。为了更好地团结将士，抢占道义高地，两人找出了一个据说是赵王之后的人，立为赵王，定都信都（今河北邢台市）。这位赵王就是赵王歇。

还没等张耳和陈馀发兵，李良先莽撞地打了过来，结果是李良惨败，被陈馀和张耳一路追杀之下投降了章邯，张耳和陈馀则是顺势平定了赵国。可没过多久，章邯带着王离杀了过来，就此发生了前边的那一幕。

从外黄到信都，张耳和陈馀哥俩一直是相互支持，共同进退，称得上是生死与共的交情。谁想到，面对王离的巨鹿之围，好兄弟从此走上了同床异梦进而兵戎相见的道路。

怒杀宋义，项羽重夺兵权

再说宋义。他奉命救援赵军，走到安阳驻扎下来之后再也不见行动。

这一待，就是四十六天。赵王歇就像久旱盼甘霖一样眼巴巴地盼着楚军的到来，宋义却悠然自得地在安阳看风景，楚军将士摸不透卿子冠军打得是什么主意。

宋义不着急行动，项羽着急，忍不住怒言：“我要西进，你们不让我去，而让我北上。今我随军北上，宋义偏偏赖在这里不走。打又不打，退又不退，安的是什么心！”实在无法忍受的项羽气冲冲地去找宋义：“将军，秦军现在将赵王困在了巨鹿城，我们奉命援救，应该迅速渡河发起进攻。赵、楚两军内外夹击，秦军必败。时机稍纵即逝，您怎么还不出兵呢？”

宋义看是项羽，暗自撇了撇嘴，甚是不屑，但还是摆出一副和蔼可亲的面孔：“贤侄，你所言差矣。牛虻厉害不？叮得老牛毫无办法。可是这么厉害的牛虻，偏偏就拿虮子虱子没办法。秦国好比牛虻，赵国好比虮子虱子。秦国想一口气拿下赵国，哪那么容易啊？我之所以命令大军驻扎在这里，就是为了等待时机。如果秦国胜了，必然士卒疲惫，我就乘他疲惫的时候打过去。如果秦国败了，那更好了，我直接引兵西征，一举灭掉秦朝。这就叫以逸待劳。冲锋陷阵，我不如你；运筹帷幄，你不如我。这仗该怎么打，你就不用操心了。”跟项羽这边客客气气地说完，宋义转过脸去就阴沉地对亲兵下令：“传我的命令，今后凡是有对将士凶猛如虎、对上司违逆如羊、对财物贪婪如狼、倔强不听指挥的，斩！”

锣鼓听声，说话听音，这道命令明显就是专门冲项羽来的。项羽平素性格暴躁，对手下张口就骂，抬手就打，对宋义也是一点不服气，不听指挥。宋义此刻正是指着和尚骂贼秃，说项羽的不是。言下之意要是项羽再有意见，就要他的脑袋。

项羽知道，只要找到借口，宋义真的敢杀他。于是，他决定暂时忍耐。

震慑了项羽，宋义算是出了口恶气。这时，齐国田荣为了讨好宋义，请求宋义让儿子宋襄到齐国做国相。这种好事宋义怎么会不答应？当即亲自为儿子送行，从安阳直送到无盐（今山东东平东部），送出四百多里地。前边说过，安阳到被秦军围困的巨鹿也不过就是四百多里地。宋义此举甚是嚣张，不仅来了一场“四百里相”送，还在无盐大摆酒宴，跟儿子喝了顿饯行酒。当时正是深秋时节，天气寒冷，又下了大雨，楚军粮草不够充足，全军将士又冷又饿，宋义却陪着儿子喝酒吃肉，大家不由得心生怨言。

有史家分析，根据宋义的种种表现来看，很可能表明以楚怀王为首的楚国保王派此时是在谋求绝赵联齐，以彻底根除项氏一族的威胁。因为收留了田假、田角和田间，以田荣为首的齐国对楚国的项氏集团和赵国非常不满。宋义奉命援赵，却敢在安阳逗留四十六天，还敢送儿子去齐国为相，很可能正是得到了楚后怀王熊心的同意，是示好齐国之举。有人认为，宋义以项羽不听调遣等为借口颁下军令，就是为诛杀项羽预留借口，以免熊心落下诛戮功臣的口实。

不管熊心到底有没有绝赵联齐的计划，事实证明，熊心派系中的主要人物宋义是亲齐的。而对赵国和项羽，他绝对是虚与委蛇，不怀好心。

但是，宋义看穿了项梁的傲慢，却没有认识到自己也犯了同样的毛病。对项梁兵败预言的准确、高陵君的赞誉和楚后怀王熊心的赏识，使宋义自信心极度膨胀，真的以为自己是举世无双的名将了。

宋义的嚣张令项羽再次爆发。他恨恨地骂道：“我们本是来救赵伐秦的，但是宋义这老匹夫却止步不前！今年本就闹饥荒，老百姓没饭吃，将士们也靠吃芋艿掺豆子过活！咱们军粮短缺，这老匹夫却在那大摆酒宴！士兵们没饭吃，他不说带着大伙进入赵国取得补给，跟赵国合力攻秦，反而说要等秦军疲惫了再出兵！凭秦国的实力，灭掉赵国有什么困难可言。赵国一旦被攻占，秦国更加强大，到那时，还谈什么利用秦国的疲惫！我们刚刚打了败仗，大王忧心忡忡，把全部的兵卒粮饷交给他，对他寄予厚望。国家安危，在此一举，可他倒好，不体恤士卒，反而徇私舞弊！他还算是个人吗！”

项羽越说越激动，越想越生气，杀意充塞肺腑，久久难平。

第二天一早，醒了酒的宋义擂鼓聚将，在帅帐内开早会。见诸将到齐，宋义清了清嗓子，刚准备说话，只见项羽突然抽出宝剑，带着呼呼的风声扑到宋义面前，举剑就砍。剑光一闪，宋义的头颅咕噜噜滚落在地！

诸将惊叫声一片，个个呆若木鸡。帅帐内的空气仿佛凝固了。项羽冷笑一声，抓住宋义的头发，将头颅提起，对诸将高声说：“大家不必惊慌。宋义与齐国密谋反楚，楚怀王秘密令我来锄奸！”

项羽一手提人头，一手提宝剑，眼里凶光四射，身上杀气四溢。诸将全被项羽震慑，没有一个敢出声质疑，异口同声地说：“当初扶持楚怀王上台的，是您项将军一家。今天您诛杀这个叛逆，这是您的家事，我等不敢干预！”在一片恭维声中，终于有人提议让项羽暂时代理上将军之职。

项羽毫不推辞，立即就发布了代理上将军一号令：追杀宋襄！这道命令被坚决执行。负责追杀的将士一直追到齐国境内，才追上毫不知情的宋襄，将其人头提了回来。

手握兵权的项羽当即派大将桓楚给楚王熊心送信，名为汇报事件经过，实为向熊心讨要正式任命。熊心听说宋义被杀，顿觉晴天一声霹雳，几欲昏倒。他心中暗暗念叨：完了，全完了！寡人所托非人，才脱虎口，又入狼窝。天意如此啊！

无奈之下，熊心正式拜项羽为上将军，授予印信。但是，趁自己说话还有点力度的时候，熊心还是给项羽设置了点障碍。除了当阳君英布和蒲将军这两员大将没办法调走，其他将，按照熊心的命令，全都不归项羽管辖。因此，此时项羽能够任意调动的兵力只有五万。

项羽心里却是做了另外的打算：楚国是自家的地盘。楚怀王、卿子冠军都不作数，还不都是要听他项羽的。若是谁敢不听，他杀了那人便是。

虽然已经站在了权力的巅峰，但是项羽的能力足不足，还需要实战来检验。不管是出于何种考虑，奉命救赵的项羽已经不能回头。

项羽军，五万。

王离军，二十万。

一比四的军力对比，制造了一场史上著名的疯狂一战。

情谊没有价格

就在楚军驻扎范阳止步不前的日子里，赵王歇和张耳的处境越来越不妙了。

前边介绍过，王离军是当时秦朝的正规军之一，也是秦末唯一参加了平定起义的秦朝正规军团。这支军团曾经在蒙恬的带领下北击匈奴，在与来去如风的游牧民族的较量中获得了胜利。王离接管这支北方军团的时间并不长。但是，王离毕竟是老将军王翦之孙，虎将王贲之子，是地道的将门之后。不像当年的赵括只会纸上谈兵，王离原本也是蒙恬手下的一员裨将，跟随蒙恬与匈奴征战多年。家学渊源，再加上有实战为佐证，王离的战术素养起码可以说不会差。在王离的带领下，北方军团的战斗力虽然不及蒙恬在时，但在当时也可以说数一数二。

王离二十万大军围城，日夜耗费粮草无数。张耳本来寄希望于秦军粮草不济，自行退却。哪知道，就在王离即将断粮的时候，章邯把粮食运来了。

巨鹿战场距离黄河不远。那时候的黄河碧波荡漾，水势浩大，远不是今天这般时断时续的泥浆模样。章邯早就知道巨鹿之战是个持久战。作为主帅，打从战争进入相持阶段开始，他就在考虑为王离输送粮草的问题。当时最便捷的方法莫过于漕运。章邯一拍脑门，决定抽调兵力，从黄河渡口修了一条直抵巨鹿城的河道。章邯的军队本来就是由大量刑徒组成。这群刑徒走上战场之前就是专做土木工程的，挖起河道来当然是驾轻就熟。很快，王离军大营与黄河之间出现了一条水路。秦军运送辎重的船队往来不绝。王离军的后勤危机轻易就被化解了。

有了粮草，王离安心了，张耳却不开心。巨鹿虽然兵精粮足，也经不起这样穷年累月的消耗。更何况这些日子王离把强攻、夜袭等攻城战术练了个遍，巨鹿眼看已经指日可破了。无可奈何之下，张耳拉下脸皮，派当年一同起事追随陈胜、跟自己与陈馀交情深厚的张黡和陈泽突出重围，给陈馀传话。

张耳的口信是："你我结识多年，我与你是过命交情，一个头磕在地上，发誓虽然不能同生，但愿同死。眼下，大王与我危在旦夕。你拥兵数万，却在旁边观望，不肯前来相救。人臣大义我就不说了，同生共死的誓言你都忘了吗？如果你没忘，为什么不出兵解围，与我赴难同死？发动攻击固然生死难测，可是起码咱们还能有一线希望啊！你要是再不来，我可就真的要完了！"

得了张耳的口信，陈馀心里挺不好受。毕竟是朋友一场，生死之交。话说到这份上，自己的脸也没处搁。可是，陈馀有他自己的考量。他对张黡和陈泽说："当年的誓言我怎么会忘记呢？如果说用我的死能换来大哥脱险，那么我毫不犹豫。可是实际情况是，我手下就这么点兵力。一旦出击，非但不能解救巨鹿之急，连给王离塞牙缝都不够！我不是怕死，而是希望至少能为大王和大哥保留一点报仇的希望。现在这个局势，非要我出击，不是让我送死呢吗？这跟拿肉包子打狗有什么区别呢？"

张耳、陈馀哥俩的分歧，其实完全在于考虑事情的角度不同。

张耳从自己的角度考虑：自己坚持不下去了，不知什么时候巨鹿城就破了。如果没有奇迹出现，自己是必死的局面。而陈馀手下好几万人，如果从外围向里杀，自己再派兵里应外合往外杀，没准就把王离打败了。再说，他眼看就要死了，而陈馀当年发过誓，怎么能不豁出命来救他呢？

但是张耳可没想到陈馀兴许就死在乱军之中，自己在城中倒未必就死了。他也没想到自己身为哥哥的应该想着怎么让弟弟活，而不是怎么让弟弟跟自己一起死。

陈馀也是一样，他只想到冲出去可能就这么完了，连个水花都打不出来，却没有想到他的国君、他的结义哥哥正在生死存亡关头，面对死亡的威胁心急如焚，反而想的是：你们要死没必要拖我下水，我活着将来没准还能给你们报仇。

最后，因为张黡、陈泽两个人坚决要求出兵，陈馀实在没辙，拨给两人五千人马，让他们前边探路。只要他们能冲过去，陈馀答应随后就到。

相比之下，还是张黡、陈泽二人讲义气。二话不说，带着五千士兵就杀出去了。五千人想冲破二十万大军的封锁，谈何容易！这一票人马杀出去没多远就被秦军饱嗝都没打一个地消化了。陈馀在后边根本连动都没敢动，眼睁睁看着自己的战友消失在由秦军构成的茫茫人海中。

看这个情景，仔细一想，陈馀觉得不出击的决定是正确的。不过，陈馀也并没有独自逃命。他一面命令军队抓紧时间修筑深沟高垒，坚壁自守，一面连续派遣使者向楚、齐、燕、魏各国求援。陈馀的计划是这样的：如果诸国援军能够及时赶到，大家合兵一处，他也绝不当孬种，一定跟着大伙一起把大哥救出来。如果没等援军赶到城就破了，那就对不起大哥了，他日后一定给大哥报仇。但要想让他现在就去送死，那是恕不奉陪。

在陈馀的恳求下，燕、齐、楚三国的援军陆陆续续地赶到了。

齐国田荣因为赵王不肯杀田角、田间，本来没有出兵，但是田荣手下有一员大将名叫田都，不知道是因为什么原因，胆大包天，也没向上请示，自行带了一万人马，参与了此次援赵行动。

此时的燕王姓韩名广，前边提到，是武臣的部下，自立为王。因为西南两个方向有赵国做屏障，燕国一直没有受到秦军的直接攻击。此刻，尽管之前有过纠纷，但唇亡齿寒的道理韩广是明白的。于是，他派遣大将臧荼统领燕国援军南下，抵达巨鹿城外，就驻扎在陈馀军旁边。

援兵虽然及时赶到，但是，谁也不敢对王离发起进攻，都向陈馀学习，躲在一边观望。最富戏剧性的是，张耳的儿子张敖也敛了万把来人来救父亲。可是到了巨鹿附近，张敖也止步不前，看着老爹被王离围起来痛揍，就是不敢出手相救。四路人马在巨鹿城外你看着我，我看着你，都希望对方先行一步，试试王离的斤两，以便于自己决定是战是逃。

巨鹿一战成名

被王离困在巨鹿已经数月之久，赵王歇绝望了，张耳也绝望了。面对城池残破、将士疲惫、人心惶惶的惨况，赵王歇和张耳动摇了，继续坚守下去还有什么意义呢?

就在这紧要关头，项羽来了。

项羽首先拨给当阳君英布和蒲将军两万人马，让两人率领大军队渡过黄河，专门破坏王离军的运粮甬道。

打仗，打得就是钱粮。王离统帅二十万大军。如果让他们吃饱喝足，对兵力过少的各路诸侯来说，绝不是一件好事。而一旦粮草供应不上，王离军必会士气低落、军心不稳，这就要好对付多了。

英布和蒲将军也都是当世猛将。他们渡过黄河后，在章邯开挖的河道两岸神出鬼没，各种手段无所不用其极，彻底破坏了王离军的粮草供应，断了王离的甬道。

自从有了甬道，王离军就没注意囤积物资。甬道一毁，围攻巨鹿的秦兵开始饿肚子了。暂时性地粮道断绝并不能使王离退却。王离相信章邯不会坐视不管，自己只要安心对付巨鹿就行了。

章邯得到报告，果然立即派人追击楚军。英布和蒲将军不愧是项羽麾下的猛将，不仅牵着章邯军的鼻子走，还屡屡进攻得手，逼得章邯军频频后撤。

秦二世三年（公元前207年）十二月，项羽得知英布和蒲将军顺利执行了预定战略、王离军已经断粮之后，立即挥师渡过黄河。军队刚刚成功登岸，项羽就传下一条十分决绝的命令：把渡船全部凿沉，饭锅全部打破，每人只准留三天的口粮。

采用“破釜沉舟”这个对自己够狠的办法断绝了包括自己在内的楚军的后路，项羽成功地使士兵们由骄奢陷入绝望，又因为绝望而变得凶狠。

三万人马一个不留，在项羽的率领下倾巢而出，杀向巨鹿。

正所谓置之死地而后生。在没有后勤可做保障的情况下，楚军没有了侥幸心理，只能选择拼命。三万楚军气壮如山，带着绝望的眼神，咬着森然的钢牙，挥舞着泛着寒光的兵器，怒吼着冲向王离军，如同虎入羊群一般疯狂砍杀。

百战百胜、兵骄将傲的北方军团已经很多年不曾见过如此凶残的对手。横的怕愣的，愣的怕不要命的。王离军越打越混乱，越打越恐慌，越打损失越惨重。

就这样，项羽军与王离军九战，连战连捷。秦军主帅王离被俘，副将苏角被杀，另一名副将涉间在楚军包围之下不肯投降，自焚而死。

项羽军在战场上奋勇冲杀的时候，“巨鹿围观团”主要人物陈馀、臧荼、田都、张敖等人继续保持围观，看着三万楚卒以螳臂当车的勇气追杀二十万秦军。这些人看得都呆了：三万打二十万，人少的追着人多的杀。此仗简直是惊世骇俗。几员大将争先恐后地下命令，围观了数月的援军们如山崩地裂般冲了出来。那真是，人如杀神再世，马如挟翼重生，矛似蛟龙出水，刀似猛虎带风。

巨鹿之战，战果是辉煌的。项羽以少打多，一举影响了秦末历史走势，在中国战争史上留下了又一次经典战役。

战争结束后，项羽端坐中军大帐，传令召见各路援军将领。诸将战战兢兢来见项羽。没等进项羽的帅帐，刚到军营就全跪倒了，膝行至项羽面前，头都不敢抬，趴在地上大气都不敢喘。

项羽本来心里有气，可是一看见诸将这幅服服帖帖的模样，他又高兴起来，把大伙拉起来好言安慰。自此以后，天下诸侯、大将都尊项羽为上将军，服从项羽统帅，甘做项将军的马前卒。

巨鹿之围已解，赵王歇在张耳的陪同下走出巨鹿城门，两个人不由得同时长出了一口气。赵王歇向赶来救援的各路人马表达了谢意，尤其是对项羽致以最崇高的感谢。

在各路将领之中，张耳一眼就把陈馀盯上了，怒冲冲地把陈馀拽到一边，质问陈馀为何忘了兄弟之情。

陈馀面有愧色，声言自己不是不想救他，而是心有余而力不足。

但张耳却一声冷笑，大骂陈馀不是东西，质问他是否把张黡和陈泽害死了。陈馀觉得自己冤枉，也忍不住火了，掏出将军印绶，往张耳怀里一推，干脆辞了将军一职。

张耳一愣，觉得兄弟二人闹成这样挺没意思，赶紧把印绶推了回去，坚决不收。陈馀也不好意思就这样顺手再揣回去，先把印绶放在一边。两人之间充满火药味的紧张气氛也因此有所缓和。说来也巧，就在这时，精神放松了的陈馀内急憋不住了，急急忙忙跑去小解。

事情毁就毁在陈馀这趟小解。本来，陈馀虽然说不干了，但是他料定张耳不会这么绝情，交出印绶的举动只不过是自我表白的一个方式。张耳也确实不好意思就把印绶收了。他知道陈馀不出兵确实是有难处，也知道陈馀不至于把张黡、陈泽杀了。男人之间有了矛盾经常会大吵大打，但是吵过打过之后往往就没什么事了。偏偏陈馀这时候去解手了，张耳身边还有一个小人在场。这个小人是张耳的一个门客，他看陈馀出去了，连忙低声对张耳说："相国，古人云'天予不取，必受其咎'，这印绶又不是您要来的，是陈馀自己交出来的，你若是不收，恐怕有违天意啊！赶快收起来，还客气什么？"

张耳本来心里就有气，听了门客的话，心想也对，立刻把将军印挂脖子上，当场派人去收编陈馀的队伍。陈馀解手回来，没想到张耳竟真的收自己的兵。一句话没说，陈馀掉头就走。

从此以后，张耳独揽赵国军政大权，陈馀则带着跟自己要好的数百将士呼啸于山川河泽之中，以打猎捕鱼为生。

生死之交的张耳、陈馀，从此成了不共戴天的仇敌。

章邯战败，胡亥难坐江山

章邯败了。这次失败，对于章邯来说是第一次真正的战败。这第一次失败的后果，对于章邯而言实在是生命不能承受之重。

自从巨鹿之战秦军大伤元气之后，秦军士气低落。当时，章邯军队驻扎在棘原（在河北平乡之南），诸侯联军驻扎在漳河之南。两军对峙，暂时停战。

章邯坐得住，胡亥坐不住了。

早在陈胜吴广起义的时候，信使急忙向二世胡亥报告，说有暴民造反。胡亥一听“造反”二字，勃然大怒，当即就把信使关进了监狱。这是因为胡亥讨厌造反，恐惧造反。胡亥在这一点上随他父亲。他父亲秦始皇“恶言死”，他是“恶言反”。胡亥不愿意听到造反的消息，下边的人自然就不敢说实话。再有使者来，下人就撒谎说不是造反，只是一群强盗而已，都被抓住了。听到这话，胡亥自然高兴。

然而，掩耳盗铃是没用的，造反就是造反，不是说这些反贼是强盗，他们就改行当强盗了。后来，陈胜手下的大将周章快打进咸阳了，胡亥这才知道着急，让毛遂自荐的章邯带着一群苦力迎击，暂时解除了燃眉之急。

秦二世二年（公元前208年），虽然陈胜吴广起义已经被镇压，但这场起义点燃的星星之火却越烧越旺，逐渐有燎原之势。右丞相去疾、左丞相李斯、将军冯劫觉得不能由着皇上胡闹了，得赶紧集中精力解决起义，于是联名上书，要求胡亥停建阿房宫，停止征调壮丁戍边。

胡亥特别讨厌别人提意见，不愿意听这些。他说：“当皇帝图的是什么呀？那么多人都想当皇上，不就是为了享受吗？不享受，像尧舜禹那样，衣食住行都跟奴隶差不多，干活都像奴隶那么干，那还当皇帝干什么啊？直接当奴隶去得了！我享受一下又怎么了？只要我规定好法律制度，你们遵照执行就行了？帝王号称是万乘之君，我这皇上当得名不副实啊！我就是要造千乘之銮驾，拥万乘之雄师，要不还能算当皇上吗？再说，修长城，修骊山陵，修阿房宫，那都是父皇为了向世人展示功绩修的，出了个把毛贼，你们就想让我做不孝子，你们对得起先皇吗？对得起我吗？”胡亥越说火越大，一拍桌子下令把去疾、李斯和冯劫下入大牢。

就因为这么一次进谏，秦朝当朝三大忠臣全部下狱，吃牢饭去了。去疾和冯劫有骨气，面对审讯怒不可遏：“身为当朝丞相、将军，岂能受刑讯逼供的羞辱！”二人留下这句话，一起自杀了。李斯在史书上有“热衷名利”的评价，哪肯就这么死掉，甘愿受刑也要等着胡亥开恩。

朝廷的官职都是一个萝卜一个坑，老萝卜被拔掉了，自然得栽上新的。于是，赵高坐上了丞相的位子。

赵高也算是家喻户晓的一号人物。有的史书说他是赵国人，因为身负国恨家仇所以来祸害秦朝，有人说他是秦朝王室的远房亲戚，因为犯了罪而被打入奴籍。赵高到底是哪个地方的人，实在是不可考了。不过，他后来做了宦官是毋庸置疑的。

宦官自古以来就是专门负责伺候皇室、王族的人。许多人一听到“宦官”二字，就想到阉人。许多书上还煞有介事地说赵高是中国第一个太监。更有人翻史书时看到“赵高曾经因为犯法而差点被蒙毅处死，幸亏被秦始皇赦免”的记载，就说赵高就是这时候被阉掉的。实际上赵高不是阉人，中国历史上也没有阉人能入朝为相的。

《史记·秦始皇本纪》记载，赵高有个女婿叫阎乐，这证明赵高至少有个女儿。在先秦和西汉时期的宦官并非全是阉人，直到东汉时期，才开始全部使用阉人。而赵高早在差点被蒙毅杀掉之前就已经是宦官，并非是因为犯法被阉才做宦官。当时被去势的男人称为“奄（阉）人”，在宫中任职的阉人称为“宦奄（阉）”，而不是宦官。另外，据《史记·蒙恬列传》记载，结合出土的“睡虎地云梦秦简”记录来看，赵高所出身的这个“宦官”是“隐官”。何为隐官呢？刑满人员工作的地方，也用来指称刑满人员的身份，与宫刑和去势完全没有关系。所以说，说赵高是阉人，完全是以讹传讹，是错误的。

自从帮助胡亥取得皇位之后，赵高充分尽到了奸臣的本分，专门教胡亥吃喝玩乐。

这回当了丞相，赵高第一件事就是对李斯下手。史载，李斯“榜掠千馀，不胜痛，自诬服”。就是说，李斯被赵高打了千余大板，实在受不了，只好胡乱认罪。

秦二世二年（公元前208年）七月，李斯跟小儿子一起被腰斩于市。腰斩就是用重斧从腰部将犯人砍作两截。人的主要器官都在上半身，因此犯人被腰斩后，神志还能保持清醒，过好长一段时间才断气，相当残忍。李斯临刑之前还跟儿子说：“吾欲与若复牵黄犬俱出上蔡东门逐狡兔，岂可得乎！”他这时候才想功成身退，跟儿子牵着猎狗打兔子去，可是没机会了。

赵高坐稳了丞相之位以后，正是项羽巨鹿之战大胜之时。章邯在战斗中面对楚军连连退却的举动引起胡亥的不满。他不管章邯有什么战略意图，只知道现在有人造反，他这个皇帝当得不安稳。因此，胡亥接连派使者斥责章邯。章邯也是胡亥身边的宦官出身，属于近人，知道胡亥的驴脾气上来不讲半点情面。就连兄弟姐妹胡亥都杀，更别说他这个外人。于是，章邯派长史，也就是他的秘书司马欣去咸阳跑关系，疏通疏通。

要见胡亥，先得见赵高。司马欣求见赵高，赵高则是闭门不见，不听解释。司马欣一看这情形，知道事情不妙，一刻也没停留，掉头就跑。他也是够机灵，没敢顺原路返回，特意绕了个弯路。司马欣此举可谓有先见之明，他逃走没多久，赵高就派人去抓他，幸亏他绕道而行，捡了一条命。

司马欣一溜小跑跑回军中，拉着都尉董翳向章邯报告：“现在是赵高当权。赵高是什么人？嫉贤妒能之辈，最怕别人爬到他上头。有他在一天，您仗打输了肯定掉脑袋，这您也知道；可是仗打赢了，您还是肯定掉脑袋，这您也能想明白。何去何从，您好好考虑一下吧。”董翳更是直截了当，劝章邯背秦降楚。

这时候，陈馀不知道从什么途径知道了赵高要害章邯，大概是为了最后给赵王尽一份心，给章邯写了封信。信是这么写的：

章将军，秦朝以前有一位大将白起，南征楚国，北坑赵卒，攻城略地，立下战功无数。结果呢，竟然被赐死了。白起的事是以前的事，略去不谈。再说蒙将军北逐匈奴，在榆中（今甘肃兰州榆中县）开地数千里，功劳不小，结果竟然被斩首了。这都是他们立下的功劳太多太大，秦王已经拿不出相应的封赏了，所以就找借口除掉。

将军您挂印出征也三年了，十万余将士血溅沙场，换来的却是诸侯越打越多。秦朝赵高当道，嫉贤妒能，阿谀奉上，弄出这么大乱子来。他也怕二世迁怒于他，所以就想拿您做替罪羊，换其他人来平乱，好给自己脱罪。将军领兵在外的时间太长了，跟朝廷里的人越来越疏远，谁能帮您出头？赵高要害您，又没人帮您说话，您是有功也得被杀，无功也得被杀。您就这么等死吗？

现在是老天要让秦朝灭亡，连傻子都知道。将军您现在是在内不得直言进谏，在外将成亡国之将。您独自支撑这种危局，多么悲哀啊！

依我看，将军何不跟诸侯订立盟约，掉头推翻暴秦，占一块地盘称王呢？这不比负隅顽抗而遭杀头之祸、妻儿老小都不能幸免强多了？

章邯接到信后，看了一遍又一遍。信上说的是句句在理，由不得章邯不考虑，但是他还是拿不定主意。原因就在于项羽军中许多人原来是陈胜的属下，而车夫庄贾就是在他章邯的诱惑下害死陈胜的，项羽的叔叔又是死在他章邯手里，这深仇大恨能轻易化解吗？

想来想去，章邯决定先试试看，于是派了个心腹去见项羽求和。项羽当场予以拒绝，并且先派蒲将军兵渡过三户津（今河北临漳县西），侧攻秦军自己率军进击，在汙水（今河北临漳县西）大破秦军。

章邯本来就没心思打仗，这一战败更着急了，再派使者诚心诚意地要求结盟反秦，求项羽给他一个重新做人的机会。

项羽之前拒绝和谈其实纯粹是为了立威。他虽然打败了王离，但是还没真正与章邯交过手。如果这时候就同意结盟，日后章邯未必肯听话。但是也不能非要消灭章邯。伤敌一千自损八百，而且项羽还急着打咸阳，不想耽误时间，加之此时正值青黄不接的春季，军中粮草不足，不利久战。所以，项羽本来就是要先通过胜利让章邯服气，让诸侯服气，然后再和谈。现在时机成熟了，项羽召集众将开会，征询众人的意见，是否接收章邯。然而，项羽决定的事谁敢反对？况且能不打仗当然更好，于是，众将举双手赞成。

秦二世三年（公元前207年）夏天的六月，项羽选了个大吉大利的日子，在洹水（今安阳河）南岸举行隆重的受降结盟仪式。盟誓过后，章邯这才放心地来到项羽军中见面。见到项羽，章邯号啕大哭，把自己追杀起义军等罪行全部推到赵高身上，对自己的“糊涂”真情忏悔，又哭诉了赵高对自己的迫害。

这都是逢场作戏，项羽哪会不明白。对坐在他这样位置的人来说，权力才是最重要的。为了权力，一切情义都可以不是情义，一切仇恨也都可以不是仇恨。所以，项羽没计较章邯杀死自己叔叔的事，反而很痛快地封章邯为雍王，带在自己身边。然后，项羽封司马欣为上将军，带领归顺过来的秦军做先锋，其实也就是敢死队。反正秦军不是他项羽的嫡系部队，死多少他也不心疼。

赵国之围彻底解决，章邯军变成了自己人，该是赶紧去打咸阳的时候了。

项羽一声令下，大军拔营启程，剑指咸阳城！

指鹿为马，二世而亡

章邯跟项羽手拉手做了好朋友，大秦王朝最后一支成规模的抵抗力量就这样消失了。

亡国之祸就在眼前，而赵高与胡亥却还活在自己的世界里。

自从摇身一变当了丞相，赵高觉得眼前的路越走越亮。在这之前，在赵高巧言哄骗之下，胡亥开始不与群臣直接见面，希望通过这种方式树立威严形象。这样一来，一切奏章的呈递和政令的传达都要经过赵高之手，使赵高轻易就能蒙蔽胡亥的视听。现在赵高又成了当朝丞相，权势遮天，不免产生了取而代之的想法。

为了验证自己的影响力，也为了进一步蒙蔽胡亥的视听，这一天，趁着胡亥在园子里玩，赵高牵了一头鹿走了进来，说：“皇上，我有一匹好马，特来献给您。”胡亥虽然是个糊涂虫，但是鹿和马总还认识，当即说：“丞相，你糊涂了吧？这明明是头鹿，你怎么说是马呢？”

“皇上，这确实是匹马。”赵高非常肯定地说。

胡亥乐了，对左右近臣说：“丞相真能说笑话。大伙说说，这是马还是鹿？”

这些近臣里，有想献媚赵高的，急忙连声说“是马”；有不想欺瞒皇上又不敢得罪赵高的，一声不吭；有几个人忠于胡亥，不肯附和赵高，直言“是鹿”。赵高在一旁看着，把直言的这几个人一一记在心里，回头分别找了借口，或下狱，或杀头，收拾了一遍。

纵观中国历史，像赵高这样敢在光天化日之下如此戏弄皇帝的，可以说绝无仅有。就是历朝著名的有兵有权又有野心的权臣，也没有谁做出过与“指鹿为马”相仿的事。由此可见赵高是何等的猖狂。

群臣一看，赵高果然心狠，一旦得罪了他，必遭报复。人人自危之下，为求自保，再没有人敢跟赵高对着干。胡亥身边从此也没人敢说赵高的坏话，更没人敢说赵高不想让胡亥听见的话。

就在赵高要弄胡亥不亦乐乎的时候，项羽收了章邯，开始向咸阳进发；刘邦也走在了半路上；燕、赵、齐、楚、韩、魏都已经自立为王，自函谷关以东的地方基本都背叛了秦朝响应诸侯。

赵高为了避免胡亥亲自出来理政，一直哄骗胡亥说："没有什么起义军，都是些盗贼，没什么本事，很快就能剿灭。"可是现在起义军势力越来越大。尤其刘邦，已经派使者跟他秘密接触、鼓动赵高帮助他进咸阳了。由此可见，天下反秦的形势已经达到了烈火燎原的程度。

纸已经包不住火，赵高心理恐慌了，他害怕胡亥知道天下形势已经不可收拾，害怕胡亥知道有反贼前来策反他，吓得连皇宫都不敢进，称病不朝。

胡亥好些天见不到赵高，大概心里边也觉着有些不对劲，这天晚上睡觉的时候就做了噩梦，梦见一只老虎把给他拉车的一匹马吃了。

古人迷信，认为梦是吉凶祸福的预兆。胡亥做了这么个噩梦，连忙把卜者找来解梦。卜者一通掐算，说："皇上，您是冲撞了泾河水神了，泾河水神作怪，您才做了这种梦。"冲撞了水神，这还了得？胡亥赶紧搬到望夷宫（故址在今陕西泾阳县蒋刘乡五福村、二杨庄之间）斋戒，把给自己拉车的四匹白马全沉到泾河，祭祀水神。他的意思就是：您不是要吃我一匹马吗？我把四匹马全送给您，您别来找我了。

泾河是黄河的一大支流，在秦朝那会也相当于护国之河。那么，护国之河的神为什么生气呢？胡亥一分析，大概是因为怪自己总是剿不干净最近冒出来的那些贼寇。于是，胡亥派人跑到赵高府上，指责赵高办事不力，导致神明发火。

胡亥这一急一怒，也不管赵高与自己的关系如何，简直就想逐赵高以让水神息怒。天子一怒，血流成河呀！赵高这回更害怕了，赶紧把弟弟赵成、女婿阎乐找来商议对策。他当然不能把责任往自己身上揽，都推在胡亥身上。赵高说："胡亥不听忠言，导致现在局势危急。可是他居然要把责任都推到咱们家头上。咱们可不能让他这么办啊，那可是灭族之罪。我打算把胡亥杀死，让子婴做皇上。子婴仁慈节俭，威望高。咱们立他，肯定能得到大家支持。"

赵氏家族中赵高是主事的，别人都听他的。他这么说，赵成和阎乐哪里会有反对意见。当即，赵高分兵派将。赵成当时是郎中令，掌守卫宫殿门户，赵高就让他做内应；阎乐当时是咸阳令，手下管着不少人，赵高就让他负责闯进皇宫杀人。赵成是赵高的弟弟，跟赵高自然是一条绳上的蚂蚱，那是跑不了的；女婿就不一样了，未必是一条心。为了防止阎乐有别的心思，赵高把亲家母强行请过来做人质，命令阎乐召集手下进宫杀人。

秦二世三年（公元前207年）八月，正是丰收时节。

深更半夜，月色凄迷。

望夷宫内夜色深沉。

"抓贼啊！"

突然，一声喊叫划破了静谧的夜空。

咸阳令阎乐杀气腾腾，带着千余人冲到望夷宫门前，将看守宫门的卫队队长绑起来，厉声质问队长为何不阻止贼人。

队长很委屈，只是回答，皇宫大内十步一岗、五步一哨，根本不可能有贼。

阎乐只不过是要一个进宫的借口罢了，根本不听分辩，一刀砍死队长，带着队伍一边四处放箭一边往宫里闯。宫里值班的大小宦官、警卫有的四散奔逃，有的拿起武器殊死搏斗。阎乐人多，准备又充分，一路杀了数十人，根本没人能顶住他的进攻。没多大一会，阎乐就杀到胡亥寝宫前，同赵成一起闯了进去。

胡亥早已经被外边的喊杀声惊醒，听见有人进来，连忙翻身坐起。阎乐见状，冲着胡亥的床头射出一箭，先来个下马威。胡亥见是阎乐，立即明白这必是赵高的指使。暴怒，连声呼喝侍卫，叫人拿下阎乐，胡亥喊了好几遍，屋里的侍卫根本吓得不敢动，都躲得远远地。只有一个小宦官够忠心，虽然也害怕，但是仍然在身边伺候着胡亥，不忍心丢下他逃命。胡亥见此情景一声长叹，对小宦官说："你怎么不早告诉我赵高是这种人啊！你要是早告诉我，我怎么会落到今天这步田地！"

小宦官当时就回了一句："我就是因为不敢告诉皇上，才能活到今天。我要是早告诉皇上，现在恐怕骨头都烂没了，还能在这伺候您？"

阎乐哪能容许胡亥在这磨蹭，"腾腾腾"几步走上前来，就要杀了胡亥。

胡亥不想死，跪地求饶，号啕大哭，希望见丞相一面。

但阎乐哪肯，立刻命令士兵上前，大有胡亥自己不下手就直接砍死之势。

胡亥绝望了。他鼓起最后的勇气，了断了自己二十四岁的年轻生命。

胡亥死了。赵高召集群臣，公布了自己"除灭暴君"的义行，宣布拥立子婴。

赵高说："秦国当年本来就是诸侯之国，始皇统一天下，这才称皇帝。现在六国都复国了，秦国的领地与以前相比还更小了。这种情况下，再称皇帝就不切实际了，是不可以的，只能称王。"他自行做主，以庶民之礼把胡亥埋葬在杜南宜春苑（今陕西西安市东南曲江池南岸），立子婴为秦王，让他在太庙斋戒五日之后接受诸侯王的印玺。封建大一统的秦王朝就此宣告灭亡。

就在斋戒的日子里，子婴与两个儿子秘密商议，认为赵高之所以立他为王而不自立，是因为赵高杀了胡亥之后怕被群臣诛杀，假借"除掉暴君，更立贤君"的借口让子婴先坐在这个位置上。据子婴得到的小道消息，赵高已经与楚国秘密约定，以彻底除掉秦国王室为条件换取封其为关中王。根据这个消息，子婴认为赵高让他在太庙斋戒，是为了找机会害死他。

正所谓先下手为强，后下手遭殃。子婴决定装病，趁赵高来探病的时候将其除掉。赵高果然上当。听说子婴生病，尽管是装模作样，出于臣子的礼仪，他还是来看望子婴了。看见子婴，子婴突然动手，将赵高刺死，然后诛其三族。

奸贼终于被除掉了，子婴顺利登上了王位。

到这里，便要详述一下子婴的身份。关于子婴的记载，太史公司马迁是自相矛盾的。

在《史记》的《秦始皇本纪》里，根据司马迁的记载，子婴是胡亥的侄子。赵高"立二世之兄子子婴为秦王"。

而在《史记》的《六国年表》里，子婴成了胡亥的哥哥："赵高反，二世自杀，高立二世兄子婴。子婴立，刺杀高，夷三族。"

到了《史记》的《李斯列传》里，子婴成了秦始皇的弟弟："高自知天弗与，群臣弗许，乃召始皇弟，授之玺。子婴即位，患之，乃称疾不听事，与宦者韩谈及其子谋杀高。"

可见，尽信书不如无书。有些事，不一定是史书记载的那样。

盲目打江山，遭遇山大王

秦二世三年（公元前207年）十月，项羽在宋义手下为了生存和权力挣扎的时候，刘邦向着咸阳出发了。

这是刘邦加入项氏叔侄阵营之后，第一次摆脱了项家的控制，独当一面展开军事行动。这使刘邦的心情格外好。当年在项梁手下当小弟，如今已是武安侯。若得西进咸阳，成为关中之王，夫复何求？

刘邦的既定进军路线，是经砀县（在今河南商丘永城县芒山西麓），过城阳（今山东菏泽鄄城县富春北部），从黄河之南向咸阳挺进。

一路上，刘邦军打了几场小胜仗，补充了些许兵力。第二年春，刘邦打到了昌邑县（今山东昌邑），结识了从当地走出来的豪杰——彭越。

对于刘邦来说，遇到彭越是他人生中的重要时刻。但对于彭越来说，遇到刘邦算他倒霉——当然，这是后话。

彭越字仲，是昌邑本地人，原本以捕鱼为生。适逢秦末，秦始皇和秦二世横征暴敛，捕鱼已经不能养家糊口，彭越带着一些渔民跑进深山老林里当强盗。这种工作属于无本买卖，一般半年不开张，开张吃半年。彭越在山大王的位置上兢兢业业干了好几年，得到了大伙的一致拥戴。

陈胜吴广起义后，各路诸侯起兵。有人劝彭越出来带着大家干事业：“天下豪杰相继崛起反抗暴秦，您也拉出队伍得了，我们愿意跟着您干。”彭越微微一笑：“两条龙斗得正凶呢，先看看形势再说吧。”

过了一年多，天下反秦之势轰轰烈烈，深山老林里的各路年轻强盗们眼红心热，积极响应，组织了一百多人，准备参与反秦大业。

要干大事，没有带头人不行。当地只有彭越在圈里是标了名挂了号的头面人物。年轻的强盗就投奔了强盗头子彭越，非要彭越当他们的领袖不可。彭越一摆手却不屑与这些年轻人为伍，但这些年轻人却非要以彭越马首是瞻。

彭越本来心里边也是有点犹豫，又想反秦，又怕反秦，心里边开着辩论会呢，现在被众人一再相请，反秦之心占了上风，当即答应下来，与众人约定第二天日出之时到指定地点集合，举行仪式。彭越特别强调：有迟到的立斩！

那时候没有钟表计时，官府或者富贵人家还能靠更漏算时间，民间用不起这个，计算时间基本靠看日头。所谓“日出而作，日落而息”。可是这样一来，也就不好统一了。比如说日出之时集合，一般来说从凌晨五点到早上七点，都算日出之时，到底是什么时间集合，就不好说了。

做强盗的都随便惯了，哪有那么强的时间观念。第二天一早，规定的时候到了，大部分人都按时集合，但是还是有十多个人迟到了。尤其是最后的那位，到了中午才大摇大摆地赶到。

彭越坐在地上一直没言语，等着大伙一个不差全部到齐，这才拍拍屁股站起来，对大家抱拳施礼，说：“我年纪也大了，本来对人生没什么奢求。诸君看得起我，执意让我来做大家的领袖。干大事，没规矩是干不成的。既然都同意我来做领袖，就得遵守我定的规矩。我们昨天已经说好了的，定好了时间，结果今天有这么多迟到的。没办法，我也不能把这些人都杀了，就把最后来的这位杀掉吧。希望大家今后不要再犯。”说完，彭越厉声命令一个小头目动手。

大伙以为彭越不过是做做样子，同时也觉得事情不至于像彭越说得这么严重，都涎着脸求情，希望他饶了最后来的那个人。

彭越见小头目不动手，把脸一沉，亲自将最后到的那个人拉出来。还没等那人反抗，彭越持刀猛刺，当场将那人杀了。杀人之后，彭越带众人设坛祭拜，完成聚义起义仪式。

众人见彭越当真言出必行，禁不住个个畏服，从此以后都落下毛病，不敢跟彭越对视。自此，彭越的话再没人敢打折扣。彭越带着这伙人攻城掠县，收拢以前造反失败的诸侯残部，渐渐地也有了千余人的规模。

就在这时候，刘邦带着大队人马来打昌邑。彭越得知消息，立即率人马前去协助。彭越的起义军这时候还是野路子，急需要找一个靠山，这是彭越出手帮助刘邦的主要原因。

刘邦奉命西进，手底下人不多，才几千人马，大部队都去救赵了。彭越的人更少，千把来个。两人加到一起打昌邑，结果是做了场无用功，没打下来。

昌邑攻不下，彭越来跟刘邦道别。他为什么不跟着刘邦呢？

第一，刘邦是奔咸阳去的。此去咸阳山高路远，说不准有多少恶仗要打。彭越才千把来人，可不想把这点家底给刘邦挥霍。

第二，彭越跟刘邦合作之后，发现刘邦的队伍少兵缺将，混得也不怎么样。跟凤凰同飞是林中俊鸟，跟老虎同行是百兽之王。要是跟乌鸦同飞，是混不出头的。彭越没有能掐会算的本事，也不会看人，觉得跟着刘邦没什么奔头。

第三，天下反秦的形势愈演愈烈，随便起来一个人，敛上万来人，就能据地称王。彭越的志向不小，有积攒实力称王称霸的打算。

所以，彭越拉着队伍到巨野（今山东巨野县）招揽魏国溃卒去了。

与彭越分别之后，刘邦不死心，跑到粟县（今河南夏邑县）弄到四千多人，统共不到一万人马，又请来魏国的一支队伍帮忙，回来再打昌邑。也不知道当时昌邑的守将是谁，硬是遭受两次进攻他都扛下来了。

昌邑实在是打不下来，刘邦不敢耽搁。他知道自己现在实力有限，准备带着队伍一路打打停停。能打下来城郭就收着，打不下来就继续走。从刘邦西进过程中的整个行进路线来看，他就像是一只没头的苍蝇，在中国地图上四处画圈，忽东忽西，忽南忽北，飘忽不定。

带着不较劲儿的想法，刘邦放弃昌邑，画了一条华丽的弧线，奔高阳（今河南杞县西南）而去。

第四章　楚霸王与汉中王

大破咸阳城

刘邦四处乱撞，运气不错，实力日渐强大。估算着日子，分析着形势，他迫不及待地要兵发咸阳。

进咸阳最短的路就是从函谷关（在今河南灵宝王垛村）直接打进去。但是，刘邦是绝对没有这个实力的。

函谷关是中国历史上建置最早的雄关要塞之一，素有“冲要无双”之称。秦国扫平天下之前，函谷关一直是秦国一大门户，就算在秦朝建立后也是拱卫咸阳的东大门，因此备受秦国重视。函谷关城墙坚固高大，地势险要，绝不是现在只有两万虾兵蟹将的刘邦可以觊觎的。因此，刘邦的战略是，绕过函谷关，从武关（在今陕西商洛丹凤县东武关河的北岸）、峣关进抵咸阳。

秦二世三年（公元前207年）八月，刘邦留韩王守阳翟（即今河南禹州市），带张良等人先克下宛（今河南南阳），准备直扑武关。

这时，赵高已经害死了胡亥，秘密派人来跟刘邦谈判，愿意开关让刘邦进咸阳，但是要求刘邦封他做关中王。赵高为人老奸巨猾，贪得无厌，刘邦根本信不过。再说，刘邦如果进入咸阳，按照怀王立下的约定，关中就应该是他的地盘。把关中给赵高，他刘邦岂不是白白辛苦，为他人做了嫁衣？于是，一半是因为不信任赵高，一半是因为赵高无耻抬价，刘邦对赵高的请求不予理睬，执意要打武关。双方谈判破裂。既然如此，那就没有什么好说的了，武关再难打也要把它拿下。

武关虽不如函谷关险要，但也是关中咽喉，重要性不言而喻。但这座雄关还是被刘邦攻克了。

《史记·秦始皇本纪》记载：“沛公将数万人已屠武关……”从这句简要的记载来看，刘邦在武关下达了屠城令。大概是刘邦攻打武关的时候受了重挫，以至于屠城泄愤。

武关之后，还有峣关。所谓关，大抵都是居于“一夫当关，万夫莫开”的险要之地，峣关也是如此。刘邦没办法，硬着头皮就要发兵。

张良连忙阻止：“沛公切莫着急。秦军实力还是很强的，不能小视。宜智取，不宜强攻。我听说峣关守将家里本来是卖肉的。商贾之徒重利轻义，可以利用。沛公您先不要动，派一伙人伪装五万人的规模，大张旗鼓地慢慢向峣关进发，同时在山林里边多设几处疑兵。然后您再让郦食其和陆贾多带金银财宝去贿赂峣关守将。这样，有疑兵做威胁，有财宝做诱惑，应该能达到不错的效果。”

刘邦对张良的建议深以为然，马上照办。陆贾和郦食其一样，也是能言善辩、善于外交的人才，跟刘邦比较早。两人到了峣关，巧舌如簧一番游说，守将果然上道，与郦食其和陆贾推心置腹，表示愿意降楚，跟着刘邦一起打咸阳。刘邦得到好消息，马上就要接受峣关守将的投降。张良这时候又站出来阻止了：“沛公，您别高兴得太早了。峣关守将愿意投降，这只是他个人的意思。我看其下的士卒恐怕大多不肯跟着他投降。如果士卒们不肯，我们冒冒失失跑去接管，恐遭不测。莫不如趁着峣关将士离心、主将失去警惕的时候，咱们立即进攻，必能大获全胜。”

刘邦对张良言听计从，果然不费吹灰之力拿下峣关。

峣关已下，咸阳城自然也毫无抵抗之力了。

刘邦攻破峣关之后，先于各路诸侯赶到咸阳，驻军于灞上（今西安市东，因在灞水西面高原上得名），派人向秦王子婴下书，以保证人身安全为条件，要求子婴投降。

刚刚在王位上坐了四十六天的秦王子婴环顾四周，内无可用之将，外无救亡之兵。一声叹息过后，他乘坐白马素车，自缚出城，携皇帝印玺向刘邦投降。这是秦国历史上的第一次，也是最后一次。

刘邦军中有不少人深恨秦国，建议刘邦将子婴杀掉。刘邦坚持要展示自己宽容仁慈的一面，想展示仁义之师的风采，想安抚秦人的情绪，因此，他力排众议，接受了子婴的投降，将子婴交给属下看管，自己则率军直入咸阳城。

从秦始皇称帝以来，秦朝历经两帝一王，是中国历史上最短命的封建大一统王朝。至子婴出降，秦的统治就此彻底宣告结束了，一个新的王朝即将来临。

咸阳城是秦国财富的聚集地。刘邦军一进城，就被那无尽的财富晃花了眼睛。人人都陷入了疯狂之中，人人都开始了贪婪的抢劫和掠夺。只有从沛县起义就一直跟随刘邦的萧何与众不同。别人抢金银，抢珠宝，抢女人，萧何抢的是秦国丞相府和御史府内的律令图书、户籍、地图。这些珍贵资料在日后刘邦大战项羽、治理国家时派上了大用场。

对于属下的疯狂抢劫行动，刘邦没有制止，也无法制止。就连他自己，当平生第一次走进一座皇宫的时候，也变得疯狂起来。

贤成君樊哙，刘邦手下屠狗辈出身的将军，后世常因其粗豪勇敢而将其误解为一个莽夫，很少有人知道他隐藏在莽夫外表下的睿智。对刘邦的堕落，樊哙看在眼里，急在心头。他苦劝刘邦放弃这种骄奢淫逸的生活，立即出宫主持工作。张良也劝刘邦以大局为重，莫被暂时的安逸冲昏头脑，莫忘记脾气暴躁的项羽的威胁，赶紧撤回灞上。

听了樊哙、张良的先后劝说，刘邦沉吟良久。一边是眼前的神仙般的日子，但是享受之后肯定凶多吉少；一边是不可预知的未来，可能大富大贵，也可能迅速败亡。如何选择？最终，刘邦还是寄希望于未来，带着几分不舍走出了皇宫。他把宫中的金银财宝全部封存起来，没敢私藏，准备等诸侯聚齐再作打算，自己则带着士兵返回灞上。

虽然名义上暂时还不能做咸阳的主人，但是刘邦没有就这么放弃。他以临时占领者的身份，把关中诸县说了算的地主、豪强、乡老召集到一起商议大事。

在会上，刘邦大声说：“诸位父老乡亲，你们受秦朝严刑峻法之苦太久啦！秦朝的严刑峻法诸位也都知道，诽谤朝廷和皇帝的，要族诛；就连两个熟人见面说个悄悄话都可能被砍头。现在咸阳被我占领，秦朝已经灭亡了。我起兵的时候，跟诸侯有约，谁第一个占领咸阳，谁就做关中王。我侥幸占了先，那么将来关中这块地方就是我的地盘了。我不像秦朝那么霸道。今天，我跟你们约定，我定的法律就三条：杀人者，死罪；伤人者按情节轻重论罪；盗窃、抢劫者按情节轻重判刑。这些都按照秦朝原本的规定来。其余的，所有以前秦朝规定的法律，全部废除！所有官吏职位不变，即刻履行职责，百姓们请安居乐业，不要恐慌。总之，我到这来，是要为父老们除害，不是来侵犯你们的利益的，所以请不要害怕！我现在把军队撤回了灞上。等各路诸侯到来，我们再共同制定规矩，然后我再来领导大家共建关中！”

跟诸县管事的交代完，刘邦又怕这些管事的为了谋取私利不跟下边的人说，让自己打造群众基础的企图白费，于是当即派人跟着地方官到田间地头去巡视，向老百姓做宣传。

听说刘邦免除严刑峻法、苛捐杂税，关中百姓欢呼雀跃，纷纷杀牛宰羊，载歌载舞地到灞上犒军。

要做好事，就要做到底，否则还不如不做。刘邦当年在乡里也是个仗义的人，此时见老百姓来送礼，更是坚决拒绝：“父老乡亲们，你们的一片好意，我刘邦心领！我军中粮草充足，并不缺乏，不想让你们破费。大家赶紧把东西拿回去！”

见刘邦是真的坚决不收礼，老百姓更觉得好日子终于来了。现在百姓们就担心一个问题：大伙好容易摊上这么一个好大王，等诸侯来了，可千万别不让他当咱们的王啊！于是乎，千家万户日日祈祷，盼着刘邦能在关中站住脚。

刘邦有心在关中为王，老百姓也拥护。可刘邦眼大肚子小，说了不算。他想当关中王，还得看项羽答应不答应。而项羽的意见只有两个字：休想！

先入关者能称王

就在刘邦与关中父老约法三章受到热烈拥护的时候，项羽在寂寞地挖坑。

巨鹿之战后，王离被俘，章邯投降，项羽获得秦军二十余万人，又带上了四十余万各路诸侯的队伍，号称百万，雄赳赳气昂昂地向函谷关进发。万夫莫开的函谷关，也只有项羽敢打。

项羽率领的诸侯联军中，从将领到士卒，有许多原来都饱受过秦朝劳役和刑罚之苦，受过秦国官吏、士卒的欺负，或者见过这些人的残暴。比如说英布，就是受过黥刑还被抓去做劳役的。大家对秦朝恨之入骨，对秦的士卒当然也没有好感。

项羽派秦军做先锋，本来也没安好心。项羽不待见秦军，手下人就更肆无忌惮。在行军的过程中，联军将士直接就拿秦军降卒当奴隶对待，随便使唤，恣意羞辱。一回两回也就忍了，天天如此，秦军受不了了。人最怕的就是没有归属。这些降卒已经背叛了秦朝，又不被联军善待，时间久了自然生怨。

私下里，项羽军中的秦军就悄悄抱怨，责怪章邯把他们诓骗到项羽这里，但他们的妻儿都在秦国。因为他们的背叛，朝廷必然要杀自己的妻儿，这岂不是得不偿失。

没有不透风的墙。诸侯联军的将军们无意中听到了秦军私下里的抱怨，连忙报告项羽。这可不是小事！岂不是军中出现了要哗变、造反的苗头。一旦处理不好，二十万秦军一同挥戈相向，联军全军覆没都有可能。

项羽又惊又怒，立即把英布和蒲将军招来商议对策。商量来商量去，项羽的最终结论是：不能放任这种随时可能爆发的危机在身边滋长。况且军中没有充足的粮食养这么多人。因此，除了章邯等几个可以留用的秦军将领，其余的秦军必须全部杀掉，坚决不留祸患！

秦二世三年（公元前207年）十一月的一天，诸侯联军在新安（今河南渑池县）扎营休息。睡前，秦军降卒突然被收走兵器、盔甲，不由得人心惶惶。这天夜晚，在项羽的指挥下，联军突然向惊疑不定的秦军降卒举起了屠刀，在新安城南将这些降卒三面包围，只留了一条出口。秦军降卒不知道发了什么事，只知道联军要杀他们。恐惧之下，他们顺着项羽故意留下的缺口疯狂逃窜，哪知道在拥挤和推搡中正好逃进项羽早就命人挖好的大坑。埋伏了半天的联军泼洒下遮天的箭雨，礌石也像冰雹一样砸下。不一会儿，泥土飞扬，大坑被逐渐填满，降卒的最后一声哀鸣戛然而止。曾经纵横了半个中国的二十几万虎狼之师，就这样成为了泥土下的冤魂！

二十几万秦军，就仅仅存活了三个人：章邯、司马欣和董翳。章邯是一代名将，利用价值巨大，且归降有功，是以不杀；司马欣曾经在做栎阳县狱掾的时候因曹咎说情，放了犯罪的项梁，对项家有恩，是以不杀；董翳因为劝章邯降楚有功，是以不杀。

还有一个重要人物，史书没有记载，这个人就是接替蒙恬统帅北方军团的大将王离。王离在巨鹿之战被楚军俘获，自此就再没有出现在史书的记载中。那么，王离得到了什么样的归宿呢?

王离的爷爷是秦国名将王翦，父亲是秦国大将王贲。在秦始皇灭楚的军事行动中，最终就是王翦带着儿子王贲大破楚将项燕率领的楚军。项燕就是在此战役中死亡，不知是兵败被杀还是自杀。项燕正是项羽的爷爷。楚国、项燕均亡于王家之手，项家跟王家可以说有血海深仇。以项羽的性格，绝不可能饶过王离。因此，王离的结局只有一个：被项羽亲手杀死。当然，这仅仅是猜测。王离的结局到底如何，已经成了不解之谜。

却说除掉降卒这个心腹之患后，项羽心里的一块石头落了地，快马加鞭直奔函谷关。

到了函谷关，只见雄关城门紧闭。项羽派人邀战，却发现函谷关上是刘邦的人马。虽然是自己人，但是看见项羽来了，守关将士拒不开关放行。

原来，刘邦在灞上驻扎，手下也不知道是哪个谋士，闲着没事找刘邦献计来了："沛公，关中这块地方太富裕了，简直比天下其他地方强上十倍，而且地势还好，易守难攻。按照当初的约定，这块地方就该是您的。可是我听说前些日子章邯降了项羽，被封为雍王，封地就是关中。要是让他们到了咸阳，这块地方恐怕项羽不会给您。我建议沛公赶快派人去把守函谷关，堵住项羽，不让他进来。同时您再从关中征兵，壮大实力，抵抗诸侯。这样，关中就是沛公您的了！"

这人出了个馊主意。以刘邦的实力，想堵住项羽谈何容易！可是刘邦觉得这个建议相当好，合自己的心意，于是没跟张良等人商量就马上照办了。

项羽在函谷关前听说刘邦已经拿下咸阳，还派了兵在这堵他，气得差点吐血，当即传令，命大将英布立即强行攻关。

函谷关是千古名关，这不假；易守难攻，这也不假。可是再难打的关，也得看是谁来守、谁来打。守关的人是非常重要的，刘邦派去的守关兵将，几乎对项羽没产生一点阻碍作用。在英布等人的带领下，联军迅速破关。项羽杀气腾腾，直奔咸阳而来。

封堵函谷关可以说是刘邦的一个不智之举。项羽原本并没有把刘邦视为对手。他不觉得刘邦敢跟自己分庭抗礼，也不觉得刘邦有这个实力。项羽自认为是灭秦主力，牵制住了秦国最后一支大规模抵抗力量并将其消灭，而诸侯对他也是服服帖帖，又敬又怕，从没人敢对他说半个"不"字。函谷关前的被拒，让自尊心极强、占有欲极强、支配欲极强的项羽尤为愤怒。这个行动过早地暴露了刘邦的野心，让兵微将寡、实力不济的刘邦过早地站在了项羽的对立面。

项羽军兼程而行，很快于十二月中旬抵达戏水，在新丰鸿门（今陕西西安东北鸿门堡村）就地扎营。在项羽军西面，就是驻扎在灞上的刘邦军。两军相距仅约四十里。

项羽此时仅仅是生气，倒没有非要把刘邦怎么样的想法。哪知道不怕没好事，就怕没好人。刘邦手下有个叫曹无伤的人，是刘邦军中的左司马，负责执掌军政，生性趋炎附势，热衷名利，爱攀高枝。曹无伤得知了项羽在函谷关大发雷霆的消息，眼珠一转，肚子里坏水翻涌，当即给项羽写了封信：

项将军，我在沛公军中任左司马之职，发现一些情况。我发现沛公想做关中之王。他没向您请示就擅自做主，封原秦王子婴为丞相，将咸阳的金银财宝全都纳入自己的囊中。我认为沛公这样做是不对的，出于一片赤胆忠心，故而向您汇报。

曹无伤的这封信基本属于诬告信，刘邦确实想做关中王，但是没有任何史料证明刘邦封子婴做了丞相，他也没有这样做的理由。而且，根据《史记》的记载，刘邦根本没敢动咸阳宫里的财物。曹无伤之所以诬告，就是想攀项羽这条高枝，得到封赏。

项羽看了信之后，早就暴跳如雷，哪里会去调查信里的内容是否属实？而且，亚父范增早就看刘邦不是久居人下之人，将刘邦视为项羽的大敌，立即趁机对项羽说："我曾经了解过，刘季这人是出了名的贪财好色之徒，听说在老家当亭长的时候，明明有老婆，还养了个情妇，另外跟两个开酒馆的女人也不清不楚，还总欠酒账不还。就是这么一个无赖自从进入关中后，听说就像变了个人一样，也不贪财好色，这不是很奇事吗？由此可见，刘季是故意作秀，野心可不小啊。我曾请人夜观天象，发现刘邦头上有天子才具有的五彩斑斓的龙虎之气。将军应该赶快除掉刘季，以免养虎为患！"

范增为了让项羽下决心杀刘邦，都不惜胡说，竟以刘邦头上有天子气为名，要求项羽击杀刘邦。项羽听了更加着急——刘邦当天子，他项羽作何去？于是，项羽传下军令：今晚饱餐战饭，明天一早随他消灭刘邦！

鸿门宴，安能吃得稳

项羽传下军令要攻打刘邦。

当时项羽有联军四十万，刘邦口挪肚攒，好不容易才积累了十万人马。项羽军是百战精锐，相比之下，刘邦军只能说是乌合之众。四十万精锐对十万乌合之众，怎么看，刘邦也是难逃一死。

也许是刘邦命不该绝。项羽要打刘邦，但另外一个人却不允许，此人正是项伯。

项伯是项羽最小的叔叔。当年项梁惹是生非到处逃亡的时候，项伯也杀了人，逃亡在外。

项伯逃亡的时候，曾经到下邳投奔张良避难，得到了张良的关照。因为这个缘故，项伯很感激张良。他早就听说张良正跟着刘邦，此时听项羽传令第二天要举兵攻打刘邦，心想：大军一出，刘邦军不堪一击，恩公张良恐怕凶多吉少啊！不行，自己得去救他！

想到这里，项伯坐不住了，趁着夜色，悄悄牵了一匹快马出去。遇到巡逻的哨兵，项伯就说出去散心。哨兵们哪敢拦主帅的亲叔叔？一句话也不敢多问就放行了。项伯溜出军营，翻身上马，快马加鞭飞奔到灞上，跟张良讲了事情经过，一边拽着张良往外走，一边说："赶快跟我走，不然你就没命了！"

张良认定了要追随刘邦，哪能不管。他急忙拉住项伯，推说要跟刘邦辞行。稳住了项伯，张良急忙来见刘邦，把项伯的话学了一遍。刘邦大惊失色，连声问该如何是好。张良肚子里憋着火，问："谁给您出的封函谷关这个主意？您怎么就不跟我商量一下？

现在项羽要打上门来了，您觉得您这点兵能挡住项羽吗？”

刘邦想了又想，说：“肯定挡不住！这可怎么办，你快帮我想想办法！”

张良胸有成竹：“别急，现在着急有什么用？这事还得落在项伯身上。您赶紧跟项伯解释解释，让他帮您说说话。好歹他也是项羽的亲叔叔。”

眼下也只好这么办，刘邦赶紧跟张良了解了一下两人的交情，得知张良对项伯有救命之恩，又了解了一下项伯的年纪，当即让张良把项伯请进来，用对待哥哥的礼节对待他。

为了活命，刘邦自然是用尽了讨好姿态，先是敬酒，越说越热络，把项伯说得不知所以然，甚至把自己闺女许给了项伯的儿子。这样一来，两人成了亲家，刘邦就开始转入正题，再三解释说自己没有二心，恳请项伯在项羽面前说情。

都成了亲家了，项伯哪能看着刘邦死？当即拍着胸脯答应帮刘邦说情，并叮嘱刘邦：“我一会回去就跟项羽说。你明天一早就到鸿门请罪。你可一定要听我的，一定要来。这样我才能保住你。”

仔细交代一番之后，项伯连夜又赶回鸿门来见项羽，把刘邦跟他讲的那些话又向项羽学了一遍，然后又说：“要不是刘邦先破关中，你能就这么长驱直入吗？刘邦那是立下大功的。你现在要杀他，太不仗义了。你别听别人胡出主意，反倒应该善待刘邦，免得大家寒心。”

项羽这人有许多致命的弱点，其中一个就是耳根子软。之前他还怒不可遏要杀刘邦，现在听叔叔这么一说，项羽又改主意了，决定不杀刘邦。

第二天一大早，天刚蒙蒙亮，范增起得特别早，正准备跟项羽出征，却听说项羽又不打了，气得面色铁青。后来他听说刘邦一会要来赔罪，心想：正好在这里杀了他，省了一场大战。

不久，刘邦即带着张良、樊哙，在百余人的护卫下来到鸿门求见项羽。刘邦一见项羽，当即拜倒说：“将军！我跟将军合力攻秦，将军在河北，我在河南。没想到，我侥幸先一步入关，得以在这里见到您。现在听说有小人陷害我，说了我的坏话，让将军和我之间产生了误会。我对您是绝无二心啊。我今天特地来见将军，希望您能信任我，千万别听谣言。”

项羽被刘邦说得老脸一红，立马就把曹无伤卖了：“谁说不是呢？都是你的左司马曹无伤对我胡言乱语，要不我哪能怀疑你呢？”就因为项羽泄密，后来刘邦回到灞上，立即就把曹无伤杀了。

项、刘二人尽释前嫌之后，一来两人多日未见，二来项羽也想安抚刘邦，于是挽留刘邦喝酒。一声令下，鸿门大帐里摆下几张桌子，项羽、项伯、范增、刘邦四人分宾主落座，张良作陪。侍者川流不息，顷刻间摆满酒菜。

坐在一边的范增哪有心思喝酒，冲着项羽连连使眼色，示意项羽赶紧动手。见项羽不搭理，他又再三把自己佩戴的玉玦举起来在项羽眼前晃，提醒项羽尽快决断，不要犹豫。

范增的小动作，项羽看得真真的。范增是什么意思，他也一清二楚。可是项羽不吭声，装没看见。因为项羽爱面子。这就是项羽性格中的另一大弱点。如果刘邦今天没来见项羽，范增背后再说上二三，项羽肯定发兵。可是刘邦来求饶服软，这种情况下再杀刘邦，各路诸侯怎么看他？天下百姓怎么看他？

范增看项羽指望不上，赶紧出来找项羽的堂弟项庄帮忙。项庄按照范增指示走进帐来，装作为众人助酒兴，提出舞剑。项羽知道项庄葫芦里卖的什么药。他自己不好意思下手，乐得别人来背这个黑锅，立即表示同意。

项庄拔出宝剑，闪转腾挪地舞动开来，一边出招，一边往刘邦身前凑，准备下手。项伯在旁边坐着，发现不对，暗叫一声：不好！我昨晚让刘季今天来请罪，保证说准没事。项庄要是杀了刘季，我的脸往哪搁？想到这，项伯拔剑而起，用自己的身体护住刘邦，跟项庄对舞。项庄哪敢连叔叔一起砍，只好兜着圈子寻找机会。

眼见着项庄不杀刘邦誓不罢休，张良急忙出去找樊哙。樊哙听说沛公有危险，按剑持盾，硬生生撞倒守卫，闯入大帐，睁着两只豹眼恶狠狠地瞪着项羽。项庄看见突然闯进来一条恶汉，吓得赶紧收剑。项羽也吓了一跳。项羽本来是跪坐在那喝酒看戏，樊哙这一闯进来，吓得他手握剑柄，挺身问张良："这位是谁？"

张良头一次见项羽受惊，心里偷着乐，嘴上没忘了回答："将军，这是沛公的侍卫，名叫樊哙。"

听了张良的介绍，项羽稍微放下心来，不无惺惺相惜之意地赞叹道："真是一位壮士！来人呀，赐这位壮士一斗酒！"樊哙也不推辞，接过酒来一饮而尽。

项羽就喜欢这样的，连忙吩咐："再给壮士来个肘子！"侍者立即给樊哙端上来一个大块生猪肘。樊哙没含糊，接过肘子，以盾牌为砧板，以佩剑为刀，边切边吃，吃得不亦乐乎。

项羽连连赞叹："真是条好汉！壮士，还能再饮一斗吗？"

樊哙抹了抹嘴，满不在乎："我死都不怕，还能怕喝酒？不过，喝酒之前，我有几句话，不说出来心里不痛快！想那秦王胡亥，心如虎狼。他杀人无数，就怕杀不绝，给人用刑，就怕不够狠。就因为这个，天下人才起来反抗。当初起兵的时候，怀王跟大家约定'先破秦入咸阳的人为关中王'。如今我家沛公先到了咸阳，分文都不敢动，封闭宫室，驻军灞上，就为等将军您来接收。之所以派人守函谷关，那也是为了防备流寇啊！沛公如此劳苦功高，您不仅没给封赏，还听信谗言要诛杀功臣！这不是走秦朝的老路自取灭亡吗？我认为项将军您不应该这么做。"

项羽的脸皮薄，被樊哙这样抢白，还真觉得自己对不住刘邦，臊得无言以对。好几个人就这么坐着，大眼瞪小眼，气氛很尴尬。刘邦赶紧趁这个机会装内急："将军，不好意思，我方便方便，去去就来。樊哙，来扶我出去。"说着，刘邦在樊哙的护送下直奔茅房而去。人有三急，也不能拦着，项羽就坐在那等。等了半天，刘邦没回来。项羽一皱眉："怎么这么久？陈平，张良，你俩去找找，酒还没喝完呢。"

刘邦为什么没回来？他哪敢回来。这鸿门宴就是个火坑，哪能回去送死？刘邦有心直接跑回灞上，可是不跟项羽告辞又怕项羽发怒；去告辞，又怕肉包子打狗，一去不能回。正犹豫呢，樊哙说了："您犹豫什么呀？现在都什么时候了，他们就是刀子和砧板，我们就是鱼肉，跑还怕来不及呢，告什么辞啊！"

刘邦一想，也是这个理，于是把自己带来准备送给项羽的一对白璧和准备给范增的一对玉斗转交给张良，让张良代为送礼，并且一再叮嘱："子房，你先不忙进去啊，我抄小路回去，不过二十里地。你估计着我到了军营，再回去见项羽！"说完，刘邦也顾不上那一百来个随从了，弃车骑马，在樊哙、夏侯婴、靳强、纪信四个人的护送下顺着小路回到了灞上。

楚霸王分封天下

秦朝既灭，自认为是诸侯领袖并且也得到诸侯认可的项羽，自然要论功行赏。

这时候，摆在项羽面前有三个选择，一是学习西周姬发称王，分封家族子弟；二是沿袭春秋战国，分封各路诸侯为王，自己为霸主；三是学习秦始皇，放弃分封，独揽天下。

秦始皇，项羽并不想学。当时的人认为秦始皇建立的帝国之所以短命，苛刻的刑罚是一方面，不搞分封则是另一方面。

学习周武王也不行。武王伐纣之时，主力是武王，而项羽的队伍是诸侯联军。项羽的实力显然不足以与诸侯为敌，不能不考虑诸侯的利益。

因为春秋战国时期的深远影响，秦末起义的英雄豪杰们都有裂土封王的愿望。如陈胜刚打到陈县就自立为楚王，并且或认可或默许了手下裂土称王以及六国后代复辟。对于大多数人来说，统一中原、成为九州之主，这种目标太过遥远，占据一块地盘当王的理想则容易了许多，足以满足各路英雄。因此，项羽在灭秦之后，顺应了大多数人的愿望，裂土封王，恢复春秋战国时列国并存、盟主主宰天下的政治局面，选择了霸业，而不是继承秦朝的帝业。

在分封之前，项羽打算先给自己定个名分，派人回去向楚后怀王熊心汇报，意思是让熊心给项羽封王。楚王的回复只有两个字：如约。然而这个约定却是“先破秦入咸阳者王之”，这岂不是要封刘邦为天下之王，没他项羽什么事了。

项羽恨得咬牙切齿，遂打算不再理会熊心。于是，为了让怀王的约定成为一纸空谈，项羽对着地图仔细琢磨数日，开始分封天下。

头一个要封的，是项羽自己。项羽自立为西楚霸王，以九个郡为封地。九郡都是哪些，自古至今说法不一，据清朝学者姚鼎等人考证和分析，这九郡是梁地二郡加楚地七郡，也就是砀郡、东郡、陈郡、薛郡、泗水郡、东海郡、东阳郡、鄣郡、会稽郡，范围基本上相当于今天的河南省东部、山东省西南部、安徽省淮北及江南部分、江苏省全部、上海市全部和浙江省大部分地区。项羽的地盘是当时最大的。熊心是楚王，项羽也是楚王。一个楚国出了两个王。楚怀王的日子可想而知。

第二个是刘邦。虽然项羽和范增对刘邦身上的那些神异怪事非常顾忌，但是在鸿门大家已经和解了，项羽又好面子，不好明目张胆地废除怀王的约定，让诸侯寒心，所以只好把刘邦封为汉王，封地为巴郡、蜀、汉中三郡，都城在南郑（今陕西汉中）。

但是就这样项羽还是不放心，又把八百里秦川一分为三，封三个秦朝降将为王，目的就是把刘邦死死地堵在巴蜀，不让他出来：

封章邯为雍王，封地为咸阳以西，紧挨着刘邦，都城为废丘（今陕西兴平东南）；

封司马欣为塞王，封地为咸阳以东至黄河，都城为栎阳（今陕西富平东南）；

封董翳为翟王，封地为西至今甘肃正宁、内蒙古毛乌素沙地中部一线，北至今内蒙古鄂尔多斯市以北，东至黄河，南至今陕西铜川王益区、黄龙一线，都城是高奴（今陕西延安北）。

其他诸侯，也各有分封：

魏王姬豹改封西魏王，封地为河东（今山西），建都平阳（今山西临汾西南）；

瑕丘公申阳是张耳的男宠，曾经率先攻下河南郡（今河南黄河以南，灵宝以东，中牟以西），接应楚军过黄河，有功，被封为河南王，封地就在河南郡，都城为雒阳（今河南洛阳东）；

韩王韩成仍旧统治韩国土地，都城为阳翟（今河南禹县）；

赵国大将司马卬平定了河内树立战功，奉为殷王，统治河内，都城为商朝故都朝歌（今河南淇县）；

赵王歇改封为代王，统治代郡（今河北西北部、山西东北部），都城为代县（今河北蔚县东北）；

张耳有贤名，又一路跟着项羽入关，因此被封为常山王，统治原来的赵国（今山西北部、河北西部和南部一带），都城为襄国（今河北邢台）；

当阳君英布勇冠三军，战功赫赫，封为九江王，封地为淮南（今安徽淮南一带），都城为英布的老家六县；

番君吴芮，也就是英布的岳父，率领百越精兵跟随诸侯入关，被封为衡山王，都城为邾县（今湖北黄岗北）；

义帝熊心的柱国（仅次于令尹、相国的高官，是楚国最高武官官职）共敖率兵攻克了南郡（今湖北荆州地区），有战功，被封为临江王，封地就是南郡，都城是江陵（今湖北江陵）；

燕王韩广被改封为辽东王，统治辽东（约为今辽宁省），都城为无终（今河北蓟县）；

燕国大将臧荼救赵有功，并且跟随项羽入关，被封为燕王，统治燕国（今北京及河北中、北部），建都蓟县（今北京西南）；

当前的齐王田市，被改封为胶东王，封地就是胶东（山东胶莱谷地以东，东、南、北三面环海半岛地区），都城为即墨（今山东平度东南）；

齐将田都自发救赵，跟着项羽入关，被封为齐王，封地就是齐国（今山东北部和东部），建都临淄（今山东临淄东）；

原齐王田建的孙子田安曾携济北（辖境相当于今山东德州、茌平以东，东平、泰安、莱芜以北，邹平、信阳以西及河北省沧州、海兴以南）数城归附项羽，被封为济北王，统治济北，建都博阳（今山东泰安东南）；

成安君陈馀虽然弃将印而去，没有跟着项羽入关，但是有贤名，对赵国也有功，项羽听说他现在正在南皮（今河北南皮）隐居，就把南皮等三县都封给了他；

番君吴芮手下大将梅鋗功劳很大，封十万户侯。

齐国相国田荣也是一个人物，但是因为对项梁不够意思，不派援兵，也不肯带兵跟项羽入关，所以不给任何封赏。连带他的侄子也被调到了胶东。

从这次分封里，可以看出来很多东西。

第一，对刘邦、三降将的分封是为了解决刘邦这个隐患，牢牢地掌控关中。刘邦是从彭城出发，他自己本身就是南方人，手下大多也都是江浙、河南人。不能回老家也就罢了，谁愿意到巴蜀去？死在那，魂都归不了故里。把刘邦封到巴蜀，对刘邦军心、士气的打击显然不小。

而章邯、司马欣、董翳三人，全都是秦国时的官吏，是秦人治秦。用秦人在关中治秦，谁也不能说他项羽不公道。可是这三个人毕竟是害得二十万子弟被坑杀、秦国被灭亡的罪魁祸首之一。项羽在咸阳烧杀掠夺，秦人对诸侯联军早就怨恨在心，对这三个叛徒更是恨之入骨了。这样一来，章邯等三人要在关中立足，就不得不依靠项羽的支持，不得不对项羽俯首帖耳，唯命是从。同时，三分关中，又能防止某个人独大，成为隐患。因此，项羽虽然没占据关中，实际上已经等于把关中收入囊中。

第二，对于刘邦、章邯等人以外的新旧贵族和割据势力，项羽采用打压旧贵族、安抚新势力的手段，将根深蒂固的旧贵族割据势力调离各自的地盘，让亲近他的新兴势力取而代之。这就使旧贵族势力大减，失去威胁，也让亲近自己的势力尝到甜头，更加服从，同时还制造了诸侯间的矛盾，让他们互相攻击、怨恨，无法对项羽构成威胁。

第三，分封诸侯封地的设置，也是本着互相牵制的原则，防止某一个诸侯突然崛起。

当然，这都是项羽、范增一厢情愿的谋划。这次分封的最终结果就是：对项羽可能造成妨害的，打压、排挤，扔根骨头让他们啃去；对项羽唯命是从的，则都能有口肉汤喝。

项羽的如意算盘打得是不错。但是，他的封赏真的能让亲楚势力满意吗？被打压的诸侯真的甘心受欺负吗？

项羽种下的矛盾太多了，却并没有控制这些矛盾的能力。天下戮力抗秦的暂时联盟至此终止，诸侯大混战的序幕悄然拉开。

美男子巧赚楚霸王

虽然刘邦在项伯的帮助下取得了汉中封地，但是老谋深算的范增并未完全放在心上。他自认纵使刘邦是只雄鹰，自己也能将之一手掌握于手中。抱定了这样的主意，范增索性让项羽不放诸侯回去，争取找机会多收拾几个，也好减少未来的隐患。

这样一来，刚刚为得到汉中而喜悦的刘邦又开始发愁。不能回到封地，在项羽眼皮底下的他是一动都不敢动，生怕让项羽抓到杀他的借口。总这么下去，何时才能出头。无可奈何之下，刘邦又派人向张良问计。

张良也有黔驴技穷的时候，想不出什么好主意。想来想去，他决定找陈平商量商量。

陈平，阳武（今河南原阳东南）人，出身贫寒，自幼酷爱读书，尤其喜欢黄老之学。古时候的风气，亲兄弟感情特别好，有道是“长兄如父”，当哥哥的真有担当，当兄弟的真拿哥哥当长辈。按说家里穷，一家老小就都得去干活挣饭吃。可是陈平的哥哥心疼弟弟，看陈平爱读书，就让他专心求学，家里所有的活，哥哥都包了。陈平的嫂子看着不高兴，就在一边说风凉话：“天天读那些文章有什么用，还不照样全家跟着吃糠咽菜！有这么个小叔，还不如没有！”陈平的哥哥一听这话，当时就把妻子休了。

哥哥本是出于爱护弟弟的一片真心，可是他这一休妻，却把陈平给坑了。虽然那时候休妻不讲究“七出”（即不顺父母、无子、淫、妒、有恶疾、口多言、盗窃，始于汉代，在唐代成为休妻法规），但是也不能凭一个“感情不和”的理由就可以离婚。乡亲们不知道做哥哥的为什么休妻，暗地里揣测，觉得必然是当媳妇的有大错。什么大错呢？有人就猜：别是陈平和他嫂子通奸了吧？说着说着，猜测就说成了真事，陈平平白无故背了个“通嫂”的恶名。

哥哥全力支持陈平，陈平也是不负众望，学习很用功，十里八村都出了名。但是因为陈平不事生产，家里又穷，还有“通嫂”的名声，乡里的人无论贫富贵贱，都不愿意把闺女嫁给他，陈平就一直没有娶妻。

当地有个富户叫张负，有个孙女先后嫁了五个丈夫，而五个丈夫都是成亲没多久，年纪轻轻就死了。大家就说这小寡妇命硬，克夫，没人敢娶。一个没人嫁，一个没人娶，陈平就动了心。张负也到陈平家考察了一番，发现陈平虽然穷，但是他家门前有不少车辙，也就是马车停留过的痕迹。现在有车是一种身价的标志，那时更甚，不是大富大贵的人家，没资格用车，也用不起车。陈平家门口车辙特别多，说明许多有地位、有名气的人总来拜访他。因此，张负认定陈平的未来不可限量，就做主把孙女嫁给他。

因为陈平当时穷得拿不出聘礼，张负还特地倒贴钱给孙女婿遮羞。张负也是个厚道人。孙女出嫁那天，他对孙女千叮咛万嘱咐，告诫孙女千万不要因为丈夫家里穷，就对丈夫慢待无礼，对大伯、大嫂要像对待父母一样。陈平有个有钱的好老丈人做后盾，交际越发地广了。

秦二世元年（公元前209年），大泽乡起义爆发，姬咎被立为魏王。陈平觉得这是个光宗耀祖的好机会，辞别兄长赶奔临济投靠，随后又因为不得赏识，转投到项羽手下做谋士。项羽有个癖好，他非常喜欢自己的体格，欣赏的人也是那种膀大腰圆、威风凛凛的，最好是武将。陈平则是个美男子，细皮嫩肉，身体纤长。长成这样，项羽自然不待见他。郁郁不得志的陈平在鸿门宴上见到了刘邦，觉得这才是他应该追随的人。

陈平早有心归汉，此刻张良前来拜访，两人一见如故，相谈甚欢。张良一番试探之后，最终说出了来访的意图。陈平乍一听也皱眉，思考片刻后，说："要让项羽放汉王回封地，本来容易，因为有范增在，所以才成了难题。既然这样，要救汉王就得首先把范增弄走，不然就绝无可能。这事你别管了，看我的吧！"

第二天，陈平求见项羽，给项羽献了一条妙计："您不是讨厌怀王吗？您不如给怀王封个'义帝'的尊号，以'帝王当居上游'为由让怀王迁都到郴县（今湖南郴州），您占据彭城为都。这样，您不就可以逐渐名正言顺地号令天下了吗？"

陈平的这个建议正对上了项羽的心思，等到范增来拜见的时候，项羽迫不及待地把陈平的建议说了一遍，谎称是自己想出来的。范增听项羽说完，眼泪下来了：老天终于开眼，以项羽的脑袋终于也能想出一条妙计！他立即响应，甚至声言自己要亲自去办。此举正中陈平下怀。

当即，项羽便向诸侯宣布了决定，尊楚怀王为义帝，为其再加封一块地，将其送走。本来帝的地位大于王，但是对于熊心而言并非如此——项羽把他明升暗降，予以架空了。诸将谁敢指责项羽不对？众诸侯都纷纷点头："项将军提议甚好，您做主就行了，我们全都赞成。"于是，楚后怀王成了义帝，国都被迁到郴县，彭城成了项羽的都城。

项羽宣布决定之后，范增就出发了。动身之前，范增一再叮嘱项羽：千万不能让刘邦回封地。项羽信誓旦旦地保证了一番。

等范增走远了，陈平又跑来见项羽说："大王，这么下去不行。诸侯们都聚集咸阳，现在一共五六十万人马，每日耗费钱粮无数，老百姓负担不起不说，我们也得天天往里搭钱。不赶快让诸侯们回国，可就要出乱子啦！"

项羽一听，也意识到问题的严重，马上下令让各路诸侯立即回国，远者限期十天动身，近者限期五天动身，即刻准备，不准耽搁；汉王暂留在咸阳，与楚王共商大事。

单独扣住刘邦，项羽此举完全在陈平的意料之中。在陈平的授意下，刘邦突然向项羽请假，要求回故乡沛县省亲。项羽犹豫了。不让刘邦回去，是不近人情；让刘邦回去，不知道刘邦此举有什么图谋。

这时张良站出来故意反对，说："汉王回去，肯定是要接取家眷或者占据沛县称王。您不能让他回去，莫不如以巴蜀急需安定为由命他赶紧去汉中，同时派人去沛县取他的家眷做人质，让他不敢有异心。"

陈平也在一旁接道："大王既然封刘邦为汉王，且已经布告天下，如果硬是不让他上任，恐怕不足以取信天下，造成恶劣影响。倒不如依张良的计策而行，既可以保全信用，又可以约束汉王。"

项羽想了又想，同意了，命令刘邦以国事为重，赶紧安抚巴蜀，省亲之事以后再说。

刘邦得了项羽的命令，唯恐夜长梦多，马上整顿队伍准备出发。当时刘邦原本有十万人马，但是被项羽使了手段分给别人，最后只剩三万，刘邦却不露声色，毫无怨言，使得天下豪杰刮目相看。诸侯中有数万人就因为觉得跟着刘邦比较有奔头，转投刘邦，愿意跟着他去汉中。

汉王元年（公元前206年）的四月，正是早春时节，刘邦率军赶赴汉中，张良一路相送，直送到汉中境内这才止步，君臣洒泪而别。临走的时候，张良叮嘱刘邦务必烧掉沿路走过的栈道。

栈道指的是沿悬崖峭壁修建的一种道路，又称阁道、复道。从关中至巴蜀，之间到处是横山断岭，无路可通。为了往来，于是古人便在悬崖绝壁上凿出孔洞，插入结实的木方，如同今天铁路上的枕木一样排列，再在木方上铺接木板，形成空中走廊，这就是栈道。这些栈道都是穷年累月才能铺好一段，一旦烧毁，没有三年五载难以修复。

张良让刘邦烧掉栈道，一是为了防止在刘邦还未站稳脚跟的时候，诸侯通过栈道前来袭击；二是为了向项羽表示自己没有重返中原的打算，使项羽放松对刘邦的警惕；三是为了减少将士的逃亡，没有返乡的坦途，除非艺高人胆大，不然谁敢翻山越岭地逃跑?

刘邦火烧栈道之举果然让项羽开怀大笑：刘邦是真怕我啊。不管你是假意要讨好我还是真心服软，既然烧了栈道，这辈子你就别想出来了。既然你安心做汉中王，我项羽大人大量，不会找你的麻烦。

项羽不是刘邦，他不知道刘邦对他的恨有多深，更不知道刘邦重返故土的愿望有多强烈。真正危险的食人猛兽，从来都是善于隐藏爪牙和身形，小心隐忍、蓄势待发的。刘邦有了做猛兽的觉悟，项羽却没有即将被吃掉的警觉。项羽一生中最可怕的对手，就这样在他的大意中成长起来了。

义帝熊心离开彭城不久，项羽按耐不住，急切地要回到故乡，去炫耀他的权势和功绩，去接受百姓的欢呼和群臣的朝拜。

第五章　汉得大将，楚失人心

韩信的悲喜前半生

在汉王刘邦正忙着在关中厉兵秣马、积攒实力的这段短暂时间内，意外地获得了一个人才——韩信。

韩信，继勇于尝粪的越王勾践之后，以忍辱能力见称于世。当韩信站在拜将坛上，接过汉王刘邦赐予的大将军印时，心中百感交集。这风光的一刻，日后成为韩信脑海中不可磨灭的记忆。每当想起这一刻，他的心中有悔恨，有得意，有悲伤，有甜蜜……他这前半辈子，活得真是太不容易了。

韩信是淮阴（今江苏淮安）人。根据史书的描述来看，韩信大概是下层士族出身，但是早已经彻底没落成平头百姓，而且父母早亡，没有兄弟。青少年时期的韩信过着极其贫困的生活。

韩信肩不能担担手不能提篮，不会种地，也不懂做生意，生计自然就没有着落。虽然读过书，有学问，但韩信的人品不怎么样，也就没有人愿意推荐他到政府机关工作。说到韩信的人品不好，主要表现在脸皮比较厚，说好听点就叫能忍辱负重。

何以说韩信脸皮厚呢？有两件事能够佐证，一个是“乞食漂母”，一个是“胯下忍辱”。

韩信因为穷得一无所有，又不会赚钱，长得人高马大却游手好闲，到处蹭饭吃。别人怎能不厌恶他呢？

韩信最喜欢到乡县南昌亭（今江苏淮安清浦区城南乡韩城村）亭长家蹭饭。亭长大小毕竟是个官，拿国家的俸禄，生活条件自然比一般人强一些，饭菜也就可口一些，韩信也就更为爱吃一些。

乡里乡亲，抬头不见低头见，南昌亭长倒也不嫌弃韩信，让他在家里吃好几个月的饭。韩信每天是到了饭点就来，吃完抹抹嘴道个谢就走。时间长了，亭长忍得，亭长的老婆忍不得。骂又张不开嘴，撵又撵不走，实在逼急了，亭长老婆想了个妙招：早早地做好了饭，一家人提前吃了饭。

这天，毫不知情的韩信又踩着饭点赶来，但是等了半天也不见亭长家做饭。韩信在蹭饭生涯里遭到的白眼和挖苦也算不少了，如今居然一个米粒都没见到，他自然知道是被亭长家摆了一道，再加上亭长老婆不给好脸色，脸上实在挂不住了，愤而离开。

有饭可蹭的日子到头，可是人活着总得吃饭，饿肚子的滋味太难受。实在饿极了，韩信就跑到河边钓鱼吃。钓鱼也是一门技术，会钓的，鱼一条接一条地咬钩；不会钓的，几个时辰也未必能钓上一条来。倒霉的是，韩信正好属于不会钓鱼的，钓了一天，收获也填不饱肚子。

就在距离韩信钓鱼地点不远的地方有一群来漂洗丝絮的妇女，当时称为漂母。这些漂母在河边一干就是一天，所以都自己带饭。中午大家吃饭的时候，韩信在一边儿看着，口水直流。实在挺不住，韩信就又厚着脸皮走到跟前，向漂母们讨饭。

漂丝是一个工作程序繁琐、劳动量大、条件艰苦而报酬微薄的工作。有钱人谁也不会干这个。所以漂母们生活也都不宽裕，带的饭自己还不够吃，哪舍得施舍呢？独有一位漂母心特别软，看见韩信饿得面黄肌瘦怪可怜的，就把自己的饭分给韩信。韩信多少天没吃过一顿像样的饭了，饿疯了一样地狼吞虎咽。漂母看着眼圈都红了，叹了口气，告诉韩信要是还没饭吃就在这等她，明天她还来。此后一连数十日，这位漂母都特地来这里漂洗丝絮，为的就是给韩信带口饭吃。

有了饭吃，韩信有了精神和体力，他眼下没什么可报答漂母的，就拍着胸脯对漂母说："您对我的好，我一辈子也忘不了。等以后我发达了，一定好好地报答您。"好心的漂母听了这话可就生气了："你一个堂堂男子汉，自己没本事挣饭吃，还在这跟我吹牛说大话！我是因为可怜你才给你带饭，你以为我是图你日后报答我？"

不得不说，漂母的善良伟大是难得的，她自己也是个穷人，可是却天天给韩信带饭吃。而她也根本不认为眼前这个穷得快要饿死的男人会有发迹的那一天。所以，漂母的施舍是不图回报的。

相比于漂母来说，韩信也是个大人，别人身上长得他也一样不缺，穷得没饭吃却不想办法靠劳动挣饭吃，到处蹭饭，不能不说他的确有些好吃懒做。

胯下忍辱，则又是另外一回事。

韩信因为是落魄士族的后裔，家传有一柄佩剑。他虽然穷得吃不上饭，可是却觉得自己的身份比那些小老百姓高出一头。为了表示自己士族的身份，韩信就天天把家传佩剑挂在腰上，晃来晃去。

淮阴有一群屠户。当时干这一行属于贱业，地位还不如种地的，好人不为此业。所以这群屠户可以说属于泼皮无赖。有一次，有一个屠户喝了点小酒，吃饱了没事干，正好看见韩信从远处来了，就跟旁边的人说："你看，韩信那小子又来了，腰里还挂着剑，你们说他带剑做什么？"有人搭腔说这叫威风。无赖不屑一顾，心知韩信素来胆小怕事，什么也干不了，且看自己去戏耍戏耍他。于是这屠夫摇摇晃晃地走了出来，拦在韩信面前。

韩信正行路间却被人拦住了去路，十分纳闷。这时候，无赖开口了："韩信，你终日带着把剑走来走去摆架子，我早就看你不顺眼。今天你要是有胆量，拔出你的剑把我杀了，从我尸体上迈过去。你要是承认没胆子也行！"无赖拍了拍大腿，"从我裤裆下面爬过去，我就放过你。否则我见你一次打你一次！"

一般人遇到这种事要么上前与这屠夫厮杀，要么调头溜回去，以后躲着走也就是了。韩信却一撩衣摆，趴下来从无赖裤裆下钻过去了。此举可算是令韩信出了名。不论他走到哪，都被人指指点点，说他是个懦夫。

韩信为什么能拉下脸来蹭饭、放下自尊钻裤裆呢？说来说去，就是因为韩信特别珍惜自己的性命。他从不认为自己这一辈子就这么完了。虽然说出来谁都不信，但是韩信觉得自己肯定有大富大贵的那一天。

秦二世二年（公元前208年），项梁北上救魏，从淮阴经过。韩信觉得自己的机会来了，立即投奔。然而，一个默默无闻的穷小子想得到项梁的赏识和重用，哪那么容易！韩信在项梁手下默默无闻，在项梁死后又归了项羽。项羽见韩信长得高大、帅气，当即任命韩信为郎中。

郎中这个官职始于战国时期，在晋代以前，主要负责保证帝王门户、车马的安全，平时做帝王的侍卫，打仗的时候就是帝王的亲兵，随同出征。项羽任命韩信为郎中，看重的就是韩信人样子长得好，摆在门口显出威风来。这个位置是比较贴近帝王的，韩信也经常借助职务之便向项羽献计献策。然而项羽是个连干爹范增的话都不一定听的人，更不在乎韩信这个小小的郎中了！

在项羽手下也就是这样了，韩信又发现项羽身上存在着诸多弱点，绝非值得效力之主，马上决定另择明主。当时天下，首称项羽，其次就是刘邦。而且，刘邦身上还围绕着种种神异的传闻。因此，就在刘邦赶往封地的时候，韩信悄悄弃了项羽，追随刘邦到了汉中。

萧何月下追韩信

刘邦带着美丽的梦想走入汉中。显然，刘邦的手下们并不都知道主公做着什么样的美梦。在他们看来，被封到巴蜀的刘邦，尤其是自动烧绝了栈道的刘邦，已经没有重出江湖的机会，带着对家乡的眷恋，带着对父母妻儿的思念，从将领到小兵，每天都有人悄悄逃走。

将士逃亡现象的出现，对于士气是一个重大打击，就连刘邦自己都有些感到灰心。然而，也许老天觉得对刘邦的打击还不够彻底，就在他刚刚抵达自己的都城南郑不久，忽然有亲兵慌慌张张地跑来报告说萧何丞相逃跑了。

刘邦听亲兵这么一说，顿觉眼前天旋地转。萧何不仅是从起兵之时就跟随刘邦的老朋友，眼下更是刘邦的左右手。萧何的背叛，让刘邦又是愤怒，又是绝望，一时间不知如何是好，吃也吃不下，睡也睡不着，丢了魂一样。

谁知没过两天，萧何又回来了。看见萧何，刘邦如见久别的亲人，既生气又欢喜地问："我对你哪点不好，你怎么就逃了？"

萧何赶紧说："大王误会了，我没逃，我是追一个逃跑的人去了。"

刘邦很吃惊："你追谁去了？"

"韩信！"

原来，韩信投奔了刘邦之后，刘邦也没拿他当回事，让韩信做了连敖。许多人把这个职位解释称粮仓管理员，因为"敖"字有"粮仓"的意思。其实远不是这么回事。三家注版本的《史记》里，晋代的徐广在这个词后面的注解明明白白：典客也。典客就是负责与各诸侯国、少数民族交往的官吏，与粮仓管理员毫无关系。

就在做连敖的时候，韩信所属的部门不知道犯了什么事，全部被判了死刑，监斩官是刘邦的老乡——昭平侯夏侯婴。刽子手一连气儿砍下十三颗头颅，第十四颗就在这韩信的脖子上。眼前此刻，韩信急中生智，仰头盯着夏侯婴大声喊："汉王不想得天下吗？为什么要杀壮士！"

一般人临死要么吓得软成一摊泥，要么连声求饶，要么大骂，韩信临死关头能喊出这样不卑不亢的话来，夏侯婴不禁暗暗好奇，仔细打量了韩信一番。这时就体现出人的长相得重要性了。韩信要是长得歪瓜裂枣一样猥琐不堪，夏侯婴可能当场就下令把韩信斩了。关键是韩信长得仪表堂堂，让夏侯婴看着打心里喜欢。夏侯婴当即一挥手，让人把韩信放了，请过来聊了一会儿。这一聊不要紧，夏侯婴心里大叫一声：韩信确实是个不可多得的人才！他马上就向刘邦推荐。

别人的面子刘邦可以不给，夏侯婴的面子刘邦必须要给，因为夏侯婴曾经对刘邦非常好。

刘邦当泗水亭长的时候，夏侯婴是沛县县令手下的车夫。当时两人的关系就非常好。后来，夏侯婴被列为县里的官吏实习生。就在这时，因为一次闹着玩，刘邦不小心伤了夏侯婴。也不知道是什么人跟刘邦有仇，把这事告发了。按照当时的秦律，刘邦身为官吏无故伤人属于知法犯法，是重罪。刘邦心里害怕，在审讯的时候就撒谎说夏侯婴不是他伤的。审讯的人找夏侯婴对质，夏侯婴也一口咬定事情与刘邦无关，到底是谁伤的，夏侯婴却说不清。就因为这个，夏侯婴被关押了一年多，挨了数百板子，但他始终也没把刘邦供出来。

后来刘邦反秦，夏侯婴跟着刘邦打天下，招降泗水郡监、下济阳、败李由、击章邯、攻赵贲、袭杨熊、战洛阳、打南阳，身先士卒，作战勇猛，立下战功无数，爵封昭平侯，官拜太仆（九卿之一，掌管帝王的舆马和马政）。东汉三国时期鼎鼎大名的大将夏侯惇、夏侯渊、夏侯霸，说起来都是夏侯婴的后裔。

夏侯婴对刘邦来说，不仅是好朋友，更是个能臣。所以，因为夏侯婴的推荐，刘邦任命韩信为治粟都尉。治粟都尉就是掌管生产军粮等事的将军，与连敖相比属于实缺。这个官职也就是看夏侯婴的面子给的，刘邦这时候还是没把韩信当一回事。可韩信也没把小小的治粟都尉之职放在眼里。他觉得凭自己的本事，应该是有大用的人，就看刘邦识不识货。

韩信在治粟都尉这个职位上，难免要与丞相萧何打交道。萧何因此也发现韩信是个人才，时不时地跟刘邦提起。这时候刘邦带着大伙还在往南郑行进的路上，心里正是烦闷之际，就没有在意。这一路上，有不少将士找机会溜了。等到了南郑，韩信暗自琢磨：萧丞相和太仆肯定没少在汉王跟前提我，到现在还没动静，看来汉王是不打算用我。既然如此，我另找出路算了。想到这，韩信当机立断，不辞而别。萧何一直关注韩信，听说韩信跑了，来不及请示刘邦，便急忙去追，终于把韩信劝了回来，这才立即面见刘邦禀报。

这边刘邦听萧何说是去追韩信，又生气了："逃了多少将军，也没见你去追，偏偏去追韩信。分明是你在骗我！"

萧何一乐，道："大王，那些将士逃就逃了，但韩信不一样。他是独一无二的人才，国士无双！您要是安心做汉中王，不用韩信没关系。你若是真想争天下，除了韩信，再没有能辅佐您成就大业的人选了。现在就看大王您是怎么想的了。"

刘邦自然是想出汉中夺天下。萧何得到刘邦的答复，连忙说："既然大王已经决定要争天下，那就得用韩信。您要是能用他，他肯定会留下来。您要是不用他，虽然今天我把他追回来了，以后他还是会跑。"

萧何把话说到这份上，刘邦不能不重视了，当即痛快地说："好吧，看在丞相的面子上，我拜韩信为将军。"萧何摇了摇头表示不行。刘邦咬牙道："拜他为大将军可否？"

萧何赶紧道："大王英明！"

一个能让萧何如此看得起的人，刘邦也产生兴趣了，吩咐萧何道："既然说定了，你把韩信叫进来吧，我当场任命。"

萧何却摇头说："大王，您哪一点都好，就是有时候对人傲慢无礼。您拜韩信为大将军，怎么能对他如此呼来喝去？您要是真诚心拜他为大将军，应该选一个良辰吉日，斋戒之后设拜将坛，把全套礼仪都做足，这才可以。”

刘邦思虑半天，最终同意了萧何的提法。

汉王要拜大将军的消息传出来，刘邦手下原来的将军们喜上眉梢，人人以为刘邦要拜的是自己。等到正式拜将那天，使者一声高呼，韩信迈步走上拜将坛，将军们不知所以然，转念才明白过来，原来此事根本与他们无关，不禁心中愤愤不平。韩信看见这排场，自是心花怒放。拜将礼仪完毕，刘邦立刻请韩信上座，当众问对。

刘邦是个急脾气，开口就问：“萧丞相跟寡人提起大将军不是一回两回了。寡人一直有逐鹿天下之心，今天拜你为大将军，不知道大将军有何良策让寡人得偿所愿？”

韩信刚刚被拜将，自然要当众立威，听刘邦问起，韩信先谦虚了一番，然后反问：“大王，您要逐鹿天下，对手非霸王莫属吧？”

刘邦点点头：“当然。”

韩信又问：“大王觉得如果单论悍勇、仁义、强大这三方面，您与霸王谁强谁弱？”

刘邦想了想，还是选择说真话：“寡人不如霸王。”

刘邦话音刚落，韩信立即起身拜贺：“大王您能认清自身和对手的长短之处，这不是一般人能做到的。就像大王你所说的，臣也认为在这些方面您不如霸王。但是，霸王虽然有优势，却有更多缺点。臣曾经在霸王手下做事，对他了解颇深，请允许臣斗胆谈谈霸王的为人。

“霸王性情刚烈，勇猛无敌。他一声怒喝，千人胆寒。可是他一个人本事再大，又能如何呢？他不能放手任用贤能，所以他的悍勇不过是匹夫之勇，不足为惧。

“他待人也恭敬仁爱，言谈温和，属下生病，他能心疼得掉眼泪，把自己的饭菜分给他们吃。可是对于立了功应该得到封赏的部下，他把刻好的官印棱角都磨平了，也舍不得给人家。所以，霸王的仁义是妇人之仁，不足为惧。

“霸王独霸天下，诸侯称臣，实力不可谓之不强。可是他却不待在关中而建都彭城，违背义帝当初的约定，把自己的亲信和所偏爱的人封为王侯，排挤他不喜欢的人，诸侯中许多人对此愤愤不平。霸王把义帝驱逐到江南（此时义帝之死尚不为人知），诸侯有样学样，也都回去驱逐原来的君王，自立为王。凡是楚军经过的地方，无不饱受蹂躏残害。霸王深为天下人所怨恨，只是迫于他的淫威而暂时屈服。霸王名义上是天下的领袖，实质上已失去民心，所以他的强大很快会变成衰弱，不足为惧。

“霸王有这三不足惧，如果大王如能反其道而行之，任用天下贤能，何愁敌人不被消灭！把土地分封给有功之臣，何愁诸侯不臣服！率领江东子弟实现他们打回老家的梦想，何愁敌人不被打败！

“况且，关中的三秦之王本来都是秦将，率军征战数年，麾下秦国子弟死伤无数。后来他们带将士投降霸王，被项羽用欺诈的手段坑杀二十余万，唯独章邯、董翳、司马欣三人生还。秦人对这三人恨之入骨。现在只是项羽以武力强行封这三人为王，实际上秦国百姓都不拥戴他们。

“大王您第一个到关中的时候，秋毫无犯，废除了秦朝的残酷刑法，与大家约法三章，秦地百姓没有不希望您在关中为王的。关中百姓都知道，按照当初诸侯的约定，大王理当在关中称王。可被迫来到汉中，秦地百姓无不怨恨霸王。

“综上所述，大王如果现在起兵，收复三秦绝不是难事，可传檄而定。”

韩信当堂一番论证，把敌我双方的优势劣势讲得清清楚楚，明明白白，自刘邦以下，无不佩服。刘邦尤其高兴，直埋怨得到韩信太晚了，对于自己先前忽略韩信的事情算是绝口不提了。至此，刘邦自己居中调度；以萧何为后勤，主要负责到巴蜀之地收租收粮，保证军队供给；以韩信打前锋，负责冲锋陷阵。汉军上下摩拳擦掌，准备兵进关中。

往日恩，今日怨

刘邦在汉中积极为重返中原做准备，因为道路闭塞，包括项羽在内的其他诸侯并不知情。此时的华夏大地一片宁静，人们仿佛又迎来了乱世之后的和平。

然而，不平静的事情并不等于没有发生。由于项羽是个爱憎分明的人，这直接导致了他无法成为一个合格的政治家。在处理齐国的态度和方式方法上，项羽的这种个人主观感情色彩尤为明显，以至于制造出了不可化解的矛盾。

汉王元年（公元前206年）五月，田都拿鸡毛当令箭，得到项羽任命后来到齐国上任。对此，田荣当然不能容忍。田荣不仅坚决拒绝接受项羽自作主张迁齐王去即墨的命令，而且立即率军向田都发起攻击，同时也秘密联络其他收到苛待的诸侯倒项。没有根基的田都面对愤怒的田荣，果断做出选择——逃回楚国。

这时候齐王田市，也就是田儋的儿子、田荣的亲侄子，因为对项羽的畏惧，对叔叔的反抗行动非常不赞同，竟然主动溜到胶东，要按项羽的安排改做胶东王。不成器的侄子做出的这种背叛家族的行为使田荣凶性大发。田荣带人日夜兼程，终于在即墨追上田市，并将田市亲手斩杀，自立为齐王。此时，济北王田安也已经到博阳即位。对于仇人田假的侄子，田荣当然不会放过，立即发起攻击，将田安杀死在战场上。至此，田荣占据了原属齐国的全部土地。

田荣打响了反对项羽的第一枪，自然知道必定会遭到项羽的报复，也自然知道仅凭一己之力绝不是楚霸王的对手。单丝不成线，孤木不成林，田荣开始广建党羽。

在攻打济北王田安的时候，田荣偶然遇到了彭越。自从与刘邦分手之后，彭越手下逐渐积累了一万多人，在巨野（今山东巨野县）深山老林里游荡，没有投靠任何诸侯，也没有参与各路诸侯进攻咸阳的行动。结果，彭越被诸侯们遗忘了，成了天不收地不管的孤魂野鬼。

别人不要的人，但田荣却看中了。田荣发现没有政治倾向的彭越如获至宝，立即派人赐给印绶，拜彭越为将军，请他作为自己的战友去攻克济阴（在今山西荣河县境），协同自己攻打田安。

彭越现在正处于尴尬境地。秦国已经灭亡，天下成了诸侯的天下。虽然躲得了一时，但一万余众的彭越军终究会曝光。没有哪个诸侯会容忍在自己的封地内存在这样一支不属于自己的军队，彭越的属下们也不会愿意长期过这种居无定所的生活。因此，为了生存，彭越急需一个合法身份。虽然田荣有意拿彭越当枪使，但彭越别无选择，只好接受田荣的任命，协助田荣消灭了田安。

田荣率先对项羽发难，惊起了另一位英雄——陈馀。

巨鹿之战后，陈馀一怒之下弃印归隐，在南皮带着好朋友们渔猎，张耳则跟着项羽一直到了咸阳。大分封之时项羽本来不打算封赏陈馀，还是在项羽手下混饭吃的陈馀昔日门客够意思，跟项羽讨封："张耳跟了您之后也没做过什么，不比陈馀功劳大多少。现在您封张耳为王，却不封名气不逊于张耳的陈馀，这有点说不过去。"项羽琢磨了一下，觉得手下说得有道理，就把南皮等三县封给了陈馀。

按理说，天下那么多英雄没得到封赏，陈馀坐在南皮就得到了三个县，也算不错。彭越也是一无所有，不过陈馀还是不满。因为他举目一瞧，昔日的好哥哥张耳就因为跟随了项羽，如今已经成了赵国的王，连赵王歇都被张耳挤走。想想，上天真是待他不够亲厚。如果是别人封了王，陈馀还不恼，但是张耳夺了陈馀的兵权，是陈馀恨之入骨的仇人。正是因为被张耳夺了兵权，陈馀靠着门客说情才得到三个小县，张耳却是数郡之主。这让陈馀如何能不愤怒呢？

原本张耳势大，陈馀则是不堪一击，只能窝囊着。偏巧，田荣反了。陈馀当然不能放过这个可以利用的机会。他立即派了能说会道的张同、夏说秘密前往齐国，游说田荣。两人见到田荣后，巧舌如簧，说道："大王，项羽为天下之主，做事太不公道。他把自己的属下封到了好地方，却把原来的诸侯都封到了条件差的地方。赵王原本是我们的王，项羽却把他迁到了代国。赵王的臣子张耳因为被项羽看重，居然坐了赵王的位子。这也太欺负人了。我家主公陈馀对此非常愤怒，特派我们向大王您请求援兵。如果大王能够帮助我们，我们愿意以南皮作为齐国的屏障，不让任何人从我们这侵犯您。不知大王您能否应允我们这个小小的请求呢？"

田荣正愁战友不多，焉有不肯答应的道理？当即拨给陈馀一支队伍。陈馀得到增援，又把自己封地内的士兵全部带上，对张耳发动了突然袭击。

张耳一没有料到陈馀如此恨他，二没有料到陈馀能筹集到攻打他的人马，三没有来得及整顿赵国的防务，结果被陈馀打了个措手不及，一败涂地。

陈馀迎赵王歇复为赵王，赵王歇也上道，大方地把项羽封给自己的代国转封给了陈馀。这一下，主客异位，流落江湖的陈馀重新崛起，成为代王，而刚刚还是赵王的张耳却要亡命天涯了。

去哪里安身立命？张耳左思右想，与随同自己逃亡的属下商议说："现在，我一无所有了，必须寻求一个靠山。天下诸侯，要么不值得投靠，要么不会重用我，要么不会收留我。只有霸王和汉王，是可以投奔的。汉王跟我有故交，当年他还是布衣之身的时候曾经跟随我；霸王则是实力雄厚，对我有封赏之恩。他们两个人之中，我倾向于投奔霸王。大家没有异议的话，我们就奔彭城去吧。"

张耳手下有个姓甘的老头，姓甘名德，字逢。对于张耳的打算他表示不同意："主公，您可不应该去投奔霸王啊！我平时喜欢观天象。近来，我发现五星逐渐汇聚于东井，这是印证汉王入关中的事。东井应在秦国，五星汇聚于东井，正表示秦国理当灭亡，先到咸阳的人必然会成为霸主。所以依我看，别看现在霸王势力强大，未来的天下还得是汉王的。因此，您理应投奔汉王。"

五星汇聚于东井，这是古代对一种天象的称呼。五星指的是金、木、水、火、土，古人称之为太白、岁星、辰星、荧惑、镇星。东井又是什么呢？指的是井宿。井宿是南方"朱雀"七宿之首，在西方的十二星座里属于双子座。井宿共有八颗星，其中最亮的叫做井宿三。这颗星明亮，代表国富民安，天下太平，如颜色变化则代表动荡不安。

东井代表秦国，也就是关中的秦地。刘邦入关中，五星聚于东井，这就表示刘邦是上应天命灭秦的人，是上天指定的华夏之主。《史记·天官书》记载了这件事："汉之兴，五星聚于东井。"

甘德说"汉王之入关，五星聚东井"，东汉班固则在《汉书》中明确地写道："汉元年十月，五星聚于东井，以历推之，从岁星也。此高皇帝受命之符也。"事实上，班固的记载是断章取义，严重错误。

根据天文学测算，这一次被称为刘邦上应天命的"五星聚于东井"，历史上发生在公元前205年5月18日，也就是汉王二年七月二十一日。这时候刘邦在哪？已经进入汉中，在南郑。发生于"汉元年十月"的说法，提前了九个月，在汉高祖元年十月的时候，只有木星和土两星是在井宿区域，其他三颗行星离井宿还很远。其实甘德所说的“汉王之入关，五星聚东井”，应当解释为“汉王的入关，与‘五星聚东井’一事对应”。后人偏要给刘邦上应天命找解释，硬是将“五星聚东井”的天象提前了近一年。

古人尤其笃信天象。听了甘德的一番星象解说，张耳当即决定：投刘邦去！

明修栈道，暗度陈仓

田荣造反的消息很快传遍天下。几乎在得到消息的同时，刘邦行动了。

早在送刘邦到汉中的时候，张良在告别之前，除了留下“火烧栈道以安项羽之心”的计策，还给刘邦制定了“积巴蜀之财富，取道陈仓还定三秦”的计划。

陈仓就是今天的陕西省宝鸡市，位于八百里秦川西端，是关中与汉中之间的咽喉。在从汉中到陈仓之间，曾经有一条崎岖难行的小道。后来，因为栈道的铺设，这条小路渐渐荒废，逐渐被人遗忘。因此，对于这个方向，章邯等人是没有设防的。

要出汉中，必先得陈仓；要得陈仓，现在只有这条被忽略的小路可走。但是，如果汉军明目张胆地从这条小路杀出去，章邯等人的斥候也不是吃素的，肯定能及时察觉。到时候，三秦大军蜂拥而来，结果就只能是把汉军死死地堵在陈仓之前。所以，夺取陈仓的行动，必须要做到神不知、鬼不觉，容不得半点闪失！

对此，大将军韩信早有算计。他首先把临武侯樊哙、威武侯周勃找来，命樊哙、周勃带一万人马修复栈道，限期一个月内必须修完。樊哙和周勃一听大为着急，去找韩信说理：“大将军，你此举是作甚？这条栈道咱们烧起来是没花几天，可是修起来没三年哪修得完啊？这都是几百年才铺出来的路，你让我们一个月修完，还不如现在就把我们杀了！”

韩信把脸一沉：“让你们修你们就修，哪那么多废话！大王要出汉中夺天下，等你们修上三年，还夺什么？现在这个任务就交给你们了，不得有误！”

军令如山，樊哙、周勃也没办法，点齐了兵马，日夜开工，轮班倒地抢修栈道。

最高明的阴谋，首先要骗过自己人。为了保密，韩信并没有把计划告诉其他将领。

樊哙、周勃这边刚一开始施工，摆出要从褒斜道出兵的架势，消息就被探子急急忙忙报告给了章邯。章邯听了哈哈大笑：“汉王是不是受刺激变糊涂了？早知道今天，谁让你当初烧来着？任你修去，等你修过来，我再把你打回去。不仅如此，我还要顺着你们修好的栈道杀进汉中，让你们死无葬身之地。”章邯想了想，又问：“查查这馊主意是谁给汉王出的。”没多久，章邯就得到回报，说是汉王拜了一个叫韩信的人做大将军，修栈道就是韩信的命令。

“大将军？韩信？此人是谁，怎么没听说过？”章邯疑惑地问。

探子早就打听清楚了，禀报说：“大王，难怪您不知道。此人在家乡是有名的懦夫，有一次被人欺负，从人家裤裆底下钻了过去。他原来在项王手下当侍卫，不久之前才到汉王那里。”

探子把打听来的事仔仔细细说了一遍，章邯听了抚掌大笑：“汉王真可怜呐，手下没人了，拜了个钻裤裆的做大将军。就这样的人还想跟我打？如今看来，我已有数了，派一支人马在栈道口等着，什么时候他们快修好了，就来向我禀报！”

章邯被韩信蒙蔽了，真以为汉军打算从原路杀出来，把注意力全放在栈道这。

汉王元年（公元前206年）八月，正是丰收时节。汉军备齐了粮草，整修完毕，开始行动了！

刘邦和韩信率领大军从南郑出发，穿过被荒草覆盖的羊肠小道，神不知鬼不觉地抵达陈仓，不费吹灰之力地打败了毫无防备的陈仓守军，占领了这座事关汉中生死的咽喉之城，并派军从陈仓古渡口渡过渭河，倒攻大散关（位于宝鸡市南郊秦岭北麓）。

汉军攻取陈仓的消息传来，章邯惊呆了。汉军攻克了陈仓？怎么可能！栈道明明还没修好，他们从哪里出来的？难道是长了翅膀飞过来的不成？章邯没有时间仔细追究，急忙调兵，试图夺回陈仓，掐断汉军的生命线。

韩信和章邯在陈仓开战了。汉军将士在汉中被困四个月，思乡之情不可遏制。强烈的返乡欲望让这些经历过无数次战斗的汉军更增添了不要命一般的悍勇。反观章邯军，秦军士兵萎靡不振、不尽全力。这些士兵们许多都是秦人子弟，一直怨恨章邯、司马欣、董翳这三个叛徒，哪肯效死？

此时，明修栈道的樊哙、周勃也接到命令，顺山路杀了出来，与韩信会师。敌我双方交织在一起，陈仓古城变成了绞肉机，无数个鲜活的生命在战场上消逝。

渴望东归的汉军对阵毫无战斗欲望的雍军，汉军打了个漂亮的大胜仗。曾经转战小半个中国、歼敌无数的猛将章邯如今成了被屠戮的羊，在汉军的追杀中仓皇向好畤（今陕西乾县好畤村）方向逃跑。汉军衔尾追击，在好畤再次打败章邯。无奈之下，章邯带着残兵败将逃回了废丘城，坚守不出。

精神抖擞的刘邦一面派重兵围困废丘，一面命令其他大将分别攻打塞国、翟国。连章邯都挡不住汉军，司马欣和董翳更不是对手。没交手几回，汉军就打得塞军、翟军丢盔弃甲，直杀得塞王司马欣、翟王董翳开城投降，塞国灭国，成为汉国的渭南郡和河上郡，翟国灭国，成为汉国的上郡。没用多长时间，除了废丘之外，八百里秦川全都落入了刘邦的掌握之中。

然而，章邯毕竟不是浪得虚名。他并没有绝望，坚持防守，拒不投降。章邯认为项羽绝不会坐视刘邦重返中原，一定会派大军前来支援。他只要坚持到那一天，汉军必将死无葬身之地。因此，在汉军的围攻之下，章邯全力施为，居然把废丘守得滴水不漏。摇摇欲坠的废丘偏偏不倒，一天天地消磨着汉军的耐心。

章邯没有想到的是，与他有血仇的项羽根本没有管他的死活，直接带着大军去打田荣了。

早在得到田荣造反的报告后，项羽派萧公角等人攻打彭越，自己则整顿人马，准备出兵。就在这时，刘邦兵进汉中的报告也送到了。

本来，田荣与刘邦相继行动，项羽一时也难以决断先打哪一个。但是，考虑到范增一直坚持除掉刘邦的要求以及自己对刘邦的厌恶，项羽更倾向于先打刘邦。

正在这时，萧公角等人被彭越打败的消息传来，张良也突然来信了。

却说张良在汉中辞别刘邦以后，直接返回韩国。当时，韩王姬成并不在国内。

原来，姬成当初派张良协助刘邦进咸阳以及张良一直跟刘邦保持密切往来的事情，令项羽大为恼怒。他认为姬成这是忘恩负义。

当年刘邦带着张良一起去投奔项梁。张良看项梁立熊心为楚怀王，特别羡慕，跟项梁商量："将军您现在已经扶立了楚王后裔，楚国的大旗竖起来了。但是，在眼前这种局面下，楚国显得太过于孤单了，缺少盟友。韩王的几个儿子现在都还在。其中，横阳君姬成为人很好，能够担当大任。我想求您立横阳君为韩王。韩国如果能复国，就可以成为楚国的盟友，对您反秦的事业绝对有好处。"项梁当然是希望秦朝的局面越乱越好，马上同意，让张良把姬成找出来立为韩王，又拨了千把来人给姬成去抢地盘。

所以说，要不是项梁，姬成恐怕一辈子都要埋没了。

从这点来讲，项羽觉得韩国应该跟楚国特别亲近才对。可韩王姬成和张良偏偏跟刘邦走得特别近。这让项羽很不痛快，更把韩国的协助视为刘邦先入咸阳的重要因素。因此，分封天下完毕，项羽在回家的路上顺手把韩王姬成捎上，硬把姬成从咸阳带到了彭城。

在彭城，项羽很快就把韩王贬为韩侯。没过多久，也就是在田荣杀死济北王田安的前后，得知刘邦杀出汉中，项羽把姬成也杀了。身为韩国贵族、一心匡扶韩王的张良得知消息，胸中恨意滔天。他料定项羽肯定要先打刘邦，这才本着要坑项羽的目的，打着为项羽考虑的借口，写了封信。

张良在信中说：

汉王本来是应该得到关中的，但是没能得到。如今汉王发动战争，目的正是为了取回自己应该有的封地，而不是针对您。只要能够像当年约定那样成为关中的主人，汉王也就满足了，根本不会再做他想。当务之急是在您的北边。齐国和赵国现在已经结盟了，我这有他们煽动诸侯企图造反的书信，作为证据一并呈给您。他们两国是公开向您叫板。请您早做决断。

张良的意思就是：刘邦只不过是打算取回自己应得的东西罢了，没有东进的意图。你项羽违背了当初的约定，这是你不对，你就不该企图阻止刘邦。齐国和赵国现在已经是公然造反了，证据确凿。你应该去打他们。

张良这一封信，项羽看了之后脸红了又绿，绿了又白。项羽是个好面子的人。他自己也知道，不管怎么说，刘邦先进了关中，自己却把人家撵到巴蜀去，这事做得不仗义。现在刘邦自己去取，合情合理。更何况，章邯是杀死了伯父项梁的人，犯不上为了救章邯背上负义的名声。再说，刘邦在鸿门宴上对项羽服服帖帖，鸿门宴之后更是叫他往西他不敢往东。而田荣和陈馀呢？不仅在项家需要的时候从来不曾施以援手，而且一直没对项羽表示过臣服，如今更是煽动诸侯倒项。应该打谁？显而易见。

天下了解项羽性格的人太多了，但是像张良这样善于抓住项羽心理弱点的人，少之又少。

项羽非常配合地中计了。他放弃了西进支援章邯的计划，准备北上攻打田荣了。就在这时，汉将王陵率一路人马即将抵达阳夏（今河南太康县）的消息传来，使项羽对刘邦产生了一丝警惕。他连忙封好友郑昌为韩王，让他抵挡刘邦，同时又派出一路精兵在阳夏拦阻王陵。

张良把写给项羽的信送出之后，开始了人生中的第二次逃亡，投奔了刘邦。

带着对项羽的愤怒，张良要帮助刘邦手刃楚霸王，项羽的死敌从此又多了一个。

一锅油烹了锦绣江山

就在项羽准备北上之时，得知王陵率军兵临阳夏，急忙安排兵力阻挡。

王陵此人是个妙人。他与刘邦也是同乡，乃沛县人。虽然同在一县，但是他和刘邦的身份天差地别。当年刘邦不过是个百姓，勉强算是富农，王陵家却是沛县屈指可数的豪强。刘邦还没做亭长的时候，总是跟在王陵身后，如同跟班，像对亲哥哥似的伺候王陵。王陵的性格跟刘邦截然不同，刘邦是个市井之徒，王陵却是个读书人，而且脾气倔，心直口快。虽然刘邦总是讨好王陵，但是王陵根本看不上刘邦。后来，刘邦跟风起义，“买卖”越做越大，成了一路诸侯，一直打到了咸阳。差不多跟刘邦起义同时，王陵也起义了，收罗了数千人马。当时很多人都去投奔刘邦，王陵却根本不想跟着刘邦，自己带着几千人马占据了南阳（今河南南阳），自成一派。

天下豪杰反秦之时，随便纠集人马也算一路义军。可是现在秦朝没了，天下是各路诸侯的天下。大鱼吃小鱼，小鱼吃虾米。王陵想再占着南阳过自己的日子已经不现实，正巧这时刘邦从汉中杀了出来，大有夺取天下之意。王陵想：投奔谁不是投呢？好歹跟刘邦有交情，还能照顾自己。于是，他带着自己的人马归顺了刘邦。

刘邦对王陵自然是看重的，于是欣然接纳。这时候他正在关中忙着灭章邯，脱不开身，就让王陵直接去沛县接自己的家眷。出来这么长时间了，父亲、妻子和孩子还在项羽眼皮子底下，现在刘邦没公开打项羽，倒也罢了，以后要是打起来，难保项羽不拿刘家人要挟他，所以必须接出来。

要接刘邦家眷哪那么容易？王陵刚有动作，项羽就得到消息，直接派兵把王陵拦住。

秦汉时代，哪个郡县有豪强，可以说全国都知名。项羽自然是对王陵的大名早有耳闻，而他生平最佩服那些豪强，也最爱与之结交。听说王陵降了汉，项羽就想着怎么才能策反王陵，让他跟着自己打天下。想来想去，项羽想起王陵的老娘还在沛县，眼前一亮，赶紧命人把王老太太接到军中，并且派人给王陵传话："你的母亲现在在我的手里。如果你能背汉降楚，可保你的母亲安然无恙；如果你一意孤行，那么就别怪我不客气了！"

王陵是个大孝子，一听说老娘被项羽抓到，心当时就乱了。他急忙派心腹使者去见项羽，表示只要保证母亲的安全，一切条件都好说。项羽听使者转达王陵愿意投降之意，心里很高兴，设宴款待使者，同时把王陵的母亲也请了出来，安排在上座就座，自己在下首用儿子辈的身份作陪。项羽玩这么一手，实际上就是想借使者之口让王陵知道：我对你的母亲特别好。

吃饱喝足之后，要送王陵的使者回去，王陵的母亲要求单独送一送，顺便叮嘱几句。项羽当然没有多想就同意了。王老太太把使者拉在一边，说了心里话："以前在县里，我也见过汉王。别看当时不怎么样，可我也看出来不是一般人。现在我落到项羽军中，也观察过，这个小子绝不是汉王的对手。以后，天下迟早是汉王的。你这次回去，替我给我儿子捎个口信，让他一定要好好跟着汉王，别因为我分心。我都一把年纪了，不想拖累儿子，今天我就死到这了，你赶快走。"说完，老太太突然拔出使者的佩剑，自杀了。

王氏倒在血泊之中，把项羽气坏了，后者一声令下，将王氏扔进油锅。可怜王氏已死，尸首又遭油烹！

在这一点，项羽做得的确是过分，无论从道义还是从自身利益上来说，都是极为愚蠢的举动。从道义上来讲，王氏为长者，又已经自杀了。项羽作为晚辈，与王氏、王陵都没有深仇大恨，油烹王氏的尸体则太过惨无人道。从自身利益来讲，虽然王氏自杀与项羽挟持王氏为人质有关，但是人毕竟不是项羽亲手杀的。如果项羽有刘邦的手段，这时候趴在王氏的尸首前洒几滴眼泪，厚葬王氏，即便是王陵不感激，起码也不至于恨项羽入骨。人都死了，烹之，对项羽而言没有一点好处；厚葬，起码还能挽回一部分影响。可是项羽放着好事不做，偏偏要做蠢事。

使者逃回王陵军中，将王氏托自己带的话以及王氏死后的下场讲了一遍，王陵痛得当场晕倒。醒过来之后，王陵咬碎了钢牙，从这以后铁了心跟着刘邦打项羽，帮助刘邦安定天下，因功被封为安国侯。刘邦死前安排后事，就提到王陵之才可以担任丞相。虽然史书里没有详细记载王陵的功绩，但凭此两点，可见王陵为刘邦的汉室江山立下了多少功劳。这样一个人才，项羽生生地把他逼到了自己的对立面，白白便宜了自己的对手。

事情已经发展到这步田地，项羽犹未提高对刘邦的警觉，仍然按照既定的计划去打田荣。临走的时候，项羽发布了征集令，命令九江王英布率军跟自己一同出征。一直以来，英布都是项羽最为倚重的猛将。有英布在，许多硬仗、大仗都不是问题。为了在对田荣的战争中速战速决，免得夜长梦多，项羽很希望老部下能帮助自己。然而，九江王英布以患病为由，拒绝出征，仅仅派手下带了几千人马前来，略表心意。

英布为何缺席这次出征，其内心真实想法已经不可知。但根据情理分析，不外乎以下几点：

第一种可能是英布真的病了。虽然称病不出常常是古人表示拒绝的一种方式，但也不能说所有的“称病”都是撒谎。英布也是人，恰好此时生了病也不是绝无可能的事。

第二种可能是英布满足于九江王的生活，不愿意再冲锋陷阵。他是猛将，每次打仗打得都是硬仗、恶仗。瓦罐不离井口破，将军难免阵中亡。没过上舒服日子的时候，许多人会因为欲望努力地去争取。等到过上舒服的日子，再让他辛辛苦苦去拼命，许多人就会退缩。英布此时毕竟是三四十岁的人，刚当了几天逍遥王，尝到了富贵生活的安逸滋味，很可能就失去了厮杀的勇气。

第三种可能是英布不满项羽的不尊重。从项羽的角度来看，英布的九江王是项羽封的。不管英布现在是什么地位，在项羽眼里，英布还是他的手下，是可以招之即来挥之即去的。但从英布的角度而言，英布此时已经是九江王，是一方诸侯，从身份、地位上来说，他与项羽是平级。这时候，项羽还是用对部下的态度要求英布随自己出征，很可能让英布心里不痛快。

无论是哪一种可能，都会使英布最终拒绝随项羽出征。如果项羽有刘邦的心思，很可能找出英布不跟随自己的真实原因，施以有针对性的手段进行弥补。

但是，项羽毕竟是个莽夫，缺乏头脑，他没有深究英布拒绝随行的深层次原因，只是简单地开始怨恨英布。从此，昔日的君臣开始变得同床异梦了。

弑义帝天下寒心

就在项羽的军队走在讨伐田荣的征途上时，在风景婉约的深秋江南，正上演着一幕凄凉的惨剧。

手持利刃的楚将用狰狞的表情掩饰着自己的不安与不忍，将宝剑猛地刺去。芈氏家族最后一位王义帝熊心，就这样瞪大着双眼，带着诡异的微笑，倒在了血泊之中。

杀死义帝熊心的，是九江王英布的属下。而命令英布杀死熊心的，正是熊心昔日的臣子、今日的西楚霸王——项羽。

在分封天下的时候，因为熊心不肯开口立项羽为天下之主，项羽极为愤怒。在陈平声东击西的建议下，项羽佯尊熊心为义帝，将熊心的国都改到了郴县。

郴县，今天的湖南郴州，距离彭城两千多里，地处五岭北麓，位于湘江干流耒水上游河谷，在先秦时期是苗蛮百越等南方尚未开化少数民族的居住地。五岭又称南岭，指的是横亘在江西、湖南、两广之间的大庾岭，骑田岭，都庞岭，萌渚岭，越城岭，其间不仅密布着曲似羊肠的河道，山路也是崎岖升降，艰险难行。有五岭阻隔，又可以想象出郴县当时是何等偏僻。在战国初期，郴县一带仍处于氏族社会阶段，楚国人称其为“林”，意为“长满青蒿”的地方。到了战国中期，楚悼王拜吴起为相，南平百越，占领了林，进行了一定程度的开发。楚前怀王熊槐在位时期，林这个地方才形成一定规模的城池，改称为“郴”，意为“边远之城”，也有解释说意为“林中之城”。

相比之下，彭城在尧帝时期就是大彭氏国的国都，据说之前的黄帝也曾以这里为都城，其繁华程度哪里是郴县可以比拟的？因此，虽然项羽宣布更改熊心的国都，熊心却不肯离开彭城。

当天下诸侯纷纷到封地就国时，项羽也急于“衣锦还乡”。一城不能容二主。公元前206年二月，项羽派手下部分将士先行赶到彭城，以兵戎胁迫。被逼无奈的熊心流着委屈的泪水携文武官员出发了。跟着熊心迁徙的官吏留恋彭城的舒适生活，实在不愿意到郴县去，一路上颇多怨言，行进缓慢。项羽将这种情况归咎于义帝熊心，秘密向九江王英布、衡山王吴芮、临江王共敖下达了杀死义帝的命令。公元前206年，这一年被称为义帝元年，又被称为汉高祖元年、汉高帝元年，就在赵王歇复位、张耳投奔刘邦的同一个月，刚刚渡过长江的熊心被英布手下赶上杀死，命丧江南。

熊心就这样悄无声息地死了。项羽并没有声张，大摇大摆地回到了彭城。

对于项羽而言，熊心是个没用的废物。其实，对于刚刚起兵反秦的项氏家族而言，熊心曾是一把保护伞，是一面聚将旗。有熊心坐在楚王的位子上，才使得项梁、项羽能够顺利地招兵买马，得到楚人的拥护。其实，项氏与熊心之间，不存在谁对谁有恩、谁对谁负义的问题，而是彼此利用的关系。无论对其中哪一方而言，另一方都既是战友又是敌人。当秦国这个第一目标消失后，项羽和熊心就只能是你死我活的局面。显然，熊心并不具备反戈一击的实力。

对于楚后怀王熊心，历史上有很高的评价。宋朝大文人苏轼在《论范增》一文中就曾称赞说：“吾尝论义帝，天下之贤主也。独遣沛公入关，不遣项羽。识卿子冠军于稠人之中，而擢为上将。不贤而能如是乎？”

虽然被选出来做傀儡，但是聪明的熊心显然发现了自己的处境极为危险。在项梁掌权期间，没有机会反击的熊心非常能忍，没有轻举妄动。项梁刚死，熊心就抓住这个机会出击，迅速剥夺了项羽以及吕臣的兵权，又拉拢吕氏，用吕青、吕臣父子为重臣，制衡项氏势力。同时，他提拔对项氏不满而且没有根基的宋义为上将军，又让刘邦独领砀郡兵卒，以进一步打压项羽。这些充分证明熊心胸中有城府，行事很果断。

在接下来的反攻秦国行动中，怀王熊心也坚决不给项羽机会，让刘邦负责西进咸阳，让宋义带着项羽在安阳吸引秦军主力，拒绝了项羽“愿与沛公西入关”的请求。

虽然史书记述不多，但仅从这两点就可以看出，熊心是一个头脑清醒、善于决断的人。但是，熊心犯了一个致命的错误，就是错用宋义。宋义显然是一个眼高手低、纸上谈兵之辈，不堪大用。熊心却被宋义的名声和口才蒙蔽，拜其为将。结果，项羽斩杀自以为是的宋义，又漂亮地打赢了巨鹿之战。兵权落到到项羽手中，熊心再度成为傀儡。当然，用宋义，对于熊心来说也是无奈之举。他没有机会接触军事，也没有时间去慢慢考察人才。

重新被项氏控制的熊心很清楚自己的命运。所以，他以毫无商量余地的语气应对项羽的试探，杜绝了项羽借大义名号占有天下的可能。这一行动显然使熊心死亡的时刻被大大提前了，但也显然给项羽制造了巨大的麻烦。

熊心就这样匆匆登上历史舞台，又匆匆退场。

也许是受项羽驱逐义帝的启发，汉王元年（公元前206年）八月，因被项羽迁为辽东王的燕王韩广不肯就国，受封为新任燕王的原韩广部将臧荼举起屠刀，将韩广杀死，占据燕国、辽东两地，即燕王之位。

至此，义帝死，义帝之楚国并入西楚；胶东王死，济北王死，胶东、济北两国并入齐国；辽东王死，辽东并入燕国；塞王、翟王降汉，塞国、翟国并入汉国；原韩王死，新韩王立；代王歇复赵王位，赵王张耳降汉，陈馀即代王位。包括自己在内，项羽封过的二十二位帝、王、侯，此时灭了六国，死了一帝四王，反了三王一侯（田荣、赵王歇、刘邦、陈馀），降了三王。由此可见，项羽的分封相当失败，是导致天下大乱的一大因素。

自从暗害了义帝熊心之后，项羽就陷入了马不停蹄四处平乱的麻烦中。后世许多人在评价项羽时，都认为项羽是因为谋杀怀王熊心才使得诸侯愤起讨伐。这是一种很荒谬的、一厢情愿的皇权思想。

在项羽分封的诸侯中，除汉王刘邦、临江王共敖之外，都不能称得上与熊心有深厚感情。诸侯根本不会把熊心的生死放在心上。共敖参与了追杀熊心的行动，既没有阻止项羽，也没有搭救熊心，可见也不算什么忠臣。刘邦志在天下，与熊心也是相互利用的关系，不存在君臣之义。事实上，在漫长的中国古代历史上，随处可见权臣弑主、奸臣篡权的事件。如果诸侯真的如此拥戴熊心，怎么会眼看着项羽夺走熊心的都城？所以，诸侯反项羽为的是自己的利益，而不是义帝熊心，虽然他们中有人以替义帝报仇为借口。

自己种下了因，就得自己来吃这个果。项羽四处救火，开始了疲惫的征程。可是，按倒葫芦浮起瓢，想平定天下，哪那么容易！

项羽对形势判断错误，又因为自身失误导致大量人才流失。他的命运，已经在此时确定了。

封金归汉第一人

汉王元年（公元前206年）冬，项羽的大军终于杀进了齐国，与田荣指挥的齐军在城阳（今山东菏泽鄄城县富春北部）会战。项羽的楚军毕竟名不虚传，将齐军杀得狼狈逃窜。田荣在心腹的保护下逃跑，不料在平原（今山东平原县西南）被县里的人杀了。

失去领袖的齐国成了一块想怎么揉捏就怎么揉捏的面团。项羽火气也大，把对秦国干的事重新干了一遍：把齐王宫殿纵火烧为平地，把投降的齐军将士全部活埋，虏获大量的老幼、妇女为奴。楚军马不停蹄，从城阳一路杀到北海（今山东淄博以东、掖县以西地区），所过之处几乎全都化为废墟。人都是被逼出来的。项羽的残暴终于使齐国人同仇敌忾，由屈服变为反抗。田荣死了，他的弟弟田横还在。利用齐国人的愤怒与恐惧，田横收拢了万余人马，重新占据城阳。本来打算速战速决的项羽因为战略上的愚蠢，被田横绊住了。此时，连续作战的楚军已经开始疲惫、思归，齐军却在保家卫国热情的鼓舞下变得勇敢顽强。此消彼长之下，楚军与齐军交战数场，始终未能夺回城阳。这一来，项羽就开始倒霉了。

在项羽跟齐人纠缠期间，仅凭一封书信就改变了项羽作战计划的张良已经逃到了刘邦身边，从此正式成为刘邦的臣子。

为了进一步给项羽制造麻烦，同时为了成全张良对韩王的感情，刘邦特意选择了韩国贵族后裔姬信，承诺将封他为王，命他夺取韩国。

刘邦选择的这位韩国贵族后裔，是战国时期韩国第十九代国君韩襄王姬仓庶子之子，也就是韩襄王的孙子。

韩国国君是西周姬姓王族一脉，也姓姬。但按照当时的习俗，对于诸侯不称姓。比如秦始皇嬴政，本来姓嬴，但是史书里称其为秦王政或赵政（因嬴政出生在赵国）。再比如姬豹，也是西周王室后裔，但是在史书里不叫姬豹而称魏豹。同样的，刘邦选择的这位韩国贵族后裔，名字应该叫做姬信，但是在史书上却叫做韩信。这下，麻烦来了：

当时刘邦手下有两个韩信，一个是来自于淮阴的大将军韩信，一个就是韩国贵族韩信。

姬信带了大军杀到韩国，新任韩王郑昌不禁打，而项羽又被绊在城阳不能支援。因此，在姬信的进攻下郑昌很快投降。刘邦履行约定，当即封姬信为韩王。从此，史书为了把他与淮阴韩信区别开，就称他为韩王信。

项羽的失策不仅仅丢了一个韩国，还给死对头刘邦送了一宝——陈平。

原来，在汉军出陈仓围废丘的时候，刘邦带着兵马往东靠了靠，离着殷国就不远了。殷王司马卬没等刘邦杀到，就降了汉。项羽急忙拜美男子陈平为武信君，让他带人平叛。陈平还真行，带着人马杀到殷国，刚打了三两下，司马卬又毫不含糊地降楚了。这场胜仗对项羽太重要了，等于救了火一样。大喜过望的项羽当即封陈平为都尉，赐黄金四百两。

没想到，陈平的滋润生活并没过上几天。当时，刘邦见项羽在城阳跟田横大眼瞪小眼，乘机溜了出来，直奔殷国而去。这位殷王司马卬真是了不起，跟没骨头一样，立马再度降汉。司马卬的再次叛变令项羽怒火万丈。项羽把司马卬的这次叛变归咎于陈平。在他看来，如果陈平像他一样宰了司马卬、坑杀殷国降卒，刘邦哪会捡到这个大便宜?眼见着局势崩坏，自己又不能脱身，本来就暴躁的项羽有些发疯了，传出话来要杀陈平出气。一肚子坏水的陈平哪会给项羽这个机会，当即挂印封金，表示跟项羽恩断义绝，单人独剑去投刘邦。

一路上晓行夜宿，陈平到了修武（今河南修武县），通过汉将魏无知的引荐，与另外六个来投刘邦的人才一起得到了刘邦的召见。

刘邦领着七个人吃饱喝足之后，抹了抹嘴：“好了，吃完了，都下去休息吧！”另外六个人唯唯诺诺地退下去了。陈平一看，心道：要遭！今天见了汉王一面，下回指不定什么时候才能再见。那这段日子里我算干吗的呢？他马上对刘邦说：“大王且慢，臣来见大王是有要事，必须今天跟您说，要不就来不及了。”刘邦一时好奇，留下来听陈平细说天下大势。

听过之后，刘邦大喜，知道今天又遇上人才了，马上问：“你在项羽那当什么官？”

陈平回答：“项羽封我做都尉。”

刘邦当即拍板：“好，我也封你做都尉，！你先干着，等立了功，还有封赏！”

都尉是仅次于将军的武职，没等陈平立功，刘邦就赏了陈平这样一个比较高的职位，还让他兼任参乘、护军，在自己身边担任警卫，以便于随时问策，同时负责调节各将领间的关系，监督诸将。

刘邦的任命一下，诸将不高兴了，纷纷议论：“大王刚得了楚国的一个逃兵，还不知道他本领的高低呢，就跟他同乘一辆车子，让他监督我们这些老将。这叫什么事啊！”刘邦还是个倔脾气，听到属下的议论，反而更加宠信陈平。他可不怕手下跟陈平有矛盾。越有矛盾，陈平才越不会包庇这些将领。君王之道就在与制衡，绝不能让自己的臣子成为一块铁板。刘邦自然深谙此道。

刘邦得了陈平，有萧何、张良、陈平、曹参、郦食其、陆贾等出谋划策，游说纵横，又有韩信、张耳、卢绾、樊哙、周勃等领兵作战，冲锋陷阵，掌控着巴蜀、汉中、除雍国外的秦川、河南，又有韩国、西魏跟随，有齐国、赵国、代国对楚国的牵制，形势一片大好。

项羽这个昏招迭出的西楚霸王，就这样把一位又一位可以辅佐帝业的人才、可以做助力的盟友送给了刘邦。

第六章　乌江歌起道离别

逃命的极致

趋利避害是生物的天性。虽然孟轲先生早就喊出了“舍生取义”的口号，但向来瞧不起儒生的刘邦显然有自己的看法。

那是汉王二年（公元前205年）的三月间。项羽久攻城阳不下，被田横拖在齐国。汉王刘邦在河南边上晃了几圈，发现项羽根本没心思理他，立即点齐人马直奔彭城，企图捣毁项羽的老窝。

这一回，刘邦带的人马非常多，集巴蜀、汉中、塞、雍、翟、殷、韩、河南、西魏等地的人马，凑齐五十六万大军，带着张耳、申阳、郑昌、姬豹、司马印气势汹汹地杀向彭城。

在路上，刘邦还得知了一件好事：义帝熊心被项羽害死了。这可是鼓动天下人反项羽的一个绝佳借口啊！刘邦心里欢喜得不得了，表面上则伤心欲绝，号啕大哭，为义帝举办了持续三天的隆重丧事，向世人展示他的有情有义，同时突出项羽的无情无义。刘邦还发表了一段讨项宣言：“灭亡秦国以后，天下诸侯一致通过，拥立了义帝，以臣子之礼侍奉。可是姓项的居然不守人臣之礼，不仅放逐义帝，还在江南把义帝杀害，真是大逆不道的畜生所为啊！今天寡人和诸侯全身缟素，为义帝发丧。我发誓，要带领诸侯一道讨伐凶手，为义帝报仇！”

刘邦话说得漂亮，其实还是为攻打项羽找借口。项羽是下手早了。若是晚上几年，熊心不死在项羽手里，也得死在刘邦手里。

挥着大义的旗子，刘邦带人杀入楚国，兵临彭城。楚国的主力队伍正跟着项羽打田横，国内空虚，被刘邦捡了个便宜，彭城迅速被攻破。刘邦进了彭城，得意扬扬，把项羽王宫中的女子和金银财宝一并收归己有，每日里大摆筵席，聚众畅饮。这时候樊哙被派出去攻打楚国其他城池，张良则因身体不好而一直休养。刘邦犯了老毛病，可惜没人在他身边规劝。

刘邦以为项羽就这么完了，项羽当然不能如刘邦所愿。在得知汉军杀奔楚国的时候，项羽命令手下继续打城阳，自己带了三万人疾驰而来。三万对五十六万？能行吗？项羽天生虎胆，根本不惧，不要看汉军人马五十六万，可是在刘邦的调遣下相当一部分军队被派出去四处扩大战果了，留在彭城以及附近的汉军只有三十万左右。

就算三十万人，要是正面对决，十个打一个，楚军恐怕也不是对手，所以项羽没选择正面对决，而是在一天清晨发动突然袭击，半天的功夫就从萧县（今安徽合肥肖县）

杀到彭城，打了汉军一个措手不及。

两地间的距离有六百多里，项羽一路作战仅仅用了半天的时间，可见楚军推进之快，也可见汉军战斗力之差。彭城别看有刘邦坐镇，但是受败卒的影响，军心不稳，士气低落，没一会工夫就被项羽夺了回来。刘邦带着败军疯狂逃窜，项羽则马不停蹄，带着三万楚军像老虎赶羊群一样衔尾追杀，居然斩杀十余万汉军。几十万人对三万人，却让三万人杀了十几万，这在历史上也不多见。

因为刘邦战败逃亡，汉军指挥系统已经瘫痪，无法组织有效的反抗。项羽死死咬住刘邦的主力，不给刘邦喘气的机会，硬是把汉军逼到睢水（古代鸿沟支流之一，今已断流）河边。都说背水一战能够激发士兵的勇气，可是这招对汉军不灵。失去指挥的汉军全都争相逃命，人马拥挤之下，居然又有十余万人落水淹死。密密麻麻的死尸把睢水堵得当即断流！

进不得，退不得，刘邦被楚军围了个结结实实，眼看就要成为项羽的刀下之鬼。也许真是天不亡刘邦，也不知道怎么这么巧，就在这时，突然从西北方向刮来一场大风。据说大风吹得天昏地暗，令人不辨西东。一时间，房倒屋塌，飞沙走石，犹如天神发怒，好似妖魔作怪。

这场大风来得太突然和猛烈，楚军人马顿时乱了阵脚。就趁着这个难得的机会，在数十卫士的保护下，夏侯婴赶着马车，拉着刘邦逃出了包围圈。大风过后，楚军将士发现刘邦不见了，立即撒出人马四处搜索。

侥幸捡了一条命的刘邦可不知道追兵就在身后，取道沛县逃亡，一来是顺路，二来也是打算趁机带走家眷。到了沛县家中，刘邦一瞧父亲和妻子比他逃得早，早就不见了踪影，却把刘邦的一双儿女刘盈和刘乐扔在了半道上。这俩孩子命大，正好在路上碰见刘邦，刘邦看见孩子人不人鬼不鬼的样子心疼至极，连忙接上车来，跟孩子抱头痛哭。

刘邦正抹眼泪，便听见车后人喊马叫，马蹄声隆隆作响。他探头一瞧，正是楚军，忍不住惊慌失措，命令夏侯婴火速前进。夏侯婴急忙扬鞭催马，火一样猛跑。可是，马车跑得再快也快不过不拉车的马，何况车上还坐了四个人。只见追击的楚军越跑越近，由影影绰绰变得清晰起来。

刘邦心下一急，伸手一推，只能“啊”“哇”两声惨叫。夏侯婴回头一瞧，刘盈、刘乐两个孩子被刘邦推到车下去了。两个孩子摔得灰头土脸，胳膊、腿都蹭破了，坐在地上哇哇大哭。夏侯婴是个热心肠，哪受得了这个，急忙拉住马，迅速把两个孩子抱了回来。因为这一耽搁，楚军追得更近了。刘邦这次又把两个孩子推下去了，夏侯婴再次停车去捡孩子。如此一来二去，刘邦显然是不想要孩子这个累赘，但夏侯婴却舍不得。刘邦本想杀了夏侯婴，但是又担心自己驾车技术不好，反而更逃不了，只好由后者去了。

没想到夏侯婴的确厉害，那么多楚军在后边追，仍是被他带着刘邦等人跑了出去。

逃避死亡和伤害是生物固有的天性，可是保护下一代也是生物的本能。老虎多么凶狠，不会吃自己的孩子。然相比之下，刘邦和吕氏却非如此。吕氏自己逃命能把孩子丢下，刘邦为了逃命能忍心把孩子丢下，此情此景未免可悲。

刘邦逃出生天，俩孩子也得了救，他们一起跑到下邑（今安徽砀山）吕雉带兵的兄长那里避难。而刘邦的父亲和吕雉本来是在舍人审食其的护送下要去找刘邦，结果撞到楚军，被项羽抓获。

刘邦这一战败，见风使舵的诸侯又重新选择阵营，司马欣、董翳、姬豹趁机重新投奔项羽，齐国的田横趁项羽不在迅速收复齐国，立田荣之子田广为新的齐王，与赵王歇、代王陈馀向楚国抛出了橄榄枝。

在下邑，刘邦收拢了一些败兵，萧何也急忙在关中征召人马，找不到青壮就召老弱，凑了一大堆人送到前线。刘邦稳住阵脚，在张良的建议下策反了与项羽开始离心离德的九江王英布，迫使项羽派出大将龙且征讨，分散了力量；与彭越联络，得到彭越的支援。在荥阳（今河南荥阳北）之南，聚拢了人马的刘邦与项羽再度交手，顺利地挡住了项羽的攻势。返回关中后，刘邦立刘盈为太子，韩信也被拜为左丞相。刘邦采纳了韩信“北举燕、赵，东击齐，南绝楚之粮道，西与大王会于荥阳”的战略，再度抵达荥阳以牵制项羽主力，为汉军在其他战场寻找战机创造机会。

楚汉，进入了相持阶段。

背水一战破陈馀

韩信单独行动，首先解决了被围十月之久的雍王章邯，将其斩杀。随后，韩信挥师东进，直击降而复叛的西魏王姬豹。

得到韩信兴师而来的情报，西魏王姬豹在蒲坂（今山西永济）布置了重兵，封锁河关（黄河渡口临晋关，后改名蒲津关）。面对依仗黄河天险变得易守难攻的雄关，韩信当然不会傻到硬吃。他在河关对岸陈列船只，营造要渡河强攻的假象，暗地里却派兵却从夏阳（今陕西韩城）抓着木盆、木桶渡河，偷袭了西魏之都安邑（今山西夏县西北禹王城）。姬豹引兵反击，却无力回天，被韩信俘虏，后在荥阳被杀。

韩信首战告捷，令汉军士气大振。韩信军的下一个目标是疏汉亲楚的代国、赵国二国。燕赵之地自古多慷慨悲歌之士，士兵悍勇善战，能骑善射，是一块难啃的硬骨头。张耳听说韩信将要攻赵，报仇心切，主动请缨要求出征。考虑到张耳在赵国有很大的影响力，刘邦当即同意，在自己需要面对楚霸王项羽强大压力的情况下，毅然抽出了三万兵力交给张耳，命张耳协助韩信攻赵。刘邦已经倾其所有，下了血本，韩信的面前是一条只能成功，不可失败的路。

汉高祖二年（公元前205年）闰九月，韩信以迅雷不及掩耳之势挥兵东攻阏与（今山西和顺西），一举击败代军。赵国还来不及反应，就失去了代国这个传统友好邻邦。

就在韩信一路攻城拔寨，节节逼近赵国的西大门井陉口（在今河北井陉县北井陉山上）之际，刘邦在荥阳主战场却遭到项羽的凌厉围剿。无奈之下，刘邦紧急抽调了韩信的大部分精兵，投入荥阳主战场，仅为韩信留下不到三万新兵。而在赵国方面，赵王歇与陈馀已经在井陉口重点布防，号称二十万的赵军在此静候汉军到来。井陉口历来是兵家必争的要地，而且也是东西交通的必经之路。作为北线汉军统帅，韩信对这三万新兵的军事素质和战斗力忧心忡忡。正如韩信后来亲口所言，指挥这些新兵，简直就是“驱市人而战之”，也就是驱赶一群不懂得彼此配合、支援的新兵蛋子打仗。

另一方面，韩信即将要面对的赵国，实力远远超过魏、代国。以三万战斗力低下的军队攻打井陉口，纵使是项羽来统帅，恐怕也要一败涂地。

可是韩信没有退路。他唯一的机会就是速战速决，以尽快与刘邦会师。

军队要想迅速推进，粮草供应是否及时就是个必须考虑的大问题。陈馀帐下有个叫李左车的人，乃是战国时赵国大将李牧之后，被赵王歇封为广武君。李左车长期镇守井陉口，对这一带的军事地理了如指掌。在汉军杀到之前，李左车敏锐地意识到了汉军粮草接应问题，向陈馀献了一条毒计。他说：“将军，韩信渡河以来连战连捷，又有张耳相助，将士士气正旺，锐不可当。他要乘胜吃掉赵国的心思，您看得很明白。汉军不好对付，这是不用说的了。但是，他们也有明显的劣势。您知道，军队的粮草如果供应不及时，士兵就要挨饿，战斗力就要打折。我们所据守的这个井陉口，乃是天赐之险，车不可并行，骑兵不可列队。汉军在这样的道路上行军，粮草必然落在后面。如果您能拨给我三万人马，我愿意从小路截断汉军辎重粮草。这时，您深挖护营壕沟，加高大营围墙，以逸待劳。这样，汉军进不得战，退不得回，荒野之上又没有粮食可掠，不出十日，您就可以看到韩信、张耳的头颅了。请您考虑考虑我的计策。如果不这么办，我们就要成为韩信的囚犯！”

李左车的计策不能说不狠，对赵国不能说不妙。但是，陈馀不同意，陈馀是一个非常骄傲的人，如果不是因为骄傲，他当初也不会弃印而去，更不会不惜讨好齐国也要打倒张耳。在陈馀看来，自己有十几万人马，对付号称三万人的汉军，玩阴谋诡计太丢人了。他当场否决了李左车的提议，说：“兵法上讲过，十则围之，倍则战之。韩信虽然号称数万人，很可能也就几千人马，还是千里迢迢来打我们，士卒疲惫，有什么好怕的？对这种对手我们都避而不击，玩阴谋，要是更强大的敌人杀过来，我们怎么办？你的计策，绝不能用。一旦用了，其他诸侯一定会认为我们底气不足，实力不够，不免小视赵国。该怎么打，我心里有数，你只要服从命令就行了，别的不用你操心！”

韩信其实正担心赵军分兵断他的粮道，早派出探子打探风声。他听说陈馀不肯玩这一手，高兴坏了，当即放心前进。同时，他派大将曹参攻下邬城（今山西介休市邬城店），扫除汉军东进井陉口的左翼威胁。自己率大军距井陉口三十里处安营，全军休整。

白天，韩信稳坐中军，一个“打”字都没提。到了夜半时分，他突然开始调兵遣将了。

首先，韩信派出两千轻骑。他们人手一面红旗，在夜色庇护下抄小路绕到抱犊山（今河北获鹿西北）隐蔽。这一队人马的任务是，待到赵军倾巢出动，立即冲入赵营，抢占壁垒，拔掉赵国旗帜，遍插汉军红旗。

其次，韩信为了鼓舞士气，对众将士说：“今日破赵会食！”就是说，今天咱们将打败赵军，战后我请将士们聚餐。与其说这是条军令，还不如说是个玩笑。它不禁让人想到了“灭此朝食”的齐顷公。然而，齐顷公是个草包，韩信却是不世出的将才。他的必胜信念在谈笑间感染给每一个汉军将士。看着他们挺直的胸背，高昂的头颅，韩信知道，他的目的达到了。

最后，韩信派出一万先头部队，背靠绵蔓河、井陉水列阵迎敌，与赵军决一死战。背水一战，再无后路，这确是一个大冒险。这还是那个嚷着“多多益善”的韩信吗？这分明是一个赌徒！然而韩信的眼睛仍然溢着自信的笑意，一副十拿九稳的样子，叫人莫测高深。

时间一分一秒地流逝，转眼已是夜色茫茫，而韩信布置的各路大军也已悄无声息地到达了指定位置。

第二天黎明，韩信率汉军剩余将士浩浩荡荡直扑赵军大营而来。陈馀听说汉军竟然背水列阵，心中不禁窃喜，觉得韩信是浪得虚名，连兵法都不懂，自断后路，怎么可能是自己的对手！他立即命令赵军倾巢出击，彻底消灭来犯之敌。

陈馀自动放弃了深沟壁垒的地利优势，哪里知道此举正中了韩信的诱敌之计。

刚开始，汉军的确被杀得丢盔弃甲，溃散而逃。就连韩信也被乱军裹挟，狼狈如丧家之犬。陈馀大喜过望，认为生擒韩信的时机就在眼前，率领赵军紧追不舍。

南北流向的绵蔓河，东西流向的井陉水在井陉关前近似直角交汇。在这两河之间，自然形成了一片状如半岛的平坦地带，其正面正好朝向赵军营垒所在的东南方向。

本来，赵军居高临下，占尽了防守之利。如果陈馀谦虚谨慎，坚守不出，那么此战胜负实未可知。也许韩信带着三万人打一辈子也攻不进井陉口。但赵军如果跑到两河之间的半岛平坦地带与汉军交战，就完全丧失掉地利上的优势。因此，这片滩涂是韩信梦寐以求的理想战场。而韩信大张旗鼓地暴露主帅身份，更为诱陈馀下山添了一块重码。

养军千日，用在一时。可是韩信手下尽是新兵，他们平日缺乏锻炼，也没有经历过战场的考验。如果在宽阔平地上列阵而战，一个照面便要被陈馀手下的精兵击垮。韩信就是要把这些新兵置之于死地，用死亡带来的恐惧激发起他们求生的意志，从而爆发出巨大的战斗力。所谓“陷之死地而后生，投之亡地而后存”。

有了“人和”，还需有“地利”。背水而战使人数上劣势的汉军无须考虑来自侧翼和后方的威胁，而人数上占优的赵军也无法发挥人数上的优势，“倍而围之”，只能在一个有限的空间上“一比一”的较量。而韩信的手里却多出了两千决定战局的迂回骑兵。

此消彼长之下，双方的胜负之算已经大大不同。

两军交手之后不久，陈馀就尝到了韩信背水阵的真正厉害。那些原本不堪一击的汉军新兵突然个个勇力倍增，有如地狱杀出的恶鬼，而反观己方，因为人数太多，组织失度，竟然在狭小的战场上互相拥挤、推搡踩踏——前面的赵军仓促中与汉军厮杀，而后面的人只能睁眼看着！

久攻不下，而己方的伤亡远远超过对手，见势不妙的陈馀决定先行收兵，再图破敌良策。出乎意料的是，返巢的他突然发现自己的大营竟然遍插红旗，一时六神无主，不知如何是好。

锐气已失的赵兵立即发现自己进退维谷，处境堪虞，很快失败和死亡的阴影笼罩了无家可归的赵军，每个人的脸上都染上了灰色的慌乱。于是，赵军崩溃四散，徒叹奈何的陈馀也只得自顾自地逃命而去。

汉军见赵军溃逃，士气大振，立即乘胜追击。赵军在汉军凌历的攻击下越发不可收拾，一败涂地。陈馀在泜水（今河北魏河）被斩杀，赵王歇和曾向陈馀献毒计的李左车被汉军活捉。赵国，从此划入刘汉的版图。

此后，汉军进可攻燕、齐，如若成功拿下两地，项羽将被进一步孤立。所以井径之战规模虽小，在楚汉之争的进程中却有着战略性地位。

倒霉的范亚父

韩信收拾了赵国，礼贤下士赢得了李左车的投诚。在李左车的建议下，韩信派舌辩之士出使燕国，兵不血刃就让燕王臧荼投降。韩信派使者快马加鞭将捷报送至刘邦驾前，并为张耳请封赵王，得到了刘邦的批准。

韩信那边打得有声有色，刘邦这边还在每日与围城的项羽军干耗，耗费钱粮、人马无数，除了得了一个被楚将龙且打得落花流水、前来投靠的光杆司令英布之外，毫无进展。刘邦愁啊，愁得头发一根根往下掉。怎么才能扭转局面呢？这一天，刘邦正好看见陈平，两人开始探讨这一问题。

说到这里，必须得提一句，陈平升官了。由协管监察诸将的都尉变成了主管监察诸将的护军中尉。

原来，自从刘邦让初来乍到的陈平协管监察诸将以后，刘邦手下这些资格甚深的武将们却不高兴了。心道自己跟汉王出生入死，还得让一个儒生管着，实在是气人！

刘邦手下的这些个武将里边，绛侯周勃、昌文侯灌婴脾气最大，带头对刘邦表示不满："大王，您怎么能如此重用陈平呢？他不过表面光鲜，肚子里未必有真材实料！我们也打听过，陈平这人德行太差。在魏国的时候，他不为所容，就去投楚国；在楚国待不下去又投奔您，这就是不忠。听说他当年在家里跟嫂子通奸，还是好色无耻。尤其最近，我们听说他私下里接受了众将的贿赂，送礼越多，他给的好处越大。这是一个反复无常的奸佞小人啊，请大王明察！"

刘邦听了一惊，这还了得！当时儒家学说不过是一家之言，乱伦虽然也被人背后耻笑，但不算大事。可是没有忠诚度还贪污，这就严重了。刘邦当即调查。陈平不慌不忙地解释："说我不忠心，这纯属冤枉。魏国、楚国不肯用我，我怎么能不走呢？受贿这事确实有。我来投奔大王的时候，没带楚国一文钱，不收钱没法生活呀！虽然我收钱，可是我给您推荐人不是随便推荐的，都是确实合适。不信您去检查，如果我说得对，大王您尽管采纳；我说得要是不对，别人送的钱我还一文没动，您免我的职，我回家种地去。"

查来查去，刘邦发现陈平没什么问题，难得的是陈平收钱办好事。如此人才难得，刘邦非但没有责怪陈平，反而厚赏了他，让陈平任护军中尉，从协管变主管。这之后，那些武将们见告不倒陈平，也就没什么可说的了。

其实，眼下刘邦受阻于荥阳，早就束手无策，提升了陈平，倒也给自己找了个说话的人。他叫来陈平商量该如何是好，陈平说："项羽此人虽然尊敬那些好汉，但是吝惜赏赐；大王您则是不吝赏赐，却不尊重人。你们俩各有所长，各有所短。如果你能既尊重人又不吝赏赐，那天下很快就是您的。但是这是一时半会改变不了的局面。现在有一个见效快的办法，就是用反间计。项羽手下现在人才匮乏，只有范增、钟离昧、龙且、周殷是他的得力助手。如果大王能拿出巨资离间这几个人和项羽的关系，以项羽多疑、耳根子软的性格，必然奏效。这样一来，您平定天下还有何难？"

刘邦对陈平的主意拍案叫绝，当即给陈平拿了黄金四万斤，告诉陈平拿去调度收买人心。

为了打败项羽，刘邦舍得花钱。当然了，这四万斤黄金不是现在所说的黄金，而是黄铜。铜在当时是值钱的东西，可以铸钱，可以做镜子，可以制作工艺品，属于硬通货，寻常人家是用不起铜的。真正的金子当然更值钱。但在那个时代，金子产量太低。前边提到过，项羽曾经赏陈平金子四百两。当时一斤等于十六两，四百两就是二十五斤，这已经是巨款了。

陈平办事效率高，拿了钱马上就行动起来。他派间谍带着巨款潜入楚军大营，到处散播谣言，说钟离昧等人屡立战功却不得封王，心怀不满，打算背楚归汉，共灭项羽而分天下。谣言越传越广，传到项羽耳朵里。项羽果然就对钟离昧等人起了疑心。

范增是项羽手下头号谋臣，是陈平一心要除掉的，但范增是项羽的亚父，年纪一大把，不求官不求财，只是想保着项羽的江山，想造范增的谣并不容易。所以陈平只好另做打算。

当时，楚汉两国交战，打嘴仗是免不了的，使者往来不息。这一天，项羽又派使者来荥阳。陈平哪能放过这个机会，当即包揽了对来使的招待工作。到了用餐时间，只见侍者热情洋溢地抬着一头喷香流油的烤牛，来到了宴席上。楚国使者一见，满意极了。杀牛为食，这叫太牢，是极为隆重的菜肴。祭祖、祭天都有这道菜。使者刚要谦辞几句，只见上菜侍者抬头看了看，大惊失色，连忙致歉："这是给亚父的使者准备的，您的不是这个。"侍者抬着牛下去，转眼间又端上来杯盘碗碟。楚国使者闪目观瞧，简直怒不可遏：满桌子全是素菜，跟刚才的烤牛相比，差距实在太大！

使者一肚子气，回去就把这事告诉项羽。在今天看来，这是小儿科的把戏，就算范增真的也派了使者去见刘邦，侍者也不可能端错了菜，很明显是故意的。仔细想一想，再谨慎调查一番，事情很容易弄清楚。可是项羽偏偏上当了，认为范增与自己有了异心。

项羽越想越不对，甚觉范增可疑。这时，范增看项羽久围荥阳而不攻，心里着急，频频来劝项羽赶紧发起决战。项羽心想这可能是范增想陷害自己的奸计，坚决拒绝出战。范增回去之后非常奇怪，不知道项羽为何突然转了性，不再对付刘邦。他暗中一打听，恍然大悟，这才知道项羽疑心他跟刘邦有勾结。

范增伤心欲绝，想想七十多岁的年纪了，自从追随项梁以来，一心为项家天下出谋划策，呕心沥血在所不惜，到头来却遭受猜忌。想到这，范增便跟项羽请辞："天下大事已经定了，大王您好自为之吧。我老了，干不动了，请让我回家养老吧。"范增此时已经料定，得天下的必然是刘邦。范增请辞，项羽毫不挽留，当即批准。范增又伤心又难过又生气，着急上火，生了背疽。按中医的话说，就是湿热火毒内蕴，造成内脏积热，气血凝滞，以至于背上长了大疮。还没等回到彭城，范增就病死了。

范增的一生是倒霉的一生。他提出立义帝，义帝死了；他追随项梁，项梁死了；他要杀刘邦，刘邦逃了；他扶保项羽，项羽怀疑自己了。范增七十出山，比八十遇文王的姜太公还年轻了十岁。可惜他所托非人，所图之大事竟然没有一件真正成功，真叫后人为之叹惋。

霹雳手段夺帅印

范增劝项羽速攻荥阳，项羽不听。然而等到范增死了，项羽反倒打算进攻刘邦。这一次可算是切中了刘邦的要害——刘邦军中正好断粮！

饿着肚子的士兵哪能挡得住悍勇的楚军？面对即将开始的大战，刘邦如油锅上的蚂蚁，急得团团转。

就在这紧要关头，忠心耿耿的大将纪信挺身而出。他毅然对刘邦说："大王，如今形势危急，荥阳肯定守不住了。我跟大王您身材、面容相似，愿意假扮大王蒙骗项羽，给您创造机会，请您务必趁机逃出重围！"

刘邦假意推辞了一番，当即采纳了纪信的计策。

一天夜晚，荥阳城东门突然大开，两千士兵簇拥着一副銮驾从城内杀了出来。刚冲出来没多远，这些士兵就被楚军团团围住。说来也怪，这群士兵，一个个身材苗条，呼喊起来细声细气，形如女子。楚军打起火把仔细观瞧，还真是一群娘子军！

正在这时，女兵队伍中的銮舆上有人高声喊话："因城中断粮，汉王愿向项王请降！"

刘邦出城投降的消息传了开去，顿时楚军都给惊动了："汉王投降了，可以回家了！万岁！万岁！"一时间，围困荥阳的楚军纷纷往东门赶，要见证这一历史时刻。他们哪里知道，銮驾上端坐的人不是刘邦，而是纪信。真正的刘邦已经趁这个机会出了西城门，在数十人的护送下直奔成皋（今河南荥阳汜水镇西北）逃命去了。

纪信被带到项羽面前。项羽仔细一看，哪里是刘邦，分明是个假冒的人，他立即追问。

纪信哈哈一笑："我家大王早已经离开荥阳了，您就死心吧。"

项羽勃然大怒，下令对纪信施以火刑，将其活活烧死。随后，项羽急攻荥阳。刘邦逃走的时候，曾留下御史大夫周苛、枞公和姬豹守城。周苛、枞公根本信不过反复无常的姬豹，生怕姬豹首鼠两端，献城投降，就先把姬豹杀了。正在这时，彭越在项羽的后方发动突然袭击，破坏了楚军的粮道。项羽掉头先赶走了彭越，又被刘邦玩弄了一番，四处乱打，直到第二年三月才得到机会回来再攻荥阳，一举攻克，擒获周苛、枞公和新被派来守城的韩王信。

攻下荥阳之后，项羽想到刘邦身边居然有这么多忠心的臣子，不由得羡慕不已。他有心招降周苛、枞公，先对周苛说："你是个人才，不如到我的麾下办事。刘邦不过让你做御史，我封你为上将军，食邑三万户！"食邑三万户，就是直接管辖三万户人家。这三万户不向国家缴税，全部交给周苛。

面对项羽的诱惑，周苛微微一笑："你还是赶快向汉王投降吧。你不是我家大王的对手。要是不投降，你很快将成为大王的俘虏！"项羽勃然大怒，命令手下将周苛扔进锅里煮了，对枞公也死了心，直接让人斩首。由于韩王信尚有利用价值，所以他命人暂时将其看押。

再说刘邦，从荥阳逃出来之后，经成皋逃回关中，又收集了一堆人马，在谋士的建议下南出武关，摆出袭击彭城的架势，诱项羽南下，以解荥阳、成皋之急。一开始，项羽被刘邦、彭越玩得团团转，往来奔命。到后来他已经耐不住性子，直奔刘邦杀了过来。此时刘邦已经率军驻扎成皋，不幸又落入项羽的包围之中。

正所谓一回生二回熟，刘邦逃跑的经验已然丰富。汉王四年（公元前203年）冬，刘邦见事情不妙，撇下满城将士，独自坐着夏侯婴的小车，再次踏上逃亡之旅。这一回，他是直接向今河南焦作修武县境内方向逃去，因为韩信和张耳统帅着赵军，正在那里驻扎。

刘邦找韩信、张耳不单纯是为了避难。他到了修武并没有急着去见韩信，而是悄悄在驿站住了下来。到第二天凌晨时分，刘邦坐上夏侯婴的小车突然来到赵军大营，假称是汉王的信使，直接闯进了韩信和张耳的卧室，趁两人还在熟睡之时夺得印绶，接管了赵军。

刘邦用突然袭击的方式夺得兵权是有原因的。

第一是因为韩信、张耳形迹可疑。早在刘邦受困荥阳之时，曾经数次要求韩信、张耳火速赶来支援，但韩信、张耳以项羽屡派奇兵袭击赵国为由，仅仅派了一支队伍前去支援，自己仍待在赵国。在两人隐隐不受征召的情况下，刘邦如果堂堂正正地要求两人分出兵力支援，两人很可能不会答应。

第二是因为刘邦此时势孤力穷。为了对抗项羽，刘邦数次从关中征兵，到此时已经无兵可征。逃出成皋的刘邦除了夏侯婴之外再无一兵一卒，一无所有的刘邦现在已经什么都不是。别人认他做汉王，他是汉王；别人若是不认，他就是草民。在这种情况下，刘邦如果公然亮出身份进入赵军大营，韩信、张耳乐于服从还则罢了，一旦有异心，或杀掉刘邦，或挟刘邦以令关中，刘邦很可能就再也没有翻身的机会！

刘邦对韩信有知遇之恩，对张耳有收留之德。但是在政治上，恩德是靠不住的。连亲情都可以割舍，何况是恩情？在刘邦眼中，韩信不可靠，张耳更是个野心家。盲目相信对方，将自己置于险地，那是蠢货才会干的事。

故此，刘邦根本不给韩信、张耳任何对他不利的机会，直接以迅雷不及掩耳之势夺取了两人的印绶。当时的军队，也有很高的军人素养和操守的，认印不认人，就算是天王老爷来了，手中没有印符，调动军队势比登天还难。因此，刘邦得到了印绶，就控制了军队，韩信和张耳只有俯首为臣的份儿。

刘邦立即在韩信、张耳仍在熟睡的时候主持召开了临时军事会议，重新调整岗位：他自己率领赵军主力准备迎战打项羽；命令张耳招收新兵，守卫赵国；拜韩信为相国，带剩余兵力攻打齐国。

直到刘邦安排妥当，韩信、张耳才刚刚起床。一觉醒来，形势巨变，惊得两人还以为做了一场梦。

刚刚还是一无所有的刘邦转眼就又有了数万人马，其他驻守成皋的将领也纷纷弃城逃来跟随，成皋就此沦陷。

大势已去

汉王三年（公元前204年）冬，郦食其在刘邦的派遣下说服了齐王田广。田广准备降汉，谁知被刘邦削弱之后一肚子火气的韩信采纳了蒯通的建议，不理会郦食其，兴兵伐齐。齐王田广盛怒之下水煮郦食其，但还是没能逃过战败被杀的命运。连被项羽派来援救田广的大将龙且，也成了韩信的刀下之鬼。齐国从此划入汉的版图。

第二年年初，韩信上表请求刘邦封他为齐王。为了平定天下的大局，在张良、陈平的劝解下，刘邦将怒火压在心底，批准了韩信的请求。此举使韩信心满意足，立即忘记了夺帅的不快，将刘邦视为再生父母。

此刻巴、蜀、汉中、关中、魏、河南、韩、赵、燕、齐已皆属刘邦，项羽的实力被削弱了许多。曾经追着刘邦屁股穷追猛打的项羽，此时已经奈何刘邦不得。

趁项羽回身再度去清理彭越这只狡猾的老狐狸时，刘邦挥师而进，将镇守成皋的曹咎、司马欣、董翳引诱出城，打败楚军。曹咎、司马欣、董翳自杀身亡，成皋再度回到刘邦手中。

成皋失守，楚军的敖仓面临威胁，粮食供给出现困难。项羽立即回头反扑成皋！此时，刘邦已经在广武山的广武涧西岸安营扎寨，项羽不得急进，只好扎营于广武涧东岸，与汉军相持。

双方这一相持就是数十日。汉军粮草充足，战斗力弱，最愿意打持久战；项羽虽然士兵精锐，但粮草缺乏，需要的是速战速决。因此，项羽被拖得心急如焚，不知该如何是好。正在这时，有人向项羽献了一计。说起这人，倒不陌生，正是刘邦直欲生食其肉的老乡雍齿。

当初雍齿背叛刘邦投降魏国，但魏国很快被秦军消灭。雍齿大难不死，辗转成为了项羽的手下。此时他见项羽发愁，便建议后者以正被押在楚国的刘太公和吕雉为人质，胁迫刘邦投降。

项羽反正无法可想，当即采纳了雍齿的计策。

这一天，项羽在沟涧东边搭了一块极大的砧板，将刘太公和吕雉架出来，对着汉军喊话："刘季（刘邦字），你的爹和你的妻子现在就在我手里。如能速速投降，就饶你爹不死。如若不从，我就把你爹煮了！"

项羽对这个计策非常自信，认为刘邦必然就犯。就算刘邦自己不顾家人生死，在两军阵前他还能豁出去脸皮吗？可惜项羽太不了解刘邦了。只见刘邦不慌不忙地回话说："项羽，你跟我当年同在怀王驾前称臣，约为兄弟。既然如此，我爹就是你爹。你要是非要把你爹煮了，请分我一杯肉羹尝尝鲜！"

刘邦这话说出来，刘太公吓得差点尿裤子，又差点气死，他现在恨不得破口大骂，有刘邦这么个不孝子，实在欲哭无泪。

可现实就是这样。刘邦投降，全家就一定能活吗？

再说项羽。刘邦一番话出口，项羽气个倒仰，当时真就想杀了刘太公。项伯连忙阻止："侄儿呀，万万不可！你糊涂啊！你今天杀了刘邦的爹，你敢保证天下就是你的？真要是有一天刘邦得了天下，你的亲人不就遭殃了？再说志在天下的人哪个顾家？你把刘太公杀了根本对刘邦没有半点影响，反而替自己惹祸。所以，千万不能杀呀！"

听了项伯的话，项羽犹豫了。确实，杀了刘太公有什么用？刘邦根本不在乎。何况两人当年的确有兄弟之约，从这里论起，刘太公就是项羽的干爹。有干儿子杀干爹的道理吗？算了。

雍齿的办法不好使。项羽思来想去，又提出跟刘邦单打独斗！

项羽派人给刘邦传话，意思是要与他阵前一对一对决，若是刘邦不敢，那就是懦夫，要被天下人嘲笑

刘邦接到书信，气得直骂娘。从年纪上说，项羽比刘邦年轻十几二十岁。从体格上说，项羽号称力能举鼎，刘邦可以说是手无缚鸡之力。从武艺上说，项羽虽然不好学，那也是将门之后，刘邦不过是个亭长出身。单打独斗简直是玩笑。

项羽的挑战提议，刘邦当然不会答应。于是他回了封信，对项羽说，自己不过是一介贫民，并非武夫，只斗智不斗力。

这边项羽得不到刘邦的正面回应，只好天天派人来骂阵，刘邦听烦了，派了个来自西北游牧民族楼烦的神射手。楚军出来个骂阵的，神射手就射死一个。楚军一连三人出马，全被射死了。项羽勃然大怒，纵马跃到阵前，恶狠狠地盯着神射手。由于神射手眼力太好，把项羽的表情看得清清楚楚，尤其是瞧见了项羽的重瞳，一时间心惊胆战，以为见到了凶神恶鬼，再也不肯出来。

刘邦一时没有办法，但跟项羽这么耗下去也不是办法，继续畏首畏尾必然导致将士的士气低落，刘邦的个人威信将不复存在。于是，刘邦同意与项羽会面洽谈。

广武涧两岸，刘邦与项羽隔涧相望。自从咸阳一别，两人从来没有好好看过对方一眼。今天看来，衰老的刘邦已经没有了昔日的痞气，项羽脸上也多了风霜。看到了对方，难免就想起当年的自己。曾经，两个人都没有成为天下之主的野心，只是活在乱世，身不由己地拼着、抢着。没想到，两个人竟成了这天下间最大的两个豪杰。当年的好战友，如今成了不死不休的仇人。

项羽沉着脸，掩饰着内心的激动："既然来了，我们就打一场吧。"

刘邦哈哈一笑："我是不会与你交手的。项羽，不要再固执了。你不知道你犯了多少大罪吗？你违负义帝之约，夺我关中，封我汉中，罪一；你假借义帝之名杀死宋义，篡夺军权，罪二；你救赵成功之后，本当还报义帝，却擅自劫持诸侯及其人马入关，罪三；你残暴不仁，焚烧秦王宫室，大火三月不熄，又盗掘秦墓，私敛财物，罪四；秦王子婴已经投降，你却将他杀死，罪五；坑杀秦国二十万士兵，却以其将领为王，罪六；你把自己人封在好地方，驱逐这些地方原来的主人，使得臣下争相叛逆，罪七；你把义帝赶出彭城，自己占彭城为都，又夺取韩王土地，自占梁、楚，给自己的多，给别人的少，罪八；你派人在江南暗杀义帝，罪九；你身为人臣而弑主，杀已降，为政不平，立约却不守信，为天下所不容，大逆不道，罪十。我今天是率领义兵，带诸侯讨伐残贼来的。像你这种人，我用刑余之罪人就能击杀你就足够了，何苦自降身份亲自和你交手！"

刘邦这一番喝骂，直骂得项羽暴跳如雷，当即命令潜伏的弩手放冷箭，正射中刘邦的胸口！刘邦趁项羽尚未发觉刘邦哪里中箭，连忙倒地，抱着脚大叫。随后，重伤的刘邦在众人的保护下逃回营中。

接下来的局势将会如何发展？刘邦虚弱地倒在床上，胡思乱想着。

幸好弩箭上并没有毒药，刘邦的命被保住了。在张良的建议下，刘邦强忍伤痛，出来慰问将士。汉军见大王安然无恙，人人欢欣鼓舞。项羽听说刘邦没事，则是大失所望，不敢轻举妄动。但这番掩饰不是没有代价的。刘邦的伤势因为勉强出行越发严重，只好找了个借口回成皋养伤。

汉王四年（公元前203年）九月，在阴沉的气氛中，项羽和侯公签订了盟约：以鸿沟为界，鸿沟以西是刘邦的地盘；鸿沟以东全归项羽；两国就此罢兵，永不交战。

鸿沟又称洪沟，是中国古代最早沟通黄河和淮河的人工运河，流经今天的河南省开封市西南，在荥阳县东北注入黄河，今已枯竭。当年的鸿沟，号称楚河汉界，最终演化为今日中国象棋棋盘上红黑双方的一条分界。

达成协议之后，刘太公及吕雉等人被项羽释放。当侯公带着刘邦的亲人和一纸合约返回后，汉军高呼“万岁”。王侯将相的梦想是争夺天下、建功立业。普通士兵们，他们没有这种奢望，只求保卫父母、妻子、儿女，只求有饭吃，有衣穿。从项羽分封天下到如今，战争打了四年。大家都累了，也甚是思念家乡。什么称王称霸、除暴安良、兴义师讨逆，这其实不关老百姓的事。平凡人，只是想守护自己的小幸福。

然而，战争却并未就此结束。

虞兮虞兮奈若何

盟约订立之后，项羽率先撤兵东还。见项羽信守约定，刘邦也开始安排撤军。然而，对于张良和陈平而言，盟约不过是几行字。更何况，张良视韩王被杀之仇不共戴天。良机就在眼前，天予弗取，反受其祸！两人当即建议刘邦背弃盟约，追击项羽。

刘邦绝非善男信女。战争仅仅是战争，战争的性质向来由战胜者书写。譬如秦灭六国，对诸侯而言是残暴无道，对华夏而言却是进步的大一统。在巨大诱惑面前，刘邦同意了张良和陈平的建议。

汉高祖五年（公元202年），刘邦率领二十多万大军追杀项羽。同时，刘邦向韩信和彭越发出命令，让他们发倾国之兵赶到固陵（今河南太康）与他会师，合击项羽。

当带着兴奋和忐忑的心情打到固陵时，刘邦惊讶地发现，韩信和彭越并没有赶来！孤军作战的刘邦恐慌了。

得知刘邦背约而来，项羽火冒三丈，恨得咬牙切齿，立誓要杀刘邦而后快。第二天清晨，十万楚军悍然出动，向汉军发起猛攻，斩汉军两万余人。刘邦被打得狼狈逃窜，退至陈下（县名，今址不详），筑壁自守。

刘邦急得直转圈，对张良说：“子房啊子房，你害苦我了。诸侯不遵号令，我该怎么办哪！”

张良连忙安慰道：“大王，您别急。韩信被封为齐王，他知道这不是你心甘情愿的，心里自然有所猜疑。彭越在梁地打游击，对您立了许多功劳，但是因为当时姬豹还活着，你封彭越做魏相。现在姬豹已经死了，彭越还没当上王。况且，楚国快要灭了，韩信和彭越的地盘却没有增加。所以，他们不肯来是当然的事。我建议大王把从陈县以东到海滨一带地方给韩信，把睢阳以北到谷城的地方给彭越，他们要想得到这些封地，就得跟项羽交战，还怕他们不肯出力吗？这样一来，何惧楚军？大王如果能和他们共分天下，他们肯定马上前来。如果您不肯，形势就难以预料了。”

刘邦恍然大悟：“哦，原来他二人是打着这个主意啊。好，子房，我听你的，先许给他们！”嘴上答应着，刘邦心里却想着怎么跟韩信和彭越算账的问题。

刘邦依张良之计而行，韩信和彭越果然大为满意，忙不迭地率大军前来援助。在与韩信和彭越行动的同时，刘邦的堂兄刘贾渡过淮水，成功利诱项羽的大司马（专司武职的最高长官）周殷叛变。周殷领兵清除了占据六县的楚军，迎接英布归来。刘邦当即封英布为淮南王，让他和刘贾、周殷等向东集结，会战项羽。

在刘邦的部署下，齐王韩信率齐军南下，占领楚都彭城和今天苏北、皖北、豫东等广大地区，兵锋直指楚军侧背，自东向西夹击项羽；彭越率数万梁军先南下，然后后西进，与刘邦军共同逼迫楚军；淮南王英布、刘贾、周殷率军数万自淮北出发，从西南方发动对楚地的进攻，先克寿春，再攻下城父；刘邦率本部人马二十余万，出固陵，由西向东进逼。五路大军，近七十万之众，由韩信居中调度，从西、北、西南、东北四面形成了对楚军的合围。面对这种不利局面，西楚霸王项羽被迫向垓下（在今安徽灵壁县东南）后撤。

汉高祖五年（公元前202年），在垓下这个高岗绝岩之地，项羽第一次尝到了被围困的滋味。诸侯将不可一世的项羽重重围困。刘邦自起兵以来，败绩无数，更没有大兵团作战经验。因为出身卑微，他也没有接受过系统的战略战术教育。韩信自从暗度陈仓，大小数十战，未闻败绩，堪称军中之胆，且极具军事天赋，战略战术水平一流。因此，刘邦让韩信担任作战总指挥，全权负责对项羽的最后一战。

韩信当仁不让，发出号令。通过对项羽的研究，韩信发现，项羽最善于打奇袭战、硬仗，不善于打阵地战、持久战。项羽其人，在战斗中的韬略相当匮乏，全凭气势。针对项羽的特点，韩信命令英布、刘贾、周殷军从南面将楚军出路全部封闭；命令彭越军从北封闭项羽可能逃脱的出路；韩信自己亲率三十万齐军，会同二十万汉军，进攻困守垓下的十万楚军，展开决战！

这时，项羽已经处于绝对劣势：西楚位于长江以北的全部土地已全部失陷，十万楚军成为绝对的孤军；楚军已经几个月粮草不足，士兵吃不饱饭，战马喂不饱草料，没有半点补给；相对于疲惫的楚军，诸侯联兵近七十万，士气高昂、体力充沛、粮草充足；决战之时已是数九隆冬，楚军刚从广武撤下来，大多穿着秋季的装备，不能抵抗寒冷；联军分五路有序推进，步步为营，没有留给楚军任何逃脱的可能；楚军此时离江东五郡路途遥远，即使冲破包围圈，也很难在汉军的追击下及时回到故土。

一切准备就绪，韩信率先向项羽发起攻击。项羽泰然不惧，率领楚军倾巢出动，直奔韩信中军杀来。在这种绝境中，与士兵拼杀，只能增加己方的消耗。项羽耗不起。他要用猛烈的进攻拔掉联军的指挥部，为逃脱制造机会。

面对楚军疯狂的进攻，韩信麾下的齐军根本抵挡不住。韩信立即命令主力后撤。韩信退得果断，项羽追得决绝。在这紧要关头，刘邦麾下的汉军从左右两翼杀了过来，援救韩信，迅速将冲在前面的楚军骑兵和落在后面的楚军步兵的联系切断，并对楚军步兵展开屠戮。

项羽见击杀韩信已不可能，急忙转身往回杀，试图援救步兵。就在这时，韩信立即命令大军停止撤退，转而追击项羽。面临前后夹击的项羽只好拼命杀回垓下。

在这场被称为“东方滑铁卢”的垓下之战中，楚军死亡四万，被俘两万，只剩四万随项羽退回大营。汉军伤亡更加惨重，死亡十几万。

项羽退回垓下后，重新陷入诸侯的重重包围中。

夜深了。清冷的夜色中，两军营内的篝火与天上的繁星呼应，点点闪耀。饥饿的楚军将士围在篝火前，相拥取暖。然而，前心是暖的，后背是冷的；脸是热的，心是凉的。很多人都在想：江东，我的家乡，我还能否活着回去见我的爹娘？

没有人说话，没有人走动，整个楚军大营，除了偶尔走过巡逻的小队，就如死一般的寂静。正在这时，汉军营里传来了楚歌声。

刘邦发迹于楚地，又占据了楚地，麾下颇多楚人。当看见昔日的同乡被重重围困，想起几年来倒在沙场上的同袍，也可能是有人授意，他们哼起了楚国的歌谣。

幽咽的楚歌声，像利箭，像铜钩，射入楚军的胸膛，钩住了楚军的心房。悲怆的歌声里，楚军将士泪流满面，遥望南方。那里有残破的茅草屋，那里有倚门而立的白发苍苍，那里有月光下缝补衣裳的娇柔，那里有衔着指头的稚嫩。为了谁的霸业，为了谁的江山，为了谁的欲望，为了谁的梦想，他们要死在他乡？

军心乱了。一个个流着泪水的身影，留恋地看了看他们的王的营帐，消失在苍茫的夜色中。

项羽也被楚歌声惊醒了。他驻床而听，心情惆怅，叹道："难道刘邦已经把楚国全部都攻陷了，怎么这么多人在唱楚歌？"

美丽的虞姬此时正陪侍在项羽身边。她不是项羽的结发妻子，甚至也不是项羽的正妻。心情憔悴地守在项羽身旁。这位来自江南的婉约女子，无数次跟着眼前这个粗鲁的男人东征西讨，眼见着他的男人越来越焦躁，越来越苦闷。见项羽久久不睡，乖巧的虞姬端来酒菜，哄项羽开心。

望了望跟着自己到处奔波的心爱女子，项羽长叹一声，拔剑而起，慷慨悲歌：

力拔山兮气盖世，时不利兮骓不逝。

骓不逝兮可奈何，虞兮虞兮奈若何！

我有拔山之力，也有盖世霸气。然而，时不利于我，乌骓也不得飞驰。乌骓不得飞驰我无可奈何，虞姬啊虞姬，我该当如何？

男愁则唱，女愁则哭。项羽不住地歌唱着，大声歌唱着，宣泄着自己的苦闷。虞姬倚在项羽身边，轻轻地和着：

汉兵已略地，四方楚歌声。

大王意气尽，贱妾何聊生。

唱着唱着，项羽的泪水终于止不住地喷涌而出，左右侍从也哭得抬不起头。

据传，虞姬歌罢强颜欢笑，拿过项羽的宝剑，为心爱的男人最后一舞，然后横剑自刎。

香消玉殒，魂归天籁，独留项羽站在猎猎风中，犹自心痛。

又一个轮回

深夜，不甘心的项羽打算再做尝试。这次尝试，项羽残酷地决定，只带少量精锐，寻找包围圈的薄弱环节杀出重围。而更多的楚军将士，是生是死，且看天意吧。

带着八百骑兵，项羽衔枚突围，终于在联军的包围圈上撕开了一条口子，向南遁去。

等到天亮时，汉军才发现昨夜突围的是项羽。虎入山林，祸患无穷。谁都能放过，项羽绝不能放过。追！

骑将灌婴一马当先，带五千骑兵立即追赶，终于寻到项羽的踪迹，紧追不舍。

项羽一路狂奔。逃到阴陵（今安徽定远县西北三十公里处）时，他在空旷的田野中迷路了。

两条路，一左一右，不知哪条路通往江东？项羽急忙向一位农夫打听。农夫畏畏怯怯地指了指："左边这条。"

对项羽来说，很不幸的是，左边这条路正是错误的。有人说，这位农夫是深恨项羽之人，因此故意给项羽指了错误的方向。但也可能是农夫根本不知道彭城怎么走。他被这一大群浑身浴血、携带刀剑的武夫吓坏了，不敢说不知道，索性随便一指，却正好指错了方向。今天，羞于说不知道而指错道路的指路者，仍不鲜见。

项羽并不知道这是一条死路。当他疾驰到路的尽头时才发现，前方是一片不可穿越的大泽。项羽急忙折身返回，正好与紧追其后的灌婴等遭遇。几十万人的重围项羽尚能逃出来，又何惧这区区五千人？项羽再次杀出来，转而向东，抵达东城（今安徽定远县东南二十五公里处）。此时，他身边只剩下二十八名勇士。

项羽仰天长叹，对这二十八名最后的追随着说："我起兵反秦至今，已经八年，身经七十余战，从无败绩。我的敌人都被打败，无不降服。因而，我才能够称霸，拥有天下。如今我被困此地，这是上天要亡我，非战之罪。就让我冲入敌阵，放手大杀！临死前定要再斩汉将，砍倒军旗。诸位请看立马扬威！"

汉军很快又追上来了。二十八人在几千汉军之中显得那么渺小，项羽却犹不畏惧。他把二十八人分成四队，每队七人，命令他们各自向四方，在大山东边集合。项羽率先出击。他指着敌军对大家说："你们看着，我现在就冲下去，为你们斩杀一员汉将。"说完，项羽一催坐下乌骓马，向汉军冲去。汉军被霸王的气势震慑，纷纷闪躲。项羽趁机手起枪落，果然有一员汉将被项羽杀死。赤泉侯杨喜见项羽单人独骑，想捡便宜，在项羽身后追赶。项羽回头，圆睁虎目，怒叱杨喜，直吓得杨喜掉头就跑，直逃出千米之外。项羽一路奔逃，在逃亡中又斩杀汉军一名都尉，百余骑兵，在指定地点与其余人会合。二十八名骑士，仅仅阵亡两人。

趁着汉军来不及反应，项羽一直逃到长江边的乌江（今安徽和县东北二十公里处乌江镇）。渡过长江，就是项羽的巢穴——江东。在这一路上，剩余的二十六名勇士或战死，或被擒，也全都不在了。

忠于项羽的乌江亭长正泊船而待。他急忙对项羽说："大王，这一带就唯有我这一条船。请大王随我快快渡江。汉军没有船，追不上来！"

项羽望着乌江亭长，开心地、悲怆地，笑了。走投无路之时，仍然有如此忠心的人在想着他、念着他，如何不开心？八千子弟追随项羽打过长江，如今无一人生还，如何不悲怆？项羽对乌江亭长说："天都要亡，渡江又有什么用？先前江东子弟八千人跟随我出来打天下，如今只有我一人苟活而还，我又有什么脸面见到父老乡亲们？算了，我不回去了。这匹乌骓马，日行千里，随着我纵横天下。我实在舍不得叫它跟我一起死，就把它托付送给你吧。"

把马硬塞给乌江亭长，项羽步行，回头迎战追兵，又斩杀数百人，身受创伤十余处。这时，项羽在追兵之中看见骑司马吕马童。项羽与吕马童少年时相识，算是故人。因此，项羽对吕马童说："我听说刘季悬赏千金、赐食邑万户，要我的人头。反正我要死了，不如把这好处送给你吧！"

说完，项羽横剑自刎，死在当场。霸王一死，汉军胆子立即大了起来，人人蜂拥上前，争抢项羽的尸体。甚至有人为了争抢而不惜同袍相残，项羽的尸体也被刀剑分割。最后，郎中骑王翳、郎中骑杨喜、骑司马吕马童、郎中吕胜、郎中杨武各得了项羽尸体的一部分，得到了刘邦的赏赐。

项羽自杀后，西楚全部投降，唯独鲁地，因为项羽当年被怀王封为鲁公，秉承孔孟之道的中军思想，坚决不肯投降。刘邦本欲屠城，但感念鲁人的守礼义、为主死节，最终赦免鲁人。鲁人也在见到项羽的尸体后放弃了最后的抵抗。

刘邦最后封项伯为侯，赐其姓刘，又把项羽葬在了鲁国的穀城（今山东平阴县西南东城镇），并且亲自主持祭礼，放声痛哭。

这一哭，并非全是虚伪，也有对那一段兄弟情义的哀悼。

项羽已死，四海承平，唯有韩信不能让刘邦放心。跟前一次一样，刘邦突然冲进韩信的帐中，夺了韩信的将军印。随后，刘邦对韩信说："义帝无后，况且你熟悉楚地风俗，所以，齐王你就别当了，我改封你为楚王。"于是，韩信被迁为楚王，以淮北为封地，都城为下邳。同时，他履行承诺，封彭越为梁王，以定陶为都。

将韩信与彭越安排妥当之后，刘邦发下赦令：天下纷争八年，百姓饱受其害。现在天下已定，特赦免死囚以外的全部囚犯。

汉高祖五年（公元前202年），天下诸侯率领文武群臣上表，请汉王就皇帝位。

古人就职，职位越高，越要现予以推辞，三辞三让方可接受，以表示自己道德高尚，不图名位。对于大家的请求，刘邦自然要先推辞一番。他回复说："我听说皇帝这个尊号是大贤才配有的，我可担当不起。"

诸侯们自然是再次上书，力陈刘邦就是大贤，说："大王起于百姓，诛灭暴秦，平定四海，分封诸侯。如果大王不受皇帝尊号，我们愿意以死相谏！"但这还不够三辞三让，所以刘邦继续推辞，诸侯继续上表。最后，刘邦看似不高兴地说："既然你们都觉得我合适当皇帝，那我就勉为其难，为这个国家当这个皇帝吧。"

刘邦在汜水北岸筑坛登基，给自己改名为刘邦，称皇帝，暂时定都洛阳；吕雉为皇后；太子刘盈为皇太子；刘邦已故的母亲被追谥为昭灵夫人。

这一场刘邦逐鹿，正如实现李白在《登广武古战场怀古》诗中所云：

秦鹿奔野草，逐之若飞蓬。项王气盖世，紫电明双瞳。呼吸八千人，横行起江东。
赤精斩白帝，叱咤入关中。两龙不并跃，五纬与天同。楚灭无英图，汉兴有成功。
按剑清八极，酣归歌大风。伊昔临广武，连兵决雌雄。分我一杯羹，太皇乃汝翁。
战争有古迹，壁垒颓层穹。猛虎啸洞壑，饥鹰鸣秋空。翔云列晓阵，杀气赫长虹。
拨乱属豪圣，俗儒安可通。沉湎呼竖子。狂言非至公。抚掌黄河曲，嗤嗤阮嗣宗。

西汉王朝，从此正式拉开了帷幕。

第七章 开国难，白登首度遭难

西北啸天狼

天将降大任于斯人也，必先苦其心志，劳其筋骨，饿其体肤，空乏其身，行拂乱其所为，所以动心忍性，曾益其所不能……

——孟子

刘邦经千难，遭万苦，好不容易立足中原，原本该尝尝坐享天下的滋味。可是，谁又知道，西北烽烟突起，大将韩信即刻告急，边民有身陷水火之危。而这危急大汉之人，不是别人，竟是那曾为人质而几丧性命的冒顿。

皇帝登基不久，朝廷初建，朝中文臣忙于定规矩，制礼仪，不知冒顿；武将虽然同样不知，但神气间鄙夷之气颇重，心想区区胡奴，难道能强过蒙恬、项羽之辈不成？我们久经生死、长历战阵，这马上得天下的功夫不是吹出来的。众武将本就皇帝与儒生日渐走近而颇怀不满，此刻斩将搴旗、重振雄威的机会来了，遂将对腐儒的不满一起泼向匈奴。

匈奴是中国北方的一个游牧民族。北方是荒寒之地，没有耕田，没有城郭房舍居住，没有文字语言为信约，甚至彼此的地域归属都模糊不清。匈奴久居北方，逐水草而居，以放羊牧马、狩猎为生。

匈奴孩子自小就学骑马牧羊，弯弓射飞禽，投矛杀走兽。四处游猎，饥则食肉，渴则饮血，体质甚棒。又因所居之地奇冷，平日常吃兽肉、喝奶，因此匈奴人个个都长得身强力壮，粗豪大气，可以说是天生的强兵悍将。如果天年好，匈奴就各安其所，各家放各家的羊马，各人狩各人的猎；但如遇荒年，他们就杀意萌生，四处作乱，别说抢夺汉人，即使对本族人也不例外。夏、商、周三朝都遭受过匈奴的侵扰，汉人不堪疾苦，歌曰："靡室靡家，猃狁之故。"就是说，我们家破人亡，全都因为匈奴。周幽王因褒姒而与申侯矛盾，最终申侯借烽火戏诸侯之机，伙同匈奴灭了周幽王。春秋战国之际，匈奴与汉人打打杀杀，互有胜败，于是有了燕长城、赵长城等防御匈奴的工事。秦始皇统一六国后，命蒙恬领军驱杀，驰骋七百里开外，匈奴闻风丧胆，从此不敢南下牧马弯弓。

秦失其鹿，天下逐之，匈奴也趁此机会发展势力，扩充领地。匈奴人活得真实，说干就干，绝无虚文腐礼。在战场上，有利就进攻，失利则后退，不以后退为耻。头领与兵将一样，吃兽肉，穿兽皮，而且是越年轻力壮吃得越好，身衰力弱者只能吃那些差点的。匈奴人以年轻人为贵，轻视老年人；以力壮者为尊，蔑视力弱之人。那是一个男尊女卑的社会，女子毫无地位，只被视做一种财产。如果父亲身死，儿子可以娶他的后母为妻；兄长死了，弟弟能娶他的嫂嫂为妇。冒顿是首领的孩子，他父亲希望他继承大业，在他小时候就教他如何管理族人，如何激发将士的斗志。

此时的匈奴首领名叫头曼，头曼就是冒顿的父亲，冒顿是长子，已被立为太子。在匈奴的北方，有一支强劲的队伍是头曼的心头之痛，那支队伍就是月氏。不久，头曼又突然多了一块心病，因为他后娶的阏氏生了位小儿子。按理说头曼喜得贵子应该高兴，可是阏氏软磨硬泡，说什么都要头曼立他儿子为太子。头曼虽不聪明，但也是明事理的人，他知道如果自己身死，一旦阏氏委身于手下一名大将，定会因两位儿子争夺单于之位而弄得匈奴分裂。他阅历丰富，知道分则势弱，裂则力孤，最终走向灭亡。头曼一连几天愁眉不展，不知道内情的人还认为他害怕月氏和中原汉族的夹攻，纷纷献谋告勇。

这一天，头曼将冒顿叫来，说要冒顿前去月氏为质。冒顿认为自己能为父亲出力，而此举既利族人，也能锻炼自己，很是高兴。头曼拍拍儿子的肩头，语重心长地说了句：“保重！”冒顿听父亲语带哽咽，一抬头，只见父亲面色凝重，心想那是父亲担心自己安危所致，也鼻子酸酸地说：“我此去，无论如何，定能含垢忍辱，不负所托。为防军心动摇，我走时就不必送行了，再说孤身一人，月氏也放心。”

头曼老泪纵横，半晌说不出话来，一双手紧紧地握住冒顿的手。

冒顿刚到月氏，月氏人暗藏于匈奴的内奸就报告说头曼正整顿军马，即将偷袭。月氏诸将大怒，骂头曼阴险毒辣，不惜以儿为饵，吵嚷着要斩冒顿。冒顿来者不善，心想我离家背族，全拜月氏所赐，既然亲身而入，索性探探他们的虚实，将来双方交锋也有准备。他偷偷摸摸地转了几处，从一个马夫的口中听说马房中有匹日行千里的高头大马，心下暗笑，想世间岂有此马，转身就走，耳边隐隐传来“……那马一身白毛，毫无杂斑……”忽然火把明亮，四野犹如起火，接着吵吵嚷嚷不断，说：“抓住奸细！”“拿住匈奴来的那个小杂种！”“那小杂种一定不是匈奴王子！”只见火把先是围住冒顿居住的地方，之后四散开来，各处都有。

冒顿心中一惊，随即镇定，心想自己探听暴露，逃命要紧。当下不及细想，径直蹿向马房，果见一匹高头大马，全身皆白，甚是雄壮。冒顿解开缰绳，飞身上马，双腿一夹，白马奔驰如飞，稍有片刻，回头只见初时刺眼的火把细微如晨星。

一夜奔驰，回到家中，冒顿早已疲惫不堪，那马的精力却似乎比昨晚更为旺盛。头曼听说冒顿回了，心里先是一喜，随即忧从中来，即刻去见冒顿，欲问缘由。冒顿一心以为月氏大军压境而族中无人知晓，也不管疲惫，急急忙忙去见头曼。两人在半道相遇，冒顿刚要说月氏情况，头曼却先问他是怎么回来的。

冒顿只好说是逃回来的，待他还要再说，头曼摇了摇手，又是一副心事重重的样子。

次日，头曼召见冒顿，给他一万精骑，让他带兵驻外。冒顿满腹疑团，为何父亲见自己时忽喜忽忧？为何他刚回来月氏就没消息？刚想出言询问父亲，阏氏却拉着小弟弟走进来，只见阏氏脸俏眉细，话语轻柔，委实娇丽难言；又见自己的小弟弟穿得雍容华贵，举止落落，不禁想到他有族长之福。

这一日，冒顿正在训练手下兵将，如厕时听到两人一言一语，说的竟是头曼如何安排他为人质，如何再佯装攻打月氏以便借月氏之手除了他。冒顿怒从心上起，抓起两人就是一顿暴打，有一人挨不住，竟说出他是阏氏的亲信，知道阏氏唆使头曼另立太子而假手于人。冒顿呆呆地暗自回想，蓦地见到他弟弟雍容华贵的服饰，双眼一眨，落了两滴泪。

自此冒顿不离军营，整日勤练兵将，他让阏氏的亲信去向阏氏报告，说冒顿蠢笨得紧，练军也不知灵活。冒顿营中立了条军规，说：冒顿箭锋所向，兵将必随，否则立斩；冒顿箭射走兽，兵将凡有不遵者，立斩。

不久，冒顿又射他的爱马，不随他而射的兵将又都被斩。又过了一段日子，冒顿当众射杀自己的妻子，那些不射的兵将又都被斩。有一次，冒顿箭射头曼的坐骑，众兵将无不追随而射。见头曼的坐骑满身是箭，冒顿心下自喜，脸色却依旧如常。又过几天，冒顿约头曼外出狩猎，头曼驰骋当先，搭箭就要射向一只飞奔的小白兔；冒顿也是左手控弓，右手搭箭：突然，两箭齐发，可头曼射中白兔，冒顿却射中头曼；刚一刹那，头曼已满身是箭，如只刺猬。

头曼死后，冒顿自封单于，大肆诛杀，不听号令者无一幸免。

东胡欺冒顿新立，派使者来说："我们头领想要头曼骑的那匹千里马！"冒顿问群臣，群臣怫然坚拒，冒顿却笑嘻嘻地说："一匹马，为它而得罪领国，值得吗？"群臣见冒顿竟将救过他的马轻轻易易地送人，愤恨填胸，脸上却不便发作。不久，东胡又来要阏氏，冒顿仍问群臣，群臣怒不可遏，捋袖揎拳，作势欲打；冒顿却亲自送阏氏出门。

东胡王接到阏氏后大喜，想冒顿是个草包，随即西侵冒顿，派使游说冒顿，想要匈奴与东胡间的那块地。冒顿仍是问群臣的意见，群臣都说那地荒芜，不要也行。冒顿却跳了起来，厉声道："土地那是一个民族的生存之本，为什么不要？为什么要白白送人？"下令斩使祭旗，冒顿率兵亲征；东胡人骄傲轻敌，一鼓被灭。冒顿一战得胜，战利品颇盛，借此机会，相续西驱月氏、南败楼兰等族，并收复先年蒙恬从匈奴手中所占的土地。

冒顿发展势力时，恰逢楚汉相争，因此南下的阻力不大。然而仅借此历史上的一刹那，冒顿已是身霸一方，成为统率三十余万精兵强将的首领。趁此大势，汉高祖六年（公元前201年）秋，冒顿死困大将韩王信于马邑。同年九月，韩王信投诚，冒顿翻山越岭，攻陷太原，兵临晋阳城。

当冒顿兵临晋阳时，大汉朝廷中，儒生正为武将的不知礼、不守礼而头疼，武将却也正为文臣的那一套套腐礼缛节而心烦，大汉朝廷对眼前的危机毫不知情。

刘邦失算，被困白登山

有良材，需要良工；有勇将，需要贤主；有谋士，需要明主。

韩王信身陷重围，欲用缓兵之计，最终不得已而降。刘邦也因韩王信之降而丢城失地，差点连自己的性命也丢在白登，其间孰是孰非？

娄敬坚持己见，被刘邦囚入大狱，差点连命都没了！

刘邦脱困回来，他将如何对待娄敬？

韩王信是汉朝大将，勇不可当，为汉室立下不少汗马功劳。刘邦登基后，分封韩王信一块强兵劲旅之地，那就是太原，让韩王信督军晋阳城，防杜匈奴侵犯。韩王信到晋阳后上书，匈奴屡犯边境，晋阳离边界太远，请求布军于马邑，刘邦全部允可。然而，刚到秋天，冒顿倾巢而下，三十万大军将韩王信团团围住，韩王信一面派人向冒顿求和，一面发书向刘邦告急。

汉朝也发兵救急，但怀疑韩王信图谋不轨，刘邦给韩王信一封书信，责备说你如果贪生怕死就不勇猛，就不能胜任大将之职；区区匈奴，难道可以围困你？韩王信接到书信后，思前因，想后果，害怕被诛杀，约同冒顿攻打刘邦，让马邑给匈奴，两军合力攻取太原，兵犯晋阳城。

汉高祖七年（公元前200年）冬天，也就是叔孙通排演朝礼完毕，刘邦享受到为帝之贵后，御驾亲征。铜鞮（今山西沁县南）一役，首战告捷，斩韩王信部将王喜。铜鞮是通往晋阳城的关隘，铜鞮一破，汉军汹涌而来，韩王信知道晋阳难守，当即逃往匈奴。

就在刘邦乘胜追击之时，突然杀出一支军马，那军马打的旗号却是赵王。原来韩王信败北，其部属曼丘臣和王黄等集结韩王信的散兵败将，拥赵国后裔赵利为赵王，联合匈奴、韩王信反击刘邦。一波未平，一波又起，为守护大汉山河，刘邦非累死不可。

这时已临冬天，天越来越冷，北方风雪早下，天地茫茫一片。败军溃散，刘邦一鼓作气，大驱军马，追亡逐北，直杀到楼烦（今山西宁武）。此时天大寒，中原士兵有两三成人被冻掉手指，异常酷烈。虽然天寒地冻，晋阳因无大将据守，刘邦一鼓攻取。刘邦听说韩王信已经逃到匈奴，十分愤怒，前前后后一共派了十多位使者前往匈奴探听虚实。使者都回报说，匈奴人羸弱，匈奴军疲弱，匈奴的羊马瘦弱，要打赢匈奴不难。

刘邦谨慎，再派娄敬前往匈奴查探。风雪漫天，雪积阻路，异常难行，刘邦久等娄敬，毫无音讯，下令进军。娄敬顶风冒雪，快步奔回，在半道遇上前进的刘邦大军，刘邦问匈奴军事实力如何。娄敬所见与其他使者看到的一样，但却说出不一样的话。娄敬说："大凡两军相交，彼此总是要让对方看到自己的强处。我去匈奴，只见弱民、疲军、瘦马，冒顿这样做，一定是想让我们以为匈奴势弱，他可能早已伏下精锐之师。我认为不可轻易对匈奴用军。"

然而此时刘邦已然发兵，二十多万大军全在路上，听到娄敬那使人丧气的话后，刘邦大发流氓脾气，厉声大骂他一通，遂驱军前进，囚娄敬于广武（今山西代县西南），也就是句注山下。

冒顿见汉军势大，一时难以抵御，于是领兵撤退。汉军见冒顿兵撤，大举追击，势如平原跑马，非常高兴。汉军一路追击，所遇全是老弱病残，畏惧之心大去，刘邦命三十多万大军全力追击。三十多万大军，虽然迎风冒雪，但毫无阻碍，如入无人之境，大踏步而行，毫不戒备。刘邦领着随行部队，轻轻松松地，比步兵先到平城（今山西大同市）。刘邦刚到平城，领兵视察白登，当即被冒顿派精锐骑兵围困于白登（今山西大同市东北），七日七夜衣食难继。

刘邦身陷白登，只见四野全是匈奴军。匈奴骑兵很彪悍，西方一队，全是白衣白马，十分威武；东方一队，全是青衣青马，肃然骇人；北方一队，全是黑衣黑马，雄壮无比；南方一队，全是红衣赤马，挺首昂然。刘邦心下暗悔，懊丧难言，急欲寻思脱身之计。

"陈平，我军被困，而大军未至，武力是行不通的，平日你计谋最多，说说该怎么办？"陈平是汉家谋士，刘邦很仰仗他的计策。

"我也知道匈奴势大，但绝没想到如此之大，还加上那万夫不当的韩王信。唯今之计，只有如此如此，此招虽是险招，但除此别无他法。否则我们再多困几日，就算不被打死，也将饿死。"

陈平究竟对刘邦说了什么妙计，司马迁和班固亦没有记载，后人就更不知了。据史书记载，陈平又使离间计，派巧舌如簧的使者，以厚礼兼卑辞游说冒顿的妻子阏氏。这阏氏立刻就对冒顿说：

“你是贤主，白手起家；刘邦也是，甚至起家时吃的苦比你还多。既然同是贤主，又何必互相为难呢？该当英雄惜英雄，好汉爱好汉！再说，依我看，就算你占据了汉人的土地，也守不住，你没注意到韩王信吗？他可是志向不小。这些天我见白登山上，整日云缠雾绕，似有仙气，我怕那刘邦是神人之子。如果他真的是神，我们匈奴可得罪不起！”

这几天白登山浓雾密集，能见度极低，致使冒顿弄不清刘邦的虚实，不敢贸然发兵攻打，阏氏这么一说，冒顿还真有点疑心。冒顿本已和王黄等人说好，冒顿以疲兵弱将引诱刘邦入伏，待冒顿困住刘邦，王黄等即刻发兵夹攻刘邦。可是冒顿的消息发出几日，眼见约期已过，仍不见王黄等人身影。冒顿疑云大起，害怕王黄等背约降汉，自己反遭其害。于是当机立断，命兵将让开一个小角，想看看刘邦虚实。

隆冬天气，大雾弥漫，久久不散。冒顿这一小角刚移动，陈平忙命兵将弯弓搭箭，紧紧簇拥刘邦逃亡。众弓箭手前后左右，弓拉得满满，每人手上都多上一支箭，心神专一，大气都不敢多出一口。刘邦刚逃出冒顿的包围，命夏侯婴即刻驾车奔逃，片刻间安全逃离白登，平安躲入平城。

史书没有记载陈平的计谋究竟是什么，因而后人无从得知王黄等失约于冒顿是否拜陈平所赐。但是，既然陈平是汉家谋士，当主人生死之际，用计岂会只用一条单计，不少史学家都认为陈平计出百端。

刘邦进入平城，大汉步军三十余万也汹汹涌涌地集聚城下。冒顿见汉军势大，而自己苦心经营的计谋已然落空，如果硬战，伤亡必大，因而引军后退。刘邦经白登之围，惊惧犹在，知道冒顿绝非善类，也下令班师回朝。刘邦被困白登，为大汉留下耻辱，匈奴渐渐骄横，不将汉军放在眼里。

刘邦撤军，兵过广武，放了娄敬，喟然说：“我不听你的话，致使被困平城，差点连命都没了。我已经斩了那些尽说‘匈奴可击’之人。”刘邦封娄敬为二千户，关内侯，赐号建信君。

陈平救驾有功，封为曲逆侯，享有曲逆的赋税。那曲逆是个极好的地方，房屋高大富丽，刘邦说他遍历天下，只有洛阳和曲逆两地为最。

刘邦撤军回朝时，留下一王一将驻守代郡（今河北蔚县）。然而，这一王一将是谁？他们能否保卫边疆安全？

拉亲带故，和亲才能挽回面子

群山万壑赴荆门，生长明妃尚有村。
一去紫台连朔漠，独留青冢向黄昏。
画图省识春风面，环佩空归月夜魂。
千载琵琶作胡语，分明怨恨曲中论。

这首诗乃是大诗人杜甫感叹昭君远嫁匈奴和亲而作，诗词含蓄，耐人寻味。“一去紫台连朔漠，独留青冢向黄昏”两句，哀婉凄恻，令人不忍听闻。

历代文人墨客都为远嫁匈奴的女子大书伤感之情，抱怨朝廷将历史的重担压在女子稚嫩的肩头。随时间流逝，尤其是进入二十一世纪，不少历史学家极力证明“和亲”的必然性、必要性，用历史的车轮碾压个人情感。今天，有自称历史学者的人极力表述“和亲”女子的快乐，说“和亲”脱离了寂寞的宫女生活，这种说法又岂是负责之言？

和亲是汉朝的一项外交策略，这策略由谁提出？有什么深意呢？

自刘邦经白登之辱，当即由平城班师，留下刘仲（刘喜）和樊哙守御代郡，封刘仲为代王，樊哙为将辅助刘仲。樊哙勇不可当，是猛将；刘仲一没本事，二没胆子，只会逃跑，是个草包。

十二月，匈奴大军再次席地而来，一举攻取代郡。匈奴军至，刘仲竟然不请救兵，私自弃城，径直逃回洛阳。代郡之役，不战而败，委实可耻。刘邦贬刘仲为郃阳侯，改封爱子刘如意为代王。刘如意生母戚姬很得刘邦宠幸，刘如意又类似刘邦，刘邦很想改立刘如意为太子。刘邦封刘如意为代王，就是想慢慢提升他的资格，最终改封为太子。

刘邦自平城班师，心情既沮丧又郁闷，经过赵王张敖的封地，骂得张敖狗血淋头。张敖是刘邦的女婿，对刘邦极是有礼，可不知什么原因，刘邦见张敖一次人骂一次，仿佛张敖是他的前世冤家。刘邦的破口大骂令张敖的部属看不过去，但又不好说什么。张敖既然无能，遇见这样的岳父，只能怪自己命不好。

这次刘邦的大骂令张敖头都抬不起来，张敖是张耳的儿子，他父亲留下的部将勇猛彪悍，忠肝义胆，见主人受此羞辱，深感愧疚，便寻思报复。骂完就痛快了的刘邦忙于绞杀韩王信部下叛军，没将张敖部下的事情放在心上，但这件主不言而臣愤怒的事差一点要了刘邦的命。

刘邦班师回朝后，忙于追杀韩王信的旧部残余，没理会匈奴。击杀韩王信残部后，刘邦回到洛阳，洛阳虽然是天下大富，但刘邦仍旧被匈奴之恨所折磨。刘仲无能，代郡之失更令刘邦不悦。

一日，刘邦问娄敬，该如何对付匈奴。刘邦想起自己就是因为不听娄敬的话，因而遗留白登之耻在青史上。娄敬想说，但又有点害怕；刘邦询问再三，娄敬才战战兢兢地说："现在天下才刚刚安定下来，生产未复，兵将也受战争的疲累，对这天下是不能再用武力了。冒顿那厮，弑父杀君，炫耀武力，自立为王，还娶自己的后母们为妻妾，无耻至极，这种人，用仁义绝对说服不了。为今之计，我想只可以从长远打算，让匈奴子孙向我大汉子孙俯首称臣。然而，这个办法，恐怕皇上你不愿意。"

"如果真的有用，朕有什么不能做的。你这个办法究竟是什么，要朕怎么做？"天下事，刘邦件件敢做，此话不假。

"只要皇上能够让嫡长公主下嫁匈奴单于，赠送丰厚大礼，匈奴这等蛮族必然仰慕我汉室威仪，使长公主为阏氏。长公主为阏氏，她生下的孩子就是太子。单于死后，太子就继承单于之位。再说，匈奴之地蛮荒得紧，他们一定贪恋我们送去的礼物，舍不得拒绝。皇上每年送他们一点点礼物，让巧舌之士从中游说，匈奴人蠢笨得紧，一听就信。当此情境，如果冒顿还活，他是你的女婿；如果冒顿死，你的外孙是单于。难道你听说过外孙与外公分庭抗礼的事吗？我劝你还是不要再与匈奴打了，再打下去损失难计呀！然而，和亲之计虽然有效，如果你嫁的不是长公主，而是用宗室、后宫，甚至平常百姓家的女儿，那么匈奴人知道他们娶的不是贵人，此计就无用了。"

"好，此计真妙，从此我大汉无忧也！"项羽追击，刘邦为了性命，连长子刘盈都可以不要，现在丢弃一个女儿在刘邦心里算不上什么。

娄敬提议和亲是希望女婿不为难岳父，或者外孙不为难外公，或者外甥不为难舅舅，让娘家拥有发展的安定环境。娄敬的和亲只是权宜之计，他的根本大计在汉室的后世子孙身上。娄敬的提议是好的，但在施行过程中出了问题。

鲁元公主是长公主，早已嫁人，所嫁之人正是张敖。刘邦从没正眼看过张敖，对张敖，心情好时不理不睬，心情不好就大骂痛骂。对刘邦而言，张敖活着碍眼，死了也算不了什么。有此良机，张敖只能倒霉，不想也要顺了刘邦的意思。

刘邦将欲远嫁长公主之事告诉吕雉，吕雉又气又急，又哭又闹，最后坚毅地说：“我只有一个儿子，一个女儿，你为什么就要把我的女儿远嫁匈奴，你这不是抛弃她吗？”

刘邦同吕雉说了一大通，吕雉说死说活，就是不答应让长公主远嫁匈奴。吕雉坚毅刚烈，闹起脾气来，刘邦也束手无策。别无他计，刘邦只得秘密另找一位女子冒充长公主远嫁匈奴。而这护送假长公主远赴匈奴之人，就是出此计谋的娄敬。理想是美好的，现实是残酷的，从美梦中起身，娄敬带上假公主远赴匈奴和亲。

和亲并没有依照娄敬的提议施行，和亲从一开始就变了味。一位皇帝接一位皇帝慢慢变更，最终变成远嫁宫女。宫女多来自民间，生活凄苦，到宫中寂寞难言，遇上和亲之事，自然常常让敏感的文人借题发挥。

和亲后，汉朝与匈奴誓约为昆仲兄弟，双方各安其所，互不侵犯；汉朝以宗室公主远嫁匈奴单于为阏氏，并赠送丰厚的絮缯酒食等物品。汉朝人多物丰，送人就如送泥巴，送物就如送石头，朝廷绝不吝惜。

和亲确实为汉朝带来了间断性的、短暂的安宁。

娄敬护送长公主和亲归来，对刘邦说：“匈奴、白羊和楼烦等族离长安很近，只有七百里，轻装骑兵一天一夜就能到达。关中受战争破损，人口少，土地肥沃；现在你虽然身居关中，但人口很少，难以发展，应该充实。当初诸侯四起时，有田姓家族、楚国的昭、屈、景三族等豪强富户，他们势力大，应该控制住。还有，长安北近匈奴，东有过去的六国强族，一旦天下变动，家族联合作乱，皇上你将坐不安席，卧难安寝。微臣建议，将田姓、楚国、燕国、赵国、韩国和魏国等王族后裔和豪门富户全部迁往关中。天下无事，他们可以作为抵御匈奴的力量；如果有变，皇上也有兵东征。这一招，叫做强本抑末。”

刘邦采纳，移民十万充实关中。这十万人并非平头百姓，而是富商豪族，牵连极广。一时间，长安五方杂处，富户之家、豪强之族、游侠、盗贼等全部充塞长安。长安城中诸人良莠不齐，每有犯事，牵连极众，治安很难管理。

娄敬向刘邦提了两个建议，两个建议对后世的发展都有影响。第一个是和亲的延续，宫女们成了和亲的最佳人选，而非嫡长公主；第二个是移民守陵，此后，每当皇帝下葬，朝廷便迁移百姓守陵。

刘邦刚刚移民充实关中，有人状告，说张敖欲行刺刘邦。刘邦大惊，张敖如此无能，如此温顺，怎么会行刺？然而，刘邦素不喜欢张敖，自然不会姑息，当即令人逮捕张敖。

第八章　江山自做主，剪除异姓王

硬汉贯高撞柱而死

前面说刘邦由平城班师，路经张敖封地赵国，无缘无故地将张敖骂得狗血淋头，刘邦却差点因此丧命，这究竟是怎样一回事呢?

张敖，是开国大功臣张耳的儿子。张耳死后，张敖继承父亲赵王的王位。不久，张敖迎娶刘邦的大女儿鲁元公主，张敖成王成婿的经过就是这么简单。张耳厉害无比，张敖却老实无能。刘邦生平最恨忠厚老实的人，例如痛恶刘盈。长公主嫁给张敖后，刘邦自然心中不平，但对这位温顺的女婿别无他法，只能谩骂。刘邦谩骂，张敖只是低头忍受，唯唯诺诺。刘邦就愈加看不起张敖，欲将鲁元公主远嫁，但是张敖有个好岳母。鲁元公主的母亲吕雉在刘邦面前处处袒护张敖，总说张敖为人忠厚老实，很可靠。

张敖除了拥有父亲留下的封地，他还是皇帝的女婿，不仅皇后宠爱他，他府中还有一帮既忠心又勇猛的大臣。所以张敖虽然懦弱，但有福气。这些大臣中，以赵相贯高和赵午最为勇猛果敢。他们两个都曾跟随张耳征战天下，虽然年纪都已是六十多岁，但宝刀未老，豪气不减当年。

士为知己者死。刘邦将张敖乱骂一通，贯高和赵午知道自己的主人是弱主孱王，很看不下去。事后，贯高和赵午劝张敖说："天下英雄四起，有能力的先自立为帝。你是刘邦的女婿，侍奉他恭敬有礼，但是刘邦对你太过无礼，让我们杀了他吧！"贯高之意，想拥立张敖为皇帝。但张敖一听，顿时傻眼了，手指都给咬出血了，慢腾腾地说："你说错了！先王连这赵国差一点都保不住了，幸好有皇上帮助，我们才能复国，皇帝这一助之德可是要流播于我赵氏世世代代，这赵国的一土一石、一花一木都是仰仗皇上才存活。我求你们下次别再说这样的话了。"

当年征战四方的张耳乃社会大贤，何等勇猛，现在张敖却如此说，简直将刘邦抬上了天。贯高和赵午等心里极不是滋味，主人不敢干，他们只能将恨意指向刘邦。

贯高等人听张敖之言后，私下商议说："赵王这么认为，我们可不这么认为。赵王有长者之风，他不背德，那是他的事。但是，我们绝不受辱，那刘邦侮辱赵王，我们就杀他。我们杀刘邦，那是我们的事，又何必给赵王带来不好的影响呢？这件事，如果成功，功归赵王；如果失败，我们自己承担得了。"有忠臣如此，还要求什么呢?

汉高祖八年（公元前199年）冬，也就是刘邦大骂张敖一年后，刘邦亲自前往乌桓（今河北正定县）征伐韩王信旧部。心意决然的贯高等人终于等到了良机。他们知道刘邦将暂住柏人（今河北隆尧县西南），他们就藏在厕所的夹壁中，只要刘邦上厕所，必死无疑。

行至柏人的刘邦想在那里住一宿，可是突然地，刘邦灵心一动，就问："这个县叫什么名字。"旁人说叫柏人。柏人，刘邦一寻思，说："柏人者，迫于人！"于是刘邦领军快走，如避鬼魅。

在紧张和压抑中苦等了一夜的贯高天亮时才发现刘邦早就溜走了。此次暗杀没成功，但没成功并不代表没结果，结果是有的，那就是东窗事发。

汉高祖九年（公元前198年），贯高暗杀刘邦的事被他的冤家告知刘邦。刘邦大怒，即刻逮捕张敖府中诸人。赵午等人觉得早晚都是死，为免受折辱，换个干净利落，当即自杀。贯高见识略高一筹，大骂赵午等自杀的人说："刺杀刘邦是谁指使你们去干的？赵王没有参与此次谋杀，却一并被捕；如果刺杀的人都死了，谁来为赵王辩白？"于是，贯高就同张敖一样，坐上囚车，来到长安。

来到长安，自是审讯一番。贯高说刺杀刘邦是他们自己做的，张敖不知道，与张敖无关。刘邦不信反怒，命狱吏大刑审讯。狱吏用尽大刑，又是鞭笞，又是烧红烙铁烫肉，贯高体无完肤，几乎死去，仍是坚持原话。刘邦大刑逼供，是想借此机会，除张敖而后快。

心疼女儿的吕雉知道张敖被捕入狱，对刘邦说："鲁元公主是我们的女儿，张敖是女婿，怎么会刺杀你呢？"刘邦大怒，反问："如果张敖当了皇帝，天下的女人还少吗？"这句话可谓釜底抽薪。吕雉听了只能住嘴不说。

廷尉将审讯经过一一告诉刘邦，刘邦说："真是壮士！谁能给我私下去探探实情？"中大夫泄公说："我素知此人，他极重信誉，绝不出卖主人。"刘邦命泄公前往狱中探听实情。刘邦之所以能够打败项羽，有一大部分功劳就是这种私下相交的贡献。

刘邦派泄公前去探听，泄公先同贯高说他如何如何劳苦等话，彼此谈到深处，最后才问张敖究竟是否参与此事。贯高说："爱自己的父母妻儿子女，这难道不是人之常情吗？现在我三族之人，依罪当死，我难道要他们的死换赵王活！只是赵王并没谋反，刺杀刘邦是我们自己做的。"贯高将前因后果，原原本本地告诉泄公，泄公转告刘邦，刘邦才赦免了张敖。

"忠肝义胆，无愧日月"这八个字贯高当之无愧。有此良将，真是张敖的福气。吕雉虽然袒护张敖，那是因鲁元公主的关系，而非真心爱护张敖。

冷酷君王内心也有柔软的地方。贯高的高风亮节叫刘邦佩服不已，所以他叫泄公去将他放了。泄公对贯高说："赵王已被赦免，皇上很看重你的气节，因而连你也放了。"贯高说："我之所以忍辱偷生，只是想为赵王辩白。既然赵王无罪，我算尽责任了。我有弑君之罪，哪有脸侍奉皇上！"话刚说完，倏地转身，往墙上一撞，折颈而死。

贯高是良将，也是贤人，他忠肝义胆，但千里马遇不上伯乐，空负高才，最终死于不值。怀才不遇，这是生命的荒诞。

张敖算是捡回一条命，鲁元公主也还是他的夫人，可是经此一事，身份大是不同。首先，被降级为宣平侯，他府上的宾客们也都被刘邦以侯相、郡守等官位拉拢；其次，吕雉这座大靠山，也因为他而越来越惹刘邦生气。刘邦生起气来，绝不认亲。吕雉也就渐渐不再袒护他了。

太子的废立风波

异姓王张敖刚被贬为宣平侯，赵王的位子就该换成刘姓子弟来做了。谁得了赵王的封号呢？是刘盈的弟弟，刘邦的宠子，刘如意。

虽然是庶出，但刘如意有位既年轻漂亮又妖媚的妈妈——戚姬。戚姬是定陶大美人，他在刘邦心目中的地位仅次于吕后，也许比吕后还高。刘邦是公认的好色，因为色做出丑事也是常事。

同是女人，但戚姬的心计、智谋和历练都不及吕后，可是她拥有一个女人、尤其是皇帝的宠姬所拥有的一切本领。她长得漂亮，多才多艺，能歌善舞，更会撒娇装哭。刘如意被封为赵王，就是因为她受刘邦的宠爱。

生性厚道的刘盈，很喜爱他弟弟刘如意。然而，吕雉刻薄狠毒，恨戚姬更恨刘如意，因为她害怕刘盈的太子之位被刘如意抢去。刘邦偏偏喜欢刘如意，有意另立刘如意为太子。刘盈虽是太子，但面对种种关系，他注定了要在夹缝中生存。在皇宫，如果没有实力，太子也难当。

汉高祖十年（公元前197年）七月，太上皇刘太公死了，戚姬哭成了个泪人儿，趁此机会让刘邦立刘如意为太子。刘邦见戚姬凄楚可怜的模样就动了心，想到刘盈懦弱无能，不如刘如意，就决定废刘盈立刘如意。刘邦刚说想另立太子，大臣们各执一词，争论不休，见大臣多偏护刘盈，刘邦不敢贸然废除刘盈，但立刘如意的主意已经打定了，只等时机到来。朝臣争执不下时，杀出一位虽不能言、但是敢言的大臣——御史大夫周昌。

周昌是刘邦的同乡，做过秦朝的卒吏。他说话口吃，但是不怕死，想说什么就敢说什么。一次周昌在刘邦闲暇时进宫奏事，正好撞上刘邦抱住戚姬调情，周昌恼怒，掉头就走。刘邦将他追回来，伸手摸着他的脖颈，问："你说我是什么样的皇帝？"周昌抬起头，严正地说："你就是夏桀和商纣一样的皇帝。"刘邦无言相对，只是笑了笑，内心从此却忌惮周昌。

听说刘邦要废刘盈，周昌大怒，质问式地说："我话说不好，但是这……件……事……就是……就是……不行……如果……如果……皇帝……你……要废……太子……太子……我……我……就不……听……你的召唤。"刘邦听后，笑了笑，说不废刘盈。废太子之事就此告一段落。

当时在隔壁听到周昌说话的吕雉跑出来，跪在周昌面前，说："要是没有你，太子就被废了！"

吕雉如此刚毅的人，做出如此行为，可见刘盈的太子之位对她多么重要，同时也可以看出此时的她十分无助。周昌几句话就暂时保住刘盈的太子之位，吕雉也对他感恩戴德。

废太子的事搁浅了，戚姬的愿望落空了不说，她手里还捏了一把汗。尽管刘如意是赵王，可是他年纪小，自己做母亲的又没势力，吕雉并非善类，而朝中大臣又帮吕雉母子，这周昌就是典型例子。身在皇宫，一旦扯入权力斗争，倘若不成功，必然被害。为了赵王和自己的安全，必须找位厉害之人保护，戚姬很犯愁，找谁呢？

刘邦也知道刘如意才十岁，担心一旦自己身死，吕雉一定不会放过刘如意母子，天天为寻思保全刘如意母子的计策愁眉难展，还时不时悲歌一曲。

跟项羽打仗的时候，刘邦能够要"无赖"，但他不能跟吕雉要"无赖"，因为吕雉比他还"无赖"。上次，刘邦欲远嫁鲁元公主，就是因为执拗不过吕雉而失败。无赖遇上无赖，那就不能要无赖了。

符玺御史赵尧见刘邦心忧，知道升迁的机会来了，就对刘备说："皇上你不高兴，是不是因为赵王年幼，然而戚姬与皇后矛盾深，担心一旦自己驾崩后，没人保全赵王？”刘邦说：“确实如此，就是不知道该怎么办。”

“这就简单了，只要皇帝你在赵王身边安排一位让皇后、太子和大臣们又敬又怕的相国辅助就行了。”

“我也这么想，可是大臣中谁适合呢？”

“依我看，只有御史大夫周昌能胜任，此人耿直敢言，吕后、太子和大臣无不对他又敬又惧。”赵尧盘算着，只要挤走周昌，赵尧就能接任御史大夫一职。既为皇上解忧，自己又能升迁，真是天下少有的美事。听了赵尧一番话，刘邦觉得很有道理。

于是，刘邦对周昌说；“我想麻烦你帮个忙，你就去赵国做相国辅助赵王吧。”周昌耿直敢言，刘邦都敬他七分，惧他三分，其他人自然是惧他七分，敬他三分。只要有周昌在，戚姬母子可保住性命。

周昌一听，流着泪说：“我一开始就跟随皇上你，皇上为什么在半道却将我抛给诸侯？”让耿直敢言之人流泪，是天下一大难事。周昌流泪，可见对刘邦忠心无二。

“我知道，这样做你的级别就降了，对不住你。可是我真的很忧心赵国，担心赵王被人谋害，除你外没有其他人选，你就委屈委屈吧！”

听到刘邦肺腑之言的周昌只好同意，最后接替他职位的正是赵尧。当初别人说接替周昌的将是赵尧，周昌听了后大怒，说赵尧一点都不够格。然而，赵尧只在刘邦面前美言几句，周昌就提前走人；更没想到，周昌走后，赵尧顺利说服刘邦，接任周昌。有的事，不能只靠实力，还要看能不能美言，赵尧就是能美言的人。赵尧使计调走周昌，吕雉顿时少了一只胳膊，对赵尧记恨于心。

周昌一走，刘盈的保护伞丢了，吕雉当即愁上眉梢。吕雉再一次发愁，愁思难解，有人建议他请张良出马。此时的张良正闭关清修，想做神仙，不理世事。张良智计百出，吕雉听到这个建议大喜过望，命吕泽前去，无论如何都要请张良出马。

吕泽一见张良，就问：“你是皇上的谋臣智士，现在皇上想废太子，你怎么还能高枕而卧？”张良回答说：“以前皇上多次被困，我出计那是应该的；现在天下是刘家的天下，他爱立谁废谁，那是他们骨肉之亲的事，就算我们做臣子的有几百人劝说又怎么样？”张良不愿牵扯进别人的家事，与诸葛亮相似。

领了死命令的吕泽知道，没有结果就不能回去见吕雉。吕泽要强横，无论如何，定要张良出一计。面对吕泽如此蛮横的态度，只能给吕雉指条明路。

“废立之事，仅靠嘴说是不行的。皇上所钦佩，却又不能招纳的就是四个人，你们将那四人聘请来就行了。那四人都老了，因为皇上轻慢士人，逃进山里，誓不为汉臣，但皇上很看重他们四人。如果你们能以卑词厚礼、太子亲笔书信婉言相请，应该能请来。请他们辅助太子，上朝时让皇上见见，帮助会很大的。”

这四人，就是商山四皓，分别是东园公唐秉、用里先生周术、绮里季吴实和夏黄公崔广。他们四人曾经作了一首歌：

莫莫高山，深谷逶迤。
晔晔紫芝，可以疗饥。
唐虞世远，吾将何归？
驷马高盖，其忧甚大。
富贵之畏人兮，不如贫贱之肆志。

歌词的大意就是山高谷深，野果能充饥，清泉可解渴。谦恭下士的美好时代已经过去了，我们该去哪里？在朝廷也不好，在那里的忧心忡忡。想富贵就要受人驱使，还不如平平淡淡，活得逍遥。我们洁身自爱，不想去蹚那浑水。我们人贫，可志不贫。

张良不愧是汉室的大谋士，他一语中的，吕后果然将那四人聘请来了。这四人一来，奇谋屡出，让刘盈平平安安地走过一切魔障。

狡兔死走狗烹

刘如意升迁为赵王，刘邦就封刘恒为代王。如果说刘盈因不像刘邦而不受喜爱，刘恒更加不受刘邦喜爱。刘恒的母亲薄姬默默无闻，不受刘邦宠爱。刘恒仁爱厚道，也同薄姬一样默默无闻。皇宫里有他母子就跟没有一样。刘恒年幼，陈豨暂代刘恒前往代郡管理。陈豨是宛朐（今山东菏泽县西南）人，有勇无谋。这位陈豨平素敬服韩信，前往代国上任之前，不知还有没有机会回长安，去向韩信辞别。

这些年来，韩信一直都说自己有病，上不了朝。韩信出此招，全因害怕刘邦忌妒他的才能，可是这样一来，朝中对他的怨言更深。韩信恃才自傲，也不管朝臣怎么看他。他称病居家的这些日子，就只有两人前来看望过他，第一位是樊哙，第二位就是陈豨。

曾经叱咤风云、横行天下的韩信，如今不得不称病窝在家中，一无消遣玩乐，二没知己拜访，自然极为郁闷难熬。想到知己，知己就到。正当韩信郁闷苦痛之时，陈豨登门拜访。

有朋自远方来，不亦乐乎！陈豨一来，韩信当然高兴。他拉着陈豨的手在庭院里走了一圈又一圈。韩信一边走一边仰天悲叹，叹了又叹，最后说："你来看我，但你是可以说真心话的人吗？我有好多话想同你说。"韩信如此坦诚，陈豨受宠若惊，马上回答："将军发令，唯命是从。"

韩信是位将兵的天才，樊哙这样威猛的人，娶了吕雉的妹妹后，对他尚且前一声"大王"后一声"大王"的，敬佩之情难表。韩信要告诉真心话，陈豨自然高兴得不得了。

"你将要去的地方，那里部署天下精兵，你又是皇上十分宠爱信任的人。第一次有人告你反叛，皇上一定不信；第二次再有人告，皇上才会怀疑；到第三次，皇上一定发怒，御驾亲征。皇帝一走，我在关中起事，你在外接应，天下就是我们的了。"

对于韩信的能力，陈豨毫不怀疑，甚至就这一点而言，他相信韩信胜过相信自己。能跟这样一位旷世大将干大事，就算失败也会失败得哄哄烈烈，就算死也死得气贯长虹。陈豨信服韩信，将命豁出去，准备大干一场。

于是，到了代郡的陈豨马上广招宾客，大力培植势力。陈豨仰慕古人风范，和门上宾客布衣论交，因此他门下宾客很多，官家房子都给住满了。一进一出，都有几千宾客相伴。陈豨一举一动就牵扯几千家臣，令人不禁害怕。

周昌见事不对，上书刘邦说陈豨的家臣太多了，又带兵在外，要防范他造反。刘邦派人查陈豨家臣的履历，发现他们大部分都有犯罪记录。陈豨此时已经派人私下串通王黄和曼丘臣等人，预谋造反。造反还没发动，皇帝已经知道信息，韩信当即命王黄劝陈豨自立为代王，即刻攻打赵国，抢占根据地。周昌既然耿直敢言，陈豨就该让他吃吃告密的苦楚。

赵国住有刘邦的爱子刘如意和耿直敢言的周昌，刘邦大怒，命太子刘盈征讨。

太子亲征这事并非表面上那么简单。前来保护太子的商山四皓竭力反对，他们认为，如果太子带兵征讨会很危险。他们对吕泽说："太子带兵在外征讨，对他继承皇位没多大益处。如果没功，从此将留下话柄，妨碍接任皇位。况且让年弱的太子和开国功臣同去，那些开国功臣可全部都是跟随皇帝打天下的勇将，蛮横得紧，让太子带领他们，不是驱羊入虎口吗？那些老将，他们一定不肯听太子调遣，打仗无兵将，必然无功。我们听说，如果母亲受宠，孩子一定会被父亲喜爱。戚姬日日夜夜陪伴在皇帝身边，赵王天天见到皇帝，皇上一定会说‘我绝不能让不成器的人位居于我爱的孩子之上’，到时赵王就会被立为太子。你快快让吕后趁戚姬不在时，向皇上哭诉，说‘陈豨是天下猛将，善于用兵，现在太子带领的将士都是你的故旧部属，恐怕他们不听调遣，如果陈豨听说此事，他将一鼓作气，向西攻进，直取长安。你虽然不舒服，但打起精神坐在车里，躺着也有人照顾，你御驾亲征，那些将领有谁敢不效死力。我知道这很辛苦，但为了我们母子，你就去吧’。”

刘邦想借太子出征一事，随便找个碴子将刘盈废了，另立刘如意为太子，可是商山四皓早就看透了，给吕雉出这一招，看来刘邦还得御驾亲征。

吕雉向刘邦一哭，死缠活赖，果如四人所料，也如韩信所料，刘邦御驾亲征。打天下的是我，守天下的还是我，刘邦好不气闷。

汉高祖十一年（公元前196年）冬，刘邦亲征陈豨，群臣送到灞上。刘邦自沛县起兵就征战四方，那时年轻，也没多大关系；然而，年纪每增一岁，身体就一日不如一日。打了大半辈子，好不容易打得这天下，刘邦还要再打。打天下难，守天下更难。

刘邦出外亲征，韩信装病没跟随前往。刘邦刚走，韩信私下派人到陈豨处，又和家臣计划如何假装大赦罪犯和奴隶，趁机发兵攻打吕雉和太子，一举夺取长安，称霸天下。韩信将一切布置得妥当，只等陈豨消息。

“真是天助我也！”这是刘邦到了邯郸之后的心情。他见陈豨不据守邯郸却驻防漳水，很高兴，心想陈豨死期不远了。刘邦攻打陈豨，卢绾也想尽尽力，表表忠心，从东北方攻击陈豨。陈豨兵败，派人去向匈奴求救。卢绾也派张胜去劝匈奴不要帮助陈豨，但张胜却将卢绾给弄成反贼。

韩信久等陈豨的消息不得，却等来了一个叛徒。正当大事之际，韩信门下一位名叫栾说的舍人得罪韩信，被抓关起来，将要问斩。栾说有位弟弟，将韩信的密谋全部告诉吕雉。吕雉想直接招韩信进宫诛杀，又担心刘邦不在，韩信拒不受诏令，于是招萧何密谋。韩信称病，强横的吕雉都如此忌惮，可见韩信威势慑人，既使人害怕，又令人敬服。

突然，宫中大传，说刘邦回来了，陈豨已死，朝臣全体入朝拜贺。萧何来见韩信，说：“你虽然身体不舒服，这么大的喜事，还是要去贺贺，解解朝廷对你的疑心。”韩信消息不通，不知真假，借此机会，欲往宫中探听虚实。

所谓“成也萧何，败也萧何”，韩信太过相信这位老朋友了，他刚一入朝，就有一众武士跳将出来，干净利落地将他绑了，吕雉下令立刻斩首。刽子手手起刀落，韩信死在长乐宫的悬钟室。原来刘邦还没回来，一切全是萧何的主意：诈称陈豨被诛，刘邦回来，宣韩信入朝，即刻问斩。后世流传“成也萧何，败也萧何”这句成语，原指韩信的生死起落都拜萧何所赐，后来指某些东西关涉成败。

韩信临死，留下一句话，说：“我当初不听蒯通谋划，致使今天命丧女子计谋，难道不是天意吗！”

大凡名人，他的遗言不论如何总对历史有那么一点点影响，韩信的也不例外。韩信话中提到蒯通，他因此受到牵连。原来，刘邦大破陈豨归来，听说韩信死了，又高兴又哀伤，真是百感交集。

“韩信死时有什么说的？”刘邦问吕雉。

“有什么说的，他说后悔不用蒯通之计，致使遭受妇人之谋，难道不是天意。”

刘邦大怒，说蒯通竟然敢教人谋反，下令将抓捕蒯通，热水伺候。

猛将彭越身死名辱

蒯通劝韩信谋反，韩信不听，他害怕被诛，装疯扮傻，改做请神送鬼之事。蒯通似乎预知自己会因韩信之死而受牵连。但蒯通是位游说辩士，辩才无碍，他当然也要为自己开罪。

“你为什么要教韩信谋反？”刘邦恨恨地问。

蒯通不装疯了，一字一顿地说：“我劝韩信的时候，我只知道韩信，不认识你刘邦。秦国无道，丢失天下，这天下就好比一块大肥肉，大家都可以抢。谁不想做皇上你今天所做的事？只是能力不及罢了，你能将这些人都给杀光吗？”刘邦听后，觉得言之成理，放了蒯通。

蒯通如此能言善辩，几句话就将怒气冲冲的刘邦安抚住了。蒯通侍奉韩信不止一日，他也不只一次对韩信讲道理，可韩信就是不开窍，这就是人与人的差别。韩信有此谋臣不用，致使身为妇人所斩，可悲，可叹！

韩信一死，刘邦就对那些称病的人大起疑心，想他们躲起来的原因就是有密谋。如果没有密谋，就不会见不得太阳，就不会整天称病在家。这样一想，刘邦突然想到一人，那人名叫彭越。

彭越字仲，昌邑人（今山东金乡县西）。他是盗匪起家，跟随刘邦打天下。项羽死后，彭越就是梁王，住在定陶。头几年他还来朝拜，后来朝拜就淡了，最后称病不朝。

刘邦领兵攻打陈豨，在邯郸就向梁王彭越征兵。刘邦本意不是征兵那么简单，而是想让彭越领兵相助。彭越称病，派部属带兵到邯郸见刘邦。刘邦大怒，派人前去责难彭越。彭越很害怕，想亲自去向刘邦谢罪。

彭越部下大将扈辄对彭越说：“你开始不去，待皇上责备后才去，这不是明摆着心里有鬼吗？你这一去，必然被抓，还不如起兵造反。”彭越不用扈辄之计，也不去见刘邦，仍旧称病居家。

刘邦所封的异姓王，都是该反不反，不能当机立断，致使命悬人手，实在可悲！

韩信表面称病，实际却在家谋反。刘邦再想，实在觉得彭越可疑，苦在证据不足。正巧彭越的太仆犯事，逃到关中，告诉刘邦说彭越与扈辄想要造反。刘邦一听，机会来了，马上派人突击逮捕彭越，并将彭越押到洛阳。廷尉审讯，确定彭越称病的性质为意图造反，去问刘邦该如何处置彭越。

刘邦突生慈心，念在彭越以往的功劳，没杀彭越，贬彭越为庶人，也就是贬为平头百姓，将彭越发配蜀地青衣（今四川乐山县北边）。

彭越是山东人，被发配四川，自然极是不愿意，苦苦寻思挽救之法。

这一日，彭越等向西走到郑（今陕西华县），恰好遇上吕雉从长安东去洛阳。不晓得彭越是老糊涂了，还是被吓傻了，他竟然去求吕雉。病急乱投医，彭越死得糊涂。

彭越声泪俱下地求吕雉。“皇后啊，我真的没有想造反，我是无辜的呀。求你看在我们一起打天下的份上，向皇上求求情，我只想回到故乡昌邑。”彭越哭得可是越来越凄凉。

彭越是开国大将，落得如此，怎么不凄凉。相比而言，韩信就比他硬朗多了，临死就一句：吾不用蒯通计，反为女子所诈，岂非天哉！

韩信这一句，可以说是声震古今，然而，彭越却没有从韩信这句话中领悟。如果彭越能读懂韩信这句话，他马上会退避三舍，避吕雉如避鬼。

吕雉对彭越说："你放心吧，你的事我全都知道。你忠心耿耿，不像韩信，我一定在刘邦面前替你求情。"

吕雉嘴上说得好，行动更爽快，带彭越一起去洛阳。一路上，吕雉对彭越可是好得不能再好，可能刘邦都没享受过此等待遇。

刚到洛阳，吕雉就去见刘邦，彭越感激涕零。

"彭越是壮士，你把他发配到蜀地，不是养虎遗患吗？依我看，不如将他杀了。你放心，我会给你省事的，我连他的人都带来了。"吕雉说得绘声绘色，刘邦听后豁然开朗。

吕雉心狠，刘邦手辣，彭越死定了。

吕雉带彭越回来，为安定彭越，自然不会让彭越再回牢里去，而让彭越住在自己家里。

突然，吕雉的家人上告彭越谋反。廷尉上奏刘邦，刘邦皇令一下，连彭越的宗族都给灭了。开国大将，落得如此下场，真让后人不忍听闻。彭越一介武夫，可能不知道"是可忍，孰不可忍"。

人就是一日不如一日，曾经驰骋沙场的彭越，竟然就这样被吕雉给杀害了。而且到死都不知道自己是怎么死的，说不定，彭越在阴间还说吕雉好。一代战将，如此死法，真是可悲！

彭越死后，头被悬挂在洛阳城上，刘邦下了一道令：谁为彭越收殓，就抓谁。这时有一位身穿官服的人前来向彭越的首级奏事，奏完事后，他竟然将彭越收装入殓，大哭痛哭。

这痛哭之人，就是栾布。栾布和彭越关系好，彭越救过他一命。彭越出事时，栾布恰好出使齐国，不在朝廷。分别才几日，回来一见，故人兼救命恩人被枭首示众，如何不痛哭？

逮捕栾布后，刘邦大骂："你是彭越这反贼的同伙吗？我命令不准收殓彭越，你偏偏收殓，还大哭痛哭，这明明是反贼行为。拉出去，煮了。"士卒将栾布抓到热水面前，栾布回头对刘邦说："我想说一句话再死。"栾布嘴上说"说一句话就死"，其实心里想的却是"说一句后就不会死。"

"说什么？"刘邦此时就像满脸杀气的刽子手。

"当初皇上被困彭城，败在荥阳、成皋之间，项羽之所以不能向西前进，全因为彭越兵驻梁地，同汉军一起对抗楚兵。那时的成败全系在彭越的一念之间，彭越帮助楚兵，楚兵就赢；彭越帮助汉军，汉军就胜。况且垓下之战，如果没有彭越，项羽不会死。平定天下之后，彭越被封为王，他本想让王位传递万世。你向梁王征兵，梁王有病不能率军前往，你就怀疑他谋反。他也没有谋反的行动，你就凭细枝末节将他斩了，我只担心功臣们因此而人人自危。现在彭越死了，我也生不如死，你就将我煮了吧。"

刘邦一听，觉得栾布的话不错，于是将栾布给放了，封为都尉。

刘邦虽然放过栾布，但是他将彭越剁成肉酱，每位诸侯都送一碗。正因这一碗人肉粥，又害死了一位开国功臣。

战火再次燃起

唇亡齿寒。刘邦连诛两位开国大将，众诸侯无不心惊，功劳越高，越是心惊。在这些胆战心惊的人中，英布最为害怕。他提心吊胆，整日惴惴不安，惶惶不可终日。

听到韩信被杀的消息，英布担心下一个就是自己。到了刘邦杀彭越的时候，英布更加担心下一个就是自己。杀了彭越后，刘邦没单独对付英布，但给英布送了碗人肉粥，这人肉，就是彭越的肉。

使者送人肉粥给英布时，正好遇上英布打猎。英布一见人肉粥，马上召集部属集合待命，下令隔壁县郡警备。英布知道防范，比前两位家伙多吸取了一点教训。然而，刘邦没发兵，只是送碗粥。自此，英布坐不安席，睡不安寝，总感觉有柄剑悬在头顶。

这几天，英布很宠爱的那一位宠妾病了。给这位宠妾看病的医生住在中大夫贲赫的对门，为尽人臣之礼，贲赫带上礼物，前去看望，还在医生家同那位宠妾吃了顿饭。一天，这位宠妾陪侍英布，大夸贲赫有长者之风。英布一听很生气，问她怎么知道。这位宠妾将贲赫去看望她和在医生家一起吃饭的事都说了。英布醋意大发，怀疑贲赫同他的宠妾通奸。

英布如坐针垫，对什么都害怕，对什么都小心，对什么都怀疑。刘邦一碗人肉粥，弄得大将英布如此，真是伴君如伴虎。

猜忌成性的人往往把自己推入险地。贲赫听说英布怀疑自己与宠妾通奸，非常害怕，装病不见英布。英布听说贲赫装病，怒气更盛，马上派人捉拿贲赫。贲赫趁机逃跑，上书刘邦，告英布谋反。英布派人追贲赫，兵将无用，没捉住。贲赫刚到长安，又告英布谋反，建议趁英布未反，朝廷先发制人，派兵将英布给斩了。

造反之事，宁可信其有，不可信其无。见开国大臣相继谋反，刘邦又是大怒，欲发兵诛杀英布。贲赫此招，叫借刀杀人。

刘邦拿贲赫的信给萧何看，萧何说："英布应该不会谋反，恐怕是仇家诬告。先将贲赫抓起来，再派人到英布那里暗中查看。"萧何是旁观者清，可是当局者难清。

英布早已经是草木皆兵，他知道贲赫到长安是想告发他，怀疑贲赫说出他封国境内的秘事，刘邦又派人来，这一切都验证了他的猜想。英布当机立断，杀了贲赫一家，起兵造反。

刘邦听到英布起兵造反，立刻放了贲赫，封贲赫为将军。

"英布造反，该怎么办？"刘邦问诸侯们。

诸侯们都说："派兵去将他给杀了，除此还能怎么办？"

派兵，派兵，派谁呢？刘邦老了，不能再接二连三地征战了，否则他会死在战场的。称帝之后，刘邦就想躺在温柔乡里，平日上朝都是樊哙强行拉出来。刘邦征讨开国功臣，遇见的第一个难题不是手足情谊，而是人才不足。汝阴侯夏侯婴举荐自己的家臣，此人人称薛公。因为薛公有见地。

夏侯婴对家臣薛公讲英布反了，薛公说："本来就应该反。"

夏侯婴听后一惊，问："皇上分他地，赐他爵位，他已经当上万乘之主，为什么还要反？"

"皇上前年杀韩信，去年杀彭越，韩信、彭越和英布三人的功劳一样，他们三人是三位一体，生死相连。见韩信和彭越都死了，英布担心自己被诛，因而谋反。"

刘邦召见薛公，薛公对刘邦讲，英布造反不是怪事，英布不过有三条路可选，不必忧心。第一条路，是上计，如果英布用上计，山东就不是刘邦的了；第二条路，是中计，如果英布用第二条计，刘邦与英布的胜败存亡就说不定；第三条路，是下计，如果英布用第三计，刘邦就可以垫高枕头睡大觉，不必担心。

那所谓上计、中计和下计又是指什么？薛公一一详细讲解。

如果英布向东攻吴，向西取楚，再吞并齐国和鲁国，然后将战争檄文传遍燕国和赵国，以此巩固他的地盘，那么山东就不再是刘邦的了；如果英布打下吴国和楚国，又攻下韩国和魏国，霸占敖仓的粮食，以成皋之险要坚守，那么胜败就难说；如果英布向东取吴国，向西占下蔡，将辎重安放在越国，准备跑去长沙，那刘邦就可以高枕而卧，英布的造反对大汉一点影响都没有。

“但是，英布会用哪一计呢？”刘邦急切地问。

“下计。”

“上计那么好，他为什么不用上计，而用下计？”

“英布是骊山的一个囚犯，现在虽然是万乘之主，但他只会为眼前的切身利益打算，哪里会想到身后之事，所以他一定行下计。”

刘邦听后很高兴，封薛公千户，亲征英布。

所谓谋士，就是能将全国形势囊括于胸，对利弊权衡得透彻，驱除将领的焦虑，让明主安心出征。薛公就是这样一位谋士。

张良扶病送到曲邮（今陕西临潼县南），对刘邦说：“我本该也去，但病重。楚人勇猛迅捷，皇帝你不要和他们硬打。”张良劝刘邦让刘盈为关中将军监军。刘邦命张良做太子傅。张良向来忠心，况且他是真病，不是装病，刘邦对他很放心。

为了鼓舞士气，英布对他的将士们说：“皇上老了，打仗也打厌倦了，一定不会亲征。刘邦所能派遣的将领中，我只害怕韩信和彭越，现在他们两个都死了，其他人我不怕。”

“勇而无谋，只会狠打狠杀”，这是英布留给世人的印象。英布适合做前锋大将，不适合做王侯，更不适合当军师。

果然，如薛公所料，英布首先攻取荆国（今江苏苏州市），荆王刘贾逃跑，死在富陵（今江苏洪泽县西北）。刘贾无用，刘邦的另一位堂兄刘仲也无用，刘仲的儿子刘濞却非常厉害。此次刘邦大败英布，刘濞的勇猛贡献了很大的力量。英布军败被诛后，刘邦封刘濞为吴王，镇守吴国。

英布收编刘贾的兵将，渡过淮河攻击楚国。楚王兵分三支，欲使三军互成犄角之势，其中两军与英布军在徐县（今江苏泗洪县南）和僮县（今江苏泗洪县西北）交战。

有人劝楚国将军说：“英布善于用兵，军民一贯敬畏。况且兵法云，诸侯兵在本地作战，会因恋土怀安而容易败散。现在分军三支，如果敌人破一支军，剩下的两支就会逃散，不会彼此救援。”楚国将领不用此言。英布打败其中一支军后，剩余的那两支果然逃散，三军互不相救。

固执己见是行军大忌，难道楚将不知道项羽败在固执吗？难道楚将不知道刘邦因不听娄敬之言而险丧白登吗？楚将不以前车为鉴，必然重蹈覆辙。

一路西行的英布军，与刘邦军在蕲（今安徽宿迁县东南）西相遇，在甀（今安徽宿县南）地作战。英布军兵强将勇，刘邦在庸城观看，见英布布的阵很像项羽布的，刘邦很是气愤。刘邦老远地喊，问英布：“我们关系好好的，你要造反，这是何苦？”英布回答：“只是想当当皇帝。”

真是虎死余威在，项羽死了那么多久，刘邦见他的战阵就大恨。刘邦恨项羽天生神力，更恨项羽拼死追击，仿佛被追击的狼狈又重现脑际。

刘邦破口大骂，大驱军马掩杀，英布军军阵被破。英布军渡淮河，汉军乘胜追击，英布军被迫停下和刘邦的军队战斗好几次，每次都是失利逃跑，最后英布带领几百人逃到长江以南。

刘邦虽然破了英布的战阵，大败英布，但他也被流矢击中。这次受伤原本没什么大碍，可是刘邦老了，身体不行，路上又颠簸，人又爱发脾气，竟然遗留下丧命的隐患。

先哲说，凡拿剑者，必死于剑刃。大汉开国武将相继被诛，刘邦也因征讨而受伤，命不久矣。韩信、彭越、英布等开国大将都死于兵刃，只是没为同一目标而死。

英布曾经是长沙王吴芮的女婿，吴芮死后他儿子吴臣继承长沙王位。长沙王派人对英布说愿意帮助英布逃到越国，英布听信吴臣之言，一路南逃，在兹乡（今江西波阳县西北）被番阳人杀死。

手足反目，卢绾身亡

当初刘邦攻打陈豨，卢绾为表忠心，也从东北方尽力攻打，并派一人去劝匈奴不要帮助陈豨。卢绾又出兵，又出智，用心是忠诚的。然而，好的用心总会在实践中偏离正道。一旦偏离正道，就成了邪道。

为了斩杀逃向匈奴的陈豨，卢绾派张胜前去匈奴，说陈豨已经大败，劝匈奴不要帮助陈豨。张胜忠于卢绾，不想反汉朝。卢绾和张胜，他们原本对汉朝都是忠诚的。

没想到，张胜到匈奴遇见的第一个人是臧衍。臧衍是项羽部将臧荼的儿子，父亲兵败后，他逃到匈奴，终日寻思报仇之计。臧衍没兵，不算勇猛，但他有智慧。

他乡遇“故”，张胜和臧衍都是兴奋异常。两人席地而坐，促膝而谈，彼此倾心，心怀大畅。俩人侃侃而谈，谈着谈着，臧衍就对张胜说：“你之所以在燕国的地位很重要，全是因为你对匈奴很了解。燕国之所以能够生存到现在，那是因为诸侯接连不断地造反，战乱不断，朝廷无暇。现在，你为燕国想马上就将陈豨等反贼给灭了，然而，如果陈豨等死了后，下一个要死的就是燕王，同时你也难逃。你何不暂且留陈豨等一命，联合匈奴，如果双方相安无事，燕国平安；如果刘邦逼急了，你们也能保住燕国。”张胜一听，觉得不错，同时让匈奴兵攻打燕国军队，以消除刘邦的疑心。

乍一听来，臧衍说得有理，可是仔细一想，就知道他毫无道理。如果卢绾诚心忠于刘邦，刘邦根本不会诛杀卢绾。张胜同意臧衍，全是恐惧心理在作怪。刘邦连诛韩信、彭越、英布三位异姓王，这对异姓王已经是一种恐怖信号。恐怖之下，人人自危。内心忧惧的人只会让感性奴役理性，他们害怕得失了判断力。张胜就是在刘邦诛杀异姓王的恐怖威胁下，糊里糊涂地听信臧衍。

知道匈奴兵攻打燕军，卢绾就怀疑张胜联合匈奴造反，马上上书请求刘邦允许灭掉张胜全族。这时的卢绾还很忠于汉朝，他做的每件事都向着朝廷。为了朝廷，他不惜杀掉一个了解匈奴的将军，不惜牺牲张胜全家。

卢绾的书信刚发出，张胜从匈奴回来了。张胜忠于卢绾，将他在匈奴的一切都告诉卢绾，尤其将臧衍的话转告卢绾。

兔死狗烹，韩信、彭越和英布三位异姓王都死了，卢绾心中非常害怕。这几位异姓王中，韩信最厉害，韩信先死；彭越第二，所以第二死；英布死后，异姓王就只剩卢绾和吴芮。长沙王吴芮不足道，所以最厉害的异姓王就是卢绾。如果朝廷诛杀，卢绾就是下一个目标。面对刘邦的恐怖政策，卢绾也不得不怕，他感觉到自己生活在死亡的威胁中。

在这种威胁中，卢绾也失去了理智，觉得臧衍说得很对。臧衍表面给卢绾指了条进可攻、退可守的路，实际上那是一条不归路。卢绾没有先掂量一下自己，首先有没有造反的本事，其次能不能抵抗刘邦，最后能不能联合匈奴。

卢绾太害怕了，他如同行走在黑夜里，别人伸手给他，他就跟着别人走了。卢绾双管齐下，首先找人冒充张胜全族，斩假张胜全族，派张胜为信使，联络匈奴；其次，派范齐去见陈豨，商量双方连兵之事。卢绾这么做，是很奸诈也很严重的脚踏两只船的行为。说奸诈，因为他一心二用。说严重，因为后果不堪设想。卢绾是位不会设想后果的将军，他的后果将不堪设想。卢绾如果认真想想，万一陈豨兵败，他还能支持多久。一旦陈豨被诛，消息泄露，卢绾就成了反贼。果然，陈豨被斩后，部属投降，将卢绾派范齐私通陈豨的事告诉刘邦。

对付了那么多反贼，刘邦总结出一招检验别人是否忠诚的高招，叫验诚招。看他是否造反，遣使招回长安，如来，证明不反；如不来，一定反；如果称病不来，必然居家谋反。刘邦招卢绾来长安，卢绾称病相辞。

虽然心中怀疑，但卢绾毕竟是刘邦一起玩到大，一起打天下的好兄弟，刘邦就给了他点特殊待遇。刘邦派辟阳侯审食其和御史大夫赵尧去接卢绾来长安，命两人随便暗中打探。

朝廷派来两位高级官员，卢绾一害怕，二心虚，竟然躲藏不见人。他躲得了一时，也躲不了一辈子。尴尬人难免尴尬事，卢绾不是谋反的材料，他一谋反，必然错误百出。

朝廷来人，卢绾躲藏不见不说，还对宠臣们说："能够做王但不姓刘的，只剩我和长沙王两个人。前几年朝廷诛韩信全族，杀害彭越，都是吕雉的计谋。现在皇上病了，一切都归吕雉处理，吕雉妇人短见，专门干诛杀异姓王和大功臣的勾当。"

卢绾的话让家臣害怕，但他没有激发家臣的反抗之心。家臣们听卢绾如此说，见他如此行事，涣散如盘散沙，全部都跑去躲藏了。正当用人之际，卢绾却吓跑帮手，自然是自乱阵脚。

如果说卢绾是位猛将，他的造反行为无异于自断手足。卢绾造反，步步是错，丢尽了天下反贼的脸面。

纸是包不住火的，审食其听到风声，将一切上报刘邦，刘邦很生气。不久，抓住一位匈奴将领，这位将领承认张胜为燕国出使，住在匈奴。

造反之路走得曲折而痛苦，时间仿佛都为卢绾凝冻。人证物证俱全，容不得不信这位好兄弟造反，刘邦只说一句："卢绾果然造反！"气从中来，奄奄一息了。

刘邦派樊哙征讨卢绾，后来周勃代樊哙领军征讨。卢绾带着他宫里的人、家属，率领几千骑兵，在长城下等候。卢绾是这么想的，等刘邦身体好点，气消了，再亲自进宫谢罪。

卢绾做事不想后果，一直在做着白日梦。英布造反何等爽快，韩信死得何等畅快，彭越去长安何等明快，只有卢绾一直活在自己营造的理想世界里。

然而，天不遂人愿，刘邦驾崩了。刘邦是被卢绾造反活活气死的。

刘邦一死，卢绾知道自己脱不了干系，马上逃到匈奴。匈奴封卢绾为东胡卢王。卢绾这东胡卢王并不好当，常常受到蛮夷的侵扰。

流落异乡，卢绾日日思乡，终日郁郁，一年多后，死在匈奴。

如果说刘邦诛杀异姓王的恐怖要为卢绾的造反负责，那么卢绾客死他乡只能怪他屡屡失误。卢绾没有造反的天赋，既然不会造反，就不该造反。

第九章　生前身后事

美人戚姬的悲歌

刘邦连诛三大功臣，身体一日不如一日。被英布的流矢所伤后，一路颠簸，在沛县吃喝唱玩，闹了大半个月，没有时间静养，身体渐渐垮了，一日比一日差。

回长安后，刘邦病重，他又重提另立太子之事。张良苦口婆心地劝说，刘邦却执意另立刘如意为太子，张良负气，推说自己有病，不上朝也不管事。张良称病不朝，刘邦另立太子就少了一大阻力，心里痛快不少。张良如此有谋，竟然也意气用事，真让人意想不到。正所谓智者千虑，必有一失。

听说刘邦要另立太子，太傅叔孙通跳了出来，说："曾经晋献公就是因为爱骊姬，将太子给废了，另立骊姬的儿子奚齐为太子，结果导致晋国的内乱持续几十年，这已经是天下笑话了。秦国也是因为不早早将扶苏的太子之位给定了，被胡亥冒充太子，弄得祖宗的祭祀都保不住，这皇上是亲眼所见的。当今太子仁德厚恩，天下人都知道；皇后又同你东征西讨，吃的苦不少，皇上怎么忍心将他们母子抛弃！如果皇上真的想废太子，你就先将我给杀了。"

与耿直敢言的周昌不同，叔孙通是饱学之士，他字字铿锵，语气凛然，让人不敢轻易冒犯。见叔孙通义正词严，刘邦无奈地笑了笑，说："你下去吧，另立太子只是我对大家开的一个玩笑。"叔孙通说："太子是天下的根本，根本一摇天下就要动荡，皇上竟然开这样的玩笑！"叔孙通不只劝说，而且句句在理，没有反驳的余地。刘邦拿他没办法，只能暂骗叔孙通，说不再另立太子。

可是，改立刘如意为太子，这是刘邦很久前就打定了的主意，他不会因几个人的几句话就轻易放弃。刘邦当上皇帝虽然不那么光明正大，但胸中那一颗坚持的心却硬如磐石。既然明的不行，刘邦就来暗的，硬的不行，刘邦就来软的。大臣们敢阻碍，刘邦就直接找刘盈的不是。

这一天，刘邦安排一桌饭，摆上酒，叫太子陪侍。刘邦老谋深算，刘盈懦弱无谋，刘邦准备在这桌饭上将刘盈废掉。刘邦吃过天下最凶险的宴席，鸿门宴，刘邦依葫芦画瓢，也要让刘盈尝尝鸿门宴。

然而，人算不如天算，这次老天不帮刘邦，老天帮刘盈。上天是公平的，天平总是倾向弱者。项羽安排鸿门宴，老天帮刘邦；刘邦安排鸿门宴，老天帮刘盈。不吃这桌饭还好，一吃，太子的位置就被刘盈吃定了。

因为刘盈不是一个人来赴宴的，他的身后跟着四个鹤发童颜、精神矍铄的老人。刘邦一看，不认识。再看一眼，只见这四个老头都有八十多岁，每人都是宽袍大袖，容貌伟岸，个个像神仙。

刘盈生性老实，一无所长，所以刘邦对这位太子很看不顺眼。当初将刘盈踢下车，刘邦就没想过刘盈能活下来当太子；刘邦除掉周昌、张良和叔孙通等这些阻力后，刘盈竟然还有四位白胡子老头相助。难道真是天意？刘邦很郁闷。

“这几位是哪里的高人？”刘邦心中满是狐疑。

四人站上前，一个接一个回答，说：“我是唐秉。”“我是周术。”“我是吴实。”“我是崔广。”这四人，就是张良向吕雉举荐的商山四皓：东园公唐秉、用里先生周术、绮里季吴实和夏黄公崔广。刘邦对这四位极为敬服，日思夜想，却请不到这四位高人。自己平生仰慕的四位高人竟然都听从自己最看不起儿子刘盈驱使，刘邦更加郁郁寡欢。

见商山四皓对刘盈恭恭敬敬，刘邦更是奇怪，连忙问：“我曾经找你们，你们却躲着我，我找得好苦。我想这辈子是再也见不到你们，现在你们却在我孩子身边，这是为什么？”

刘邦认为刘盈不像他就不如他，殊不知，如果天下人人像他一样，坑蒙拐骗，背地里使计耍坏，这个世界就倒退到野蛮社会了。商山四皓洁身自傲，绝不像叔孙通那么圆通知变，自然受不了刘邦的阴谋。

“皇上你轻慢士人，又爱骂人，我们当然不愿受你的折辱，因此逃亡。我们听说太子仁爱孝顺，礼遇朝臣，谦卑下士，天下人没有不愿意伸长脖子为太子而死的，所以我们就来辅助太子。”

直到此刻，刘邦才知道什么是君子，什么是“富贵不能淫，威武不能屈”。陈平和张良等才高谋远，但他们绝不是儒家所说的彬彬君子；叔孙通知晓礼仪，但绝不是孔子所谓的谦谦君子，更沾不上孟子心中“大丈夫”。君子有几种，商山四皓就是刘邦的人品所不能招致的那种。

善于纳谏的刘邦听后，再也不觉得刘盈懦弱无能，恭恭敬敬地说：“那就麻烦几位烦心辅佐太子。”

商山四皓往刘盈身边一站，戚姬就算在刘邦面前将眼泪哭成血泪，将樱桃小嘴磨破，也都无济于事。要在皇宫生存，第一需要实力，第二需要计谋。戚姬一无所有，最好乖乖退场，否则后果不堪设想。

四人敬完酒后，跟在刘盈身后，小步快速退出。刘邦目送他们远去，将戚姬叫出来，指着远去的人影说：“我本想将刘盈给废了，但是他有那商山四皓辅助，太子羽翼已经丰满，现在是动不得了。皇后真是一位好母亲。”

子凭母贵，戚姬一听，不只心碎了，甚至连魂都丢了半条，大哭不止。戚姬万万没想到，太子之争，刘如意就是如此命苦，她知道吕雉心狠手辣，但没想到吕雉在权谋上也如此厉害。刘如意当不了太子，戚姬就当不了皇后。刘邦一死，戚姬母子就会成为吕雉砧板上的肥肉。

戚姬痛心，刘邦也不好过，但他知道一切已是成舟之木，不可挽回，于是说：“不要哭了，你给我跳个楚舞，我来唱一支楚歌。”刘邦其实不了解女人心，戚姬如此伤心，他还要听歌。

今是座上客，明为刀下鬼；助君今日欢，舍命为君舞。

戚姬舞得好看，但也舞得悲伤。那是漂亮的生命尽其千娇百媚，极力将天赋的恩赐做最后一次的展现。象因牙亡，狐因皮死，漂亮终究要为它本身付出代价。刘邦看得痴了，戚姬从没舞得如此动人，如此哀婉，如此悲情难抑。和着戚姬的舞步，刘邦高唱一曲：

鸿鹄高飞，一举千里；
羽翼以就，横绝四海。
横绝四海，又可奈何；
虽有矰缴，尚安所施！

刘邦见戚姬舞得独特，可也看出了舞中的悲痛凄苦之意，内心恻然。他这几句歌词，将太子比做鸿鹄，说鸿鹄羽翼已经长丰满了，一飞千里，高达万丈，纵使我有好弓好箭，也不能拿他怎么样。

舞姿悲痛，歌声无奈！戚姬一脸凄迷，两行泪下，悲痛难抑。这次酒宴过后，刘邦再也没提另立太子之事。

太子之争的悲痛，胜过千军万马厮杀的残酷。吕雉给刘盈找来商山四皓这四位大将，刘盈轻轻松松地跨过楚河汉界。母凭子贵，吕雉这只卒子过河，她就可以变成横冲直撞的车。然而，卒子命苦，只能前进却不能后退，即使过了河也没有回头路。

吕雉和戚姬本来就仇怨难解，加上争夺太子之位，双方更是势如水火，有你无我。刘邦死后，后宫之内必定会有一场你死我活的斗争。

陈平掉泪全身而退

卢绾造反对刘邦的打击很大，可以说刘邦是被卢绾活活气死的。当然了，这与刘邦不会控制自己的脾气，衣锦还乡时饮食不规律也不是没有关系。

刘邦被英布的流矢所伤，吕雉急忙派太医前往。刘邦问太医他的病能不能治好，太医说能，刘邦突然破口大骂：“我是一介布衣，提三尺剑斩白蛇就打下这天下，这难道不是天命吗？既然我命在天，就算扁鹊在世对我又有什么益处。”

生死有命，富贵在天，这是很多失败者常常发出的慨叹。项羽兵败垓下，叹了句“天亡我，非用兵之罪也”；韩信临死，也说“吾不用蒯通计，反为女子所诈，岂非天哉”。殊不知，谋事在人，既然不用谋略，死也不奇怪。

太医受到刘邦的封赏，却让刘邦撵了出去。有病不医，就只能病死。当一个人病入膏肓时，来了位太医可以治病，他却说要听命于上天，难道太医不是上天所遣吗？凡夫俗子只想看见奇迹，然而，如不身体力行，哪来奇迹？

吕雉见刘邦不行了，忙问：“你死后，倘若萧何也跟着去了，谁能够代替萧何？”刘邦说曹参可以。吕雉又问曹参之后谁能担当大任，刘邦说王陵憨直，陈平有智，加上木讷的周勃，这三人定能保全汉室江山。吕雉再问，刘邦就不知道了。

实际上，这是刘邦留给吕雉的一大难题。这帮家伙一个比一个难以对付。萧何勤勤恳恳，对刘氏兢兢业业，堪称模范。如果能收为己用，萧何对吕雉的帮助不小。曹参是个表面糊涂、内里精明的人，吕雉想掌权不能不考虑曹参的阻碍。王陵直肠直肚，必然阻碍吕雉掌权；周勃勇猛，唯陈平马首是瞻；陈平看去平平淡淡，吕雉偏偏测不出他有多深。更为棘手的是，陈平和灌婴领兵十万驻守荥阳，樊哙和周勃领兵二十万驻守燕代，吕雉稍有不慎，马上人头落地。

刘邦死了好几天，吕雉也不发丧。吕雉想掌权，担心陈平、灌婴、周勃等大臣反对，苦思计策。见吕雉愁眉不展，宠臣审食其建议，说："开国功臣同皇上一样，都是平民百姓。打赢天下后，诸将身为臣子，心里很不舒服。皇上死了，让诸将服从新皇帝，只有一个办法，将他们全斩了。"

胆小的审食其所求不过是大臣臣服于刘盈，吕雉的胃口却要大，她要朝臣诚服于她。审食其说得对，只有诛杀大臣，才能保证权力顺利过渡。只要诛杀大臣，就没人敢说"非刘氏而亡，必诛"之话。只要功臣全死，吕雉就能掌管天下，刘氏天下就变成吕氏天下。

皇帝驾崩的消息传到郦商的耳朵里。他看透吕雉的阴谋，恐吓审食其，说："我听说皇上驾崩了，然而都四天了，你们还不发丧，是想先诛杀诸位开国大将吗？如果你们真这么做，那么大汉天下就危险了。陈平和灌婴领兵十万驻守荥阳，樊哙和周勃领兵二十万驻守燕代，他们听说皇上死后，自己就要被诛，一定会领兵反攻关中。如此，内有大臣叛变，外有诸将造反，你们就跷着脚等死吧。"

郦商此话，如军中擂鼓，惊醒梦中的吕雉。吕雉一心掌权，心有所欲，思虑被蔽，只觉得宠臣审食其说得很对。审食其说得对，但没有可行性，如果贸然施行，必遭武将造反、文臣叛变的祸患。一旦大臣造反，吕雉掌权的黄粱美梦就破灭了。

吕雉寻思，只有先发丧，来个缓兵之计，以静制动，先看看陈平、周勃和灌婴等人的举动。如果陈平和周勃等识相，吕雉和他们暂且相安无事，否则，一场大战避不了。

二月十八日，吕雉发丧，大赦天下。

人死后就是一具尸体，还没死的人想怎么处理就怎么处理。刘邦将彭越剁成肉沫，与吕雉迟迟不给他发丧，实际上也没有多大的区别。

五月十七，刘邦葬于长陵（今陕西咸阳市东北）。刘盈继位，时年十六岁。

《史记》记载，刘邦死后，群臣觉得"高祖起微细，拨乱世反之正，平定天下，为汉太祖，功最高"，尊称为高皇帝。后世称刘邦为汉高祖，称刘盈为惠帝。

刘邦死后，吕雉就想找大臣的不是，借机铲除，为掌权铺平大道，陈平恰好撞在吕雉的刀口。

卢绾造反，刘邦病重，命樊哙带军征讨。刘邦病得头昏眼花，听说樊哙是吕雉的党羽，存心诛杀爱子刘如意、爱姬戚氏，当即怒从心上起，说："樊哙见我病重，就想杀我的儿子，斩我的美人，我先将他杀了。"令陈平和周勃前去军中斩杀樊哙。

曾经，在鸿门宴上，勇敢的樊哙救了刘邦一命。刘邦打天下时靠他，守天下时同样靠他。刘邦平定各路王侯的叛乱，几乎每次樊哙都立大功。刘邦爱樊哙的勇猛，也害怕他的勇猛。樊哙是吕雉的妹夫，刘邦担心自己死后，樊哙倒向吕雉，诛杀戚姬和刘如意。刘邦还没死，樊哙就想杀害戚姬母子，刘邦如何不恨。

这个任务真叫陈平尴尬万分，不杀樊哙是抗旨，杀了后患无穷。首先，樊哙屡立大功，是朝廷要员。其次，樊哙是吕雉的妹夫，倘若有人进谗，吕雉的辣手就要伸向陈平。

陈平和周勃领了圣旨前去，陈平担心吕雉报复，对周勃说："樊哙是皇上的故交，况且功劳不小，再加上是吕雉的妹夫，又是皇室亲戚、朝廷贵人。皇上一时生气让我们去斩他，如果皇上突然后悔了呢？我们还是先将樊哙抓住，带他去长安，让皇上发落。"陈平果然厉害，这么一来，如果刘邦斩樊哙，责任就不在他身上；如果刘邦宽释樊哙，他就是樊哙的恩人、刘邦的好帮手、吕雉的贵人。陈平这一招，卸去了仇怨，保存了恩情，为自己留下后路。

还没到军中，陈平先筑个坛，招樊哙前来领旨。樊哙有勇无谋，一招就来。樊哙刚到，立即被抓。周勃代樊哙督军攻打卢绾，卢绾逃到长城下，静观事变。

谁想行至半途，刘邦死讯传来。陈平担心樊哙的妻子吕嬃向吕雉进谗，于是抛下樊哙慢行，只身急去长安奔丧。果不出陈平所料，刚到荥阳，就遇见招他回长安的使者。陈平快马加鞭，火速入宫，痛哭刘邦。吕雉见陈平哭得悲怆难抑，心先软了。待陈平哭诉出刘邦派遣诛杀樊哙而陈平将樊哙押回长安听候发落后，吕雉知道樊哙没死，很高兴。

陈平哭得很悲痛，吕雉也生了恻隐之心，对他说："你不要太伤心了，注意身体。"陈平不仅有智，还很会表演。他表演得太真了，连心狠手辣的吕雉都骗过了。哭是戚姬的专长，但只能骗刘邦，哭不是陈平的专长，但竟能骗吕雉。女人的眼泪是最厉害的武器，有时男人的也是。三国时期诸葛亮哭周瑜，与陈平哭刘邦有异曲同工之妙。

为确保安全，杜绝谗言，陈平请求为刘邦守灵，暂留长安，静观事变，吕雉应允。

陈平一计，樊哙官复原位，自己全身而退，这就是智慧。

俏戚姬惨变人彘

人事有代谢，往来成古今。刘邦一死，刘盈继位，吕雉就是皇太后，权倾天下。刘盈年幼懦弱，生性敦厚，吕雉刚毅无比，大权全归吕雉。吕雉等了好久终于等到今天，她感到前程似锦，一片光明。

公元前194年，刘盈称帝，史称汉惠帝元年。

此人之肉，彼人之毒。刘邦死前就很担心戚姬和刘如意的安危，临死时因樊哙有擅杀之心欲斩樊哙。刘邦越是疼爱戚姬，吕雉越恨；刘邦要戚姬活，吕雉就要她死。刘邦死后，他的担心就变成现实。

吕雉将戚姬囚禁在永巷。这永巷，就是人们常说的冷宫。吕雉费了一番心思，给戚姬打扮得人不人，鬼不鬼。首先，吕雉将戚姬剔成光头，脖子给她戴上铁圈，美貌的戚姬既像尼姑，又像丑鬼。其次，给戚姬穿上囚犯的衣服，派她舂米。戚姬的美貌不在了，芊芊玉手变粗了，然而，她还剩曼妙动听的嗓音。

遭遇如此，悲从中来，不平之气压也压不住。就如唐代诗人韩愈所说，物不得其平则鸣。戚姬一边舂米，一边唱歌：

子为王，
母为虏，
终日舂薄暮，
常与死为伍！
相离三千里，
当谁使告汝？

一位能歌善舞、深受皇帝恩宠的美人，遭遇如此，都是为了孩子，她所想的当然是赵王刘如意了。可是，吕雉就是不让她有思恋之情可寄。吕雉想，你既然想刘如意，我就将他给杀了。吕雉连派三拨使者前去招刘如意回长安，三拨使者都无功而返，因为刘如意身边有位很厉害的周昌。周昌敢想敢说，刘邦都敬他三分，何况是吕雉。

耿直的周昌直接对吕雉的使者说："高祖皇帝嘱咐我辅助赵王，现在赵王才十二岁，年幼。我听说皇太后对戚夫人厌恨极深，想叫赵王去将他们母子一并杀死。我不敢让赵王随你们去，再说赵王身体不适，不能奉诏前行。”

遇上这种顽固不化的家伙，吕雉先是大怒，接着就寻思将他这块大石搬开之计。周昌曾经帮助刘盈，吕雉虽然心狠，但也记恩。倘若周昌是无恩之人，即使他是大磐石，吕雉也要将他砸碎。

压下怒气的吕雉，命令招赵相周昌回长安。身为朝臣，周昌别无他法，只得回长安。汉朝规定，各封国二千石以上官吏的任免权在朝廷。相国属于二千石以上官吏，受朝廷的直接任免。吕雉四两拨千斤，大磐石周昌回到长安。

前脚周昌刚回长安，后脚吕雉就派人去招刘如意。这次刘如意是来了，但结果更大出吕雉意料，因为中途杀出一位她做梦都没想到的人。此人正是惠帝，他的儿子刘盈。刘盈没有刘邦的流氓气，也没有吕雉的歹毒。刘盈宽和仁厚，很喜爱刘如意，知道吕雉阴险毒辣，亲自到灞上迎接刘如意。

突然杀出这么一位宝贝儿子，吕雉气她自己的儿子不了解自己的心意。

兄弟情深，刘盈陪刘如意进宫，一起玩耍，一起吃饭，一起睡觉，总之，两人形影不离。刘盈这招够尽心的，然而，他只知道和刘如意天天在一起吕雉就无从下手，不知道他不能时时刻刻都和刘如意在一起。

吕雉必杀刘如意，刘盈阻挠，就另待时机。刘盈天天陪在刘如意身边，吕雉就时时刻刻盯住他们。对吕雉而言，等待是最具杀伤力的，是消灭敌人的最锋利的武器。她等了那么多年才等到刘邦驾崩，刘盈即位，不急于这一时三刻。

刘盈和刘如意一起玩耍，一起吃饭，一起睡觉已有几个月了，吕雉在旁静静等待时机，苦苦等待。皇天不负苦心人，机会终于来了。

这天，刘盈起得很早，要去打猎。作为皇帝，有很多必修功课，打猎就是一门。刘如意睡得很甜，刘盈叫了几次，刘如意还是起不来。刘盈不忍扰他美梦，独自出去打猎了。刘盈可能想，一时三刻出不了岔子，可历史就因一时三刻的疏忽决定命运。刘盈回来，只见刘如意硬邦邦地躺在床上，死了。刘如意好不悲惨，刘盈好不后悔。原来，吕雉见刘盈出去，让人端了杯鸩酒给刘如意喝。刘盈很伤心，可是更伤心的还在后面。

若没有亲情，没有家，人这一世荣辱成败都毫无意义。刘盈这个善良的人，总是遇上亲人相残的惨事，先是刘邦踢他摔下马车，接着就是母亲鸩杀爱弟。亲人不断犯下罪行，可这痛苦却要他弱小的心灵承担，因为他父母都没有犯罪的概念，更没有亲情的伦理。刘邦和吕雉犯下罪行，刘盈替他们承受痛苦，这是痛苦中的痛苦。

儿子一死，母亲也跟着遭殃。吕雉命人先砍断戚姬的手足，再挖去眼睛，毒聋耳朵，最后下药药哑。这么一来，戚姬不能走，只能动；看不见东西，听不到声音，说不出话，深刻体悟到世界的所有痛苦。

“人彘”，这是吕雉给关进地窖的戚姬取的新名字。

过了几个月，戚姬也该适应在地窖当“人彘”的生活了，吕雉让刘盈去参观宝贝。打开一个小孔，一线光亮射入，刘盈看见一个有身体，有头，没有手和足；会动，不会说话的又像人又不像人的东西，心下大骇，问：“这是什么？”

“是什么？就是戚姬！”

刘盈一听，痛哭不已，一病不起，这一病，病了一年多起不来床。

活着就是一种悲哀，更悲哀的是这种悲哀跟自己毫无关系，自己偏偏不得不承受这种悲哀。刘盈是悲哀的化身，是痛苦的代表。

一年多后，刘盈好不容易下床，他叫人给吕雉送去一句话，说：“你这样做不是人做的。我是你的儿子，我绝不再管理天下！”

自此，刘盈天天饮酒作乐。

刘盈承受不住吕雉所带来的痛苦，他以冷漠对待。如果吕雉是位多情善感的人，她一定会屈服。但吕雉生性刚毅、心狠手辣，冷暴力对这个女人毫无用处。

公元前193年，刘肥前来朝拜，刘盈对哥哥刘肥很好。吕雉妒忌心极强，见不得别人对别人好，尤其不喜欢亲人对外人好。刘邦宠幸戚姬，她就害死了戚姬；刘邦喜爱刘如意，她就要毒死了刘如意；刘盈对刘肥好，她就要整治刘肥。刘盈和刘肥同桌吃饭，刘盈让刘肥坐上座，彼此以兄弟相称。吕雉在旁，见他们如此，心里不高兴。吕雉叫人端来两杯鸩酒，让刘肥向刘盈祝酒。古时的规矩是，为表诚敬，谁敬酒，谁先喝。刘肥站起来，刘盈也站起来，欲与刘肥一齐同时喝酒下肚。吕雉看见刘盈站起来就要喝酒，一把将刘盈的酒给推翻了。

虎毒不食子，此话有理。吕雉恶毒，但没对亲生子女下手。她是失去了人性，仍保存母性。

刘肥对吕雉的举动感到奇怪，不敢再喝，装醉离席。后来刘肥知道吕雉给的是鸩酒，忧心忡忡，害怕不能活着离开长安。

内史给刘肥出个主意，说："太后只生有皇上和鲁元公主，鲁元公主只享有几个城池的赋税，而你有七十多个。如果你将一个郡的赋税送给鲁元公主，太后一定非常高兴，那你就没有什么可担心的了。"

吕雉是慈母，也是恶人。她的权力欲很强，害人的欲念很盛。为保存性命，刘肥将城阳郡献给鲁元公主，尊鲁元公主为王太后。吕雉非常高兴，赐美酒给刘肥喝。不久，让刘肥回他的封地。

鞠躬尽瘁萧何瞑目

自刘邦称帝，萧何一直担当丞相一职。萧何恪尽职守，为汉室尽心尽力，但是他越是尽心尽力，被疑心的危险就越大。萧何将全副精力放在丞相一职，全力以赴，鞠躬尽瘁，没感觉到别人在他背后议论他。

功高盖主，必有大患！韩信谋反，萧何用计斩韩信，刘邦回来后拜萧何为相国，加封五千户，令他率领五百人保卫关中。召平是局外人，清楚其中微妙，将"功高盖主，必有大患"的道理告知，劝萧何不可接受封赏。萧何采纳，没领受刘邦的封赏。

是金子，不会生霉；怀高才，总会体现；有德行，必得民心。萧何兢兢业业，稳打稳进，为民谋利，深得民心。当初刘邦进入关中，与民约法三章，深得民心。萧何为相十年，为民谋利，轻而易举地抢走了刘邦用生命换取的民心，刘邦不悦。刘邦带兵征战在外，最不放心萧何。刘邦认为萧何就如一汪平静的水面，不知道什么时候会兴风作浪。

英布造反，刘邦在外征讨，多次派人问萧何在做什么。

萧何对待主人的敌人，如韩信，他智谋百出，对刘邦忠心耿耿。萧何有智慧，但他从来不会怀疑主人。凡主人所命，他死力施行；凡主人所言，他绝不起疑。

刘邦发问，萧何老实回答，说："你们回去告诉皇上，他领军在外，我会替他安抚百姓。我会将我所有的东西全部捐献给军队，就像皇上征讨陈豨时做的一样。"萧何为了国家，不要家庭，为了大家，不要小家。百姓最敬佩这样的人，所以萧何深得民心。虽然刘邦屡次遣人问他忙什么，萧何从来没有怀疑过刘邦。

家臣见萧何如此，提醒萧何，说："你就快要被灭族了。你现在身居相国之位，功劳第一，一切都已到达为臣的极限。皇上进关中时，深得民心；你当丞相的这十多年间，民心都归向你。皇上之所以多次派人问你在干什么，全是因为怕你煽动关中百姓谋反。皇上既然如此想，担心你深得民心，你就该顺着他的意思去做，抛弃一点民心。你为什么不强买良田，大放高利贷，让自己失去点民心呢？”

聪明人不会固执己见，萧何采纳了家臣的建议，强买良田，大放高利贷。密探报告萧何的举动，刘邦听后，非常高兴。

征讨英布回来，关中军民拦在半路。这些人伏道跪求，状告萧何，说他放高利贷，以极低的价钱强买好田好地好房子。刘邦见状告萧何的人密密麻麻地跪满一地，很是高兴。

待到萧何出城迎接，刘邦笑着说：“萧相国又在干利民利国的事！”刘邦说的是反话，意指萧何也干损人肥己的勾当，他这“利国利民”是内心因妒而生的讽刺。如果萧何真干利国利民的大好事，刘邦反而会怒气冲天。

“你的事情，你自己处理去。”刘邦将关中百姓状告萧何的状纸全交给萧何。

刚进关中，刘邦与民约法三章，人人都说刘邦好；萧何当丞相才十多年，人人口中只有萧何，不知道刘邦。刘邦没杀害萧何的心，只是看不惯萧何将关中的民心全给抢了。昔日的荣宠和今天的落寞一比，叫人黯然神伤。刘邦没有大家风范，他肚里连根针都容不下，不免嫉妒萧何。

百姓如此拥戴萧何，全因萧何兢兢业业、为民谋利。萧何是位全心全意为百姓谋福利的丞相，但他的做法极为不获皇帝的欢心。

萧何对刘邦说：“长安人多地少，上林苑有很多空地荒芜。希望皇上准许百姓去那里种地，百姓栽种作物，你的野兽也有东西吃。”

上林苑是皇帝打猎的地方，再慷慨的皇帝听了都不舒服，何况是小肚鸡肠的刘邦。萧何此举，无异于与虎谋皮，必受其害。

刘邦大怒，说：“萧何乱放高利贷，强抢民田，现在还要抢我的上林苑。”

刘邦命令廷尉给萧何戴上枷锁，先行关押，等待问罪。逮捕丞相，皇帝下令，不经程序，这就是皇威。当了那么多年的皇帝，刘邦还是喜欢滥用权力。过了几天，一个姓王的卫尉对刘邦说，萧何没有大罪，关押萧何不应该。

“我听说李斯做秦朝丞相时，有好处归秦始皇，黑锅自己背。萧何收受商人钱财，还抢我的上林苑给百姓。他在百姓前做好人，我就是坏人。因此，关押他。”刘邦不以为然。

“只要有利于民就为民请命，那才是真正的丞相。皇上怎能因此而怀疑萧相国！皇上同项羽相争数年，陈豨和英布造反，皇上领兵亲征，萧相国留守关中，如果相国真有私心，在关中弄事，关中就不是你的了。萧相国不趁此专权弄利，又怎么会收受商人的贿赂！再说，秦朝之所以失去天下，全是李斯蒙蔽皇上，李斯不值得效法。如此看来，皇上对萧相国的疑心未免过于浅薄。”

这卫尉说得入情入理，但刘邦心中就是不解气。这卫尉根本不知道，天下只有做错事的臣子，没有做错事的皇帝。

几天之后，刘邦的火气消了，理智再次占据上风。过了几天，使者持节将萧何给放了。萧何一生恭敬有礼，至死不改，受委屈也不变。萧何换套好衣服，恭恭敬敬地去向刘邦谢罪。“相国就不要如此了。相国替百姓请求我的上林苑，我竟然不许可，我不过是与夏桀和商纣一般无二的皇帝，而相国你却是贤相。我之所以拘押你，是想让天下百姓知道我的过错。”刘邦这话是强说理。

萧何虽然有智慧，但在主人面前就很呆笨，用不上智慧。萧何面见皇上时恭恭敬敬，大气都不敢出一口，他那一颗七巧玲珑心不知跑到哪里去了。刘邦如此说，萧何竟然相信，恭恭敬敬地为刘邦效力去了。臧衍对张胜说了几句话，致使卢绾造反不成，逃亡在外，最终客死异乡；刘邦对萧何说几句好话，萧何又兢兢业业地管理大汉。

惠帝二年（公元前193年），正月，这个春天有点怪。史书记载陇西（今甘肃临洮）发生地震。

古人觉得天地忽变，人间必定发生大事。果然，刘仲死了，接着萧何只剩一口气。或许刘仲不重要，但为汉朝立下汗马功劳的萧何一定重要。萧何要死了，惠帝刘盈去看望他。

刘盈对吕雉丌始实行冷暴力，整日饮酒作乐，听说萧何病危，前往看望萧何。刘盈作为皇帝是有点懦弱，但他知道轻重缓急，他知道刘氏王朝全靠萧何的兢兢业业，鞠躬尽瘁。萧何这根大梁就要倒了，梁倒大厦危，谁是下一根大梁呢？

刘盈问萧何："你死后，谁可以替代。"

萧何讲："了解臣子的莫过皇上。"萧何的意思是说，你应该知道我的心意。刘盈问曹参是否可以。萧何一听，很高兴，说："皇上知道了，我死也瞑目！"

身为相国，萧何勤勤恳恳，任劳任怨，可以说是大汉朝廷的功臣，但他竟然住在一条又穷又辟的陋巷，房子也很破旧。萧何将一生都奉献给大汉，没留下什么给子孙，唯独留了一句话："如果后世子孙贤，他们应该像我一样勤俭；如果不贤，我遗留的积蓄也会被他人仗势夺走。"

老子当初也送孔子这几句话。

在历史上，对刘邦的性格没有好评。萧何却不同，他的形象越来越光辉。萧何死后，后世的几位皇帝都害怕绝了这种功臣，对萧何的后代关照有加。

刘邦的遗言提到曹参，萧何的遗言也提到曹参，并且两人都说曹参可以接替萧何。将丞相这么重要的职位给曹参，这曹参究竟是个怎么样的人物？

曹参无为而治

狱掾一职，就是狱吏的副官。曹参是沛县人，曾在秦朝做过狱掾。曹参是萧何的副官，萧何和曹参是老相识。这两位老相识很有缘，曾经一起做秦朝官吏，秦亡后都跟随刘邦。他们工作性质相似，工作经验相仿，工作能力相差不大。俗语言，一山难容二虎，他们互相间的话越来越少，最后渐渐互生隔阂，非公事不来往。

由于是老相识，曹参和萧何互相间都多少有点了解，彼此相信对方的能力。萧何了解曹参，知道他能胜任丞相一职，因此举荐他。曹参也确实厉害，他刚听说萧何去世，马上命令家臣收拾行装，说他就要被任命为丞相了。

曹参跟随刘邦一起打天下，但位置总是次于萧何，无论什么好处，都是先有萧何，再有曹参。曹参或许在心里感叹：既生曹参，何生萧何？曹参跟随刘邦东征西讨，也曾被封为丞相，但位置一直在萧何之下。刘邦称帝后，曹参被封为刘肥的丞相。齐王刘肥当时有七十城，是天下最富庶的诸侯王，曹参做齐国的相国，也就相当于是天下第二丞相。

这七十城虽然富饶，但秦末大乱，屡遭战祸，民生凋敝，千疮百孔。曹参做齐国丞相后，遍访贤人，寻求治国之道。他听说有个谙熟黄老（黄帝和老子）精要的盖公，前往拜会。这盖公告诉曹参：治道贵清静而民自定。意思是说你治理国家，不要管理太多，重在清静无为，只要朝廷不横加干预，百姓自能自谋生路。

听罢盖公讲述其中的原委，曹参离席拜谢，并按照盖公所言治理齐国，朝廷尽量减少管理，随百姓自由发展。齐国七十城马上复兴，人稠物聚，百姓生活殷实。吕雉欲诛刘肥，刘肥依前所言，仅献一座城给鲁元公主就换回一条命，这齐国城池的繁荣那就可想而知。曹参在齐国做七年丞相，齐国发展很好，人人都赞他是贤相。

都是贤相，但萧曹两人治理国家手段不同。曹参信奉黄老之术，主张“治道贵清静而民自定”，即无为而治；萧何相信儒家之术，追求兢兢业业，鞠躬尽瘁，全心全意为民谋福利，即“无所不为”。

萧何死后，调曹参回长安，担任丞相一职。

俗话说，新官上任三把火。然而，曹参一把都没烧，他只在萧何治国的基础上坐享其成。首先，曹参不换萧何的部下，用旧人办事；其次，一切制度章程都按萧何的实施，毫不更改；第三，他所挑选的人，全都憨厚老实，不会说官腔官话；最后，曹参日日夜夜、每时每刻都只知道喝酒。如果哪位官员的文章写得文笔灿烂，思想深奥，曹参马上辞退。

前任丞相兢兢业业，事无巨细，全部管理；现在这任懒懒散散，事无大小，一概不管。这差距可是天壤之别，使人大跌眼镜。曹参不管理，也不让部属管理。曹参做丞相，谁都别管事。曹参这么做，很多人都大感纳闷，不知道他葫芦里卖什么药。

萧何做丞相，谁都要管事，士卿大夫们天生就是管事的，不管事一时还不习惯。朝臣见这位新丞相行事如此，前来善言相劝。官员们刚来，不等他们开口，曹参就让他们喝酒；喝几杯后，见官员们还想相劝，曹参又让他们喝酒。谁想开口说话，曹参就让谁喝酒，直喝到不能相劝。曹参只准他们喝酒，不让他们说话，最终前来的官员无不一一大醉而回。

来一个，曹参醉一个；来两个，曹参醉一双。如此一来二去，官员们知道自己开不了口，也就懒得说，开始习惯曹参的办事风格，最后学习曹参只喝酒，不管事。

曹参领导下的朝臣，他们的办公生活是最轻松的，上班就只管喝酒；萧何领导下的朝臣，他们的办公生活最辛苦，上班只能做事。曹参住所的后面就是官舍，这官舍也是整天喝酒作乐。那些积极进取的官员就假装带曹参去参观后花园，实际是想让曹参看看他上任后官员们的堕落相。曹参刚到后花园，听见官舍中人闹哄哄地喝酒唱歌，马上跑回家去抱出几坛好酒，前去和官舍的人大喝大闹。

这真是让人难以相信。若不是司马迁和班固都这么说，谁会相信有这样的丞相，如此放纵朝臣。曹参天天喝酒作乐，不管事，别人有点小错小过，他就给隐瞒下去，官员们自然平安无事。

曹参的行为和萧何相比，那可一个是硬币的正反面。萧何勤勤恳恳，事无巨细，一概包办；而曹参懒懒散散，大事小事，一事不管。刘盈听说曹参整天只喝酒不管事，马上派曹参的儿子前往秘密打探。父子俩谈古论今，品评历代得失，渐渐进入深处，原来是打探口风，曹参不管三七二十一，狠狠地鞭了儿子两百鞭，送他一句：“你离管理国家的资格还远得很。”

外表糊涂，内心精细，曹参之谓也。刘盈听说此事后，心里过意不去，责备曹参，说：“你干吗打他？是我让他问的。”刘盈仁厚，平日说话不重，如此责备，关切之情可想而知。

皇帝下问，曹参不能再闷起葫芦卖药了，葫芦里究竟是什么药，这底该揭了。曹参摘下帽子，态度很是恭敬，轻轻地问一句：“皇上觉得你和高祖谁更厉害？”

“我怎么敢同高祖相比。”刘盈恭敬地回答。

“皇上觉得曹参和萧何谁更厉害？”

“恐怕萧何要厉害一小点点。”刘盈含糊地说。

曹参笑了，说：“皇上现在不就说对了。高祖皇帝与萧何一起平定天下，将一切法令制度都给弄好了，皇上你只要垂起两只手，我只要遵行萧丞相的安排不变，一切不都会顺利运行吗？”刘盈突然开窍，觉得曹参说得不错，很是高兴。

自调曹参任中央做丞相以来，一切安排都按照萧何所制定的，没做任何更改，历史将这事称为“萧规曹随”。曹参按照萧何的路子，将国家治理得井井有条，首先是萧何勤勤恳恳的努力为他铺平了道路；其次是战乱刚息，人心思治，各谋发展；最后则是曹参信奉无为而治，力求“治道贵清静而民自定”的境界。然而，这三点又是合三为一，彼此不可缺失。

惠帝五年（公元前190年），曹参死。

第十章 女人天下

冒顿千里求吕雉

刘邦死了，朝中能征善战的大将也死了不少，大汉只剩一位女人辅助一位懦弱的皇帝，显得有点疲惫。然而，匈奴在冒顿的铁骑驰骋和强弓硬弩之下，却一日比一日强盛。大汉衰弱，匈奴强盛，这一弱一强的对比增进了匈奴的骄傲蛮横。

惠帝二年（公元前193年），汉朝又送一位女子前往匈奴和亲。娄敬的和亲计划很好，然而，计划是死的，人却是活的。汉朝遣了那么多位和亲美人，匈奴还是照样专横，行事毫无规律可言。匈奴高兴就接受和亲，不高兴就不接受，他们率性而为，视盟约如废话。

这一次，冒顿不接受和亲，反而送来一封信，信是给吕雉的：

我虽是一方霸主，但孤独无依，整日寂寞难耐。我生在沼泽中，活在茫茫草原，之所以几次侵犯你的边境，目的就是想到中原游游，遣寂寞，寻欢心。你是大汉的主人，尊贵无比；我是匈奴的主人，位高无伦；高处不胜寒，我们都没有伴侣，都寂寞得很。既然我们两个都那么寂寞，没有什么可以消遣的，我想用我所拥有的，换取我所没有的。

明眼人一看就知道这是封情书，写给吕雉的情书。由此看来，冒顿不是不接受和亲，而是想娶吕雉。

父亲死后，儿子可以娶父亲的姬妾；哥哥死后，弟弟可以娶嫂嫂：这是匈奴习俗，他们不觉得这违情背理。冒顿杀了他父亲后，就娶了他的后妈们。冒顿见刘邦死了，就想娶吕雉，他全按匈奴人的思维逻辑行事。然而，中原经过历朝历代的发展，已经形成一套以人伦为核心的礼仪制度，皇族乱伦是大忌，谁都不敢触犯。

吕雉本就心狠手辣，见了这样的书信，心中早打定主意：先斩使者，再派军剿杀匈奴。因此立刻召集丞相陈平、将军樊哙和季布等商议发兵之事。樊哙有勇无谋，见蛮夷之人如此侮辱姐姐，大声说："请给我十万精兵，我必踏平匈奴而返。"朝臣们无不附和樊哙。

汉朝与匈奴和亲，朝臣们心里很不愿意，都想尽快结束这屈辱。匈奴侮辱皇太后，正是怂恿发兵，一举踏平匈奴的大好时机。诛灭匈奴，安定边疆，汉朝威严方能展现，大汉百姓才能堂堂正正地做人。如果不灭匈奴，边疆没一日安宁，百姓遭戮，朝廷受辱，委实令人伤怀。朝臣议论纷纷，都站到樊哙身边，讨论如何诛灭匈奴。吕雉见群臣支持发兵，心里很满意，正在这时，朝堂下有人大叫一声：

“樊哙当斩！”

说这话之人，正是中郎将季布。季布话刚出口，朝中当即寂静无声，几十双眼睛一齐射向他。区区中郎将，竟敢大声喧哗，当着吕雉的面，欲斩樊哙。陈平劳苦功高，奉了刘邦的命，都不敢动樊哙一根毫发。这中郎将未免过于大胆！

季布曾是项羽的部将，勇猛无敌，屡次兵困刘邦。刘邦灭项羽后，季布担心被诛，藏身朱家为奴，后经举荐，入朝为官。曾经叱咤风云的大将，能够寄身大户，甘愿为奴，自然很是能忍。

此时，朝中全是被侮辱冲昏了头脑的人，恨不能即刻灭了匈奴。季布能忍，为人奴隶的辱他都受了，冒顿的信对他没丝毫影响。季布冷静分析形势，觉得对匈奴不能硬打。季布说樊哙该斩的理由是：樊哙面谀。谀，就是谄媚。法令规定，欺骗皇帝者死，何况是面谀。

朝臣听了此话，不以为然，反觉得季布才是面谀之人。朝臣如此反驳，自然是想先斩季布，再让樊哙领兵出征。季布讲，当初高祖皇帝刘邦亲自领兵三十万，兵强将勇，谋士计深，尚且被困白登，连樊哙都被囚困。现在樊哙说只要十万就能踏平匈奴，这难道不是当面欺骗吕雉？他又举例，说秦朝就是因为修长城以抵御匈奴，广征徭役，才导致陈胜、吴广揭竿起义，以致亡国灭种。战争的创伤还没愈合，樊哙就当面谄媚，怂恿战斗，一旦发兵，天下必然大乱。

当初刘邦率领诸武将，雄赳赳、气昂昂地进兵平城，本想一举歼灭匈奴，重振蒙恬当年的雄风，让边疆百姓居有所安。然而，刚到平城，刘邦一行人众就被困七日七夜，衣食难继，兵将饿得连张弓的力气都没有，因此天下人送刘邦几句歌词：

平城之下亦诚苦，七日不食，不能彀弩。

朝臣视白登之困为大耻，不轻易提及，如今一听季布说起，朝臣对匈奴的恐惧陡然大增。待季布说起秦末农民起义，朝臣更是担忧大汉步秦朝后尘，因进军匈奴而亡国。季布说完之后，大殿鸦雀无声，朝臣深感惊恐，各归其位，似乎都在回想白登之困。

汉朝正因为吃过匈奴的大亏，后来才使出和亲这一招下下之策，以求双方互不侵扰，等国力强盛后让子孙后代去找匈奴算账。朝臣因一时羞辱而气愤，将长远之计抛到脑后，被季布点醒后，都建议继续和亲。

强横的吕雉听了季布的分析也吓得束手无策。然而，想到让自己远嫁匈奴，那是无论如何都行不通的，一时脸有难色。季布见自己的话有效，接着又说：“那匈奴既是夷蛮之族，夷蛮之人称赞我们不足喜，我们受他们一点侮辱也不必生气。”

初掌大权，吕雉还没来得及享受，如果远嫁匈奴，跟随刘邦这些年的苦就白受了。只要能够继续掌权，只要不远嫁匈奴，吕雉什么条件都答应。吕雉就像刘邦，为了自己，什么都做得出。季布指出，匈奴蛮横无礼，屡次侵犯，除了抢劫外，就是想听听奉承的马屁。吕雉迎合其意，回了一封词甚卑、意甚敬的信给冒顿，信上说：

冒顿单于现在还这么挂念我大汉，劳心费神写信给我们，大汉很感激，受宠若惊。你看得起我，要我服侍你，我很高兴。然而，我年纪一大把，容色憔悴，头发稀疏，牙齿掉了大半，路也走不动。单于听到他人说我好的话，一定是被无限夸大了。我现在这样子，怎么能够侍奉单于呢？闻名不如见面，见了我后，你会被吓死的。大汉不能满足单于的要求，伏乞单于见谅。

送去匈奴的除了这么一封卑词满纸的信，还有车子、马匹等丰厚礼物。

看信后的冒顿，派人送来两句话，说：“这之前我不知道中原地区的礼仪，现在我知道了，也请太后原谅我的冒失。”

吕雉一番卑词，将冒顿收拾得服服帖帖，和亲照样继续，两家同样交好。

政治鳄鱼的眼泪

汉惠帝四年（公元前191年），刘盈加冠。加冠是成年礼仪，意思说年龄到了二十，可以结婚了；说得更深一点，就是成年了，一切都该自己做主了；说得再深一点，就是长成大丈夫了，整个国家都应该听他的。

可是刘盈虽然已经二十岁了，但什么事都由吕雉包办，他只会终日饮酒淫乐。其实饮酒淫乐只是表象，真实本质是伤痛塞心，凄苦难言。

今年，刘盈二十了，该成婚了。作为皇帝，成婚事小，册立皇后事大。吕雉是皇太后，为了权力的延续，皇后宝座不能落入他人之手。吕雉给刘盈安排了一门亲事，一门对吕雉极好，对刘盈就不那么好的亲事。吕雉将外孙女塞给刘盈，不管刘盈愿不愿意，吕雉的外孙女必然要成为皇后，就算生不出太子也是皇后。

面对吕雉的好意，刘盈只能再伤心一次。吕雉什么都怕，唯独不怕别人伤心，尤其不怕刘盈伤心。不管多么伤心，刘盈只会饮酒淫乐。刘邦说刘盈不像他，刘盈不只不像他，简直是长不大。都二十了，刘盈还弱小得像个孩子。刘盈害怕暴力，他拿不起武器。面对一群狼，若没武器，只能留下伤痕。

仿佛是命运的捉弄，让刘盈生在这样一个寒意森森的家庭。在刘盈年幼时，刘邦将他吊在屁股上，打仗输了就将他踢下车，大声辱骂。刘邦称帝后，没给刘盈一丝父爱，整天只想着怎么废掉刘盈。吕雉虽然爱他，但那爱也是冷冰冰的，可以讲不是爱刘盈，而是利用刘盈。吕雉毒死刘如意，弄死了戚姬，现在又让刘盈娶外甥女。面对这一对狼，刘盈只能是沉默的羔羊。

亲上加亲，这是吕雉巩固自己地位的手段。她为刘盈选的这位媳妇兼外甥女名叫张嫣，是鲁元公主和张敖的女儿。吕雉可能是从娄敬的和亲之计中获得灵感，要不然就是她和娄敬一样聪明。当然，吕雉把张嫣嫁给刘盈，也可能是想在刘盈身上发泄对刘邦的恨。刘邦蔑视张敖，胡乱破口大骂，吕雉偏偏让刘氏子孙身上流淌张敖的血。吕雉这么做，刘盈安然接受，刘邦必定气得吐血，这就是刘盈和刘邦的区别之一。

将吕氏家族全部置入皇族内部，来个立地生根，开花结果，这就是吕雉对付刘氏子弟的根本招数。吕雉想让外孙女张嫣给她生个孙子，可是张嫣同她爸爸一样不争气，专在关键时期出错。直到刘盈去世，皇后张嫣也没生出一个儿子。

汉惠帝五年（公元前190年），冬天打雷，桃李开花，枣树结果；夏天大旱，饥荒连连；秋天，曹参死，接着刘肥死，再接着樊哙和张良也走了。重要的人慢慢走了，吕雉的梦想就要实现了。张嫣虽然生不出儿子，但老天也算对得住吕雉。

汉惠帝七年（公元前188年），刘盈走到人生的终点。据说，刘盈死前发生了两次日食，一次是日全食。日全食，就是太阳不见了，用现在的天文观点，就是太阳被遮挡了。太阳被遮挡了，地球上的人见不到。太阳代表太子，太子被遮挡了，预示吕雉真正掌权。

在位七年，刘盈年年郁郁寡欢，天天饮酒淫乐。这七年中，他除了为自己同父异母的兄弟掉几滴眼泪，为自己的小后妈生了一年多的大病，再害曹参的儿子被他老爹鞭笞二百外，就是找几个人去修了一段长城。刘盈仁厚，修长城适可而止，没将国家给毁了。如果是吕雉修长城，肯定是女版秦始皇。

《汉书》记载：

孝惠内修亲亲，外礼宰相，优宠齐悼、赵隐，恩敬笃矣。闻叔孙通之谏则惧然，纳曹相国之对而心说，可谓宽仁之主。曹吕太后亏损至德，悲夫！

这话是说刘盈有仁德，但被吕雉害得短命。然而，一个人活到二十多岁，没有快乐过一天，活着也没意思。活着如果是受罪，不如不活。刘盈悲哀的生命就这样悲哀地结束了，刘盈死后，就没人为吕雉承担她所犯罪行的痛苦。犯罪而不痛苦，犯罪就会持续，直到罪犯死亡。

大概在吕雉心中，刘盈已经不是儿子，只是一个由自己抓握权柄的工具。他死了，吕雉发丧，朝臣见吕雉号啕大叫，就是没见她的眼泪。像吕雉这么一位刚强坚毅的女人，哭而无泪，那就更像一头猛兽。吕雉鬼哭狼嚎，没哭出伤心之意，却将内心的恐怖和担忧一齐哭出。一只既担忧又恐怖的野兽大嚎大叫，天地顿时为之愁惨；黑云压长安，百官害怕得紧。

这些年里，几位厉害朝臣接二连三地故去，连妹夫樊哙也死了。樊哙忠勇无二，如果活着，这位妹夫会是她的一大靠山。活着的朝臣中，还有陈平、周勃、灌婴和王陵，这几座大山，压得吕雉的心口好疼。

更大的难题是，张嫣没生一个儿子。刘盈年纪轻轻，竟然比陈平、周勃、灌婴和王陵这几把老骨头先死，吕雉想不通。吕雉觉得，就算刘盈认为活着不快乐，想早死，也该先等老臣们死光才死。刘邦死后，吕雉曾和审食其密谋诛杀老功臣，现在刘盈死了，吕雉自然也有诛杀功臣的打算。

张良死后，他儿子张辟强遗传了他的智慧。张辟强官居侍中，侍中就是陪皇帝玩的人。刘盈一生遭遇如此，英年早逝，张辟强也伤心。他见吕雉号叫干哭，就问丞相陈平，说："太后只有皇帝这一个儿子，儿子死了，母亲只是干哭，一点都不伤心，你知道其中的原因吗？"

"有什么原因？"

"皇上没有留下一个厉害的儿子，太后很怕你们这些掌大权的大人物。如果你们让吕台、吕产为大将军，派他两个统帅南北军，再让所有姓吕的人都在朝中为官。这样太后才会安心，你们也才能免于战祸！"

猝然惊醒的陈平马上发觉局势很不乐观。吕雉心狠手辣，先诛韩信，后斩彭越，接着杀刘如意母子，每件都狠毒无比。吕雉掌权，陈平身为朝臣，稍有不慎，马上人头落地。皇帝新丧，与吕雉争强没有好处，陈平只得暂行缓兵之计。

南北军负责保卫朝廷安全，由吕氏兄弟掌握，朝廷的安危就在吕氏兄弟手中。丞相陈平再调诸吕入朝廷为官，朝中全是吕氏家族人员。自此，大权落入吕氏家族手中。大权在手，吕雉开始任意施为，大开杀戒。

吕雉的假哭很值得，真哭都没假哭值钱，女人的假哭最值钱。如果吕雉一开始就来真哭，那他吕氏家族怎么能够突然权力暴增，想杀谁就杀谁？刘邦死时，陈平大哭痛哭一次；刘盈死时，吕雉狂干哭。两人都哭泣，都是醉翁之意不在酒。

此后，吕氏家族的时代到来了，刘氏子弟在吕雉的眼里犹如蝼蚁。

拒封王刘恒逃过一劫

权力使人滋生生根永固之心，吕雉想让大权永远掌握在吕氏家族手中，然而她知道自己不可能长生不老。为了掌权，吕雉一只手封诸吕为侯为王，让吕氏家族掌握实权；另一只手将诸吕女嫁给刘男，让刘氏皇族中吕姓的血脉更浓。双管齐下，效果明显。

此时，陈平和周勃等大臣的权力已被架空，无力触动吕氏家族；其他朝臣全是墙头草之辈，在吕雉面前只知道唯唯诺诺。刘姓皇子皇孙中，不是被吕雉先封官、次嫁女给收拾掉，就是将被死亡收拾掉。

放眼天下，吕雉独掌大权，吕氏家族官居要职。

吕雉弄死了几个不听话的皇子皇孙后，又将利剑指向代王刘恒。

刘恒一生默默无闻，刘邦不在意他，他在皇族中十分落寞。他的心中一无所有，他只求有个地方容身。

匈奴入侵，刘喜弃城而逃，刘邦封刘如意为代王。后来张敖因丞相贯高等行刺一事被废，空下的赵王之位被刘如意取而代之。最终，刘邦将代王这个称号送给了刘恒。刘恒受封为代王，既不高兴，也不忧心，只是淡然接受。

被封为代工时，刘恒只有八岁。按大汉惯例，如果子弟年幼或者无能，可以挂名为王，另派他人前往管理。这位派去代刘恒管理之人，就是后来联合韩信造反被诛杀的陈豨。陈豨被诛时，刘恒并未受到任何牵连。默默无闻的刘恒仍旧担任着默默无闻的代王。

祸福相倚。刘恒的母亲薄姬生前为刘邦冷落，但也因此没有受到吕雉的迫害。薄姬起初没有什么能耐，只会借算命先生的话骗人。这一招，也是她母亲言行身教，传给她的。薄姬的母亲是魏王宗室的女儿，叫魏媪。魏媪生得美丽，人也大胆，跟一个姓薄的苏州人私通，生下薄姬。魏媪见薄姬越长越漂亮，便将她送进宫，可是当时的魏王魏豹身边美女如云，薄姬难获宠幸。为赢得魏豹的宠幸，魏媪找了个算命先生来制造舆论，说薄姬将会生天子。魏豹听说后，很高兴，对薄姬十分宠爱，天天想方法让薄姬生儿子。

那时天下纷争，刘邦和项羽正斗得难解难分。一听宠妾能生天子，魏豹马上就想脱离刘邦，靠还没出生的天子当皇帝。因为魏豹的叛变，刘邦势力大削，一怒之下，派曹参攻打魏国。曹参只使出几招，便灭了魏国，诛杀了魏豹。魏豹一死，薄姬被俘去当了一名织工。

一个算命先生说句话，魏豹就陪上自己的性命，十分可悲。薄姬的确能生天子，但不是给她的第一个男人生，而是给第二个男人生。

一天，刘邦去织室，见薄姬有几分颜色，就将她招人后宫。薄姬很高兴，激动难抑，认为自己翻身的日子到了，谁知刘邦将她放在后宫，就像放个花瓶，连她的身子都没碰，自然生不了天子。

希望的火焰就要熄了，但上天就是不让它轻易枯灭；清风徐来，希望之火又燃了。薄姬这个女人，命虽然很苦，但是有机缘。她有两个儿时的玩伴，一个叫管夫人，另一个叫赵子儿，这两个人都得到了刘邦的宠幸。

就在薄姬进入后宫一年多后的一天，刘邦和管夫人、赵子儿一起喝酒取乐。闲聊时，她们谈到过去，说和薄姬关系极好。她们三人曾约定，先富贵的人不忘后富贵的人。然而，现在她们是天子刘邦的宠幸，薄姬是后宫中的冷人，彼此天差地远，言语中不免讥讽。

刘邦讲义气，尤其在意“苟富贵，无相忘”这一类约定。听到两位宠妾讥讽薄姬，当即为薄姬抱屈，打算宠幸薄姬。

盼星星，盼月亮，终于盼来了刘邦，薄姬马上使出绝招。一见到刘邦，她便说了一句：“昨晚我梦见龙种钻进我的肚子里。”

刘邦想都不想，就说：“让我来替你实现。”就这样，薄姬生了个儿子，这儿子就是刘恒。刘邦事过即忘，从此薄姬母子就冷冷清清地过日子。

冷冷清清的日子薄姬母子早就习惯了。刘邦死了之后，其他姬妾都被幽禁。薄姬由于不被宠幸，自然不在幽禁之列。见吕雉心狠手辣，薄姬母子趁机逃往代定。刘恒当代王，薄姬当代太后。跟随薄姬母子前往代地的还有薄昭，薄昭是薄姬的弟弟，薄姬称他舅父。刘恒母子对薄昭极为信任。

刘恢死后，赵王一位空缺，吕雉环视一圈，眼光停留在刘恒身上。薄姬母子只求平平安安度过一生，眼见死了那么多位赵王，当然不敢接受。刘恒表示自己绝不接受赵王之位。吕雉给了他两条路走：第一条，刘恒接受赵王之位，接着她打出嫁一位吕女的牌，最后吃定刘恒；第二条，刘恒不接受，一旦刘恒不接受，她就封吕男为王。

刘恒选了第二条，吕雉顺水推舟，封吕禄为赵王。

过分张扬的刘章

吕雉连下杀手，但她就只有那几招：封官、嫁女。吕雉认为刘氏子孙只有两条路，第一是接受封赏和女人，被政治婚姻折磨捆缚；第二条是自寻死路。刘氏子弟有骨气，选择第一条的不多，选择第二条的都死了，刘友和刘恢是代表。但是，人总能在没有路的地方走出一条路，也总能在看似绝境的处境逢生。

吕氏权倾天下，刘氏子孙被吕雉收拾得畏畏缩缩，藏头躲尾；朝臣敢怒而不敢言，明哲保身。天下平静得如同冬日的海面，然而，海底的暗流沸腾咆哮，奔流不息。在这平静的海面，一颗小石子的坠落都能激起一圈接一圈扩散的涟漪。

在这平静如镜的海面，激起第一道浪潮的，就是那位差点被鸩酒毒死的刘肥的二儿子刘章。刘章有勇有谋，敢于跟吕雉拍板斗狠、坚忍斗智。

当时，人人都对刘肥的七十城垂涎欲滴。刘肥送一座城给鲁元公主，就换回一条命，这就是明证。吕雉的野心不小，刘肥送出一座城，满足不了她的胃口。在吕雉心中，刘肥的七十城应该全归她。吕雉想要七十城，但不便明言，她就找借口，东割一城，西要一城，刘肥的七十城立刻残缺不全。

首先，吕雉封吕台为吕王，割齐国的济南郡；其次，招刘章进长安，封为朱虚侯，嫁吕禄的女儿；再次，招刘章的弟弟刘兴居进长安，封为东牟侯；最后，割齐国的琅玡郡给刘泽，封刘泽为琅玡王。刘肥有三个儿子，两个进长安，只剩大儿子刘襄留在身边，很是落寞。

来到长安的刘章处处受约束，时时遭监视，心中极不舒服。然而发怒使性，匹夫皆能为之，藏得住怒气、忍得住怒火才是真英雄。吕雉封官，刘章接受；吕雉嫁女，刘章也接受。刘章不仅让吕女坐正房，还将关系处得很好，和她如胶似漆，恩恩爱爱。

刘章不笨，他既不硬反抗，也不用冷暴力。吕雉送他一个很好的间谍，他将计就计，陪间谍玩热情，企图变间谍为反间谍。砍砍杀杀的热暴力之前，都有一场惊险万分的间谍战，谁先获取机密，谁就胜利。

生在困境中的人，通常都有两张面孔，一张是真面孔，活在黑夜中；另一张是假面孔，长在阳光底下。刘章给吕女看的是假面孔，给吕雉的更是假面孔。

一次，吕雉办个酒宴，让刘章为酒吏。

活在黑暗中的刘章早就厌倦了，他想见见阳光，或者说想让吕氏知道刘氏的阳光还没灭。吕雉命他做酒吏，他就抓住这个机会，开了一个条件：违令者，军法从事。

吕雉顺口答应，想看看刘章的把戏。刘章于是下令：酒宴上，私自逃跑者，当斩！

立军令状，必有斩。刘章行此酒令，众人知道吕雉已先允可，并没将它放在心上，都认为只不过喝几杯酒，无论如何也不会喝出人命，更不会发生诛杀枭首之事。

喝得酒酣耳热之际，刘章说要唱首歌，为大家助兴，众人都觉得有意思，便大声叫好，吕雉也微笑允可。刘章便说唱耕田歌，话刚出口，有人讥笑，说："你父亲晓得耕田的事还差不多，你身为齐王之子，怎么会知道？"刘章是刘邦的孙子，身为皇室宗亲，自然不知道耕田种地之事，甚至连牛有几只脚都不知道。刘章却说他知道，吕雉越发乐了，准刘章放声唱。

走到场中，刘章喝杯酒，润润喉，轻轻嗓子，放声高唱：

深耕概种，
立苗欲疏；
非其种者，
锄而去之。

耕田种地，秧苗要稀疏，果实才会丰硕，这是种田耕地的道理。然而，"非其种者，锄而去之"一句，却说他人处心积虑，想要将秧苗拔除。众人一听，大觉不妙，因为刘章的歌词影射"非刘氏而王"和刘氏子弟被杀的现象。

刘章歌词的大意，译过来就是：

我刘氏高祖皇帝千辛万苦，就像耕田种地，好不容易打下这江山。高祖皇帝与天下英雄歃血而盟，相约非刘氏不得称王，那就如种田人将秧苗种得稀疏以使它们长得茁壮。然而，天下竟然有狠心的人，想要铲除耕种之人辛辛苦苦栽种的秧苗。

聪明人一听就知道，刘章的歌是针对吕氏家族和吕雉的。当年戚姬就因一首舂米歌而弄得母子俱亡，这事天下皆知。吕雉一心铲除刘氏子弟，刘章胆敢当面如此放肆，宴饮诸人都为他捏了把汗。

然而，奇怪的是吕雉听了刘章的歌，竟然默然不语，陷入了沉思。她为吕氏家族辛苦搭建的帝国大厦，吕氏子孙能够守护吗？她是整栋大厦的顶梁柱，一旦她不在了，这栋华丽且雄伟的大厦能支撑多久？如果大厦倾覆，她吕氏家族必遭灭门之祸。在权力的赌桌上，权力就是生命，生命也是权力，一旦赌上，就只许赢不许输。

场面僵了，没关系，自会有人激活，上流社会不缺只会打哈哈的小丑。一小会儿，场面又活跃起来了。众人照样喝酒，然而，一见到刘章，他们就感觉喝不下。喝不下，也得喝，因为刘章先下军令：酒宴上，私自逃跑者，当斩！

这次酒宴，刘章整人是整定了，吕雉都被他涮了，下一个被整的人必然出现，只差名字还未公布。刘章仗剑，绕着桌子监督，众人都必须海喝。有位家伙，喝不了酒，偷偷地跑了。刘章提剑追出，举剑砍死，一刀就将头给割了。

刘章提着首级回来，表情淡定，说："有一个家伙，私自逃跑，我依军法，斩了。"

他人高马大，右手持剑，左手提起一个血淋淋的头，好不吓人。

刘章真敢斩人，被斩之人还姓吕，宴饮诸人无比惊恐。刘章立军令在先，吕雉允可在后，纵使斩人，吕雉也无话可说。刘章牛刀小试，诸吕对他从此心存忌惮。吕雉也终于知道吕氏子弟的材质是支撑不住帝国大厦的。

在这之后，仿佛在乱军中看到一面大旗，不少朝臣终于看到曙光，归附刘章。

刘章胆敢如此，首先是他为人大胆；其次，他深获夫人芳心，而这一点，正是其他刘氏子弟所缺乏的；最后，刘章的封地殷实，物质资本充足，而且不乏外援。

汉初明星陆贾

刘章年轻气盛，借酒宴之机，大斗吕雉，为刘氏家族挽回不少气势，诚心认同刘氏家族的大臣也略感扬眉吐气。然而，吕雉并非善类，刘章的行为连吕氏家族的皮毛都没触及。欲剪除吕氏，必须连根拔，否则后患无穷。丞相陈平，正在为拔根之计，闭门苦思。

诸吕专权，朝廷没有掌握实权的大臣，太尉周勃没兵权，灌婴的权力也被架空。周勃与灌婴都是武将，不懂计谋，再说，周勃与陈平存有嫌隙，彼此难有一句好话。举目四顾无人，历史重任全都压在陈平一人的肩头。陈平整日闭门苦思，妙计难出，甚是痛苦。

正当陈平愁上眉梢之际，一位书生的出现给事情带来了转机。这位书生，就是陆贾。

当年刘邦征战四方，仅靠郦食其和陆贾这两张利口，就消弭不少战事。郦食其死后，陆贾陆续为刘邦立功，最大的一功就是招降南越王尉佗。尉佗，姓赵，所以尉佗就是赵佗。

陆贾到来时，只见尉佗梳个直挺挺的锥形头，张大腿，箕踞而坐。如此接见使者，实在无礼至极，陆贾却并不生气，而是动之以情，晓之以理，吓之以武。

陆贾说："你是中原人士，父母兄弟的坟墓都在真定（今河北石家庄市东北）。然而，你违背礼仪，不系冠带，还想凭小小的南越抗衡大汉，你就要大祸临头了。"

陆贾点出了尉佗的无礼，还提到前来的目的，一句话，两层意思，就如一支箭能分射左右。尉佗知道这是游说的开场白，不以为然。

只听陆贾续道："秦朝暴政，天下豪杰并起，但只有刘邦先入关中，占据咸阳。项羽违背约定，妄自尊大，自立为西楚霸王，他力能扛鼎，统领天下群豪，算很强吧？可是刘邦仅凭巴蜀之地，劫掠诸侯，诛杀项羽，只用五年就平定天下。刘邦立下这等功劳，不是人力所能办到的，那是天意所向！"

陆贾要先长长刘邦的威风，将刘邦捧上天；接着灭尉佗的志气，将尉佗踩到地下，恐吓尉佗不能轻举妄动。辩士没有多大能耐，但他们能搅乱对方思绪，让对方进入他们的圈套。

陆贾又说："刘邦听说你偏安南越自立为王，却不伙同天下人一起诛戮暴秦，很想派军打你。然而，他心性仁厚，知道天下百姓苦于战乱，不想再造杀戮。我作为剖符通使带着皇上的授印，你本该出门迎接，北面称臣。而你不但不迎接，还妆容邋乱，坐着迎接我，你简直是大逆不道！"

紧接着，陆贾大吓尉佗，说："你今天的所作所为如果被皇上知道，他一定会灭你全族，对皇上来说，这只不过是举手之劳。"

陆贾一席话，宛如长江大浪一浪接一浪，容不得尉佗有多余的思考时间，直逼尉佗最心忧之处。最后这一句"灭你全族"果然有用，吓得尉佗正襟危坐，向陆贾谢罪说："我在这蛮夷之地生活得太久了，因而失了礼仪。"

只听说过项羽，不知道汉臣的尉佗如果仅凭陆贾几句大话，就吓得俯首称臣，那也不配称为尉佗了。尉佗问陆贾，他和萧何、曹参、韩信相比，谁更厉害。陆贾想贬低尉佗，让他俯首称臣，但不能将他贬死了，否则，尉佗就会想同汉朝大干一场，较较劲。

陆贾说，尉佗似乎稍微厉害一点点。尉佗得寸进尺，将他和刘邦比。如此一比，陆贾不将刘邦吹上天都不行，否则尉佗怎肯甘心臣服。

陆贾说："皇上起于沛县，讨伐暴秦，诛灭强楚，为天下兴利除害，那是继承三皇五帝的大业，统帅天下，治理中原。中原地方万里，百姓生活殷实，物质齐备，政令严明，这可是盘古开天辟地以来没有过的景象。你不过管理几万蛮夷，又在山地崎岖之处，最多也只能如我们的一个小郡县，怎么能和皇上相比呢？"

所谓，高下形也，强弱势也。尉佗大笑，说："我没在中原起事，因而在这个小地方当王；如果我身在中原，就不见得会差于刘邦。"尉佗果真自命不凡，然而，遇上陆贾张利嘴，无论尉佗多么自命不凡，也都要乖乖臣服。尉佗留陆贾喝了几天酒，陆贾说了一些逸闻怪事给尉佗听，尉佗很高兴，陆贾临行，他又送金子又送礼物。

会说话，也要有会听话的人，而刘邦是不会听话的人。刘邦流氓出生，听不懂《诗》《书》，听见陆贾满口《诗》《书》，大骂，说："我在马上赢天下，要《诗》《书》干什么？"陆贾反唇相讥，说："在马上赢天下，难道也要在马上治理天下？汤武以武力打天下，守天下却靠仁义，只有这样，国家才能长久。吴王夫差、智伯都因穷兵黩武而亡；秦国刑法严苛，不知变通，以致灭亡，这些都是事实。如果秦朝兼并天下后，施行仁义，效法先贤，这天下还是皇上你的吗？"

陆贾反驳，刘邦虽然不高兴，心里还是感到惭愧，他命陆贾撰写秦国因何失天下，大汉因何得天下和历朝历代的成败得失。陆贾一共写了十二篇，每一篇都被刘邦称好，全部收录进《新语》。

后来吕雉临朝称制，想封诸吕为王。陆贾知道不能劝服，称病回家。陆贾在好畤（今陕西乾县东）买了块好地，将尉佗送的钱分给儿子，让儿子们从事农业生产。

陆贾身佩宝剑，养了一班侍女，对他的孩子们说：我先和你们约定，一年中，我在你们五家轮流吃，十天换一家，如果我死在谁家，谁家就可以得到我的剑和侍女。你们放心，我不会麻烦你们的，同一家我一年只去两次。

这天，陆贾身佩宝剑，领着他的侍女们来到陈平家，陈平闭门不见。陈平是汉室谋臣，见刘氏子弟被害，心忧天下，苦思解救之计。陆贾是位逍遥辩士，觉得天下有道，就入世；天下无道，就出世。他们两个，一个面对困难，另一个逃避困难，陈平自然不愿意陪他白耗时间。

陆贾不管朝中事务，但也知道吕雉封诸吕为王，诛杀刘氏子弟，架空陈平和周勃权力之事。陈平称病不见，作为聪明人，陆贾怎会不知道其中隐情。他来见陈平，就想给陈平指指路，陈平不见，他就硬闯。

陆贾问："你闭门不见，想什么呢？"

"你猜我想什么？"

"你是丞相，有三万户侯的俸禄，已经达到富贵无欲的境界。你有深忧，不过是心患诸吕、担忧少帝。"

"是这样的。该怎么办呢？"

"国家安宁，就要注意丞相；国家危难，就要注意将军。丞相和将军相交，那么朝臣就乐于归附；一旦朝臣归附，就算天下有变，大权也不会旁落。只要大权不分，国家就安然，一切全在将军和丞相的掌握之中。为了国家，你何不结交周勃？"

陈平采纳了陆贾的建议，主动结交周勃。自此，陈平和周勃相交日深。

第十一章　帝国终归姓刘

敌不过岁月雕琢，吕后归西

春天，那是掌权者前去向天祈福消灾的日子。

吕雉临朝称制这几年，天灾不断，一会儿洪水，一会儿日食，一会儿月食，一会儿又是冬天桃李开花，夏天雪花飘飘。在古人看来，天有异相，人间必有大灾。这灾是上天降的，因为天子无道。一个皇帝什么都可以不怕，却不能不怕上天，吕雉大权独掌，除了天，她也是什么都不怕。

吕后八年（公元前180年），吕雉去灞上祈福，经过轵道时，见一只如苍狗的东西飞到她腋下。吕雉惊恐万分，撕破衣服，想找出那个东西，看看是什么。费心费力的吕雉没在腋下发现什么。正因为什么也没发现，所以她越发感到害怕。自此以后，每天吕雉都觉得腋下有异物，脱衣查看，却什么都没有；刚穿上衣服，她又觉得腋下有异物蠕动，这种感觉像蛇爬，像蜈蚣走动，又像蜘蛛布丝。

自从看见那苍狗般的异物飞进腋下后，吕雉的身体一天差过一天，终日心神恍惚。在祈福的路上遇上这等怪事，她开始怀疑那是上天的惩罚。她请人给她占了一卦，卦象说那是刘如意的冤魂。

这可真叫人不寒而栗。吕雉怕天，也怕冤魂，更怕刘如意的冤魂。刘如意乖巧伶俐，因为和他母亲有仇隙，吕雉就毒死刘如意。听说飞到他腋下的异物是刘如意的冤魂后，吕雉很惊恐，白天见刘如意坐在阴暗处被宫女、太监硬灌鸩酒，夜晚梦见刘如意笑盈盈地向她走来。吕雉很害怕，但她仍旧将大权抓得很紧，照样整治那些她看不顺眼的人。四月，老天大发脾气了，南方暴雨不停，长江和嘉陵江泛滥成灾，洪水冲走一万多户人家。

表面看来，吕雉没有疾病，腋下的皮肤完好如脂，然而，身体却如江河日下，一日差于一日。吕雉渐渐变得不能走动，整天只能躺在床上，但她的眼睛仍旧怒火炯炯，骄横逼人。生命一天比一天难熬，吕雉虽不甘心，也不得不放手，因为她知道死期临近。

吕雉一生，没做什么好事，坏事做的却不少；没真正享受天伦之乐，破坏人伦的事倒干很多。跟随刘邦征战，她吃苦多，享福少。当上皇后以后，刘邦冷落她，她更是幸福的日子少，痛苦的日子多。当上太后之后，吕雉那颗痛苦的心全神贯注于做痛苦的事，弄得天怒人怨，她大概也不开心吧。她很爱刘盈，可是刘盈不爱她，弃她而去。吕雉整死很多人，世界就像只剩他一个人，冷清，寂寞，恐怖。

吕雉一生，真似：枉费了意悬悬半世心，好一似荡悠悠三更梦。吕雉狠毒，但不失母性之心。她知道大臣们不服吕氏掌权，她要安排好后事才死。张敖和鲁元公主生了个儿子，名叫张偃，张偃命也不太好，父母早死，留下他在人间孤孤单单地活。吕雉知道张偃无能，于是封张敖和姬妾生的两个儿子为侯，让他们辅助张偃。

她还封吕禄为上将军，统率北军；让吕产统率南军。这两支军队驻扎在长安和洛阳，事关吕氏家族生命安危。吕雉又封赏了一大帮吕氏成员，希望他们能够守住她辛辛苦苦建立的帝国大厦。

临死之前，吕雉再三叮嘱：非刘氏而王，天下共击之。吕氏封王，大臣不服。我就要死了，皇帝年幼，你们要防大臣兵变。一定要领兵坚守宫室，挟制皇帝，万万不能为我送丧。

没有人为吕雉送丧，因为她的这些个亲人不敢离开长安和洛阳。

吕雉死后，大赦天下。吕产升为相国，吕禄的女儿当皇后。吕产和吕禄掌握兵权，但他们并不是带兵的料，因此吕氏注定灭亡。吕雉极力提拔吕氏家族，却没培养一位能够撑起整栋帝国大厦的能人。吕产和吕禄只会看护院子，他们撑不起吕雉的大厦。

司马迁说：高后女主称制，政不出房户，天下晏然；刑罚罕用，罪人是希。民务稼穑，衣食滋殖。

意思是吕雉当政的这些年，天下太平，罪人很少，百姓务本，衣食殷实。

司马迁对吕雉的评价不低，但吕雉时代的太平只是天下太平，朝廷并不太平。天下太平，那是天下百姓苦于战乱多年，希望过安稳的生活，是百姓、萧何和曹参等朝臣努力的结果。刘邦死后，朝廷就不太平，时常发生流血事件，而这些都拜吕雉所赐。

无论功业多大，吕雉都是一个极其残酷，手段十分毒辣的女人。虽说权力总会流血，但是吕雉诛杀了很多不该被诛杀的人，那个神秘的苍狗般的异物，其实就是杀戮过甚所产生的心魔。

唐朝的司马贞这样评说吕雉：

高祖犹微，吕氏作妃。
及正轩掖，潜用福威。
志怀安忍，性挟猜疑。
置鸩齐悼，残彘戚姬。
孝惠崩殒，其哭不悲。
诸吕用事，天下示私。
大臣菹醢，支孽芟夷。
祸盈斯验，苍狗为菑。

多行不义必自毙

多行不义必自毙。吕氏家族倒行逆施，最终自然逃不掉倒台的命运。

吕雉企图以政治婚姻的形式打入刘氏皇族，然而，并非每个吕氏女人都如她那么坚定。在吕雉的一手操纵下，她给刘氏家族送去了一位极好的间谍。这位间谍，就是吕禄的女儿，刘章的妻子。吕雉本想让吕氏女子潜伏于刘氏皇族，殊不知，吕氏集团却被反潜伏。吕禄的女儿知道父亲和吕产担心被诛，预谋作乱，便将消息告诉刘章。刘章即刻转告齐王刘襄，说：“吕氏家族要造反，你快出兵西进，我和兴居打内应，大家一起诛灭诸吕，你做皇帝。”

刘襄马上召集舅父驷钧、郎中令祝午和中尉魏勃，准备起兵西进。突然，丞相召平派士卒将齐宫团团围住。诸侯国丞相的任免权在朝廷，召平是吕雉安插的密探。吕雉只会提拔人，不会培养人才，召平也是个笨蛋。平民出身的魏勃，只用几句话就稳住了召平。

说起来是一段传奇。魏勃贫困，半夜偷偷在丞相门前扫地。一连好几个月，丞相府门前都干干净净，扫地的舍人大感奇怪。于是夜晚起身查看，见魏勃扫地，问原因。魏勃说他想见曹参，但家贫，没有礼物拜见。他替舍人扫地，希望舍人引见。舍人感其志诚，将魏勃引见给曹参。

阅人无数的曹参见魏勃不凡，留他当舍人。曹参当丞相期间，魏勃帮了不少忙。曹参临死，介绍魏勃给刘肥。老相国推荐，刘肥封魏勃为内史，管理民政。刘肥死后，刘襄继位，召平为丞相，魏勃为中尉。魏勃是刘肥的得力助手，很厉害，召平对他忌惮三分。

这时召平领兵团团围住齐宫。魏勃对召平说："齐王想发兵，但是他没有朝廷的虎符凭证。没有虎符凭证而发兵，那就是造反，军队就是叛军。你作为丞相，这一点做得很好。你去休息吧，让我替你围住。"召平大概一时昏了头，竟然当真将围困齐宫的事交给了魏勃。召平刚回到相国府，魏勃便撤去围困齐宫的兵，领兵反围相国府。片刻之间，优劣陡转，遭此大变，召平伤痛难抑，叹了句"当断不断，反受其乱"，拔剑自刎。

吕雉安插此等间谍，真要笑掉天下人的大牙。刘襄脱困后，命魏勃为将军，封驷钧为丞相，拜祝午为内史，起全国之兵，浩浩荡荡向西进发。刘襄深信，大难不死，必有后福。魏勃在关键时刻解救齐国，就一定能够趁势解救天下。刘襄此次发全国之兵，大举进发，以二弟刘章、三弟刘兴居为内应，内外夹攻，吕氏必灭。吕氏灭后，他刘襄就是皇帝。

皇位，对权力欲极强的人有一种难以形容的魔力。刘襄领大部队向皇位进发，命祝午前去游说琅琊王刘泽，说："吕氏家族想造反，齐王刘襄已经起兵前往征讨。齐王知道自己辈分低，年纪轻，不懂打仗的事，他愿意将全齐国的兵交给你。你和高祖皇帝东征西讨，了解战争，齐王不敢私自动兵。齐王派我为使，请你前往临菑和齐王商议，共同平定关中。"刘泽听得心花怒放。刘氏门中，他辈分最高，资格最老，一旦诛灭吕氏，他无疑就是新皇帝。

各有各的如意算盘。刘泽想当皇帝，刘襄却想趁机收回他的琅琊郡。刘泽的琅琊郡原属齐国，为拉拢刘泽，吕雉割齐国的琅琊郡给刘泽，封刘泽为琅琊王，嫁吕媭的女儿给他。刘泽见不得一丁点利益，发现能当皇帝，高兴得差点疯了。当即起行，随祝午前往临菑。一到临菑，刘襄扣留刘泽，命祝午返回，率领琅琊郡兵西进。

刘泽被扣，肠子都悔青了，立刻整理思绪，寻思脱身之计。痛定思痛，他发现不只他一人想当皇帝，于是对刘襄说："你父亲刘肥，是高祖皇帝的长子，你是长孙，诛灭吕氏后，你就该当皇帝。朝臣对此狐疑不决，我在刘氏中辈分最高，资格最老，说话有分量。留我在临菑对你无益，让我去长安，我保你当皇帝。"

有的人胆大，有的人是傻蛋，不知道刘襄是大胆，还是傻蛋，他刚摔了刘泽一跤，竟然还相信刘泽会帮他。刘襄听后，心下大乐，派一支卫队护送刘泽去长安。

刘泽走后，刘襄大驱军马，攻取济南。为加速实现皇帝梦，刘襄传檄天下：

高祖皇帝平定天下，分封子弟为王。高祖皇帝死后，吕氏家族竟然诛杀三位刘氏子弟，割分齐国，危害高祖帝业。吕雉擅权，惑乱朝纲，弄得天灾连连，民怨沸腾。吕雉死后，诸吕又拥兵自重，挟制天子，威逼忠臣。如今皇室衰微，请大家随我，一起西征，平定叛乱，辅助刘氏帝业。

刘襄传檄天下，大驱军马，声势十分浩大。诸吕深感恐惧，吕产派大将军灌婴东进迎敌。灌婴忠于刘氏，屯兵荥阳，与刘襄约定，待诸吕叛乱，两军同时攻向长安。灌婴军屯荥阳，刘襄军屯济南郡，两军虎视眈眈，时刻注视长安。一旦长安稍有变动，两军齐发，诸吕必成齑粉。

吕氏外有患内有忧

吕雉悲哀，家门中竟然有这几个不成器的蠢材。吕产病急乱投医，竟然派灌婴迎击刘襄，灌婴对刘氏忠诚无二，这根本就是倒持太阿，反助敌军。都说烂泥扶不上墙，吕雉偏要挑战，代价只能是血。

城外有大军虎视眈眈，城内有谋士阴谋密计，吕氏集团却痴若呆子。为夺取兵权和相印，陈平和周勃劫持曲周侯郦商，逼迫他儿子郦寄游说吕禄，威胁吕禄交出兵权，归还相印。

好友郦商对吕禄说：

"天下是高祖皇帝和高皇后共同打下的，高祖皇帝立了九位王，吕后立了三位王，这都是经朝臣同意，天下所共知的。太后刚死，皇帝年少，你身为将军不带兵守边，却集兵长安，以致被朝臣怀疑欲图不轨。你赶快交出将军印，将兵权还给太尉，再让梁王交出相国印，同朝臣歃血盟誓，两相安好，回到封地。如此，齐国必会退兵，朝廷才会安全，你也才可以高枕无忧地享受王位，这才是有利于万世的事。"

吕产没有头脑，吕禄的大脑里简直全是豆渣。面对外患内忧，他竟然觉得郦寄说得对，去和吕产以及诸吕商量交出大权一事。吕雉经千难历万险好不容易搞垮了刘氏子弟，架空陈平和周勃，这几个不成气候的家伙竟然想拱手交还大权。吕雉倘若死而有灵，做鬼恐怕也要从地府爬上来。诸吕子弟毫无见识，各执一词，商讨半天只能暂且搁置。成大事需当机立断，诸吕临事犹豫，恐怕离死期不远了。

吕禄很信任郦寄，他们两人相约一起去打猎。吕禄真是无才无能之辈，当此大事，竟然有心情去打猎。他去打猎，多半是郦寄出的主意，想趁机再劝。打猎途中，吕禄顺道去看望姑姑吕媭，吕媭见吕禄大而化之，毫不将外患内忧放在心上，勃然大怒，说："你作为将军，竟然在这个时候抛下军队不管，吕氏就要没有立足之地了。"话一说完，吕媭将家中珠宝、金银、玉石等全部丢在堂下，说"不必替其他人看守了"。

吕氏门中阴盛阳衰，吕雉和吕媭都是有识见之人，吕产和吕禄却是两个草包。吕媭是个聪明人，她的感叹颇像萧何，萧何留给子孙的话是：

后世贤，师吾俭；不贤，毋为势家所夺。

父辈创业艰辛，子辈守业更难，倘若子弟无能，父辈的努力也必为他人所夺。吕媭的话，深深揭示了吕雉的悲哀，说出了萧何对子孙的教诲。吕雉力排万难，独力为吕氏家族建造一栋宏伟大厦，可吕氏子弟竟不能相守。有此子孙，悲哀难言!

九月十日，曹参的儿子，行御史大夫曹窋到吕产处汇报公事，恰逢郎中令贾寿从齐国回来，将灌婴和刘襄的密谋告知吕产。吕产心惊肉跳，只顾和贾寿商量对付之策，竟然忘了曹窋的存在。曹窋见大事紧急，当即跑去告诉周勃和陈平。

事情紧急，一方面，周勃当机立断，冒险进入北军大营，矫诏调动兵将；另一方面，催促郦寄等人，加大游说工作，争取蒙骗吕禄的将军印。陈平之计，一只手抓军事武装，另一只手抓政治诱降，如此一来，没有头脑的诸吕必死无疑。

在郦寄等人的地毯式政治灌输下，吕禄也昏了头，双手呈上了相印和兵权。吕雉狂号干哭，以刘氏子弟的鲜血换取的相印和兵权，竟然被几句唬人的鬼话轻易骗取。吕禄之庸碌，可想而知。

周勃要弄矫诏，必须有皇帝的符节，而这掌节使者，正是忠心耿耿的襄平侯纪通。吕氏擅权，挟制君主，纪通早就恨之入骨。听说周勃需要符节调动北军以诛杀吕氏，纪通立刻呈上。周勃带上符节，风驰电掣般奔往北军大营。正奔行间，使者拦住周勃，将将军印交给他。周勃大喜过望，奔行更速，刚进军门，周勃大喊：

支持吕氏的，露出右臂；支持刘氏的，露出左臂。

将士们都露出左臂，没一人露出右臂。吕氏家族，独木难支，孤掌难鸣，等着他们的就只有一条路：死路。

周勃佩戴将军印，统帅北军，命刘章监管军门，绝不能让吕产进入未央宫。已经交出相印和兵权的吕禄，只是废物一个，不必管理。周勃统领北军，只担忧吕产领军相攻。吕产缺乏智谋，但不乏勇猛，倘若他狗急跳墙，拼个鱼死网破，关中必然大乱。

果不出所料，宫门刚刚关闭，吕产就带领军士来到。吕产喊话，门内无人回应。宫门坚闭，吕产知道难以强攻进入。面对漆黑而冷漠的宫门，吕产踌躇不定，焦躁地来回踱步。军士见吕产如此无能，知道吕氏必败，于是军心开始涣散。吕产应该想想召平是怎么死的。

曹窋把吕产在宫门外徘徊的事告知周勃。周勃担心吕产势大，命刘章前往护卫皇帝。陈平和周勃允诺，灭了吕氏后，刘章和刘兴居两兄弟将分别担任赵王和梁王。

周勃给刘章的兵不多，只有一小队人。刘章年轻力胜，血气方刚，见吕产在宫门外游来游去，心里很不舒服，于是领着卫队直冲吕产大军。

历史上不乏以少胜多的战役，刘章此次大战吕产，就是人少胜人多的例子。据《汉书》记载，两军相战正酣，突然大风狂卷，吕产军军旗折断，接着天地陡然一片黑，吕产军没一人敢战斗。

吕产大败，刘章追击，狼狈不堪的吕产慌不择路，竟然藏到厕所里。刘章追到，大脚踢开门，吕产瑟瑟发抖，刘章手起，吕产头落。吕产不是真正意义上的穷兵黩武者，但他的死，很像穷兵黩武者的。大凡穷兵黩武者，一日兵败，立刻就会死于兵器。正如持剑者，必死于剑刃。

有心栽花花不发

大凡有野心的人都很勇猛，勇猛的人却未必有野心。刘章是前者的代表，韩信是后者的代表。刘章这个人，杀敌勇猛，也有野心。起初，刘章叫齐王刘襄发兵，打的主意是：铲除吕氏，刘襄称帝。如今，吕产被诛，吕禄不足为惧，刘章的计划也就实现了大半，刘襄的皇位看来十拿九稳。

陈平和周勃许诺赵王之位给刘章，刘章也答应了，然而，一方是口头许诺，另一方是随口答应。政治的关键在于因势制宜，刘章和陈周二人联合，只因吕氏势大，担心斗不过。现在吕氏被灭，刘章勇冠三军，他的心情不免悄悄地起了变化。

大败吕产之后，刘章独立城门，身后站满军士，颇有问鼎天下的气概。就在这高兴的时刻，刘弘小皇帝遣使持节，前来犒劳刘章，夸他诛贼功大。刘章正兀自沉浸在幸福的想象里，听了使者之言，笑也不是，气也不是。见使者持节立在风中，刘章几乎是下意识地蹬腿远跳，欲抢符节。使者见刘章扑到，势如猛虎，劲风逼人，当即斜身矮肩，忙将符节紧紧抱在胸前。

符节乃是皇帝信物，见节如见皇帝本人，刘章公然抢夺，可见他心中已没有皇帝。刘弘这孩子，久困宫中，不知形势变化，还认为刘章真是护卫功臣。他没想想，刘章拼命杀敌，终究为何。灭了吕氏后，各种势力必然重新组合，形成新格局，就像大洗牌。刘弘年幼，没有势力，自然毫无地位。他遣使持节，犒劳军士，用心虽好，却行不通。一个连命都未必能保全的孩子支起皇帝架子犒劳军士，不免可笑。

刘章势如虎扑，一抢没中，也不好再抢。早晚都要见小皇帝刘弘，刘章顺水推舟，先卖个人情，随使者前去面见刘弘。刘章这么做，首先是服从周勃的命令，前往护卫皇帝，在周勃处留了后路；其次，前往面见皇帝，倘若皇帝不被废除，他就是皇帝身前的红人，人人敬仰；第三，如果皇帝被废，他也能将此行说成是探听虚实，为废黜皇帝铺路。这么一件简简单单的小事，给刘章带来那么多的好处，刘章脸上又开始堆满笑容。

一路上，刘章欣喜无比，如沐春风。他沿途招降众人，追随军士不下万人，声势显赫。刚进长乐宫，便立刻下令捆绑长乐卫尉吕更始和所有吕氏成员，一并就地正法。宫廷政变，总要流血的，不流血，就无法进行大洗牌，倘若要追究，只能怪吕雉高估了她吕氏家族的力量。吕雉一子走错，吕氏满门灭族，可悲！

掌控长乐宫后，刘章春风满面地奔回北军大营，将一切详详细细地告知周勃。刘章不是傻子，他不会说出扑身抢节之事。

刘章诛灭吕产，心腹之患被除，周勃十分高兴，说："我们只害怕吕产，现在吕产被诛，天下就太平了。"周勃说天下太平，深层意思是天下掌握在他们手中。陆贾的"将相和"之说，果然奏效。

"首恶"吕产和吕禄被诛，诸吕不足为患，周勃大开杀戒，命人抓捕吕氏家族。吕氏一门，从朝廷要员到地方小官，从堂中老人到窗下小儿，不论男女，一概问斩。一人犯法，全家被诛，这是权力的恐怖之处，也是当政者深层恐惧心的一种折射。

权力是一座桥梁，它一头连接恐怖，另一头连接害怕；为了能够有效地连接恐怖与害怕，榨干敌人的血液就是最好的办法。在这场杀戮中，吕禄和吕通都被斩首，吕媭被鞭笞致死。张偃懦弱，捡回一条小命。

吕氏家族被诛，刘襄撤兵回齐国，灌婴领兵驻守，长安固若金汤，一切都在周勃和陈平的掌控之中。朝臣计议，觉得小皇帝刘弘是吕雉提携登基的，为防刘弘长大后造事，一致同意废除刘弘，另立新皇帝。

害人之心不可有，防人之心不可无。朝臣诛灭吕氏，害怕刘弘将来报复，决定废除刘弘，这就是防人之心。这是一次朝臣革命，既然不改制度，就要换换皇帝。在中国历史上，不仅有一朝天子一朝臣，也出现过一朝臣子一朝天子。

诸位参与诛灭吕氏家族的朝臣都觉得，少帝刘弘、梁王、淮阳王、常山王，总之，只要以前被说成是刘盈的儿子的人，现在都不是刘盈的儿子。他们不是刘盈的儿子，全都是吕雉杀了他们母亲后，将他们养在后宫，封地称王，以增援吕氏家族。现在诛灭吕氏全族，这些孩子也不能留在宫中，他们需要给别人让位置。刘盈的这些儿子很可怜，父亲活着时，他们没有得到父爱，父亲死后又要被奶奶摆弄，奶奶死后，他们连住处都没有。

陆贾是对的，只要"将相和"，天下就是将和相说了算，陈平和周勃主持商讨另立新皇帝之事。要立新皇帝，候选人不外乎在皇子和皇孙中。皇子辈中，只有默默无闻的代王刘恒和年幼的淮南王刘长；皇孙辈中，齐王刘襄一枝独秀，在众皇孙中就如鹤立鸡群。刘章有眼光，知道他哥哥刘襄在皇孙辈中的地位，于是提议刘襄为新皇帝。

刘襄的封地有七十座富庶的城池，此次诛灭吕氏，他领兵驻守济南郡，虎视眈眈地凝视吕氏家族，威慑力很大。他二弟刘章挑战吕雉，诛杀吕产，除去吕氏家族中最厉害的武将，护卫未央宫，功劳不薄。他三弟刘兴居对诛灭吕氏家族的贡献也不小。陈平和周勃又答应将赵王和梁王之位送给刘章和刘兴居。刘襄外有精兵，内有刘章和刘兴居声援，不少人提议恭迎他入宫为帝。

少数大臣争论道："正因为吕氏家族凶狠，才差点灭绝了刘氏宗庙，立皇帝要选母舅家族不凶狠的。齐王刘襄的母舅驷均为人蛮横，凶狠得紧，不能立齐王。如果立齐王，恐怕会出现第二个吕氏家族。"刘泽是这种观点的极力鼓吹者。

刘泽被刘襄蒙骗扣留，地被抢，兵被夺，耿耿于怀。他嘴上说到长安为刘襄争取皇位，怀的却是一颗捣乱的心。朝臣提议立刘襄为帝，他第一个不同意，大吹刘襄母家的坏处。刘氏宗族中，刘泽身份最尊，他持此议，朝臣不便争执。刘泽说几句夸张的话，刘襄的皇帝梦便破了，这就是仇恨的力量。

朝臣们用心寻找母家不恶的皇子，想到刘恒时，众人的眼睛陡然雪亮。刘恒的母亲薄姬坚忍淡然，不争强好胜，不拉帮结党，俨然是位贤妻慈母。薄姬孤家寡人一个，她的娘家早已破散，只剩一个弟弟薄昭。薄昭和薄姬一样，坚忍克制，安分守己。一句话，刘恒是位默默无闻的好皇子，他母亲是位默默无闻的好母亲，他母亲的娘家更是默默无闻的好娘家。

朝臣一致认为，代王刘恒是现存皇子辈中最仁和，最宽厚，最孝顺节俭的。他老娘薄氏是天下最善良的人，不会整人，只会被人整。他舅舅薄昭是天下最温顺的人，不会管人，只会被人管。刘恒品德合格，他外家的条件满分，全体朝臣一致同意立刘恒为新皇帝。

默默无闻的刘恒赢得选举人的全部投票。

魏媪说薄姬能生天子，魏豹相信薄姬能生天子，薄姬对刘邦说她能生天子……算命之言多么令人心动，谁知吕氏被灭后，多年之前的算命之言竟然真的成了现实。

刘恒能当皇帝，刘恒自己一定第一个不信。

"顺天意"刘恒称帝

刚听说吕氏被诛，使者就请刘恒前往长安登基称帝，这是一个多么吓人的笑话。刘恒一生默默无闻，没为诛灭吕氏贡献一丁点力量，论品格，讲资历，都轮不到他做皇帝。周勃突然给他这么个大馅饼，刘恒真不敢啃。

刘恒母子好不容易逃出长安，逃出赵王之位的陷阱，他母子二人从没奢想大富大贵，只求继续淡然地生活。周勃遣使前来，刘恒不问这块馅饼是好是坏，他只想知道自己该怎么办。

"那些大臣都是高祖皇帝的旧部，能征善战，阴谋诡计多得很。他们迎立你为皇帝是名，内心阴谋却深不可测。他们设此圈套，主要是畏惧高祖皇帝和吕后的余威。刚刚诛灭吕氏，长安人心不安，他们要以迎立你为名，做点表面功夫。我劝你称病留守，静观其变。"郎中令张武主张拖延不往，静观其变。张武说周勃等有阴谋，却只能说对方的阴谋深不可测，等于白说。薄姬母子相依为命，能活到今天，全靠淡定自持，静观其变。张武一席话，没说上重点，却说出了刘恒心中所想。刘恒是保守主义者，他不敢奢求生活变得更好，只求生活不要变糟。

可是，中尉宋昌不同意张武的提议，他建议刘恒前往长安，并且列出几条理由：第一，秦朝行苛政，诸侯并起，最终是刘氏称帝，这人人都知道，因此皇位还是刘氏的；

第二，刘邦分封子弟为王，各位王的封地都互成地利之势，天下疆土格局难以变动；第三，大汉王朝废除苛政，法令严明，广布恩德，百姓安居乐业，不愿遭受战乱；第四，吕雉狠毒，但周勃持节进入北军大营后，将士人人表示支持刘氏，这是天意使然，而非人为；第五，就算大臣想起事，百姓也不听他们使唤，再说长安有刘章和刘兴居等宗亲，外有吴王、楚王、淮南王、琅玡王、齐王和代王等守御边疆，天下还在刘氏手里。宋昌说了这么一大堆，结论是：代王资格最老，仁爱贤孝，天下皆知，大臣是真心迎立，可以放心前去。

很明显，宋昌的话井井有条，比张武的有说服力。刘恒虽然明白，心中却没底，因此不敢贸然前行。刘恒个性小心谨慎，一时踌躇难决，便去问老母亲薄姬。凡遇大事，刘恒都要和老母亲商量。

自从魏豹死后，薄姬的一生都在等待。等待久了，判断力迟钝了，无论遇见什么，薄姬都不敢拿主意。天幸，她母亲教给她一项独门功夫：求神问卦。

傻人有傻福，这话是用科学证明不了的真理。薄姬给刘恒卜一卦，这一卦是好卦：大横。古人卜卦，用烈火烧烤乌龟壳，依据火焰灼烧的裂痕判断卦象。大横，就是乌龟壳被烧裂后全成横排，没有竖列，也没有斜纹。烈焰灼烧，乌龟壳竟然全是横排，没有竖列，还真有点奇。

据卦词所言，大横代表：大横庚庚，余为大王，夏启以光。意思是：大横预示更替，我将为王，光大祖上基业，就像夏启继承大禹。

刘恒大惑不解，说他已经是王了，还要成为什么王。巫师说："是大王，而不是王。大王，是天子的意思。"

天子就是皇帝，他还没出生时，魏媪就说薄姬能生天子，薄姬又跟刘邦说她能生天子。现在，卜辞预示他将成为天子，刘恒开始相信了。刘恒不是相信卜辞，而是相信天意。薄姬一步步走到今天，真是天意。刘恒能当上皇帝，更是天意。

宋人魏了翁作了首词，《八声甘州》，最后两句是：算眼前、未知谁恃，恃苍天、终古限华夷。还须念，人谋如旧，天意难知。

天意果真难知，就算知道"刘恒乃天子"是天意，谁又会信这样的天意？有的历史学家觉得，历史是天意造就的，个人无能为力。面对天意，刘恒同样无能为力，因此他小心谨慎。大凡小心谨慎的人，都是无能为力之人，项羽力能扛鼎，他从不小心留意。上天要谁死，就先让谁狂，吕雉很狂，那是死亡的前奏。

面对天意，刘恒还是小心谨慎。他派舅父薄昭前赴长安，向陈平和周勃等探明虚实，证明迎立一事是真是假。薄昭随刘恒母子从吕雉的魔抓中逃到代郡，忠心耿耿，精明能干，刘恒信得过。到长安后，薄昭求见周勃，周勃将迎立刘恒的原因细细说明。周勃不会作伪，薄昭见他真挚诚恳，即刻回报刘恒：迎立是真，可以前去，放心。

熬了这么多年，薄姬熬白了头发，刘恒熬垮了身体，终于熬出头了。宋昌所言成真，刘恒拜为参乘，张武前往长安报信：新皇帝就要来了。

先派薄昭探听，又派张武报信，刘恒是想排除一路上潜伏的各种不安。他深知，走向皇位的道路曲曲折折、坎坷难料，越看似光明平坦的大道，脚下隐藏的危机可能性越大。平安来到高陵之后，刘恒又派宋昌先到长安报知，欲引陈平和周勃等前来迎接。

刘恒这一招叫做力未到先造势，他不知长安虚实，只能先造声势，让百姓都知道朝臣迎立他为皇帝。百姓知道他是皇帝，众怒难犯，朝臣就不敢随意摆弄他。

当张武来到长安，陈平和周勃听说皇帝将到，率领群臣，齐往渭桥等候。宋昌见渭桥黑压压的一大片，峨冠博带，全是官员，马上回报刘恒：安全得紧，可以动身。官员全体出迎，声势足了，皇位龙椅被安稳了，刘恒即刻前进。

刘恒一到，百官下跪迎接，口中说尽感恩戴德之语。屁股还没坐上皇位，刘恒不敢轻易地受礼，见百官下跪，忙下车还礼，态度恭谨至诚。迎立如此谦恭有礼的皇帝，周勃心怀大畅，满腹得意，骄傲地走到刘恒身边，轻声说："我们私下谈谈。"

皇上如此谦恭有礼，周勃立此大功，一颗心不禁开始骄傲。宋昌见周勃脸有得色，恐他居心不良，大声说："如果说的是公事，就公开说；如果是私事，皇帝没有阴私。"此言一出，群臣都吃了一惊，周勃更是冷汗直冒，退后几步，恭恭敬敬地奉上玉玺。

玉玺是皇帝的象征，掌管玉玺就是掌握皇权。周勃双手奉上，刘恒婉言谦让，坚拒不接。群臣多番相劝，刘恒还是婉言相拒，最后说到代王府邸商议。皇位，人人想坐；皇帝，人人想当。刘恒就是既想当皇帝，又会坐皇位的人。朝臣因他谦恭仁厚而迎立他，他自然要表现得非常谦恭仁厚，力求名副其实。

刘恒进入官邸，群臣全体跟随。刘章和刘兴居等宗室人员一起说："刘弘那家伙不是孝惠皇帝的亲生儿子，他不能侍奉宗庙。群臣已经和琅玡王、宗室、大臣、王侯等商议，认为代王是高祖皇帝的孩子，理应继承帝位。"

谦让多次，刘恒这次来个逐个击破，将那些有可能接任皇帝的人说出，让朝臣全体否决。如果朝臣否决了所有人，他就能安心继位称帝。刘章等人话中没提及楚王，刘恒就说让楚王为帝。群臣说楚王和其他王的母家凶恶得紧，畏惧外戚擅权，不能让他们当皇帝。朝臣恭请刘恒受玺称帝，刘恒坚拒。朝臣多次相劝，刘恒屡屡拒绝，一来二去，刘恒多次向西、向南谦让。东西向、南北面是古代的礼仪方位，刘恒如此做，表示坚拒不受。刘恒多次相拒，群臣又烦又累，该是大人物出马了。这时，言语最有分量的陈平说："我认为你侍奉刘氏宗室最合适，天下诸侯、王国、将相和百官等都认为你合适。为苍生着想，你还是接受玉玺称帝为好。"

陈平的话表示所有人都同意刘恒称帝，刘恒多次谦让，就要这个结果。陈平话音刚落，刘恒即刻受玺称帝。陈平会说话，所以一语中的；群臣不会说话，便是枉费唇舌。面临大事，还是需要大人物来解决。

欲行非常之事，必要非常之才。陈平是非常之才，能办非常之事。

刘恒登基称帝，开创了大汉的"文景之治"。

别开生面的刘恒

千呼万唤，刘恒方始称帝，犹如琵琶女。琵琶女上场，就要为她清理现场，腾挪出表演地方。刘恒称帝，朝臣就该为他清理现场，腾挪出大展拳脚的舞台。

新皇帝要住未央宫，旧皇帝就不能住。在诛灭吕氏这场大战中，刘兴居没大功，主动请缨，希望补功。夏侯婴驾车，载着刘兴居前往未央宫清宫。刚进宫门，刘弘的几位侍卫持戟横拦，不让进入。刘兴居详细跟刘弘的侍卫道明来由，侍卫于是自行退去。

刘兴居告诉刘弘，他不是刘盈的儿子，不能当皇帝。刘弘很纳闷，以前他明明是刘盈的儿子，为何现在突然不是了？夏侯婴抱刘弘上车，刘弘轻声问道："你要将我安置到哪里？"夏侯婴回答："就在少府，路途不远。"

大汉王朝，在载主逃亡的意义上说，是被夏侯婴的马车拉出来的。项羽追击刘邦，夏侯婴发挥超前车技，车奔如飞，保住狼狈不堪的刘邦和懦弱无能的刘盈；冒顿围困刘邦，夏侯婴再次发挥超前车技，潜行暗走，保住胆战心惊的刘邦。现在，夏侯婴老而弥坚，不辱使命，将平安送走刘弘，迎来孝文皇帝的美好时代。夏侯婴忠于刘氏，百年不变，接送刘邦尽心尽力，送走刘邦的子孙同样尽心尽力。

这时变故又生。刘恒入住未央宫，却有几个不知死活的侍卫持戟相拦，说皇帝在内，不让进入。周勃立即晓谕，说旧皇帝是假的，被废了；眼前的是新皇帝，是真的。侍卫闻言退让，刘恒才得以平安进入未央宫。入宫后，刘恒封宋昌为卫将军，镇抚南北大军，护卫皇室安危，另封张武为郎中令，管理宫中事务。

刚入未央宫，竟然有人持戟相阻，大大不利，刘恒心里微有不快。为消除刘恒的顾虑，减少对将来不必要的隐忧，刘弘兄弟的死已不可避免。刘盈生的几个儿子，淮阳王刘强、襄阳侯刘山、轵侯刘朝、壶关侯刘武，命苦如斯，可悲，可泣！

刘恒很仁厚，大赦天下。大赦天下是皇帝登基后必做的一件事，但有些人不能赦免，例如假皇子刘弘兄弟。

公元前179年，刘恒登基，为孝文帝，史称孝文元年。孝文帝仁爱宽厚，广行德政，开启了日后被称为"文景之治"的治世大门。

朝臣选立天子，天子也要任免朝臣，赏善罚过。人的好恶常常成为善过的标准，这对大权独掌者尤其如此。刘恒称帝后，先封老臣宋昌和张武，全凭个人意愿。刘泽倡议迎立刘恒，功劳尤高，刘恒封他为燕王，也是个人意愿作怪。刘恒迟迟不封勇猛功高的刘章和自告奋勇的刘兴居，还是个人意愿作祟。

刘恒登基称帝之后，陈平称病，辞去右丞相一职。陈平智深谋远，跟随刘邦，劳苦功高，突然辞职，刘恒十分纳闷。刘恒相问，陈平坦言相告，说随刘邦打天下时，周勃功劳没他大；诛灭吕氏，周勃功劳高过陈平。陈平之意，欲让周勃为右丞相。刘恒采纳，封周勃为右丞相，陈平为左丞相，灌婴为太尉。

刘恒将城阳郡、济南郡和琅玡郡等归还刘襄，让齐国封地七十城得以圆满。刘襄起兵大闹，声势最响，影响力最强，最终只能复归齐国的地盘，心中老大不爽。刘章和刘兴居等了几年的封赏，刘恒却将赵王送给赵幽王之子刘遂，并封他的儿子刘揖为梁王。刘章和刘兴居冒生命危险，费了九牛二虎之力，大哥刘襄当不了皇帝也就算了，甚至连陈平和周勃许诺的赵王和梁王之位都没了，心中好不郁闷。

苦了几十年的薄姬终于等到儿子成为天子了。薄太后让孝子刘恒再次赏赐诛杀吕氏有功的人，这次封赏多给物质奖励，只有刘揭例外，被封为阳信侯。周勃将此次所获的封赏全部转赠给薄昭。

两年后，即孝文二年（公元前178年），刘章和刘兴居终于等到封赏。刘恒称帝后，知道刘章和刘兴居的本意是迎立刘襄为皇帝。刘肥这三个儿子虽然劳苦功高，但他们都是为自己打算，刘恒心里不高兴。因此只从齐国割两郡给他们兄弟俩，封刘章为城阳王，封刘兴居为济北王。诛杀吕氏，他们三人率先揭竿而起，高竖义旗，最终却是齐国被割，封地狭小，三兄弟满腹怨言。

刘恒称帝几年了，还没立太子，大臣屡屡谏劝。刘恒多次说自己德薄功微，不配册立太子，朝臣又再相劝，刘恒应从，立刘启为太子。刘启很像刘恒，仁爱厚道，孝顺长辈。太子册立，母凭子贵，刘启的母亲窦姬就是皇后，人称窦皇后。后宫定了，朝臣定了，封国定了，刘恒的天下运行顺利，赋税少、徭役少，人民生活自然安定了下来。

宽和仁厚是刘恒的性格，在他治下，政治清明，刑罚少用，连坐之罪也被废除。

刘恒性格温文，心地善良，体惜百姓，打算大减刑罚，凡有罪行一律从轻发落。一次，他问右丞相周勃朝廷一年断几件案子，周勃答不上；又问一年收入多少钱谷，周勃还是答不上。皇上相问，周勃回答不出，后者顿时骄傲之气全消，汗流浃背。

无奈之下，刘恒只得垂问陈平，陈平回答有专业人士管理，例如断案就要问廷尉，钱谷就要问治粟内史。刘恒说，既然如此，丞相有什么作用。陈平说丞相上辅助天子理顺阴阳，调顺四季，下镇扶诸侯，安抚百姓，使百姓生活好，将百官管理好。陈平言人所欲言而不能言，刘恒敬服，不再相问。

退朝之后，周勃责备陈平，怪陈平事先不教他。陈平说周勃是右丞相，本该知晓，又说，“如果刘恒问长安有多少盗贼，又怎么回答？”陈平一语，问出周勃好多心中烦恼。周勃突然顿悟，知道这类问题不能直接回答。倘若不能直接回答，但周勃为人木讷，思维呆滞，口才不好，根本不能回答。

经此一事，周勃敬服陈平智慧，甘拜下风。周勃知道难以胜任右丞相一职，让右丞相给陈平，担任左丞相，刘恒欣然允可。

陆贾再赴南越

吕雉临朝称制，落得个天怒人怨。吕氏家族被诛，遗留下一个大大的烂摊子，这个烂摊子就是南越。吕雉限制与南越贸易，南越王尉佗一怒之下自称为帝，与大汉分庭抗礼。

刘恒登基后，展眼南望，尉佗称帝的事实像一枚铁钉嵌在大汉的版图上，让他心生不安。天无二日，地上不能有两个皇帝。刘恒进入未央宫，因几个侍卫以保护皇帝之名横戟相拦，就下令诛杀刘盈的儿子。对待亲人如此，对待尉佗就更不能妥协。

为说服南越，陆贾使尽平生所学，大费唇舌，舍命相陪蛮横不知礼的尉佗，牺牲君子之态，辱没斯文，数日才将尉佗安抚住了，使其向大汉俯首称臣。尉佗不学无术，陆贾相陪他的那些日子，遭遇满口粗话，忍受种种无知举动，只觉得生命虚耗，意义全无，恨不能插翅飞回长安。陆贾受尽千般苦换来大汉一方平安。刘邦死后，吕雉却不知好歹，为了几件贸易上的小事得罪尉佗，致使兵戈又起。

吕雉只会整人，不懂安抚之道。她擅权期间，有人进谗恶意中伤南越，她竟然听信谗言，不卖铁器给南越。南越乃蛮荒之地，山地崎岖，泥土中沙石极多，没有铁器就不能耕种，不能耕种势必颗粒无收。民以食为天，倘若食不果腹，南越必然大乱。铁器对南越极其重要，吕雉禁止买卖，尉佗对她恨入骨髓。吕雉还命令只卖雌牲畜给南越，然而耕田种地都需要雄牲畜，此举分明欲断绝南越的经济命脉。

国家遭此大害，尉佗难以忍受，终日痛恨萦胸。加上他又听说，真定故乡先人的坟墓被毁，亲人尸体被弃荒野，族中兄弟被害，家破人亡，十分凄惨。陆贾为使，游说尉佗就提到他真定故乡，意在表明一旦尉佗归附，汉朝必厚待他族中手足。听说故乡族人横遭惨祸，尉佗当即发兵，直取长沙王。尉佗认为，长沙王国与南越相接，进谗中伤之事必是长沙王所为。长沙王中伤南越，必怀兼并南越之心。因此，尉佗进军直取长沙，大军所向披靡，一连攻陷好几座城池。

汉朝限制与南越的贸易，南越百姓深受其害，军士痛恨吕雉，个个奋勇争先，锐不可当。南越军势大，长沙地寡兵疲，无力相距，马上发书遣使告急。吕雉派军迎敌，大军攻入南越境内，时逢盛夏，水湿蒸腾，瘴气横行，疾病多发，大军不敢翻越山岭前进。汉朝军队原地驻扎，欲待瘴气稍减，再度前进。南越军装备落后，不敢与汉军正面相交，闭城坚守。两军对峙，不敢互攻。

吕雉死后，吕产和吕禄无能，于是撤兵回朝。汉军撤出，危险暂除，尉佗趁机贿赂闽越、西瓯和骆越，收归南越。南越合并三地，东西绵延一万多里，领土扩展，势力大增。尉佗不可一世，划界称帝，住黄屋，用大纛，摆明与刘恒并立。

尉佗称帝，刘恒难以忍受，但不发兵。首先，他仁爱，不愿看见杀伤；其次，南越湿热蒸腾，瘴气横行，出军不利；第三，除周勃和灌婴外，汉朝并无大将，周灌二人年老，刘恒不想看见他们死于征战；第四，陆贾曾凭三寸不烂之舌，说服尉佗归附，刘恒想故技重施。

时代不同了。刘邦和吕雉都不会搞文饰以安抚朝臣，刘恒却很擅长。他派人到真定，修缮尉佗宗族先人的坟墓，安置守灵官守灵。寻访尉佗宗族兄弟，提拔有能力者入朝为官，对其他人优礼相待。刘恒亲笔修书一封，命陆贾带信前往，善言劝导尉佗去黄屋，毁大纛，北向称臣。

刘恒使人散播消息，陆贾还没到南越，尉佗就听说朝廷修缮他真定先人的祖坟，置守灵官守灵，提拔他宗族兄弟为为官，优礼善待他宗族人员。听说陆贾奉汉朝之命，带信前来，尉佗出城迎接。陆贾教训过尉佗，尉佗知道陆贾厉害，对陆贾极为敬服。尉佗接过刘恒的信，除了虚文礼节外，信上大致说：

你我之间的事是一场误会，全是吕雉从中作梗。吕雉死了，我给你宗族先人修坟，封你宗族兄弟为官，善待他们。你不要再侵犯长沙王了，一打两边都有死伤，对大家都不好。我保证，只要你承认我，北向称臣，高祖皇帝答应你什么，我照样给你什么。

陆贾对尉佗说，吕雉不是好人，因此刘恒将吕氏家族全诛了。刘恒仁爱厚道，怜惜朝臣，爱惜百姓，是个不可多得的好皇帝。汉朝发生那么多事，刘恒能活着下来当皇帝，那是天意，力劝尉佗北向称臣。陆贾以自身经历为例，证明吕雉之恶，刘恒之善，他说吕雉擅权时，他远离朝廷，躲避祸乱；待吕氏被诛，刘恒称帝，他才入世为官。

尉佗平素敬服陆贾，陆贾如此称赞刘恒，他觉得刘恒不会言而无信。尉佗不想闹事，回了一封同样言辞恳切的信给刘恒。尉佗像刘恒一样，将一切过错都推给吕雉：

我尉佗是无辜的，这都是吕雉不同意高祖皇帝的贸易条件所引发的；只要继续贸易，我同意称臣。

陆贾出山，又一次说服尉佗归附，可以说是功高。

唐人许浑作了首七律诗，《登尉佗楼》，歌咏陆贾游说南越之功：

刘项持兵鹿未穷，自乘黄屋岛夷中。
南来作尉任嚣力，北向称臣陆贾功。
箫鼓尚陈今世庙，旌旗犹镇昔时宫。
越人未必知虞舜，一奏薰弦万古风。

第十二章　刘长和刘兴居的反判样本

朱建报恩审食其

刘恒仁厚慈爱，宽政爱民，实行休养生息政策，几年下来，国家日渐强盛，百姓生活逐步殷实。就在国家渐渐强盛，百姓生活开始富裕的这几年，各地侯王和朝臣相继去世。去世的重要人物有：楚王刘交、齐王刘襄、丞相陈平、燕王刘泽和城阳王刘章。

当初，刘恒称帝，因恶刘襄三兄弟怀有异心，给勇猛功高的刘章和劳苦疲惫的刘兴居封赏微薄，最后还削割齐国的两座城池，他三兄弟怨言塞胸。实力最大的刘襄走了，豪气干云的刘章也走了，只剩下无用的刘兴居。刘兴居既无用又孤单，成不了大气候。刘恒可以安然躺在大汉江山的舒适怀抱里，垫高枕头，闭目酣睡，不必担心。

在吕雉专权的时候，刘邦的几个儿子相继被诛杀，再经岁月催逼，刘邦只剩两个儿子活在世间：孝文帝刘恒和淮南王刘长。刘长年幼，但生性乖戾，骄横霸道，是个难以管教的孩子。仗恃刘恒对他的喜爱，刚刚登上历史舞台，他就演了一出先斩后奏的大戏，那就是：斩杀审食其。

审食其是吕雉的宠臣，甚至是吕雉的相好。俗话说，物以类聚，人以群分。审食其跟随吕雉，他的品行也好不到那儿。曾有人对刘盈说，审食其和吕雉通奸，秽乱宫廷。审食其和吕雉的关系本就暧昧，刘盈听后，不敢动他母亲，立刻命人抓捕审食其，准备诛杀。臣下与主人通奸，诛杀臣下，遮盖主人过失，这是中国宫廷的惯例，刘盈只是照例行事。刘盈因通奸事诛杀审食其，吕雉知道刘盈顾及她的脸面，不好出面求情。

朝臣深受吕雉擅权的毒害，人人欲审食其先死而后快，没人出面求情。审食其深陷牢狱，害怕被诛，使人找朱建帮忙。审食其曾经帮助过朱建，朱建欠他一份恩。朱建品行高尚，傲骨自矜，所以必须回报审食其的恩情，争取早日与审食其断离关系。朱建的这种君子品行，通常被说成是报恩文化。本尼迪克特在作品《菊与刀》中有论述，她认为报恩文化被深深内化于个体心灵，个体不愿欠恩，有恩必报，倘若不报，会心负内疚。

像陆贾一样，朱建也是楚国人，也同样是辩士，有张利口。起初，朱建是英布的相国，后来犯事被罢免，不久重又担任英布的相国一职。英布造反，朱建劝阻英布，英布不听。英布兵败，刘邦感激他对英布的劝谏，封他为平原君，迁他入长安。刘邦做事有头无尾，迁朱建进长安，却不管他生活，让朱建在长安自生自灭。朱建自负清高，不肯随便结交，长安炊桂爨玉，没多久，朱建就“举家食粥常赊”。

虽然人贱，但审食其知道何为贤人。他见朱建辩才无碍，人品高洁，登门结交。朱建深恶审食其，扫地逐客，关门拒绝。朱建老母亲身死，没钱安葬，朱建找陆贾帮忙。陆贾答应相帮，但不是直接给朱建安葬费，而是间接帮助。

陆贾是辩士，辩士就无处不到，无消息不知。朱建拒绝与审食其交往，他便有心拉拢朱建和审食其。送朱建出门后，陆贾就去对审食其大道恭喜贺喜，说朱建的老母亲仙逝。审食其很纳闷，说朱建的老母亲死了，陆贾怎么到他家贺喜。陆贾说，朱建穷得叮当响，没米下锅，他老母亲死了，急需安葬费；如果审食其及时送钱去帮助，日后审食其有事，朱建必定效死力。

审食其带金带银前往，朱建没拒绝。朱建是君子，君子必孝。为自己，朱建守身如玉，宁折不弯；为母亲，朱建能屈能伸，宁屈不折。徐庶因为老母亲，离刘就曹，被传为佳话。朱建与徐庶，在人格上都很相似。

同是辩士，陆贾门门通，样样吃，只要送到他眼前，他绝不拒绝；朱建自负清高，目下无尘，不肯下交，以致穷困落寞。朱建与陆贾的差异，不仅在辩才上，更在人格上。

审食其深陷牢狱，使人找朱建帮忙，朱建说监狱看管紧得很，不敢探监。朱建没去见审食其，去见刘盈的宠臣闳籍孺。他对闳籍孺说："人人都知道，你是皇帝的宠臣。皇帝欲诛审食其，人人都说是你想杀审食其，进谗之故。审食其是太后的宠臣，如果审食其被杀，太后必然想法子杀你泄恨。如果你在皇帝面前美言几句，审食其被赦，太后高兴，你必有好处。"闳籍孺畏惧吕雉，在刘盈耳旁美言几句，刘盈真的放了审食其。

都说宠臣害事，果然不错。闳籍孺几句话，刘盈竟然放了与自己母亲有通奸嫌疑的恶人，真是笑话。审食其出狱后，知道朱建相救，深感大德。

朱建救了审食其一命，他却因此而死。

刘长骄横杀人

之所以叫审食其逃过一劫，全因刘盈不能当机立断。刘长吸取刘盈的教训，当断则断，先斩后奏。

当初刘邦十分痛恨张敖，常常辱骂。张敖没其他法子，只能卖乖讨好，经常送些东西给刘邦，尤其是美女。刘邦逃出平城，来到代郡，到张敖府上休息，张敖送了位赵美人给刘邦。

刘邦这个好色之徒，一晚上就使赵美人怀孕。可是赵美人一怀孕，他却拍拍屁股走人。刘邦走后，张敖不敢慢待赵美人，也不敢亲近赵美人，在赵王府附近为赵美人搭了间小房。贯高等行刺事发，赵美人也被逮捕入狱。

赵美人告诉狱卒，说她怀有刘邦的孩子。狱卒惊恐，立刻上报。刘邦正在气头上，便坐视不理。赵美人之弟赵兼见事情紧急，去求审食其帮忙，说赵美人怀有龙子，恳求吕雉在刘邦面前美言几句。审食其是个庸人，眼见短浅，只将事情告知吕雉。吕雉痛恶刘邦多情在外，妒恨交加，恨不能将赵美人活剥生吃。

在狱中生下孩子后，赵美人又痛又恨，一头撞墙而死。赵美人撞墙死后，刘邦很后悔，给赵美人的遗孤取名为刘长，交给吕雉抚养。取名为刘长，自然是希望他健健康康地生长，长得牛高马大，雄壮威猛。《汉书》记载，"厉王有材力，力扛鼎"，这厉王，就指刘长。刘长确实长得雄壮威猛，但不是健健康康地生长，而是愤恨塞胸、怒气勃勃地生长，以致性格乖戾暴躁。

长在宫廷的刘长自然天天见到审食其和吕雉的暧昧交往，日日见到审食其那张惹人切齿生恨的马脸。刘长认为，他母亲之死，全因审食其不肯在吕雉耳畔美言劝谏，将一腔怨恨倾倒在审食其身上。仇人相视，分外眼红。刘长年幼，他稚嫩的胸腔容不住仇恨，但又不能斩杀审食其以泄恨。

刘邦杀了英布后，封刘长为淮南王。吕氏家族掌权期间，刘长命悬人手，没机会报仇。刘恒称帝后，刘长认为他是刘恒最亲的人，因此骄纵之气日升，变得目空一切，不可一世。

刘恒仁爱，他怜惜刘长身世之惨，遭遇之悲，因此对刘长非常宠爱。刘长犯错，不守国家法令，刘恒视而不见，于是刘长越发骄横。

袁盎曾规劝刘恒对刘长严加管教，刘恒不听。

公元前177年，即文帝三年，刘长进长安朝拜。刘恒带领刘长去打猎，让刘长同坐帝辇。刘长近亲情，讲血缘，开口闭口都称刘恒为“大哥哥”，同刘恒关系极近，连同薄姬在内，人人都对他三分敬畏，七分忌惮。

打猎回来，刘长径直去审食其府。审食其急忙出迎，刘长一不说话，二不问罪，掏出袖子里的金椎，一椎就刺死审食其。刘邦进入关中时，曾与民誓约：“杀人者，死”，因此刘长命随同捆绑自己，前去向刘恒请罪伏诛。面对袒胸露背的刘长，刘恒心下恻然，不知如何是好。

刘长说，他杀审食其的理由有三条：第一，他母亲因张敖之事被捕入狱，作为吕雉的宠臣，审食其没有极力善言相劝，致使他母亲屈死狱中，审食其犯不谏之罪；第二，刘邦的宠妾爱子，刘如意母子身遭摧残，无辜被杀，审食其不谏，坐视不理，又犯不谏之罪；第三，吕雉擅权，吕氏作威作福，危及刘氏，审食其不谏，又犯不谏之罪。作为宠臣，在吕雉擅权期间，审食其不仅犯不谏之罪，还犯了为虎作伥之罪。

见刘恒面露宽缓之色，刘长知道“大哥哥”心有赦免之意，立刻大声说：“我替天下人诛杀贼子，为母亲报仇，天经地义。”

心软的刘恒同情刘长的遭遇，怜惜他的用心，顾念他是唯一存活的弟弟，便赦免了他的罪，放他回淮南。

刘长因个人喜恶诛人，此举有违法令，但他毕竟做了一件人人想做而不能做或不敢做的事。唐人高适写了首诗，《辟阳城》，旨在言明审食其之恶：

荒城在高岸，凌眺俯清淇。传道汉天子，而封审食其。
奸淫且不戮，茅土孰云宜。何得英雄主，返令儿女欺。
母仪良已失，臣节岂如斯。太息一朝事，乃令人所嗤。

刘兴居兵败自杀

刘兴居三兄弟，继承了父亲刘肥富庶的七十城，加上刘襄的野心、刘章的勇猛和他本人的任劳任怨，原本可以轰轰烈烈地大干一场，身居高位，扬名后世。然而，时乖命蹇，偏逢吕氏家族专权擅势，自己又被迁入长安，封为东牟侯，受人钳制。

在酒宴上挑战吕雉，最后诛杀吕产，刘章令刘兴居好生敬慕。他兄弟二人在长安起事，让刘襄领兵西进，共同诛杀吕氏，准备夺取皇位。然而，刘章勇猛过头，一举铲除了吕禄和吕产，致使长安燃不起战火。长安没有战乱，刘襄没有进兵理由，只能悻悻然领兵回国。

援兵撤走，他兄弟二人势力大削，被周勃等人玩弄于股掌。首先，刘襄的皇位被刘泽等人几句恶言挤入死胡同，这是一大恨事；其次，周勃允诺的赵王和梁王都被刘恒不知好歹地分给刘遂和刘揖，这又是一大恨事；最后，干等了两年，刘恒竟然削割齐国的一郡给他，封为济北王，这又是一大恨事。

人生不能等待，恨事就如黑白无常，专催人命。三大恨事来过后，势力最大的刘襄仙逝，紧跟着，勇猛无敌的刘章驾鹤西追刘襄去了，留下他茕茕孑立。刘恒视他为棋子，他却不愿意当棋子，而是想要整个棋盘。

刘兴居不信命，他只信自己。吕氏家族势力何等之大，手段何等毒辣，他三兄弟都能外攻内扰，一举铲除。刘兴居生活在往昔的辉煌里，他相信逝去的神话终会再现。刘襄死了，刘章也死了，刘兴居很后悔，他本应该早点起事。两位兄弟的去世对他影响很大，他不能再等了，他要起兵造反。

文帝三年（公元前177年），北方的烽火点燃了刘兴居造反的大旗。匈奴人长期休息，手痒了，右贤王南下侵扰上郡（今陕西延安市），边疆告急。刘恒命灌婴领军八万五千，火速赶往。刘恒亲自前往督军，犒劳军士。

此时的灌婴，既是太尉，又是丞相，他身兼两职，显贵得紧。刘恒派这么重要的一位人物出征，只有一个目的：大扬神威。

自大汉建立，匈奴欺汉朝无人，屡屡犯边，汉朝百姓吞这口恶气忍了很久，都想反报。先是刘邦被围受辱，接着就是循环往复的和亲之辱，仁厚的刘恒受不了此等大辱，此次出征必报仇雪辱不可。

因为刘恒、灌婴征战在外，刘兴居觉得汉军和匈奴会打得难分难解，无法掉头护卫长安。汉军刚出长安，刘兴居即刻起兵，欲取荥阳。荥阳是通往长安的要地，刘兴居志向不小。然而，右贤王在边疆打砸抢杀一阵，见汉军兵至，如风卷残云般撤军北归。竖功扬名的机会飞了，刘恒好生失望。

大军调动，虽未交战，既然匈奴撤军，汉军就说得上是胜利而归。来到太原的刘恒，论功封赏群臣。无论是否战斗，只要大军调动，胜利而回，封赏总是要有的，否则皇帝就不称职。刘恒会当好皇帝，一大秘诀就是常常封赏。君王想要朝臣以忠臣之行对待他，他就要以为君之礼对待朝臣。刘恒当皇帝，一句话，以礼对礼，朝臣效命。

身在太原的刘恒，得到刘兴居起兵造反的奏报，说他欲取荥阳。刘恒拔出利剑，匈奴跑了，剑还没还入鞘，刘兴居既然造反，剑刃必然削向刘兴居。刘兴居因封赏少恨刘恒，刘恒更因他三兄弟欲夺皇位而恨他三兄弟。三个死了两个，刘恒就做回好人，送刘兴居一程。

刘恒命灌婴领兵回长安，守卫皇宫；另派一支军驻守荥阳，阻遏叛军前进；最后遣柴武领军十万，直取刘兴居。刘恒只想杀匈奴，不想杀刘兴居，因为杀匈奴能立功扬名，杀刘兴居不免留下骂名。刘恒回到长安，当即布告天下：

刘兴居背德叛上，罪不容诛。济北国百姓，不论是谁，诛杀叛军有赏；曾随刘兴居起兵造反的，只要迷途知返，照赦不误。倘若怙恶不悛，大军到后，攻破城池，玉石俱焚。

布告一下，叛军当即瓦解，刘兴居自杀身亡。这是刘恒的心理战术。

刘兴居错了，他不知道刘恒统治下的天下与吕氏家族时期的天下不同。吕氏家族弄得天怒人怨，人人反对；刘恒广施德政，朝野称颂，无人有二心，怀异志。刘兴居造反，不是因为刘恒对他太薄，而是因为他仍然活在吕氏时代。

溺爱的罪过

读史读到“厉王有材力，力扛鼎”这一句，总不禁想起项羽。项羽气可拔山，力能扛鼎，驰骋天下，傲视群雄，最后兵败垓下，乌江自刎。厉王，就是诛杀审食其的刘长。项羽能扛鼎，刘长也能扛鼎，两人都让人忌惮。然而，项羽拥有的是霸气，刘长暴露出来的却是乖戾之气。

刘长生得人高马大，四肢发达，他诛杀审食其一事，刘恒赦免不究，人们对他的忌惮之心自是有增无减。《汉书》记载，"自薄太后及太子诸大臣皆惮厉王"，意思是说刘恒的老母亲薄姬、刘恒的儿子刘启都忌惮刘长。皇室宗亲都忌惮刘长，朝臣和平头百姓就更加忌惮。

被刘恒"大哥哥"赦免后，刘长回到淮南。犯杀头大罪还能平安而退，不受一点惩罚，刘长自此越发专横跋扈。像刘长这种暴力分子，全身充满激情，绝不屑于干重复的事。杀过人后，如果还杀人，多没意思。据美国心理学家马斯洛说，人的欲望是无限的，分层级的，低层级的欲望被满足后，人就想实现更高一级的欲望。最低层次的欲望是温饱，最高层级的是自我实现。自我实现就是自己完成自己，也就是想干什么就干什么。

能够自我实现的人不多，刘长也努力朝这个方向发展。刘长身为王侯，尊贵无比，世间少有他不能完成的事。如果要挑战自我，那就只有触犯国家法律。

刘长敢想，也敢干。在封地，刘长不用朝廷颁布的法律，而是自己制定。汉朝规定，封国只有行政权，没有立法权，立法权归属朝廷。刘长此举，说好听点，是跟刘恒叫板；说不好听点，就是造反。对此事，"大哥哥"刘恒很淡定，睁一只眼闭一只眼。刘恒不管，谁也不敢管。

刘长制定法律，刘恒坐视不理，刘长似乎觉得没意思。于是，他又玩了一套只有"大哥哥"才能享受的待遇：出入警跸。警跸就是清道戒严，只有皇帝有权享用。尉佗住黄屋，用大纛，刘恒马上派遣陆贾前往处理，不想见到两个太阳。刘长此举，似乎对天下人说，天上有两个太阳。对此事，刘恒同样淡定，还是睁一只眼，闭一只眼。

刘恒默许警跸，刘长就再迈进一步：称制。称制就是以天子身份发号施令。刘长这么做，已不是向天下人说，天上有两个太阳，而是向天下人证明，天上确实有两个太阳。大哥哥的黄老学问很深，以不变应万变。对此事，刘恒同样睁一只眼，闭一只眼。

面对淡定的刘恒，刘长没有心思再耗下去了。他直接上书，要求自己任命官员。当时朝廷规定，二千石以上官员如相国，必须由朝廷任命。刘长上书言语不恭，态度不敬，要求无理，刘恒却装糊涂。周勃劳苦功高，稍有骄君之心，就差点被诛，反观之下，刘恒真的很放纵刘长。

《汉书》说刘恒难以重责刘长，让舅父薄昭写了封劝谏信给刘长。薄昭文词谦婉，态度平和，意思明确：首先，大赞刘长天资好，豪侠果敢，是位不可多得的人才；其次，举一大堆刘长任性妄为的事，例如废除朝廷法令、擅杀审食其，等等，劝其改过迁善；再次，追述刘邦创业之艰，劝刘长守好汉室江山，做位孝子贤孙；第四，指出刘长的不孝、不义、不顺等等地方，并说古代有为安定天下而杀手足的事，以警戒刘长；最后，敦促刘长向刘恒道歉，共享手足之欢。

刘长看信后，很不高兴。

文帝六年（公元前174年），刘长和柴武的长子密谋，派七十多位强壮汉子埋伏于谷口（今陕西省礼泉县东北），准备偷袭，同时通敌南越和匈奴，欲谋大事。世间没有不透风的墙，刘恒知道此事，命人招刘长进长安。刘长胆子极大，一招就来，不称病辞行。刘长敢来，自然是觉得刘恒不会惩治他。

刘长进入长安，丞相张苍等朝臣和宗室要员都建议斩杀刘长，弃尸街头，理由是：

预谋造反。

造反之罪极大，造反之祸极惨。然而，刘恒不忍心重处刘长，只将他发配四川，欲消磨掉他的乖戾之气。临行，刘恒叮嘱一路上给刘长好吃好喝，照管好。刘长坐在有帷幔的槛车里，外面的人看不到里面。车上贴有朝廷封皮，未经允许，不得擅自撕下。

刚刚送走刘长，袁盎就对刘恒说，刘长有今天，全是刘恒娇纵的结果；刘长生性刚猛，受不了打击，如果在途中死了，刘恒就要背负杀弟之名。刘恒被称为仁爱之君，害怕背负杀弟恶名，马上派人追回刘长。

坐在槛车中，刘长对他的侍从说："谁说我勇猛？我被过分娇纵溺爱，以致不知道自己的过错，才会落到今天的下场。"话说完，刘长绝食，死于槛车。

沿途护送的人不敢撕启车封，到雍郡（今陕西凤翔县南），当地官员撕启车封，上报刘长绝食而死。刘恒很伤心，袁盎劝谏刘恒斩丞相张苍和御史冯敬以洗脱杀弟之名。

皇帝有罪，自古都由臣子担当；臣子有罪，再由比他的官阶更低的人担当。由上往下，以此类推，最后斩了槛车经过处的沿途官吏，弃尸闹市。罪名是：沿途没给刘长吃好喝好，致使皇子丧身，按理当斩。

刘恒以王侯之礼厚葬刘长，安排三十户人守冢。为了洗脱杀弟恶名，文帝八年（公元前172年），刘恒封刘长的四个儿子为侯。

虽然刘恒斩杀官吏，封赏刘长之子，民间还是说他杀了自己的弟弟。民间流传一首歌谣：一尺布，尚可缝；一斗粟，尚可舂；兄弟二人，不相容！

刘恒听后很不是滋味，他说当年尧、舜、周公等圣贤都有残杀骨肉的事，天下人称颂周公等人为圣贤。他一时疏忽，刘长绝食而死，天下人为什么抓住这个黑点不饶人？为了洗刷罪名，刘恒右迁城阳王刘喜管理淮南，追封刘长的谥号为厉王。

第十三章　王朝不稳，文人难封

洛阳才子天下一绝

唐人刘长卿作了首七律，名叫《长沙过贾谊宅》，既表达对贾谊遭遇的同情，也表达对自身遭遇的怜惜：

三年谪宦此栖迟，万古惟留楚客悲。
秋草独寻人去后，寒林空见日斜时。
汉文有道恩犹薄，湘水无情吊岂知。
寂寂江山摇落处，怜君何事到天涯。

贾谊是洛阳人。洛阳牡丹天下一绝，洛阳才子也是天下一绝，贾谊是杰出代表。在汉文帝年间，贾谊是才中魁首，文中牡丹。两千多年后的今天，贾谊还是才中大才，文中豪文。后人如此推许贾谊，除了他才高外，他的遭遇也是一大原因。贾谊的遭遇，是大才子遭遇的缩影。

年方十八的贾谊就以背诵《诗》《书》，撰写文章而闻名洛阳，《过秦论》无人不知。河南郡守吴公听说贾谊才高，招贾谊于门下，对贾谊宠爱有加。贾谊在吴公处过了几年大展才华的好日子，然而，天才的日子注定越过越难，除非天才退化为庸才。

光大汉室，造福于民，这是刘恒发下的宏愿。刚登基，刘恒听说河南政治清明，百姓富足，于是提拔吴公为廷尉。吴公惜才爱才，举荐贾谊，刘恒便封贾谊为博士。

于是，贾谊二十出头便进入了朝廷。此后，每当议论朝中事务，别人总是默不作声，贾谊却滔滔不绝。贾谊的每一句话都针锋刺骨，常常道出朝臣们想说却又说不出的意见，其中包括木讷的周勃，有勇无谋的灌婴。贾谊才高如此，刘恒极为赏识，一年多后，破格提为太中大夫。

被破格提拔后，贾谊很高兴，默默立志要展现自己的才华。起初，贾谊只是在朝廷上议论政治，现在，他想要做实事，改革内政。贾谊认为，大汉建都已经二十多年，这二十多年政通人和，局势稳定，是时候创造自己的风格了。

贾谊通晓《诗》《书》，对朝臣服饰、礼乐等儒家的那一套都懂。贾谊根据“五德之运”，推算拟定：汉朝应该崇尚黄色，数字用五，官员的称谓都得依此更改。

改动一人事小，简单易行，要改动整个国家，就不单单是繁琐无比，耗资也颇大。刘恒是个节俭的人，他连皇宫诸人的衣服都舍不得更换，自然不愿意费心更改这些无关紧要的东西。所以，刘恒没通过贾谊的提议。刘恒节俭，的确是好事，但他对百姓的好只是小恩小惠，他并没有将这种好延长、扩大，在这件事上，他显然没有长远地看待。

这个建议不行，贾谊又提了一个——更改国家法令，让列侯们回封国养老。老臣回封地，能削减长安开支，又能驱逐不喜欢的功臣，刘恒何乐而不为？于是，刘恒让周勃带头回封国。

回封地养老就等于退休，汉朝没有这个规矩。贾谊被破格提拔，老臣们本已愤愤不平，现在贾谊又想驱逐他们，怎能咽下这口气。周勃、灌婴、冯敬等老臣预谋伺机报复。

贾谊改革内政，精明能干，刘恒想提拔贾谊位列公卿，此时贾谊二十六岁。公卿是三公九卿的简称，三公指丞相、太尉、御史大夫，九卿指太常、光禄勋、卫尉、太仆、廷尉、太鸿胪、宗正、大司农、少府。公卿食禄二千石，是汉朝高官。老臣们听此追封，个个心生怨恨。于是周勃、灌婴等老臣联名上书："这个洛阳小子，不知天高地厚，专欲擅权，只会坏事。"吕雉擅权的凄厉回声还飘荡在大汉朝堂，一提擅权，刘氏子弟无人不惊，何况是文弱的刘恒。

刘恒知道擅权之祸，也害怕。自此，刘恒日渐疏远贾谊，最后左迁贾谊为长沙王太傅。

一路由长安到长沙，要经过湘水。湘水，就是忧国忧民的大诗人屈原投水而死的地方。贾谊一路伤怀，无处发泄，到屈原投水而死之滨，如逢故旧，顿生相爱相惜相慰之意。贾谊自比屈原，仿佛如伤心人再临伤心地，伤心更增。贾谊既伤身世，又伤才华，于是作了篇名垂文坛的《吊屈原赋》。

《吊屈原赋》作完，屈原贾谊已经浑不可分，谁是屈原，谁是贾谊？好像贾谊生活在战国，又好像屈原生活在汉朝，就像不知道庄周是蝶，抑或蝶是庄周。后世唐人刘长卿拜访贾谊故居，同样感时伤怀，自比贾谊，写了首《长沙过贾谊宅》。

贾谊一篇伤怀文章，满纸哀愁，令人不忍卒读，只说一句话：谗臣当道，好人被贬；举世没有知已，我郁闷难受。贾谊在长沙郁郁哀伤了三年，长沙湿气重，贾谊忧伤难以排遣，外扰兼内愁，身体一天比一天差。三年后的一天，有只像猫头鹰的鸟飞入，立在他的坐席旁边。古人认为猫头鹰不祥，贾谊一腔伤怀，更认为它不祥。贾谊见此鸟，觉得不久于人世，郁郁之愁如长沙的湿气，一日比一日浓。贾谊哀伤陡增，大书悲伤之怀，写了篇《服鸟赋》。

《服鸟赋》感情真挚，言辞洒脱，表达身遭挫折，看透世事，与物遨游的心态。贾谊在辞赋中与物遨游，在现实人生中却看不透世事，执著于用尽平生所学，建功立业，这为他的死埋下了隐忧。贾谊渴望建功立业，不为名，不为利，只为施展才学。贾谊是位才痴，痴情得让人为他感到痛楚。

怪鸟飞来，贾谊给自已占了一卜。卜辞是：野鸟入室，主人将去。主人是将去，但不是去死，是去见刘恒。

刘恒没有开疆扩土的雄心壮志，只求守好祖上基业，让天下百姓温饱。贾谊在刘恒的政治生涯中，是位可有可无的人，所以，见周勃等老臣反对甚烈，就选择牺牲文人贾谊，以稳朝纲。

自古官场风云"只见新人笑，不闻旧人哭"，贾谊由中央贬到地方，大才难用，壮志难酬，心如死灰，郁郁寡欢。

贾谊之死

怪鸟入室一年多后，贾谊深感担忧。一年多的哀伤，贾谊已是形容枯槁，满脸哀伤。

突然有一天，刘恒招他去长安。这一道诏命，就像一星火焰，竟然重燃了贾谊那已化为灰烬的心。贾谊急忙奔回长安，渴望被重用。此时的贾谊身负忧伤，只剩一腔热血。刘恒却心怀神仙之志，只求成仙入道。

刘恒在宣室接见贾谊。刘恒问贾谊鬼神之事，贾谊对答如流。不知不觉夜已深，刘恒听得心神俱醉，不禁移坐席去接近贾谊。刘恒感叹，我有很久没见贾谊，自以为比他厉害，如今才知道不如。贾谊心中暗问，我才高八斗，无所不通，不知是否被用。

唉，刘恒没问贾谊治国兴邦之道，却问鬼神之事，这就注定了贾谊不被重用。后世唐人李商隐《贾生》论述了此事：

宣室求贤访逐客，贾生才调更无伦。
可怜夜半虚前席，不问苍生问鬼神。

刘恒以前没有魄力起用贾谊，现在他则不想。贾谊不是刘恒的重臣，更不是大汉的社稷之臣。贾谊生活在一个君主文弱的时代，主人的池塘容不了贾谊这条蛟龙。

后刘恒任贾谊为梁怀王刘揖的太傅。梁怀王是刘恒的少子，刘恒很爱他，希望他能向贾谊多多学习。

贾谊从长安悲伤到长沙，在长沙悲伤数年。刘恒一纸诏书，他高高兴兴地来到长安，然而刘恒给他的仍然是悲伤。他在长沙是太傅，到梁国仍然是太傅，刘恒只喜欢贾谊做传道、授业、解惑的太傅。

在长沙的这四年，他的上书又得罪刘恒的宠臣邓通。按理说，刘恒此次招贾谊回长安，不会如此冷落贾谊。贾谊受此冷落，原因就在邓通。贾谊生活在夹缝中，最本质的是高才与俗世的夹缝，表现为周勃和邓通等人所造成的夹缝。

邓通是蜀郡南安人（今四川乐山县），是个划船的黄头郎。黄头郎，就是头戴黄帽的人。他受到刘恒的宠幸，全因刘恒的一场神仙梦。刘恒曾梦见自己升天，但是升不上去，有人相推，助他升天，刘恒回头，只见是个将上衣束成带状系在屁股的黄头郎。刘恒痴迷于神仙之道，醒后，在未央宫西南的苍池中找寻这人，果然见一人的穿着如他梦中所见。一问方知此人叫邓通。痴迷于神仙之道的人联想都很丰富，“邓”就是登，邓通就是登通，意味刘恒将通过邓通而成仙。从此两人形影不离。

有一次，刘恒让看相的给邓通看相，看相人说邓通会贫死。刘恒一听，笑了，说：“我身为一国之君，邓通怎么会贫死？”刘恒怕邓通真的贫死，送邓通一座四川的铜矿，让邓通自己造钱。当时朝廷允许私自造钱，刘恒这么做，相当于给邓通一个印钞厂。邓通不负刘恒所望，他造的“邓钱”和吴王刘濞的“吴钱”驰誉天下。

贾谊知道私自铸钱会引起违法乱纪行为，农民将不务本而重商，后患无穷。于是贾谊上书禁止民间铸钱，结果不但刘恒没采纳，还招惹了邓通。

贾谊命途多舛，这次又栽在邓通造就的夹缝里。贾谊悲伤，他悲伤地生活在一个不安且懦弱的年代。匈奴几度入边，肆意抢夺；诸侯王坐大，叛乱连连，刘长和刘兴居就是例子。贾谊才气鼓荡，自然不会坐视不理，他多次上书陈事，其中《治安策》尤为后人推许。

贾谊辞赋写得好，政论开汉室之先，后世的好几位政论家都益于贾谊。《治安策》又称《陈政事疏》，贾谊强调“众建诸侯而少其力”，主张削弱诸侯王权力，力抗匈奴，重农抑商，倡导礼仪教化，谕教太子。贾谊觉得汉室的天下还不安稳，安稳只是表象，如果不控制住诸侯国，将来必出大事。从韩信、彭越、卢绾等人造反的事例中，贾谊总结出：实力越强，越想造反。贾谊建议刘恒对诸侯国实行分封制，将大诸侯分成小诸侯，直到依靠朝廷保护为止。

虽然贾谊给刘恒提了很多意见，但刘恒对贾谊并非言听计从。有的刘恒采纳，有的则没有。贾谊和刘恒的关系，就像卖者和买者的关系。贾谊提出鼓励自杀，鼓励诸侯王或逐臣自杀。刘恒不仅通过，还亲身实践。薄昭杀了一位汉使，被抓问罪。薄昭是刘恒的舅父，刘恒未登基前一直帮助刘恒。刘恒觉得此事棘手，既不想弄个忘恩的罪名，也不想轻易赦免薄昭。正当刘恒困难之际，贾谊的鼓励自杀恰好指了条明路。

狱中惯例，问斩前要饱吃一顿。刘恒派一位公卿去狱中看望薄昭，陪薄昭吃好的，喝好的。让薄昭吃好喝好，目的就很明显。然而，薄昭没自杀。刘恒带领朝臣穿着孝服去薄昭家大声哭丧，薄昭没招了，只好自杀。

贾谊做了太傅，不受重用，他就只能卖才。卖才，不是用才，更不是施展才华，卖才要看有没有买主。偏偏贾谊生活时代的大财主就只有一个：文弱的皇帝刘恒。

文帝十一年（公元前169年），夏，梁怀王刘揖坠马摔死。刘揖死了，贾谊觉得是老师管理失职，“常哭泣”。

一年多后，贾谊去世，年仅三十三岁。贾谊死了，那是生在夹缝中人的死法：愁苦而死，郁郁而终。

怒助匈奴

未央宫中花月夕，歌舞称觞天咫尺。
从来所恃独君王，一日谗兴谁为直？
咫尺之天今万里，空在长安一城里。
春风时送箫韶声，独掩罗巾泪如洗。
泪如洗兮天不知，此生再见应无期，
不如南粤匈奴使，航海梯山有到时！

这首《长门怨》，是南宋大诗人陆游所作，表达了和亲女子对中原君王的思恋与怨嗔。每次和亲，都有人作为陪嫁品，随和亲女子前往匈奴。自娄敬提出和亲之策起，不知道有多少人作为陪嫁品前往匈奴。陪嫁之人背井离乡，也有不愿意的，但无能为力。

在文帝期间，出现了一位报复心极重的陪嫁品——中行说。

文帝六年（公元前174年），长安的桃花、李花竟然在十月绽放。古人相信，天现异相，必有大事。接着，骄横乖戾的淮南王刘长造反，死在贬谪途中，刘恒悲痛伤怀。刘长绝食而死的伤心事还耿耿在胸，冒顿突然写了封信给刘恒：

前几年我匈奴右贤王侵犯贵境，致使两家突生嫌隙，很是不该。为了表示对右贤王的惩罚，我命他攻打月氏。天赐福，右贤王灭了月氏后，楼兰、乌孙等二十六国都归附匈奴，北方已被平定，全在我的掌控之中。匈奴希望和大汉再次和好。

稍有政治常识的人都知道，冒顿这封信表面要求交好，实质是威胁。他平定北方，势力大增，可能效仿南越王，突然在北方称帝。他这封简简单单的信，确实棘手，刘恒招朝臣商议对策。此时的大汉朝廷，真是朝中无人，军中无将，全体同意和亲。朝臣的理由是：匈奴刚统一北方，锐气当头，就算汉朝赢了，那片盐碱地也不好。

刘恒不喜欢打仗，朝臣倡议和亲，正中下怀。如果贾谊在朝，必定大发出兵的宏论。曲高和寡，庸人容不下才人，才人又要遭遇郁闷悲愤的打击。苍鹰落水，只能淡然地低头，闭眼等死，如果勉强挣扎，只会让后人徒增伤悲。

天不遂人愿，汉朝的老故交冒顿接到刘恒的和亲书信不久，寿终正寝。冒顿死后，他的儿子稽粥继位，号曰老上单于。在关键时刻，冒顿走了，以前的努力都白干了，一切都得重来。新单于继位，汉朝要遣送一位和亲女子。

刘恒忙选翁主，翁主指远嫁匈奴的刘氏宗亲女儿。选好翁主，也选了位陪嫁品，这陪嫁品就是中行说。中行说不想去，被迫而行，他走时留下一句话：必我也，为汉患者。中行说的意思是，如果一定要我去，我必定作乱。

中行说说得出，做得到。刚到匈奴，中行说立刻投降老上单于。中行说头脑灵活，也会说话，将汉朝的一切详详细细地告知单于。匈奴人对中原地区的了解不深，颇有畏惧之心，中行说自陈家底，告诉单于大汉朝中无人，军中无将，和亲之弊，逐渐得到了单于的偏爱。

当初娄敬提议和亲，说汉朝公主嫁给匈奴，能够说几句好话，使两家和好。还说没有女婿欺负丈母娘、外孙殴打外公的道理。娄敬一定没想到，中行说成了汉朝的奸细。中行说大肆鼓吹匈奴人脱离汉人物品，摆脱汉人思维，做真正的匈奴人。中行说此举，很像外国侵略者以经济手段入侵时，有识有智之士发出的救亡口号：提倡国货，反对西货。

匈奴人喜欢吃汉人的絮食物，如米饭、馒头等口感细嫩的物品，中行说教导说：“匈奴人还没有汉朝一郡的人多，匈奴之所以强悍，胜过汉人，全因衣食不同。匈奴人所吃的能强身健体，汉人吃的只会使人萎靡不振。如果匈奴人贪图汉食口感好，全都喜好汉物，最终依赖汉物，汉朝只出十分之二的财物就能使匈奴人归附。汉人的衣服容易破，没有毡毯皮袍好；汉人的食物吃不饱，没有肉食充饥。”匈奴人觉得中行说之言有理，放弃渐渐喜爱的汉物。

匈奴人不会计数，中行说教匈奴人计数。中行说尽心尽力，倡导匈奴人不要用汉货，以免根深蒂固地依赖汉人。他伶牙俐齿，深得匈奴人喜欢，渐渐改变匈奴人的想法和行为，并且他还继续改变。

汉朝送给匈奴的所有东西，中行说让单于全部反送给汉朝，只将书简放大一倍，改“皇帝敬问匈奴大单于无恙”为“天地所生日月所置匈奴大单于敬问汉皇帝无恙”。

中行说一方面劝教匈奴人，力使匈奴人成为真正的匈奴人；另一方面同大汉使者辩论，灭汉人之气，扬匈奴威风。汉使者说匈奴人轻贱老弱，中行说反驳说，如果汉军出征，也会有老人送食给年轻的孩子，这和匈奴的惯例没本质区别。汉使说匈奴人子娶父亲的姬妾等行为不合礼法，中行说反驳说那是为了延续宗族后代。

中行说才思敏捷，无论汉使怎么说，他都能反驳，指出匈奴人行事的好处，贬低汉人行为。汉使还想再说，中行说威胁说：“你将汉朝送的礼物给足量，否则大军南下，汉人危险。”

文帝十一年（公元前169年），匈奴在汉朝边境抢劫。

晁错纵横论治安

继贾谊之后，大汉又有一位能人横空出世，他就是晁错。贾谊是刘恒的智囊，晁错是太子刘启的智囊。他两父子都好智囊，但两位智囊都因他父子而死。“文景之治”如一园子的鲜花，贾谊和晁错就如两株参天大树。这两株大树粗壮挺拔，一株招展儒家风范，正气浩然；另一株延续法家刚正，凛不可犯。

晁错是颍川人（今河南禹县），为人严峻、刚直、苛刻。一句话，他有法家代表所要求的品行。他曾经在张恢门下学习申不害和商鞅的思想，文章博学，任太常掌故。晁错的性格和学识预示了他今后的命运，他是政治上的强硬派，愿为理想牺牲自我。读到晁错，不禁想起雨果笔下的沙威。沙威是雨果虚构的人物，晁错的品行也近乎虚构。

秦始皇焚书坑儒后，《尚书》之学将近灭绝。齐国有位叫伏生的人通晓《尚书》，伏生年出九十，不可征召，朝廷派晁错前往学习。晁错学成归来，满嘴《尚书》，就如贾谊满口《诗》《书》，被升为太子舍人，封博士。晁错和贾谊才学相仿，履历相似，只是所学不同，一个崇尚儒学，一个信奉法家。

晁错激流勇进，上书要求太子学习术数。术数指治国方略和统治手段，多数皇帝将其偏激化，歪曲为南面之术，后发展成官场厚黑学，世人痛恶术数一词。刘恒见晁错才气蓬勃，封他为太子的属官。刘启品行很像刘恒，智识不及晁错，总在辩论上输给晁错。晁错才胜太子，人人敬服，被誉为智囊。晁错辩才胜过太子，他的刚严之气起了很大作用。

老上单于听信中行说，不时派军侵扰汉朝边疆。晁错上书陈述对策，此疏被称为《言兵事疏》。晁错的策论学得好，贾谊死后，晁错就是第一。晁错言事，见解深刻，思想精简，满纸刚正威猛之气。相较而言，晁错的理性发展得好，贾谊以感性分析见长。

晁错指出，自汉朝以来，匈奴“小入则小利，大入则大利”，致使民不聊生。民不堪命，不能怪百姓无用，因为“‘有必胜之将，无必胜之民’”。晁错从地形、兵将和兵器三方面分析汉朝和匈奴的同异，指出“以蛮夷攻蛮夷”之策，要求培养一支和匈奴的作战习性相同的军队。晁错此论，很像中行说对匈奴人的劝说，都指出生活习性对人的影响。

“以蛮夷攻蛮夷”之策，刘恒开始着手培养一支锋锐的军队。十年树木，百年树人，军中大将在急切间难以培育。“有必胜之将，无必胜之民”，自大汉建立，朝廷都没出现一位像蒙恬一样的必胜之将。大将一日不出现，汉朝消除匈奴威胁的瓶颈就突破不了。

如大江解冻一般，晁错之才汹涌澎湃，滚滚而来，一发不可收拾。为配合“以蛮夷攻蛮夷”之策，晁错接着提出募民实边之策。晁错说秦朝没计划地“谪戍”是种错误，会激发民怨，致使百姓揭竿而起。他建议刘恒以奖励政策鼓励百姓到边疆定居，开发边疆，如免去有罪之人的罪，对没罪之人封赏。

“以蛮夷攻蛮夷”和募民实边一旦形成气候，匈奴就无法肆意侵扰边境，晁错的分析可谓鞭辟入里。汉朝训练军队，募民实边，匈奴人很害怕，急欲破坏。这两条政策实施没多久，文帝十四年（公元前166年），单于率十四万大军从朝那萧关（今宁夏固原东南）到彭阳（今甘肃镇原东），一路侵掠，打砸抢毁，杀北地都尉，火烧回中宫（今陕西陇县西），骁骑直逼甘泉（今陕西淳化西北）。

甘泉与长安的直线距离约八十公里，轻骑一天可到，长安告急。朝臣心慌，刘恒指挥淡定，不失黄老风范。面对一帮无用的朝臣，疲弱的军队，也只有刘恒这种仁厚且淡然的君主能够忍受。倘若是暴躁的刘邦，不知要砍多少人的头。存在就是合理的，即使不合理，存在也会慢慢合理化。刘恒让百姓休养生息，也抽离朝廷的阳刚之气，将朝臣文弱化。一朝天子一朝臣，天子是什么性格，臣子也要扮演天子的性格，否则遭遇就如贾谊。

匈奴此次来势不小，刘恒命中尉周舍和郎中令张武领战车千乘、骑兵十万守在长安城外；封昌侯卢卿为上郡将军；宁侯魏速为北地将军；隆虑侯周灶为陇西将军；东阳侯张相如为大将军；任成侯董赤为将军，领兵迎击匈奴。

汉军大出动，匈奴没逃跑，两军相交一个多月。经历千难万苦，汉军才将匈奴驱逐出塞。汉军虽然赢了，斩杀匈奴却很少。这是一场疲弱的、消耗生力军、考验供给的战争，一场战争打下来，两军各有损伤。这场战争将两军的弱点暴露无遗，匈奴兵少，汉军无将。冒顿曾经率领三十万进军平城，老上单于率领十四万南下，匈奴兵越来越少。

单于见汉军无将，日益骄横，扬长避短，集中优势兵力打游击战，什么时候想杀人就杀人，致使百姓死伤无数，云中和辽东两地最为惨重。正如晁错所说："有必胜之将，无必胜之民。"

此次驱逐匈奴，刘恒虽然调出很多将军，但没有一员猛将。他是位仁爱的皇帝，在他心中，战争是罪恶，他只想与匈奴和和气气地交往。他不明白战争，更不理解侵略，他只求百姓能生活好。刘恒如此，晁错与他背道而驰，君臣异路也就预示着晁错官场之路难以青云直上。

周亚夫立威细柳营

汉朝和匈奴此次打了一个多月，结果有二：第一，军队建设遭破坏，募民实边被毁，百姓闻匈奴而丧胆，纷纷逃回中原，边疆空虚；第二，汉军无能，匈奴抢夺无数，欲壑难填，骄心日盛。战争打完后，匈奴想来边境就来边境，想抢就抢，肆无忌惮，如入无人之境。

而对刘恒而言，只要能维持现有的生活，什么都能忍受。

文帝后元二年（公元前162年），刘恒遣使者到匈奴再提和亲一事。匈奴同意和亲，汉朝每年照旧送礼物给匈奴。文帝后元三年（公元前161年），老上单于死，军臣单于继位。中行说紧抓良机，再次唆使匈奴。

军臣单于像他父亲一样听信中行说，公元前158年，经三年准备，军臣单于领兵六万，大举南下。匈奴兵分两路，一路直取上郡，另一路攻杀云中郡。匈奴兵一路抢掠，势不可当，长安再次告急。军臣单于准备很充分，两支军队锋锐异常，势如破竹，长安如遭地震。刘恒人到晚年，就因一个中行说，匈奴就来两次大扫荡，真令人头疼。

汉朝分两头部署，先在北地、句注和飞狐口（今河北蔚县东南）三地屯军，作为第一道屏障；派河内太守周亚夫驻守细柳，祝兹侯徐属驻守棘门，刘礼驻军灞上，三个驻军点攻守相助，全面抵御匈奴。汉朝此次布军，调用的将军没有上次多，但调出了一位大将。这位大将，只用他一将能胜十将。

匈奴军又稳又紧，如李广的弦上之箭，其势欲发。汉朝急急调兵遣将，忙得满头大汗。军中无大将，刘恒亲往灞上、棘门和细柳三地犒劳军士。刘邦年老仍旧四处征讨，他的儿子年老了也同样四处犒劳军士，可见大汉初建，力量不足以骇人。大汉如个孩子，正在长身体，还未成年，没有力量。

刘恒到灞上和棘门时，兵将们热烈欢迎，气氛非常活跃，犹如小孩子玩游戏，刘恒的随同很高兴。刘恒和随行人员，想干什么就干什么，想到那里就到那里，随意而为，毫无阻碍。行到细柳，守门军士竟然阻挠，不让进入。皇帝御驾犒劳，军士堵门，这不是造反吗？犒劳人员脸有忧色。

驻守细柳的将军是周亚夫，周勃的次子。周勃死后，长子周胜之继承侯爵。然而，周胜之和公主关系不好，不久又杀人，爵位被削。周亚夫军营不让皇帝进入，刘恒的随同人员都怀疑周亚夫怨恨刘恒，欲造反报仇。刘恒的随同人员想到此处，见细柳营军威凛凛，不似灞上和棘门，不禁心里害怕。

此前，周亚夫曾在河内当郡守。一次，算命的送周亚夫三句话：你三年后将被封侯；封侯八年后升为将相，掌握国家大权，尊贵无极，仁臣无二；拜相九年后，必遭饿死。周亚夫听后，哂笑一声，说："我哥哥已经继承父亲的侯爵了，就算他死了，也是他儿子继承侯爵，怎么会轮到我？再说，既然我尊贵无极，怎么又会饿死？"算命人指着周亚夫的嘴，说他嘴纹是竖纹，那是饿死的纹理。

豪爽的周亚夫不信算命人之言，没将此话放在心上。三年后，周胜之爵位被削，刘恒顾念周勃之功，命周亚夫继承侯爵。相士说周亚夫三年后封侯，三年后周亚夫果然被封侯，让人不禁对相士之言深感隐忧。周亚夫一介武夫，不会舞文弄墨，更不通术数之说，便没将相士之言放在心上。

刘恒此次犒劳军士受阻，这个军营就由周亚夫管理。刘恒的先遣使臣被挡在军营外，先遣使臣说天子来了，守门军士笔挺而立，威严地回说："军中只知道有将军的命令，不接受天子的诏令。"刘恒来到，只见兵将肩披铠甲，身佩兵器，持弓搭箭，军容甚是威武，凛凛生风。刘恒派人持节前去告知周亚夫，说皇上过来犒军，周亚夫才命人打开军门。刘恒一行欲策马而入，守门军士立即说："将军规定，军中不能骑马奔驰。"军士各守其位，肃然而立，甚是严整，刘恒按辔徐走，眼睛不离石像般的军士。周亚夫迎见刘恒，只作揖，不跪拜，说："穿甲戴盔，不便下跪，以军礼代替。"刘恒当即换上严肃的面容，俯身凭轼，以表敬意。

当刘恒走出军营，众随从都为周亚夫捏了把汗。刘恒出营，展眼四眺，仿佛在看大汉的明天，欣然说："哎哟，这才是真正的将军！灞上、棘门就像儿戏，他们的将军不被俘虏才怪。像周亚夫这样的将军，有谁能够侵犯！"巡视周亚夫的军营后，刘恒才知道什么是将军，什么是军队，就像刘邦看了叔孙通的朝礼后，才知道皇位之尊贵。

汉朝大举发兵，密布兵将，气势吓人。待汉军靠近边塞，匈奴又引兵远去。匈奴地寡人少，从军队数量来看，势力一年不如一年。大汉地广人多，经几年恢复，人才开始涌现，如贾谊、晁错和周亚夫等人。胳膊扭不过大腿，就长远而言，屈辱的和亲政策不会持续。

匈奴兵远去后，接着刘恒也死了。刘恒第一次见到真正的将军，他却没能看到将军立功，可悲！刘恒一生，撞上贾谊这位大才子，却不知重用，致使贾谊郁郁而死，愁苦而终，可悲！总结刘恒一生，他对百姓有恩，但没功。他是大汉朝廷的恩人，但不是功人。刘恒是位文弱的皇帝，很仁厚。

文帝后元七年（公元前157年），六月，刘恒薨。

刘恒留下遗言：关于丧事，一切从俭，不要浪费；关于后世，去找周亚夫。刘恒留武将周亚夫给刘启，刘启还有智囊晁错，一武一文，刘启将开启他的时代。

第十四章　平定七国之乱

刘启登基后的第一把火

大汉这些年风调雨顺，百姓安康，朝中无党派，权力交接很顺利。六月九日，太子刘启登基，尊皇太后薄氏为太皇太后，太子妃为皇后。皇后无子，太子位暂缺。因为太子暂缺，皇宫又有一场好闹。

新皇登基，大赦天下。晁错是刘启的智囊，所以刘启的时代就是晁错的时代。贾谊命不好，遇上一位不想有所作为的皇帝。就施展才华这个层次而言，晁错比贾谊幸运，他赶上一位敢想敢干的皇帝。刘启和刘恒有很多相似之处，如宽政爱民，信奉黄老之学等，但刘启比刘恒更想有所作为，这是他两父子的一大区别。

刘恒减重刑为轻刑，刘启又再减轻。“文景之治”年间，刑罚少用。与秦朝暴政相比，百姓的生活好多了。刘恒不想死人，更不想看见别人贫死，但邓通非贫死不可。如邓通不贫死，难消刘启心头之恨，吮痈之辱。

安排刘恒下葬，封赏朝臣，大赦天下……一切安排妥当，刘启登基后的第一把火便烧向了邓通。刘启还是太子时，吃了邓通的一次哑巴亏。现在刘启当皇帝了，天下他最大，邓通该还债了。邓通这人，只会装孙子拍马屁，毫无见识。

为了讨好老子，得罪儿子，这么蠢笨的事，只有邓通这种命中注定贫死的人才会干。自古以来，没有能力却受宠幸的人都难善终，邓通就是其中一个。刘恒送邓通铜矿铸钱，邓通的“邓钱”驰誉天下，与吴王刘濞的“吴钱”并驾齐驱，按理说他不会贫死。然而，邓通为讨好刘恒，得罪刘启。刘恒死后，刘启就是天下最大。邓通一无所能，刘启想弄死他简直易如反掌。刘启为何非要致邓通于死地是有原因的。

过去刘恒很宠幸邓通，邓通对刘恒也是忠心耿耿，二人暧昧不已。刘恒曾经生痈疽病，伤口专流脓血，脓血非常恶心，恶臭难闻。为了表示对刘恒的忠心，邓通天天给刘恒吸吮。邓通甘愿为刘恒吸吮溃烂处的脓血，贾谊一定不愿，这就是人与人的区别。邓通用心吸吮，刘恒自然感激，心里过意不去，问天下谁最敬爱他。

刘恒如此问，多半是感激邓通如此相待，想借邓通之口说出邓通是天下最怜惜他的人。语言都表达同一个意思，从不同的口中说出，意思却大大不同。邓通对刘恒说“我敬爱你”与刘恒对邓通说“你最是怜惜我”，效果判若云泥。

专事讨好的人，都有点乖觉。邓通明白刘恒的意思，但他不敢直接回应，如果他说最敬爱刘恒的是自己，刘恒也许高兴，但太子刘启一定不高兴；如果他回答是太子，刘恒也许不高兴，但太子一定高兴。刘恒命不久矣可以得罪，刘启是未来的皇帝，不能得罪。刘恒随口一问，就将邓通挤进了夹缝，真是伴君如伴虎。

邓通于是回答说："自然是太子。"

邓通回说太子最爱刘恒，刘恒又高兴又失落，一颗心七上八下，他脸色略显嗔怪之意，殊不知邓通这一句话，可是用心盘算，费了颇大的艰难才说出。

不过，邓通算计得多，却未能得到刘启的心。刘恒生了脓疮，作为儿子的太子刘启本应该为父亲吮吸脓血。可是脓血流淌，恶臭难闻，太子面有难色，但为了皇位还是很恶心地吸吮了。刘启锦衣玉食，平生没受一丁点折辱，吸吮脓血是人生第一大辱，如何不恨。太子派人打听，知道邓通经常给刘恒吸吮。邓通专以现丑讨好，卖乖讨爱，刘启认定此事是邓通搞鬼，从此心恨邓通。邓通越想讨好刘启，刘启越不买账，最后晚景凄凉！

刘恒死后，刘启继位。邓通身无长物，被免官后居家造钱。后来，有人告邓通将私自筑造的钱运到国界外。朝廷马上逮捕邓通入狱，立案审查，罪证确凿，依据法律，没收邓通的全部家产后，邓通还欠朝廷几百万。从此邓通的好日子彻底结束了。长公主很好心，赐钱给邓通。长公主刚赐，朝廷马上没收，邓通还是一贫如洗。不能赏钱，长公主就借衣食给邓通。刘启不为已甚，任长公主接济邓通。邓通靠长公主的衣食维系生命，"穷"度晚年，至死不名一文，"寄死人家"。

这"寄死人家"就是死在人家的意思。邓通住的房子也是别人的，他死时也就是"寄死人家"。

窦氏姐弟重逢

景帝的母亲窦氏名叫窦漪房，在吕雉专权期间被选入宫，后来吕雉将后宫姬妾分送诸王，每位王送五人，窦漪房在名单中。窦漪房家住清河（今河北清阳东南），希望分回赵国。她去找主管分配的太监，请求一定让她去赵国。太监答应，临行，窦漪房才知被骗。

《汉书》记载，说太监忘了，窦漪房被随机挑选，送往刘恒的代国。依宫中潜规则而论，找人办事，尤其是找太监，不送厚礼不能办。吕雉擅政，姬妾生命难保，生活也是仅能维系。窦漪房并非伶牙俐齿之人，不被宠幸，平常没有积蓄，送礼不到位，太监自然将她的事给忘了。临行，窦漪房又哭又闹，死活不肯走；然而，朝廷力量大，作为弱女子，她怎能抵得过。

后来，五位姬妾齐到代国，刘恒只宠幸窦漪房一人。这与窦漪房喜读黄老有关。据说，窦漪房喜爱黄老成痴，当了太后后规定宫中只能读黄老之书，否则，轻则被罚，重则遭贬。

窦漪房先为刘恒生了位女儿，被封为长嫖公主；后来又生孝景帝刘启、梁王刘武等兄弟。窦漪房喜欢刘启，喜爱长嫖公主，宠爱刘武。刘启身为一国之君，言行举止没有什么异常，长嫖公主机心极重，刘武恃宠而骄。一龙生九子，九子各不同，窦太后清心寡欲，养育的孩子却有心怀叵测之辈。

在窦漪房被宠爱之前，代王刘恒有王后，王后生了四个儿子。刘恒入关称帝前，王后去世。刘恒称帝后，王后所生的四个儿子相继病死。王后去世，王子病死，刘恒自感德薄，似负内疚，没另立王后。古人信天，像刘启这样的仁爱之君，总觉得亲人所遭遇的苦难，全因自已德行不厚，功劳不高。

称帝几个月后，公卿们上书刘恒，请求封皇后，立太子。刘启最长，兼之刘恒喜爱，立为太子。母以子贵，不久后窦漪房被册封为皇后。

家贫的窦皇后父母早死，只有一个哥哥和一个弟弟。她哥哥叫长君，弟弟叫少君。窦长君一直住在家，安然无恙，窦漪房成为皇太后后，接窦长君到长安居住。窦少君很小时就被卖出，音信全无，生死未卜，窦皇后思念，让刘恒下诏寻找。一脉血缘，企盼团聚，窦皇后这么做，也是人之常情。因为家贫，窦少君在四五岁时就被卖出去，不知身在何方。窦少君几经人贩子周转，被卖了十多户人家，最后给主人进山烧炭。晚上，一百多个烧炭人全睡在山崖下，山崖崩落，除窦少君外全被压死。大难不死，窦少君自卜一卦，卦象说数日后将被封侯。只有长安有封侯的权力，欲求封侯，必去长安。

来到长安的窦少君，听说新皇帝找寻家住观津的窦姓人。窦少君将姓名、郡县和同姐姐采桑坠落之事写书上报。窦皇后看后，确认有采桑之事，告诉刘恒，让刘恒召见窦少君。窦皇后思弟心切，急欲见窦少君，很正常。作为皇帝，刘恒担心他人投机取巧，冒名一赌，想撞撞运气。事隔多年，恍如隔世，彼此变化都大，谁都不认识谁，只能凭记忆相认。

分别之事，离别之人最难忘。窦少君将同姐姐分别时，姐姐的言行举止详详细细地说出，他说：“我和姐姐分别时，姐姐讨了点米汤给我喝。”窦皇后听后，抱住窦少君大哭。见此情景，陪侍左右的人悲痛不已，莫能仰视。

刚刚死里逃生，灭了吕氏家族，好不容易选中一位外戚势力单弱的皇帝，周勃和灌婴见窦皇后突然冒出两位兄弟，担心又起外戚专权之患，祸及皇室，连累自己。他俩找些品德高尚的长者挨着窦氏两兄弟住，希望潜移默化，感化窦氏两兄弟。果然，窦氏两兄弟没犯事，也不闹事。《汉书》记载，“窦长君、少君由此为退让君子，不敢以富贵骄人”。孟母三迁，最终养育出浩气鼓荡的孟子，环境对人的成长真的很重要。

然而，历史是向前的，周勃和灌婴命好，没再遇上外戚专权，并不代表没有。窦氏两兄弟没干，不能保证他们的子孙也不干。窦氏家族越来越富贵，富贵能骄人，人一骄傲就不知道天高地厚。

刘启登上历史舞台，准备开启他的时代，马上就撞上一位骄横的窦氏子弟。这位骄横的孩子，他不好好学习长辈，规矩做人，却一心欲谋大事。他名叫窦婴，字王孙，窦太后的侄子。

窦婴与晁错

窦婴喜好宾客，慷慨布施，行侠仗义，爱好儒术。窦婴的品行，一点都不像窦长君和窦少君，他孔武有力，骄横，果敢。

先帝刘恒在位时，窦婴是吴王刘濞的相国。刘恒允许民间铸钱，刘濞广招匪徒，开山铸钱，煮海为盐，很富有。窦婴担任相国，那是很肥的职位。没干多久，窦婴称病退休。

刘启登基称帝，窦婴掌管皇后和太子宫中事务。皇后无子，太子之位暂缺，太子宫中无事需要管理，窦婴将全副精力放在皇太后和皇后宫中。窦婴勇猛果敢，窦太后沉稳凝重，这侄子和阿姨的性格不合拍。性格不合拍，偏又相处，不免产生小矛盾。彼此的小矛盾太多了，日渐发展，就会酿成大矛盾。

早年辛苦，后来幸福，所以窦太后很喜爱小儿子梁王刘武。俗语说，父亲爱长子，母亲爱幺儿。刘武的封地有四十多城，每座城池都很富有，就如当年齐国的七十城。窦太后喜爱刘武，刘启也喜爱，任他随意建造宫殿。中国古代规矩，皇帝的宫殿最富最大，诸侯王若想建造宫殿，必须符合等级。

按汉朝规矩，诸侯王来朝，只能留十多天。窦太后和刘启喜欢刘武，刘武每年来朝，在长安行动自如，随意逗留，随时离去。刘武来朝，刘启出城迎接，刘武与刘启同辇共乘，一同打猎。刘启对刘武的喜爱，就如当年刘恒对刘长的喜爱。不是冤家不聚头，没有缘分不成父子。刘恒父子，不只有缘，还很相似。

刘启没有太子，刘武被准许使用太子仪仗。做事的人无心，看见的人却有意。也许刘启没将刘武使用太子仪仗之事放在心上，窦太后却看得很欣慰，窦太后想让刘武继承帝位，一心促成。

景帝三年（公元前154年），朝觐期间，刘启宴请众兄弟。喝得酒酣耳热，刘启说他死后传位给刘武。窦太后听后，十分高兴，仿佛就是她自己将当皇帝一般。窦太后正在兴头上，一心乐融融，窦婴突然倒一盆冷水淋在她头顶。窦婴站起来，敬刘启一杯酒，说："天下是高祖皇帝的天下，父子相传是惯例，这皇位不能传给梁王刘武。"窦婴和窦太后是一家人，他阻碍刘武，窦太后很想不通。窦婴和窦太后之间，本就存有嫌隙，这次连脸皮都撕破了。

太子之位是宝贝，但也是烫手的山芋。

尽管窦婴是侄子，但好事被坏，窦太后从此记恨窦婴。窦太后记恨窦婴，脸色难看；窦婴以现任官卑职小为由，称病辞职。窦婴辞职，正合窦太后心意。窦太后一不做，二不休，索性做得干净利落，除了窦婴门籍，不许朝见皇帝。窦婴走人，刘武继承帝位就少了一大阻力，窦太后想得倒是简单。

眼见窦婴要完蛋，却突然突然跳出来一位救星——晁错。短短几年，这位心雄志远的中大夫就写了《言兵事疏》《守边劝农疏》《募边实塞疏》和《举贤良对策》等书。

刘启登基后，智囊晁错一飞升天，由中大夫升为内史。晁错如日当空，光芒耀眼，红得发紫。为施展大才，他一不做，二不休，径直气死当朝丞相申屠嘉。

申屠嘉是梁人，曾跟随刘邦，因资格老被提拔为丞相。他先是队率，后升关内侯，接着迁升御史大夫。他清廉正直，不接私客，然而却有点妒忌心。他刚担任丞相，很看不惯邓通的言行举止。一次，他找了个机会，欲斩邓通，可关键时刻被刘恒派使者持节救走了。

没想到的是，才事隔五年，又冒出一个极度让他不顺眼的人，这个人，就是刘启身边的红人晁错。晁错担任内史，因为受皇帝宠爱，地位很高，权力也很大，许多法令制度他都奏请皇帝变更。同时还讨论如何用贬谪处罚的方式来削弱诸侯的权力。而丞相申屠嘉也有感于自己所说的话不被采用，因此忌恨晁错。晁错担任内史，内史府的大门本来是由东边通出宫外的，使他进出有许多不便，这样，他就自作主张凿一道墙门向南通出。而向南出的门所凿开的墙，正是太上皇宗庙的外墙，申屠嘉听说之后，就想借晁错擅自凿开宗庙围墙为门这一理由，把他治罪法办，奏请皇上杀掉他。但是晁错门客当中有人把这件事告诉了他。晁错非常害怕，连夜跑到宫中，拜见皇上，向景帝自首，说明情况。到了第二天早朝的时候，丞相申屠嘉奏请诛杀内史晁错。景帝说道："晁错所凿的墙并不是真正的宗庙墙，而是宗庙的外围短墙，所以才有其他官员住在里面，况且这又是我让他这样做的，晁错并没有什么罪过。"

没杀成晁错，还在群臣面前赔礼，申屠嘉悲愤异常。他对长史说："我应该先斩后奏，先报告再斩，一定误事。"因他迟迟不落刀，邓通被刘恒救走，申屠嘉不吸取教训，气死活该。申屠嘉回府，越想越气，发病而死。晁错逃过一劫，群臣敬仰，身份越发显贵。申屠嘉死后，晁错独当一面，又提削藩一事。晁错此人比较激进，他削藩不同于贾谊的软削，他的作风比较强硬，开始查找诸侯王的过错，借惩过之名，中央直接收回诸侯王的封地。贾谊建议以分封的方式削藩，晁错以强夺的方式削藩。相比而言，一为保守，一为激进。然而，晁错却恰恰合了刘启的心。

得到刘启器重，公卿列侯们不敢反对晁错削藩。不过，窦婴却站出来坚决反对削藩。满朝文武都唯唯诺诺，无一人响应，窦婴孤掌难鸣。可是，刘启已经同意了削藩，窦婴的声音无论多么高亢都要被踩在脚底。因为削藩，窦婴和晁错有了嫌隙。而此时，刘启下诏削藩，削藩行动正式开始了。

此时此刻诸侯收到消息，纷嚷喧哗，顷刻间天下骚动。

吴王刘濞

年仅二十的刘濞大败英布军，勇猛彪悍，令刘邦刮目相看。英布被诛后，刘邦担心无人能镇压强横的会稽百姓，见刘濞勇猛，封为吴王，吴国五十多城归他。刘濞是有能力的人，即使给他一块北方的盐碱地，他也能变出金子，何况吴国有得天独厚的地理条件。

封赏、授印完毕，刘邦给刘濞看了个相，发现刘濞有反相，摸着刘濞的背，说："大汉五十年后，东南方向有叛乱，是你吗？我们是一家人，千万不能反！"

刘邦看相，一定是史书乱吹。可能他见刘濞过于勇猛，担心他不愿活在池中，生在地下，而欲飞天，因此这么说。刘氏子弟中，刘濞既勇猛，又有计谋，吴国条件优越，很容易发展壮大。作为分封国，一旦壮大就起事，刘邦见得多了，所以才善言警戒刘濞。那时刘濞力量很小，听了刘邦的话，哪能不急忙回说不敢。

吴国铜矿丰富，临近大海，借朝廷允许铸钱之机，刘濞广纳天下亡命之徒，开矿铸钱，煮海为盐。仅凭铸钱和煮盐两项，吴国顿时暴富，百姓的钱用不完。上文曾提到，说"邓钱"和"吴钱"通行天下，"吴钱"就指吴王刘濞铸的钱。

吴国暴富，百姓不用缴纳赋税，天下百姓纷纷投奔吴国。汉法规定，有钱人可以买人代服徭役。吴国百姓钱多，纷纷用钱买人代服徭役，国内劳动力奇缺。刘濞广开方便之门，无论是谁，有来必收。吴国十分富裕，每年都发奖赏给百姓，对因公殉职或受伤的人待遇更优。可见，吴国的财力之富足，可与中央抗衡。

此前，刘恒在位时，吴国世子刘贤前来朝见。刘濞不来朝见，派世子前来，已是不该。刘启宴请刘贤，两人赌钱。刘贤家财万贯，傲慢骄横，期间刘贤轻慢刘启，刘启提起赌具掷向刘贤，结果刘贤死了。

深感歉意的刘恒命人给刘贤办丧，让刘贤的随从抬刘贤回吴国。爱子去世，刘濞很伤心，对随从说："刘贤和皇帝是一家人，死在长安就埋在长安，不用抬回吴国。"刘濞命来者将刘贤抬回长安。刘濞此举，分明是想让儿子享受皇帝的待遇。

自此，刘濞厌恨朝廷，渐渐不守作为藩臣的礼节，长期称病不朝见。刘恒觉得刘濞长期不朝见的真正原因是刘贤之死，而非身体病痛，找人一验，果然是丧子之故。此后，每次刘濞派人到长安都受到关押，有去无回。刘濞越加害怕，每到朝见都称病不往，谋反准备更加迅速。

刘恒见刘濞多年不来朝见直接派人去请，刘濞还是称病拒绝。刘恒盘问吴国使者，使者回答："看清池中的游鱼，对谁都没有好处。吴王刚装病就被发觉，见皇上责难之切，害怕被诛，不知道怎么办。为大家好，希望皇上给他一次机会。"这话叫做，"水至清则无鱼，人至察则无徒"，使者分明是劝刘恒糊涂而过，将一场灾难糊糊涂涂地消弭掉。

深明其意的刘恒，马上释放所扣留的吴使，赏赐刘濞手杖，恩准刘濞可以不来朝见。刘恒不敢削藩，想蒙混过关。他年老，一死就算蒙混过了。然而，养虎遗患，虎大必伤人，他死后，刘启就必须面对。刘恒如此宽厚，刘濞越发骄横，大势铸钱，广泛煮盐，遍招天下亡命之徒。经过三十多年的发展，吴国势力上升到诸侯国的首位。对朝廷心怀不满的王侯，唯刘濞马首是瞻，刘濞的势力一天天壮大。

七国联合造反

面对吴国势力一天天的壮大，晁错对刘启说，高祖皇帝分封天下，齐王封七十多城，吴王封五十多城，楚王封四十城，天下都给分去了一半。吴王因丧子之故，称病不朝，于法当诛。文帝宽厚仁爱，恩赐吴王手杖，刘濞不知悔改，骄横反增，公然开山铸钱，煮海为盐，广招天下亡命之徒，这就是谋反作孽。事到如今，你削藩，他要反；不削，他也要反。如果即刻削，他早反，准备不充分；如果不削，让他准备充分，祸害就大。晁错分析有理，刘启答应削藩。

景帝三年（公元前154年），晁错借楚王刘戊在为薄太后服丧期间奸污服舍，请求诛杀。刘启赦免刘戊，但削了他的东海郡。接着，晁错又借罪削赵王刘遂的常山郡，借胶西王刘印卖爵之罪，削刘印的六个县。刘戊、刘遂和刘印实力不足，不敢挑战朝廷，一起将目光投向实力最强的吴王刘濞。

朝廷削刘戊、刘遂和刘印的封地后，刘濞自知有罪，担心被削，准备举兵造反。刘濞想除勇猛的胶西王外，诸侯王不足与谋。刘濞命中大夫应高游说胶西王，说刘启任用奸臣，听信谗言，更改法令，擅削诸侯，越干越猛，吃完糠必然要吃米。吴王和胶西王都是知名王侯，时时被察，连活动自由都没有。吴王已经二十多年没朝见皇帝，日忧被疑，难以自白，整天胁肩累足，惶惶不可终日。吴王曾听说胶西王也有过失，朝廷表面借过失削地，只怕不仅如此。应高言论有理，胶西王害怕被削，问应高该怎么办。

应高回答："同恶相助，同好相留，同情相求，同欲相趋，同利相死。现在你和吴王同忧一事，何不趁此时机，捐躯为天下出害？"

胶西王很害怕，说宁愿死也不敢造反。

应高说："这全是御史大夫晁错蔽忠塞贤，惑乱皇上，侵夺诸侯，导致民怨四起，诸侯背叛。现在彗星出，蝗虫起，是成就千秋大业的良好时机。吴王跟随你内诛晁错，外安天下。凭大王的勇猛，驰骋天下，定然所向无敌。只要你一句话，吴王即刻率兵攻取函谷关，抢占荥阳敖仓的粮食，抵御朝廷，修葺房屋，等待大王。如果大王起兵，那么天下就有一半是你的。"

应高游说，诱以大厚利，但也没全是瞎说，景帝二年（公元前155年）到景帝三年（公元前154年），前后出现两次彗星，第一次在东北方，第二次在西方。应高不辱使命，劝服胶西王刘印起兵。刘印勇猛无敌，他肯出兵，刘濞就有前锋将军了。

应高告诉刘濞，刘印同意起兵。刘濞办事精细，假扮吴使，亲见刘印，面谈相约。刘濞见刘印真有起兵之心，很高兴，回国起兵。

吴王的朝臣劝谏说，诸侯王国的封地不满朝廷的十分之二，造反必然令太后心忧。现在只侍奉一位皇帝都如此之难，如果真有两个皇帝，祸患更大。刘濞否决朝臣，遣使相约齐王、菑川王、胶东王、济南王造反，这几位王都答应。

刘濞这次造反，共约了六位王，分别是：楚王、赵王、胶东王、菑川王、济南王和胶西王。七位封王一同造反，史称“七国之乱”。

七国齐声发难，旗号为：清君侧，诛晁错。当然，这不过是借口，刘濞等人的真正想法就是要夺取帝位。

作为法家思想的继承者，晁错身体力行，修改法令，十分激进，损伤社会上既得利益者的利益。晁错此举，与商鞅变法相似。商鞅有位进取的秦王支持；晁错有位还未脱离仁爱的刘启，他的性命寄托在刘启手中。

齐国、济北国、胶东国、胶西国、菑川国和济南国六国的国王是六兄弟，刘恒怜悯刘肥子孙无王，分大齐国为小六国，让刘肥的诸位子弟都能称王。这几位王实力不强，只是胶西王刘卬勇猛，可以共论大事。因此，这六国合力，只有曾经的一个齐国之力。

造反总是有点不顺利，突然齐王刘闾不干了；济北王城墙坏损，交兵权给郎中令修复，郎中令劫持大王，不让出兵。齐王不造反，言而无信，大伤兄弟情谊，胶西王、胶东王、菑川王和济南王合兵一处，由勇猛的胶西王刘卬统率，全力攻打齐国首府临菑。刘卬兄弟间的事，交给刘卬解决，吴楚联军不干预，径直西进。吴楚联军人多势大，一路向前，锐不可当。邀请匪徒为将，强迫百姓参军，吴楚联军，全是乌合之众，只有一鼓锐气，刚猛之威难以持续。

吴楚联军势大，但注定必败，因为刘濞不用良言善计，吴军内遍布妒贤嫉能之人。刘濞刚发兵，大将军田禄伯请求领五万人沿长江、淮河而上，攻取淮南、长沙，进入武关，为大军开辟根据地。吴国世子却阻碍，害怕田禄伯拥兵自重，不听使唤。刘濞不懂形势，竟然听信儿子之言，错失良机。

桓将军认为吴国步兵多，利于据守险要地势；刘启车骑多，利于平地作战。他请求引领步军直取洛阳，抢占敖仓，一得地理，二有军粮，就算不能攻取关中，也有一半天下。诸老将竟然说桓将军只会打前锋，不懂兵法。千军易得，一将难求，不能任用大将，这是刘濞是失败的前奏。

失去田禄伯提议的第一个机会，刘濞失去了自己的后方，一旦开战，刘濞必然后院起火；失去桓将军提议的第二个机会，刘濞就失去了一半天下。

虽然叛军势力强大，但刘启并未自乱阵脚，他兵分四路，先封周亚夫为太尉，率兵迎战吴楚联军，再命郦寄攻取赵国，截杀吴楚联军后方，然后命栾布救齐国，最后派窦婴镇守荥阳，护卫长安。此番调令虽然心思周密，但要请窦婴出战有点难度。窦婴本极力反对削藩，之前愤然离去，后又因刘武之事得罪太后，已被免官除籍。

可大敌当前，不容退却。于是刘启立即召见窦婴，意封为将军。但窦婴称病推辞。刘启说：“如今天下危急，作为皇室外戚，怎么能够推让呢？”于是封窦婴为大将军，赏赐黄金千斤。窦婴举荐郦寄和栾布。刘启派兵四路，有三路将领因窦婴而存在，可见窦婴对平定七国之乱的功劳。

晁错枉死

眼看天下因削藩削得兵征将战，烽火四起，晁错的老父亲由颍川跑来见晁错问：“皇帝刚刚继位，你当政用事，侵犯诸侯，离间骨肉之情，弄得怨言漫天，你究竟想干什么？”晁错的老父亲是明白人，他问晁错“究竟想干什么”，意在告诉晁错适可而止，因为只要活着，削藩就没有尽头。

“你说的都是实情，然而，如果不这样做，天子之位就会遭到威胁。”晁错回答很简单，只表达一句话：我愿为此舍身。

“为了刘氏安稳，我们晁氏就有灭门之祸，我将离你而去。”不久，晁错的父亲喝药而死，留下一句话：我不忍见祸害加身。一句“我不忍见祸害加身”，表达了对晁错之爱和对叛乱局势的无助、无奈之感。

晁错愿为国家而死，毅然决然；他父亲愿为家庭而死，同样毅然决然。同等刚烈之性，表达的又是不同的情感。

吴楚联军势如破竹，晁错建议先割吴楚联军还没攻陷的徐县和僮县给吴国；其次，刘启御驾亲征，晁错守城。晁错性格刚烈，绝不轻易退让，他建议割地给吴国，可见吴楚联军声势之大，攻势之强，威势之猛。

晁错提出这两条建议，都有可行性，但违情背理。首先，割地给吴国，这严重违反削藩的原则，承认削藩错误等于自己扇自己耳光，不明智；其次，让皇帝出征，臣子留守，这是臣子不忠的表现。无论君主如何倚重臣子，臣子都不能让君主怀疑他的忠心，否则大祸临头。吴楚联军猛攻，晁错提出这样的对策，大错特错。

一天，刘启正在和晁错相商调度军粮之事，窦婴带着袁盎求见。

在同一房间，晁错同时面对他的两个仇人，实属罕见。第一位仇人是窦婴，窦婴反对晁错削藩，两人结怨。第二位是袁盎，袁盎与晁错的仇类似世仇，有晁错的地方就不会有袁盎，有袁盎的地方绝不可能有晁错，他俩互不相容。这次在同一屋子相见，已经违反了他们的习性，事后必有一人死。

仇人见面，分外眼红。既然晁错与袁盎水火不容，晁错又是皇帝的红人，袁盎为什么要来见刘启？从本质上说，袁盎不是来见刘启，而是来杀晁错。袁盎求见刘启，只是想借刘启的君王之刀，斩杀晁错，弃尸街头。晁错想杀袁盎，袁盎也想杀晁错。袁盎十分聪明，见七国以诛杀晁错为名，立即求见刘启，请求斩晁错以平息叛乱。吴楚联军势大，刘启不是秦王嬴政，不会为了一个晁错而得罪天下人。只要刘启斩晁错，无论吴楚联军是否退去，袁盎都是刘启身边的红人。

因直谏敢言受刘恒倚重，袁盎也得罪了不少人，如笨头笨脑的周勃和宦官赵谈，自知难以久居长安。皇上调他为陇西都尉，袁盎上任后，政治清明，仁爱士卒，士卒感激，人人奋勇争先，愿为他死。袁盎治理有方，皇帝再调袁盎去吴国做丞相。

吴王刘濞骄横，人人害怕。临行，侄子袁种对袁盎说：“吴王刘濞骄横得紧，吴国奸人很多，如果你想治理，刘濞不上书告你就会杀你。南方空气湿润，你不如天天吃喝玩乐，给皇上说刘濞不会造反，那就可以保全自己。”

果然，袁盎依此而行，受到刘濞优待。袁盎与晁错都很有智慧，但晁错刚正耿直，知道方正不懂圆滑，袁盎却是很圆滑的人。如果晁错圆滑知变，在大事上就不会冒天下之大不韪，硬性削藩，在小事上就不会因朝堂争执而与窦婴结怨。袁盎圆滑，在吴国装糊涂，刘濞造反，没找他麻烦。

刘启继位，晁错升迁为御史大夫后，晁错说袁盎收受吴王刘濞的钱财，将袁盎贬为庶人。风闻吴楚七国造反，晁错告诉丞史，说袁盎收受刘濞钱财，隐瞒刘濞造反的阴谋，理当问罪。丞史觉得造反还未成事实，不能问罪袁盎，以免打草惊色。丞史一番话，分明为袁盎开脱。晁错想整治袁盎，有人替袁盎开脱；袁盎想整治晁错，有人借袁盎一把刀。可见袁盎比晁错容易结交朋友，晁错比袁盎更易得罪人。晁错欲问罪袁盎的消息传到袁盎耳中，袁盎很害怕，马上去见窦婴，说吴楚七国将反，要求面见刘启。

窦婴带袁盎来见刘启，恰好刘启正和晁错商议军粮之事。

“你曾经是吴国国相，知道田禄伯的为人吗？现在吴楚七国造反，你觉得该怎么处理？”刘启问得很有道理。田禄伯是吴国大将，很有才，但不被重用。对于活着的人，如不被任用，与死没多大区别。

袁盎想都不想，张口就说不用担心。刘启说，吴国开山铸钱，临海煮盐，富可敌国；广招天下豪杰，兵强将用，他们已经准备好了，怎么能不担心。吴楚联军都要攻入长安了，刘启的皇位就要保不住了，他怎么能够不担心。面对强敌，谁都想保住现有的一切，刘启也不例外。

“吴国是有铜矿和盐海的优势，但刘濞所招的不是豪杰，而是无赖、犯罪分子和亡命之徒，这些人只会作乱。”袁盎一句话，既说出对方弱点，又指明自己优势，说到晁错的心里去了，所以他立即附和。这不仅是晁错对袁盎说的第一句话，还是诚心赞同的话。这两位生死之仇，都知道对方有才，直到临死，才称赞对方，真是可惜。倘若晁错与袁盎能联手，对大汉的发展不可同日而语。

不似晁错举轻若重，屡犯皇帝的禁区，袁盎一语中的，举重若轻，顿时让刘启刮目相看，问袁盎有什么好计谋。袁盎冒死前来，就为刘启的这句话。杀人的机会来了，袁盎让刘启屏退左右。刘启依言屏退左右，只剩下刘启、袁盎和晁错三人。

“我的计谋，作为臣子的不能知道。”袁盎话刚出口，晁错就知道大祸不远。晁错走到东厢，知道袁盎的计对自己不利，但事已至此，无可挽回。晁错不恨被袁盎算计，他恨壮志不酬。面对壮志不酬，贾谊郁郁而终，晁错恨意耿耿。

袁盎对刘启说，吴楚七国传檄天下，说高祖皇帝分封刘氏子弟天下，晁错却更改法令，削弱诸侯，致使七国发兵，他们的旗号是：清君侧，诛晁错。只有先斩晁错，再归还诸侯的封地，才能消弭战祸。

“只有借晁错的头，才能消弭战祸！”刘启听后默然。晁错跟随刘启一生，才气磅礴，大义凛然，令人敬佩。大事紧急，自古以来，只有臣为君死，没有君为臣亡；只有臣为君忧，没有君为臣愁。

数天后，丞相、中尉和廷尉等高官一起弹劾晁错，说晁错削藩引发吴楚造反，还让刘启冒生命危险御驾亲征，晁错留守长安。晁错大逆不道，为臣无礼，为人不义，该当腰斩，灭族，弃尸闹事。群臣弹劾晁错，晁错却毫不知情。这是一场被告缺场的审判，这是一场皇帝默然的审判，罪犯晁错不知道自己将死。

景帝三年（公元前154年），正月二十九日，中尉传晁错上朝见刘启。

晁错身穿官服，对镜理装，穿着仍旧像平常一样严严整整。他随中尉坐车，即将上朝，认为刘启将与他共商大事。刚到长安闹市，晁错被踢下车，刽子手大刀砍落，晁错的身体由腰部断为两段。

稳扎稳打破叛军

晁错被斩后，刘启封袁盎为太常，封窦婴为大将军。仇人被除，袁盎和窦婴都很高兴。长安城中的贤大夫们争相攀附袁盎和窦婴，每天都有几百辆车马跟随他俩。世人的脸就是这样，可惜晁错没看见。

袁盎以太常的身份、德侯刘通以宗正的身份出使吴国。吴楚联军猛攻梁国，久攻不下。一个小小的梁国都不能攻取，吴楚联军不过如此，空有声势。

刘通拜见刘濞，要刘濞跪拜受诏，刘濞知道袁盎陪同前来，大笑，问：“我已经是皇帝了，还要跪拜谁？”刘濞欲让袁盎带兵西进，袁盎不肯。刘濞派一位都尉领五百士卒围困袁盎，企图杀害。

围困袁盎的这五百人中，有位校尉司马曾是袁盎的从吏，受过袁盎的恩情。从吏有心报答，买了两石美酒给兵卒喝。天很冷，士卒们又饥又渴，从吏将西南隅的士卒全灌醉。

从吏半夜将一切告知袁盎。袁盎惊恐，不想逃走连累从吏的亲人。从吏说他会带亲人逃走。

袁盎逃了七十多里，天亮才见梁国的骑兵。袁盎回到长安后，将一切告知刘启。刘启如大梦初醒，才知道诛杀晁错是名，抢夺帝位才是真正目的，刘启只能打硬仗。

领兵出发的周亚夫准备经过函谷关，直取荥阳，守卫长安。赵涉对周亚夫说，刘濞广纳亡命之徒，他们定在通过函谷关的必经之地崤山和渑池（河南省渑池县西）等险要之地预谋伏击。为了安全，还是走蓝田，过武关，再到洛阳。到洛阳后，擂鼓大造声势为好。赵涉之计，首先保证大军安全，其次汉军突然袭到，有如天兵，叛军必然惊惧。周亚夫听取良策，并派一支军前往崤山和渑池等险要地段搜山，果然抓捕到不少吴兵。

周亚夫率领三十六位将军，兵力约有三十万，与吴楚联军势均力敌。周亚夫细心谨慎，问他父亲的门客邓都尉该如何对付吴楚联军。邓都尉说："吴兵精锐，难以争锋。楚兵轻装远道而来，支撑不久。如今之计，你可以引兵到东北方向的昌邑筑高城坚守，让梁国拖疲吴兵，挫折他们的锐气。你领轻骑绕到敌军后方的淮泗口，断绝他们的粮道。吴楚联军一旦粮绝，必然内乱，那时将不攻自破。"

这个方案被亚夫报告给刘启，刘启同意。周亚夫第一次率领大军，没有功劳，很谦虚，对刘启很敬重。

吴楚联军攻城极猛，梁国苦守，难以支撑。梁国首府睢阳和昌遥遥相望，梁国见周亚夫大军开到，急向周亚夫求救，周亚夫拒不发兵。梁王刘武见周亚夫不发兵解围，上书状告周亚夫。刘启下诏命周亚夫解围救梁，周亚夫还是坚壁安守，抗旨不发兵救梁，亲率骑兵断敌兵粮道。

叛军全力攻打梁国，刘武派韩安国、张羽二人坚守。吴楚联军攻得正急，突然传来周亚夫断绝粮道，眼见梁国难以攻陷，刘濞好生焦急。

刘濞下令移师直取周亚夫，雪断粮之辱。刘濞军行至下邑，却撞上迎面而来的周亚夫。吴军叫阵，周亚夫扎营坚守不出。吴军一连叫了十几日，周亚夫只是坚守不出。军粮匮乏，吴军不敢耽搁，当即采取明佯攻暗偷袭之计。

夜晚，吴军在东南方向大举进攻，周亚夫却调兵防守西北。吴军主力果然在西北，周亚夫事先安排，吴军无法攻入。吴军缺乏军粮，闹饥荒，一部分饿死，另一部分反戈相向，追随刘濞的只有一小半。周亚夫率军攻打刘濞，两军相交，刘濞大败而逃；楚王刘戊兵败自杀。

刘濞一路逃命，渡过长江，逃到丹徒（今江苏镇江市丹徒镇）。刘濞一路收聚残兵败将，竟然有一万余人。刘濞起兵，曾相约南越国，这次兵败，他想退守南越。刘濞兵败逃亡，刘启马上诏告天下，说刘濞叛乱背上，今已溃败，截杀刘濞者必受重赏；如包庇窝藏，腰斩不赦。刘濞派人以厚利贿赂南越王，南越王骆望回复刘濞说，他愿意借军给刘濞。刘濞出城劳军，被南越王派人杀害，割下刘濞的头，传报刘启。

刘濞一死，刘启的好消息纷至沓来。栾布击败胶东、胶西、济南和菑川四国，解救齐国；胶东王、胶西王、济南王和菑川王兵败伏诛，齐王饮药自杀。栾布移军北上，匈奴闻知，撤回漠北。郦寄久攻赵王刘遂不下，栾布兵到，引水灌城，刘遂自杀。

一场七国乱，七王就此亡，景帝的江山终于稳定下来。

第二卷

雄风卷起，打江山容易守江山难

第一章　储位之争拉开帷幕

不是亲家就是仇人

追溯往昔，但凡大人物的“出生”，照例总要附上许多传说，否则总难叫听者满意。如汉高祖刘邦斩白蛇后起义，又如孙坚的妻子梦到日月入其怀而生下孙策孙权，而赵匡胤夺权之前又有天现二日的传说……总之，若没有祥征瑞兆的“清洗”，这皇帝位总像是偷来的赃物，见不得光。

武帝的出生也不例外。中国人自古崇拜太阳，常以之比喻君王。武帝的母亲是王娡。王娡怀着他的时候，曾梦见一轮红日钻进她的怀里，顽皮地来回跳跃。她把这事说给景帝听，景帝抚着她的肚子感叹：“这是贵不可言的吉兆啊！”

现在看来，“红日入怀”的神话有可能是王娡有意编造。

武帝刘彻是景帝的第十个儿子，在他之前，皇长子刘荣已被立为太子，皇位本来轮不到他来坐，但是命运偏偏选中了他。

刘荣的母亲是栗姬，栗姬是个漂亮的美人，曾经很得景帝的宠爱，连着为景帝生了三个儿子。立下如此功劳，地位自然越来越高，自薄皇后被废，景帝一直将皇后的位子空悬着。薄皇后多病，栗姬向来统领后宫，此时后位似是非她莫属了。别人这样想，栗姬心下也暗暗期盼着。

可是她跟所有后宫女人一样，长着一颗“妒忌的心脏”，而且她这颗心脏，跳得特别猛，别人的都在怀里静静地伏着，唯有她的不甘寂寞，跳得砰砰直响，几里外都能听到。

栗姬怎么也想不明白，为什么景帝还要宠幸别的女人，他有了自己还不够吗？栗姬不该这么问的。她那个时代没有安徒生童话，但她的心中也有一幅夫妻相敬、忠于彼此的美好图景。然而，皇帝不是普通人，后宫佳丽三千，要他把爱情投在栗姬一个人身上，根本不可能。

一个又一个美女在他怀中流过，以后还有更多的温香软玉，她们会以各种各样的姿态投怀送抱，少了谁不能共消此漫漫长夜呢？没有匮乏也就不知道珍惜，皇帝对女人的追求，恐怕只在于新鲜的脸蛋和年轻的身体。

女人的青春总如樱花那样绚烂而短暂，即使青春永驻，再漂亮的脸蛋也有看腻的时候。景帝来栗姬这儿的次数越来越少了，很多时候栗姬只是纠结着双手，坐在床沿儿上发呆，有时候耳朵里响起景帝的脚步声，兴奋地碎步走出宫门，迎接她的却只有那空荡荡的天地。

栗姬的脾气越来越火暴，那张俏脸像是粘了胶水，总是绷得紧紧的，时刻准备着痉挛和抽搐，红梅一点的诱人小嘴也被两腮的肌肉挟持架起和撕扯，时刻准备着喷出最恶毒的诅咒。

爱的反面是冷漠，不是恨。栗姬恨景帝，但她更恨长公主刘嫖，因为她不断地给景帝找女人，要不是她，后宫哪来这么些个狐狸精？！

刘嫖是何许人？窦太后的女儿，景帝一母同胞的亲姐姐。刘嫖生在帝王家，可谓既富且贵，衣食无忧，然而她生性贪婪，总是想得到更多。谁能满足长公主的贪欲呢？恐怕只有她的弟弟，当今天子。也许景帝刘启是一个“浑然天成”的好色之徒，又或许他是在刘嫖的不断“喂养”下，才渐渐变成一个纵欲无度的色鬼。总而言之，刘嫖为景帝进献了许多美女，景帝也越来越离不开刘嫖，常常给她大量的赏赐。

刘嫖是窦太后唯一的女儿，老太太自然疼到不行，再加上与景帝的“特殊关系”，她的能量很大，时常能够左右宫廷大事。所以刘嫖借皇姐之尊，为了讨好景帝，竟然四处搜罗美女。

她是个“有远见”的贪婪家，不仅要生前富贵，还要她的子子孙孙接着富贵下去。刘嫖嫁给世袭堂邑侯陈武，跟他只生了一个女儿陈阿娇。男权社会里，女人的命运取决于她婚前的父兄和婚后的丈夫，若阿娇将来嫁给一个列侯，此后自然是离皇帝越来越远，恐怕再难见到未央宫檐角上升起的红日。

要干就干一票大的。刘嫖打算亲上加亲，她将目光投向了自己的侄子，当朝太子刘荣，若阿娇嫁给他，将来岂非要做皇后？婚姻讲究“父母之命”，刘嫖立马动身，入宫去向栗姬提亲。

她这一路上脚步很快，裙角始终扬在身后，未曾落地。大概“保媒拉纤”这一类事，刘嫖已是熟能生巧、得心应手，她从未想过失败的可能。刘嫖的自信是有道理的。她想，以她长公主的身份，以她刘嫖今时今日在宫廷内外的能量，栗姬肯定会欢天喜地地接受这门亲事，如此一来，刘荣的太子之位将会更加巩固，母以子贵，栗姬封后也是指日可待。之后她会牵着刘嫖的手商量婚事的具体事宜，又或唧唧喳喳地说些姐妹间的私房话……

然而她没想到的是，栗姬和自己根本不是一路人。在栗姬身上，女人嫉妒的情感淹没了“准皇后”的政治算计，栗姬积蓄已久的怒火爆发了，竟然将亲事一口回绝。具体细节已经很难知道。栗姬是关起了冷冰冰的大门，连见面的机会也不给刘嫖，还是对着她破口大骂。这不重要了。重要的是，刘嫖愤怒了，她带着兴奋和“好意”一路飞奔，越跑越快意，没想到迎接她的是结结实实、又冷又硬的狼牙棍，圣人君子猝不及防挨了一下也要骂娘，何况刘嫖这个给人娇宠了一辈子、翻手为云覆手为雨的长公主？

仇恨的火苗在刘嫖心里烧起来了。刚开始火苗很微弱，只是对栗姬的不解与怨恨。慢慢地，它获得了源源不断的燃料——与未来太后的交恶对这位长公主意味着什么呢？当母亲窦太后和当今天子相继下世，自己将毫无遮掩地暴露在栗姬那疯狂而狠毒的目光之下，到时候谁会来为自己说一句话？

火苗烧得越来越高，温度却越来越低，泛出蓝幽幽的光来，跳跃窜动，如同毒蛇吐信，信子的方向对准了政治上极度幼稚的栗姬和她最大的倚靠，当今太子——刘荣。

抛夫弃子的王娡

要扳倒栗姬和太子，并非易事，刘嫖还需要助手。

可能是听到了红日入怀的传言，刘嫖对这个人的心机和手段都佩服得五体投地，不错，她的帮手就是武帝之母，王娡。

王娡只是平民出身。她的母亲臧儿，是原来的燕王臧荼的孙女。臧荼的这个燕王，是项羽封的，他投靠刘邦，乃是不得已而为之。看到刘邦一再贬斥功臣韩信，臧荼再也坐不住了，他几乎是跳着起来造反，让刘邦来抓他。刘邦没有叫他失望。

臧荼虽然鲁莽，但他这种不甘于束手就擒、主动出击的“英雄”血液隔代注进了臧儿这个女人的身体里。

臧儿嫁与槐里仁王仲，为他生了一男二女，儿子取名王信，长女就是武帝之母王娡，次女名为王皃姁。王仲死后，臧儿改嫁长陵田氏，生了两个儿子田蚡、田胜。虽然家道中落，臧儿到底也是名门之后。

金王孙不知何许人也，也许人如其名，真的富有千金，贵如王孙，总而言之，臧儿把王娡嫁给了他，王娡为他生了一个女儿，一家人和和美美。

也许总觉得做了赔本买卖——姑爷金王孙实在不像有恢复臧家荣耀的可能——臧儿带着疑惑和希望，找人给两个女儿卜上一卦。

卜人“曰两女皆当贵”。

女人贵到极处只能是皇后。

臧儿强行把王娡从金氏家中抢回来，能与夺妻之恨并列的，乃是不共戴天的杀父之仇，金王孙当然不肯就此与娇妻诀别，他既屈辱又愤怒。任他捶胸顿足、哭天抢地，臧儿却全不管这一套，径自把王娡和王皃姁送进了当时的太子——刘启的宫中。若王娡以死相逼，就是要跟金王孙在一起，臧儿只能拍着大腿，拿她没辙。所以，没有王娡的同意，臧儿的“强抢”是无论如何也行不通的。不理丈夫绝望的眼神，无视襁褓中的女儿伸出稚嫩的小手，王娡转身就走。

王皃姁还好，王娡却已经嫁过人，刘启还会照单全收吗?

其实汉时风俗与后来的朝代，如明清迥然有别，那时候，寡妇再嫁如家常便饭，是常有的事，人们并不会在因此在其背后指指点点。比如汉文帝的母亲薄姬，本是魏王豹宫中的女人，魏豹为周苛所杀后，刘邦看中了她，于是收归已有，后来周勃、陈平平定诸吕，迎立薄姬的儿子代王刘恒为帝，薄姬因此做了太后。一个曾“侍二夫”的女人，竟然可以做太后，可见当时社会对女性的宽容。

其实这种宽容一直延续到宋朝，“先天下之忧而忧，后天下之乐而乐”，千古名相范仲淹的母亲就曾带着他改嫁，也未见有人非议。直到蒙古人南侵，其视女子为财产，观念与汉人全然不同，双方婚制冲突日渐激化，汉人社会为“保护自己的女人”，遂开始表扬守节。

话虽如此，“再嫁的特权”也只限于寡妇或被休的女人——金王孙还没死啊！王娡也并非被金王孙休掉。一旦事情传开，王娡必将承受巨大的舆论压力，甚至将陷入千夫所指的窘境。所以，“隐婚入宫”，臧儿与王娡等于自断后路，是冒了极大的风险的。

王娡是个聪明的女人，不过刘嫖的橄榄枝并没有直接伸给王娡，而是伸给了她所生的刘彻。

刘彻出生时不叫刘彻，而是叫刘彘。彘的意思就是小猪仔儿，堂堂皇子，怎么会以猪为名？据《汉武故事》说法，“景帝亦梦高祖谓已曰：‘王美人得子。可名为彘。’”可见刘彻出生不仅仅惊动了父亲景帝刘启，甚至还惊动了祖宗汉高祖刘邦。这意思就是说，景帝梦见高祖给刘彻起名字了。

刘彘幼时不仅可爱，而且从头到脚透着一股机灵劲儿。他一天到晚调皮捣蛋，与姑姑刘嫖的女儿、表姐陈阿娇玩个不亦乐乎。

刘嫖抱刘彘在腿上，指着自己的爱女说道，把阿娇送给你当老婆好不好？刘彘拍手叫道，要是阿娇做我的老婆，我就盖一座金屋给她住。好一个汉武帝，小小年纪就有如此豪言壮语！普天下待嫁的姑娘听了这话都要心动吧？

不过，《汉武故事》是一篇志怪小说，刘邦托梦、金屋藏娇的事不载于《史记》《汉书》，所以很可能只是游戏笔墨。

不管怎样，通过把阿娇许给刘彘，刘嫖与王娡的手紧紧握在了一起。王娡不像栗姬那样不识抬举，她那灵敏的鼻子很快嗅出了阴谋的味道！她太明白与刘嫖结亲的重要性了，她要抓住这个机会，皇后的宝座就在眼前！

丈母娘为女婿说话乃是天经地义的事。刘嫖就常常在景帝耳边吹风，说刘彘如何地聪明健壮，如何地可爱伶俐。刘嫖所言，景帝心里是有数的，否则怎会在刘彘七岁时，为他改名为通彻、透彻之“彻”？只是，废立太子乃是国之大事，景帝还要仔细想想。

撕破脸皮的夫妻

栗姬在政治上的修为还是不够，她拒绝了刘嫖的亲事，已算是“撕破脸皮”，可是她并没有对付刘嫖的后续手段，也不曾在夜里睁着放光的双眼，窥伺对付她的时机。栗姬也许并没有想要把刘嫖怎么样，她的拒婚很可能只是一种情绪的发泄。但是栗姬发脾气发错了时间和地点，她不知道在她任性妄为的时候，有多少人对着她和太子磨刀霍霍。

刘嫖却不一样，得罪将来太后的恐惧逼得她只能“先下手为强”。刘嫖对景帝说，栗姬与你所宠爱的那些妃子聚会，总是让她手下的侍者在她们背后诅咒、吐口水，以巫术害人。

武帝晚年曾大搜巫蛊；李泽厚先生在《美的历程》里说秦汉乃是人神“共存无有隔阂”的时代；李零先生的《中国方术考》也曾论说汉时的浓烈巫风。所以，栗姬的巫术诅咒是可能的，而且依照她的性格，她这样做的可能性很大。

刘嫖却知道“求神拜佛”是没用的，女人之间的战争只能靠男人来决出胜负。大概因为很多女人都是经她之手入宫，刘嫖的消息十分灵通，栗姬可能做梦也没想到，她的那些小把戏会传到刘嫖的耳朵里，再通过刘嫖的嘴传到景帝的耳朵里。

后宫不和往往是皇帝最头痛的事。所以“景帝以故望之”。

“景帝”是刘启死后，后人给他的谥号。所谓“耆意大虑曰景”，就是说不莽撞，喜欢深思熟虑。景帝虽然心里不快，但栗姬毕竟是太子的生母，还要观察观察，所以没有发作。

刘嫖的目的达到了，景帝的注意的目光已经投在了栗姬的身上。栗姬不知道，这不再只是她和刘嫖的博弈，现在连景帝也“参与”进来。可是，暴躁人性的魔鬼附了她的身，她仍然不知道收敛。

景帝的身体一向不好。有一次景帝生病，大概病得很重，重得以为自己快死了。所谓鸟之将死，其言也哀，人之将死，其言也善。他召见栗姬，体虚气弱地开始托付后事。

“我死之后，那些孩子就交给你了，要好好对待他们。”

栗姬却“不肯应，言不逊”。

栗姬已经被嫉妒折磨得有些发狂。景帝的意思非常明显，栗姬已经是他心里的皇后。栗姬却对此毫无反应，一口回绝了景帝。

病中的人最需要温暖的安慰，哪怕是欺骗，景帝心里那软软的一处被栗姬的恶言恶语“痛快”地碾碎了，此时他不再是那个托付后事的温情丈夫，两人间的气氛迅速由“融合”转化为“对抗”。但也许是因为心里有愧，又或许是因为病得不再有力气吵架，景帝选择了沉默。沉默不等于平静，新账旧账叠在一起，景帝的愤怒如地火在下面潜伏奔流着，一旦给他寻着地壳的缝隙，就要喷薄而出。

有一天朝会，大行（官名，主管礼仪）奏事完毕，接着向景帝进言道：“‘子以母贵，母以子贵’，现在太子的母亲栗姬还没有封号，应该立她为皇后。”景帝大怒道，这事哪到你来多嘴！命卫士将大行拉出去砍了。其实古代君主制下，君王的家事就是国事，立太子立皇后等大事更不在话下，既为国事，大臣如何不可参议？

景帝所谓“哪到你来多嘴”，不过是因为大行所言触到景帝的逆鳞——景帝对栗姬已经死心，怎会立她为后？而一旦大行的建议被采纳，最终的得益人是栗姬，景帝遂以为大行背后是栗姬在指使。于是他废刘荣太子之位，把其贬为临江王；又把栗姬打入冷宫。栗姬见不到皇帝的面，想解释也没有机会，于是憋闷忧愤而死。

有关大行提议立后的事，司马迁是这样说的：

“王夫人知帝望栗姬，因怒未解，阴使人趣大臣立栗姬为皇后。”

竟然是王娡在背后搞鬼！她这招“以退为进”“予取先与”可谓狠毒！

刘荣被废、栗姬被打入冷宫后，景帝封王娡为皇后，王娡所生的刘彻（刘彘）也被立为太子。

“苍鹰”郅都

刘荣被废两年了，也许是因为母亲死了，自己再也看不到复位的希望，所以破罐破摔，扩建宫室而占了祖父文帝刘恒的宗庙辖地，由此被汉景帝征召觐见。刘荣启程，上车伊始而车轴断裂，这被认为是不祥之兆，江陵父老相顾泣涕，说，大王回不来啦！（“吾王不反矣”）果然，刘荣刚到长安就被召到中尉府（执掌长安治安警卫），交由中尉郅都审问。

狱中的刘荣想要给景帝上书，但郅都给看守刘荣的狱卒下了死命令，严禁他们送给刘荣刀笔。后来刘荣通过他的老师，前太傅魏其侯窦婴的暗中帮助，才拿到刀笔，得以上书。刘荣的这封“血书”递出去后，立刻就自杀了。“临江王既为书谢上，因自杀。”

一般来说，狱中上书多是认错求饶，又或为自己所为辩解，又或动之以情，总而言之，上书的目的应该是保命。可是为什么上书之后，刘荣立刻自杀，也不等等景帝的“批示”和反馈呢？难道是在狱中受了莫大的羞辱，故而激起他的烈性，就此捐弃年轻的生命？又或在上书之前就已经知道答案，上书不过是死前最后的倾诉？

皎皎明月从铁窗内探出头来。刘荣的尸身悬在梁上，投下的影子在满地的银光里摇来荡去，这大概就是一代皇子留在人间最后的痕迹吧。

刘荣算是被郅都逼死的，窦太后知道后怒不可遏。所谓“幼子长孙，老太命根”。她借口说郅都犯法，要把他贬为庶民，为孙子报仇。身为父亲的景帝，反应却十分奇怪，他没听太后的，他特派一个使者持节到郅都家中，改任他为雁门太守，抵抗匈奴，还给他临机专断的大权。郅都远走雁门，窦太后伸手不及，一时间也拿他没办法。

汉朝的皇帝，大多是所谓“孝子”，死后的谥号里也多有一个“孝”字，如“文帝”实际上是“孝文帝”，“景帝”实际上是“孝景帝”，“武帝”其实是“孝武帝”……这郅都到底是何方神圣，竟敢逼死皇子，而孝顺的景帝又为了保他而忤逆生母？

郅都，生卒年不详，河东郡杨县（今山西芮城东）人，文帝时曾做过郎官随侍文帝一旁。关于郎官，古史学家说，“郎”通“廊”，一般是指立在宫殿走廊里的侍卫，听凭皇帝差遣。拜为郎官，就成了皇帝的“身边人”，每天得闻军机大事，耳濡目染，不知不觉间便培养了政治眼光，积累了政治经验。又，郎官长年随在皇帝身边，陪他骑马打猎，为他保驾护航，皇帝差不多能叫出他们每个人的名字，对他们知根知底，一旦某个官职空缺，他们总是第一批进入皇帝视线的候选人。出击匈奴、彪炳百世的大将军卫青做过郎官，为武帝出谋划策、筹钱筹粮的大司农桑弘羊也做过郎官。

入选郎官有三条途径：一是荫任，功臣后人和秩级二千石以上的官宦子弟可凭荫恩直接入选为郎；二是家世殷厚，捐钱四万以上，其子弟也可为郎，景帝时，司马相如就是捐钱为郎；三是“天赋异禀”，如桑弘羊就是因为有心算的能力，在其十三岁时被选为郎。

《史记·酷吏列传》里，记有这样一句郅都的座右铭：

“已倍亲而仕，身固当奉职死节官下，终不顾妻子矣。”

就是说，我既然离开父母做官，就要奉公守节、以身殉职，哪里还管得了妻子儿女?

郅都是有名的酷吏，心狠手辣，他时常扯着脖子喊出“倍亲”“不顾妻子”这样的冷酷绝情话，而且一天喊上好几次。

景帝的时候，郅都升为中郎将。有一次他随从景帝去上林苑，景帝的妃子贾姬上厕所时，一只野猪跟着窜了进去。野猪凶猛，力能搏虎，贾姬的情况危在旦夕。景帝打眼色给郅都，叫他冲进去救人。但是郅都好像把景帝当成是空气，没有任何反应。景帝情急之下，就想自己去救贾姬。这时候郅都却抢着跪在景帝面前，把他拦住，只听他说：“死了一个贾姬，还可以再找一个，这世上还缺美女吗？陛下不知自我爱惜，可曾想过江山社稷，想过太后吗？”

原来郅都不进厕所救人，不是因为男女有别，而是为了皇帝的安危。其实仔细想想，郅都这套歪理根本就说不过去，皇帝进去救人是以身犯险，他郅都身为中郎将，保护皇帝及妃嫔是职责所在，为什么也不去救人呢？还找出这样堂而皇之、无耻之极的借口！

景帝显然对此未作深思，竟然停住了。幸好野猪只是出来散步一圈就离开了，已经“被放弃”的可怜的贾姬最终平安无恙。窦太后听说这件事非常开心，“赐都金百斤”，对郅都重视起来。

不过，事情奇怪就在于此。郅都逼死前太子刘荣，窦太后要贬他为民，其实不只是贬官，从后来的事情看，窦太后有一系列对付郅都的手段，非要把他弄死不可。而他对宫里的妃子见死不救，窦太后却对他大加赏赐。

一贬一赏的背后，是什么道理呢？原来，不救妃子是为了保护自己的儿子。儿子是自己的血脉，孙子也是自己的血脉，所以逼死自己的孙子当然罪不可赦。可知窦太后是多么护短！

大概观察的时间久了，景帝也看出了郅都的才干，所以任命他做济南太守。郅都果然不负景帝所望，他初到济南，不动声色间就把瞷氏家族的首恶全部灭族，所谓“雷厉风行”不过如此。剩下的人为郅都的雷霆手段所慑，个个噤若寒蝉，不敢再恃强横行。一年以后，济南郡中路不拾遗、夜不闭户，有了太平盛世的景象。附近的郡守听到情况，都把郅都看做长官，不敢跟他平起平坐。这种心理十分正常，在每个人都保持礼貌友善的圈子里，如果突然来了一个随时可能暴起伤人的狠角色，这圈子里的其他人自然会害怕他、附和他。现在，由这些温和郡守组成的圈子里多了一个历史上有名的酷吏，他的名字就是郅都。

不光在地方官场扬眉吐气，郅都在朝为官时也腰板挺直，总是一副要动手的样子，太史公说他，“敢直谏，面折大臣于朝”。条侯周亚夫乃是开国功臣周勃的儿子，又在平定七国之乱时立了大功，终于被封为丞相，他长期做将军，风霜铁面上凛凛威严，大家都有点怕他，唯独郅都见了这个顶级长官，作个揖转身就走。郅都暗里对周亚夫有点挑战的意思吧。出身低贱的人对出身高贵的人总是暗里羡慕，表面却要装出不屑的样子，也许这种巧妙复杂的心理连他们自己也不明白。郅都如是，后面要讲到的灌夫也是这样。

郅都负责长安治安时，执法严苛，毫不避忌，连皇亲国戚见到他也不敢正视。也许郅都的冷酷无情已经外化，以致他的眼睛像鹰这样的猛禽一样冰冷而又锐利，所以人们称他为“苍鹰”。苍鹰的利爪对准了景帝手指的方向，百发百中，无往而不利，难怪景帝为了保他不惜得罪母亲。

景帝不会不知道郅都严苛冷酷的作风，为什么把自己的儿子、前太子刘荣交给他审问？刘荣毕竟是景帝的儿子啊！这里面的道理太过深邃奥妙。不过有人将郅都背后、逼死刘荣的主谋者说成是王娡，却很难服人。

郅都又把他的强硬作风带到了边关雁门。匈奴人听说他的狠绝，知道有他坐镇，再也不敢寇犯雁门。据说，匈奴人雕刻了郅都的木像作为练习射箭时用的箭靶，因为慑于郅都的凶名，竟然没有一个匈奴战士能够射中。

这大概都是编出来的夸张故事。世上哪会有这种事呢？除非是匈奴人的雕刻工匠技艺太过高超，以致他虽然可能没见过郅都，但足以把他那种冷酷无情的神情完整地表达出来，影响到射箭战士的心神，使自小骑射的他们在放箭的一刻突然失手。

郅都所作所为令人侧目，他却不知窦太后也静悄悄地把刀架在了他的脖子上。自郅都官拜雁门太守后，窦太后就一直暗暗搜集他的罪证。“欲加之罪，何患无辞”？景帝还为他辩解，说他是忠臣。

“临江王独非忠臣邪？”太后怒不可遏地回道，声音尖利刺耳，景帝再没话说。一代酷吏，“苍鹰”郅都就这样被砍了头。

西汉初年，位极人臣的多是贵族，因为他们的祖先追随刘邦打天下，依功一一封爵。而郅都这样底层出身的人，想要出头只有“讨皇帝的喜欢”。郅都明白景帝想要什么，他做了这样的角色，又或者他本来就是这样的人，景帝只是给他提供了一个舞台，让他通过行动和念白把其冷酷无情淋漓尽致地展现。不管怎样，二者一拍即合，配合得十分默契。但是，像他这样剑走偏锋，不管乱世与否，一味“用重典”的人是不可能长久的。因为他的一心只忠于皇帝，不管自己要面对什么，要面对什么样的对手，要面对什么样的风险，因为他的荣华富贵都是皇帝给的！而在这个国家里，很多事情皇帝也做不了主的。也许郅都也知道最终不会有什么好下场，但这是他的选择：与其灰尘一样默默无闻地静伏，还不如烈火那样痛痛快快、轰轰烈烈地燃烧，哪怕最后烧成灰烬！

郅都的这把火之所以烧得这么旺，不仅仅是因为他不怕死、不在乎，更重要的是，他为景帝和一些人除掉了绊脚石，所以他的作为和死亡，几乎成了理所当然。这是“文景”到“武帝”，社会转型时期特有的现象，郅都绝非个案。

第二章　刘武帝王梦

景帝的愿景

刘荣被废到刘彻立为太子之间，还有一个小插曲。插曲的演奏者是这两兄弟的叔叔，梁孝王刘武。

刘武是窦太后的小儿子，景帝的同母兄弟。若说窦太后宠爱女儿刘嫖有十分，她宠爱刘武就有二十二分。景帝对他也十分爱护。

汉时，诸侯朝见天子，依礼应该只见四次：第一次入宫晋见，叫做“小见”；正月初一清晨，诸侯捧着皮垫，再在皮垫上摆上璧玉，向皇帝道贺，这叫做“法见”；又三天，皇帝为诸侯王设下酒宴，赏赐金钱财物；再过两天，诸侯王又入宫“小见”，然后辞别天子，回到自己的封地。诸侯王都是天子的兄弟叔侄，所谓“小见”，就是亲人的团聚家宴，所以可以不必严格拘于礼节，一般士人是没有资格加入的。诸侯王晋见，在长安居留的时间不能超过二十天。且正月朝贺，一般是一王与四侯一起朝见，又由于那时交通不便，往往十多年才来京师一次。

梁国紧挨着中央的辖地，相较其他诸侯王，梁王来长安要方便得多。梁王几乎年年入朝朝见，而且经常一待就是几个月，有时更长达半年，可见他的受宠。

在平叛过程中，梁国军队所杀叛军的数量，与朝廷军各占一半，而朝廷军又分给条侯周亚夫、魏其侯窦婴等几个人指挥，所以梁王的功劳是最大的。景帝对他也更加宠爱，赏赐给他天子出行所用的旌旗，当梁王来京朝见时，更派遣持节使者，叫他坐上御用的驷马车，到关前去迎接梁王。景帝经常叫梁王共乘一车，与他说话聊天，连去上林苑打猎时也是这样。两兄弟肯定要说起许多童年趣事。梁国的官员只需在登记簿上写下姓名，便可与朝官一样出入宫门，这对其他诸侯国的人来说简直不可想象。

公元前150年十月，梁王又来朝见。不过这次他可不仅仅是来孝顺母亲、与景帝重温兄弟情的，他是来争皇位的。在此之前，景帝已经早已经封刘荣为太子。也许是收到了什么风声，刘武掌握的时机非常地精准，他来了不到一个月，刘荣就被景帝所废。

刘武想做皇帝，并非是“无理取闹”，而是要景帝兑现承诺的。原来景帝前元三年（公元前154年），梁王来朝，景帝与他宴饮时，曾当众说：“千秋万岁后传于王。”司马迁描述景帝说话，用了“从容”二字，可见其并非酒后胡言。梁王却没当真，不过心里也非常高兴，宠溺小儿子的窦太后就更不用提了。

原来那时，诸侯王有谋反迹象，而梁王所统辖的梁国面积广大，土地肥沃，兵力强盛，且其为中央的门户，战略位置十分重要。所以口头许诺，争取梁王乃是理之必然，虽然他是景帝的亲兄弟。

这就是政治，只讲利害，亲情根本不起作用。

果然，就在当年，吴王刘濞以“清君侧，诛晁错”的口号，领着楚、赵等其他六国一同叛乱，而梁王拖住了吴、楚两国的主力军，给周亚夫他们争取了时间，立下不世功劳。可是叛乱刚刚结束，景帝便立刘荣为太子，这就好像故意对梁王说，自己之前是开玩笑。

也许梁王刚开始真的没有做皇帝的野心。但梁王的位子坐得太久了，有点腻了，便对帝位有了觊觎之心。如今刘荣被废，他的机会来了。他并不是一个人在战斗。他的母亲，窦太后就坚决地站在她这边——大概不想别人叫她太皇太后，把她给叫老了，她总想让刘武接替刘启做皇帝，这样一来她仍是“皇帝的母亲”。

自高祖刘邦以来，汉代的皇位从来就是父传子。窦太后一生信奉黄老，主张清静无为，为了将刘武送上皇位，却违背“祖制”，简直是无事找事，与自己的原则开战，可见女人爱孩子时，是“没有自己”的。

《资治通鉴》载：“栗太子之废也，太后意欲以梁王为嗣，尝因置酒谓帝曰：‘安车大驾，用梁王为寄。’”

怎么办呢？天子金口玉言，怎能出尔反尔？

“帝跪席举身曰：‘诺。’”

这声“诺”如同卡在喉头的硬块，景帝吐得非常痛苦——否则此前怎会立刘荣为太子以绝了梁王的念头？景帝不甘心，他是政治高手，于是把皮球踢给朝臣——“诸位爱卿，如之奈何？”

这时袁盎站了出来要给景帝解围，只听他慷慨激昂道：“让臣去说服太后！”

呵呵，景帝等的就是他这句话。

袁盎于是来到太后所居的长乐宫，与她辩论。他的身后跟了一帮满腹经纶的大臣，太后向后一看，一时间看不清个数，他们站成黑压压的一片，将殿门口的阳光都挡住了，巨大的阴影压了过来，太后心里开始泛起嘀咕来。袁盎要的就是这种效果，他的目的达到了。

但是这并不足以叫太后改主意，袁盎还有一整套的手段等着太后。

袁盎：“天子百年后传位梁王，可梁王百年之后呢？”

太后：“自然是传给当今天子的儿子。”

袁盎：“请问太后，我大汉是效法殷商还是效法周朝呢？”

太后：“当然是效法周朝。”

袁盎：“那周朝的王位怎么传下来呢？”

太后：“父亲死了传给儿子……”

太后这才知道自己中了套，以致这句话说到末尾时气力不足、声若蚊呐。

袁盎不让太后有喘息的机会，他看着太后的眼睛，躬身道：

“春秋时，宋宣公不守周朝的法令，死前传位给弟弟宋穆公。穆公死前又把王位传回给哥哥的儿子与夷，结果自己的儿子冯有心争位，说他是君王的儿子，有资格继承王位，于是杀了自己的堂兄与夷自立，宋国因此纷争不断。我大汉经几代皇帝励精图治，才有今天的盛世局面，难道要因此走向混乱衰败吗？”

这句话问得狠。

窦太后明白袁盎的意思了。周法是父子相继，商法是兄终弟及，两法在各自的系统里清清楚楚，泾渭分明，而一旦杂糅在一起，就要错漏百出，就要让人“无法可依”，最终叫有野心的人钻了空子，而皇位之争，向来血雨腥风。

其实袁盎所说并不符合史实。与夷乃是被他的太宰华督所刺，谥为殇公，并非为冯所杀。不过窦太后显然是每天只读《道德经》，并不知道《春秋》上记载的这件事，又或者一开始就为众人气势所慑，再加上上了袁盎的当，所以心神被夺，而那时又没有人送一本《春秋》来给她翻，所以只能目瞪口呆地看着袁盎等人强忍着笑离开。

她知道，在“立梁王为嗣”这件事上，她再也说不上话了。

死在舞台上的袁盎

美梦破灭，梁王只得悻悻回家。但是，他从此死死记住了袁盎这个人。当袁盎打喷嚏时，他能否想到这是因为梁王刘武在“念叨”他呢?

袁盎这个人非常地奇怪。文帝时，柴武准备造反，牵连到高祖的庶子淮南王刘长。文帝用囚车把刘长送到蜀地。袁盎劝谏他说：“您一向宠爱刘长，致使他性格骄傲刚烈，这样骤然的打击，我怕他承受不住，死在路上。”文帝不听。结果刘长果然绝食而死。文帝“哭甚悲”，大悔不听袁盎的劝告。

可见，袁盎这个人是知人的。刘武之受宠，十倍百倍于刘长，自己毁了他的帝王梦，刘武会怎么对付他呢?

似乎是不言而喻。

这样说来，袁盎是一个“为国不恤身”的忠臣了？如此又说不过去。袁盎曾做过吴王刘濞的国相。国相乃是朝廷派出的官员，既是为了管理诸侯国的内政，同时也有监视诸侯王的意思。

刘濞一直有心造反，袁盎对此也是心知肚明，但他没有将吴国的事情上奏给景帝，而是任由刘濞的造反准备工作一天天完善起来。袁盎人缘很好，吴王刘濞也非常喜欢他，常常赏赐给他大笔的财物。是因为贪恋富贵，所以他没有上报刘濞的反迹吗？还是他担心自己的奏章递上去的那一刻，那个待他不薄的刘濞就要抄起大刀砍掉他的人头?

不得而知。能知道的是，每当景帝向他打听吴国的情况，他总是说：一切太平。

这说明，袁盎并非是那种忠臣。

那么，他不惜得罪当朝太后，不惜得罪恩宠加身、平乱时又立有大功的梁王，图的是什么?

太史公对他的评价是：“好声矜贤。”原来是贪图虚名，其实也就是想落得个好名声。

袁盎的侍女曾与他手下的小吏私通。袁盎知道这件事却不挑破。如果按照渡边淳一的说法，这种沉默乃是出于男人的自尊心，所以装作什么也没发生，以此来维持表面的“和平”，那也就罢了。可怪的是，小吏得知事泄露后逃跑，袁盎竟然骑着快马追上，小吏魂飞魄散时，却听他说：“不必惊慌，我来是要将侍女送给你！”后来七国之乱爆发，袁盎为吴王刘濞所执，看守他的正是这小吏，小吏知恩图报，将他放了，因而救了他一命。不过袁盎不是神，该不会预知到此事吧，若有预知未来的本领，大概也不需要小吏来救了。

把梁王赶回家后，袁盎还不收敛，他接着举荐王娡所生的刘彘做太子。景帝这次没发怒，而是笑呵呵地答应了。可见皇权治下的是非善恶没有标准，皇帝的是非善恶就是标准！刘彘即太子位。

这就彻底绝了梁王的念想。

欲望太盛的恶果

“海客谈瀛洲，烟涛微茫信难求。”古人寻找仙境瀛洲，都是从渤海起航。这说明齐地的风俗自古就多涉神仙幻想。秦始皇、汉武帝为求仙访道，也多招养齐地方士。羊胜和公孙诡都是齐人，他们和同乡邹阳一起侍奉梁孝王，做了他的宾客。

这两人并非装神弄鬼的方士，但也不是安邦定国的栋梁之才，只有些小聪明和一些鸡鸣狗盗的手段。但刘武对他们却非常信任。梁国内史一职空缺，若不是窦太后亲下谕旨，叫平叛七国之乱的名将韩安国补缺，做梁国内史的恐怕就是公孙诡。公孙诡虽没做上内史，但由于梁王的宠幸，他在梁国的地位非常之高，人称“公孙将军”。

刘武对两人的偏爱是有道理的，因为刘武想听什么，这两人就说什么。他们一直怂恿他去做景帝的皇位继承人，去做皇帝，也许还跟梁王在密室里玩过跪拜天子的游戏。柏杨先生管这种受无耻谄谀而面无愧色的状态叫做“大头症”，真是一针见血。

一个人内心有某种欲望，又担心没有实现欲望的能力，但是又不想放弃，就会犹豫不决，焦虑得好像热锅上的蚂蚁。这时候，如果有个人在旁边一直给他吹风，他都言听计从。

刘彻即太子位，刘武拾级而上、登上皇帝宝座的梦想彻底破碎了，他满腔怒火，无处发泄，这时羊胜和公孙诡把他的脑袋转过来，抬手指向憋着笑的袁盎叫道，嘿，就是他！其实不只是他，刘武派出了十几批刺客，杀向那些他认为阻碍了他登上皇位的人。

袁盎的人缘非常好。第一个刺客到了袁盎的家乡安陵，每走一处都听别人说他的好话，于是生出不忍之心，夜里窜入袁盎家里，将事情的前因后果告诉了他，叫他小心提防。

谁知袁盎并不放在心上，仍然四处游荡。有一天他去找一个叫棓生的朋友求卦，回来时，被刺客刺杀在安陵城门外。当袁盎被刺客扯着胳膊架起来时，他还问人家，说我是袁盎，你们没找错人吧？回答他的是刺过来的利剑。

袁盎死了，戏还没完。刺客忘了把凶器带走，那柄剑仍插在袁盎身上发出闪闪寒光。

袁盎的死讯很快被景帝得知，而随同袁盎一起说服太后的大臣也次第而亡。这是谁干的呢？景帝心里马上有了计较——这必是梁王刘武所为。果然，办案人员循着袁盎尸身上的宝剑，找到了长安城里为这柄剑磨刃的师傅，这师傅查验过后，说不错，这剑的确是我磨的，是梁国某郎官之子带来的。

景帝大怒，遂派人彻查此事。查案使者的车子在长安和梁国之间来回地跑，日夜不休，地上杂乱的车辙如景帝凶恶的泄愤鞭痕。

皇位如同镜花水月

窦太后知道事情经过后，明白自己的小儿子犯了弥天大罪，只有死路一条，一时间如同被人割了骨肉，痛彻心扉，只是一个茶水不进，躲在长乐宫里日夜哭泣，眼窝都陷了下去。

景帝是孝子，这时就有了悔意。但死了十几个朝臣，不给世人一个交代，朝廷的威严何在，大汉的律法何用？思前想后，又召集群臣商议，他把原来的查案使者召了回来，改派通晓儒家经术的田叔去查。

儒家重视人伦亲情，讲求宽厚之道。其以《诗》《书》《礼》《易》《春秋》为经，但经过秦始皇的焚书，皆不传世。现在能看到的经书，都是秦末汉初隐于民间的高人口授，汉人记录整理而成。再加上古代通讯缓慢，所以汉初时，上述儒家经书并不广为世人知晓，武帝之前，尊崇黄老，也鲜有朝臣通晓儒术。汉承秦制，其中就有秦朝的法律，而秦法严苛，审案的狱吏往往审不出人命就不罢休，所以景帝要派田叔这样的“儒士”去查梁王，其实他已有放梁王一马的打算了。但是，命案总要有个凶手，非如此不能了解。景帝有意宽宥梁王，他已举起了自己的巴掌，梁王会举起自己的巴掌，与景帝击在一起吗？

羊胜、公孙诡已从幕后现身。景帝往梁国派使者查案，抓的就是他俩。但使者跑了一遍遍，搜遍梁国上下，连两人的影子也逮不着。

只有一个地方没有去搜：梁王王宫。

梁王可能压根就没想过要把羊胜、公孙诡交出去——这不啻告诉人家，此事是自己所为。其实他的主谋身份，整个大汉早就无人不晓，但梁王还是绷紧咬肌，来个死不承认，对韩安国等重臣他也不说实话。

纵观茫茫历史，这种掩耳盗铃的事已经不知重复了多少遍。梁王尚在梦中，韩安国却是旁观者清。

韩安国入宫晋见，哭道：“若主上受辱，臣下就该谢罪而死。大王如今进退维谷，焦灼不堪，都是因为我等辅佐不力。现在抓不到羊胜、公孙诡，皇上必然怪罪，请您允许我向您辞别，并赐我自杀！”

梁王知道瞒不过他，无奈地说：“你这是何必呢？”

韩安国已经哭成一个泪人，他哽咽道：“大王自己好好想一下，是您与皇上的关系亲，还是刘太公与高皇帝、皇上与临江王的关系更亲呢？”

梁王说：“当然是他们更亲。”

韩安国续道：“刘太公与高皇帝、皇上和临江王都是父子关系，可是高皇帝说：‘拿着三尺剑夺取天下的人是我啊’，所以太上皇只能住在栎阳宫，到死也无法过问朝政。临江王刘荣是长子，又被立为太子，可是只因为他母亲说错一句话就被废黜；又因扩建宫室侵占文帝祖庙，终于在中尉府被逼自杀。这是什么道理呢？因为治理天下是公事，怎能讲求私情？有人说：‘即使是亲生父亲怎知他不会变成老虎？即使是亲兄弟怎知他不会变成恶狼？’现在大王您听信邪说，违反了大汉的律法，即使位列诸侯也无法开脱。皇上孝顺，他是怕太后伤心，所以才没找只知道律法的刀笔吏来对付您。太后日夜垂泪，希望大王能自己觉醒，可是始终也不见您有改过意思。假如太后突然逝世，大王您还能依靠谁呢？”

韩安国话还没有说完，梁王早已痛哭流涕，他感激地说：“我现在就交出公孙诡、羊胜。”于是逼迫公孙诡、羊胜自杀。

田叔在梁国徘徊已有一段日子了，看到二人的尸体那一刻，他知道自己该怎么办了。回到长安，他向景帝述职时，给了他一个惊喜。原来梁王不光是刺杀朝臣的幕后主使，他招募士卒，锻打兵器，确有不臣之心，“按律当诛”。田叔虽然拿到了确凿证据，却在回来的路上把它付之一炬。

私毁证据是重罪。景帝面露不快，正要发作，却听田叔续道：“梁王不法狂悖，铁证如山，若不杀他，此后大汉的律法再也无法取信于民；可是真的杀了他，太后恐怕这辈子都不会原谅您。陛下，请您圣裁！”

景帝笑了，转身就把消息送到长乐宫中。窦太后听了，马上恢复生机，左右宫人连忙动手置办饮食，给她果腹，后拜田叔为鲁国相。

这中间仍有一个小插曲。梁王交出羊胜、公孙诡的尸体，仍然忧惧，恐怕祸事仍未完结，于是找群臣商议。这时邹阳挺身而出，西入长安，找到王皇后（王娡）的哥哥王信，劝他入宫为梁王进言，以此讨得窦太后的欢心，使窦、王两家外戚能够结成同盟。王信“然其计”。景帝听了王信的劝告，明白若执意处死梁王，会落得杀死弟弟的不仁之名，恰巧田叔回来述职，所以决定就此罢手。

景帝怒气渐消，梁王于是上书请求朝见。一行人走到达函谷关口，一个叫茅兰的臣属劝道：“大王仍是戴罪之身，再像以前那样讲究排场恐怕不太合适，还是改乘布车罢。”梁王于是乘坐当时出殡时采用的布车，随身只带两个骑兵。饶是如此，他仍然害怕，不敢面见景帝，于是躲进姐姐刘嫖的家中。

景帝派使者出关迎接梁王，而梁王已经入关，所以只见到他的随从车马。太后知道没接到人，振臂号泣道：“皇上果真杀了我的梁王！”

这真是跳进黄河也洗不清，景帝只能无奈听着老母训斥。这时峰回路转，宫人报说，梁王来了，他正赤膊跪伏在宫门处，背着砧板、斧头，请求处罚。太后这才大雨转晴，景帝也非常高兴，他抱着梁王痛哭起来。然而景帝心中始终难以释怀，他渐渐疏远梁王，不再和他同乘车辇了。

景帝中元六年（公元前144年），梁王又入京朝见。他上奏折请求留住京师，侍奉窦太后。这次，景帝没有答应。

梁王只得回到封国，如同疯狂时毫无感觉，清醒后却疲惫不堪，经历了这些波折后，梁王静了下来，但也不再快乐，每天心神恍惚。有一次到北面的良山打猎，恰逢有人献上一头牛。这头牛大概是先天畸形，他的牛足竟然长在背上。那时的人还没有生物学的概念，那头怪牛的样子看起来触目惊心，梁王只道这是天降的怪物妖孽，预示着灾难，厌恶的不得了，食不知味。十月中旬，梁王得了热病，没过几天就去世了。后人谥他为梁孝王。

窦太后知道梁王病故，哭得死去活来，大叫道：“皇上果然杀了我的武儿！”景帝恐惧忧虑，想起以前兄弟携手登车、一起打猎、秉烛夜谈的情境，恍如隔世，一时不知道该如何面对今昔的变化，唯有黯然神伤。梁王对窦太后十分孝顺，每次听说太后身体有恙，都夜不入眠，食不下咽，总想在她身旁伺候着、陪伴着。

景帝将梁国一分为五，分交梁王的五个儿子掌管，个个封王。这事是与长公主刘嫖商量过的。太后知道这件事，才渐渐解开心结。其实，梁国这样的大国一分为五，对增加中央的威权，削弱地方诸侯势力是大有好处的。景帝此举，算得上一举两得。

平心而论，梁王是没有造反的野心的。如果要造反，为什么要刺杀袁盎等人？在准备不足的情况下，这样做岂非打草惊蛇？梁王与栗姬一样，一味地纵情使性，等到危害临身之时，却悔之晚矣。

皇权治下，家国难分，公私难辨，像景帝和梁王这样的悲剧，后世还不知道要再重演多少次。梁王回国，在山上打猎，当他攀上山巅，迎着飒飒山风，有否感受到人生一世的荒凉？山顶比皇位更高，皇位在人间的中心，而山顶跳出这一切，鸟瞰这纷纷扰扰的人间。

梁王生前，财物以亿万计算，数不胜数，死后仍有金四十万余斤，而所有的宝物都做了陪葬品。史书记载，曹操缺兵少饷，打起了梁王墓的主意，他盗掘此墓时，“得金宝十万余斤，运七十二船”。梁王曾修“梁园”，“方三百里”，华美壮观难以尽述。

第三章　朝中有狼，后宫有虎

汉武帝鹰隼展翼

景帝后元三年（公元前141年），汉景帝病故，刘彻即位，是为武帝，尊祖母窦漪房为太皇太后，母亲王娡为皇太后。此时，武帝年仅十六岁。

这个十六岁的少年，在他坐上皇位的一刻，第一次真正发现手中巨大的权力——这个国家辽阔的版图，庞大的人口数量，那些延绵无尽的山川，那些奔腾不息的河流……

景帝平定了七国之乱，诸侯王势力大削，再加上几代皇帝的休养生息，汉朝早已摆脱了刘邦时期的一穷二白，变得富庶繁荣起来。豪强冒起，匈奴寇边，制度简陋不敷于用，这是武帝初期国家面临的主要问题，而诸侯王也在新皇登基之际虎视眈眈。因此，贾谊、晁错等人提倡的改革和创制又重新提上日程上来。

公元前140年，武帝以“建元”为年号，此为中国“年号”之始创。“建元”有“创始”的意思，表明了武帝革新改制的决心。

武帝深知，个人的力量是有限的，尤其他刚刚登基，羽翼未丰，很需要帮手。于是诏令中央和地方的各级行政长官推举人才，“举贤良方正直言极谏之士”。而满朝文武或许在“黄老之说”的气氛里待的太久，毫无奋发的劲头。所以武帝改革的第一步就是换人，换上自己的人，他要“站得稳，行得动”。

景帝死前，留下卫绾做武帝的丞相。卫绾被景帝选中，是因为他是个仁厚的长者，勤恳任劳，从无怨言，与条侯周亚夫形成了鲜明的对比。其实卫绾原来是“代王”刘恒的车夫。因为卫绾膂力惊人，车技高超，很受刘恒的喜爱。后来刘恒被周勃迎立为皇帝，卫绾就跟着他进了长安，做了郎官，不久又升任中郎将。

刘启是个有心计的人，他做太子时，曾多次设宴招待文帝左右近臣，卫绾也在列。然而，每次接到太子的请柬，卫绾总是称病不前。虽然太子是将来的天子，但他现在仍只是太子，忠臣不事二主，卫绾觉得应该小心谨慎一些。

果然，此举得到了文帝的赏识。文帝临终前，对景帝说，要善待卫绾，他是长者，可以信任。不过景帝对卫绾不来赴宴一事始终耿耿于怀，所以一直没有起用他。后来，汉景帝游幸上林苑时，叫卫绾随车侍奉。景帝拍着他的肩膀问道：“从前我请你赴宴，为什么总是等不到你呢？”卫绾吓得伏地叩头：“当时臣确实是有病在身。”景帝看了一会儿伏在地上的卫绾，不再重提这件旧事。于是召左右来，要赏赐佩剑给他。

谁知卫绾再次拒绝景帝。原来，文帝曾赐给他六把宝剑，卫绾都供奉在家，皇恩浩荡，卫绾不能再接受景帝的赐剑，害怕无福消受。景帝问道：“人们时常更换、买卖佩剑，怎么你却一直留着这些宝剑？”于是命他从家里拿来。六把宝剑，剑鞘的颜色尚新，拔将出来，每一把都泛出闪闪寒光！景帝感动至深，从此对卫绾另眼相看。

后来，卫绾受命招纳河间猛士平定七国之乱，因战功升为中尉。三年后，又以军功封侯。卫绾是栗氏的亲戚，景帝废刘荣、栗姬，卫绾因而受到株连，但景帝怜他忠厚，只是将他免官归家。不久，景帝立刘彻为太子，于是任卫绾为太傅，不久又升为御史大夫，掌管刑狱。又过五年，卫绾就做了丞相。

卫绾信奉黄老政治，行事谨慎小心，他任丞相，只起上传下达之作用，“朝奏事如职所奏”，对于朝政大事，他却往往粗略不计。而汉武帝崇尚儒学，即位后结束了黄老政治的统治，卫绾遂以不称职之名被罢免。

小试牛刀，发兵东南

国不可一日无君，国亦不可一日无相。武帝开始考虑新丞相的人选了。

汉初的官员很多是选自功臣贵族子弟，这些人很快就用尽了，到武帝时，可选择的空间就非常小了。最有机会的是两个外戚，窦太后的侄子魏其侯窦婴和王太后的弟弟田蚡，两人都好儒术，是儒家信徒。后来武帝拜窦婴为相，这都出自田蚡的运作。

景帝去世后，武帝封田蚡为武安侯，一时成为朝中红人。田蚡本想自己做丞相，却让管家籍福劝止。籍福说，如果皇上拜您为相，您也一定要推辞，把相位让给魏其侯。您现在刚刚发达，还无法与魏其侯相比。魏其侯是窦太后的侄子，显贵已经很久，况且他在平乱中立有大功，天下英才都归附他。魏其侯当上丞相，您至少也会坐上太尉。太尉与丞相同属三公，您也同时得到让贤的谦逊名声。

田蚡认为籍福说得对，于是入宫向王太后说明心意，太后再把话递给武帝，于是拜窦婴为丞相，拜田蚡为太尉。

但要行儒道，窦婴、田蚡都没有这个学问，于是窦婴向武帝举荐了赵绾和王臧，两人同是当时儒学巨擘鲁申公的弟子，从申公学《诗》。申公当时已有八十多岁了。武帝还是太子时，王臧便是他的老师。于是拜赵绾为御史大夫，拜王臧为郎中令。

首先就是立明堂。

上古时政教合一，所谓“明堂”，就是古代帝王宣明政教、举办大典、祭祀祖先的地方。

武帝迷信，对祭祀鬼神之事特别感兴趣。他本是个精力充沛、好奇心强的人，外加少年心性，对立明堂这样的“形象工程”自然是直流口水。

可是明堂太遥远了，赵绾、王臧也不太知道明堂是个什么玩意儿。于是武帝派出使者，“束帛加璧，安车以蒲裹轮”，隆而重之地将申公从鲁地请过来。武帝对申公闻名已久，他见申公，大概就像是在困顿迷途之中瞧见了光亮，激动得不得了。

武帝问：“我该怎么做？”

申公满头白发，打呵欠似的说：“少说话，多做事。”

武帝掩住失望的神色，拜申公为太中大夫，“议明堂事”。

接着是令诸侯就国。这就比较难办了，因为各位诸侯都不愿意。原来，诸侯的食邑虽在外地，但他们多数娶了皇家的公主，别说他们自己不愿意回到穷乡僻壤，身娇肉贵的公主也不愿意。其实这件事很让人费解，因为这个“令诸侯就国”的诏令并没有什么实质利益，但它却表明了武帝改革的决心。

此外的各项政令分别是：

1.除关。武帝之前，各国各有关禁，武帝废除关禁，既是要装出一个“不设防”的盛世气象，更重要的是这对瓦解诸侯国的“占山为王”的状态很有助力。

2.仿周礼而创汉制。武帝欲行儒道，而儒道的源头在周，故这条诏令的颁布是理之所必然。

3.贬谪诸窦宗室，其“毋节行者”，削除爵位。这就直接涉及人事的调动、豪族的利益了。这个针对窦氏宗族的法令，是武帝对窦太后的一种挑衅，一种试探。窦氏家族的人果然暗中向太后抱怨。

这时候，闽越攻打东瓯，东瓯遂向汉朝告急。闽越即是今天的福建，东瓯即是今天的浙江、闽北地区，两国同属越人，风俗相近。自秦末大乱之际，闽越东瓯等纷纷独立复国，日益强盛。

原来，吴王刘濞的儿子刘子驹藏在闽越，他怨恨东瓯在父亲刘濞败逃投奔的时候将他杀害，所以总是怂恿闽越国王对东瓯用兵。

消息传到长安，武帝廷议时让群臣商略。太尉田蚡首先发言，他认为越人之间互相攻击，这是自古以来就有的事，根本无需奇怪，更不要说劳民伤财地发兵去救。越地多是蛮荒之地，就算我们打赢了，又有什么实际的好处呢？秦朝时就已经把它放弃了。

武帝正思索田蚡所说的话时，有个人站了出来痛斥田蚡的见死不救。这个人叫做严助。严助是严夫子严忌的儿子，武帝即位之初“举贤良方正”，严助是第一批入选之人，深受武帝赏识，常常替武帝与那帮他看不入眼的老臣当朝辩论，不久武帝擢升他为中大夫。

严助本名庄助，可是后人为了避汉明帝刘庄的讳，替庄助改了姓。严，庄严，二者本来互训。其实刘庄比严助晚生了一百多年，是晚的不能再晚的晚辈，庄助死后若地下有灵，知晓自己变成了严助，不知会有什么反应。

严助分析说，救人这件事，就怕自己的力量不足以救援，恩德无法泽润到东瓯，如果有这个力量和本事，为什么不救？秦人放弃越地，我们就要放弃吗？秦人连咸阳都放弃了，何止区区越地！现在东瓯前来求救，若陛下不能救援，他们还能到哪里求告呢？我们大汉又如何统领万国呢？

严助言辞犀利，字字铿锵，武帝听了这么热血的议论，立即说：“太尉不足与计。”

于是武帝令严助带兵救援东瓯。战国以来的军制，是发兵必须有虎符作为凭信。虎符分为两半，一半在君主手中，一半在将帅手中，两半合在一起，才能发兵，所以当初信陵君要“窃符救赵”。

也许是因为虎符掌管在太皇太后那里，不在自己手里，也许是为了考验严助，具体的情况很难知晓。总而言之，武帝没把虎符交到严助的手中，这就要看严助的机变智谋了。

严助持着武帝所赐的旌节来到会稽郡。

严助对郡守说：“皇上刚刚登基，不想动用虎符，烦请你发兵。”

“没有虎符就想发兵，这形同谋反。”郡守援引汉朝法律拒绝了严助。

狠话都已经说了出去，如果无功而返，就不仅仅是面子的问题了。严助一咬牙，扯过郡守下的一个司马，抬手就是一剑。司马的人头沿着阶梯滚落，血痕斑斑。郡守看得眼珠子都快掉下来了。

严助之后大呼道：“有敢违天子命者，下场如是！”

于是郡守发兵火速救援东瓯，汉兵未至，闽越兵闻风而退。

出兵东瓯这件事，对错很难说清。按着田蚡的意见，闽越攻打东瓯确属越人的内部纠纷，汉朝派兵维和的确是拿自己的银子补别人的窟窿。但世事往往要从长远来看，才能得出一个较为清楚的结论。汉朝出兵，加大了对吴越的影响力，这对以后将之收入中华的版图有着不可忽视的影响。抛却利益的计算，东瓯的危急，本来就是帮助汉朝杀掉刘濞引来的，汉朝不应该对此坐视不理。武帝的心中有个大大的版图，他要凭借自己的意志把它一点一点画出来。

卫家姐弟俩

阳信公主嫁与曹参的曾孙平阳侯曹寿为妻，因此又称为平阳公主。

武帝刚一进门，平阳公主就看到他闷闷的脸色，请他入座，又找来府上所有的美女，将她们精心打扮一番，进献给武帝。武帝扫视一遍，没有一个满意的。于是平阳公主又招人来唱歌跳舞。

一位歌女酒窝浅浅，从众多歌女中脱颖而出，看得武帝两眼放光。平阳公主顺势让这个歌女在此伺候。这个歌女，就是卫子夫。

当夜武帝回宫，就把子夫带了回去。可是第二天武帝就把子夫给忘得一干二净。

一年以后，武帝决定释放一批宫女回家，其中就有卫子夫。再见伊人，武帝忽然想起了车厢里的那一夜，一时怔住说不出话。子夫泪垂如箸，请求放她回家。武帝怎会舍得她离去，就留了她下来。

或许是因为久别重逢带来的激情，不久，卫子夫有孕的消息传了开来。武帝高兴得笑不拢嘴，于是封子夫为夫人，这是皇后以下级别最高的妃子。

阿娇得闻更气了。为了打击卫子夫，阿娇将目标锁定在卫子夫的弟弟——卫青身上。

卫青是平阳县人，字仲卿，他和子夫的母亲卫媪是平阳侯（此平阳侯应是曹寿的父亲）的小妾，父亲郑季本在县中为吏，后来到平阳侯家里做事，于是与卫媪私通，生了卫青。卫青是家奴所生，一生下来就做了奴仆。卫媪无暇照顾他，就把他送回给郑季。郑季家里原是有妻子的，这妻子也为他生了几个儿子，他们都不把卫青当做兄弟，只叫他放羊。郑季也不为他说话。这样，年少的卫青整日对着羊群，对着山上的枯风，人变得沉默起来。

卫青就这样慢慢长大。

"您的面相贵不可言，将来定能官拜上将军，立功封侯！"这是卫青去甘泉宫时，一个戴枷的囚犯对他说的。"能不挨打挨骂，有口饱饭吃就已经很不错了，我一个奴隶生的孩子，怎能奢望封侯？"囚犯还想说下去，卫青已经摇摇头走了。

后来，卫青做了平阳侯家的骑兵，后又随卫子夫入宫，在建章宫行走。

阿娇同母亲长公主合谋，想趁机将卫青掳走。正要下手的时候，卫青的好友郎官公孙敖和其他壮士破门而入，把他救了回来。这次鬼门关前的经历，卫青深深藏在心底。

武帝却立刻明白了这是怎么回事。他招来卫青，任命他当建章监，加侍中官衔，以示恩宠。他的同母兄弟们也都得到赏赐，数日之间竟累积千金之多，个个显贵。卫媪的大女儿卫孺嫁给了太仆公孙贺。二女儿卫少儿同陈掌私通，武帝便招来陈掌，赐他官做。公孙敖救了卫青，因此也越来越显贵。不久，武帝又升卫青为大中大夫。

从此，武帝与卫青更亲近了，将他倚为助臂。

行巫蛊陈阿娇困锁长门

除了宫外的外戚，宫里的女人们也不让武帝省心。这其中，又以皇后陈阿娇为首。

宫内的女人，抬头见天空，低头见宫墙，出又出不去，所以她们唯一的期望都倾注在宫里面唯一的男人——皇上的宠幸。所以后宫争宠，争的也未必尽是荣华富贵，也许不过是这些沉溺在永恒寂寞的河流里的人借以对抗和挣扎的手段。

自卫子夫受宠，又为武帝生了儿子刘据之后，阿娇的地位一天不如一天。她的幽怨慢慢转化为怨恨，不过她恨的人并不是武帝刘彻，而是卫子夫。和所有夺宠的女人一样，卫子夫在阿娇心里有一个特别的代号“狐狸精”。

对付狐狸精，自然不能用平凡手段。所以阿娇请来了巫师，准备用巫蛊之术来咒她。不想子夫并没有死，而她行巫蛊的事情却败露了。武帝这时正想彻底摆脱姑姑兼岳母——长公主刘嫖的摆布呢，于是找来狱吏张汤来审这个案子。

张汤是杜县人，他小的时候就展现了审案的天才。他父亲是长安县丞，主管文书和仓狱，看来张汤的审案天赋有几分是家传的。有一次张父出门公干，留下还是孩子的张汤自己在家看守。可是等张父回来，却发现家里的肉少了许多，余下部分的上面还有老鼠的齿痕。于是把怒火浇在张汤身上，抽了他饱饱一顿鞭子。张汤没有哭，他只是在家里四处掘地，找到老鼠洞，将老鼠和它没吃完的肉都找了出来。

张汤并没有直接将老鼠杀死泄愤了事，而是创造性地反复拷打、审问老鼠，并把老鼠窝里的剩肉取来作为证据，用以和老鼠对质。最后张汤将审问的过程写成罪状，报告给自己，然后惊堂木一拍，将老鼠分尸处死。

张父看到了张汤审案的过程，又看了他老辣如同资深狱吏所写的判词，惊讶得合不拢嘴，这才发现自己的儿子是一个判案的天才，于是找来断案文书，供他学习推敲。张父死后，张汤袭任了父亲的职位，在长安做了很长时间的狱吏，由于他判狱的狠辣和天才，田蚡看中了他，提拔他做了补侍御史。

在陈皇后巫蛊案发后，武帝选中了张汤作为案件的主审。按说，这种涉及后宫的事最好由宗正来审理，然则武帝启用张汤的意图也就很明显了。

张汤没有让武帝失望，他迅速将涉及巫蛊的、阿娇宫里的三百多人全部判罪诛杀。至于阿娇，则由武帝亲自处置。武帝的诏书是这样写的：

“皇后失序，惑于巫祝，不可以承天命。其上玺绶，罢退居长门宫。”

没有几年，阿娇就在痛苦和冷清中去世了。

第四章　田窦交恶难安国

同是天涯失意人

时间斗转星移，玩了一辈子权术的太皇太后窦氏薨，窦氏家族也随之衰落。武帝决心继续改革，以竟当初未竟之事业，遂任命他的舅舅田蚡为丞相，同是外戚的窦婴却闲置在家。

太史公对窦婴的评价是“任侠自喜”，意思是窦婴是一个非常任性的人。七国之乱的时候，景帝想启用窦婴，任他为将勘定叛乱。窦婴却推脱有病，不能胜任。其实，这是因为反对景帝传位梁王，后被窦太后疏远，所以在跟她赌气。景帝劝他，说这是国家兴亡的关键时刻，你身为国家重臣，怎么可以推却责任呢？于是窦婴才出山，后来与周亚夫一起立了大功，列侯中没有敢跟这两个人平起平坐的。

景帝七年的时候，栗太子刘荣无罪，景帝却因为其母栗姬的关系想要把他废掉。魏其侯窦婴是刘荣的老师，所以多次为刘荣求情争辩。可是争来争去，景帝只是一个不听，栗太子就这样被废了。窦婴于是再次称病，几个月都不来朝，只躲在蓝田县南山下隐居。许多人来劝他，他都一概不听，继续窝在那里钓鱼散步。有一天，一个叫高遂的也来劝他。高遂说道：“您过去是太子太傅，太子被废不能为他力争挽回，尽了力又没有效果，也不能因此自杀殉职。能使您富贵的是皇上，与您亲近的是太后，您现在这样托病不出，整日拥着美女，岂不是要彰显皇帝的过失？若太后和皇帝都来加害您，那不仅您无法自保，妻子儿女也要株连殆尽。窦婴听高遂所说，惊出一身冷汗，于是起身回朝，如往常一样侍奉景帝。

丞相刘舍被景帝罢免，窦太后这时想起了自己的侄子窦婴，几次向景帝推荐他。景帝却对太后说，您真以为我舍不得把相位给他吗？只不过窦婴这个人，沾沾自喜草率轻浮，丞相上承天子下领百官，责任重大，不是魏其侯这样的人能够胜任的。景帝说的很对。

天下熙熙，皆为利来，皆为利往。窦婴“不中用了”，在他身边也没什么机会了，于是窦婴辉煌之时依傍在左右的宾客和朋友一下子走得一干二净，纷纷去投奔正炙手可热的新丞相田蚡，只余窦婴一个人独自发呆，看着萧瑟秋风卷起院子中的枯叶。

现在魏其侯从高高的相位上掉落下来，其失落是不言而喻的。倘若这时候他能静一静，仔细想想自己来时的路，也许就会顿悟，超脱名利等外物的羁绊而立地成佛。可是他偏偏没有这样一个静一静的机会，因为同样失意的将军灌夫来到他的身边，两个失意人很快无话不谈，成了可在对方身上取暖的“患难之交”。然而交上灌夫这个人，实在可以说得上是交友不慎。

灌夫，字仲孺，颍阴人，他本姓张。父亲张孟曾是颍阴侯灌婴的家臣，深得灌婴的信任和宠爱。张孟于是冒充自己姓灌，靠着灌婴的推荐，当上了秩级两千石的高官。灌婴去世后，他的儿子灌何袭任颍阴侯的爵位。吴楚之乱时，灌何归太尉周亚夫调遣，在他麾下做了将军。他向周亚夫推荐灌孟（张孟），周亚夫命他做校尉。那时候，灌孟已然年老，身体精神都大不如前，所以儿子灌夫随侍身边，带着一千人跟着父亲一起从军。灌孟虽然力衰，但是仍然不服老，每次作战总是冲到最前面，而且他所进攻的方向都是敌人阵地里最坚实的部分，终于战死沙场。

当时的制度是，父子俩一同参军，若其中一个战死，则另一个可以退出战场，护送死者的灵柩回家。但是灌夫继承了父亲的勇猛彪悍，坚决留在这里，并扬言要亲手砍掉吴王或吴将的头颅，以祭父亲的在天之灵。灌夫豪爽威武，在军中的人缘很好，他披甲执锐，召集了几十个勇士，想要冲进敌营厮杀。可是刚刚走出营门，众人你看我我看你都不挪步，只有灌夫和他的奴隶，一共十几个骑兵冲杀到吴军军营里。吴军毫无准备，灌夫等人于是一直冲到吴军军旗之下，杀伤了几十人。到终于无法前进的时候，才策马返回汉营。来得容易，要走就难了。奴隶都战死了，唯有他一个人孤零零地回来，满身的十多处重创，叫人看了触目惊心。若不是有名贵药材医治，灌夫必死无疑。灌夫的伤势刚刚有点起色，便向灌何请缨出战。灌何嘉奖他的勇气，却怕他就此一去不返，于是将情况报告给周亚夫。周亚夫按着灌夫，坚决不让他出营。

战乱平定后，灌夫名震天下。颍阴侯灌何向景帝举荐灌夫，景帝于是任命他为中郎将。没过几个月，灌夫便犯法丢官。灌夫是个莽汉，不喜欢读书，平时只爱舞刀弄枪，任侠使气，他也的确颇有侠风，凡事允诺别人的事，没有不办到的。他的财富迅速累积，很快便有了几千万，每天出入门庭的食客少则几十，多则上百。与灌夫交游的，不是名重天下的豪杰，就是大奸大猾。

景帝任灌夫做代国国相。武帝即位后，又因他的勇猛而叫他担任淮阳太守，再后来又调他为太仆。灌夫为人直爽刚健，不喜欢奉承人，又好发酒疯。他是家奴所生，出身低贱，所以骨子里有一种自卑的反叛。所以，凡是地位高于他的人，又或是势大财雄的皇亲国戚，灌夫不但不尊敬，反而总是想办法在大庭广众之下当面折辱他们。可是对于地位低下的人，他却尊敬起来，甚至越是地位低贱，他对他们越是恭敬。士人们因此就对他更加地敬重。

灌夫定居在长安，长安城里的显贵个个都对他竖起大拇指。长乐宫的卫尉窦甫是窦太后的兄弟。有一次，灌夫与窦甫喝酒，醉酒发酒疯，因为一些细枝末节的礼数问题，将窦甫给打了。武帝深知窦太后的护短，怕灌夫因此被杀，于是学着景帝调走郅都的办法，将灌夫调到燕地去做国相。灌夫真是闲不住啊，几年后不知怎的，竟然再次犯法，于是再次丢官。灌夫自己任性，也不约束族人和门客。他们在颍川一带垄断利益、横行霸道，弄得天怒人怨。百姓无告，其痛苦和愤怒往往借着儿歌唱出来，于是有“颍水清，灌氏宁；颍水浊，灌氏族”，在颍川四处传唱。

灌夫闲居在家，虽然富有，但失去了权势，周围的人也就渐渐少了。窦婴和他同病相怜。窦婴想借着灌夫的力量报复那些见风使舵，离弃他的人；灌夫也想借着与窦婴这样名震天下的皇亲侯爵交往，来抬高自己的身价。两个人一拍即合，相见恨晚。

凡是在人情世故上幼稚的人，在政治上也必然非常幼稚。栗姬如是，亚夫如是，灌夫也如是。这种人都可以称为孩子。窦婴本身也是个孩子，没人跟他一起疯的话，也就罢了，这时候却来了一个比他更孩子气的灌夫，两个人互相借着疯闹的胆子和意气，却不知大祸不远了。

田窦之交甘如饴

田蚡精于巴结逢迎。他身材五短，相貌丑陋，他能当上丞相，完全是因为他的姐姐王太后。

武帝刚刚即位，诸侯王多是武帝的叔伯，武帝压制不住他们，权位还不十分稳固。田蚡是他的舅舅，所以武帝就把他升为丞相，倚他为心腹。田蚡进宫奏事，武帝与他一聊就是一上午，可见其受宠。

他是个贪鄙之人，受贿索贿无数。武帝对他言听计从，于是他所举荐为二千石高官的人，往往昨天还在家闲坐，无人知晓。任免官员是皇帝的大权，田蚡却把它窃在自己手里。武帝对情况有所察觉，只是一直忍着，有一天终于爆发出来，说："你的人把官位都占满了，我也想安排几个自己的人呢！"田蚡恃宠，他的住宅已经逾制，但他仍不满足，还想把考工官署的地盘划给自己做扩建之用。武帝怒道："你怎么不把朕的武库也一并取走？"田蚡这才知道收敛一些。

田蚡在府上举办宴席的时候，认为自己是汉朝丞相，地位尊贵，所以让他的兄长盖侯南向坐，自己却东向坐，并不为了尊敬兄长就委屈自己。可能是因为越过了兄长，由此就突破了某种无形的枷锁，于是田蚡的骄横展开了翅膀，尽情地翱翔。他的府邸，不仅规模盖过了所有贵族的府邸，其豪华程度，比之皇宫也不遑多让；他到处置办产业，其名下的田庄土地都极其肥沃。通往长安的大道上载着各地奇珍异宝的人络绎不绝，打听之下才知道这都是奉了丞相之命、为丞相搜集的。而他府里的美女也数以百计，个个体态婀娜、正值青春。诸侯因为他的得宠也竞相巴结他，送他的财货礼物，他自己都懒得去数了。

田蚡得势后，窦婴的那帮宾客都跑到了他那里。而从前窦婴显贵的时候，王娡虽受景帝宠爱，被封为美人，田蚡却只是宫里的一个郎官，加上他较窦婴年轻不少，所以酒宴时，他都是执子侄礼跪到前席，再向窦婴敬酒。当然，风水轮流转，现在轮到田蚡发达了，他也果然不负所望，完美地演绎了什么叫"人一阔，脸就变"。

但田蚡也并非一无是处，他通古文，学过《槃盂》，传说这书是黄帝的史官孔甲所作。此外，田蚡还长有一副伶牙俐齿，往往能无理辩三分。

乃姐去世，灌夫服孝在身。可是他本是个闲不住的人，于是去拜访新丞相田蚡。灌夫蔑视权贵，这是人尽皆知的事，若非窦婴也一样的"任侠"，灌夫恐怕也不会找上他。然则田蚡也是权贵，灌夫去他家拜访就有些怪了。唯一的解释是他是为了窦婴去的，希望借助田蚡和他背后王太后的力量，重新让窦婴走上政治舞台。果然，两人聊着聊着，就聊到了窦婴身上。

田蚡说，我正想与你一同去拜访魏其侯呢，可是现在你有丧在身，不太方便啊。

灌夫听到这话，兴奋得差点跳起来，冲口而出道："原来你竟肯屈尊去看望魏其侯，我身为他的朋友，怎肯因服丧而推辞呢？我这就去通知魏其侯，请他打扫门庭，装饰府邸，置办酒席，您明天一定要早点光临。"

田蚡一点头，灌夫就一溜烟儿似的跑了。其实田蚡只是逗他玩儿，哪有半分赴宴的意思？

灌夫赶到窦婴那儿，将情况说了。窦婴得知丞相要来，于是与夫人特地多买了酒肉，半夜就起来打扫房子，一直布置到天亮，却一点不累，兴奋异常。

天亮之后，灌夫也风风火火地赶来，加入了延颈等候的队伍。可是一直等到了中午，还是不见田蚡的人影。

窦婴对灌夫说："丞相不会忘了吧？"

灌夫气呼呼地说："我不管丧服在身，仍然履约赴宴，丞相太过分了。"于是驱车，亲自赶到丞相府去迎接田蚡。

到了相府，问起守门人，才知田蚡仍在睡觉。灌夫忍着气，进门叫见田蚡，说："昨天我与丞相约好了，说今天一起来魏其侯窦婴府上赴宴。魏其侯夫妇从早晨等到现在，没敢下一筷子，吃一点东西，您却在这里睡觉！"

田蚡揉揉惺忪睡眼，装作大吃一惊的样子说："哎呀，昨晚喝过头了，竟然把此事给忘了！"

于是与灌夫一同驾车前往。灌夫心里惦记着窦婴夫妇，急得胡子一掀一掀的，可是田蚡的车却走得很慢。田蚡坐在车上，看着街道两旁列着的各样小摊和热热闹闹的人群，脸上笑吟吟安详如弥勒佛。灌夫看在眼里，心中更加生气。

好不容易到了窦府，酒宴一开，大家都很尽兴。这时候灌夫已有些醉了，他心底积压的不满随着酒气一点点上涌，于是离开席子，来到厅中央跳起舞来。灌夫手里还拿着酒杯，一边跳一边喝，还招呼田蚡，要他过来一起跳！灌夫等了半天不见田蚡有起身的意思，毛驴的蛮劲儿发作了，开始讥讽田蚡。

窦婴看出了灌夫的"不对头"来，于是起身将他扶起，又叫人把他送回家，然后才回来陪田蚡喝酒。

很久不见，窦婴和田蚡在酒桌上自然有很多话要说。窦婴是个任侠的血性汉子，而田蚡只是个阿谀奉承的小人，但别以为这样两人就喝不到一起去，酒是一个非常奇妙的东西，它能让很多不可能的事变为可能，更何况窦婴现在是隐隐地把希望寄托在田蚡身上呢。

田蚡在窦婴府上喝到深夜才起身离去。宾主尽欢。

道不同不相为谋

《诗经》说："投之以木瓜，报之以琼琚。匪报也，永以为好也。"意思是说，你送给我木瓜，我还你宝玉，这不是回报或交换，这是我们永远相好的约定。

这首诗除了可以用来表达爱情，也可以用来表达友情，君子间的友情。遗憾的是，人是要吃饭的，所以总难摆脱名利，更要命的是，每当你想摆脱名利的时候，"名"和"利"已经在你心中了。

世上有所谓"纯"这回事吗？窦婴与灌夫的友情起初也不是那么纯粹吧，两个人各有所需嘛。但是，友情经过时间的淘洗是可以慢慢升华的，当你为了"朋友"可以不顾一切、甚至牺牲性命的时候，你们就成了真正的朋友。

窦婴和田蚡喝酒。两人算不上朋友，唯一的共同爱好就是儒学，可是田蚡是半路出家，他是知道儒学"将有大用"之后才改投儒派的，是个投机分子，所以他们两个顶多算是同被太皇太后窦氏一起贬官的难友。既然不是朋友在一起喝酒，为什么还喝得那么开心？窦婴对田蚡是有所求的，田蚡心里十分清楚，窦婴这个"任侠使气"的人却不甚明白。窦婴与田蚡交往，是感情诉求和利益诉求二者的混合物。

窦婴想，过去田蚡向他敬酒都要跪着来，虽说如今他当了丞相，但我这样隆而重之地延请他，已算是折节下士。按照"你敬我一尺，我敬你一丈"的君子交往规矩，现在我已敬了你一尺，所以轮到你来敬我一丈了。就算你不向皇帝举荐我，至少也应该多来看看我，让那帮离我而去的门客羞愧自惭。

田蚡却不是这样想的。他觉得窦婴再没有东山再起的机会了，因为太皇太后已经不在了，以后都是姐姐王太后和他们这些娘家人的天下！所以他的想法是，既然你有求于我，那么就要拿出足够多的筹码来打动我的心。

窦婴是讲情又讲利，他认为自己“折节”请田蚡吃酒宴，付出的已经足够多了。而这顿酒席在田蚡眼里简直就是笑话。于是他派管家籍福来到窦家。籍福，也就是那个此前劝田蚡把相位让给窦婴的门客。

籍福并非第一次来见窦婴。在窦婴拜相的时候，他就曾劝过窦婴，说：“您天性耿直，喜爱好人而厌恶坏人，您能登上相位，是因为当今的好人推举您，可是从此立于高位，自然也少不了有坏人来诽谤您。若您能够江海不择细流，泥沙俱下，兼容好坏的话，您的相位就能保持长久。”窦婴能当上丞相，籍福是出了力的，此后他又来“教”窦婴为相之道，可见他对窦婴的爱护。

这次他却不是来与窦婴谈论人生的道理的，而是奉了田蚡的命令，来向窦婴索取他城南的土地。窦婴愤愤地说：“田蚡虽然贵为丞相，我虽然废弃在家，但他怎能如此强横地来抢夺我的土地？！”当时灌夫也在场，暴躁脾气火药一样被点燃了，大骂籍福狗仗人势！窦婴于是头也不回地拂袖送客了。

籍福却不生气，他心里明镜似的，怕两边人因此结仇，于是自己编造了谎话来回复田蚡，说：“魏其侯年岁大了，没几年就要死了，您还是等等吧。”可是纸包不住火，大概是灌夫跟人说了此事，又借机大骂田蚡，所以话传到了田蚡的耳朵里，叫他知晓了前因后果，于是非常生气，骂道：“我服侍魏其侯的时候，任劳任怨，他的儿子杀人也是我出了大力才能够挽救，想不到他竟然舍不得这几亩土地！灌夫又算哪根葱，凭什么管我和魏其侯的事？现在就算他来求我收下，这块地我也不敢要了！”从此以后，田蚡心里十分怨恨窦婴、灌夫二人，籍福的努力和委曲求全都白费了。

元光四年（公元前131）春，田蚡向武帝奏事说，灌夫的族人在颍川一代横行霸道，无法无天，百姓深受其苦，请皇上派人查办。武帝说，这等小事本在丞相职责范围以内，何需请示？田蚡以为把武帝拉下水，有了皇帝在自己背后撑腰就可以置灌夫于死地。谁想到灌夫并非俎上的鱼肉，他也抓住了田蚡的把柄。

八年前，淮南王刘安入长安朝见天子，同时献上他和手下门客一起编纂的《淮南子》。其实刘安编著《淮南子》并非是简单的“爱好文辞”，热衷学术。而其崇尚黄老之学，也暗暗与窦太后相契合。当时武帝欲行儒术，这就得罪了主掌大权的祖母太皇太后窦氏。窦太后当时极有可能起了废立的心思，这股风从长乐宫吹散了开去，于是把刘安从淮南逗引了过来。刘安一定很得窦太后的宠爱吧。田蚡时任太尉，算是武帝一党。可是他本就是个随风拂摆的小人，当他知道武帝的皇位不稳，就开始四处联络，想要为自己留一条后路。于是淮南王初到长安的时候，田蚡亲身到灞上相迎，还拉着他的手，挤眉弄眼地说：“现在皇上还没有太子。大王您是高皇帝的孙子，仁义之名，天下谁人不知？假若皇上突然发生不测，放眼天下，除了大王您，还有谁有这个资格接任大统呢？”于是“刘安大喜，厚遗武安侯金财物，阴结宾客，付循百姓，谋为叛逆事。”

其时，武帝年不过十八，正是青春大好时光，又武帝身体一向强健，常常亲身与熊、野猪等猛兽搏斗，怎么会“突然发生不测”呢？而刘安听了这话，马上兴奋地送金银财物给田蚡，可见他也认同有这种“发生不测”的可能性。因为他们心里都知道窦太后的权力和手段，这种“不测”很可能如一道闪电随时降临到武帝的头顶。

或许是通过宾客和酒友，灌夫知道了这件事，也许是他太忙了，没有时间理那些陈芝麻烂谷子事；又或者灌夫也觉得这种给自己留后路的做法并无什么不妥，总而言之，他一直没有说出去，也没有将此事告诉武帝。这时候田蚡的刀子捅了过来，他也毫不客气，直接把这张王牌亮了出来——这是谋反的大罪啊。田蚡害怕了，但先出手的是他，他不能就这么服软。好在，这时候双方的宾客也都活动起来，在两家间走动拉劝，于是见好就收，田、灌两人就此握手和解——至少表面上是这样的。

婚礼引发的葬礼

两个人有了仇怨，若没有什么和好的契机，干吗还要装作云淡风轻，甚至勉强彼此做好朋友呢？最好的办法是永不相见。

那年夏天，田蚡娶了已故燕康王刘嘉的女儿。王太后下诏，令列侯与皇亲都去贺喜。魏其侯窦婴自然也在其列。魏其侯失势已久，要他孤零零一个人去参加酒宴，眼睁睁看着以前的同僚和依附在自己身边的小人推杯换盏、有说有笑，那真是情何以堪。可是不去的话又是违背了太后的旨意。于是魏其侯去拜访灌夫，想要灌夫跟着他一起赴宴。

窦婴来找灌夫，灌夫却不想去，他说：“灌夫我几次因为醉酒得罪丞相，最近又跟他有了嫌隙，去了岂非自讨没趣？”窦婴就劝他说：“不是都已经过去了吗？”不待灌夫再说，挽起他的胳膊就往门外走。

酒酣耳热之际，新郎官丞相田蚡起身对客人敬酒，所有人都离开席位，伏在地上，表示不敢当。田蚡笑了，非常得意。到了魏其侯窦婴敬酒的时候，只有与窦婴相得的老友才起身避席，其他的人只是稍稍欠身。

灌夫看在眼里，非常不高兴，他感觉自己要“发酒疯”，可是腹中酒力好像仍然不够，于是自己离开席位，走到厅子中央，一个个敬酒。第一个敬酒的对象自然是丞相田蚡。田蚡只是微微欠身，说：“这杯酒我不能喝满。”灌夫心里火大，脸上却装出笑容来，说：“您是贵人，这杯酒就托付给您了！”于是仰首干了。田蚡冷冷看着，没有回应他。灌夫又向别人敬酒，到了临汝侯灌贤这一席的时候，灌贤正与邻座的将军程不识耳语。灌夫再也压不住火，戟指大骂道：“你平时把程不识贬得一文不值，现在长辈向你敬酒，竟然像女人一样跟程不识咬耳朵说话！”折了客人的面子，就是折了主人的面子，田蚡趁机道：“程不识将军是东宫卫尉，李广将军是西宫卫尉，二人向来并称，仲孺这样当众侮辱程将军，还把你最尊敬的李将军放在眼里吗？”其实，灌夫骂的人是灌贤，并非程不识，但田蚡这张利口一下子就把火引导了程不识身上，又借着程不识引到李广身上，可谓用心歹毒，然而他的语气是亲切的，还称呼灌夫的字“仲孺”，其虚伪险恶真令人发指。他欺负灌夫已经醉酒，更何况即使不是醉酒，也不过是个莽汉，怎么能分辨得清？

果然，灌夫上当了，扯脖子开骂。众人发觉事情不妙，未免殃及池鱼，都借口上厕所离开了，魏其侯也起身，挥手招呼灌夫一起离开。田蚡看婚宴不欢而散，怒道：“都是我把你给惯坏了！喝令左右将灌夫拿下。”

席上的籍福起身代灌夫谢罪，并按着灌夫的脖子，要他也一同低头谢罪。灌夫正醉着，忽然感觉有人压着自己的脖子，非常不舒服，于是更加愤怒，就是不肯谢罪。田蚡于是命左右将灌夫绑了，囚禁在相府的客房里，还找来自己的属官长史，对他说：“今天我大婚，召列侯和皇亲过来，那是奉了太后的诏令！”于是上书弹劾灌夫以不敬之罪，又老调重弹地派人清查灌夫族人不法的事实，把他们都治罪斩首。窦婴听了这事，愧得无地自容，出钱要宾客向田蚡求情，希望他能把灌夫放了。田蚡已与灌夫撕破脸皮，更有把柄在他手里，当然不会放人，只一心想把灌夫弄死。而灌夫被田蚡拘在客房里，自然也没办法把田蚡结交刘安的事情说出去。

恶田蚡疯狂而死

几天几夜，灌夫消息全无，魏其侯想要为灌夫挺身而出。他的夫人劝谏道："灌夫将军得罪丞相，跟太后作对，哪里还有得救？"魏其侯说："侯爵是我自己在战场上冒死换来的，就算是把他丢了，我也不在乎。总不能眼睁睁看着仲孺孤独死去，而我还活着！"灌夫听到这番话，可以死而无憾了。

窦婴瞒着家人，自己跑出来给武帝上书。武帝看了，召他入宫，于是将灌夫醉酒闹事的前后向武帝禀了，并说灌夫罪不至死。武帝认为他说得对，就赏赐窦婴，叫他一起吃饭，说，这事可以到长乐宫去辩论。

窦婴到了长乐宫，极力称赞灌夫的品德优点，说他只是醉酒闹事，丞相田蚡硬栽赃其他的罪名给他。田蚡针锋相对，说灌夫的所作所为，骄横恣肆，大逆不道。灌夫的族人平日里确实太过分了，铁证如山，魏其侯于是理屈难言，他知道问题都在田蚡身上，情急下就控诉他宅邸逾制，贪赃枉法。

田蚡道："如今天下太平无事，我因为是皇亲的缘故而做了丞相。可是我所爱的不过是猎狗、骏马、音乐、田宅，不过是歌舞的伶人和能工巧匠制造的稀罕玩意儿。魏其侯就不然了，他与灌夫日夜腻在一块儿，招募天下豪杰壮士议论风生，说短道长，研究天象的变化，盯着两宫的动静，希望天下大乱好乘机立功。唉，我真是不晓得他们想干什么！"相信看到这个五短身材的胖子说出这么离题万里但又刁毒无比的话来，任是谁也要跌破眼镜。

武帝下问朝臣："他们谁说得对呢？"

这时候御史大夫韩安国站了出来。

韩安国深谙为官之道，他说得非常"有趣"："灌夫的父亲灌孟为国捐躯，灌夫抛却生死，本人荷戟驰入吴军军营，身披数十创，勇冠三军，这是我大汉朝的壮士，若没有大罪恶，只是因喝杯酒起而争执，实在是不该杀头。魏其侯说得很对。可是灌夫作奸犯科，掠夺百姓，家中积累了巨万之资；他的家族横行颍川一带，他本人又屡次侮辱皇族，践踏陛下的骨肉，这就是所谓的"枝大于本，胫大于股"，不惩办他实在危险，所以丞相说得也对。到底怎么办，我这个愚人实在想不出，只有寄望于陛下的圣明裁断了。"临了还不忘去拍武帝的马屁。

主爵都尉汲黯向来刚直不阿，他直接占到了魏其侯一边。他的好友内史郑当时也跟着站在窦婴一边，可是武帝让他陈述理由的时候，他又慑于田蚡的淫威，不敢坚持到底。剩下的人都低下头看自己的脚尖，不出声。武帝没想到事情竟然变成了这个样子，于是把怒气都发泄到郑当时身上："你平时不是总对我说魏其侯、武安侯的长短奥秘？现在要你说话，你就畏首畏尾，活像辕下的马驹，我要把你们一起宰了！"说完转身就走，跟王太后一起吃饭去了。

辩论一开始，王太后就在论辩现场埋下了眼线，所以对前后过程知道得一清二楚。武帝入席半天，却见太后根本没有动筷子的意思。武帝不知说什么好时，太后怒道："我还没死呢，他们就欺负我的弟弟，假使我真的不在了，我娘家一族岂不任人鱼肉？

皇上难道是石头做的吗（一点主见也没有）？幸亏你还在，他们随声附和、见风使舵，假使你不在了，这帮人还有谁值得信赖！”武帝见母亲发威，道歉说：“窦婴、田蚡都是宗室外戚，不好偏袒，所以召集大臣在东廷辩论。不然的话，随便找个狱吏就能把这事了结了。”

田蚡退朝后，在宫门处将韩安国截住了，先遣安国的车夫回家，又把安国拉到自己的车上。“我跟你站在统一战线，本该一同对付窦婴这个老秃翁，你怎么各打五十大板，如此犹豫不定？”

韩安国升为御史大夫，是靠了田蚡的举荐的，他为此还送了田蚡很多财货。过了好半天，韩安国才说：“你与魏其侯两个，位列公卿，同为外戚，他诋毁你一句，你诋毁他一句，唾沫飞来飞去，就如同市井小贩、村头泼妇吵架一般，多么不识大体，不知自爱！魏其侯任侠使气，性格刚直，若他诋毁你时，你脱帽解印，对皇上说：‘我以外戚身份侥幸得此相位，本是不称职的，魏其侯说得一点没错。’那么，不但皇上会为你的谦逊喝彩，就连魏其侯也一定内心羞愧不安，没准回家就咬舌自尽呢。”其实，韩安国对田蚡、窦婴谁对谁错心知肚明，他的内心是站在窦婴一边的，只是狐狸般精明的他早已看出这场斗争的胜方注定是王太后、田蚡他们，所以在廷辩时模棱两可，此时又不得不费心思哄骗田蚡。

田蚡虽然贪鄙，但总是个听得进话的，于是认错说：“那时唇枪舌剑，头脑发昏，只想跟着他对掐，根本没想到这一层。”

后来，武帝派韩安国对照文簿对灌夫的罪行进行调查，发现魏其侯所说有很多都与事实不符。于是魏其侯被弹劾，给囚禁起来，罪名是欺君罔上。

景帝临终时，曾赐给窦婴一份诏书：“事有不便，以便宜论上。”灌夫一家就要被灭族，狱中的窦婴心焦万分，于是托请探监的侄子，让他把景帝的诏书呈给武帝，以求得到武帝的召见。魏其侯的诏书由家臣加印封盖，一直藏在家中。皇帝的诏书，一般是有两份，一份下发给臣子，另一份备档宫中。诏书呈上，武帝阅后遣人查对尚书保存的档案，其内却并无景帝的遗诏。这下，就不是“欺君”的问题了，而是伪造先帝诏书用以要挟“今上”的大罪，按律当诛。

自身难保的窦婴只能在黑漆漆的牢里想象着好友和他的家人一个个给人砍头。悲愤的窦婴中风了，随即绝食，想要用饿死自己的方式发出微弱的反抗。田蚡偏偏不叫他如意，他使人在狱中散播武帝将要赦免魏其侯的谣言，以激发窦婴的求生意志。这招果然奏效，窦婴又开始吃饭了，而且主动配合医生的治疗，还总是问“皇上什么时候放我出去”这样的问题。

监狱里假话纷纷，监狱外也是谣言四起，魏其侯又凭空出现了许多罪过，这些罪过都传到武帝的耳朵里。“看来不杀不足以平民愤啊！”武帝暗叹。于是当年十二月的最后一天，魏其侯在渭城大街被枭首示众。希望他最后面容平静，再无一点波澜。

两个冤家就这样解决掉了，然而田蚡的日子并不好过。不久，田蚡病了，病得神志不清，整日披头乱发疯疯癫癫地大呼“臣有罪，臣该死”一类的话。这不是“冲撞”了什么吧？家人招来巫师瞧病，巫师用“阴阳眼”查探，说丞相身边有两个人日夜看守，一个是魏其侯窦婴，一个是灌夫，两人七窍流血，利爪森森地向田蚡索命。这巫师大概道行太浅，并无一个“解救调和”的方子，于是田蚡不久就病死了。

田蚡死后，他的儿子田恬继承了爵位。五年后，田恬穿短衣入宫，这是犯了“大不敬”的罪过，于是武帝削其爵位。这时候，武帝已真正适应了自己的皇帝角色，再不需要受母亲的钳制了。

第五章　朝廷内外

对待匈奴，是战还是和

自高祖刘邦被围白登山之后，汉朝对匈奴一直采用和亲政策，摆出臣服的姿态。到了武帝的时候，国家富强，海内安定，有了与匈奴较量的资本，况且武帝本是个不甘心雌伏的铁血人物，于是开始重新勾画汉匈的关系了。对匈奴，到底是该战还是该和呢?

建元六年（公元前135年），匈奴主动请求和亲。这该是武帝首次经手对匈奴事务，他没什么经验，所以“下议群臣”。

百官分为两派，一派是主战，另一派是主和。

主战代表人物是时任大行令的王恢。王恢是燕地人，多年来戍守边郡，对匈奴的境况非常熟悉。他主战的理由是：匈奴人反复无常，虽与我们和亲，但转眼间就背盟弃约，翻脸比翻书还快。多年来，我们虽不断忍让，但他们却如同惯坏了的孩子，不知悔改不说，还越来越过分。这次他们请求和亲，大概是希望再从我们这里骗取些财货罢了，不如不答应他，而发兵攻打，一举将其制服。

主和代表人物是在平定七国之乱时立过大功的宿将韩安国。他反对王恢说：正是因为匈奴人不讲信义，所以我们才不能出兵，就算我们将它击败，也很难控制，而且他们的土地不适宜耕种，得到了又有什么价值? 况且派军出关千里去作战，胜负难料，败多胜少，强弩之极，矢不能穿缟素，冲风之末，力不能起鸿毛，就是这个道理。所以不如同意他们的请求，与之和亲。

韩安国的说法得到了众人的赞同，于是武帝批准了和亲。

可是这不是武帝内心的想法。在三年前（公元前138年），武帝听匈奴的俘虏说，“匈奴破月氏王，以其头为酒器，月氏遁而怨匈奴，惜无与共击之者”。于是武帝派遣张骞出使月氏，想要与之联合，共击匈奴。可见，武帝的这次批准和亲，乃是因为对匈作战的时机还未成熟。但是对匈作战已经被武帝提到了大汉的日程表上。

两年后（公元前133年），作战建议未被采纳的王恢再次主张出战，于是再次引发“战争与和平”的辩论。

王恢的老对手韩安国仍持着一动不如一静的和亲立场。他说：虽然屈辱，但高祖仍听从建议，“奉金千斤”与匈奴和亲，不是因为怕了匈奴人，也不是不想报被围白登山的一箭之仇，而是以天下安定为己任，从大局出发，“至今五世为利”。

“‘今边境数惊，士卒伤死，中国槥车相望，此仁人之所痛也’，您所说的和亲带来的和平在哪里呢？”王恢的反驳掷地有声。

韩安国没有这么容易被击倒的，他老调重弹地说，匈奴人来去如风，“居处无常，难得而制”，我们贸贸然长驱直入，到了匈奴人的苦寒之地，粮草不济，人困马乏，怎么能胜？这不就是兵法上说的“以军遗敌人，令其虏获也”吗？

王恢等的就是韩安国这句话，于是将事情原原本本地讲了。原来，王恢并非这次出击匈奴的首倡者。首倡者是雁门马邑的豪强聂壹翁，他向王恢献计，我们可事先在马邑附近埋下人马，然后自己去做奸细，亲身前往匈奴，引君臣单于率军前来，等匈奴大军一到，我们就可以将其一网打尽。

设想很不错，不知道聂壹翁与匈奴人有什么过节，竟然如此处心积虑地对付他们，难道他孤身犯险，仅仅是为了立功、加官晋爵吗？

武帝听了王恢的陈述，眼睛放出的光刺得韩安国眼睛生疼，于是他知道自己不该再坚持下去了。

果然，武帝以卫尉李广为骁骑将军、太仆公孙贺为轻车将军、大行王恢为将屯将军、太中大夫李息为材官将军；而御史大夫韩安国则为护军将军，总领各路人马共三十余万，设伏马邑。

军队出发之后的几天，相信武帝都是彻夜未眠的，既有几分害怕，但更多的则是兴奋。

聂壹翁“逃”至匈奴，见到了君臣单于，说他可以入马邑斩杀其长官，率城投降，将财物全部献给单于。这是送门来的买卖，单于听得食指大动，于是率十万大军出发，入雁门武州塞。

匈奴人一路掳掠，行至马邑外百余里时，单于心里忽起不安之感，他定睛看去，只见茫茫苍野，只有零星牛羊觅草而食，人影儿却不见半个，于是疑窦大生，改变路径，舍马邑而取武州。武州尉史为匈奴所得，惊惧下将汉朝的伏击计划和盘托出，单于大惊，立即发令撤退。又惊又怕之下，匈奴人总算安然退到了长城之外，可算是有惊无险，君臣单于仰头看了看头上湛蓝的天空，终于松了一口气：“吾得尉史，乃天也！”于是拜尉史为“天王”。

其实，这一切都在汉朝的监视之下，汉军追到了长城，也就停下不追了。而负责袭击匈奴辎重的王恢也擅自罢兵，不敢追击。武帝对王恢所为非常的失望和生气。王恢为自己辩解道：“当初约定好了，匈奴兵一入马邑城，我军就与之交战，然后臣所率部队就袭其辎重，断其后路，如此才十拿九稳。现在匈奴人没到马邑就返身而回，显然是识破了我们的埋伏，臣的手下只有三万人，在敌人有准备的情况下贸然出击，必定惨败而回绝无幸理。我知道这样做回来只是死路一条，但这是为了替陛下保留三万精兵啊。”王恢所说并非没有道理，孙子兵法就有所谓“非必取不出众，非全胜不交兵”。

于是武帝派廷尉审理此案。廷尉认为王恢“观望曲行避敌，当斩”。王恢于是向当时的丞相武安侯田蚡行贿，请他向武帝求情。精明的田蚡当然不会在这时候触武帝的霉头，于是转而告诉太后，通过太后把话带给武帝。

武帝听了暗暗冷笑：主张出击的是你王恢，如今听了你的话，发动几十万大军布这个局，即使单于逃脱，但只要你王恢当机立断，击其辎重所在，不一定一无所得，至少不会叫匈奴人走得那么潇洒；现在不杀你，天下人会怎样看待朕，看待朝廷？

于是王恢的脑袋落了地，算是给天下人一个交代了。

出击匈奴，直捣腹地

经马邑一事，汉匈之间已然撕破了脸皮，基本上再没有握手言和的可能。剩下的只有一件事：杀！

不过，打仗是要流血的，所以双方都没有马上动手。匈奴人是靠放牧打猎为生，所以他们很多东西都要通过与汉朝“互市”才能得到。在马邑事件之后，武帝并未取消汉匈互市，而是以此稳住匈奴人。不过，互市带来的利益对于匈奴人来说不过是杯水车薪，还不够塞牙缝的。于是在元光六年（公元前129年），匈奴人突袭上谷郡，烧杀抢掠而回。

武帝决定给匈奴人一个教训。于是组织了四路万人骑兵出击匈奴：车骑将军卫青出上谷郡；骑将军公孙敖出代郡；轻车将军公孙贺出云中；骁骑将军李广出雁门。上次马邑设伏，汉朝发动了三十万大军，这次主动出击却只有四万人马，难道出去打反而更有把握吗？当然不是，而是因为要深入敌境的话，粮食补给就成了一个大问题，出动的人越多，补给的负担也就越重，别看打仗的只有四万人马，但是补给队伍的人数估计是这个数字的几倍。兼且这是武帝第一次主动出击匈奴，带有试探的性质，所以四万人并不算少。

除了李广是沙场宿将，其余的三个人都是年轻人。卫青与武帝的关系自不必说，公孙敖是卫青的好友，而公孙贺在武帝还是太子的时候就做了他的舍人。所以这三人都是武帝身边的近臣。武帝的意思很明显，他就是要给三人立功的机会，为汉朝培养出新一代的将领，而三人与自己一同成长，也必能更好地贯彻自己的战略意图。

卫青长驱直入，追击匈奴人直到龙城，斩获首虏七百余级。龙城，也称为龙廷，是匈奴人祭祀祖先和天地鬼神的地方，是其重要的政治文化中心。所以七百余级的首虏虽然不多，但是袭破龙城的意义和影响都是震撼性的。龙城远在大漠深处，从此匈奴人对汉人来说再无神秘可言了，汉匈之间的心理天平正在向汉人倾斜。由于卫青建此奇功，武帝封他为关内侯。

其余三路人马就没有卫青那么幸运了。

公孙贺在茫茫大漠里战天斗地去了，愣是没遇着一个匈奴人，自己当然也没什么损失，可谓不赔不赚；他的本家公孙敖就惨了，他与匈奴交战，折损了七千人马；而老将李广的境况更是不堪，他与匈奴主力部队相遇，激战过后全军覆没不说，自己也被匈奴人俘虏。好在李广装伤，给匈奴人装进网兜，半路凭着过硬的武功翻身而起，踹飞了马上的匈奴小兵，策马南奔。匈奴人一路追来，都给李广以无双箭法打了回去。就这样，李广得以逃回汉朝。

公孙敖与李广损失惨重，按律当诛，赎为庶人。

虽然只有卫青一路兵马一枝独秀，但此次出兵仍可算是一个难得的胜利，它仿佛在告诉匈奴人：我们还会再来的！

你来我往的拉锯战

匈奴人遭龙城之辱，当然不肯罢休，这年秋天就回抢汉人作为报复，汉地各边郡中，以渔阳损失最为惨重。武帝遂派韩安国主持渔阳军政。

原来，田蚡死后，韩安国接任丞相。可是，不久他为武帝引车时不小心从车上摔了下来，把腿摔跛了，无法上朝议政。武帝遂使平棘侯薛泽继安国为相。待安国养好伤，武帝改任他为中尉，一年后又调任卫尉，此时匈奴犯边，武帝想起了这员老将，就把他派到渔阳。

安国在渔阳捉到一个匈奴俘虏，从他口中得知匈奴人的部队早已经回到了漠北。安国放心之余，给武帝上书，说渔阳只留七百人就可以了，剩下的人可以回家务农，因现在正是农忙时节。武帝批准。

可是这个俘虏所说不实，刚刚过了一个月，匈奴人的军队再次杀到。可怜安国手上只有七百人，根本无法抵挡。幸亏最后关头，燕兵来救，否则安国未能安国就先要以身殉国了。

武帝派卫青、李息两人各率大军分别出雁门、代郡反击，斩杀千余人，大获全胜，打击了匈奴人的嚣张气焰。

渔阳失守，安国心里闷闷不乐，遂上书武帝请求调回长安。武帝这次没有同意，因为他得到匈奴将要再次进犯的消息，于是将安国调到右北平戍守。安国这时已经老了，旧伤加心病，不久吐血而亡。

右北平不能一日无将。于是此前“赎为庶人”的飞将军李广再次得到武帝的启用，这次他没让武帝失望，有他在右北平一日，匈奴人便不敢进犯。可是匈奴人怕李广，但天下只有一个李广，而且这个李广是个凡人，并没有分身术。于是上谷郡和渔阳又重新受到了匈奴人的“照顾”。

你抢你的，我抢我的。一年后（公元前127年）武帝复遣卫青、李息率军出征，两人一路打到陇西，破掉匈奴楼烦、白羊王两部，斩首数千，得牛羊数百万。这是开国以来，汉朝对匈奴取得的最大胜利。消息传来，举国振奋。更为重要的是，此次出击，汉朝得到了“河南”（此“河南”并非是今天的河南，其地在今内蒙古黄河以南）。河南土地肥沃，且有黄河天险作为屏障，战略位置非常重要。此前，长安与匈奴不过隔着一道长城，取了“河南”地后，匈奴对长安的威胁大大减弱，而汉朝对匈奴亦从守势转为攻势。所以，此役之重要，可算是汉匈战争的转捩点。

大丈夫死则五鼎烹

主父偃深知武帝心中所患，一个是北边的匈奴，一个汉朝林立的诸侯国，于是向武帝进策，这就是著名的“推恩令”。

他对武帝说：“古时的诸侯很容易控制，这是因为他们的封地都不超过百里。可是现在情况不同了，诸侯王动辄主宰几十个城市，上千里土地。若天下太平，则万事大吉，诸侯所能做的不过是在自己的封地内纵情享乐罢了；假如有一天天下大乱，那么这些诸侯王就会联合起来，形成一股强大的力量，窥伺神器。可是，对付他们不能操之过急。假如直接颁布法律强行削其封地，那么他们就会立刻叛乱，先帝时的七国之乱就是因为晁错对付诸侯王的手段太急太猛，结果适得其反。可是任其坐大，对陛下又非常不利。我这里有一个两全其美的办法——诸侯死后，他们的爵位和封地只能传给长子，可是，诸侯所生的肯定不止一个长子，不如颁布‘推恩法令’，把诸侯的封地分给他所有的儿子，这样一来，他们必然都会感谢陛下的恩德，而诸侯的力量却日益分散了，以后再难成势。”武帝同意了这个办法。

其实，主父偃的这个“推恩令”，不过是贾谊“众建诸侯而少其力”的翻版，并没有什么创新。

除了关心国家大事，主父偃还非常的“体贴细致”，开始关心起武帝的身后事。身后事？对，就是身后事。这并不奇怪，因为古时的帝王，从他们开始登基的那一刹那，就开始为自己修建陵墓。帝王的陵墓都修得异常豪华，为的是自己死后能够继续得享富贵。武帝的陵墓就是著名的茂陵。

主父偃建议武帝移民到自己的陵寝。所移之民都是些什么人呢？不是豪强就是巨富。主父偃说，把这些家伙迁到刚刚设县的茂陵，既能充实京师（茂陵就在长安附近）、繁荣经济，又可以把这些人“拘”在天子脚下，加以控制，如此一来可是一石二鸟之计，武帝又“从了”他。

当初，主父偃走遍天下，无人搭理，只有一个卫青肯赏识他，向武帝举荐他，所以他也知恩图报，当陈阿娇被武帝废了之后，主父偃力挺卫子夫，上书请武帝立她为后。当然，这也是武帝心中所想，所以不久卫子夫果然做了皇后。武帝心想：“主父偃这家伙，简直就是我肚子里的蛔虫啊，有时候比我自己还明白我自己的想法呢，更难得的是，他总能想到一个让我心愿得成的好办法。”

于是，日益风光的主父偃开始报复那些昔日看不起他，在他穷困时对他冷嘲热讽、落井下石的人了。第一个就是燕王刘定国。

刘定国为人淫乱，先后与自己的后母、弟妹和三个女儿发生不伦关系。他的属下郢人与之有隙，当得知刘定国要杀他时，就准备出逃，将他的乱伦丑事公之于众，没想到刘定国先下手为强，将郢人杀人灭口。这件事不知怎的，被主父偃知道了，他自然不会放过刘定国，于是将他的丑闻公之于长安城，弄得满城风雨、人尽皆知。武帝无法，只得召开廷议，结果不用说了，众人一致认为刘定国该死。

消息传来，绝望中的刘定国选择了自杀。

主父偃翻手为云覆手为雨，连诸侯王都被他弄死，于是百官没有不怕他的，争相向他贿赂钱财，累计已有千金。主父偃还不知足，笑嘻嘻地看着库房里的金山越堆越高。有人劝他，说你太过分了。主父偃冷笑：“四十年来，我游学四方，心中有万丈豪情、百万雄兵，却从未有机会施展才华。我的父母不当我是儿子，兄弟一个个将我拒之门外，就连寄人篱下的宾客也唾弃我、耻笑我……如今我已是日暮途远，还怕个什么？！我偏偏要倒行逆施，偏偏要横暴行事！大丈夫生不五鼎食物，死则五鼎烹！”少时的匮乏与冷落造就了今日的张狂和贪得无厌，在主父偃的内心深处，是否从未感受过人与人之间最简单最温暖的关怀？

刘定国倒台了，接下来轮到自己的家乡齐国的国王刘次景了。主父偃告发刘次景在王宫里的淫乱行为，武帝遂以他为齐相，赴齐国调查。

主父偃来到齐国，首先把他的兄弟和从前的宾客都宴请过来。每个到场的客人都收到了五百金，当然，随着钱一起来的就是主父偃的唾骂和讽刺：“从前我穷困的时候，你们没有一个把我当人看的，如今我发达了，你们之中竟然有出齐国千里以外来迎接我的。从此之后，我与诸位一刀两断，请再也不要进我主父偃的家门！”也算是快意恩仇。刘次景与他的同母姐姐有染，他看到刘定国的下场，害怕自己也终不能免罪，于是不待主父偃动手，自己先一步自杀了。齐王身死的消息由属官派人报告给了武帝。

主父偃的足迹也不止于老家齐国和燕国，还有赵国。赵王见刘定国身死，兔死狐悲，决定先下手为强。可是主父偃对武帝的影响实在太大了，有他一日在朝，赵王就不敢轻举妄动。终于主父偃去齐国做了齐相，赵王的机会来了，他向武帝上书，揭发主父偃收受诸侯的贿赂，所以才向皇帝进“推恩令”的策略，让这些人得以封侯。其实，政治是只问结果，不问缘由的，武帝对此非常明白。他气的是齐王被主父偃活活逼死，于是将主父偃下狱审问。当然，武帝对他还多有倚助，所以心里并不想杀他。

可是做上了御史大夫的公孙弘进言说，齐王并没后人，他自杀身死后，封地被除，改为郡而重归朝廷调度。主父偃是罪魁祸首，若不杀他，天下人会怪罪陛下，认为主父偃只是一个棋子，是陛下为了加强朝廷而不顾骨肉之情，逼死两位刘氏宗亲。

话说到这份儿上，主父偃已经是不得不死了，只是他并没有五鼎烹，而只落了一个滚尸街头的凄惨下场。唯有一个叫孔车的人为他收尸，并把他葬了。武帝认为孔车有长者之风。

当主父偃受宠之时，朝廷到处都是奉承他的人，到他身死名灭，大家却又争先讲他的坏话。主父偃若是真有灵，也该好好想想究竟是为什么？

岁数大了就不想再较劲

主父偃的死，公孙弘算是出了大力。

公孙弘常常说“君主之患在于心胸狭窄，人臣之患在于不知节俭”。他虽为高官，但盖的是布缝的被子。不光如此，他吃饭时，最多只有一个荤菜。汲黯在朝上公开骂他说，公孙弘位及三公，俸禄之丰厚不在话下，可是他却盖布被子，这明显是沽名钓誉，是欺诈！面对汲黯的怒骂，公孙弘可是脸色不红不白，毫无变化。

于是武帝问他，这都是真的吗？

公孙弘趋前拜谢：“汲黯所说句句是真。我位高权重、家资不菲，可是却盖布缝的被子，这的确是欺世盗名之举。九卿里面，跟我最要好的莫过于汲黯，可是他如今公然在朝上批评我，也的确是一针见血，击中要害。从前齐桓公以管仲为相。管仲这人以前家里很穷，当了丞相后却非常重视享受，他的奢侈程度放眼整个齐国只有齐桓公可以与之相比。因为任用管仲，齐桓公得以称霸，这也是对周君是僭越。到了齐景公时候，晏婴为相。晏婴与管仲不同，管仲奢侈，食不厌精脍不厌细，他却每餐不吃两样以上的荤菜。他的妻妾也从不穿丝织的衣服。晏婴所行，是向平民百姓看齐，能够与民同甘共苦，所以齐国再次强盛起来。现而今，我做了御史大夫，却盖布被，这是使上下官吏泯除贵贱的错误举动。汲黯批评得很对，他若不是忠心耿耿、直言不讳，陛下到哪里能听到这些话呢？”公孙弘这些话，完全可以配上一段音乐来听，不，他是说的比唱的好听。武帝便听得陶陶然，认为公孙弘这是有意谦逊，修养非常好，所以更加厚待他。

经过了两次出使的打击，此后公孙弘每次朝议，都不再直接反驳武帝，而是自己先拣好几种方案，让武帝自行抉择。武帝更加喜欢他，不仅仅是因为他的品行忠厚，熟悉律令，更加重要的是，武帝是“外儒内法”“王霸道杂之”的，而公孙弘每每能从儒家典籍中抽取论点对法文律令加以修饰，真是既实用又好看。

有一次他和汲黯一起进见武帝，两人分工明确，汲黯先提出问题，公孙弘则将问题清清楚楚完完整整地阐述一遍，听得武帝非常高兴。又有一次，他与公卿事先约好，一同向武帝提意见。结果公孙弘到了武帝面前，从武帝的脸色语调上发现了蛛丝马迹，于是“阵前倒戈”，净挑武帝顺耳的话说，与几个同僚大唱对台戏。汲黯大骂道：“齐国人（指公孙弘）狡诈而无真情，他本来与我们一起提建议的，现在临时变卦，真是虚伪至极。”武帝向公孙弘看过去，公孙弘昂然道：“知臣者明白臣是忠臣，不知臣者便以为臣是奸臣。”武帝听了，心里甚喜，从此对他更加亲厚。后来终于拜他为丞相，又封他为平津侯。

元狩二年（公元前121年），公孙弘病死在任上。他的儿子公孙度继承了平津侯的爵位。

刘安叛乱失败而终

刘安，是高祖刘邦的孙子，淮南王刘长的儿子。刘长谋反被文帝发配到边疆，因而绝食至死。刘安的造反，不光是因为觊觎皇帝宝座，其中也有为父报仇，甚至帮父亲“圆梦”的成分。

刘安是一个博学多才的人。他招致天下贤才以为宾客，修了传世名作《淮南子》（也称为《鸿烈》或《淮南鸿烈》）。《淮南子》共二十一卷，阐述和改造发展了先秦道家思想，具有很高的史料价值和学术价值。“塞翁失马”的典故就是出自这本书。

不过，刘安修书的目的并不单纯。武帝是崇儒的，他接受了董仲舒“大一统”的理论。这个“大一统”就包括政治的大一统，就是要加强中央集权，削弱地方势力。就是一般的诸侯王对此也会非常反感，更别说刘安这样有心造反的人了。因此，他修《淮南子》，用道家思想做鼓吹手，是为了从理论上、思想上来对抗武帝的崇儒和大一统。《淮南子》所阐释发展的“无为而无不为”思想，就是为了反驳武帝的“有为”政治，给诸侯国的存在提供一个理论上的合理性。

当然，造反不可能光凭一本书取得胜利，所以刘安日夜都在秘密地招兵买马，等待时机。武帝刚刚登基的时候，由于他“崇儒抑老”的新政推行太过急切，引起了好黄老之道的祖母窦太后的不满。刘安选择在这时候入朝，就是为了打探长安城里的消息，怕自己错过了夺取政权的时机。

这时候的武帝根基不稳，非常危险，连他的心腹、母舅田蚡都采取了骑墙观望的姿态。田蚡对刘安说：“现在皇上还没有儿子，王爷您是高皇帝的孙子，仁义道德天下莫不称赞。一旦皇上有个三长两短的，那么继承皇位的舍您其谁呢？”刘安听后非常高兴，对田蚡大加赏赐，田蚡固然也是乐不思蜀，两人都在心里各自盘算。

武帝身体一向强健有力，且当时不过二十出头，何来“三长两短”之说？可见，当时的空气里有着政变的味道，而武帝最终度过了这个劫。

没过几年，田蚡死了。刘安失去了在中央的眼线和助力。不过，他的造反计划还是按着步骤进行下去，并不有丝毫懈怠，但就在这时，发生了一个意外。

王娡入刘启太子宫前，与金王孙生有一女，但她为了荣华富贵，毅然将此女抛弃。武帝的宠臣韩嫣提醒武帝有这么一个姐姐，武帝便发动人力将她从民间找了出来。王太后这个叫金俗的女儿也已经生了女儿。王太后出于补偿心理，就想把这个外孙女嫁给皇族，盼她和自己一样得享荣华。于是将她嫁给了淮南王刘安的儿子刘迁。

刘安生怕武帝的这个外甥女将自己的造反计划给抖了出去，那么一家人只有死路一条。刘安想出了一条计策，他让儿子刘迁冷落这位“民间公主”，自新婚以来就不与她“同入洞房”。刘安“听说”此事后大怒，于是把刘迁和公主关在同一个房里。刘迁当然继续拿着冷眼扫视公主，不与她亲近。公主忍无可忍，只好请求刘安把她送回长安。刘安表面上把儿子臭骂一顿，还不停地向公主道歉，不过送还是要送的，而且选了几匹千里马，将公主送回了家。

一场危机，就此解除。

不过，马上刘迁就为刘安惹来另一场危机。刘迁好武，自幼习剑，总认为天下已经没有敌手。恰巧刘安的宾客中有一位天下闻名的剑客名为雷被。刘迁技痒难耐，总想跟雷被一较高下。但雷被深明官场之道，所以总是拒绝刘迁的比武。他明白，赢了输了都不好，赢了的话，以刘迁的小心眼，日后肯定会与自己为难；输了的话，自己从此在淮南王府将无法立足。但刘迁死缠烂打，无奈之下，雷被只好同意比试。

刀剑无眼，雷被一不小心，就刺了刘迁一剑。大失面子的刘迁从此就把雷被记在心里了。

雷被知道自己的处境，于是总想找机会离开淮南。正逢武帝征召天下勇士抗击匈奴，雷被于是向刘安请辞，说要北上参军。害怕谋反的消息漏出去的刘安当然不同意，不光如此，他还封锁整个淮南国，不许任何人离开。

雷被害怕了，于是不顾一切出逃，来到长安，向武帝告状。雷被告的不是刘安，而是刘迁，他告的也不是刘安谋反，而是刘迁阻止自己投军报国——他认为刘安拒绝自己都是刘迁在背后搞鬼。

武帝于是叫人将刘迁拘捕到长安来审讯。消息下达到地方，寿春县县丞却上书武帝，说交通不便，不如在当地提审刘迁。这县丞大概是被刘安收买了。可是朝廷派给刘安的淮南国相却不肯睁一只眼闭一只眼，他坚持要把刘迁送入长安。刘安哪里肯同意！于是搜罗罪证，一纸状书将国相告到朝廷。武帝使廷尉将国相拘到长安受审。到了廷尉署的国相，首先就报告了刘安造反的诸多迹象。

其实，武帝这时候早已零星收到刘安造反的消息，不过现在的淮南并不是景帝时的吴国，刘安根本搅不出多大动静来，武帝看在亲戚情分上，也就由他去了。这时候事情都摆在台面了，武帝于是派了一个“中尉宏”去淮南巡查。

刘安早就收到消息，等到来到淮南，他立马好酒好菜地伺候着，于是中尉宏随随便便地在淮南逛了一圈，转身就回长安复命去了。

事情好像已经得到了解决，但是实情远远比这要复杂得多。朝上百官认定了刘安造反，想要把他法办。武帝就算有心袒护，但也不好太过违拗百官的意思，于是下诏削掉刘安的两个封县。

这下彻底刺激了刘安，他立马决定造反。不过造反也是需要军师的，刘安为自己选的军师就是伍子胥的后人伍被，他曾参与《淮南子》的编著，是个文武全才。伍被根本就不同意刘安造反，因为在他看来，如今海内承平，武帝威望一日高过一日，想凭借着小小的淮南来造反，根本是以卵击石。

刘安这时候根本听不进任何善意的劝解，他把伍被的父母关了起来，强迫伍被一起造反。伍被不得已，只好答应为他出谋划策，但是他仍没放弃劝解刘安的努力，他问刘安，您和当年的吴王刘濞相比，谁更有钱，谁的军力更强大？刘安不说话，他心知肚明自己比不上刘濞。又问，当今天子如今行大有为之政，朝堂之上，要文有文，要武有武，人才济济，请问在这方面，您与当今天子相比如何？刘安看了一眼关在囚牢里的伍被，转身走了。这时候，刘安或许有所醒悟，可是他的孙子却把他造反的消息告到了朝廷。

这个孙子名叫刘建，是刘安长子也是庶子的刘不害所生。世子刘迁是嫡子，深得刘安的喜欢，刘不害则刚好相反，刘安一见到他就添堵，心里不舒服。“这样的家伙怎么能做我的哥哥？”刘迁看着刘不害也不自觉地皱起眉头，因此一有机会就要欺负刘不害。刘不害早已经习惯了逆来顺受，也就无所谓了。但是他的儿子刘建看不下去了，于是把刘安造反的事情告到了长安。

刘安无奈下只好与衡山王刘赐联合起兵。仓促之下造反岂能成功？不久刘安就在绝望中自杀了，而他的王后、世子和一众家人也都遭到族灭的下场。

匈奴未灭不言家

在战场上，要想活命，首先就得不要命，“狭路相逢勇者胜”，这在普遍运用冷兵器的古代尤其是这样。

霍去病就是“不要命”人物里一个典型的代表。“匈奴未灭，何以家为”，这句掷地有声的豪言，曾激荡起多少代做着英雄梦的少年的热血。

霍去病与武帝有一种特殊的缘分，这不单单是指他的姨母卫子夫做了武帝的皇后，更是因为他出生的那一年，恰恰也是武帝登基的那一年。

霍去病的母亲是卫少儿，也同他的外祖母一样，在平阳公主家做女奴，而霍去病的父亲霍仲孺则是平阳公主封邑内的一个小吏。霍、卫两人情投意合，结为夫妻，并且生下了霍去病。本来，霍去病该是与其他奴仆的儿子一样，继续做奴仆一了此生的，不过因为他姨母卫子夫受武帝的宠爱，奴仆血统的霍去病从小过的却是贵公子衣食无忧的生活。

可以说，霍去病是武帝看着长大的，也是武帝一手培养的，他与武帝的关系，可比父子。

武帝很早就注意到霍去病的军事天赋，想要亲自教授他孙、吴兵法，不过霍去病的反应大大出乎武帝的意外，他说，行军打仗，靠的是因敌因势，不需要拘泥于古代兵书。这话说得很有见识。

霍去病长到十八岁时，已是一个威武健壮的少年，无论是骑马打猎还是舞刀弄枪，他都是一学就会，一会就精。

公元前123年，匈奴又来犯边。武帝遂遣大将军卫青率李广、苏建等六将军出定襄、击匈奴。这一次，年纪轻轻的霍去病也随军出征。他被舅舅卫青带在身边，做了他的票姚校尉，手下率领精挑细选的八百个骑士，都是勇武擅骑射的人物。

卫青率大军两次出击，共斩杀匈奴一万九千余人。但汉军也有伤亡，苏建所率部队全军覆没，而原为匈奴小王的赵信更是投降匈奴。不过霍去病却在战场上获得了惊人的表现。他率领手下的八百骑士，偏离大部队，在黄沙滚滚的大漠里狂奔数百里偷袭匈奴，斩杀敌人共两千零二十八人，其中就有匈奴单于的祖父，更俘虏了单于的叔叔和国相。

虽说都是精英里的精英，但也只有八百人而已，手上这么点人就敢深入大漠与未知的敌人拼命，除了说明霍去病的勇敢，也说明了他的立功心切。

所谓“千军易得，一将难求”，虽然苏建的全军覆没和赵信的投降都让武帝颇为心痛，但霍去病的横空出世却让武帝看到了汉军下一代的希望和寄托，他慷慨地封霍去病为“冠军侯”，食邑两千五百户。所谓“冠军”，就是勇冠三军的意思，元狩二年（公元前121年）春，武帝又派霍去病出征。霍去病再次孤军深入，他率着一万骑兵千里奔袭，冲出了焉支山。那里是匈奴休屠王的领地，霍去病与匈奴部队相遇，斩杀了折兰王、卢侯王等匈奴显贵，更获首虏八千九百余级，还得到了休屠王祭天用的金人。这年夏天，霍去病与老将公孙敖再次出击，两人各带一万人马。由于匈奴人被汉朝打得不断西迁、北迁，所以霍去病与公孙敖都是越追越远，他们奔袭两千余里，在祁连山附近杀匈奴兵三万余人，俘虏了七十余个小王以下的匈奴贵族。

这次战争之后，匈奴单于对浑邪王、休屠王的损失非常生气，想要杀他们泄愤。消息走漏，浑邪王和休屠王于是出逃降汉，把队伍带到了汉匈边境。武帝害怕此二人是诈降，其目的是趁机犯边，所以派霍去病率兵迎降。这时候休屠王突然反悔，想要回到匈奴，浑邪王于是趁机将他杀了，又收了他的人马，这时候霍去病刚好渡河赶到。浑邪王的手下见到霍去病来了，大多都不愿意投降汉朝，于是返身北逃的不在少数，浑邪王制止不了。霍去病便率军驰入浑邪王军中，见着逃跑的挥刀就砍，就这样，在杀了八千多人之后，终于没有人敢再逃了。由于这一次的功劳，武帝又增加了霍去病一千七百户的食邑。

这一年下来，匈奴人损失惨重，不光死了很多人，走了很多人，更丧失了植被优良的祁连山、焉支山等天然牧场。

“亡我祁连山，使我六畜不蕃息；失我焉支山，失我嫁妇无颜色。”这是霍去病的屠刀带给匈奴人的痛苦呻吟。

赵信投降后，为匈奴单于分析了汉匈之间的实力对比，他告诉单于说，汉地广大，人口众多，社会富庶，而匈奴则恰恰相反，与之争胜，是不可能有好结果的。此前伊稚斜单于一直奉行与汉朝硬碰硬的战争策略，结果战场上屡屡失败，付出了惨重代价。赵信的话可谓是一语惊醒梦中人，所以此后匈奴的对汉策略是回复到以前那种来去如风的抢掠，一击不中立马退回大漠深处，不与汉军纠缠。当时，为了避免汉军的远袭，匈奴人向北逃的更远了。

元狩四年（公元前119年），匈奴人入右北平、定襄，杀掠数千人后远遁大漠。武帝决定报复匈奴人，给他们一次致命打击，遂令卫青、霍去病各领五万骑兵远征匈奴。不光如此，还从民间私募了战马近四万匹，而负责接应的步兵和为军队转运粮饷的人加起来竟达数十万。这是武帝发动对匈战争以来的最大手笔。不过武帝显然更看好霍去病，因为配给霍去病的骑兵都是“敢力战深入之士”，想来其装备也要优于卫青部。

但是卫青的威望是多年累积下来的，所以李广、公孙贺等战功卓著的骁将还是归在他的旗下。卫青部出定襄，远走千余里后与伊稚斜亲统部队相遇于黄沙之中，两军列阵相持。当天傍晚，大风毫无征兆地猛刮起来，一时间黄沙漫天，伸手不见五指，匈奴人阵脚大乱。卫青则分出两股部队从左右包抄单于，匈奴大败，单于在数百匈奴勇士的护佑下从西北角遁逃。卫青发轻骑急追，整整一夜衔尾不放，但终无所得。是役也，汉军向北追杀至阗颜山赵信城而还，共斩杀匈奴共一万九千余人。

而在此过程中，李广因为没有向导，在半途迷路，所以当他来到战场的时候，大将军与匈奴单于的战斗早结束了。卫青欲上书向武帝陈明原因，李广却来个一言不发，当长史逼李广去军募府自述之时，李广自杀，“不复对刀笔吏”。一代名将就此身死。李广的儿子认为是卫青逼死了父亲。

上次出击匈奴的时候，苏建部全军覆没，按律当诛，不过卫青并没有杀他，而是将他带回长安，请求武帝亲自发落，最后武帝饶苏建不死，但令他“赎为庶人”。从卫青一贯的与人为善来看，他未必有意逼死李广。

而霍去病的五万大军在沙漠里纵横驰奔，终于在两千里外与匈奴左贤王相遇。霍去病凭着卓越的指挥能力和果敢的进取精神，将匈奴人杀得大败，获王级以上的共有三人，其余将军、国相等共八十三人，得首虏七万零四百四十三级，更在狼居胥山封禅而还，这是史无前例的大胜利。此后，匈奴彻底被打散了，再也无法凝聚成有效的力量与汉朝对峙抗衡了。武帝加给霍去病五千八百户食邑，以嘉奖他的盖世功劳。

可是此次出征，汉人也是损失惨重。出征时共有战马十四万匹，可回来的时候却不足三万；汉人杀匈奴人共九万人还多，可是汉家子弟也死伤数万。战争从来就不是只看谁的血多血少，而是谁能坚持到最后罢了。匈奴人没坚持下来，先败了。

此前的历次对匈战争加起来，汉人共杀匈奴十八万人，其中一大半都是后起之秀霍去病斩杀的。所以武帝日益亲厚霍去病，让他与卫青同领大司马衔。此前的卫青是“一枝独秀”的，所以霍去病的升，也就是卫青的降。对待这些浮云般的名利，卫青一向不在乎，所以他的故交、门客离开他而投奔霍去病，他也只是笑笑而已。

之前说李广的儿子李敢认为卫青逼死了父亲，所以曾暗中偷袭卫青，不过卫青只是受了轻伤，他能体会李敢的心情，没有将事情上报，也没把这事放在心上。霍去病就不同了，有一次霍去病和李敢一起陪同武帝打猎，霍去病在背后放冷箭，将李敢射杀。武帝偏袒，为霍去病隐瞒了事实，只对外宣称李敢是被鹿给撞死的。

霍去病能取得如此骄人的战绩，并不能因此认为卫青的军事才华不如他。其实，这完全是两个人不同的性格所致。卫青宽厚仁慈，爱惜士卒，所以在他看来，孤军深入这样的冒险行为并非总是可取的，他只有在很有把握的时候才会出击。霍去病虽然出身贫贱，但是一直过的都是贵公子的生活，这让他与下层出身的士兵难免有隔阂，其表现为，当他归来的时候，辎重车里的酒肉都已腐臭了，可是却不断有士兵饥饿而死。与卫青相比，年轻的霍去病不懂得什么是“悲天”，什么是“悯人”。

也许是杀伐过盛，遭了天谴，年纪轻轻的霍去病忽然得了暴疾而死，那一年他只有二十四岁。霍去病死后，武帝非常伤心，将他的墓修成祁连山的模样，以表彰他的战绩。霍去病的墓，就修在武帝墓的一旁，可见武帝对他的爱惜。

经过卫青、霍去病的连连打击，匈奴人的日子可谓江河日下，他们不断地向北迁徙，躲避汉人的追击，自此以后，匈奴人再也不能像以前那样对汉朝造成威胁了。

李陵降敌

天汉二年（公元前99年），贰师将军李广利奉命率领三万骑出酒泉，与匈奴右贤王战于天山，斩首万余人，然李广利本是庸才，经此一役，汉军亦损十之六七。

李广利回师南下时，又被匈奴军队包围，几乎全军覆没，幸亏假司马赵充国率将士百人拼死突围，打乱敌人阵脚，才终于捡得一条性命。

“飞将军”李广的孙子李陵这时主动请缨，说愿意带领五千人出居延，接应李广利。原来，李陵虽有将才，李广利却只要他负责运送粮草，李陵当然无法一展所长。这下机会来了。

可是，打了这么多年，汉朝的府库早已虚了，可用的战马也越来越少。武帝对李陵说，没有那么多的战马。言下之意，是反对李陵出征。李陵这年只有二十出头，正所谓初生牛犊不怕虎；况且祖父李广一辈子威名赫赫，却从未封侯，最后含恨自杀，这成了压在李家人心头的一块大石。所以，为了自己，为了家族，李陵没有退却，坚持要出关一战匈奴。

武帝最喜欢年轻人一往无前的气概，于是点头应允。武帝爱李陵之才，不肯让他白白送死的，于是下诏叫“伏波将军”路博德为李陵后援，在必要时接应他。可是路博德推说，如今是秋天，塞外草肥，正是匈奴兵强马壮的时候，出征不宜，不如等到明年春天，待其匮乏，我愿与李陵一起出征。

武帝阅览了路博德的上书，拍案大怒，他以为是李陵怕了，所以让路博德站出来推搪。

于是在没有战马，没有后应的情况下，李陵出发了。他并不害怕，因为虽然没有战马，但是他麾下的每一个士兵都是千锤百炼的精兵，每个人都配有当时最先进的强弩。然而，李陵没想到的是，这一走，便再也没能回来。

一个月后，李陵军与匈奴三万骑兵相遇在浚稽山。匈奴人多，遂将李陵部围在两山之间。李陵命军士在营前摆上辎重车阵，抵御匈奴骑兵的冲击。紧挨着辎重车后面的，是持戟荷盾的人墙兵士，人墙之后，列的是持着弓箭的士兵。每当匈奴骑兵想要冲过来的时候，迎接他们的尽是如雨的利箭。弓弦嗡嗡之声不绝，匈奴兵应弦而倒，伤亡惨重。于是败退上山，李陵领着汉兵乘胜追击，杀了几千人。

匈奴单于怕了，原先他欺李陵人少，以为片刻就可把他拿下。哪知道他所面对的不是五千血肉之躯，而是杀红了眼的魔鬼。于是急调左右两部共八万余人，希望可以靠人海战术战而胜之。李陵部果然加速伤亡，不支后退。李陵问道：“吾士气少衰而鼓不起者，何也？军中岂有女子乎？”李陵怀疑是兵士耽于妇人之乐而丧失了战斗力。早在一个月前，刚出征时，便有兵士将关东盗贼的妻子抢来，藏在车里，用以安慰“寂寞的旅途”。时士气已衰，需要血的激励，所以李陵将这些女子找了出来，全部杀头。李陵斩杀妇人，与项羽破釜沉舟一样，都是要告诉将士们，想要财货妇人，就冲出去！

果然，士气迅速回升，第二日双方开战，李陵部斩杀了三千余匈奴。

但是，人数上巨大的劣势是不可弥补的。李陵军虽然又杀了数千匈奴兵，但自身伤亡也不小，而弓箭越来越少，于是且战且退。匈奴损失惨重，单于就有了疑虑——这支汉朝精兵战斗力强悍，我们久攻不下，一点点追着他们往南走，难懂他们只是一个诱饵，在前面有着大队的兵马潜伏，就等着我们入套？于是有了退意。匈奴将领倒没想这么多，他们劝道，我们几万人打人家几千人，却打不赢，以后恐怕再也无法叫周边部落臣服，而汉朝也会因此更加轻视我们！

两军相持数日，匈奴又损失两千多人。匈奴这次真的想退了。而其实李陵此时也是山穷水尽，矢尽粮绝。

本来，胜利就在眼前，谁承想这时出了一个叛徒管敢。管敢为校尉所辱，一气之下投降匈奴，把李陵率部外强中干的实情都说了。于是单于不顾一切地发动总攻。汉军的箭矢仍如飞蝗，箭矢不可再生，可是总有射尽的时候。且匈奴军处在高山，居高临下，占尽了地利，他们的箭矢之密，从天上往下看，就像是泼往山谷中汉军的黑水！汉军溃了，“南撤，未至鞮汗山，一日五十万矢皆尽”，如此，也就失去了最后的凭借。

此时的汉军只有三千人了，在没了强弩劲箭的优势之下，他们只能拿起短刀、车辐与匈奴兵肉搏，而他们身在峡谷，被匈奴前后堵住，再无退路！

站着的越来越少，倒下的越来越多，身边尽是狰狞死尸发出的恶臭，耳边尽是痛苦无告的呻吟。夕阳西下，李陵对着天边那一抹凄艳的血色，长叹说：“兵败，死矣！”已有了末路悲意。军吏劝道：“将军威震匈奴，天命不遂，后求道径还归，如浞野侯为虏所得，后亡还，天子客遇之，况于将军乎！”浞野侯就是赵破奴，他曾被匈奴人俘虏，后来逃回汉朝，受到武帝礼遇。军吏提到赵破奴，其实是要李陵投降。李陵知道他的意思，说：“公止！吾不死，非壮士也。”

于是李陵“斩尽旌旗”，又将随身珍宝都埋了，慨叹说：“要是仍有几十支箭，我就可以脱身。现在无兵可以再战，明天我们只有受缚一途。所以大家四散逃了吧，各凭天命，定有能够逃出重围的人将我们的经历报告给天子。”

阴云蔽月，李陵与成安侯韩延年领着十几个人突出重围，后面跟着数千匈奴追兵。韩延年战死。李陵仰天长叹：“无面目报陛下。”遂降。

惨遭宫刑，向死而生

消息传来，朝堂上一片压抑的沉默。

李陵的投降，无疑打了武帝一个响亮的耳光——几十年来，他不惜民力，不恤国本，与匈奴开战，为的不就是争那么一口气吗？可是李陵把他几十年来攒下来的这口气给放了。

武帝的眼睛冷冷扫过阶下的百官，众人立刻闻弦歌而知雅意，一时间“卖国贼”、

“没骨气”等的词儿正气凛然地在朝堂上晃来荡去，唯有一人长身而立、一言不发，这个人就是司马迁。

司马迁是夏阳（今陕西韩城）人。司马氏世代为史官，最早可以追溯到传说中的颛顼时代。武帝时始置太史令一职，司马迁的父亲司马谈就做了第一任太史令。司马谈学识渊博，其所作《论六家要旨》，对先秦以来的几家显学都做了系统的总结，并分析其短长得失，这在历史上是第一次。

司马谈有志于记录历史，很早就开始搜集材料，可是没能够真正着手写作时就病死在洛阳。司马谈死前，司马迁恰好赶到洛阳，父子俩得见最后一面。司马谈拉着司马迁的手说：“我们家世代为史官，难道我们的事业到了我这里就要结束了么？我死之后，你必然接着做太史令，可千万不要忘了我一直以来想写史书的事，这是扬名后世，光显父母以尽孝的大事！”司马谈哭了，司马迁也哭了，他哽咽地说：“我虽然笨，但一定继承祖宗事业，不敢忘怀！”这一年，司马迁大约是三十五岁。

其实，司马迁早就为书写历史做了很多准备工作。司马迁早慧，十岁时便能背诵古书，到二十岁时，他周游全国，亲自到各地搜集历史材料，考察风土人情，所以后来他所写的历史才有那么的翔实而富有感染力。

司马谈死后三年，司马迁守丧完毕，出任太史令。一切都很顺利，他将要在任期内，凭着以往的所学和见闻，凭着广博多样的皇家藏书，写出一部前所未有的史书。没想到，不久便横生大变，改写了他的整个生命。

武帝注意到了静默的司马迁。

武帝问他：“你有什么意见？”

前些天，李陵以少胜多的骄人战果传入长安之时，武帝非常高兴，于是满朝上下一片欢腾，赞誉之声不绝于口。可现在呢？

只有司马迁站了出来，开始为李陵说话，大意如下：

李陵只有二十出头，他不顾个人的生死而赴国家之危难，这已经非常难得。他带着不满五千的步卒，深入匈奴领地，与十数倍于己的敌人交战，前后十余日，杀敌人数早已超过了自己部队的损失，匈奴被他杀得人仰马翻，上下震恐，这是为我天汉打出了威风，理当受奖。但是寡不敌众，李陵不得不节节后退。当箭矢射空，伤亡惨重的士卒仍不放弃，他们不恤身体，与匈奴奋力厮杀，争着赴死，当然是为了报答天子的恩德。李陵所立之功，即使与古代的名将相比，也毫不逊色。李陵是虽败犹胜，他乃将门虎子，这次投降一定不是出于真心，而是等待机会为大汉立功。

武帝听得不住点头，无奈司马迁还没有说完：“况且贰师将军率领三万人出征，随着他回来的兵士却所剩无几，可谓‘虽胜犹败’。”

这句话不说还好，一说就点到了武帝的痛点——贰师将军李广利是武帝一手捧起来的啊，司马迁拿谁比不好，偏偏选上了李广利。“这是在骂李广利吗？这分明是在骂朕，是在诋毁朝廷！”武帝一怒之下，遂将司马迁下狱，判了死刑。

在汉代，被判了死刑不是非死不可，要活下去有两种办法。一个是出钱赎罪，比如李广就曾以此换得一条性命，可是李家世代为将，家资不菲，而司马氏虽也世代为官，却都是“仆、祝之间”的史官，并不富有。此路显然不通。另一条路就是接受屈辱的宫刑。

生存还是毁灭？这要看为什么而生，为什么而死。

司马迁很明白，生命本身是没有意义的，生命的意义全靠我们自己来赋予，靠我们自己的行动，自己的生命轨迹来填充。所以他说：“人固有一死，或重于泰山，或轻于鸿毛，用之所趋异也。”

如果就此而死，一事无成，那就比鸿毛还轻。司马迁想起了父亲临终前的叮嘱，想起了自己未竟的史书，所以他选择了接受宫刑。“活下去！找到我生命的意义！”司马迁在心底吼着。

然而人是社会人，所以人不仅仅是活在天地间，也是活在别人的眼里、心上。司马迁准备好了接受各种各样的嘲笑，可是宫刑的奇耻大辱始终有如一块大石，沉沉压在司马迁的胸口，压得他喘不过气。

“是以肠一日而九回，居则忽忽若有所亡，出则不知其所往。每念斯耻，汗未尝不发背沾衣也！”

这是他内心痛苦的写照。

怎么办？唯有将一腔未冷的血投到笔端。于是有了《史记》。

《史记》的史料价值自不必说，那是开天辟地之功，虽与日月争辉可也。

可是更为重要的是司马迁写史而不泥于史，而是下笔常常倾注了自己的感情。于是一个个已为“陈迹”的历史人物都有了血肉，活灵活现地出现在我们民族文化的璀璨星空之中。他们有的是冠盖天下的诗人，如屈原、宋玉；有的是百战功成的将军，如韩信、李广；有的是踽踽独行的思想者，如孔子、荀子；有的是雄踞一方的霸主，如齐桓公、晋文公等等，司马迁的笔可谓曲尽其妙，把他们每个人鲜明的性格特点都给勾画出来，而要做到这一点，有时恐怕就要对历史稍事“加工”和“改造”。

例如屈原。近代以来，很多人怀疑屈原其人的真实存在，其论证都可谓是持之有故，言之成理。可是司马迁的《屈原列传》就活脱脱地写出一个屈原，不止如此，司马迁的“被发行吟泽畔”，与渔父的一场对话更是精彩万分。试问若真有这个渔父，其应为隐逸高人，而古时教育并非如今天这般普遍，所以渔父该是大有来头，可是为何他不见传于史书？对话现场只有他与屈原两个，且其为隐逸高人，自不屑于外传此事，那么此事司马迁又是从何知晓？可见，屈原自杀之前的这一番“造化”，都是出自司马迁的虚构。

可是，真真假假已经不再重要，重要的是我们读《屈原列传》的时候，分明感受到司马迁和屈原的“灵肉合一”。屈原的“披发行吟”岂非就是司马迁的“出则不知其所往”，他们本是同样的落魄，同样的痛苦不堪啊。而屈原的遭谗言被流放，与司马迁的进言不成而反受宫刑，难道不也是“其致一也”？

司马迁是用生命来写屈原的，他笔下的屈原已经超脱了现实的羁绊，而成了指向更高实在的“现实”，因此甚少有人怀疑《屈原列传》的造假与否，即使明知是假，人们也不在意，人们在里面看到的是一条活生生的灵魂。

宫刑前后的司马迁是两个司马迁。之前的他是“戴盆何以望天”，一心“求媚”于主上；之后的他则被注入怨气、戾气，反成了一个有独立人格的人，因此对很多事都有了自己的看法。

例如，项羽本非帝王，而且最后落败自刎乌江，可是司马迁并没有“痛打落水狗”，他为项羽做传，是把他列在帝王所属的“本纪”中。卫青、霍去病战功赫赫，权倾天下，可是司马迁为其做传，也只是罗列其出征事迹，并不言及其他，反而是“数奇”、一生不得志的李广，受到了司马迁的青睐，所以详述其家世生平，在结尾处又不吝笔墨，赞他道“桃李不言，下自成蹊”。

按照世俗的标准，项羽和李广都是失败者，可是他们得到司马迁的“怜惜”，这就说明了司马迁的与众不同的英雄观，他是“不以成败论英雄”的。

这个世界是为规律所主宰的，“成功”一样有其规律，人们违反了它就注定要失败——但有些失败者却更能叫人刻骨铭心，大闹天宫的齐天大圣，乌江自刎的西楚霸王，都是失败者，都是规律的叛徒，但是人们喜欢他们，喜欢他们的不正确，喜欢他们撞破南墙头破血流的傻劲儿，因为每当人们凝视他们的时候，看到的不是数目字（算计），而是人的血肉，他们所成就的不是功业，而只是他们自己——天命之谓性，他们原本就是这样的啊。

“顺贱逆贵”，这大概就是司马迁对人事的看法——人怎能不尊重自己呢，司马迁直言犯谏，死不认错，他本身就是一个“逆”。所以这些与命运或说规律相抗衡而最后失败的人，司马迁都投以同情，他不仅是怜惜他们，更是怜惜自己。

司马迁是“逆”，所以他在《孝景本纪》里毫不客气地描写了景帝的优柔寡断和残忍冷酷，景帝是武帝的父亲，武帝看了自然是非常生气。当然，对于迫害自己的武帝，司马迁笔下更是毫不留情，所以这篇《孝武本纪》早已被刘汉王朝所查禁，我们今天看到的《孝武本纪》，都是后人从《史记》的《封禅书》里摘出来拼凑而成的。

在浩瀚的官修史书里，《史记》是绝唱，司马迁其人也是绝唱。后人评价《史记》，说它是“史家之绝唱，无韵之离骚”。

第六章　巫蛊之案祸国

越走越远的两父子

巫蛊之祸是发生在武帝晚年的一个重大事件。它持续的时间长达数年，为此而死的人多达数万，其中包括了皇后、太子、公主等皇室贵族，也包括了丞相、御史大夫等朝廷重臣，既有地痞无赖，也有死刑囚犯，即使巫蛊之祸结束，其“伤口”也远远未曾愈合，甚至影响到“后巫蛊时代”武帝的内政与外交。

“巫蛊”的“蛊”古音通“鬼”，又通“诅”，是一种诅咒之术。其具体方法，是在桐木制作的小偶人上刻写被诅咒者的名字和生辰八字，通过一定的仪式施以魔法和诅咒，然后把它埋在被诅咒者的住处或经常去的地方。人们相信，行巫蛊可以控制和摄取被诅咒者的灵魂。

汉代浓烈的巫风，可说是巫蛊之祸发生的一个社会文化背景。

不论是因嫉恨而行巫蛊，还是因为恐惧而搜巫蛊，源头都不在巫蛊，而是在嫉恨和恐惧。可是一旦嫉恨和恐惧借着“巫蛊”这种“公共文化”的形式表达和展开，就往往超过个人的控制范围，造成一种恐惧和猜疑的社会气氛，引起疯狂的运动，所谓“树欲静而风不止”。更糟的是，如果巫蛊发生在权力中心的皇宫里，为“有心人”所利用，则往往掀起血雨腥风，造成人间惨剧。

武帝的第一个皇后陈阿娇，因为妒忌卫子夫而行巫蛊诅咒她。事发后，武帝大怒，诛杀了三百多人，又废了陈阿娇的皇后位，把她打入冷宫。此后，陈阿娇的母亲、扶助武帝登基的关键人物、长公主刘嫖也心灰意冷，退而寻欢作乐，再不能像以前那样发挥其在朝野上下的巨大影响力了。这件事真相到底怎样，现在已经很难说清。巧合的是，因巫蛊而“扫清道路”、被封皇后的卫子夫也因巫蛊而自缢身亡，可谓成也巫蛊败巫也蛊。不光是她，巫蛊之祸中，原来权倾天下的卫氏家族也跟着集体败亡。所以说，巫术只能算所巫蛊事件的一个“起点”或者借口，事件的背后，是各方势力的博弈和荣辱沉浮。

太子刘据是武帝二十九岁才得的长子，也是唯一的嫡子，曾一度受到武帝的宠爱。刘据甫一出生，武帝就命人为他写《皇太子赋》一文，欣喜之情溢于言表。七岁时，刘据被立为太子，武帝又建了“博望苑”——“博望”即博闻的意思，出使西域的张骞就曾被封为“博望侯”——让他在里面与宾客往来，又找来天下的名儒向他传授《公羊春秋》和《谷梁春秋》。武帝兴儒学的理论靠山、一代大儒董仲舒就是《公羊春秋》派的传人。所以，武帝让太子学《公羊春秋》，是为了太子将来治国做准备。

一切都很好，迎接刘据的将是一个金光灿灿的宝座和一片雄壮的河山。只可惜时间是世上最强的毒药，在它的腐蚀下，任何东西都要面目全非，所以古人有沧海桑田之叹。

等到刘据长大成人，越发地公瑾仁恕，这本是好事，可是武帝是一个大有为的雄主，温良的刘据实在不对他的胃口。卫子夫老了，武帝再不能像以前那样对她感兴趣了，而新受宠的王夫人和李夫人都为武帝生了男孩。于是卫子夫母子两个渐渐失宠，心中生出了不安之意。

武帝察觉了他们的心思，就对卫青说："汉家庶事草创，加四夷侵陵中国，朕不变更制度，后世无法；不出师征伐，天下不安；为此者不得不劳民。若后世又如朕所为，是袭亡秦之迹也。太子敦重好静，比能安天下，不使朕忧。欲求守文之主，安有贤于太子乎？闻皇后与太子有不安之意，岂有之邪？可以意晓之。"卫青听了叩首拜谢。卫子夫听说这件事，也向武帝脱簪谢罪。

武帝在乎太子怎么想，而且还不直接告诉他，而是通过军功赫赫的卫青来安抚他，足见武帝这时候还非常地爱护刘据。

太子是将来的皇帝，他的身边自然会聚集一批人。《资治通鉴》上说，"群臣宽厚长者皆附太子"。

武帝周围的人却不同，他所用的人中，有很多文法吏，这些人与汉初军功集团里的那些贵族很不一样，他们多是出身底层。这样的人，如果要出人头地、光耀门楣，就只有立功。功从何来？不立杀贼之功便不是英雄，而贼不是时时处处都有的，没有的时候只好自己把他"造出来"，于是该收监的就判杀头，该杀头的就严刑逼供，诱他把别人也牵进来，于是一杀杀一片。当皇帝看到这些文法吏呈上来的密密麻麻的工作报告时，当然会惊叹这人怎么如此地能干，于是大加褒奖，加其官晋其爵。

当然，武帝的严刑峻法，根本上是因为他的性格和一系列政策。武帝骨子里是一个极端专制的人，他不能容忍自己的权力被别人瓜分，所以扶植底层出身的文法吏，让他们以法令绳墨贵族，乃是要打击他们，把权力从贵族私门收归自己手上——朝上文法吏的数量和比例不断增多，文法吏不像贵族那样有家族依靠，所以武帝把生杀予夺的大权握得更紧了。而武帝的政策，如打击豪强，以及为了充实国库强行征财产税（算缗，告缗）都须以强力推行，否则根本进行不下去。文法吏正好满足了武帝的这种需要。

武帝严苛，太子却宽厚，他是反对武帝的严刑峻法的，于是每有判狱，太子多为其平反——这是堵住了文法吏立功的门路啊，所以太子虽得到了百姓的爱戴，却得罪了这些文法酷吏。卫子夫这时已可算饱经沧桑，她怕久而久之，太子会因此获罪，所以劝他不要总是坚持己见，而应该与武帝的步调保持一致。武帝听说这件事，反应很奇怪，他赞扬了刘据，批评了卫子夫。可是，既然如此，他为什么不听从太子的轻徭薄赋，不事征伐的劝谏呢，还说："吾当其劳，以逸遗汝，不亦可乎！"不听也就罢了，他继续任用文法吏，但没有加强对刘据的保护。等到卫青这个卫氏家族最大的支柱倒了之后，文法吏的春天来了，他们肆无忌惮地公开诋毁太子。

这时候的武帝已经老了，身体一天比一天差了，人也越来越多疑，他长期躲在甘泉宫里不出来，皇后和太子难得见他一面，这就给这些人在父子俩之间制造裂痕和对抗留下了空间。

武帝晚年宠爱的一个宦官叫做苏文，他也是"深酷用法者"的一党。有一次太子入宫探望皇后，半天时光才从宫里转出来。苏文就向武帝"告密"说："太子在皇后宫中调戏宫女。"武帝于是将太子宫里的宫女增加到二百人。卫皇后听说这件事，就让刘据向武帝禀明实情，请求诛杀苏文。刘据说：“清者自清，我何必怕这种小人的污蔑？更何况父皇英明，不会相信这些谗言，母后无须忧虑。”

常融是苏文手下的小太监。有一次武帝病了，派他去召见太子。常融回来报告说，太子听了皇上身体违和，面有喜色。武帝冷笑，没有说话。等到太子来了，武帝发现太子脸上挂有泪痕，可是当着武帝的面仍然强颜欢笑。武帝这才发觉常融的挑拨，于是将他处死。

由此可见，“深酷用法者”的毒计手段是一波接着一波的。而刘据对武帝的信心也太过了，所谓“众口铄金”“积毁销骨”，若连皇帝的面都见不到，长此以往，即使他对武帝有信心，武帝对他也没信心了。

倾国两佳人

卫家是因卫子夫得宠而发迹。卫家有美女，别人家就没有吗？李家就出了一个李夫人。

李夫人能被武帝看中并收入后宫，着实她哥哥李延年的一番心思。李延年早年因犯罪而被施以腐刑，作为一个精通音律的歌者，他善作曲，屡屡为司马相如等文人新写的诗词配曲，“每为新声变曲，闻者莫不感动”“佩二千石印绶”。

太史公和班固都将李延年归入《佞幸传》，大概就是因为他凭借这歌艺而不是建功立业博得宠爱，这在太史公和班固等恪守礼义的正统知识分子看来，当然不是正途。但是另有一种解释，说李延年是因为做了武帝的男宠所以得到武帝“特别的关照”，因为太史公对佞幸的解释是“柔曼之倾意，非独女德，盖亦有男色焉”，而史书上也确实有“与上卧起”的记载。他真与韩嫣一样，是武帝的男宠吗？

李延年长年在武帝身边，知道他“求美若渴”的心理，于是宴饮时在武帝面前唱到：“北方有佳人，绝世而独立，一顾倾人城，再顾倾人国，宁不知倾城与倾国，佳人难再得。”武帝顿时起了兴致问，世上真有这样的佳人吗？平阳公主就说，这佳人就是延年的妹妹啊。后面的事可想而知。

不过李夫人红颜薄命，不久就病入膏肓。武帝前来看她，她却蒙着被子躲在宫帐里不肯相见。武帝问她有什么愿望。李夫人就说自己命不久矣，只希望自己的兄弟在自己死后能够显贵，这样她就可以放心地走了。武帝说，你让我看一下，稍慰相思之情，我当着你的面立刻封赏他们，这样不是更好吗？李夫人却不答应，只说，封赏与否，全在陛下，见不见面都没关系。

武帝只得怏怏离开。

于是左右宫人问李夫人，为什么要拒绝武帝，让他不快？李夫人于是说了那段著名的话：

“所以不欲见帝者，乃欲以深托兄弟也。我以容貌之好，得从微贱爱幸于上。夫以色事人者，色衰而爱弛，爱弛则恩绝。上所以挛挛顾念我者，乃以平生容貌也。今见我毁坏，颜色非故，必畏恶吐弃我，意尚肯复追思闵录其兄弟哉！”

果然，在李夫人死后，她的哥哥李延年封为协律都尉，李广利也做了贰师将军。卫青死后，对匈作战都有李广利来主持，李广利的影响越来越大了。

李夫人之后还有钩弋夫人。

这年武帝已经六十一岁了，他巡游河间的时候，“望气者”说这里有奇女子，“天子亟使使召之”，看来很急迫。

这个女子就是著名的“钩弋夫人”，那年她只有十五岁左右。她的奇就在于两手始终紧握成拳，任谁也掰不开，人们都叫她“拳女”。武帝看她两拳垂在体侧，就叫宫女上前查验。宫女费尽气力，就是没办法掰开她的拳头。武帝更加好奇了，亲自上前“动手”，还没用力，这女孩的手就松开了，叫人啧啧称奇，更奇的是她的手里攥着一对玉钩，这莫不是从娘胎里带来的？豆蔻年华，青春妖娆，惹人怜爱，武帝把她带回宫，封她为“钩弋夫人”。

“钩弋夫人”本姓赵，在她见到武帝之前，她的父亲已经因为犯法而被处以宫刑，在宫里做了宦官。

这事就可疑了。李延年也可说是一个宦官，与武帝亲近，李夫人就是通过这位兄长“得见天颜”。钩弋夫人的“进宫”会否与李夫人相同呢？李延年谱写了一个“北方佳人”的传说，钩弋夫人的父亲就“模仿基础上另有创造”地编造了一个“拳女”的神话。

打开钩弋夫人拳头的人是武帝，“发现”她的人却是“望气者”。而所谓望气者其实不过相当于现在风水师，其所言多是虚无缥缈的东西，岂足以相信？其实，“望气者”与钩弋夫人的父亲之间早有勾结，一起来欺骗武帝。而这种欺骗是毫无“风险”的，他们早已摸清了武帝的夸饰的性格，知道要逗起他的好奇心实在是太容易了，而一旦他双眼放光地去找这个“奇女”，事情就好办多了。为了不让武帝失望，深知武帝脾气的左右之人在一种十分奇妙的“气场”里自然不会去揭破谎言，再加上钩弋夫人手上可能确有些力气，于是“神迹”诞生了。

古人说“无欲则刚”，又说“有所求必有所失”。武帝多欲，遂让近臣佞幸牵着鼻子走，他们对晚年的武帝的影响有多么大啊，武帝此后犯了一连串的错误，其祸根都在这里。

钩弋夫人入宫后非常受宠，受封为婕妤。两年后，钩弋夫人诞下麟儿。这里又有一件奇事，这位皇子弗陵在钩弋夫人的肚子里“徘徊”了足足有十四个月。后世每有臣属向主子献媚，都必要把主子比喻为“尧舜禹汤”，其中的尧的母亲也是怀孕十四个月才把他生下的。武帝认为弗陵的诞生跟尧很像，非常高兴，于是就赐名钩弋夫人所居为“尧母门”。

武帝一生做事全凭自己的喜好，也许赐名“尧母门”不过是一时冲动，但这也的确是武帝的一个大失误。这些年来皇后卫子夫、太子刘据连见他一面都难，而他偏偏在这个时刻弄出一个“尧母门”，下边的人会怎么想呢？也许最尴尬的就是刘据吧，他已做了几十年的太子，谁想到人到中年突然出现了一个“尧”皇弟？

武帝与太子政见不合，而李广利的受宠，钩弋夫人的得封“尧母”，在他人看来都是太子将要垮台的信号。从此以后，宫里的左右佞幸更不把刘据放在眼里了，因为在他们看来，刘据的皇太子的位子迟早要拱手送给尚在牙牙学语的弗陵。所以苏文、常融等人才敢诬陷太子，他们的气焰正盛。

巫蛊案祸患

终西汉一朝，做过丞相的共有四十六人，其中武帝一朝就换了十三个丞相，其数量和换相的频率不仅在汉朝，放眼整个中国古代史，都是罕见的。这十三个丞相里，除去景帝安排辅佐幼主的卫绾，和武帝晚年任命并延至昭帝时代的田千秋，剩下的十一个人，三人死在任上（其中田蚡是精神错乱致死，亦属非正常死亡），三人被免职，两人有罪自杀，三人下狱处死。

可见武帝的丞相不好做，已经隐隐有了“高危职业”的苗头。

公孙贺是武帝的倒数第三个丞相。

公孙贺，字子叔，北地义渠人。贺的祖先本是匈奴人。其祖父公孙昆邪，景帝时曾为陇西太守，因率军平定吴楚七国之乱有功，被封为平曲侯。

汉武帝一改先代的和亲政策，从元光二年（公元前133年）起发动了持续几十年的对匈战争，公孙贺有了用武之地，他在卫青手下，三次参与重大战役，七任将军，两次封侯，为武帝一朝抗击匈奴的著名将领。

公孙贺娶了卫子夫、卫青的姐姐卫君孺为妻，因此算得上是以太子刘据为中心的“卫家圈子”里的一分子。

太初二年（公元前103年），丞相石庆死在任上，武帝意欲让公孙贺接任。升任丞相，按常理本是好事，公孙贺的反应却很奇怪。“不受印绶，顿首泣涕。”

武帝很疑惑。公孙贺说：“我本是穷乡僻壤出身的粗人，因为在战场上杀敌立功才做了官，丞相一职干系甚大，我的才能实在不足以胜任。”武帝还是太子时，公孙贺就做过他的舍人，可谓是陪伴着武帝成长的同龄人；而武帝一生的事业此时也做得差不多了，因此也是武帝一朝文治武功的见证人。这一年的公孙贺大约有五十岁了，古人的寿命远较我们为短，所以公孙贺是实实在在的一个老人了。他泪流满面地跪在地上，同样不再年轻的武帝垂首看着他，这里就有一种触动人心的老人独有的暮年悲凉。武帝哭了，左右也陪着哭。

但对于为政者来说，这小小的情绪波动不过是一个小浪花，武帝很快“醒”过来了，要求左右扶起丞相。公孙贺还是磕头如捣蒜，不肯起身，武帝不管他，起身走了。公孙贺只能对着悬在头顶的印绶发呆——这个丞相他是做定了。

别人问他为什么如此，公孙贺说：“皇上贤明，我却是愚鲁的人，怎么能追上他的思路和步子？当了丞相，责任更大，我此后危险了！”

公孙贺的悲戚并非是杞人忧天，获罪而死在任上的丞相确实太多了，多得叫人害怕。前一任丞相石庆一生谨小慎微，但也数次受到武帝的训斥，更有一次靠着出钱赎罪才得以免死，所以他这个“善终”来的并不容易。

武帝喜怒无常，公孙贺如履薄冰地伺候了十一年，大祸终于降临。

征和元年（公元前92年）夏，时在建章宫的武帝看见一个男子佩剑走入龙华门。武帝认为这是刺客，就命人去捉他。男子把剑扔掉，跑了起来，转瞬不见。于是命人大搜建章宫，结果还是找不到。武帝遂“以为奸鬼为祟，疑为巫蛊”。这件事可谓后来祸事的前奏。

公孙贺的儿子叫做公孙敬声，他是卫君孺所出，他的姨母就是皇后卫子夫。公孙贺是由太仆升任丞相的，他做了丞相，太仆的位子就由公孙敬声补上，父子俩同时做了公卿，一时尊荣无比。公孙敬声却是个贪财之人，他挪用了北军一千九百万的军费，给人告发，按罪当诛。

恰好武帝一朝竭力不渝地打压豪强游侠，公孙贺向来溺爱公孙敬声，为了救儿子，他上书武帝，说要捉拿在逃的阳陵大侠朱安世，以此来赎儿子的罪过。武帝应允。

公孙贺果然把朱安世抓捕在案。两人本无仇怨，公孙贺以丞相之尊，倾全国之力来抓朱安世，只是为了给儿子赎罪，于是没有仇怨也有了仇怨。朱安世大笑说：“丞相要灭族了！我要说出来的事情，即使砍尽南山的竹子也不够书刻。”于是狱中上书武帝，告发公孙敬声与阳石公主通奸，又说他们行巫蛊诅咒武帝，巫蛊所用的木偶就埋在甘泉宫的驰道旁边。

如此有声有色，有板有眼之言，形如真的一般。武帝派人一查，果然都如朱安世所言。于是将公孙贺捉拿下狱，并灭了他一族，连同阳石、诸邑两位公主，以及卫青的长子、长平侯卫伉也一同株连砍头。

阳石公主、诸邑公主都是卫子夫所生。这一次巫蛊大屠杀对“卫家”是一个不小的打击。武帝连自己的女儿也杀了，这就表明了他搜巫蛊的决心。

公孙贺一家是被人诬告冤死的吗?

很难说。只是四年前，同是卫青的好友、同是卫家集团的公孙敖也是因为妻子行巫蛊而被杀。这未免太过巧合了。巧合得就像是拳击擂台上的两个回合。会不会是公孙贺看到了公孙敖的下场，所以就行巫蛊想要先行结果了武帝?

不管如何，太子刘据不会对此无动于衷，他必会想，父亲很可能已经把矛头指向了自己。

燕赵之地奇人江充

治公孙贺家族巫蛊案的人是江充，他也是整个巫蛊祸事里的一个关键人物。

江充本名江齐，是赵地邯郸人。太史公司马迁在《货殖列传》里说，燕赵两地地薄人多，“丈夫相聚游戏，悲歌慷慨”，女子名琴鼓瑟，穿着舞鞋到处“游媚富贵”，“入后宫，遍诸侯”。江齐的妹妹也是能歌善舞，江齐就把她进献给赵世子刘丹，因而做了赵王刘彭祖的宾客，终日与刘丹厮混。江齐发现，刘丹秽乱赵王的后宫，并与自己的同胞姐姐通奸。

时间一久，嫌隙渐生，刘丹怀疑江齐将自己的阴私告诉给了父亲刘彭祖，就派人去捉他，却被江齐给跑了。刘丹惊怒之下，就杀了江齐的父兄。江齐向西逃入长安后，改名江充，于是上书朝廷告发刘丹的乱伦秽行，还说他结交地方上的奸猾，为祸一方。武帝闻之大怒，立即派兵逮捕刘丹，并判其死罪。

这时候，赵王刘彭祖上书说：“江充不过是一个在逃的小吏，他奸诈无常，此次上书激怒皇上不过是为了报复私怨，就算把他烹了，也没什么可惜的。我愿意挑选赵地的勇士从军出征匈奴，在战场上冒死尽忠，用以为太子刘丹赎罪。”经赵王这一劝说，武帝才赦免了刘丹的死罪，可是也不能再让其做赵世子了。

经此一事，江充受到了武帝的重视，武帝认为他不畏强权，于是把他招来。江充本来英俊貌美、体高健壮，他为了见武帝，又特地带着高冠，披上羽毛。果然，性格夸饰猎奇的武帝一下子对他“惊为天人”，心里喜欢得不得了，还赞叹说，燕赵之地果然多有奇人。

武帝有意栽培，就以时政考校江充，江充对答如流，武帝心里更加高兴。这时江充提出一个很奇怪的要求，说要出使匈奴。武帝就问，要用什么办法对付匈奴人。江充只以一个满不在乎的“随机应变”来应付武帝，大有孙武子的气度，武帝非常满意，于是拜江充为谒者，叫他出使匈奴。

匈奴并非是乐土，而是苦寒之地，江充出使匈奴可能是为了立功而谋一个出身。而赵地自古与匈奴相接——战国时的赵将李牧就是因长年戍守边境、抵御匈奴而著称的——江充是赵人，难道他与匈奴另有什么渊源？不得而知，只知道后来江充大搜巫蛊时，身边总跟着一个“胡巫”檀何。而这个“胡巫”檀何就是江充向武帝推荐的，江充吹嘘说此人能望云气，哪里有巫蛊一望就知。这檀何很可能是匈奴人。

一年后，江充从匈奴载誉归来。武帝拜他为水衡都尉，不久又升他为“直指绣衣使者”。

“绣衣使者”的任务是“督三辅盗贼，禁查逾侈”。“三辅”指的就是京畿重地，“督三辅盗贼”就是缉拿不法分子，保卫京师安全。“逾侈”之“侈”就是“奢侈”，“逾”就是“逾制”，也就是“过分”，“越过了自己的本分”。比方说，身为臣子，出行时却排出天子才能有的排场，坐了天子才能坐的车，这就是“越过了自己的本分”，也就是“逾制”。

皇权社会貌似等级森严，其实只要拥有皇帝的宠爱，很多人都明目张胆地“逾制”，甚至这“逾制”都是得到皇帝的赞助的。例如景帝宠爱弟弟梁王刘武的时候，就赐给他天子旌旗、车马，既然赏赐下来，难道是用来摆设的吗？所以是否逾制，就看皇帝怎么想了。

江充这个“绣衣使者”自然也查盗贼，禁逾侈。但他的这些工作，从后面看都是为了“搜巫蛊”做准备的。使者任上，江充“不畏强权”的精神品格接着发光发热，这点跟他的前辈郅都、张汤很像。

驰道是专为皇帝铺设，只供皇帝专用的。《汉书》里说：“道广五十步，三丈而树。厚筑其外，隐以金椎，树以青松。”若能在上面策马飞驰，确是人生一大快事。很多王公贵族都禁不住这个诱惑，都想在这个“皇帝专用”的御道上跑一跑。于是这里就成了禁逾侈的绣衣使者江充长期“蹲守”的地方。

这时候，助武帝登上皇位的长公主刘嫖还未死。有一天，刘嫖也驱车闯上驰道。这已是个无甚势力、整日只与面首董偃厮混的可怜虫罢了，江充当然不会放在眼里，于是把长公主训斥了一顿，又收了她的车马。后来又有许多骄奢中长大的贵族青年都“误入”驰道，江充自然要重办他们。于是这些人都向武帝交纳赎金，希望能够从轻发落。而由于连年的征讨匈奴，当时的国库已经是十去其九，这些“赎金”对武帝来说可谓雪中送炭。当然，武帝不会把那些“逾侈”的贵族子弟当做送炭人，他心目中的送炭人是江充。于是江充日益受宠。

江充越来越“正直”，越来越“不畏强权”，也因此越来越受武帝的宠幸，因果相生，他于是也更加“正直”、更加“不畏强权”起来。这时候他需要一个强有力的对手，来突显自己的“功绩”。

这个对手就是太子刘据。刘据的使者也“误入”驰道。江充毫不客气地扣下了车马。刘据闻讯后，立即赶到江充这里向他道歉，解释道：“我并非是爱惜车马，而是对左右约束不够、管教不严。希望您能为我隐瞒，不让皇上知道此事。”太子或许不知道，他这种示弱的姿态真是应了那句“长他人志气，灭自己威风”。江充嘿然冷笑，转身就把这事上奏武帝。

“人臣当如是矣。”武帝的褒奖毫不吝啬。其实，这也是江充自保的手段——做都做了，索性把事情闹大，这样就算太子怀恨在心，也只能闷在肚里，因为任何对抗性的行动都会被武帝视作报复。

江充是小人，太子刘据却是个仁厚君子。所以江充这样做就叫做“以小人之心度君子之腹”。人说“宁得罪君子不能得罪小人”，但其实不只不能得罪小人，连被小人得罪也是不成的——他会担心你报复，所以通常会纠缠下去，直到把你这个潜在威胁消灭为止。

刘禹锡有一首《竹枝词》：

瞿塘嘈嘈十二滩，
人言道路古来难，
长恨人心不如水，
等闲平地起波澜。

刘禹锡所叹的就是人心之险恶。

江充得罪了这位未来的皇帝，料想将来必定不会有好下场，于是他决定先发制人。

巫蛊扩大，血流成河

有一天武帝午睡，梦见无数小木人拿着木棒劈头盖脸地打过来，他想躲却无处可躲，想醒又怎么都醒不过来。好不容易醒来时，已是一身冷汗，连衣服都湿透了。自此，武帝的身体一天不如一天，记性也越来越差。

江充趁机进言，说这是因为虽把公孙贺灭族，可是仍有人在暗中以巫蛊诅咒皇帝。又找来胡巫檀何望气。檀何仰头看天好一会儿说："宫中有蛊气，不消灭这蛊气，皇上的身体不会好转。"还没享受够权力富贵的武帝只能点头。江充于是主动请缨，说要大搜巫蛊。武帝准奏，又派按道侯韩说、御史章赣和曾经诬告太子的黄门苏文等人做江充的助手。

江充的目标是太子，可是他非常聪明，没有直奔主题，而是先从宫里被冷落的妃嫔居处入手——这些人被武帝冷落，心中少不了怨恨吧？果然一路斩获颇丰，搜出不少偶人。有人大喊冤枉，江充却冷笑森森。

这一次，他搜得更加理直气壮了，终于搜到了皇后和太子的居所。前面费了那么多的波折，就是为了来这儿，不搜到什么，江充是不会停手的。于是掘地三尺，原本富丽堂皇的宫殿霎时变得千疮百孔，泥坑满地，连放床的地方都没有了，而木偶们一个个十分配合地从地底踊跃跳了出来。

刘据目瞪口呆，卫子夫的脸色一片惨白。这一会儿，太子真是怕了，因为他完全不知道怎么回事，却只能吃哑巴亏。他想要亲自去甘泉宫面圣，洗刷自己的不白之冤，可是少傅石德劝住了他。

石德问太子有多久没见到皇帝，刘据愕然以对，说不出话。石德说："皇上恐怕已经不在甘泉宫，就算仍在，江充等人逼得这么急，岂会给我们辩白的机会，你难道忘了秦朝太子扶苏的旧事了吗？"（注：秦始皇驾崩后，胡亥欲夺皇位，于是矫诏赐死戍守边疆的原太子扶苏。）

太子想起了自己的姨父、前丞相公孙贺，又想起了表哥卫伉。于是发了狠，派人假冒使者矫诏收捕江充，江充的副手韩说不肯受诏，"使者"遂砍了他的脑袋。又与母亲卫皇后商量，打开武库，将兵器分发给侍卫，全城戒严，搜查涉嫌巫蛊之人，并诏令百官江充谋反。缚手缚脚的江充狼狈地跪在刘据面前，再无半点此前的嚣张气焰。刘据吼道："赵虏！前乱乃国王父子不足邪！乃复乱吾父子也！"于是亲手砍了江充，又把江充身边的胡巫聚到上林苑中活活烧死。

但是，苏文侥幸活了下来，他跑到甘泉宫向武帝报告说太子杀死江充，谋反了。武帝不信，他认为太子仁厚老实，一定是江充逼人太甚，太子才有此激烈的行为。于是命使者召太子前来。这使者大概也是苏文一伙，他不敢面见太子，所以半路跑了回来，言之凿凿地说，太子确实反了，想要杀我，天幸我回来了。

至此父子俩已经失去了最后的沟通机会。武帝的怒火砰地一下蹿了起来，“刘屈氂在干什么！”病中的武帝大喝。

原来，公孙贺死后，武帝任用了名声不太好的中山靖王刘胜之子刘屈氂填补相位。《汉书》上这样说，“不知其始所以进”，就是说，不知道他有什么才能，也不知道他有过什么功绩，所以班固对他当丞相有些莫名其妙。

其实，武帝在任命刘屈氂的诏书中早已明确表示——“分丞相长史为两府，以待天下远方之选”，这说明他不是武帝心目中丞相的理想人选。所以挑选刘屈氂只是一个过渡的权宜之计。刘屈氂也很尴尬，更何况前面的“前辈”丞相公孙贺的血还未干呢，所以他自始至终都不敢发出自己的声音、表达自己的主张，当然，也许他本来也没有什么主张。

刘屈氂是个没有主意的人，他听闻城中惊变，吓得连夜抛出长安城，连丞相的印绶都丢在家里。他派自己的属官长史前来向武帝报告，长史向武帝说：“丞相想封锁消息，暂时还没发兵。”武帝更加生气：“现在除了死人，天下没有一个人不知道这事的，还保什么密？丞相没有周公的气度，周公难道没杀掉弟弟管叔和蔡叔吗？”（周公是管、蔡的兄长，而刘屈氂是刘据的堂兄。）

于是下诏给刘屈氂：“捕斩反者，自有赏罚。以牛车为橹，毋接短兵，多杀伤士众！紧闭城门，毋令反者得出！”走出甘泉宫，亲自到建章宫督战。又征调三辅的兵，二千石以下的官员都归刘屈氂调遣。

刘据这时已经没有退路，只能一条道走到底，他诏令百官，说皇帝病在甘泉宫，久已没有消息，恐怕已遭不测，现在江充等奸臣想要作乱，又命少傅石德和宾客张光放出长安城监狱里的所有囚犯，发给他们武器，准备跟城外大军打下去。

此刻，朝野上下，很多人都是一片茫然，不知道发生了什么事，所以无论是城里还是城外，双方都在争取各路军队。长安囚徒里有个如侯，刘据把旌节赐给他，叫他去发动屯驻在长水和宣曲的匈奴军队（他们早在多年前已投降汉朝，被安置在长水等地）。侍郎马通进了长安，听说此事，立即抓捕如侯，又告诉匈奴将领说，“旌节有诈，是太子冒发的，你们不要听信（太子的指挥）”，于是把如侯砍了。又在赤红的符节上加了一道黄旄加以区别。

太子来到北军大营，希望得到北军的支持。北军首领任安，虽然受了太子所赐的旌节，但是受节后转身就回了营，从此闭门不出。太子无法，只得发动长安城里的群众。太子素有仁厚的声名，因此百姓纷纷支持，跟随他一起作战的共有四万长安市民。城内外，矢石往来纷飞，几天下来，死者数万。这时候太子造反的言论在民间传开了，很多人拒绝再为太子出力，甚至不少人开始转向支持刘屈氂的军队。

不久，太子兵败，慌乱中逃往长安南门。戍守南门的是丞相的属官司直田仁。田仁是田叔的儿子，他认为武帝和刘据终归是父子，没有过分地逼迫太子，于是太子得以逃出生天。

刘屈氂想要斩杀田仁。御史大夫暴胜之劝道，司直是二千石的大官，要杀他也要先向武帝禀明，岂可擅自做主？软耳朵的刘屈氂于是就把田仁给放了。武帝大怒，将暴胜之下狱，让审案的文法吏问他：“司直田仁私放叛贼，丞相要杀他，合理合法，为什么要阻拦他！”暴胜之恐惧自杀。

大乱一平，武帝开始算账了。他先是遣宗正刘长、执金吾刘敢去收卫子夫的玺绶，卫子夫跟了武帝这么多年，知道他的手段和性格，于是含恨自杀。下一个轮到了任安，这位北军使者护军的两不相帮，被武帝看成是骑墙坐观成败，然后依附胜者，于是把他跟田仁一起腰斩。其他如石德、张光等太子身边人和宾客，全部诛杀，一个不留。而抓捕石德他们的人，都因功封侯。

太子外逃，武帝担心他有什么阴谋，所以在长安各城门都屯有重兵。其实这完全是多此一举，刘据还能掀起什么浪呢，何况他本没有篡逆的野心。

武帝的怒火未息，所以朝中虽有不少人都知道太子是冤枉的，但没有一个人敢在这时候站出来为太子说话的，因那无异于自己找枪口去撞。这时候，壶关三老冒死站了出来。

所谓“壶关三老”并非是指三个人。壶关是地名，在今山西省东南。三老是长管教化的地方官。这个壶关三老的名字叫做令狐茂。

令狐茂向武帝上书的内容大致如下：

我听说父亲如天，母亲如地，而子女就如同天地间生长的万物。所以，天地平安，阴阳调和，万物才能茂盛生长；父慈母爱，家庭和睦，子孙才能孝顺。皇太子是陛下的血脉，皇位的继承人，他要承担万世的基业和祖宗的托付。江充不过是一介平民，街头巷尾的流氓，陛下使他显贵，任用他，他秉承皇帝的诏命来逼迫太子，那么一定会横生是非、掩盖真相，于是父子日益隔阂。太子进不能面圣陈情，退则为江充等小人逼迫，冤屈无告，愤怒难忍，于是杀了江充，畏罪潜逃。儿子盗取父亲的兵卒，不过是为了救难自免。我私下认为太子并无篡逆谋反之心。《诗经》上说，“营营青蝇，止于藩。恺悌君子，无信谗言。谗言罔极，交乱四国。”江充谗言惑上，想杀太子立功，天下人莫不知晓。陛下不省察自己，只把罪过推给太子，盛怒之下又亲自上阵，发大兵抓捕太子。智者不敢申说，辩士也只好闭嘴，我私下为陛下感到心痛。只希望陛下能够宽心解疑，体察父子亲情，不要继续责备太子，停止搜捕，别让太子长久地流亡在外。臣不胜惶恐之至，随时准备给陛下杀头，现在正待罪在建章宫门外。

这封上书写得可谓情理并茂。“毕竟是自己的儿子”，武帝有些醒悟了，不过没有明言赦了太子之罪。这可能是为了要“面子”，一时低不下头。他没想到的是，就是因为这一时的徘徊和犹豫，他和刘据再也没有机会见面了。

刘据带着两个儿子逃到湖县（在今河南灵宝县附近），躲在泉鸠里的一个人家里。这家人非常穷困，主人靠贩卖草鞋为生。刘据三人的到来，无疑给主人家增加了不小的负担。刘据想起了附件一个有钱的朋友，就叫人去通知他说自己在这儿，以求得到接济。刘据是皇太子，史书上关于他的生平记述非常简略，他长时间住在长安，怎么突然多了一位家住河南的朋友呢？此人也许是曾到博望苑、与太子交游的宾客吧。可是这个有钱的朋友却让太子失望了，因为不久就有了官吏前来围捕，消息只可能是这位有钱人放出去的。

门外的脚步声砰砰响起，每一下都像是踩在刘据的心上。突然间，他摆脱焦虑，静了下来，过去到现在那一条隐蔽而崎岖的路清晰地呈现在他的眼前，再无任何神秘可言。昨日受尽荣光的太子，今天惶惶如丧家之犬的囚犯，一切都是命，没什么好怨的。

厮杀声响了一会儿，卖鞋的主人终于不支战死。这个没有留下名字的人是真正的英雄，因为他无愧于“义”这个字。

当山阳人张富昌踢开了穷人家的破烂的木门之时，悬在梁上的刘据和两个皇孙都已经断气多时，他愣住了，不知如何是好。张富昌的身后是新安令史李寿，他推开张富昌，把刘据解了下来。刘据的身体是软的，面容也很安详，这年他只有三十七岁。

武帝伤痛太子的离世，于是封李寿为邘侯，张富昌为题侯。

刘据平反

刘据死了，年老的武帝也奄奄一息。

剩下的几个皇子之中，以燕王刘旦年龄最长，他是武帝与李姬所生。本来一辈子只能在地方上做一个诸侯王了，没想到现在突然得到登上皇位的机会。于是刘旦遣使上书武帝，说入长安服侍在武帝的病榻前，以尽孝心。

受伤而行走的荒原孤狼是不能露出疲态的，因为无数饿狼都在盯着它，等它软下去的那一刻，那些饿狼就蜂拥而至，将它剥皮拆骨。在权力争夺中摸爬滚打了一辈子的武帝怎么会不知道这个道理？

就这样，在武帝冷笑中，刘旦使者的脑袋被砍了。同时武帝顺藤摸瓜，查出刘旦的违法事实，削了他三个县的封地，后者的如意算盘就这样被打破。

刘旦不过是个出头鸟，想争皇位的大有人在。征和三年（公元前90年），匈奴寇犯五原、酒泉，杀汉朝都尉两人，武帝遂使贰师将军李广利率七万人出征匈奴。丞相刘屈氂送他到渭河边，两人饮酒饯别。这两人之所以如此亲密，是因为他们本是亲家——李广利的女儿嫁给了刘屈氂的儿子——于是无话不谈，李广利对刘屈氂说："若昌邑王（即李广利妹妹李夫人所生刘髆）能够继承大统，你我终身富贵岂非指日可待？愿君侯（刘屈氂被封为彭侯）早作打算。"

李广利和刘屈氂分掌军政两界，若他们联合起来，拥立昌邑王确有可能。无奈他们太心急了，并没有从刘旦的身上吸取教训。

令长郭穰向武帝报告说，丞相刘屈氂的夫人请巫师在家行祭祀，日夜诅咒武帝，用语非常恶毒；贰师将军李广利有时也参加祭祀，焚香倒拜地祝昌邑王早日登基。

武帝这时候最爱惜的是自己的命，他为了搜巫蛊，连亲生女儿都可以杀害，甚至间接因此逼死了"造反"的太子。可是他怎么也想不通，已经死了这么多的人，竟然还有人行巫蛊来诅咒他，难道他真的这样招人嫉恨？怒不可遏的他将刘屈氂全家下狱。刘屈氂后来被装在菜车里，在长安城里游行了一圈，才拖到东市腰斩，而其妻也被枭首。长安城里心向太子的百姓都暗暗拍手称快。

至于带兵在外的李广利，武帝怕把他迫反了，于是先将其家人下狱，并不急着斩首。李广利在北方取得了几场胜利，可是损失惨重，这时有亲信从长安奔过来，告诉他长安城里的惊变。李广利又惊又怕又怒，于是投降匈奴。没有做戏引诱的必要了，武帝遂将他全家处死。

李广利在匈奴得到上宾的待遇，单于还把自己的女儿嫁给了他，这就招致了匈奴大将卫律的嫉妒。

这卫律本是汉人，说来还与李广利有些渊源。卫律本是李广利哥哥李延年的好友，在李延年的推荐下出使匈奴。可是延年的弟弟李季淫乱后宫，武帝遂将延年一并诛了。卫律听到延年身死的消息，害怕回朝后被株连，所以投降匈奴。

恰逢单于母亲病重，药石无效，单于于是找来巫医。巫医早被卫律买通，于是装作被去世的老单于上了身，语调疯癫地告诫单于："我的儿啊，李广利杀我族人至多覆山填海，你却友待他，怎么如此敌我不分？祖先怪罪，你母亲怎能不生病？"

单于遂斩李广利。行刑前，李广利破口大骂："就是化作厉鬼，我也要剿灭匈奴！"原来他也信有鬼神存在的，他不知道自己就死在"鬼"的手里，因此到死也没有开悟。

有人说，刘据之身陷巫蛊之祸，江充的角色只是一个打手，背后的主谋，其实是结为亲家的刘屈氂和李广利。这种说法并不是不可能成立，关键是刘屈氂在田仁的杀头问题上表现得太没主意了，若他真是迫害刘据的幕后主谋，田仁将刘据放了，可算是站在刘据这边的，即使是做贼心虚，也该将田仁收监，为什么那时却当场把将田仁放了？从他那唯唯诺诺的性格看来，他实在不像有造反的魄力，况且他与李广利的结亲，应该是在刘据自缢身亡之后，所以两人只能算是短期投机者，而不大可能是长期蛰伏的阴谋家。不过真相到底如何，现在很难弄清楚了。

满朝文武，看着武帝一路杀过去，早双腿筛糠，牙关打战了，哪敢说一句话？这时候又出来一个不怕死的，此人即是田千秋。

田千秋原是田齐后裔，后徙居长安，做了高祖刘邦的守陵人。他上书说，儿子盗了父亲的兵，挨了一顿鞭子也就罢了，皇帝的儿子为求自保而过失杀人，那也没什么大不了的；这话不是臣说的，而是昨晚一个白头老翁托梦告诉我的。武帝对刘据的死早有悔意，田千秋给了武帝下台的台阶，于是武帝召见了千秋。

“千秋长八尺余，体貌甚丽”，这是武帝对田千秋的印象。武帝望着他，感叹地说：“父子之间，清官难断，只有你所说深得其昧。这是高庙（刘邦祠庙）神灵教您开示我的，您必须辅佐我处理政事。”于是为太子平反，又擢升千秋为大鸿胪，掌诸侯及少数民族事务，几个月后又拜为丞相，可算是古往今来官员升迁的奇迹。

既然太子是被冤枉的，那么是谁冤枉了他呢？于是那些征讨太子过程中立下功劳，荣享富贵的人纷纷被武帝诛杀。宦官苏文更是在渭桥上给活活烧死。

不管怎样，天子总是不会错的，要错一定是臣子错——当然，苏文等人自有其取死之道，也不算冤的，而最重要的是，巫蛊之祸到此终于告一段落。

轮台罪己诏

在巫蛊之祸全面爆发之前，由于武帝对匈奴的频繁征伐，平时又奢侈用度，还喜好四处巡幸封禅，国库早已空虚，再加上天灾不断，国内时有起义爆发。可是武帝师心自用，一意孤行，并不反省。

可是经过了巫蛊之祸的恐怖、杀戮、狂乱，经历了老来丧子的悲痛，又经历李广利的投降背叛，武帝的志气消磨了，岁月无情流逝，如今只剩下一个白发体衰的老者。

武帝拜田千秋为相的同时，封他为“富民侯”。“富民”二字，显示了武帝心态和政策方向的变化。

征和四年（公元前89年），桑弘羊上书武帝，建议在轮台（即今新疆维吾尔自治区）戍兵垦田，以防备匈奴。武帝驳回了他的奏疏，说：“轮台在车师以西千余里，以前我们派兵征讨车师，虽然侥幸取得胜利，迫使他屈服，可是路途太远，士兵返回途中无法带够足够多的粮食，所以多有老弱病残者死在途中，再也回不来了。如今又要在轮台戍兵垦田，压榨民力，这不是爱护百姓的举措，我不能同意。”

武帝接着又反省了自己这些年的穷兵黩武和访仙求道——“朕即位以来，所为狂悖，使天下愁苦，不可追悔。自今事有伤害百姓，糜费天下者，悉罢之”——所有这些加在一起就是著名的《轮胎罪己诏》。

武帝开了“罪己诏”之先河，在这篇诏书的数千字背后，是一个老者筋疲力尽的心。

发布《罪己诏》后，汉朝的政策重新回到了汉初的“休养生息”上来，缓和了国内的矛盾，几年之后，国家重新繁荣富庶起来。因此司马光说武帝“有亡秦之失而免亡秦之祸”。

这里值得一说的是田千秋。“无他才能，又无伐阅之劳”，这是史书对他的评价。其实有无才能木不重要，重要的是他对时局能否发生有益的影响。武帝晚年启用千秋，就是要恢复与民休息的政策，而千秋的“守静无为”，恰好符合了武帝的要求。所以出使匈奴的使者回来报告单于对千秋“上书得相”的评价，武帝就以为他有辱使命，想要杀他，过了很久才打消这个念头。

这年武帝七十岁了，渐渐地有了将死的预感。武帝看中了年仅七岁的弗陵，他聪颖乖巧，甚得武帝欢心。可是弗陵太小了，难以承担皇帝重任，武帝于是找来霍光、上官桀、金日磾、桑弘羊等四人为顾命大臣，辅佐幼帝。

弗陵的生母钩弋夫人，这年刚刚二十出头，武帝认为他死后，钩弋夫人定然守不住寂寞，秽乱后宫，且子幼母壮，极易重蹈吕氏专权的旧辙。武帝即位之初，深受祖母窦氏和母亲王氏的掣肘，至今仍是刻骨铭心，难以忘怀，于是将钩弋夫人赐死。不久，武帝也病殁了，这对老夫少妻又重逢地下。事在后元二年（公元前87年）。

武帝既殁，弗陵在霍光等辅助下登基称帝，第二年改元始元，是为昭帝。

第七章　霍光辅政，汉室复苏

忠心耿耿霍子孟

昭帝年幼，朝堂上真正掌权的乃是霍光。

霍光生年不详，字子孟，西汉河东平阳（今山西临汾西南）人，是名将骠骑将军霍去病的同父异母兄弟，十几岁时跟随哥哥霍去病来到京城。

霍光之父霍仲孺曾在平阳侯手下为吏，与平阳侯的侍女卫少儿私通生霍去病，归家后娶妻生子霍光。至霍去病在京城任将后，方知他的生身之父为霍仲孺。二十一岁时，霍去病已经立下战功。他以骠骑将军之职率兵出击匈奴，路过河东，方与其父相认，并为其购买了大片田地房产及奴婢。当时，霍光仅十多岁。

霍去病把霍光带去长安，安置在自己的帐下，并保举他入朝做了郎官。后霍光被升为诸曹侍中，参谋军事。皇帝很快就开始注意这个忠厚可靠、端正严谨的青年，并逐渐重用他。两年之后，霍去病去世，汉武帝已经封霍光做了他的奉车都尉，享受光禄大夫待遇，“出则奉车，入侍左右”，以负责保卫汉武帝的安全。

霍光做任何事情都谨小慎微，所谓“伴君如伴虎”，也只有这样的人，才能够在残忍好杀的汉武帝身边笑到最后。据传，他每次出宫、下殿时，起止步都有固定的点，有人曾暗中跟随做出记号，事后再算量丝毫不差，可见他的审慎。他这些品质得到了汉武帝的嘉奖。

公元前88年，汉武帝已经年逾古稀，一日，武帝将霍光找进皇宫，给了霍光一张“周公背成王朝诸侯图”，图画的涵义，直指古代周公曾背着小成王临朝，会见诸侯继承大统、最终辅佐年幼成王时的故事。其用意很明显，就是要霍光将来像周公辅成王一样来辅佐幼主弗陵。

霍光临危受命，自然感到责任重大。一方面，霍光要负责辅佐少主，不能够让他犯下大的错误；另一方面，霍光还需要治理国家，维持旧帝驾崩、新帝继位之时天下的稳定。尤其是要防止一些心怀不轨而又拥有反对当朝的实力的人或者家族。

汉代特别注重天人合一的思想，如果天降祥云，人们上至皇帝、下到百姓，都会以为国家幸甚，皇帝有道，未来一片光明；但如是天降异象，则普天之下都会认为，一定是皇帝治国不当，灾异将生。恰好这一天，天上出现了不一般的怪异现象，于是，百姓纷纷议论，连群臣百官也对此惶恐不安。如此下去，宫中定然会出现祸端，霍光当机立断，召见保管皇印的郎官，要他把皇印交出来由自己保管，以防不测。但是，这位郎官也忠于职守，皇印乃是代表着天子号令，霍光此举，不得不让郎官担心，怕他有图谋不轨之心，遂不肯把皇印交给霍光。霍光眼见此人竟然如此迂腐，便决定强夺皇印，哪知这郎官也是一个狠角色，他见势不妙，遂手握剑柄，按住皇印，对霍光说："头可断、血可流，要皇印绝不可能。"

霍光一怒之下，当即转身离开，心中不禁暗想，自己位居第一辅政大臣，对皇室的忠心天地可鉴，此人不过一个小小的郎官，竟然不信任自己，真是气煞人也。但是事后，霍光也觉得，换了自己，也肯定不会将这个皇印献出，如果真的遇到了心怀不轨的人，实在非社稷之福，从这个层面讲，郎官非但无过，反而有功。第二天，霍光就下令给这个郎官连升两级。霍光这种不计私怨、秉公办事、赏罚分明为朝廷的精神，受到朝中官员的敬佩，威望日渐提高。

霍光公正严明，即使是对自己交厚或者亲近的人，也一点都不例外。当时的辅政大臣除了霍光以外，还有车骑将军金日磾、左将军太仆上官桀、御史大夫桑弘羊三人。其中，尤其以金日磾和霍光关系最好。昭帝继位第二年，金日磾因病逝世，留下两个儿子金赏、金建。此二人是和汉昭帝是一起长大的好朋友，霍光也比较喜欢这两个人。于是，汉昭帝决定封这二人为侯。

按规矩，长子应该继承其父亲的爵位，次子金建就不能再被封侯了。于是，霍光直接对皇帝提出反对意见，皇帝不以为然，认为自己堂堂天子，封侯拜将不过是小事一件，不需要考虑什么规矩。

这时，霍光性格中刚性的一面便显露出来，他正色道："臣和金氏家族相熟，陛下和他二兄弟亲厚，然而臣深刻地知晓，不能以私废公，否则就会遭到天下人的诟病，此外，无功者不能封侯，此乃高祖皇帝立下的规矩，皇上虽然贵为九五之尊，也不可以因为一己之私，而擅自废黜规矩，否则，天下定会大乱。"皇帝闻言，感到霍光一片赤诚之心，遂决意罢了封侯之事。霍光遂乘机教导皇帝道："百姓至今还在想念着汉孝文帝、汉景帝以及先帝，每逢清明时节，都有很多人在家中将其奉若神明的祭拜。"汉昭帝不大明白，好奇地问道："何以百姓会如此爱戴他们呢？"霍光欣然一笑，转身拱手说道："因为他们爱民如子，对百姓之事，从不推脱责任，他们驾鹤西去，百姓自然会心有不舍。"于是，皇帝心中暗自决定自己也要励精图治，和前任的各位皇帝一样，成为受万民景仰的皇帝。

在霍光的提议下，二人遂联合商议出四条安抚百姓的措施：第一，查办失职的官员；第二，要各郡县推荐贤良的人才；第三，为受诬陷的人申冤；第四，安抚孤独疾苦的贫民。为了发展农业生产，每当春耕时，霍光就派人到各地去查看生产情况，政府把种子和粮食贷给缺粮少子的贫民。秋天还下诏："往年灾害多，今年蚕、麦伤，所振贷种、食勿收责，毋令民出令年田租。""比岁不登，民匮于食，流庸未尽还，往时令民共出马，其止勿出。诸给中都官者，且减之。"昭帝为了改革吏治，选拔任用有才德的人，皇帝下令："三辅、太常举贤良各二人，郡国文学高第各一人。赐中二千石以下至吏、民爵，各有差。"

死心不息的反对派

霍光自辅政开始，就一直很在意处理好自己和君主的关系。否则，不但会败坏自己的声名，为政敌所乘，更会贻害天下。

霍光当政之时，其最大的政敌，就是左将军上官桀和燕王刘旦。本来，按照上官桀和燕王的计划，如果霍光在当政之时，有什么不轨的行为或者过激的举动，他们就可以名正言顺地“清君侧”，然后废帝自立。可惜，这霍光最大的长处，就是为人谨慎，他们想尽了办法，却依然抓不住霍光的任何把柄。

上官桀觉得，如此下去也终非长久之计，要成大事，就要不择手段，利用一切可以利用的资源，于是，他们便将自己的目光转向了昭帝之姊盍长公主。此人年长于昭帝，自幼便得到武帝的喜爱和恩宠。而公主此人虽然智谋上不比上官桀等老奸巨猾之辈，却也是素有野心。于是，上官桀和燕王决意，先与公主打好关系，然后一步步逼近皇朝的至高权力。当然，直接和公主接洽，太惹眼了，很容易使霍光有所防范，而且也难保公主会理睬他们，所以上官桀首先去巴结公主之近亲丁外人，并极力为丁外人求官晋爵。公主得知此事大为高兴，于是日益亲厚上官桀，上官桀遂与丁外人、公主等结成死党。在第一步完成之后，通过与公主的关系，上官桀遂紧锣密鼓的布置其孙女入宫的事情，最终其孙女被封为婕妤。明眼人一下就能够看出，上官桀此举，是意欲通过公主和孙女，来取代霍光与昭帝的地位。

太子刘据死后，燕王刘旦本以为，天子之位定然非自己莫属，岂料会半路杀出个程咬金，让昭帝抢了先机，遂心怀不满。无独有偶，御史大夫桑弘羊在武帝时理财有功，不甘居于霍光之下，遂想推翻昭帝，赶霍光下台，由自己和上官桀主持国家大事。如今上官桀已经找到了长公主这样一棵大树作为靠山，撇开了自己，桑弘羊遂与燕王刘旦勾结起来。这就形成以燕王刘旦和长公主为首的两股政治势力。

而眼下霍光手握天子，实力上较他们任何一方，都要强上半分，于是，这两股势力为了达成共同的目标，便联合成为一股势力，以谋取政权。自然，要谋取政权，首要的绊脚石就是霍光，因此，上官桀制定了以下计划：一者，先利用燕王刘旦的身份，发动政变；二者，在政变成功之后，除去燕王旦，废掉长公主的权力，由他一人独立掌握朝政。一时之间，京师长安的局势，恰如搭弦之箭，一触即发。

一场政变，所要进行的准备工作十分繁杂，来自下层的支持必不可少。所谓下层就是那些普通官员，他们如果支持一方，一方就能够充分利用许多的资源，从而增加政变成功的可能性。于是各方势力集团都开始着手培植自己的亲信势力。

自王朝初期以来，朝廷习惯于对个人赐给某些名誉官衔（如侍中）。这些人没有特定的职责或官俸，不过是荣誉或受宠的标志，接受官衔的人数也没有正式限制。他们能随意进入皇宫，个人可以伴随皇帝，从皇帝那里分得一部分权力，渐渐地形成一个势力集团。这个集团就是历史上所说的内廷，而被正式任命和有官俸的文官组成的势力，就被称做外廷。如果一名侍中，得到皇帝的任命，去领导少府的一个下属官署尚书，他就有条件可以不顾正式职官的指责和权限而行使其权力。久而久之，皇宫大内最有权力的人物，不是丞相，不是将军，而是尚书令，因为他能直接觐见皇帝，能由此获得对他的行动的必要的认可。而在这一群人中，以大司马的名誉头衔最高，因此所获的权力，也就是一人之下万人之上。此刻的霍光，便是出于内廷之中的官员，能够直接和皇帝接触，也就掌握着甚至比长公主和燕王刘旦还可怕的权力。

恰逢此时，霍光有感于苏武的志气，将被匈奴扣留十九年之久的他召还京都长安，任为典属国。燕王着手布置诛除霍光的事宜，知晓霍光竟然做出如此举动，遂心中大喜，忙向皇帝上书，诬告霍光意欲借助匈奴兵力，同时暗自调动京城兵力，封锁都城，目的就是为推翻昭帝，自立为帝。燕王刘旦继而请求皇帝准许自己带兵入宫，旨在为了防止霍光，拱卫皇帝和京师。上官桀企图等到霍光不在朝堂时，将这封奏章送到昭帝手中，而后再由他按照奏章内容来宣布霍光的“罪状”，由桑弘羊组织朝臣共同胁迫霍光退位，进而废掉汉昭帝。这封信很顺利的递到了昭帝的书桌上，然而他们却没有料到，昭帝虽然貌不惊人，平时也没有什么很明智的举动，但实际上却聪明得很。所以揭发信到了昭帝手中，他没有做出任何表示，一方面，他不相信燕王所说；另一方面，他也想顺势看看，霍光对于自己的忠诚度到底有多高。霍光很快就知晓了这件事情，于是，到了第二天他便故意不上朝，而是站在先帝所赠“周公背成王图”的图画面前，以示清白，同时也要昭帝表明自己的态度。果然，昭帝见霍光竟然没有上朝，遂当朝问道：“霍卿家何以会不来上朝？”上官桀乘机说道：“这正证明了霍光的心虚，他定然是知晓了燕王刘旦的告密信，由此可见，其情报网络的严密，陛下危矣，请责罚于他。”哪知昭帝竟然一点也不为所动，他诏来霍光，淡然笑道：“我知道那封书信是在造谣诽谤，你是没有罪的。如果你要调动所属兵力，时间用不了十天，燕王刘旦远在外地，怎么能够知道呢！况且，你如果真要推翻我，那也无须如此大动干戈！”上官桀想不到，己方几个人苦心经营的计谋，竟然叫这个年方十四岁的小子给一语揭穿，不禁对昭帝心生恐惧。朝臣见皇帝如此聪明果决，心生赞叹之余，也不禁生出了死心塌地跟随皇帝的心思。

一计不成，自然又生二计。上官桀等人的阴谋，在昭帝的火眼金睛之下，自然不攻自破。于是，上官桀等人遂决定铤而走险，用最后的武装手段解决问题。上官桀给燕王献计，要长公主配合自己，先麻痹霍光，让他降低防范之心，继而宴请于他，在宴会上杀了他。如此，则昭帝就成为没有翅膀的鸟，只能任由他们宰割。可是，人算不如天算，上官桀等人万万没有料到，事情会出在长公主门下一名管理稻田租税的官员身上，可谓百密一疏。那人听闻上官桀的计谋，遂将上官桀等人的阴谋向大司农杨敞（司马迁之婿）告发，杨敞为人正直，忠于朝廷，但是为了明哲保身，遂将此事转告了谏大夫杜延年。此人专门行别人不敢行的事情，他毫无顾忌地将此事告诉了昭帝和霍光。于是，事情败露，霍光和皇帝决定，在这一政变未发动之前，就先发制人。昭帝连夜下令，将上官桀、桑弘羊等主谋政变的大臣统统逮捕，上官桀还没有明白疏漏出在哪里，就落得个殒命灭族的下场，而长公主、燕王刘旦也自知不得赦免，遂自杀身亡。这场由上官桀发动的政变，还没有开始实施，就被霍光粉碎了。上官皇后因为年纪幼小，又是霍光的外孙女，所以未被废黜。纵观全局，其实上官桀等人能成功的可能性很低，一者，他们手中没有实际的权力；二者，燕王虽然是武帝子嗣，但由他继承皇位则名不正言不顺，因为天下都知晓，武帝遗诏，是立刘弗陵为帝；第三，则是御下不严，发动政变可是诛灭九族的大罪，他们却布置得一点也不严谨，到了事发之后，还不知道疏漏出在哪，而且没有任何可以抵挡一时的措施。

从此，霍光独大，权力的膨胀也刺激了野心的生长，霍光渐渐从一个“忠臣”转变为一个“权臣”。

昭帝改革

从性质上说，霍光与上官桀、燕王旦等人的斗争，乃是封建官僚集团以及宗室内部争夺统治权的斗争，也是宗室内部争权夺利和官僚集团长期互相倾轧的总爆发。霍光等人，在武帝时期虽可以长期出入宫禁，但仍属朝廷中默默无闻的官吏，无论是实际的权力还是财富都难以和许多名门望族相提并论，他所代表着的，正是当时社会上中小地主的利益。因此，他在一定程度上，必然会受到了大地主、大商人的压制，以上官桀、长公主和燕王旦等人为代表的势力集团，对于霍光辅佐的昭帝的不满，就显示了这种情况。从双方斗争的结果来看，上官桀、长公主和燕王旦的政变在无形之中被粉碎，也就使汉朝中后期大地主、大商人阶层整体利益受到一次沉重打击，从历史唯物主义角度出发，这就有利于抑制落后腐朽的势力的发展，从而推动社会前进。此后，霍光权倾朝野，同时还努力培植自己的势力，让其弟弟、儿子、女婿等人也纷纷担任要职，霍氏一门的势力达到高峰。此时此刻，昭帝才只有十四岁，后人评价说："汉昭帝年十四，能察霍光之忠，知燕王上书之诈，诛桑弘羊、上官桀。高祖、文、景俱不如也。"眼见昭帝如此大才，霍光心中也暗自想到，这昭帝将来如果不出意外，必然能够成为一代明君。

因此，霍光决意，一心辅佐昭帝，在他的辅佐下，昭帝主要进行了以下改革。一者，霍光看到，武帝末年因对外战争、四处封禅，造成了国力的严重损耗，农民负担沉重，大量破产，使得国内矛盾不断激化。于是，霍光建议昭帝，多次下令减轻人民负担，裁汰冗员，减轻赋税，与民休息。二者，则是对匈奴的战和关系，昭帝继位之前，霍光就对武帝穷兵黩武的做法心怀不满，只是那时候霍光实力太小，不敢表露心迹。如今，霍光大权独揽，遂和昭帝商议，一改过去武帝时对匈奴长期作战的政策，一方面重新与匈奴和亲，以改善双方的关系；另一方面加强北方戍防，多次击败进犯的匈奴、乌桓等，从而使得武帝时期的大规模战争停止下来，有助于国内的经济恢复与发展，也有助于皇朝内部政治体系的稳定和专制权力的巩固。三者，则是主要在经济方面进行了改革，在上官桀等人未被诛除之前，霍光与他们便存在着巨大的政治分歧，那就是关于盐铁是否进行专卖。武帝时期，就实行盐铁专卖，引起天下议论，所以到了昭帝继位不久，霍光便于始元六年（公元前81年）召开"盐铁会议"，对武帝时各方面政策进行讨论。桓宽所编著的《盐铁论》一书对于此次关乎汉朝经济政策的讨论，有着比较详细的记载。其实汉武帝的盐铁官营、酒榷均输等经济政策的推行有着复杂的社会背景，当时武帝正全力反击匈奴，国家财政陷于空虚之境，此等政策乃广开财源、增加赋税收入的临时政策。但是武帝没有预料到，官营盐铁、酒榷、均输等政策的实行，随着国家体系的延伸和战争的迁延，政策施行的结果逐渐违背了武帝的初衷，中小地主的利益深受损害，大部分财富集中于大官僚、大地主及大商人之手。于是出现了官吏"行奸卖平"，而"农民重苦，女红再税"的状况，以及"豪吏富商积货储物以待其急，轻贾奸吏收贱以取贵"的局面，大官僚大地主财富愈积愈多，中小地主和一般百姓却日趋贫困。因此，早在昭帝即位之初，霍光就依此要求改变盐铁官营、酒榷、均输等经济政策。为了给盐铁会议的召开做准备，昭帝始元元年（公元前86年）闰十二月，霍光就派遣当时的廷尉王平等五人出行郡国，察举贤良，访问民间疾苦，搜集事关盐铁政策的材料证据。经过争论，昭帝下诏依然保留盐铁专卖，但取消了酒的专卖。后来又逐步废除了盐铁官营、均输等政策，从根本上抑制了大地主、大商人的利益，在一定程度上缓和了社会矛盾，调整了阶级关系，最终使汉朝的经济走上了恢复发展的道路。总体而言，这三项措施的严格施行，使得武帝后期在政治、经济和军事三个大的方面所遗留的矛盾基本得到了控制，西汉王朝衰退趋势得以扭转，国力得到增强，史称"百姓充实，四夷宾服"。班固在《汉书》中也评价道："武帝之末，海内虚耗，户口减半，霍光知时务之要，轻徭薄赋，与民休息。至是匈奴和亲，百姓充实，稍復文、景之业。"

异乡重逢的同乡

武帝穷一生的努力，将匈奴人打怕了，却并没将它打死。而只要有一口气在，匈奴人便如原上草一般，"春风吹又生"，所以很快地，恢复力量的他们再次向着南方的汉朝卷土重来。

公元前101年，匈奴新单于即位，希望与大汉王朝重归于好，并富有诚意地把过去拘留的中国使节，一并遣回长安。汉王朝接受其诚意，于是第二年，汉匈之间就恢复邦交，中国派遣正使苏武、副使张胜赴匈奴汗国报聘，以此获取两国之间的长期友好。

然而，历史上总会有一些棋子，会在关键时刻，影响到全局的亏赢胜败，这个棋子就是张胜。张胜在到达匈奴帝国之后，与一起投降匈奴的汉人合谋，密谋乘匈奴单于外出打猎之机，杀掉匈奴的智囊卫律，然后劫持单于的母亲，逃回大汉，立下不世奇功。虽然从个人角度出发，此计划并不光彩，然而出于汉匈之间的利益，则显示出了张胜为国的勇略。可惜，后来的一系列变故，张胜的如意算盘完全落空了。他完全低估了匈奴单于的警惕，在他到达匈奴之后，单于就对汉朝使者有所防范，所以他的所谓密谋，不久就被单于知晓了。结果单于大怒。一场流血杀戮下来，张胜见取胜无望，竟然恬不知耻地投降了匈奴，可见他虽然有报国之心，但其所作所为，不过是为了功名利禄。

苏武对此毫不知情，却由于张胜的擅作主张而遭受鱼池之殃，在匈奴的威逼利诱之下，苏武毫不为其所动，坚决拒绝投降。匈奴一来敬佩苏武这样一个有骨气的人，二来，则是不想和汉朝彻底地翻脸，所以没有杀害他，而是把他放逐到冰天雪地的北海（贝加尔湖）。当时的汉朝居中央，以天朝上国自居，认为四周乃是蛮夷之地，汉使遭受如此奇耻大辱，是可忍孰不可忍，因此两国重新以兵戎相见。

而苏武在这期间，一直在贝加尔湖之畔以牧羊维持生计，前后长达二十年之久。没有亲人、朋友的支持和慰藉，有的只是冰天雪地的空旷无声，匈奴也曾数次遣人前来劝降，但他始终拒绝投降。匈奴宣称他早已死亡。历史记载说，当初，苏武被匈奴放逐到北海边以后，得不到粮食供应，便挖掘野鼠，吃鼠洞中的草子。而符节上的毛都已经全部脱落，苏武却仍然把它紧紧抱在怀中，拿着它牧羊，从不毁弃。到李陵投降匈奴，苏武已经在北海边生活了十多年，匈奴知道李陵和苏武在汉朝之时，都为侍中的官衔，而且也有一定的私交。李陵虽然知道苏武没死的消息，敬佩之余，心生愧疚，不好意思去见他。后来单于大摆宴席，将苏武和李陵都请到一起，无奈，李陵只能劝降苏武，苏武一片赤诚之心，忠肝义胆、天地可鉴，李陵的劝解、匈奴单于的威逼利诱，自然难以起到一点作用。

及至武帝驾崩，李陵将消息告诉苏武，苏武一连数月，每天早晚面对南方号啕痛哭，甚至吐血。虽然他知晓，自己的两个兄弟，先前已都因罪自杀；自己的母亲也在不久之前不幸去世；甚至连自己的夫人也已经改嫁他人，只剩下两个妹妹、两个女儿、一个儿子，不知道是否还尚在人世之间。但是，他同时也提醒自己，全靠汉室明达、武帝栽培，自己才得以身居高位，与列侯、将军并列，且使其兄弟得以亲近皇上，因此，一定要肝脑涂地，报答皇上的大恩。即使是斧钺加身，汤锅烹煮，也必当无怨无悔，自己为臣，侍奉君王，就如同儿子侍奉父亲一般，儿子为父亲而死，没有遗憾。

苏武的一生，真的就会这样终结吗？

草原上的春秋

一朝天子一朝臣，壶衍单于取代旧单于即位，准备进行大刀阔斧的改革。新单于刚刚继位，不了解汉朝，于是常常害怕汉军前来袭击，谋士卫律为单于定计，要求与汉朝和亲。其实，早在上任匈奴在世之时，卫律便产生了这个想法，特别是他在劝降苏武之时，苏武曾对他言说道：“你身为人臣人子，却背主背亲，在匈奴这里给人做奴隶。单于对你言听计从，可是你却教唆他杀害汉使，蓄意挑起匈、汉战争，真是其心可诛。此前，南越王、大宛王、朝鲜王都曾杀害汉使，但他们最后都被讨平。如今，匈奴灭族的祸患，怕是要从杀我开始了。”卫律本是汉人，却做了汉朝历代的死敌匈奴的谋士，心中不免有所愧疚，如果能够使汉匈双方罢兵言和，也算是偿还自己的罪恶；同时，卫律也意识到，匈奴南下中原，只能是劫掠而不会久居，而且匈奴要彻底打垮大汉朝，几乎是不可能的事情。如今匈奴衰微，时机已经成熟，相信单于也希望汉匈之间能够握手言和。果然，壶衍问卫律计策，当即大喜，并命卫律全力去做这件事情。

公元前81年，汉匈复交，汉朝派到匈奴的使节听到苏武仍然活着的消息，要求放苏武等人回国，匈奴单于遂假称苏武已死，由于此刻苏武尚自远在北海，使者也没有办法，只得先行离去。不久，汉使又来到匈奴，有个叫常惠的暗中面见汉使，为汉使献计，教使者对单于说道："汉天子在上林苑射猎，射下一只大雁，雁脚上系着一块写字的绸缎，上面说苏武等人在某湖泽之地。"使者大喜，按常惠之言责问单于。

单于环视左右侍从，他没有料到，汉天子竟然有如此神奇的能力，遂大吃一惊，然后向汉使道歉说："苏武确实还活着。"并言及苏武此刻正在北海之地放牧。使者遂与匈奴单于派遣之人，一同前去迎接苏武。此刻，除了苏武之外，汉朝使者还迎回了另外一个人，他就是马宏。

马宏何许人也，他先前是汉朝派往西域各国的使者，与光禄大夫王忠一起出使西域，并担任副使，只是在半路上受到匈奴军队的拦截，王忠力战战死，马宏被俘，但他没有投降匈奴。在汉朝使者的要求下，匈奴将苏武、马宏放回，向汉朝表示他们的善意。消息传到李陵处，李陵高兴不已，遂决意为苏武摆酒庆贺，他对苏武说，你回到祖国，自当名垂青史，而我身败名裂，亲人也都被杀害，还能有什么指望呢？本来，我希望忍辱负重，有朝一日能够返回故乡，现在这一切都成了明日黄花了。"男儿有泪不轻弹，只是未到伤心时"，此番李陵见苏武终于得以带着荣誉返回中原故土，自然高兴、难以自矜，然而转念想到自己有家难回、有志难伸，不免心中百感交集，泪流满面，背过脸去，挥手与苏武告别。

在汉朝使者的要求下，单于召集当年随苏武前来的汉朝官员及随从，除先前已归降匈奴和去世的以外，共有九人与苏武一起，携同汉朝使者的队伍，回到汉朝。苏武一行来到长安后，汉昭帝为了表彰苏武的节义，以最隆重的仪式祭拜汉武帝的陵庙，这在当时而言，是为人臣子莫大的荣誉。此外，汉昭帝还封苏武为典属国，品秩为中二千石，并赏赐苏武钱二百万、公田二顷、住宅一所。可谓恩宠并加，一时之间，苏武心中百感交集。

苏武被扣留匈奴共十九年，去时正当壮年、一头乌黑的头发，归来时头发、胡须全都白如冬雪。妻子早已改嫁，家人也早离散。十九年的孤独寂寞是常人无法忍受的，远离家国的苏武以坚强不屈的毅力承受着身体的摧残，精神的折磨。十九年的威逼利诱从未使他屈服，纵然妻离子散、白发如雪，也从不曾动摇过其忠于大汉的决心。所以他最终归来了，带着一身傲气和志气，这身志气虽已经历千年的风霜，至今仍令今人肃然。

而此刻的李陵，尚自屈居在时势构筑的监牢之中。霍光、上官桀一向都和李陵关系很好，听说李陵的志向和心迹之后，特派李陵的旧友陇西人任立政等三人一同前往匈奴劝说李陵回国。同时还让他们带去苏武写给李陵的一封书信，李陵对前来迎接自己的人说道："回去容易，但大丈夫不能两次受辱！"此刻的李陵已经是心灰意冷，匈奴已经衰弱，自己已经老朽，大汉朝再也不需要自己四处征战了，而汉朝的亲人们都已经死去多年，唯一的牵挂就是故土江山，可惜他已经投降了一次匈奴，不管是什么原因，忠臣不侍二主，他已经被迫受辱一次，若回去情何以堪。有此念的李陵没有回汉朝，终老死于匈奴……

二十七日皇帝刘贺

元平元年（公元前74年）四月，汉昭帝驾崩，享年二十一岁。昭帝突然发病死去，这使得主管帝陵营建的官员非常狼狈，因为皇帝的陵墓还没有认真营建，于是他们赶快租用了三万辆牛车，从渭河滩拉沙，构筑地下墓室。仓促归仓促，昭帝平陵的随葬品仍是十分丰富的。当时由霍光主持昭帝丧事，墓室中金银珠宝，应有尽有。

国不可一日无君，霍光在处理好昭帝丧葬事宜之后，便开始着手选拔新君。昭帝并无子嗣，他死后，朝中许多大臣主张立他同父异母的哥哥广陵王刘胥为帝。但是霍光知道刘胥品行不端，所以当时汉武帝才未立他为帝。现在由自己辅政，反而选立一个失德的皇帝，怎么对得起死去的汉武帝呢？霍光只得再冒得罪许多大臣的风险，决定另选继承人。

他和皇太后商量，迎立汉武帝之孙昌邑王刘贺为帝。征和三年（公元前90年），李广利、刘屈氂等因为策划谋立昌邑哀王刘髆为太子，被汉武帝识破而灭族。后元元年（公元前88年）正月，刘髆驾薨，他五岁的儿子刘贺成为昌邑王。刘贺却是个不争气的人，刚即位就做了很多荒唐事。

霍光甚为为难，这个皇帝是在他的主持下册立的，如此贻误社稷，让霍光感到既对不起武帝的托孤之恩，亦对不起先帝的贤明名声。

朝中早年的辅政大臣，都已经在立燕王一事中伏诛，而现在的丞相又是一个明哲保身、难堪大任的人，因此，只有霍光的好友，当朝大司农田延年可以与之商量定议。田延年对霍光说道："大将军乃国之中流砥柱，既然已知昌邑王不适合做君主，不如禀报太后把他废掉，另选一个贤明之人当君主好了。你应该向商朝的伊尹学习。做一个安定汉室社稷的重臣。"此事，还有一段渊源：霍光要废肆意妄为、不能担当国家社稷的刘贺，又怕日后担"忤逆"的骂名，便想援引古例，看看历史上有没有这样的典故，于是向田延年问了一句"于古尝有此否"。没想到即此一问，也就开口见喉咙，叫人看出"光不涉学"了，"不学无术"一说就是这样来的。此后，历代政治家都试图避免让别人看到自己的深浅，而且高官和学者一般都能画上等号，当然，除了那些开国元勋外。

霍光见此，其实心中已经有了定议，只是担心仅仅凭借他二人之势，不免会落人口实，霍光对于政治从来都是谨小慎微，他怕田延年的意见不合礼法，最终还是选择和其他两个重要大臣商量。其实，在大家的心目中，对于刘贺的胡作非为，都已经产生了不满，于是，众大臣一致决定要废掉这个无道昏君。霍光和群臣一起去见太后，陈述废掉昌邑王刘贺的理由，太后也同意了众臣的意见。于是只当了二十七天皇帝的昌邑王就被废黜了。

昌邑王既然被废黜，皇位又空了出来。忠心辅政的霍光，日夜为此焦急不安。光禄大夫丙吉上书给霍光，推荐寄存在民间的汉武帝的曾孙刘病已。刘病已，后改名为刘询，字次卿。戾太子（刘据）孙，史皇孙刘进子。出生数月，即逢刘据巫蛊事件。刘询被祖母史家所收养，一直居住在民间。元平元年（公元前74年）昌邑王被废后，大臣中有人进言说，皇曾孙刘询有德有才，可接回宫中继承皇位。霍光亦对刘询做了一段时间的考察，发现此人心怀仁慈、志向远大，遂携同大臣将他从民间迎入宫中，先封为阳武侯，将此事禀报皇太后，接着就把刘询接回宫中，拥立为皇帝，他就是有名的贤君汉宣帝。汉宣帝于元平元年（公元前74年）七月即位，时年十八岁，第二年改年号为本始。

被废的刘贺，此后的生活可谓潦倒不堪，霍光新拥立的汉宣帝刘询，在即位之后，心底到底有些忌惮，他害怕刘贺会不甘心，进而产生反叛的心思。于是，刘询在即位的第二年就让山阳太守张敞专门监察刘贺，此刻刘贺已经被软禁，张敞发现，刘贺终日沉迷酒色，早已经变得毫无斗志。刘询知道刘贺从此难以成为自己的敌手，遂生出恻隐之心，没有伤害他的性命，而是打发刘贺回到山东昌邑国，过着被监视的日子。而刘贺带去长安的两百多个官员除了三个正直的人，其他的都被斩首。

元康二年（公元前64年），为防止刘贺死灰复燃，宣帝遂下诏给山阳太守张敞道："谨备盗贼，察往来宾客。毋下所赐书。"

第二年，刘贺被贬斥为海昏侯，封地就在江西省永修县一带。此时，他已经被解除了软禁，但皇帝和霍光却依然对其进行着秘密监督。一次，扬州刺史"柯"就上报朝廷一件事情：刘贺与一个叫孙万世的人交往。孙万世问刘贺："在被废除皇位前，君为什么不坚守内宫，关闭宫门，斩杀霍光，却听凭他们夺取皇位玺绶呢？"刘贺说："是啊，当时太年幼，真是大大的失策啊。"孙万世又希望刘贺做豫章王，绝不要一直做这么普通的海昏侯。刘贺说："道理是如此，但是这话不宜说啊。"刘询因此震怒，下令查办刘贺，其实刘询已经看出，刘贺只是说说而已，根本没有实力反对自己的统治，遂只削减了其封地的人口和赋税。四年之后，刘贺在愤慨中死去，终年三十四岁。

霍光拥立了宣帝刘询，更力保其帝位，为朝廷鞠躬尽瘁。宣帝即位后，为了表彰霍光的拥立之功，对其大为嘉奖。此后，霍光便忠心耿耿地辅佐年轻的宣帝，为其献计纳策，以求君主圣明。汉宣帝在他的辅佐下，继续遵照"与民休息"的方针来制定政策，处理国事，使西汉王朝再次兴盛，史称"昭宣中兴"。这段时期西汉王朝能够再次兴盛与重臣霍光二十多年的忠君辅政不无关系。霍光对汉室忠心赤胆，且知人善任，做事果断，是个颇具智慧的谋略家。他上任后调整了武帝末年赋税无度的政策，与民休息，缓和了朝廷与百姓的矛盾，所以汉代的经济出现了又一个发展时期。

地节二年（公元前68年），霍光病逝。汉宣帝和皇太后为感念其为汉室立下的汗马功劳以极其隆重的礼仪亲自为霍光主持丧礼。死后的霍光被埋葬在茂陵汉武帝陵墓的旁边，这正体现了汉室对这位忠心辅政安定社稷的重臣的尊崇。

霍光已经死去，但他身后却留下了一个足以颠覆朝野的家族。

第八章　宣帝小中兴

政治斗争下的牺牲者

刘询能够登基为帝得益于两个方面，一是皇帝刘贺的无法无道，使得官员外戚都生出了废黜他的决心；二是霍光等人有实力废旧立新。

这次皇位变动经过了以下几个步骤：

1.大臣提出建议，建议通过诏旨形式被批准。

2.根据规定的程序颁布命令昭示天下。

那些建议虽以全体高级官员的名义提出，但是并不能指望它们获得即将被废除的皇帝的批准。于是这些建议就被提交给皇太后，皇太后是昭帝的十五岁的遗孀，也就是霍光的外孙女。自然，她对于霍光为首的官员的提议做出了批准，以皇太后的名义颁布批准让位建议之举是沿袭了吕后的做法，虽然这种做法多少有些争议，但是因为前朝有旧例可循，所以就被霍光等人毫不犹豫地采用了。与此同时，朝廷在言辞上对连续性的原则作了允诺，并且采取措施向开国皇帝的宗庙禀告了帝位继承变动的情况。

所以刘询得以继承帝位，不过是西汉“废旧立新”的一项尝试，甚至在霍光死后，霍氏家族还尝试着借此控制新的皇帝刘询，可惜事与愿违。既然霍氏家族与当朝皇帝的利益出现了冲突，宣帝刘询自然要对霍氏一门动手。

宣帝能够成为西汉中兴之君，自然有其非比寻常之处，他虽然身在民间，但对于皇朝内部的事情，却了若指掌，十八年来，他一直在史家的教育下，不断成长着，他要的只是一个机会。可是在他刚刚登基的时候，政府仍牢牢地控制在霍光手中；霍光的至亲和助手控制着禁军；他的儿子霍禹和侄孙霍山是朝廷的领袖。所以宣帝避其锋锐，对霍氏采取了怀柔拉拢的手段。

据传，当时刘询观察宫中局势，了解到自己很有可能会被推上皇帝宝座，然而他最担心的就是自己将来会成为一个傀儡，沦为霍家独掌大权的工具，因此，他才取许平君为妻，以防霍氏一门外戚权力的进一步扩大。许平君之父曾一度侍候武帝，后来又被委派到废帝刘贺的昌邑国任职。在昭帝死前不久，许平君为宣帝生一子，他就是后来的元帝。宣帝刚即位，围绕皇后大位的问题，就出现了许多争议，大多数人赞成将霍光的一个女儿挑选出来，承继皇后大位、母仪天下。但皇帝坚决不同意，一者是为了防止霍家权力的进一步扩大；二来，他和许平君是结发妻子，感情深厚，不忍叫她受委屈。因此，宣帝刘询坚持立许平君为后。宣帝把握时机，下了一道莫名其妙的诏书，声言自己在贫微之时曾经有一把旧剑，现在自己十分地想念它，众位爱卿能否为他将其找回来。

“旧剑”就是暗指许平君。群臣揣摩上意，开始一个个请立许平君为皇后。许平君于元平元年（公元前74年）被册立为皇后，不久，皇后怀孕。这就是“故剑情深”的典故。从此，这一浪漫典故开始流传，成为中国历史上一道浪漫的诏书，一个王子对贫女的许诺。

本始三年（公元前71年），许平君生下一女后，霍光的妻子霍显与御用女医淳于衍相勾结在滋补汤药中加入附子，让产后的许平君服用。许平君不久毒发，在痛苦中死去。汉宣帝非常悲痛，追封她为“恭哀皇后”，葬于杜陵南园（也称少陵）。一年后，霍光之女霍成君如愿以偿取代她为后。

此后，宣帝便一直韬光养晦，暗中积蓄实力，但是霍家的人却日渐嚣张。例如，霍光死后，他的埋葬奢侈豪华，随葬的陈设和服饰，如玉衣等，都是只有皇帝才能用的。而在霍光的葬礼上，霍氏一门的族人行为傲慢无礼，大事铺张，炫耀他们认为掌握得非常牢固的权力。不知不觉之间，宣帝仅存的对于霍光拥立自己为帝的感激之心，也在霍氏一门族人的嚣张跋扈之中消磨殆尽。在霍光死后，皇帝开始培植自己的势力，最为典型的就是：将张安世任命为尚书令；并且任命当时最干练的魏相为相，而霍光死后，丞相的权力和尊严正在迅速地恢复；继而任命丙吉为御史大夫，又委以他的岳父许广汉以重任，逐渐把权力收归己手。地节三年（公元前67年），霍光刚刚死去一年的时间，汉宣帝封许平君的父亲许广汉为平恩侯，同时册立与许平君在民间所生的刘奭为太子。霍显非常恼怒，甚至“恚怒不食，呕血”，并授意霍成君伺机毒杀刘奭。但因为太子的老师（一说保姆）先试菜验毒，所以霍成君几次下手均未成功。

这正应了“君子之泽，五世而斩”。霍光虽为大汉立下汗马功劳，但霍家人却不知惜福，日益骄横，不将任何人放在眼里。霍氏一门族人虽然身居高位，却不知为官之道，“朝请”时却“数称病私出”，“朝谒”也叫“苍头奴”代劳，最后连家奴都狗仗人势，竟因与人争道而入御史府踢大门，还动不动就扬言“县官（指汉宣帝）非我家将军（指霍光）不得至此”。

贵为天子的刘询已是“是可忍，孰不可忍”了。

首先，宣帝解除了霍光两女婿东宫、西宫卫尉的职务，剥夺了他们掌管的禁卫军权，这样，就将保卫自己的势力紧紧地攥在自己的手中。

其次，宣帝还将霍光的两个侄女婿调离了中郎将和骑都尉的职位，让自己的亲信担任南北军和羽林郎的统帅，继而把兵权掌握在自己手中。如此一来，霍家要是有什么动作，宣帝也可以用武力镇压。

再次，宣帝还提拔霍光的儿子霍禹为大司马，明升暗降，实际上剥夺了他的实权，其右将军屯兵的权力从此付诸流水。

最后，宣帝为了将霍山、霍云领尚书事的职务架空，还大力改革上书制度，下令吏民上书，直接呈皇帝审阅，不必经过尚书。

霍家的酒囊饭袋开始时并没有察觉，还以为这是宣帝对霍家的恩宠。此时，霍家掌握的权力被宣帝剥夺殆尽，特别是军权逐渐集中在汉宣帝的手中，霍家人终于明白，这个皇帝绝不是个头脑简单的人，而一想到宣帝对于许平君的深情，霍家还将其谋害，几个知情人就感到不寒而栗，惶恐不安之下，霍家最终决定铤而走险，举行叛乱，推翻汉宣帝，保住他们的既得利益。他们设计了两次阴谋，一次是谋害丞相，另一次是废黜皇帝而以霍禹代替。这两次企图都得到了以皇太后名义颁布的诏书的支持。太后为霍光的外孙女，她的诏书曾被非常有效地利用过，但这一次霍家却不走运。阴谋的消息泄露到宣帝的耳中，不仅政变没有达到既定目标，霍氏一门还遭受了灭门之祸。参加叛乱的人都被处以极刑，其中霍光子霍禹、霍云，侄子霍山，都被杀或者自杀。而阴谋毒害太子的霍成君也被宣帝废掉，令其迁往上林苑的昭台宫。十二年后的五凤四年（公元前54年）再度令其迁往云林馆，霍成君自杀，葬于蓝田县昆吾亭东。废后诏书原文：

皇后荧惑失道，怀不德，挟毒与母博陆宣城侯显谋，欲危太子，无人母之恩，不宜奉宗庙衣服，不可以承天命。呜呼伤哉，其退避宫，上玺绶有司。

至此，刘询终于为发妻许平君报仇，比起吕太后、卫子夫等人，许平君总算得到了宣帝的真感情，从这点看，许平君是幸运的。自此，在西汉朝廷中盘踞了十几年的霍家势力一朝覆灭，汉宣帝最终确立了他的绝对统治。

汉宣帝的雄才文治

在太子大位确立的同年，即公元前67年，一位小人物路温舒走进了大汉的历史。

路温舒，巨鹿（今河北平乡）人，此前一直默默无闻，因为他只不过是廷尉一名低级的廷尉史，位卑言微，只是默默地尽着自己的本分。但也正因为身在廷尉任职，所以路温舒比普通人更为深刻地了解酷刑的可怕。他认为刘询是个仁君，遂大胆地向其上了一份奏章，暴露司法的黑暗，要求废除酷刑。路温舒指出，造成冤狱的原因在于刑讯逼供，屈打成招。当酷刑将人的尊严都碾碎踩烂之时，认罪是唯一的解脱，尽管他可能是清白的，什么也没做过。

刘询见到路温舒这一纸奏章，深感有理，遂下一道诏书，命全国法官办理案件时要宽大公平。路温舒的这份奏章很温和，很微弱，虽然没有收到任何效果，但却在很大程度上，反映了刘询为帝者的胸襟气度。

自霍氏一门被诛除以后，刘询放开手脚，大刀阔斧地对国家各项政策进行改革。因为刘询在早年，一直生活在民间，也时常受到吏治腐化所致的官员的欺压，因而及至登基，改革吏治便成为他心中最为迫切的愿望。

对于吏治改革的必要性，宣帝说道："吏不廉平则治道衰。"所以，他即位后，宣布亲自过问政事，省去尚书这一中间环节，恢复了汉初丞相既有职位又有实权的体制。除此以外，宣帝还特别重视地方长吏的选拔和考核，并下大力气整饬吏治。为此，刘询建立了一套对官吏的考核与奖惩制度。他多次下诏对二千石（郡守级官吏）实行五日一听事制度；不定期派使者巡行郡国，对二千石官员的工作进行考察；根据考察结果，宣帝对其进行奖赏或者处罚。他颁布诏令说："有功不赏，有罪不课，虽唐虞犹不能化天下。"因此，在宣帝当政的二十余年间，一大批因政绩突出的官员受到了奖励，或以玺书勉励，增秩赐金，或爵关内侯，升任九卿或三公。而对那些不称职或有罪的官吏，则严惩不贷。随着这些措施的推行，一大批符合汉宣帝价值观的"良吏"便逐渐造就而成，服务于大汉朝的各项职能部门当中。

经过宣帝时期的改革，吏治呈现出一个特别重要的特点，即官吏"久任"制发展到较为完备的时期。

一方面，官员"久任"的实施范围已经从原本的朝廷大臣扩大到地方高级官员。以前只有侍中、尚书等参掌朝政的亲信近臣得蒙荣宠，到现在，连郡太守一级的高级地方官也多有"久任"者。汉代的郡国介于中央与县之间，在中央与地方的关系中，郡国郡守起承上启下、上传下达的重要作用。郡国守相的好坏，关系到一方的安宁与否的同时，也关系到国家的治乱兴衰。刘询深刻地认识到这一点，因而他在选任郡国守相，对于标准的制定和施行十分慎重和严格，其间规定：郡国守相首先必须由朝中大臣举荐，其次则需要皇帝亲自召见考核，考察其治国安邦之术。

另一方面，不轻易提升调动上述重要官员，不管他们有多大的功劳。国家只会另外寻求对策，给良吏以物质、精神两方面的奖励和褒奖。《汉书·宣帝纪》记载说道："至于子孙，终不改易。""枢机周密，品式备具，上下相安，莫有苟且之意也"，这是当时宣帝对于亲信近臣升迁贬谪的做法以及所取得的成就。

对此，上至朝中一品大员、小到地方郡守县令，在政令施行之初，都不太理解皇帝的心思，宣帝于是坦言道："郡守是'吏民之本'，如果时常调动变易就不会被其属下尊重，上下难以相安；如果实行'久任'制，百姓知其将长时期在职，就不敢欺罔上司，自然就会'服从其教化'"。为了表示对治理地方确有优异政绩的郡太守的奖励，宣帝会向其颁布玺书嘉奖勉励；在原有的薪俸基础上增加俸禄；赏赐金钱若干；甚至拜爵至关内侯，使之得以享受政治名誉与经济利益。

胶东相王成就在"考绩"中被认为安抚了大量流民，"治有异等"，因此得到了明诏褒奖，被宣帝提升其俸禄为"中二千石"，赐爵关内侯。而此前被贬的一代名臣黄霸，在出任颍川太守的八年里，励精图治，使得郡中大治。考核结果出来，宣帝遂下诏称扬，并给予"赐爵关内侯，黄金百斤，秩中二千石"的额外奖赏。他们的职务尽管没有升迁，但是因为政绩得到肯定，自然会更加励精图治，以报浩荡皇恩。与此同时，皇帝此举，还可以让他们成为为官者效仿的榜样，可以刺激了政风吏治的改善，其意义之长远远远高于一般人所能预见。这些循吏或良吏执法公平，恩威并施，"所居民富，所去被恩"，故而得到当世之人的一致好评。"是故汉世良吏，于是为盛，称中兴焉"。人们将对于各处廉洁又能的官吏的好印象，都转化成为对于宣帝的崇敬和支持，一时之间，刘询的伟大形象，直追汉武帝。

从汉宣帝对吏治的改革良臣的奖赏可看出其的确是个勤政爱民，拥有着雄才大略的好皇帝。但是，仁政之君也有铁血的一面。

及至霍家被诛、宣帝当政，刘询便开始在刑罚上进行改革，强调严刑峻法，着手惩治不法官吏和豪强。一些地位很高的、腐朽贪污的官员都相继被诛杀。大司农田延年在尊立汉宣帝时，作用非凡，就连他也因为贪污而被告发。刘询震怒，田延年有功，并且一直被刘询引为重臣。这次他犯罪，正值宣帝改革刑罚之际，万万不能够因他一人而耽误了国家大事，虽然朝中大臣多为他说情，认为"春秋之义，以功覆过"，但刘询最终没有同意，派使者"召田延年诣廷尉"受审，拟以重罚于田延年，田延年无奈之下畏罪自杀。

刘询不仅以执法严明著称，还以为政宽简闻名。他认为，对待官员的贪赃枉法行为，必须要施以严惩，然而对于平民百姓的治理，则需要一些善于明断同时又有宽大胸怀的官员，他们在定罪量刑之时，往往可以在怀着同情心的情况下，让百姓切实地得到利益。因此，宣帝在任用地方官吏时，除启用了一些精明能干的能吏去严厉镇压不法豪强外，大多数则是任用一批循吏去治理地方，从而改变了吏治苛严和破坏的现象，社会矛盾也得到了极大的缓和，政治局面亦得以稳定。

其实在刘询入宫之前因为一次诬陷而被告盗窃送入大牢之中，幸好他妻子许平君的父亲是当地的官员，在他的斡旋下，刘询才得以逃脱责罚。但是，前人之事、后人之师，刘询对于朝廷官吏不分青红皂白、经常判出冤假错案的做法，深恶痛绝。在他掌握国家大权之后，提出要坚决废除苛法，平理冤狱。刘询亲政后不久，还亲自参加了一些案件的审理。地节三年（公元前67年），刘询在朝廷增加了四名专掌刑狱的评审和复核的廷尉平一官，并设置了治御史以审核廷尉量刑轻重。次年，刘询接着又下诏，废除了首匿连坐法，并下令赦免因上书触犯他名讳的人。五凤四年（公元前54年），他派二十四人到全国各地巡查，平理冤狱，检举滥用刑罚的官员。除此以外，刘询还先后十次下令，大赦天下。一时之间，天下人人对刘询的所作所为感恩戴德。

昭帝也曾采取“与民休息”的政策，收到了显著的效果，只是，对于盐、铁，依然没有进行彻底的改革。宣帝亲政后，加大了改革力度。他在地节四年（公元前66年）九月下诏道：“吏或营私烦扰，不顾厥咎，朕甚闵（悯）之。盐，民之食，而贾咸贵，众庶重困，其减天下盐贾。”由此可见，工商官营政策在昭帝时期仍然存在部分施行，经过宣帝的大力整顿，这些政策的一些弊端，如官吏徇私枉法和贪污腐败等问题，在一定时期内得到了有效抑制，这有利于百姓的“休养生息”以及国力的逐渐恢复和强大。

一时之间，“昭宣中兴”被人们口耳相传，遂载入史册，被史家认为是自汉朝立国以来，最繁荣兴盛的时代。

第二战场破匈奴

西域，历来是汉族与匈奴的第二战场。早在汉朝张骞出使西域之前，匈奴就已经在西域建立势力，并设有西域总督（撞仆都尉），驻扎在焉耆一带，管辖西域诸国。汉武帝时期推行了一系列扩张政策使得大汉王朝声威远震，特别是张骞通西域后，汉使开始在西域各国间往来不绝，并屯田渠犁。汉匈关系愈发复杂，二者在西域展开了拉锯战，你来我往，此消彼长。

汉匈的强弱关系也很明显地体现在西域各国对待使者的态度上，匈奴强盛时，所有匈奴使节到西域，一切费用，都由所在王国供应。汉朝出于弱势时，其使节在西域的一饮一食，却要用钱购买，这让汉朝情何以堪？再加上各国在匈奴的压力下，往往截杀汉朝使节，遂使汉朝终于发动一连串报复性的战争。

傅介子是北地（今甘肃庆阳西北）人。昭帝登基、霍光辅政之时，面对西域龟兹、楼兰均联合匈奴杀汉使官、掠劫财物的现状，傅介子遂要求出使大宛，汉昭帝和霍光准许了他的请求，并让他路过楼兰和龟兹时，责备两国国王背叛汉朝，杀害汉朝官员和使者的行为。到达西域之后，傅介子以汉帝诏令责问楼兰、龟兹，并杀死匈奴使者，返朝后被任为平乐监。元凤四年（公元前77年）又奉命以赏赐为名，携带黄金锦绣至楼兰，于宴席中斩杀楼兰王，另立在汉楼兰质子为王。以功封义阳侯。最后，还由汉朝向其送去一位宫女做新王的王后。傅介子以百人入虏廷，取番王首级如拾芥，其过人的胆略和高超的智谋为世人所推崇，至上世纪五十年代仍然在其故乡有“傅家巷”流传，可惜后来被拆毁。

本始三年（公元前71年），汉朝与乌孙王国（吉尔吉斯伊什提克城）最终达成一致，决意联合出兵，夹攻匈奴，企图使匈奴在两面作战的苦境中崩溃。其中，汉朝派遣了田广明等五位大将，发铁骑十六万余兵马，分别自云中（今内蒙古托克托）、西河（今内蒙古准格尔旗西南）、张掖（今甘肃张掖）、五原（今内蒙古包头）、酒泉（今甘肃酒泉）五路出兵。乌孙王国方面，则派遣校尉常惠前往，节制乌孙骑兵五万余，与汉军东西并进，形成一个巨大的钳形攻势，夹击匈奴。

匈奴得到消息，立刻做大规模紧急撤退。以致汉朝声势浩大的五路大军，深入沙漠一千余公里，仍捕捉不到敌人主力。惊惶西逃的匈奴主力，竟然恰遇乌孙兵，一场激战后大败而归，乌孙俘虏匈奴亲王以下四万余人，常惠也因此被封为长罗侯。第二年冬，匈奴不甘心自己竟然败在曾被自己奴役的小国手中，遂率领大军袭击乌孙，然而天不佑匈奴，待得大军行至半途，却遇大雪，生还者不及十分之一。乌孙、乌桓与丁令等闻讯，急忙调集大军乘势攻击，匈奴“国人亡十分之三，畜亡十分之五，国力大为削弱也。”自此不久，汉军三千骑北击匈奴，都能捕得几千匈人而还，匈奴亦不敢报复，遂产生了与汉朝和亲的意图。这次胜利不仅是武帝以来坚决执行联乌击匈政策结出的硕果，更是张骞断匈奴右臂的西进政策在半世纪之后显出的功效。从这一点而言，张骞敏锐的眼光能远瞻到六十年之后，这样的智谋表明他不仅是伟大的探险家，更是伟大的政治家。自此，匈奴更加衰弱，此消彼长之下，汉朝更加强盛，也就直接决定了西域诸方的局势，大部分国家从此就归附于大汉朝麾下。

位于天山以北的面积广袤的车师王国（新疆吉木萨尔），是汉朝前往乌孙王国的要道之一。车师国王乌贵娶了匈奴的公主，所以跟匈奴结盟，继续遮杀汉朝使节。宣帝地节三年（公元前67年），汉朝在渠犁王国的屯垦长官郑吉在汉宣帝的授意下，率领屯垦兵团一千五百人，同时调发各国军队，集结一万余人，攻击车师，不久便将其军队打得溃不成军。匈奴派兵来助阵，郑吉领兵迎击，两军遭遇，匈奴竟害怕退去。乌贵自知不能抵抗，但投降又恐惧匈奴报复。两难之下，乌贵索性放弃王位，向西投奔乌孙王国。汉朝就把车师国民东迁到交河城（新疆吐鲁番），而在车师故地屯垦，并派遣三百汉兵屯驻车师。宣帝元康元年（公元前65年），南道的莎车王弟呼屠徵，杀了亲汉国王万年。

万年何以会被其王弟呼屠徵杀害呢？这涉及西域各国与汉朝和亲的公主地位。无可厚非，当时的冲国和亲公主，虽然可能是汉朝皇宫的一位名不见经传的宫女，但是到了西域，却成了西汉帝国的象征，可想而知其地位的高贵和显赫。

刘细君作为西汉的第一位进驻西域的公主，嫁给了乌孙王岑娶。及至刘细君逝世，汉朝再将另一位公主刘解忧嫁给继任的乌孙王翁归靡，生了三个儿子和两个女儿。一个女儿嫁给龟兹王绛宾，绛宾亦深以当大汉的外孙女婿为荣。汉朝公主还有一位侍婢冯氏，嫁给乌孙王国大将，她是历史上被誉为最美丽而且最成功的女政治家之一，经常代表公主和汉朝政府，出使西域各国，调解纠纷，各国对她有崇高的尊敬。

公元前65年，龟兹王绛宾夫妇为了加强汉朝和龟兹的关系，一同到长安晋见大汉宣帝刘询，刘询为其忠诚，感动万分，赐予了他们大量的钱财。等到绛宾夫妇返回西域，隆重的队伍让各国都羡慕不已，连远在西域西陲的莎车王国（新疆莎车）也心向往之。因此，在此之后莎车国就百般与汉朝使者交好，希望得到汉朝的大力支持，莎车国国王死后，没有子女，为倚仗大汉国威，就迎立刘解忧最小的儿子万年当国王。想不到万年是一个不成才的流氓，使国人大大地失望。故王的弟弟呼屠徵就把万年杀掉，自己继位。

与此同时，呼屠徵还杀掉了汉使奚充国，还煽动南道诸国叛离大汉，南道因此阻断不通，大汉震动，因为他不仅杀死了汉朝在西域的象征，更是直接侵害了大汉在西域的战略利益。于是，汉宣帝决意让汉朝在西域的使者，严厉地打击呼屠徵。

当此之时，大将郑吉还在北道屯垦区，恰奉宣帝派遣冯奉世正出使大宛途中。冯奉世果断行动，在郑吉的支持下，冯奉世以大汉使者的名义，征发西域诸国兵一万五千余人，进攻莎车，不久便打下了都城，平定了南道，并把惊惧自杀的呼屠徵首级一路传送到长安。冯奉世顺势进驻大宛国，国王畏惧大汉天威，对他尤其礼敬，冯奉世更因此还得到该国名马“象龙”，带回了长安，汉宣帝大悦。

可惜，郑吉在北方的屯垦区大大地威胁了匈奴的利益，因为此前匈奴和汉朝都是以天山南北为界限，分开治理的。此次汉军深入到匈奴势力范围内，匈奴便不断派兵骚扰。三年后，汉朝认为在天山以北不可能保持据点，便把屯垦区撤销，退回天山以南，与渠犁王国的屯垦区合并。

此屯垦区虽然不复，但天山以北郑吉所部的中心交河城，并没有就此损坏，被称为车师前王国，故地则称车师后王国，而且对于天上北麓的控制，因为不需要担心匈奴的骚扰，遂变得更为方便。

宣帝神爵二年（公元前60年），匈奴日逐王先贤掸，仰慕汉朝天威，遂带着数万人投降大汉，宣帝特派郑吉，发渠犁、龟兹诸国兵五万，前往迎降，一直护送至京师长安，路上有逃亡者，即斩杀。郑吉破车师，降日逐王，声威大震西域，宣帝乃拜之为西域都护，封安远侯，兼护车师以西北道诸国。郑吉遂在西域中心，大汉政府任命郑吉担任首位西域都护，都护府设在乌垒工国（今新疆轮台东北），并修筑乌垒城，距阳关两千七百余里，统领天山南北，大汉号令得以正式颁行于辽阔广大的西域地区。

西域都护的设置，是中国历史上一个划时代的大事件。从此之后，汉匈相斗七十余年，东自车师、鄯善，西抵乌孙、大宛，西域诸国尽归大汉之列，匈奴在对汉的交锋中，则处于弱势。有人评论道："张骞之始，郑吉之终，汉武之愿，汉宣实现。"

大汉在西域势力，不断增强，连一向强势的匈奴也不得不甘拜下风，不敢再与汉争锋西域，以前设置的僮仆都尉，也在形同虚设之后，被废除了，从此以后，天山南北广袤之土，雄阔之地，终属大汉之域。

趁你病要你命

经过不断的和亲、战争等出色的外交政策，汉朝在天山南麓的统治逐渐巩固，匈奴对于汉朝的压力也有所降低，使得汉朝得以将触角一度伸到了天山以北的匈奴控制地区。

匈奴在经历了西域的沉重失败之后，其颓败的趋势变得一发不可收拾。匈奴为了巩固自己在西域的势力，与汉朝军队在天山南北展开了生死角逐，然而，匈奴没有料到，自己没有被强大的汉军击败，却在曾经的弹丸小国、自己的附庸乌孙王国的迎头痛击下，兵败如山。匈奴本希望东西两面同时进军，可以花开双朵，皆大欢喜，及至西域的失败，他们不得不将目光重新锁定在东方。因为此时的西域，已经逐渐被汉朝铸炼得如铁桶一般，匈奴唯一可以做的，就是在天山北麓地区不断袭扰，同时构筑一定的防线，防止汉军的乘胜追击。

毫无疑问，匈奴的做法是行之有效的，汉朝军队其实并不想在这时候彻底地打垮匈奴，因为他们找不到一个理由，可以允许汉王朝以举国之力去霸占一个贫瘠的草原荒漠构成的大陆。而且匈奴此时还是很强势，汉朝军队和西域联军的攻击，并没有伤害他们的元气。马上民族灵活机动的性能，使得过去吃过无数次亏的汉朝军队不敢轻举妄动。即便如此，匈奴竟然也未能够挽回颓势。它在东方的战争中，被新兴的乌桓部落（内蒙古西辽河上游）击败，国势日渐萎缩。国势衰微，单于的权威也日渐下降，国人对此怨声载道，又加上此时在位的单于暴虐好杀，更促使危机加重，匈奴帝国陷入了即将四分五裂的困境之中。

宣帝神爵四年（公元前58年），单于对于东方的控制力逐渐削弱到一个层次，于是，东方将领们便拥立一位亲王即位，号称呼韩邪单于。单于自然不甘心草原上出现另外一个单于与和他平分草原。所谓"天无二日、国无二君"，呼韩邪单于一旦册立，就代表着匈奴此后必将产生战争，而且必须要一决胜负。

出兵讨伐，但是其大军被杀得片甲不留，连单于自己也战败被杀。这是由于他人心尽失，并且呼韩邪单于得到了许多将领的支持，实力更加雄厚。和中原政权一样，匈奴也相信名正言顺。呼韩邪单于杀了老单于便后悔不已，其实，他大可以将单于握在手中，也免得正统一失去，草原大陆便陷入群雄逐鹿的纷乱之中。

见单于被杀，西方将领们为了夺取草原的霸主地位，也拥立另一位亲王即位，号称屠耆单于。两个单于，互相攻击。次年，草原上又崛起了三个单于，于是五单于并立，全国大乱。呼韩邪单于此举，没有考虑到自己的声望难以一统草原，不仅将自己陷入了有王霸之志的群雄的愤恨之中，亦使得此后的匈奴陷入了长期的衰弱。

经过一番为敌报仇式的自相残杀，呼韩邪单于技高一筹，实力强劲的他成为五大单于之中最后的赢家。然而他并非整个草原帝国的最后霸主，因此就在他接连大败其余四大单于之时，他的一位族兄已经在东方自立，号称郅支单于。

宣帝五凤四年（公元前54年），郅支单于打着除国贼的旗号，向西进攻呼韩邪单于，大军不久便进入王庭（当时匈奴的王庭设在今蒙古哈尔和林），呼韩邪单于不敌，大军节节向南败退。从这一年起，匈奴分裂为南北两部分，即南匈奴和北匈奴，匈奴的分裂对于当时正处于鼎盛时期的汉朝而言，无疑是锦上添花的好事情，百余年的纷争，从当初汉高祖“白马之围”的耻辱，到如今坐收渔利的惬意，实在是天翻地覆的改变。

西域列国此时也唯西汉马首是瞻，南北匈奴要获取胜利，其关键就是得到汉朝的支持，为了争取外援，南北匈奴争着向汉朝奉承乞怜和争着派遣太子到中国充当人质，汉朝也采取了来而不拒的策略，两不相帮。按照汉宣帝的设想，匈奴一直分裂下去，才是对汉朝最为有利的事情，因此，它只可能去帮助弱者去对抗强者。不久，南北匈奴便高下立判，呼韩邪单于无法抵抗郅支单于的攻势，向南方汉朝祈求援助，但是此刻的汉朝内部，还不能够下冻决心去帮助他，因为那样一来，不仅会彻底得罪北匈奴，还有可能“养虎为患”，让呼韩邪单于强盛起来。

人在屋檐下，不得不低头。为了表示忠诚汉室的决心诚意，呼韩邪单于于宣帝甘露三年（公元前51年），派遣使者前去大汉乞降，希望自己可以率领部众，南迁汉朝地区，宣帝等闻讯，当即大喜，即使得罪北匈奴，也在所不惜，因为这不仅可以彰显当朝的功绩，还可以将匈奴置于自己的控制之下，何乐而不为？于是，宣帝允许了呼韩邪单于的请求。同年，呼韩邪单于率领南匈奴汗国全部百姓和牲畜，向汉朝投降。为了表示中原王朝的热情，呼韩邪单于到长安朝觐时，汉宣帝在皇宫中大摆酒筵欢迎他。

宴会过后，宣帝和呼韩邪单于商议南匈奴的属地，这呼韩邪单于不愧是一带枭雄，他看准了宣帝势必要帮助自己的决心，遂“狮子大开口”，要求迁居河套。以前，河套就是匈奴最为富庶的地区，宣帝眼见呼韩邪单于的势力已经很弱，遂同意了他的这一请求，并派大将韩昌率领骑兵一万六千人，沿着黄河驻防保护。如此一来，宣帝无疑放虎归山，当然，凭借当时汉朝的实力，宣帝实在是找不到任何理由，去畏惧天下任何一股势力。

这次朝觐的威慑性效果是显而易见的，特别是对西域各国而言，无疑是一个晴天霹雳般的震撼，他们认为绝不可抗拒的庞大的匈奴，竟被汉朝征服，并寻求它的保护，试问天下诸国，谁还可以与汉朝相抗衡？于是，西域列国对汉朝更加敬服。为了表示对汉朝援手的感激之情，呼韩邪单于自此不断向西汉皇帝朝觐。据史载，呼韩邪单于的最后一次朝觐是在元帝竟宁元年（公元前33年）。当时大汉江山已经易主，刘询已经驾崩，由其与许平君所生的儿子皇帝刘奭执掌政权。自刘询时代至此，呼韩邪单于在汉朝的全力援助下，力量渐大，不断反攻，为了继续赢得汉朝的支持，他便向皇帝请求与皇帝的公主和亲。刘奭一时之间，找不到合适的人选，便把一位宫女王昭君赐封为公主，并赏赐给他。当时刘奭并不认识王昭君，等到辞行时才发现她竟是一位绝色美人，使他那数万名后宫的宫女们都黯然失色，他大大地跳了起来，下令把宫廷画家毛延寿杀掉，因为毛延寿没有把她的美貌画出来。这就是后来家喻户晓的“昭君出塞”的典故。

呼韩邪单于依靠汉朝的支持，不断向郅支单于进攻，最终使得其国不国矣。无奈之下，郅支单于率部向西迁徙，不久便侵入西域北境，灭掉坚昆王国（西伯利亚叶尼塞河上游）和丁零部落（贝加尔湖畔）。待郅支单于有了立足之地以后，便向汉朝要求送还充当人质的太子，汉朝对于呼韩邪单于的强大，早就生出了防范警惕之心，对于北匈奴的要求，自然慷慨答应，并派使节谷吉一直把太子护送到他的临时首都坚昆王城。可是，汉朝统治者们万万想不到，郅支单于不但毫无感谢之情，反而记起汉朝援助他的对手呼韩邪单于的怨恨，竟把汉朝的使者谷吉杀掉。这无疑是在挑战汉朝的权威。汉朝遂决意派遣西域的兵马，襄助呼韩邪单于打击北匈奴。待郅支单于杀了谷吉之后，才后悔不已，眼看大汉大兵压境，他知道凭借自己的兵力，实在难以与之匹敌，遂放弃坚昆，继续向西迁移。

天无绝人之路，就在北匈奴被南匈奴和汉朝大军追到穷途末路之时，郅支单于看到了希望。因为就在他们抵达康居王国境后，其国王便送来一封邀请函。原来，此前康居王国在西域部分地区的势力争夺中，屡屡被乌孙王国击败，正好听闻北匈奴有如丧家之犬般来到了自己的城下，料想此番只要收容于他，一来可以凭借其强大的兵力抵抗乌孙，二来还可以让他们感恩戴德，避免与之交战。当然，对于汉朝和南匈奴，他们也有所考虑，最后认为，汉朝是不可能因为这样一股小的势力，而甘心得罪一个国家的。果然，汉军没有追击到底，就连南匈奴也不再进击，因为此时的南匈奴，已经成为草原上唯一的政权。不久呼韩邪单于即向汉朝请求离开河套，回到北方故土，成为草原上唯一的强者，成为此后汉朝的最大隐患，这一点，就连汉宣帝也是始料未及的，可惜此时的汉朝，已经日渐衰败，自顾不暇了。

北匈奴在得到康居王国的邀请后，遂进驻康居都城，与之结成联盟。康居王为了巩固这个联盟，还把女儿嫁给郅支单于，郅支单于也把女儿嫁给康居王。并与康居兵一起，攻击乌孙，面对强大的匈奴铁骑，乌孙王国自然难以抵御。一时之间，西界边陲，几乎全部残破。然而，好景不长，就在康居王以为，统一西域边陲，成为第一西域强国的时刻指日可待之时，郅支单于开始躁动不安了，并很快威胁到康居王国的安危。

其中最明显的，就是郅支单于竟然以康居王国的保护人自居，性情粗暴的他因为康居王国不肯臣服，而将康居王的女儿悍然杀掉，派驻兵力控制了康居的首都，继而将康居王国中的贵族当做奴隶一样驱使迫害。自此，郅支单于开始逐渐显露出他的野心。他在康居国内大肆兴筑城垒，并向西域各国发出通知，要他们进贡。引狼入室的康居王虽然万般悔恨，却一点也无济于事，无奈之下，只能悄悄地向西域汉朝使者祈求帮助。元帝建昭三年（公元前36年），郅支单于杀汉朝使节谷吉已经八年之久，汉朝西域副校尉陈汤，上乘圣意、下顺民心，调发西域各国军队，连同屯垦兵团，共四万余人，分两路向郅支单于夹攻。北路穿过乌孙王国，南路则翻越葱岭（帕米尔高原），穿过大宛王国，最后在郅支城（哈萨克江布尔）下合围。郅支单于的兵力不敌，郅支城很快就陷落，联军斩下郅支单于的头，星夜兼程的将其首级送到长安皇帝朝堂之上。同时还附信一封，其间言道：“犯强汉者，虽远必诛！”

经过汉朝历代的努力，特别是汉武帝国策、军事战略的制定以及刘询的延续和彻底的实施，匈奴遭到了毁灭性的打击，最终顺理成章的使得郅支单于身死，北匈奴亦彻底灭亡。

赵充国兵指玉门关

羌人和汉朝之间的纷争，从西汉一直延续到东汉末年。起因很明显，一者是战略上的考量以及对于汉朝高压限制自由政策的反抗；二者则是其民族意识的觉醒，使得其开始一致对外，将汉民族排除在羌族人之外。这种现象尤其明显地表现在百余年后的东汉，本来，在羌人对汉朝做出大规模的突击之后，大将赵充国坚决反对高压，改用怀柔政策，在边界地带实行屯垦，使得战争就此平息，而且从此百余年，羌汉两民族一直相安无事，在凉州等地安居乐业。可惜到了后来，官员们的贪污暴虐与日俱增，且汉民族与羌民族纠纷中，官员因接受贿赂的缘故，总是对汉民族偏袒，使得羌民族不得不奋起反抗。因为羌民族发现，除非把地方政府官员杀尽，否则他们将永不能平安。于是，汉族和羌族的战争到东汉时期达到了一个顶峰。

羌民族以游牧为主，跟匈奴民族非常接近，跟务农的汉民族在生活方式上格格不入。西汉时期，羌人和西汉政权的第一次大规模的交锋，就发生在汉武帝时期，及至汉宣帝，羌人更是策应匈奴，扰我边疆。宣帝遂遣赵充国讨伐，两年完全平定，因置金城属国安置降羌。

赵充国（公元前137年～前52年），字翁孙，汉族，原为陇西上邽（今甘肃天水市）人，后移居湟中（今青海西宁地区），西汉著名将领。早年，赵充国就被人誉为拥有大略，少年时仰慕将帅而爱学兵法，一心报国，对于西域、河西以及北方匈奴等地的军事防务甚为关注。其最初以“良家子”身份参军当骑兵，后因善于骑射调入羽林军（皇宫卫队）中。汉武帝在取得第三次北击匈奴的胜利之后，开始移民，赵充国遂举家移到令居。后来，李广利率部迎战匈奴，虽然兵败，却成就了赵充国。当时汉军被匈奴大举围困，在赵充国的带领下，李广利才得以率领数百人突围而出。

李广利将这次情况启奏皇帝，武帝面见充国，并且亲自看了他的创伤，叹其为勇士，拜中郎，迁车骑将军长史。昭帝之时，赵充国迁中郎将、水衡都尉。霍光派遣他北击匈奴，这一战，杀得匈奴大败而归，连其西祁王也被生擒归来，昭帝大喜之下，遂将其升为护羌校尉、后将军。

赵充国不仅军功卓著，素有谋略，对于时势也看得很清楚，他看出霍光不可扳倒，遂一直忠心于霍光。在霍光扳倒燕王、上官桀等人之时，就毅然选择了投在霍光麾下。后来，又和霍光一起，定策迎立宣帝，因此之功，赵充国随即被封为营平侯。

赵充国在以后的平羌战争中，发挥了举足轻重的作用。在汉武帝之前，羌族人从来不知道互相团结，而是喜欢互相仇杀，所以始终不能集结像匈奴那样强横的力量，更谈不到建立国家组织。至汉朝在匈奴汗国河西走廊故地上设立敦煌、酒泉、张掖、武威四郡，以维持当地的稳定，维护丝绸之路的畅通。

但是随着汉朝上述措施的施行，无形中出现下列两个情况：

1.中原势力像一把利刃一样插在匈奴汗国和羌民族之间，把他们隔开，使羌民族无法得到匈奴的援助。

2.汉民族在政治军事保护之下，积极向西移，把羌民族逐故地。除少数部落外，大多数部落先后西迁，迁到青海湖以西或以南地区。

及至武帝后期，聚居在现今青海省境内的羌族，眼见汉军在对匈奴的战争中屡次败北，顿感觉时机已到，遂经常向汉朝腹地侵扰，攻城略地。青海的地理位置十分重要，它一方面可以扼住西汉通西域的道路，另一方面，还对京师长安构成了居高临下之势，为此汉军对英勇善战的羌人很是头疼。当时，匈奴借鉴了张骞通西域的经验，认为可以联合羌人，一起袭扰汉朝。只要羌人能够牵制住汉军的主力，匈奴部队就能够长驱直入，深入大汉腹地进行劫掠。一时间，匈奴将羌人引为自己的左膀右臂，时刻准备对汉地发出重拳一击。

面对这种形势，武帝果断决定，要斩断匈奴右臂，意即打破匈奴的计划，打垮羌人的兵力，可惜，汉军数万人马，在面对羌人的勇猛善战之时，也变得捉襟见肘，加上羌人掌握了地理优势，汉军最终大败而归。此战胜利后，羌人逐渐向湟水以北移动，试图找寻农民弃耕的地方去放牧。同时羌人各部落也有联合一致的趋向，汉朝设置在羌人之地的郡县官吏，此刻都如同虚设，没有半点办法去阻止羌人的联合。眼看羌人就要和匈奴接洽，汉朝当机立断，派遣浩亹（今青海大通河东岸）的军队进攻羌人，企图阻止他们的进一步行动，可惜这一次，汉军依然为羌人所败，士气大跌的同时，也遭受了巨大的损失。

按照西汉和羌人订立的协约，羌人是不能擅自渡过湟水的，否则就会以谋反叛乱罪论处。及至宣帝继位，赵充国被封为营平侯，一日，光禄大夫义渠安国从羌族地区寄来一封奏折，严明先零部落酋长向他表示要北渡湟水，到汉民不种田的地方畜牧。赵充国在朝堂之上，毫不顾及的弹劾义渠安国，说明需要治他一个奉使失职的罪责。

原来，在此之前的宣帝神爵元年（公元前61年）春，大汉两府大臣，即丞相、御史不明白羌族真相，就向皇帝推荐，让光禄大夫义渠安国出使诸羌，了解其动向。岂料义渠安国一介庸人，到了羌族内部，依然我行我素。他没有明察暗访羌族的实情，不能具体地分析各国部落的情况，而是不问青红皂白，召集先零部落的头领三十多人，以逆而不顺之罪，将他们全部斩首。先零部落是羌族最为强盛的部落，很多羌人都唯这些首领马首是瞻，如今羌人首领都被杀害，羌人自是难以控制心中的愤怒，遂纷纷声讨义渠安国。然而，此时的义渠安国依然不知悔悟，竟然擅自调兵遣将，以镇压先零之民，并杀了一千多羌人。于是羌族各部及归义羌侯杨玉等都很震恐，被迫离开其地，为了扩大势力，他们不惜劫掠其他小族部落，最终犯汉边塞，攻城邑，杀长吏。义渠安国遂以骑都尉身份带领三千骑兵抗击羌人，此一战才发现羌人的战力惊人，其三千士兵战死者十之七八，直道他败退令居，才想起向宣帝报告这里的情况。

元康三年（公元前63年），羌人中最强盛的先零部落和其他羌族部落酋长二百多人“解仇交质”，并歃血为盟，规定一起向中原进军，反抗汉朝官吏的暴政。

探马很快就将消息传到宣帝耳中，闻讯朝野震动。此时，霍氏一门已经被诛除，赵充国成为国家的巩固之臣，与黄霸、萧望之等人共同辅佐宣帝。当此之时，赵充国挺身而出，向皇帝陈述道：“羌人最大的隐患，主要包括三个方面，一是羌族与匈奴早就打算联合；二是羌族原来各部落互相攻击，易于控制，但近几年来他们“解仇合约”，共同反汉；三是羌族还可能“结联他种”，即与其他种族联合。”综上所述，赵充国提出了“宜及未然为之备”的建议。宣帝和众臣都以为有理，一月之后，小月氏部落的羌侯狼何果派人到匈奴借兵，打算攻击鄯善、敦煌，以切断西域与汉朝的通道。赵充国遂向皇帝提出两点建议：一是加强军事上的边防；二是离间羌族各部落而侦探其预谋。并且，赵充国还认为，羌人之所以如此，肯定还会有更为深层次的原因，为此，需要做万全的打算和长远的准备。

此时的赵充国已经七十多岁，但宣帝对于赵充国的见识谋略等方面的才能还是很敬佩的，见他说得头头是道，宣帝心中便生出了请他挂帅平定叛乱的心思。然而，宣帝又有些担心他年老，精力和勇略不足。于是，便派遣御史大夫丙吉去看看赵充国，向他咨询谁可以担当重任。赵充国很自信地回答："无逾于老臣者矣。"宣帝又派人去问："将军度羌虏何如，当用几人？"赵充国答："百闻不如一见。兵难隃度，臣愿驰至金城，图上方略。"意思即是，打仗不能纸上谈兵，而要亲临前线观察，然后才能根据实际情况作出对策。并向宣帝请求，将平乱的事情悉数交到他的手中，皇帝定然可以高枕无忧。宣帝闻言，欣然答应。

"老当益壮、宁移白首之心；穷且益坚，不追青云之志。"赵充国虽年逾七十，却依然督兵西陲。他在获得宣帝的准许之后，迅速领骑兵八千余人出师，巧渡黄河，立稳阵脚，做好战斗准备。羌人听闻是当世名将赵充国来督战，心中大为恐惧。羌人耐不住前去挑战，赵充国始终坚守不出。用自己的名气和大汉的威信，不断的招降一些部落，最终瓦解了羌人各部落联合的计划。

在赵充国对西羌各部落进行怀柔治理的过程中，为了防事变于未然，他苦心孤诣，实地考察，终于得到良策。回到长安，赵充国三次上书，向宣帝提出"以兵屯田"的主张，得到宣帝的赞赏。从此，汉朝将"屯田湟中（今青海省湟水两岸）"作为持久之计，提出亦兵亦农，就地筹粮的办法，可以"因田致谷"，"居民得并作田，不失农业"；"将士坐得必胜之道"；"大费既省，徭役预息"等"十二便"。这对当时支援频繁的战争，减轻人民负担起到了很大的作用，同时也缓解了汉族和羌族的矛盾，使得二部族在西凉各地一直和平共处百年之久。

第九章　主昏臣弱的朝廷

于定国受命断讼

每当我们解决了一个麻烦，自以为天下太平时，一个新的麻烦又出现了，历史就在一个个麻烦铺就的轨道上向未来驶去。

宣帝是汉朝以来的中兴之主，在他身边聚集了一大批当世英才，其中最重要的就是萧望之、张敞、黄霸，还有一直辅佐于他的丙吉。然而，这些人也是让宣帝头痛的麻烦之源。

黄霸（公元前130年～前51年），字次公，淮阳阳夏（今河南太康人）。黄霸幼年时学法，甚是努力，在汉武帝末年被选为侍郎谒者，后来又在离国都的不远地方任财粮小史，他执法强调教化和宽容，与当时施行的严刑峻法迥异，遂受人称颂。黄霸一路平步青云，先后任陕西境内黄河以东均输长、河南太守丞、廷尉正（掌管刑法）、扬州刺史、颍川（禹州一带）太守等职。尤其在颍川太守任上，黄霸把颍川治理得井井有条，宣帝的诏书上说"路不拾遗、夜不闭户"。宣帝任他做御史大夫，并在丙吉死后，黄霸代之为丞相，同时被封为建成侯，总揽朝纲社稷。

表面宽和，内心狡诈，这就是黄霸。他是个合格的地方官，却不是宣帝心中合格的丞相。耐不住清闲的他上书宣帝，奏请封乐陵侯史高为太尉，史高是外戚，根底深厚，有裙带关系。黄霸举荐他，如果日后有事，也有人照应，这就叫同朝为官，和气生财。黄霸这么想，盘算得挺容易。然而，他打的是刘病已的算盘，刘病已的算盘很不好打。

宣帝看完奏章，立刻召见黄霸，劈头盖脸，将黄霸骂得狗血淋头。宣帝说，丞相只是三公之一，职责是管理好百官。大司马与丞相并列，与丞相同等级别，都受皇帝管理，丞相无权过问大司马的事。黄霸越权举荐，冒犯皇威。如果刘询想惩治，黄霸绝不能全身而退。

黄霸被刘询训斥后，害了一场大病，几个月下不了床。经此一事，黄霸终于知道，刘询并不好惹。

当初，霍氏把持朝政，预谋造反。杨恽机警，得知消息后，火速飞报宣帝。宣帝先发制人，霍氏被灭后，宣帝提拔杨恽为中郎将，封赏侯爵。被封侯爵后，杨恽将父亲杨敞留给他的五百万全分给宗族兄弟。紧接着，他后母无子继承财产，死后，杨恽又将后母的几百万积蓄全分给人。可能是散财散上瘾了，杨恽又从家中搬出一千多万，四处施舍。

交友广阔，又爱探听隐私，这让人觉得杨恽是一个潜在的威胁。他不仅探听隐私成癖，还四处张扬，这深深伤害他人的自尊，引得长安城沸沸扬扬。杨恽的行为早就激起众怒，众人碍于宣帝对他特别关照，不敢轻易发难。一般人不敢轻易发难，并不代表谁都怕杨恽，戴长乐是个例外。

在民间漂泊无依期间，刘询遇上戴长乐，两人相交，关系越来越好。刘询当上皇帝后，不忘贫寒的故旧，招戴长乐入宫，封为太仆。刘询十分信任戴长乐，总让他办一些不方便交给别人处理的事。戴长乐生性轻浮，喜欢炫耀，逢人就说皇帝让他办理什么事，事的关窍在哪里，等等。

杨恽于是开始张扬戴长乐的“功绩”，比戴长乐自己还更卖力。戴长乐听说杨恽胡乱宣传他的丰功伟绩，害怕刘询责怪，对己不利。于是为制止谣言流播，戴长乐决定整治杨恽。他派人满长安搜集信息，铁定雄心，要将杨恽搬倒。经过一番明察暗访，戴长乐将杨恽的罪证上报刘询。戴长乐告杨恽卖弄才学，诽谤朝廷，大唱亡国论，妖言惑众；又说杨恽随便拿皇帝刘询开玩笑，逗乐子，大不敬。

关于造谣中伤，难判刑，更难指证。面对东拼西凑的罪证，杨恽矢口否认。一方举证对方有罪，另一方矢口否认；一个是旧日知交，另一个是新遇功臣。手心是肉，手背也是肉；缺了左手不行，少了右手不方便。宣帝左右为难，正当不知所措时，他想到一位断案高手——廷尉于定国。在汉朝，有很多手段厉害的廷尉，其中数张释之和于定国声望好。当时民间流传一句话，说张释之当廷尉期间，天下没有被冤屈的百姓；于定国当廷尉期间，没有那一个百姓会认为自己是冤民。由此可见，于定国断案清明。

于定国交给刘询一份断案奏章，说戴长乐状告杨恽，经廷尉调查，杨恽罪证确凿，连证人都找到了；然而，杨恽不服，扬言恐吓，说要杀害证人。如果报告就此结束，处罚新锐杨恽，保留刘病已的故旧戴长乐，将是一份造假做得很精美的判决书。然而，于定国十分高明，接着锦上添花。他又继续写道，杨恽恃宠而骄，妖言惑众，扰乱长安，有负皇恩，请求刘询批准逮捕。

杨恽的大嘴巴长安人人知晓，宣帝也知道。于定国如此上奏，摆明说杨恽说了不该说的话，甚至胆敢开涮皇帝，杨恽树敌太多，早晚会惹火烧身，不如趁早处理，防止事态扩大。于定国这一招，叫做防微杜渐，以免杨恽犯下不可饶恕的大错，令宣帝难堪。

看完于定国的奏章，宣帝觉得杨恽和戴长乐都有造谣的嫌疑，也为了公平，更为防微杜渐，刘询一视同仁，将杨恽和戴长乐都贬为庶人。

于定国断案，手法高明，令人佩服，不愧“民自以为无冤”之名。

双面张敞的起起伏伏

杨恽自负得紧，遭遇贬谪后，将天下人都看低了。他经商暴富，整日奢靡享乐，既是排遣内心的激愤苦闷，更是玩世不恭。作为单独的个体，玩世不恭不打紧，然而这却牵累了他的朋友。他的这个朋友就是张敞。

成语“张敞画眉”就是出自张敞，因为他对妻子十分宠爱，经常替她画眉。

在张敞眼里，女人都是娇美的，都需要爱护。张敞柔情百端，风情万种，时不时去逛逛妓院，寻花问柳。在长安，有一条街非常出名，叫章台街，因为住满青楼女子。张敞逛妓院，总是叫上他的铁哥们，才子杨恽。张敞和杨恽，两人一般好色，一般喜欢虚掷人生，他们的友谊就是在青楼增进的。

一对铁哥们，与杨恽相比，张敞的生活就有点凄凉。杨恽家底丰厚，社会人脉关系好，是一个典型的纨绔子弟。张敞则必须每天为生计奔波，否则生活无着落。张敞很受皇帝喜爱，因为他有能力，他是京兆尹。京兆尹负责长安的社会安全，长安的社会治安就是张敞肩上的担子。

长安是天下繁华富贵之地，有高官，有富人，有大族，有豪绅，更有流氓地痞。一句话，长安是天下最富的地方，也是天下最穷的地方；是天下最光明的地方，也是天下最黑暗的地方。张敞能够管理好长安的治安，全靠杀人不眨眼。管理长安，张敞信奉一条铁血法则：顺我者生，逆我者亡。

张敞对女人温柔体贴，对罪犯横眉怒目，是一个双面人物。面对公务，张敞是一个铁打钢铸的人，如果对方胆敢忤逆他的意思，无论对方是谁，张敞手上刀起，对方人头立刻落地。面对女人，张敞柔情缠绵，恩爱体贴，仿佛是水做的，无论对方要什么，即使是天上的月亮，他也会尽力满足。张敞有两张脸，两颗心，是双面人。

九年的京兆尹生涯，让张敞得罪了不少人，又和浪荡才子杨恽是死党。刘询腰斩杨恽后，有人立刻状告张敞，想趁刘询锐气当头，将张敞解决了。弹劾张敞的奏疏如雪花般，一片紧追一片地飞向刘询的桌头，张敞的两个好友——太傅萧望之和廷尉于定国不敢帮忙，只能干瞪眼，等待刘询批复。刘询太厉害了，朝臣都被吓傻了，只有杨恽这种豪气冲天的人才不怕。

真是物以类聚，死党杨恽不怕刘询，张敞也不怕。尽管弹劾的奏疏雪花般飞向刘询，张敞仍旧淡然处之，他的下属却十分紧张，巴不得张敞被罢免。张敞一副鬼见愁的嘴脸，谁见了都怕，他的下属早就咒他被免职了。

张敞处理公务，叫他的下属絮舜处理某个案件。絮舜一反常态，像吃了熊心豹子胆，竟然私自回家。张敞气愤之极，立即叫人去唤絮舜回来。絮舜却回说，不愿再在张敞手下做官，认为张敞当不了五天的京兆尹。没有他人指使，絮舜尚且如此猖狂，可见弹劾张敞的奏疏不少。奏疏虽很多，刘询却不办理张敞，可见他对张敞很倚重。

为整治絮舜，张敞将其抓进大牢，百般拷打，严刑逼供。絮舜吃不了皮肉之苦，被屈打成招。大汉法律规定，春天不能用刑，眼见就要到春天了，张敞立刻将絮舜拖出去砍了。张敞十分大胆，为了炫耀他的淫威，送了一张字条给絮舜，问他是否知道“五日京兆”的厉害。

絮舜被张敞处死后不久，朝廷官员按例巡视，检查是否有冤案。人员刚到，絮舜的家人抬着絮舜的尸身，拿着张敞的字条，又哭又闹，大叫冤屈。仇家正愁没法抓住把柄，不能办理张敞。张敞狂妄得紧，这次自己撞了钉子。刘询将奏疏交给廷尉于定国，让他办理弹劾张敞一事。法律明文规定，无故杀人者死。张敞擅用职权，打击报复，胡乱杀人，早就该死了。刘询只让廷尉处理弹劾张敞的案件，摆明放张敞一马，让他先回家避避风头，风平浪静后再回长安。刘询知道，长安不能没有张敞。一旦张敞这位阎王爷消失了，长安将会群魔乱舞，乌烟瘴气。

练就一身独门功夫的张敞，无人敢与争锋。如果在打击黑恶势力方面有比张敞厉害的高手，刘询恐怕就不会这么维护他了。

一家人平安逃回老家，除张敞外，人人心惊肉跳，生怕刘询反悔，派人将他们抓回。几个月后，没想到刘询果真派遣特使前来召唤张敞。家人听说长安来人，吓得男仆拥女仆，大人抱小孩，哭成一堆。家人哭成一片，张敞却哈哈大笑，让人迎接特使，说他就要被重新起用了。张敞的理由是，如果刘询要抓他治罪，不用派特使，随便派个人就行。

张敞果然聪明。刘询派来特使，就是请张敞出山抓捕盗贼。自从张敞被免职起，长安盗贼四起，兴风作浪，视官府如无物，冀州大盗甚至联手攻击官府。张敞是绝顶高手，刘询派他办理冀州大盗。上任之前，张敞先上书一封，开脱斩杀絮舜之罪。刘询是精明的人，知道张敞的意思，表示不再追究。

念亡妻刘询传位刘奭

于定国断豪才杨恽案，大展雄才，深得刘询喜爱，一路高升，位居丞相。宣帝甘露二年（公元前52年），御史大夫杜延年年老体衰，被免职，刘询立即提拔于定国担任。作为“中兴之君”，刘询很英明，没埋没人才，例如没胡乱地将张敞给杀了。在中央集权主义时代，千里马重要，伯乐更重要。

扶大厦于将倾，刘询扭转皇权即将崩溃的趋势，使大汉走向正轨，可以说是一代明君。但在生命行将结束时，有一件事始终让这位圣明之君放不下，他放不下的乃是儿子刘奭。刘询英明神武，儿子刘奭却孱弱好儒，只懂虚文腐礼。刘奭的柔弱个性，不能全怪他，应该从他的生活环境和教育背景找寻原因。

刘奭八岁就被立为太子，生活优越，是一朵长在大树下的小花，与刘询这根早年流浪在民间的劲草不同。环境能塑造人，刘询早年生活艰苦，因而他坚忍果决，能够经受大风大浪；刘奭是一个不懂生活艰辛的孩子，从未受过生活的磨难，也未经历过人生的风雨，更不会懂得人心的奸诈。

大汉君王治国，讲求“外儒内法”，表面上玩儒家功夫，以仁礼治国；内里施展法家手段，以严刑酷法为后盾。刘彻是这样的君王，刘询也是。刘询为巩固皇权接连处死赵广汉、韩延寿和杨恽等朝廷要臣，其子刘奭却不能承受。刘奭上书刘询，说刑罚太过苛刻，应该用儒术治国。刘奭这句话，体现了他暗弱的性格特征和好儒的思想趋向。刘询告诉他，治国方略讲求“外儒内法”，否则大权必然旁落。刘奭没经受过与外戚、士大夫和宦官的争夺战，不能理解刘询言语的深意。

经此一事，刘询知道了刘奭个性中的弱点，知其难以撑持大汉基业。刘询曾对人言：败坏我大汉基业的，就是当今太子。刘奭懦弱，刘询也曾想过另立太子。他心中的人选是淮阳王刘钦。可是，刘询始终不能忘却对许平君的感情，内心经过一番事业和感情矛盾争斗后，他选择感情。

许皇后与刘询早年共苦，却不能晚年同甘，刘询很遗憾。许皇后香消玉殒，留下孤苦无依的刘奭。如果刘询再抛弃他，刘奭就成了当年的刘询，甚至比当年的他更惨，因为刘奭并没有独立生活的能力。一想到许皇后，刘询就心痛；再想到刘奭是许皇后留下的骨血，刘询的心就软了。

弥留之际，刘询招来三位要臣，准备托孤。

刘询将刘奭托付给史高、萧望之和周堪。史高担任侍中一职，他是刘询的表叔，代表外戚势力。史高本人无能，但他背后的靠山很强悍，别人不能轻易撼动。萧望之和周堪是刘奭的老师，他俩权力不大，但学术功底深厚，谋划有方。

为了进一步平衡这三者的力量，使他们势均力敌，互相制衡，也为了奖赏他们，刘询重新分封一次。刘询封萧望之为前将军，兼任光禄勋；封周堪为光禄大夫；封史高为大司马，兼任车骑将军。萧望之和周堪代表潜在的士大夫势力，如果他二人能够好好利用智谋，可以阻止外戚专权；史高代表根深蒂固的外戚势力，靠着这棵千年古树，史高能够防止士大夫弄权。

宣帝遗诏，命萧望之、周堪和史高共同辅佐刘奭。

于定国一向不喜欢惹事。所以刘询任他为相，却没有叫他辅政。于定国断案，能够达到“民自以为不冤”的效果，因为他喜欢充当和事老，不惩处甲方，也不优待乙方。于定国这种性格，适合做事却不适合辅助君王。如果让于定国辅君，他只会暂时缓和争夺诸方的矛盾，而不是彻底解决。矛盾被缓和，但仍旧存在；如果于定国身死，矛盾大爆发，刘奭将无法控制。以刘奭的能力，不可能在夺权大战中胜出，刘询需要顾命大臣彻底消灭矛盾，而不是缓和矛盾。

主昏弱臣下党争不断

史高与萧望之相比，一个是地下的泥淖，一个是天上的云彩。萧望之是儒学大师，事事都站在德行的高峰，一副万世师表的模样。在儒家的理想境界里，当其位就要有其能，更要谋其政。史高无德无能，被封为大司马，深怀儒士理想的萧望之不服。萧望之身为顾命大臣，就想履行他的职责，驱除史高，架空他的权力。

同时封了三位顾命大臣，宣帝的目的是希望实现三角稳定，互相制衡。然而，萧望之和周堪的相似性很强，他们俩都代表士大夫，只能算是同一股势力。萧望之是东海兰陵（今山东苍山兰陵镇）人，周堪是齐郡（今山东淄博东北）人，他俩是老乡。他俩都曾拜夏侯胜为师，钻研《尚书》，师出同门。萧望之是太傅，对《齐诗》研究精深，周堪是少傅。这么多相似性叠加在一起，他俩就相当于站在同一条船上。更重要的是，他俩面对一个共同的敌人，无能而居高位的外戚史高。

于是，三角计划蜕变为两极对抗，即萧望之联合周堪对抗史高。史高是外戚，势力根深蒂固，难以撼动。要与泰山比雄，就必须找寻另外一座大山，这座大山就是皇室子弟，学术大师刘向。

刘向，原名刘更生，汉元帝死后，改名为刘向。刘向颇有才气，编辑过《战国策》，撰写过《说苑》等好书，萧望之对其很欣赏。刘向祖上是随刘邦征战天下的刘交。刘向是刘交的第四代子孙，自然维护皇权，深得萧望之器重。萧望之、周堪和刘向志同道合，三人组成一个反外戚的士大夫联盟。

为了扶正刘奭，萧望之与周堪联名推荐刘向为散骑宗正给事中。任职后，刘向的任务就是陪在皇帝身边，监督皇帝过失，善言劝谏。萧望之安排刘向在刘奭身边，就是给刘奭找寻一个引导人，以免他误入歧途。

但是刘奭没有毅力，心志不坚。

刘奭称帝后，朝臣上书，推荐张敞为刘奭的老师。张敞面目有些凶恶，众人觉得倘若他教导刘奭，也许能改变刘奭懦弱个性。

刘奭丝毫没有断事能力，为自己任命一位太傅，也要咨询老师萧望之。萧望之自然不同意，说张敞言行轻佻，不适合当太傅。张敞为妻画眉，爱逛风流之地章台街，人人皆知。刘奭听萧望之如此说，默然同意。但张敞乃有才能之人且声名远播，不能永远屈居在地方。于是萧望之调张敞回朝，安排他任左冯翊，打击黑恶势力。然而，命令刚下，张敞就死了。

刘奭生性好动，没有定性，爱东逛西游，刘向不能时常陪伴。为了皇帝安全，萧望之另外给刘奭安排一名跟班，命他随时跟随刘奭。此人名叫金敞，担任侍中。萧望之不用张敞这等高手，而起用一个名不见经传的后生晚辈，除了顽固外，更是嫉妒心作祟。同朝为官，萧望之不能容人，必然自堵后路。

刘询刚死，萧望之就急忙安插人手在刘奭身边，组建士大夫联盟，意图很明显。史高虽无能却不是傻瓜，看出了其中的门道。刘奭在萧望之的掌控之中，无论大事小事，都咨询萧望之却不咨询史高，史高就有名无实，他已被萧望之架空。掌控刘奭后，对萧望之而言，史高就没有太大威胁了。

自有大司马一职以来，都由外戚担任，外戚的势力很强。史高是刘询任命的大司马，虽然权力很大，但在萧望之的摆布下，已是有名无实，史高心中自是愤懑。萧望之架空外戚，手段之快犹如闪电，让史高措手不及。

兵来将挡。萧望之拉帮结派，抢占地盘，史高也要组建联盟，全力反攻。外戚跟皇族表面是亲家，实质是仇敌，自吕雉专政以来，无不如此，因此史高不能拉皇族。史高无德无能，没有才学，也无法拉拢士大夫。正当绝望之际，史高脑里灵光一闪，决定拉拢宦官。萧望之能架空史高，全因安插刘向和金敞在刘奭身边。如果史高能拉拢宦官，萧望之联盟就遇上对手了。

史高想报复萧望之，仆射石显帮了很大的忙。

原本，石显有一位上司，名叫弘恭。弘恭是中书令，负责管理宫廷事务，石显是事务执行官。石显是沛人，弘恭是济南人，他俩早年不守规矩，被罚宫刑。宫刑后，石显苦学法律，期盼在皇宫谋职，刘奭称帝不久，提升他为中书令。史高找石显商议组建外戚—宦官联盟的大计后，石显越发极力讨好刘奭。生性懦弱的刘奭更需要石显这种人的哄骗。刘奭没有处事能力，身体虚弱，意志力也很弱……每当奏章很多时，他就让石显代劳。一旦掌控批复奏章的大权，就掌控了处治天下的权力，石显自然很乐意。

石显乐意代劳，刘奭顿觉轻松，抛下国家，一心钻研音乐艺术。在第一局，通过刘向和金敞的手，萧望之掌控刘奭；在第二局，通过石显的手，史高掌控刘奭。两大联盟组建后，刘奭的皇权就是他们所欲争夺的东西，围绕刘奭，双方决定火拼。

贪权力郑朋见风使舵

刘奭批复的奏章，越来越不合萧望之的口味。凡是萧望之赞同的，石显就反对，史高坚决反对；凡是萧望之反对的，石显就赞同，史高无条件赞同。看着萧望之无能为力，石显笑了，史高笑得更开心。

史高无能，萧望之不惧；石显也无能，萧望之就很害怕，因为石显接近刘奭。石显是萧望之的心腹大患，不能不除。萧望之上书刘奭，说国家权力都集中在中央，中央很重要，处理中央事务的人应当由光明正大的人担任。很明显萧望之奏疏的矛头直指阉人石显。萧望之担心刘奭不明白其中之意，又说，依照儒家传统，宦官不能担任官职，请求刘奭将石显免职。

石显深得刘奭信任，能看到朝臣的奏章。萧望之呈上这样的一封奏章，就是下挑战书。刘奭无能，不敢废除宦官制度，因为这是祖上创制的。士大夫联盟希望废除，刘奭不敢废除，外戚与宦官联盟从自身的利益出发当然不希望废除，这三股势力纠缠在一起，难解难分。

萧望之下挑战书，石显利用手中职权，马上还击。石显提升刘向为宗正，使刘向不能再陪侍刘奭左右。刘向走了，萧望之就少了一只掌控皇帝的手。刘向走后，萧望之和周堪联名上书，推荐儒士出任谏官。无论士大夫集团有多少谏官，都不是石显的对手，因为刘奭的心智稚嫩且无多少智谋，不喜欢儒士干枯无味的大道理，只爱听石显的甜言蜜语。两大集团争斗到这个地步，石显已经变成外戚—宦官联盟的主力，在争夺战中占据优势地位。

正当士大夫集团节节败退之际，突然冒出一个恶胆小人，他支持萧望之。这人名叫郑朋，没有坚定的政治立场，完全是投机倒把分子。郑朋之所以支持萧望之，因为士大夫联盟被石显打得溃不成军。郑朋认为，只有力挽狂澜，才能凸显自己的才能。

郑朋写了一封揭发信，说大司马史高私下将门客安插到各封国和诸郡县，榨取非法利益，图谋不轨；外戚史氏家族和许氏家族互相勾结，害人无数，恶行累累，罪不容诛。郑朋这一举动令刘奭不能承受，不知如何处理。于是刘奭去找老师周堪，咨询此事。

正愁联盟无人，突然冒出一位郑朋，周堪甚是高兴，他派人通知郑朋，让他到金马门报到，等候召见。周堪耿直，坦然待人，没有心计。萧望之接见郑朋，郑朋一见萧望之，开门见山，张嘴就问，萧望之想当管仲还是周公。管仲和周公都是辅助君王的厉害人物，世人十分敬仰。郑朋说，如果萧望之想当管仲，就是他看错了人；如果萧望之想当周公，他愿意一马当先，开辟道路。郑朋语出惊人，萧望之大脑发热，当即拜服，两人谈得很投机。

郑朋走后，萧望之突然清醒，郑朋一身恶胆，什么事都干得出来，这严重触犯士大夫的道德界限。作为士大夫的代表，萧望之行事十分规矩，绝不会越雷池一步。让萧望之跟郑朋合作，等于败坏他的道德观，他宁死不从。

萧望之对郑朋闭门不纳，周堪紧随，与郑朋绝交。郑朋上书后，刘奭准备召见他与另外一人。周堪居中阻挠，郑朋没有机会见到刘奭。

在士大夫联盟碰壁后，郑朋退而求其次，投靠史高。正当用人之际，郑朋甘愿归附，史高很高兴，命郑朋拜见刘奭，将该说的话给补充完整。郑朋拜见刘奭，说他上书奏章是受人指使所为，那人就是萧望之。

石显很聪明，不像萧望之那么笨，让对方看到奏章。趁萧望之不在朝野之时，石显将告发萧望之的奏章递交给刘奭。刘奭没有头脑，看不穿法律高手石显的真实把戏，于是命人追查。负责调查之人问萧望之，说有人告他挑拨皇帝和外戚的关系，他怎么解释。萧望之不知道自己背负大案，慷慨豪迈地说，外戚自恃位高爵厚，骄奢无度，他一片诚心，劝皇帝远离外戚，绝无二志。言者无心，听者有意，萧望之自负得紧，祸从口出。

萧望之亲口承认罪证，石显求之不得。石显处理好案件，对刘奭说，萧望之承认罪状，应该交给廷尉处理。刘奭并不懂什么是交给廷尉处理，认为是让廷尉调查。其实，交给廷尉处理，就是让廷尉确认犯罪嫌疑人是否有罪，如果有罪，抓捕关押，判定处罚。石显深懂律法，为整垮士大夫集团，故意在皇帝面前设下圈套。

得知萧望之和刘向被廷尉抓捕后，刘奭十分生气，命石显立刻放人。石显费了九牛二虎之力，才将萧望之扔进大牢，绝不能纵虎归山。石显没办法，史高出马。史高对刘奭说，老师萧望之和皇室子弟刘向有罪，皇帝抓捕，百姓认为皇上铁面无私，无不敬服；如果突然释放萧望之和刘向，百姓就会认为皇帝偏袒，有损皇帝形象。刘奭刚登基，应该树立一个好形象，而不是给百姓留下一个坏形象。想不让萧望之和刘向在大牢里受苦，又要维护皇帝的形象，最好方法是罢免萧望之和刘向。

刘奭向来不会思考朝廷之事，听信史高，将罢免萧望之和刘向的事交给史高处理。不久，刘奭下了一道诏书，说萧望之教导皇帝八年，年老体衰，皇帝怜惜，恩准退休。萧望之被免职，周堪和刘向被贬为庶民。

保名节萧望之自杀

贬退萧望之后不久，刘奭又思念起他来，于是封他为关内侯，兼任给事中，准许萧望之每半个月拜见一次。给事中，就是御前监督官。刘奭让萧望之担任监督官，石显和史高心中惶恐。

紧接着，刘奭又想封周堪与刘向为谏大夫。如果让萧望之、周堪和刘向团聚，士大夫联盟死灰复燃，有燎原之势，石显和史高甚为惊恐。为了将士大夫联盟扼杀在摇篮里，石显和史高劝阻刘奭分封周堪和刘向。刘奭突然很坚定，经过一番讨价还价，刘向和周堪被封为中郎。

士大夫集团复活，石显和史高坐立不安。双方的关系正紧张之际，突然发生了一场地震。天灾是对抗的最好借口，围绕天灾，两大联盟再次短兵相接。刘奭收到一份奏章，说天灾不是针对以萧望之为首的三位孤寡老人，而是针对阉人石显。奏章劝刘奭罢免石显，否则后果不堪设想。

石显看了奏章后，好言为自己开脱，请求刘奭抓捕上奏之人审问。上奏之人是刘向的亲戚，他心志不坚，和盘托出一切，说刘向指使他诬告。刘向是研究天象的大师，知道很多人会借天灾制造声势。与其让对手捡便宜，不如先下手为强，然而，刘向用人不当，偷鸡不成蚀把米。又是人证、物证俱全，刘奭只能再次贬刘向为庶人。

刘向被贬，士大夫联盟损失惨重，萧望之不知如何是好。正当萧望之孤独无助之时，他的儿子萧伋上书刘奭，请求翻案。几个月前，刘向和周堪被关进大牢，萧望之的案子只是被移交廷尉，没有被抓捕。萧伋认为，他父亲没犯罪，因为此事被免官不合道理，请求刘奭重新审理，追究相关责任人。萧伋请求重新审理是假，想借此整治石显才是真正的目的。

士大夫集团十分正直，石显利用这个弱点，故技重施，在萧伋的奏疏中找到几个小漏洞，说萧伋用语有失，大不敬。石显反击萧家一剑，上奏一封说，刘奭开恩，重新起用萧望之，萧家应该感激才对；萧伋公然大喊冤屈，要求翻案，简直是怙恶不悛，不懂得感激皇帝的厚恩。石显嫌文字表达不足以刺痛刘奭，又在刘奭的耳旁说，萧望之自负得紧，自恃是皇帝的老师，居功自傲，应该挫挫他的傲气，杀杀他的威风，否则将来不能管教。

没有判断力的刘奭，常常觉得石显说得一半有理，一半无理。至于那一半有理的为何有理，那一半无理的为何无理，他就说不出来。石显告诉刘奭，关押萧望之几天，萧望之就听话了，不会再闹事，不会再惹人。刘奭说不能关押，因为萧望之性子刚硬，宁为玉碎，不为瓦全。

刘奭在石显的言语说辞下，竟将关押萧望之的事交由石显处理。石显拿着逮捕萧望之的诏书，命人捧去给萧望之看。石显的意思很清楚，他要让萧望之知道，刘奭掌控在他手中，萧望之斗不过他。萧望之刚刚看完逮捕诏令，就听到长安的军队将他家团团围住，派势如抓捕十恶不赦的反贼。

一腔义愤，怒火攻心的萧望之问他的学生朱云该怎么办。朱云是一位豪气干云的儒生，说士可杀，不可辱。萧望之受过被贬之耻，受过被关押的折辱，又想到刘向两次被贬为庶人，士大夫集团无力与石显抗衡，突然心灰意冷，生出自杀的念头。

萧望之说，他是一位儒生，位列三公，是刘询钦点的顾命大臣，他已年过花甲，绝不再次遭受监牢的折辱，既然不能成功，就只能成仁。他命朱云赶紧磨药，朱云递给老师一杯鸩酒。萧望之仰头喝干，倒地而死。

只顾保全儒生人格的萧望之，果然坠入石显的彀中。石显能够激死萧望之，原因不是石显很厉害，而是萧望之非常高傲，不愿遭受折辱。在中国社会，小人要想整死贤人，原因不外是小人手段毒辣和贤人傲然自负。石显激死萧望之，是小人整死贤人的典型案例。

刘奭听说萧望之死后，后悔万分，命人火速召唤石显。石显很会演戏，知道刘奭爱惜萧望之，一见到刘奭，马上跪倒，陈述万种理由。石显甜言蜜语地说了一大堆，总结下来，只说一句话，不能理解萧望之为何宁可自杀，不愿苟活。石显知道萧望之以道德模范自居，性子刚烈，不能忍受折辱。他说不能理解萧望之轻生，是说给刘奭听的。

刘奭知道萧望之性子刚烈，也曾想过萧望之会因被捕关押一事自杀。然而，听说萧望之真的自杀后，刘奭不能理解。刘奭不能理解萧望之的自杀，就像不能理解刘询的治国之术，这根源于他性格懦弱。

萧望之死了，士大夫集团彻底灭亡了，没人再敢挑战石显了。刘奭不理政事，全国政务都交由石显处理，石显可以悠悠然地掌权了。史高与石显乃同盟，只要石显不过分，他不会为难石显。石显处理了士大夫集团，控制住优柔寡断地刘奭，联合外戚，真正掌控权力。刘奭生性懦弱，阉人石显就趁机崛起，这是历史的必然。

第十章　王氏家族和赵氏姐妹

王政君的皇后之路

刘奭娶了一位女子为皇后。这位女子名叫政君，与王昭君同姓，但性格迥然相异。如果说王昭君是小家碧玉，那么王政君就是大家闺秀；如果王昭君是山涧兰花，王政君就是被尊养的牡丹。一句话，王昭君是弱女子的命，王政君是强女人的命。王政君家住长安城，她父亲名叫王禁，官居廷尉史。王政君的母亲怀王政君时，梦见月亮飞进肚里。太阳代表皇帝，月亮自然代表皇后。这个故事预示王政君将要成为皇后。

王禁本已为王政君相中一门亲事，双方父母也说定了。然而，王政君还没出嫁，男方就死了。接着，王禁又为女儿相中富家公子东平王，双方刚说定，同样离奇的事又发生了。这在当时来看，是命硬克夫的征兆。

后来，王禁为女儿算了一卦。卦象说王政君：当大贵，不可言。世间富贵很少，欲达到不可言的境界，只有当皇帝或者皇后。离奇之事频频发生，王禁大致参透，开始教育王政君读书写字，琴棋书画。王政君十八岁时，被选入宫。

王政君入宫时，刘奭还是太子。刘奭柔情似水，跟司马氏缠缠绵绵。可惜，司马氏体弱多病，早死。弥留之际，司马氏对刘奭说，她身体不好，全因后宫女人妒忌，诅咒她早死。刘奭是个多情种子，恨后宫女人诅咒司马氏，司马氏死后，立誓不碰后宫女人。但刘奭是未来的皇帝，如果无子，未来的王朝就没有皇帝。

刘询知道后，想到一个两全其美的办法，他亲自从后宫选出5个宫女供刘奭挑，王政君就在其中。刘奭的养母王皇后问他喜欢那个，刘奭冷冷淡淡的，说随便一个。王皇后见王政君坐挨着刘奭，而且王政君的大红衣角还接触到刘奭，便由此断定刘奭喜欢王政君。一个人故意穿一身大红衣裳，两个人偶然地坐在了一起，另外一个人主观臆测，历史就这样改写了。

完婚后，王政君为刘奭生了一个儿子。刘询为他取名刘骜。刘骜长大后，不合刘奭的心意，刘奭想另立太子。刘奭虽然治国无方，在音乐方面倒有颇有建树。他的小儿子刘康有音乐天赋，很合刘奭的心意。刘康的母亲名叫傅昭仪，她比王政君年轻，比王政君漂亮，比王政君讨刘奭喜欢。刘康是刘奭的音乐知己，刘康的母亲又是刘奭的新宠，于是刘奭就想另立刘康为太子。刘奭病重，只让刘康母子服侍，刘骜母子根本挨不上边。除此之外，刘奭还命人翻查史书，想知道汉景帝刘启是如何废掉太子刘荣。刘奭之意，人人知晓。如此情势下，王政君很着急，火速寻求刘奭宠臣石显的帮忙。只要石显助刘骜赢得皇位，他就有了靠山。为了明天的发展，石显同意出手相助。

稳住了石显，就等于抓住了石显集团。而且石显集团还有史氏家族的支撑。更令王政君兴奋的是史高的儿子史丹是刘奭的亲信，能够随便出入刘奭的寝室。

有一天，趁刘康母子不在，史丹跑进刘奭寝室，跪在刘奭床前大哭说，刘骜被册立为太子已经有十多年了，太子美名远播，深受百姓爱戴。而且他还以死相威胁表示坚决不同意另立太子。

史丹的语气，大有当年周昌劝谏刘邦的气势。可惜，刘奭不是刘邦，没有拒绝史丹，而是对史丹说，让王政君好好教育太子，辅助太子继承帝位。

公元前33年，五月二十四日，刘奭在未央宫驾崩。

赵氏姐妹入住后宫

刘骜其实并不适合做皇帝，他生性懦弱，不懂反抗，不会反抗，一切都按规定行事。这个被架空的皇帝，在王凤死后，解除了套在头上的紧箍咒。

于是，刘骜微服出宫，先解决了一点正事，然后随便逛逛。听说王氏五侯很张狂，整天只知道斗富比豪，刘骜决定前往拜访，想见识一下什么叫奢华。成都侯王商，胆子很大，曾在一个炎热闷人夏天，突发奇想，向皇帝借明光宫居住。明光宫在长安城内，紧挨桂宫，只有皇帝有使用权。王商借明光宫一事，给刘骜留下了很深的印象。所以此行的第一站，刘骜就选择了王商的宅邸。王商很客气，对待刘骜就像对待知己，带领刘骜参观他的杰作。王商在家里修了一个精美绝伦的人工湖，为了引用活水，凿穿长安城城墙。长安城就像刘骜的家，是刘氏祖上用命换来的。王商凿穿长安城，就是毁害刘氏基业。

紧接着，刘骜拜访曲阳侯王根。皇帝拜访，王根热情款待，同样领刘骜参观他的杰作。王商修建人工湖，王根附和，修建一座假山；王商凿穿长安城，王根同样追随，模仿未央宫白虎殿建造假山。

回宫后，刘骜召见王音，命他办理王商和王根。听说要被办理，王根和王商非常震惊。为了生命安全，王根和王商学习王凤，哭求王政君帮助。王根和王商对王政君说，他们知道错了，愿意在脸上刺字，割掉鼻子，以此谢罪。刘骜听说后，怒气不消反增，并说，君无戏言，一言既出驷马难追。

大司马王音听了刘骜的话后，回到家中跪在一个草垫上，时不时地抬头望望天。囚犯斩首时，为防止颈部激喷的血流在地下，特意给囚犯垫草垫，用以吸收鲜血。王音跪草垫，因为听到刘骜派人查询刘恒怎么逼死舅父薄昭。刘骜突然发威，王音真怕。

刘骜雷厉风行，王商、王根、王立三人一起，背上大刀和砧板，前往皇宫向刘骜请罪。然而，刘骜心志不坚，只有三分钟热度。面对国家重担，刘骜依赖三公，尤其是王凤；面对人生，刘骜依赖女人，尤其是赵氏姐妹。

当上太子后，刘奭从外戚许家找来一个女人，嫁给刘骜。刘骜还算争气，娶了许皇后后，马上生了一个儿子，不久死了。接着，刘骜生了一个女儿，但不久死了。刘骜登基后，许皇后再也没生一个儿子。王政君着急了，为了砸碎许皇后对刘骜的垄断权，在王氏家族授意下，朝臣上书，说天灾连连，因为皇帝无子。为了大汉基业，刘骜只能暂时搁下许皇后，重新宠幸一位班婕妤。班婕妤美丽善良，讨刘骜的欢心，更令王政君喜爱。不久，班婕妤生了一个儿子。可惜，这个孩子命短，也早早地死了。

刘骜修理王氏五侯后，没人敢管理他，常常跑出皇宫游玩，在阳阿公主府上遇见能歌善舞的赵飞燕，一见倾心。

赵飞燕出生后即被父母抛弃，丢在野外三天。然而赵飞燕竟然三天饿不死，她父母认为赵飞燕命不该绝，便送她到阳阿公主府上学歌舞。赵飞燕身形瘦削，轻巧如燕，舞姿翩翩，人称飞燕，最终忘了真名。刘骜见了赵飞燕后，立刻招进皇宫，连同赵飞燕一起进入皇宫的还有她妹妹赵合德。后宫女官，阅过无数美人，人称披香博士，她预言赵飞燕是祸水，将会淹没刘氏。当时长安谣传，说燕啄皇孙的燕指赵飞燕，意指刘骜必然无后。用星象学观点来看，汉朝主火，赵飞燕是水，刘骜这团温火一头扎在赵飞燕怀中，就是自取灭亡。

刘骜栽在赵氏姐妹怀里，封她姐妹为婕妤。在后宫，婕妤的地位仅次于皇后。赵氏姐妹貌美如妖，心毒如蝎，为了皇后之位，使出女人的拿手把戏，制造巫蛊，栽赃嫁祸。趁刘骜躺在怀中，赵氏姐妹软语温存地说，许皇后不甘遭受冷落，利用巫蛊，诅咒后宫美人早死。这里的后宫美人，不指别人，专指赵氏姐妹。刘骜的耳朵很软，女人说一句话，他就晕头转向。此后，许皇后被废，许家外戚被逐出长安。班婕妤聪明伶俐，被审问时，咬死一句话不说，最终为了自身安危，只能明哲保身，主动请求搬去和王政君同住。

经过后宫大战，赵氏姐妹称霸后宫，彻底霸占刘骜。

为了女人第一次杀人

许后被废，皇后位置空缺，刘骜被赵氏姐妹霸占，一个必然的结果被制造出来了，刘骜要封赵飞燕为后。刘骜沉迷于赵飞燕的美色，连国家大事都忘了，更忽视了王政君的重要存在：在后宫，王政君资格最老；在皇宫，刘骜孝顺敬重王政君；在朝廷，王氏家族掌握大权。

王政君出身名门，很看重身份，从没将赵飞燕放在眼里。赵飞燕能蛊惑皇帝，但却不能取得王政君的信任和好感。为了自己的利益，和皇室的香火，王政君不能继续等闲视之，袖手旁观，必须插手干预。与此同时王政君的侄子从刘骜那里看到了好处便决定出手帮助刘骜。

王政君的侄子，名叫淳于长，是她姐姐的儿子。淳于长凭借和王政君的亲戚关系进宫担当黄门郎。黄门郎官小，没有贿赂，没有地位，干了一段时间后，淳于才决定找机会升迁。大司马王凤生病期间，淳于长一天去看望几次，陪着王凤散散步，聊聊天。王凤深为感动，临死时，托付刘骜升淳于长的官。王凤将死，刘骜按王凤的意思。提拔淳于长为侍中。为了证明他这个侍中不是吃白饭的，淳于长主动请缨，向刘骜保证说他可以让王政君答应立赵飞燕为后。嘴说不行，淳于长就采取实际行动，首先他建议刘骜封赵飞燕的父亲为侯，他认为这样一来，王政君就不能拿赵飞燕出身低微做借口了。其实这是弄巧成拙，此举只能说明裙带关系力量大，反而破坏赵飞燕的形象。

成帝永始三年（公元前14年），怀着如日中天的希望，刘骜封赵飞燕的老父亲为成阳侯。刘骜视封侯为儿戏，马上有人上书，骂赵氏姐妹红颜祸水。

上书之人，名叫刘辅，官居谏大夫。刘辅是皇室宗亲，他估计这么骂不会出大事，况且背后有一批强悍如军队的人支持他。为了加重火药味，刘辅说，满朝公卿都不敢指摘，他不怕死，敢为天下先，挺身而出。

刘骜怒目而视，头发都竖起来了，决定杀刘辅铺平赵飞燕的封后大道。命令刚刚下达，光禄勋师丹、太中大夫谷永、左将军辛庆忌和右将军廉褒等朝廷重臣纷纷上书，为刘辅求饶。这些人说，刘辅上书在职权范围之内，即使出言不逊，也不该问斩。

其实刘骜想杀刘辅，只是想先玩个下马威，让朝臣不敢阻碍赵飞燕的封后之路。朝臣集体出面求情，刘骜采取折中主义，免刘辅死罪，罚做三年苦工。除此之外，刘骜还顶撞了王政君，王政君由此疏远了他。

赵飞燕知道，皇太后之所以不承认她，是因为她不能生育。赵飞燕和刘骜在了好长一段时间，都不会生孩子，她害怕了。为了证明不是她的错，她私下找来侍郎、奴仆，进行逐个尝试，每一次尝试的结果都令她痛不欲生。面对一次接一次失败的打击，赵飞燕向命运低头了。

赵飞燕谋子之际冷落了刘骜，刘骜有依赖心理，受不了冷落，立刻将目光投给了赵合德。赵飞燕美，赵合德也美，刘骜对赵飞燕爱得深，对赵合德同样爱得深。宠爱赵合德期间，刘骜将赵合德的昭仪宫大加装修，让美人赵合德享受大汉第一奢华的宫殿。

面对人生的痛苦，赵氏姐妹两人一条心，互相为彼此开脱。刘骜躺在赵合德怀中时，赵合德对刘骜说，赵飞燕性子刚烈，得罪过不少人，必定有人会污蔑；如果有人揭发赵飞燕，说赵飞燕坏话，刘骜一定要先将揭发之人杀死。

刘骜很听女人的话，不久，果然有人揭发赵飞燕淫乱后宫，刘骜直接将揭发之人杀害了。这是刘骜登基以来第一次杀人，刘骜不杀王氏五侯，却杀害揭发赵飞燕的人。

扶不起的刘骜

虽然刘骜的眼睛被蒙蔽了，天下人的却很明亮。赵飞燕在后宫掀起风雨，赵合德缠住刘骜，谣言纷纷传出。谁都害怕谣言伤身。然而，为了大汉基业，忠心的人不能不拉刘骜一把。

正当朝廷用人之际，刘向挺身而出，使尽平生所学，裁剪《诗经》和《书经》上贤惠之妇帮助夫君兴邦治国的故事，编辑成一本好书，献给刘骜。看完书后，刘骜召见刘向，说他懂书上的道理。然而，懂道理是一回事，能够将事情给做好又是另外一回事。王政君再次努力，起用王凤的得力助手——谷永。

王凤死后，谷永被贬到凉州任刺史。正当用人之际，恰巧谷永到长安公干，王政君立刻召见谷永。为了回到长安，谷永决定助王政君一臂之力。又是事有凑巧，刘骜召见谷永，让谷永献计献策。谷永写了一篇火药味十足的文章，说刘骜纵欲无度，沉迷女色，伤害身体，更伤天害理；刘骜年纪一大把，还没生一个孩子，如果再执迷不悟，可能会断子绝孙。骂完后，谷永好言相劝，叫刘骜以国家大业为重。

谷永呈上奏章后，就立即逃出了长安。而刘骜看完奏疏，果然不出谷永的预料。龙颜大怒，命令侍御史快马追赶谷永。侍御史临走，刘骜嘱咐，如果谷永逃出交道厩，就不用追了。为了谷永的安全，王政君在刘骜身边安插了耳目。刘骜命令刚下，王政君立刻命人飞报谷永，快快逃出交道厩。谷永动作迅速，让刘骜的部队空手而归。

刘骜有一个很好的玩友，名叫张放，他与刘骜的感情甚笃。他们小时玩在一起，长大后，仍然形影不离。王凤死后，张放陪刘骜偷跑出宫去玩，结果遇上了赵氏姐妹。王政君安能不生气，只是无处发泄，只好拿张放出气。王政君派人到刘骜身边卧底，搜集张放导致刘骜走向歧途的罪证。

王政君叫来刘骜，要求其将张放逐出长安，遣回封地。刘骜口上答应，却迟迟不见行动。王政君召见王家五侯，吩咐他们叫丞相和御史大夫弹劾张放。于是薛宣和翟方进联名上书，罗列张放种种罪行。

张放脑筋不好使，为人却还非常张狂，犯下的这些错误，让别人落了口实，刘骜也没办法为他说好话。不过，刘骜虽然嘴上不说，却耍了点小聪明，调张放到北郡担任都尉，想趁王政君不注意，悄悄将他调回长安。但王政君对刘骜的心思了如指掌，为了彻底整治刘骜的乖张，王政君调谷永到北郡担任郡守，严密监视张放。上次刘骜没追住谷永，傍上王政君这座大山后，谷永一到任就上书刘骜说，长安天灾连连，这是上天对刘骜的警告，如果刘骜不清理身边的小人，仍旧执迷不悟，天灾会越来越大。对此次上书刘骜只能装装样子，大赞谷永说得好。

刘骜找了个机会把张放调回了长安，担任侍中。然而还不等实施就被王政君察觉了，只得再次打发张放出长安。

张放走了，刘骜果然规矩很多，开始管事。王政君见状，很高兴。

在刘骜过了一年多的正常生活后，张放的老母亲敬武公主病了，张放得以暂回长安。面对天伦需要，王政君不得不松口。王政君松口，但没放口。张放在长安待了几个月后，王政君说，张放尽了人子的义务，该离开长安了。

这一次为了张放的安全，刘骜又给张放换一个地方，调到河东郡，担任都尉。

最后，张放被免官，刘骜赏赐大量钱财，挥泪送张放回封地。刘骜驾崩后，张放思恋成疾，终日哭泣，最后郁郁而死。

选立接班人

王政君和赵飞燕对峙了一年多，最终还是松口了。其中缘由只是为了延续皇室的香火。王政君阻止封赵飞燕为皇后，目的是要一个孙子；她松口默许，也为一个孙子。既然赵氏姐妹不甘罢休，王政君就决定给她们一次机会，也给自己一次机会。

成帝元延四年（公元前9年），诸侯王前来长安朝拜，来的人不特殊，但是日子很特殊。病弱的刘骜四十四岁了，放弃生儿子，要从两个王中选一个册立为太子。这两个看似不特殊、实际很特殊的人就是中山王刘兴和定陶王刘欣。

刘兴是刘骜的兄弟，刘欣是刘骜的侄子，这两个人都是刘骜最亲近的人。刘欣的老爹刘康和刘骜很好，可惜被王凤拆散后，彼此难见一面，最终人鬼殊途。刘欣乖巧伶俐，刘康死后，刘欣深得刘骜的青睐。

细节决定成败，不能忽视每一个细节。朝见期间，刘骜暗中考察刘兴和刘欣的才能。刘欣就像一位经过严格训练的士兵，无论大事小事、一言一行都深合刘骜心意。刘欣能将刘骜最喜爱的《诗经》倒背如流，刘兴却是凡夫俗子一个，什么都不懂。选立国家的太子，不一定要才华横溢的人，但也不能要一个凡夫俗子。第一局比试，刘兴败阵。

第二局最平常，比吃饭。刘欣吃饭时，温文有礼，举止得当，刘兴却狼吞虎咽，就像前世是饿死鬼。退席时，刘欣懂得让刘骜先走，刘兴却如一枚冲天的炮弹，直冲猛闯。更令刘骜生气的是，刘兴的袜带松了，一大半截脱落在外面，像一个要饭的。刘骜看后觉得刘兴没有帝王之气，甚至连贵人的气质都没有。于是在刘兴和刘欣之间，刘骜选择了后者。

世上最无奈的选择就是二选一，然而，刘骜所面对的二选一却非常合心。因为为了儿子的皇位，傅昭仪曾与王政君大战，王政君技高一筹，傅昭仪只能跟随刘康一起蹲在定陶。大战结束后，王政君、刘骜和刘康都淡忘战斗之事，唯独傅昭仪记得最深。傅昭仪十分高傲，儿子当不了皇帝，就训练孙子。刘欣之所以能将《诗经》背得滚瓜烂熟，全都是傅昭仪几十年如一日教养的结果。

刘骜相中刘欣后，召集朝臣开会，讨论册立太子一事。这时已经过去一年了。成帝绥和元年（公元前8年），朝臣再次商议立太子一事时，有些人竟然提议刘兴为太子，最突出的代表是御史大夫孔光。孔光认为，依照礼教规则选择，要选立与刘骜血缘最近的人，即按兄终弟及的模式选立太子。

孔光，字子夏，是孔子的第十四代孙子。孔光不喜欢当官，然而，读的古书很多，想不当都不行。孔光看待问题，总是以古书为标准，忽视现实人的需要，很容易碰钉子。丞相翟方进与孔光看待问题的视角不同，他从现实人的需要出发，知道权变。刘骜喜欢刘欣，翟方进提议刘欣为太子。

翟方进，字子威，也是一个出身贫寒的人。年轻时，翟方进在地方郡守府上任职，劳累疲惫不说，还看不到人生的希望，很想辞退。偶然的机会，一个算命的对翟方进说，只要他好好读书，将来必定做大官。对此，翟方进深信不疑。于是他告诉他后母，自己要到长安求学。后母怜惜翟方进，陪同到长安。到长安后，翟方进的后母织鞋为生，翟方进一心学习《春秋》。学成后，翟方进开始入朝为官。经过几十年如一日的如履薄冰，翟方进当上丞相。

翟方进一路上，眼观六路，耳听八方，争取掌握最精确的情报，力求做到不差毫厘的判断。得知刘骜有意立刘欣为太子后，翟方进坚决拥护刘欣，深得刘骜喜爱。附和孔光选立刘兴的人很少，多数赞同选立刘欣。最后刘骜册立刘欣为太子，同时为了安慰刘兴，刘骜多给了他三万户采邑。

按照大汉规定，刘欣过继给刘骜后，就不能再同原先的亲人有任何联系。然而，刘欣是傅昭仪推荐的，王政君和刘骜商议后让傅昭仪每隔十天见刘欣一面。

第十一章　王莽的发迹史

王莽的成长史

王莽，字巨君，是孝元皇后王政君的侄子。宗族是中国古代社会的一个大集团，只要族中有一人“得道”，其他人无论贤愚都能升天。王政君当上皇后后，她父亲王禁被封为阳平侯。王禁死后，他哥哥王凤继承侯爵。她弟弟王谭被封为平阿侯，王崇被封为安成侯，王商被封为成都侯，王立被封为红阳侯，王根被封为曲阳侯，王逢时被封为高平侯，堂弟王音被封为安阳侯。王政君一人当皇后，整个家族都被封侯，外戚不干政就是笨蛋。

王莽身属豪族，但生在穷家庭。只怪他父亲王曼不争气，还没被封侯就死了。王莽来到这个世间时一无所有，他从家里走进社会时还是一无所有。王莽年幼与堂兄堂弟们玩耍，堂兄弟穿得光鲜靓丽，乘骏马，坐香车，好不骄傲，好不风光。堂兄弟们日日斗富，天天比贵，王莽只能干瞪眼。都姓王，一般大年纪，别人就穿得比王莽好，吃得比王莽香，王莽好不纳闷。

都说上天是公平的，上天没给王莽富贵，就送他孤独。因为贫穷，王莽孤独得形影相吊。没人肯陪他这个穷小子玩，王莽就勤学苦练，拜沛郡（今安徽淮北市西北）陈参为师，一心研究《礼经》将自己装扮得十分像儒生。不仅如此，王莽还降低身份与一般人布衣论交。说王莽降低身份，是因为他姑姑是皇后，平头百姓不能与他平起平坐。王莽十分节俭，将多余的钱财送给需要帮助的人。不出几年，王莽博学多才貌似儒生，慷慨乐施的美名越传越远。

与王氏集团中其他子弟的纨绔相相比，王莽简直就是天上的天鹅，他的堂兄弟就成了不知天高地厚的丑小鸭。他的伯伯、叔叔不是腐败分子就是败类，这更能衬托王莽儒雅有度，博学高才。一句话，在无能的王氏集团中，王莽当中一站如鹤立鸡群，真是凤毛麟角。

王莽的哥哥死了，将自己的妻儿托给王莽照顾。自此，王莽照顾老母亲，照管嫂嫂，教养侄子，面面俱到恭敬有礼，没有丝毫越礼之处。这样的一个人才，打着灯笼都找不到，竟然生在腐败的王氏集团不是见鬼就是有诈。

汉成帝年间，王莽的伯父大司马王凤病重，王莽前往照管。他亲口为王凤尝药，王凤卧床几个月，王莽照管几个月。为了照顾王凤，他不解衣带而睡，蓬首垢面。为讨好一个将死的人，王莽肯下这等工夫，淳于长却只会陪王凤散散步聊聊天。王凤自然被王莽的诚心打动，托付孝元皇后和成帝照顾王莽。王凤死后，王莽被任命为黄门郎，后来升迁为射声校尉。

听说王凤卧病在床，淳于长和王莽都细心看望，王凤死后他俩都被封官。然而，从这一件小事就可以看出，王莽比淳于长厉害。淳于长会作秀，王莽善作伪。与王莽狭路相逢，淳于长只能自认倒霉。

王莽谦恭下士的美名远播，他的社会声望很高。一天，他叔父王商上书，请求割一块户邑给王莽封侯。王商提出这个要求并非脑子进水，因为劝谏刘骜批示同意的都是当世贤人，如中郎陈汤、长乐少府戴崇、侍中金涉等人。这么多名流为一个不起眼的王莽上书，刘骜想不看好王莽都不行。

成帝永始元年（公元前16年），王莽被封为新都侯，封国在都乡，食邑一千五百户。淳于长进步后很骄傲不说，居然还敢诈骗皇后。反观王莽，他进步后非但不骄傲还越发谦虚。王莽有抱负，淳于长鼠目寸光，他俩的差距很大。王莽被封为侯，他并不骄傲是因为他觉得自己离梦想还很远。在王莽心中被封侯仅是人生的起点，离他理想的终点还很远。"路漫漫其修远兮，吾将上下而求索"，这才是王莽的心里话。

从此之后，王莽的官职就如同芝麻开花节节高。不久，王莽升任骑都尉光禄大夫。官职每上升一级，王莽越发谦卑，王莽不仅对人礼遇有加，还为了赈济宾客散尽自己的好马香车，搞得家徒四壁。如果让淳于长散财救助他人，就等于要他放自己的血喂人。王莽交友送人钱财，而淳于长交友总想榨取。

尽管家徒四壁，但王莽尽力接纳名士，结交了很多士卿大夫。王莽声名日隆，在朝者竞相举荐他，在野者互相夸赞他，他的美誉远远超过他的伯伯叔叔。在朝廷做官，需要有人抬轿子，也需要有人吹喇叭。王莽做官可以说既有抬轿子的，又有吹喇叭的。他坐在轿中，一路走来，春风如意。王莽送他哥哥留下的孩子王光到博士门下学习，王莽常去看望。一天，王莽先洗澡，穿得干干净净的，坐上马车，带着美酒，前去看望王光和老师。无论是礼物还是美酒，都见者有份。那些读书的清苦孩子看见如此慷慨大方的王莽，纷纷发自内心的赞叹。王光的老师们见到谦恭有礼的王莽，更是深感佩服。

声誉是王莽起家的资本。王莽很厉害，他知道自身没有实力就先造势。儒学独霸大汉天下，王莽就专心研究礼仪，将自己扮得像个儒生。大汉的所有官员视钱如命，王莽就做个散财童子。王氏集团又腐败又无能，王莽就谦恭下士，广泛结交名士。物以稀为贵，王莽的这些好品质，深深打动了所有人，以致人人竞相说他好。

人为财死

如果说淳于长是个视钱如命的诈骗犯，那么王莽就是个政治手腕极灵活的权谋家。他俩都曾讨好过大司马王凤，也都对大司马之位怀有觊觎之心。在王莽心里，大司马是外戚家族的。外戚中当数王氏集团最强，他在王氏集团中声誉最隆，大司马之位非他莫属。淳于长自恃刘骜对自己的宠爱，希望改变惯例抢大司马之位来玩玩。在他看来，只要刘骜为他撑腰，大司马就是他的囊中之物。

诈骗犯遇上权谋家，最好退避三舍，否则后果不堪设想。淳于长太爱钱了，竟然骗取许皇后的钱财。淳于长此举等于将自己的头送到刘骜的刀口上。刘骜很宠淳于长，只要不是大事，刘骜一定不会动他一根毫发。然而，一夜夫妻百日恩，淳于长诈骗许皇后，就等于欺骗刘骜。对于淳于长而言，金钱不是罪恶的深渊，而是葬身的深渊。

前文说了，淳于长爱东游西逛，看见谁富有就想从谁身上榨取些钱财。淳于长并无长处，只靠一张厚脸皮专会甜言蜜语地讨好失落女人的芳心。许皇后有个姐姐叫许嬺，许嬿丧夫在家守寡，淳于长瞄好时机，常常登门拜访。一来二去，两人就厮混在一起。

被由皇后宝座踢下来的许皇后，看着空空的宫殿十分寂寞。她见姐姐和淳于长关系好，又想到刘骜对淳于长的宠爱，动了念头请求淳于长将她弄回后宫。许皇后企盼能再见到皇帝被封个名号。许皇后虽然脑子简单，但她知道淳于长喜欢钱，便以重利勾引淳于长。淳于长抵制不了诱惑，尤其是金钱的诱惑，马上答应许皇后。

脑子复杂，但淳于长并不聪明。他认为许皇后有钱没势，骗骗就可以蒙混过关。怀着希望等待活得高兴，怀着孤寂生得痛苦，许皇后选择前者，她一心等待淳于长的佳音，一等就是几年。这些年，许皇后与淳于长常有书信往来，淳于长生性轻薄，不时来几句挑逗之语。有求于人的许皇后默然忍受，有时甚至稍感喜慰。几年下来，许皇后使钱如流水，共被淳于长骗取千余万钱。许皇后此举可是将后半生都给押上了。

精细的王莽不轻易得罪任何人。王莽觉得要办大事不能树敌过多，否则必引火自焚。自王莽出道以来，只有结交人、帮助人，从没整过人、害过人。王莽不整人，但他留心收集整人材料，也就是对方的犯罪证据。如果彼此相安无事，王莽就将别人的犯罪证据吞进肚里、烂在心里；如果对方挡在他前进的道路上，王莽无论如何都要将对方置于死地。

深得刘骜宠幸又深受王太后喜爱的淳于长，王莽早就盯上他了。王莽知道淳于长诈骗许皇后，然而许皇后是甘愿受骗，更何况这样的人根本不值得王莽得罪皇上和太后身前的红人。王莽冷眼看着淳于长，就像冷眼看着窗外的落雨。只要雨点不打到身上，王莽绝不妨碍雨点。

然而，刘骜这阵风，将淳于长这阵雨吹打在王莽脸上。一旦刘骜任命淳于长为大司马，王莽的百年大计就要推后许久，甚至不能实现。当此紧要时刻，王莽坐不住了，他去看望卧病在床的王根。

历史是何等相似，曾经大司马王凤病重，王莽几个月都没合上眼睛好好地睡一觉。王凤死后，皇帝封他黄门郎。那时淳于长也去讨好王凤，陪王凤散步聊天，皇上也封赏。现在，位居大司马的王根同样病重，王莽同样前来照管看望，同样希望王根能在遗言中提拔他。如果说这两者有什么不同之处，那就是王莽胆大了敢进谗了，他将淳于长与许皇后的姐姐通奸和诈骗许皇后的事全说了。

听到消息勃然大怒的王根，命王莽火速告知王太后。王根大怒不是因为淳于长通奸，也不是因为淳于长诈骗，而是害怕王太后被淳于长愚弄。王根要死了，他不希望王太后受奸人愚弄。无论淳于长多么可恶他都不管，他只要求王太后别被奸人愚弄。王莽很聪明，有这样的事情他不直接告诉刘骜，而是先告知王根。王根担忧王太后，遇到此等大事，必然让他去告知王太后。遇此丑事，王太后不方便处理，一定会要他告诉刘骜。同一个消息从一个人的耳朵传到另一个人的耳朵，王莽却见了三个人，即在这三个人的心里都留下了好印象。好印象不是金钱，但它比金钱管用。如果刘骜对淳于长有很好的印象，刘骜就会多给淳于长一次机会。

人类的情感真是奇怪，刘骜宠幸淳于长，但对他没好印象。他宠幸淳于长，只爱淳于长的身体，在刘骜看来淳于长本人毫无内在品质而言。如果说淳于长有品质，那就是爱钱。刘骜不是品行高尚的人，但也没恶劣到跟爱钱如命的人同流合污。对刘骜而言，淳于长只是一具身体；对淳于长而言，刘骜只是一株摇钱树。

刘骜不杀王融、不杀陈汤，也不会杀淳于长。刘骜不杀人，他只会将罪犯贬回封地或者发配边疆。刘骜发配陈汤到敦煌，对昔日恋人淳于长较好，贬他回封地定陵。淳于长曾在长安风光一时，那时要什么有什么，何等快活。现在要走了，可能永远回不来了。对于爱钱如命的人而言，如果永远回不来了，他不会留下一分值钱的东西。正当淳于长费尽心思打包回家时，王融跳出来了，他要淳于长留下仪仗队。

王融是外戚要人王立的儿子。由于王立因诈骗国家财产丢了大司马之职，他赋闲在家没事干，只能教儿子王融敲竹杠的伎俩。王融嘴上说要淳于长的仪仗队，心里却在计算王立诈骗国家财产被查一事。

清查之下，王立一丢官职，二丢财产，损失惨重。他认为这一切是淳于长在背后捣鬼。如今，淳于长被贬回定陵，多半一辈子都回不来。如果不趁机敲他一把，王立被查的大仇就别想报。王融也是讲求实际的人，他知道很多东西都追不回，至多只能让淳于长用钱赔偿。好在淳于长钱多，淳于长也是讲求实际的人，见王融勒索当即奉上大钱。

王立与淳于长的矛盾，不是敌我矛盾，是内部的矛盾。内部矛盾能用金钱解决，如果不能用金钱解决，那就是敌我矛盾。

一份奏折铲除异己

王融前来，名为乞求仪仗队，实际想趁机敲淳于长一竹杠。淳于长脑子一转，当即笑嘻嘻地牵着王融的手，一起走进内堂。王融年纪轻尚未在官场历练，对于淳于长的举动好不纳闷。淳于长扶王融坐好，马上搬出金银珠宝，只见那些财宝如一座大山般堆在桌上。

淳于长心想，只要能用金钱请王立向刘骜美言几句，也许能够留在长安。俗语言，留得青山在，不怕没柴烧。只要能留在长安，淳于长的作秀总有一天能发挥功效；如果被贬回封地，即使作秀功夫天下第一，也是徒有其技无处施展。淳于长偷眼瞧着王融这根救命稻草，只见王融看着财宝眉开眼笑。见王融中计，淳于长不容他三思，命人包起桌上金银送给王融。贪婪是会遗传的。即使不会遗传，王融也在王立的言传身教下耳濡目染学会了几分。王融带上金钱立刻坐上马车，飞驰回家。

没想到王融一竹杠就敲回那么多金银，王立十分高兴。王融将淳于长的嘱托说了，王立马上写封奏书，言辞恳恳，请求刘骜留淳于长在长安。

看王立的奏书后，刘骜百思不得其解。这一对生死冤家突然和好了，他一点风声都没听到。南郡土地一事，王立恨淳于长入骨，巴不得将淳于长生吞活剥。淳于长被贬，王立应该高兴，而非奏请留他在长安。官员之间的私下联系本来就是皇帝所忌惮的，现如今这对仇敌突然握手言和，让刘骜不得不小心谨慎。为了自己的安全，刘骜命有司查报此事。

在刘骜时代，长安的官员中并无厉害之人，民风尚算淳朴。有司调查起来毫不费力，很快就知道王融曾向淳于长索取贿赂。刘骜想顺藤摸瓜，命人抓捕王融审问。王立听说刘骜发怒欲捕王融，他担心王融供出自己，心一狠就将王融逼自杀了。

为了一件小小的受贿案，竟然有人自杀。出人命了，刘骜更加关心此事。不是出于爱惜人命的慈悲心理，而是关心事件背后的阴谋。自王政君为后，王氏集团就是长安最强大的外戚势力。外戚专政深深伤害了大汉的心灵，大汉君王时常警惕外戚作怪。

淳于长听说王融自杀，害怕事情越闹越大马上溜走。刘骜决定，此事必须查个水落石出。平素只知道风流快活的皇帝突然发话办正事，有司勤勤恳恳，追回淳于长，关押大牢候审。刘骜不喜欢杀人也不喜欢整人，他只想将事情弄清楚。平素和善的刘骜发怒，顿时将淳于长吓傻了。淳于长立刻将贿赂王立父子之事说了。

古语说“泰山崩于前而面不改色”，这样的人才沉稳。淳于长容貌生得颇为出色，没受到过大惊吓，他不知道沉稳为何物。看见凶神恶煞的有司凶神，淳于长顿时吓破了胆。他将诈骗许皇后，调戏许皇后，答应扶持许皇后为左皇后的事都说了。王莽向王根进言时，只说淳于长通奸许孊和诈骗许皇后，并不知道其中细节。

调戏皇后就是惑乱后宫，刘骜对心爱的淳于长不再手软，当即命人斩了他。许皇后本来就受冷落，既然她想伸伸头，想吹吹风，刘骜就成全她。刘骜命孔光持节，前往看望许皇后。看望是假，孔光一去，自然领了赐死许皇后的命令。许皇后很听话，孔光走后，服毒自杀。既然是冷人，就不要凑热闹，否则不被烧死，必被烤化。

连杀两人的刘骜，已经承受不住这样的杀戮。丞相翟方进出身低微，勤奋好学，深谙察言观色之术，见王立不能全身而退，立刻上书弹劾王立，奏请逮捕王立。刘骜不喜欢关押人，他喜欢踢人屁股，将他们踢回封地。王立很幸运，刘骜没深究，只将他和他的党羽踢回封地。王姓“五侯”，有的死了，有的走了，长安如暴风雨之后的海面，有点安静。

长安原本可以安静的，可是刘骜只懂男女之事，不懂政治。眼见王氏集团就要灭了，刘骜偏偏将大司马之位拱手送给王莽。公元前8年，十一月，时年三十八岁的王莽被封为大司马。当上大司马后，王莽一如往昔，不但不骄傲，反而越发谦卑。身居高位，内孝外贤，行止有礼，路人有口皆碑，交口称誉王莽。想当年，萧何功高盖主，刘邦嫉妒之心大作，差点将萧何弄死了。而如今，面对名声如日中天的王莽，刘骜只想躺在温柔乡，不禁让人感叹真是一代不如一代。

踢走了王立，迎进王莽，长安似乎很平静。

第十二章　王、傅集团斗争记

进退维谷的刘欣

“燕啄皇孙，知汉祚之将尽。”这是骆宾王《讨武曌檄》里的名言。“汉祚将尽”还好理解，什么是“燕啄皇孙”呢？原来，赵氏姐妹进宫后，侍宠骄奢。渐渐的，她们姊妹二人成了后宫的掌权者。起初，一名姓曹的宫女为刘骜生了一个儿子，他姐妹将曹氏母子害死；后来，一位姓许的美人为刘骜生了一个儿子，刘骜竟然眼睁睁看着儿子被赵氏姐妹闭气而死。刘骜宠幸赵氏姐妹，致使自己无后，应了长安燕啄王孙的民谣。

三月十八，刘骜暴毙。三月十七晚上，刘骜还在赵合德怀中，两人恩恩爱爱，次日一大清早却人鬼殊途，好不令人伤心。

赵氏两姐妹恃宠惑乱后宫，致使刘骜一个孩子都没留下来，王太后对此十分痛恨。如今，刘骜已死，赵氏姐妹的靠山倒了，在权力过渡期间执掌大权的王太后自然不会放过这对姐妹。

刘骜暴死，王太后匆匆掌权。赵氏姐妹令王太后没有孙子，王太后就要她们不得好死。王太后命孔光立刻接任丞相一职，联合王莽，共同调查刘骜之死。王太后调查刘骜之死，旨在杀了赵氏姐妹。刘骜暴死于赵合德闺房之中，赵合德无论如何都脱不了干系。不出王太后所料，孔光和王莽刚刚开始调查，赵合德就畏罪自杀。赵合德之死并没有解决问题，调查仍在继续。

皇权过渡时期，乖巧的过继孙子任由王太后体验掌权人的滋味。直到四月八日刘欣才宣布登基。时年十九岁的刘欣就这样坐上了高高在上的皇位，不过皇帝的位置对于他而言并不意味着无限风光。按汉朝规矩，刘欣一旦过继给刘骜当儿子，就要和他的生身父母脱离关系。然而，刘欣的生祖母傅昭仪极富手段。她不仅养大了刘欣，还贿赂长安贵人如赵氏姐妹等，帮助刘欣取得太子之位。可以说，刘欣与傅昭仪的关系，就像李密与他祖母的关系：没有傅昭仪，就没有当上皇帝的刘欣。

刘欣登基称帝，也将他定陶的老家一起搬来。十九岁的刘欣光是与王太后家族搞好关系已经非常艰难，再加上两大家族相斗，他注定左右为难。活着就是痛苦，生命的负担太沉重了，他举步维艰。

刘欣称帝后，做的第一件事情就是封赏。他封王政君为太皇太后，封美人赵飞燕为皇太后，封他的准妻子、祖母傅昭仪堂弟的女儿为傅皇后。刘欣娶傅皇后，全是傅昭仪安排的，这个事实就证明傅昭仪很有心计，非常厉害。

选立太子之时，朝中上下所有人都觉着刘欣更适合，因为能说得上话的人都收了傅昭仪的贿赂。刘欣当上皇帝后，王太皇太后突然发现刘欣的外戚势力很大，仅傅昭仪就是不容忽视的一股力量。王政君以太皇太后的身份自居，不屑于跟傅昭仪较劲。然而，傅昭仪看见孙子刘欣坐稳皇位后，不免想一偿所愿飞上枝头当凤凰。

傅昭仪的身份低，她无法一飞冲天。不过她认定了这样的目标，全然不顾这样做的后果。掌权的滋味人人想尝试，英布曾经也想尝当皇帝的滋味，最后只落得身首异处。

论玩心计，王政君不是傅昭仪的对手，傅昭仪最会利用人类的感情欺骗对手的理智。刘欣被立为太子后，刘骜拒绝傅昭仪和丁姬前往看望刘欣。刘骜觉得时间最是无情，不见的日子久了感情自会生疏。刘骜不愧是风流致死的高人，懂得日久生情。王太后深怀慈爱之心，允许傅昭仪和丁姬每十天看望一次刘欣。亲情不比爱情，他们相见得如此频繁，其中必有阴谋。

女人都有一点注重名号，不像男人看重实际，傅昭仪更是爱封号爱到狂。然而就是这名号使得傅昭仪、丁姬和刘欣在阴曹地府相聚。傅昭仪和丁姬天天缠住刘欣，就像刘欣小时缠住傅昭仪一样，天天问刘欣，她俩应该住哪里。应该住哪里，这是一语双关句，暗含着对她俩名号的期盼。

生祖母如此相问，刘欣心中一酸，马上招丞相孔光、大司空何武开会，商议安排傅昭仪和丁姬的住处。刘欣招人开会，却没招大司马王莽。这就说明傅丁二人多么让他难为情。招朝廷要员开会，大司马王莽不到，这是一个多么畸形的会议。刘欣这个皇帝注定一辈子在两个家族的夹缝中生长。

在说傅昭仪和丁姬名号册立之事，不得不提一个人——何武。何武是蜀郡郫县（今四川郫县）人，他知道大汉的丞相一代不如一代，上书奏请刘骜恢复古代三公制度。刘骜不懂改革，想都不想就下旨通过。如果贾谊生在刘骜的时代，他就不会郁闷而死。

古代三公指：丞相、大司马、大司空。大司马对应太尉，大司空对应御史大夫，丞相还是丞相。何武上书改革，其实什么都没有改，只不过换了一下名字而已。与贾谊相比，何武就是欺世盗名之辈。也因此何武被提拔做了官。

开会的时候，孔光发现大司马缺席了，他立刻嗅到其中的火药味。当初朝臣全都同意选立刘欣为太子，孔光力排众议，拒绝选择刘欣。孔光觉得，选立刘欣，无疑是引狼入室，因为傅昭仪生性如狼，诡计多端。孔光以周勃迎立刘恒为例，主张迎立一位外戚势力单弱的皇帝。众人皆醉，孔光的声音听起来又单调又好笑，选立刘欣为太子的大潮不可阻挡。刘欣称帝后，孔光害怕傅昭仪发展一支傅氏外戚，与王政君的王氏外戚分庭抗礼，最终会卷入派系之争的旋涡。孔光知道，现在是自己再一次站出来的时候。他遗传了祖上孔子的正直之气，宁为玉碎，不为瓦全。

害怕天空出现两个太阳，孔光极力阻止第二个太阳的升起。傅昭仪这个太阳就要升起了，孔光不能将她灭掉，只能将她转化为月亮。孔光提议另造宫殿给傅丁二人居住，他想隔断傅丁二人与刘欣的联系，让她们不能干政。

大家都是玩政治的，即使不会政治，也懂心计。孔光话刚出口，谁都知道他打什么主意。刘欣面有难色，因为他害怕傅丁二人责怪。谁都知道如果傅丁二人不想跟他住在一起，根本不会向刘欣开口。她们开口，自然是希望跟刘欣住在一起。刘欣明白孔光的心意，就是不敢点头。

假改革家何武见刘欣脸有难色，提议让傅丁二人住在北宫。北宫是个好地方，不仅紧挨未央宫，还有直通未央宫的紫房复道。历史对傅太后真的很好，居然为她留有这么一个得天独厚的宫殿。遇此大好消息，傅丁二人火速搬往北宫，以逃避战乱的速度住进北宫。

北宫，傅太后来了；王政君，傅昭仪来了！

傅氏得势，王莽隐退

傅昭仪与王政君是同一个时代的人，但她们不是同一级别的人。当年，王政君与傅太后各为自己的孩子争夺太子之位，王政君技高一筹，将傅昭仪踢到定陶。傅昭仪被王政君一脚踢到定陶，就像拳击手被对手一脚踢出擂台，一直失落满怀。到过定陶后，天下人就将“定陶”贴在傅昭仪身上，仿佛她是定陶特产。一个生性高傲、计谋深远的人，因一步之错被别人贴上终生标签，她不甘愿。傅昭仪决心改变现状。

在傅昭仪心中，定陶是低贱的代表，长安是高贵的化身。现在，她好不容易身体入住长安，身上的标签仍是定陶特产，她很失落。傅昭仪是心里容不下一丁点失意的人，她热爱完美，一心追求完美。儿子当不上皇帝，她就亲自教养孙子，将一切希望都寄托在孙子身上。刘欣不负所望，对大汉法律了如指掌，将《诗经》背得滚瓜烂熟。刘骜一相问，刘欣对答如流，后者就这样顺利地得到皇帝的欢心，拿下了皇帝的宝座。

虽然孙子当皇帝了，可傅昭仪与王政君还有很大的距离，最远的距离是名号的距离。名号是虚假的，却是人与人之间最远的距离。皇帝与平民都只是名号，承载这两个名号的人却天差地远。

住进北宫后，傅昭仪能够天天见到刘欣，想要刘欣干什么就说什么。傅昭仪说，她想当皇太后。她的意思是想和王政君平起平坐，分庭抗礼。刘欣刚登基，正事没干一件，只干了一堆争夺虚名的事。

生祖母要求，无论多么畸形，刘欣都要试试。奇迹的起步都是试一试，刘欣在艰难地创造奇迹。刘欣展眼一看，发现长安很安静。傅丁二人入住北宫，没有人跳出来反对，就连太皇太后王政君也只是冷眼旁观。可对于刘欣来说，长安的安静透露着不安，仿佛偌大个城池每一处都暗伏王政君的弓箭手。

长安风平浪静，因为以王莽为首的王氏集团在树立声望。王莽全靠声誉起家。树立声望是他的看家本领，他不能丢否则必死。太皇太后王政君在玩以静制动的把戏，她像一只老猫，静静地蹲在墙角，仔细盯着洞里的老鼠。此时的王氏家族也没有销声匿迹，王莽一直都在暗中绸缪，给自己树立声望。而王政君也按兵不动，静观全局。

王氏家族掌握实权，他们可以静静地等待。傅昭仪却不行，她仿佛一只饥饿的小老鼠，尽管老猫窥视在旁，也不得不冒险出洞寻食。傅昭仪性子急躁，沉不住气，她根本不是王政君对手。傅昭仪既不懂得先发制人，又不知道王政君能够后发制人，而且就连她的帮手也只能用无能来形容。

就在刘欣面对窘境一筹莫展之际，高昌侯董宏上书奏请刘欣封傅昭仪为皇太后。董宏援引秦朝为例，说秦国庄襄王的生母是夏姬，被华阳夫人收养。庄襄王即位后，封夏姬和华阳夫人为太后，历史的天空曾经出现两位太后。刘欣听后，大为欣慰，准备重赏董宏。

在刘欣时代，搞政治舆论是王莽所擅长；看穿舆论背后的阴谋，更是王莽的看家本领。三个臭皮匠赛过诸葛亮在这里是不适用的，傅昭仪和刘欣再加上董宏并不能打响他们的如意算盘。识破他们想法的王莽，目的很简单也很明确就是反对封傅昭仪为皇太后。不过他不直接反对，而是请求惩处董宏。不剪除那将要结果的花儿，而是连根一起拔，这才是高手。

王莽说，董宏这家伙诅咒大汉，竟然将残暴无道的秦朝跟大汉相提并论简直大逆不道。董宏一听，吓得魂飞魄散。“大逆不道”是个很虚妄的罪名，但处罚极重可以灭族。董宏虽精通历史，但官场经验不深。身居官场的他，竟然不知道王莽的大名，这实在是太不应该了。

王莽话音刚落，师丹马上跳出来指责董宏。只有一个王莽，董宏就无法应对。一转眼，又跳出来一个熟读四书五经的家伙，可见王氏集团不好惹。师丹是刘欣的老师，师丹倒戈，刘欣更加没信心了。刘欣无奈，只能牺牲董宏，将其贬为平民。王、傅集团第一次正面交锋，依附傅昭仪的董宏就成了炮灰。

师丹，字仲公，琅玡东武（今山东诸城）人。他老师很厉害，是研究《诗经》的大名家匡衡。元帝末年，师丹被封为博士，之后升任光禄大夫。刘骜立刘欣为太子，封师丹为太子太傅。刘欣称帝，顾念师丹教育之恩，封他为左将军，关内侯，管理尚书事。

此时的皇位，对于刘欣来说犹如烫手的芋头。他封傅昭仪为皇太后不成，得罪了傅昭仪，也得罪了王氏集团。得罪傅昭仪伤感情，得罪王氏集团伤皇威。正因如此，他幡然醒悟，没有权他什么都无法做。

手中没有权，刘欣就要争取掌权。权力在王氏集团手中，他就要处理好跟王氏集团的关系。靠近王氏集团不等于依附王氏集团，他想借机夺权。他的前辈刘章为他树立了一个遥远的榜样。刘欣去找王政君，告知欲封傅昭仪为皇太后，想探探王政君的口气。他觉得，如果王政君同意，万事大吉；即使不同意，也可以探探王氏集团对傅昭仪的态度。

出人意料的是，王政君竟然同意了，仿佛是封赏王氏家族。首先，封刘欣的老爹刘康为恭皇，这是为第二步打基础；其次，封傅昭仪为恭皇太后，封丁姬为恭皇后。傅昭仪一直希望的同等待遇，王政君也慷慨给予，即傅太后、丁皇后享受的待遇与王太后和赵皇后的同等。

胆子不大胃口很小的刘欣，面对这样的情况不知所措。封赏傅昭仪和丁姬后，王政君授意，让刘欣封傅昭仪的三个堂弟为侯，封傅曼为孔乡侯，封傅喜为右将军，封丁明为阳安侯。不知是傅家有人不爱权还是不敢爱权，声望最高的傅喜竟然不接受封赏。

王政君干事干净利落，修书一封，命王莽辞职回家养老。王莽非常听话，不闹也不吵，上书辞职，奏请回家养老。王莽愿意归隐山林，这与他责骂董宏的行为大相径庭，刘欣感到很古怪。王氏家族突然撤走自己的势力，这给初当皇帝且并不聪颖的刘欣出了一个大大的难题。刘欣不知道王氏家族有什么阴谋，只感觉王政君撤走势力不合常理。王氏家族的行为越不合常理，刘欣越不敢接受。起初，刘欣想搞垮王氏集团，当王氏集团主动自我瓦解时，刘欣却非常害怕。处在被动位置的他，根本不敢轻举妄动。

两强之间有一虎

一朝天子一朝臣，刘欣也希望拥有自己的朝臣。自登基起，他苦苦寻觅人才，好不容易找到一个胆大敢为的朱博。他本以为自己终于能够扬眉吐气，可朱博有眼无珠完全不理会自己的提拔，听从傅昭仪的调遣，最终引火自焚。朱博的昙花一现，让刘欣的理想又黯淡下去了。为了明天，刘欣不得不继续苦苦寻觅人才。

看着求才若渴的刘欣，上天给他一个假希望。正当理想黯淡无光之际，上天给刘欣送来董贤。哀帝建平三年（公元前4年），二十二岁的刘欣风华正茂。也在这一年，他遇到了董贤，对于董贤的迷恋也变得一发不可收拾。

英雄总是难过美人关的，面对美人无论是刘骜还是刘欣都无法移步。刘恒宠幸邓通的方式已经过头了，可在刘欣来看也不过如此。刘欣结识董贤后的所作所为，比起刘恒有过之而无不及，简直达到了一个巅峰。

董贤，字圣卿，云阳（今陕西淳化县西北）人。他父亲是一位监察官员，叫董恭。董恭很有眼光，见宝贝儿子长得漂亮，便想方设法将董贤送到太子刘欣身边当舍人。俗话说得好，“一人得道，鸡犬升天”。刘欣称帝后，董贤被封为郎官。

自当皇帝起，刘欣没有一天过得开心。他熬过两年的不快活日子，终于在两年后的某一天遇到了样貌惊为天人的董贤。董贤身为太子舍人，在刘欣还是太子时他们时常碰面，可是刘欣却对这个美男子毫无印象。两年后的惊鸿一瞥，董贤就住进了刘欣的心中。

从那以后，刘欣过上了一段让他终生难忘的幸福日子。刘欣觉得，人生有董贤，足够了；董贤觉得，人生有皇帝，满意了。两个人在一起，不一定要相爱，重要的是彼此少不了对方。两个人都觉得彼此是生命中不可或缺的一部分，这就是相依为命。刘欣爱董贤，就如刘骜爱赵氏姐妹，本质都是相同的。

自登基以来，刘欣虽然不沉迷于美色，但他确实是懂得怜香惜玉的人。一天中午，刘欣与董贤同榻而卧。刘欣醒了，董贤还没醒。刘欣想走，董贤压着他的衣袖，睡得很香。为了不搅扰董贤的美梦，刘欣抽剑断袖，悄然离去。这件事很小，却惊天动地，因为它衍生出了“断袖之癖”这个成语。

尽管刘欣和董贤互相爱慕，然而他们生活在礼法制度时期，两人无法光明正大的表现出来。刘欣身为一国之君，却无法表达自己心中对心爱之人的爱慕，着实很痛苦。而且，刘欣与董贤共坠爱河之时，董贤已有妻子，刘欣下令命董贤一家搬入皇宫居住。

爱情会使人盲目，也会令人变聪明。自从，刘欣接董贤一家人住进皇宫，董贤就可以名正言顺的留在自己身边。爱屋及乌，刘欣不仅宠爱董贤一人，董贤一家都受到他的重视。自从他与董贤相恋，立刻封董贤的父亲董恭为关内侯，任命他为少府。他还在未央宫的北门外，给董家修建一座超级豪华的住宅。

当年，刘恒宠爱邓通，送给邓通铜矿让邓通自己铸钱。现如今，刘欣为了表明自己对董贤的爱，将所有的金银珠宝都赠与董贤，吃穿用度都以董贤优先。他想用自己的实际行动告诉世人，爱一个人就要把自己的全部都给对方。而董贤的举动证明了，爱一个人就要接受对方的一切。

“生则同床，死则同穴”这句古话道出了相爱之人希望生生世世都能相伴相依的心。刘欣对董贤的爱可谓到了极致，他命人在义陵旁边为董贤修筑一座非常豪华的坟墓。看着董贤受宠如此，朝中大臣不免开始担心，生怕刘欣重蹈刘骜的覆辙，专宠董贤自绝后嗣，从而断送大汉的基业。

面对恋爱的人，最好别说真话。有的朝臣不知道这个道理，跳出来劝谏。刘欣冲冠一怒，将对方扔进大牢。忠言总是逆耳的，良药必然苦口。此时此刻的刘欣，沉浸在董贤的甜言蜜语中，自然很反感大臣的苦口良言。

要评价一个人的政治手腕是否灵活，就要看他做的事是否前后连贯，彼此衔接，一环紧扣一环。刘欣在风箱里过苦日子，也得到了前所未有的锻炼，他办事开始前后连贯了，懂得让前一件事为后一件事铺垫。刘欣封董贤的老爹为侯，只是想探探朝臣的口风，如果朝臣反对意见不大，下一步就封董贤。

朝堂没有几个厉害人物，朝臣对董恭被封为关内侯没太大反应。前方没有伏兵，刘欣叫傅晏前来，说他想封董贤为侯，让傅晏看着办。傅喜走后，傅晏就是傅氏集团的大腕。为减少不必要的牺牲，刘欣给傅晏一点面子。

刘欣给傅晏面子，傅晏却要里子。傅晏希望推倒王氏集团，然后傅氏集团独霸天下，王氏集团还没覆灭，董贤突然崛起成了最具威胁的势力。为了傅氏集团的利益，傅晏决定斗一斗董贤这只虎。

董贤出击，傅氏陨落

众人矛头直指董贤，董贤只能抓一只替罪羊。未来的路还很长，为了走好，董贤决定先抓对自己威胁最大的人当替罪羊。董贤觉得，对他威胁最大的人，是傅晏；傅晏也觉得，对他威胁最大的人，是董贤。恰似宿敌重逢，两人都不达目的誓不罢休。

回忆往事，刘欣称帝后在傅昭仪的管束下，使出吃奶的劲，渐渐将王氏集团逼出长安。王氏集团撤军后，朝廷高官进行人事重组，傅氏势力陡然膨胀，就像一只大气球，高高飞在长安上空。品行最好的傅喜不喜欢政治，被傅昭仪打入冷宫。傅喜走后，傅晏就是傅氏集团中最有发展潜力的成员。曾记否，自刘欣准备封董贤为侯起，傅晏就想与董贤大战三百回合，一决高下。

作为男宠势力的最大代表，董贤一心研究政治，知道淳于长因迟出一招，被王莽打入大牢。董贤吸取前辈淳于长的教训，先发制人，说天空出现日食，不能说他是祸根，因为祸根另有其人，就是傅晏和息夫躬。狭路相逢，勇者必胜，董贤先出一招，占了两成上风。

自被宠幸以来，这是董贤第一次出招，而且是为了自身安全才出招，似乎很合情理。董贤说话，也不是胡扯，因为日食发生当天，恰逢傅晏准备领军出塞。懂新闻的人都知道，董贤红得发紫，成了众人关注的焦点。众人将焦点集中在董贤身上，自然顾不到某些正在发生的大事，甚至是正在悄悄地改变历史的大事。如果不是董贤反戈一击，边塞可能又要再起烽烟了。

自美女王昭君出塞和亲后，大汉的北方边境安静了三十年。从公元前33年到公元前3年这三十年，大汉的军队没打过一次仗。公元前3年，嗅觉特别灵敏的息夫躬借匈奴单于称病不朝一事，想提升自己的政治身份。息夫躬想弄得热闹些，就找到无能但有身份搞热闹的傅晏帮忙，两人狼狈为奸，准备大干一场。

自王昭君和亲起，匈奴年年前来朝拜，第十八任单于突然称病不朝。息夫躬说匈奴在搞阴谋，怀疑乌孙国有叛将联合匈奴，准备造反。汉朝是乌孙国的保护国，乌孙国处在汉朝与匈奴之间。息夫躬引用“上兵伐谋，其次伐交”之言，建议刘欣出兵，先下手为强。息夫躬是一位会打政治幌子的高手，他的用词都是“怀疑”、“推断”等模糊词汇。

汉朝有三十年没打仗，息夫躬突然建议出兵，他的政治身份一定陡然提升。息夫躬言传身教，好多政治家都借用这一招，猛然提升身份。朝堂没用能人，但并非人人都是傻瓜。左将军公孙禄以身家性命担保，保证匈奴决无二心。

陷入恋爱的人都想表现自己，大汉三十年没打仗，刘欣想破这个例。朝臣不同意出兵，刘欣单独召见息夫躬。息夫躬退而求其次，说即使不打仗，派一支军队到边塞，查查防御工事，检修军备，威震边疆也好。

夹在王氏集团和傅氏集团中间，刘欣觉得自己不是当皇帝，而是窝在风箱里当老鼠。树立皇威，刘欣做梦都在想。刘欣招丞相王嘉，问他是否同意举行军事演练，王嘉一口拒绝，说息夫躬只会拍马屁，混淆视听。王嘉连续抬杠，刘欣实在忍无可忍。只要刘欣有机会，王嘉必死。

刘欣封董贤为侯王嘉抬杠，刘欣欲发兵匈奴，王嘉一口否定。这样一下激起了皇帝的叛逆心理，非要硬来。但凡王嘉不想让刘欣做的事，刘欣非要做不可。如果王嘉知道政治是一门艺术，他早就该退出游戏了。皇帝都发怒了，丞相还拼死拼活，形如找死一般。

公元前2年，正月初一，刘欣封孔乡侯傅晏为大司马，兼任卫将军；封阳安侯丁明为大司马，兼任骠骑将军。刘欣没有政治能力，竟然封两位大司马，弄出了政治上的大笑话。就在这两个没有出息的家伙出军边塞当天，天上的太阳突然不见。太阳不见了，用专业术语说就是发生日食。

正当众人对日食之意的解说纷乱之际，为了自保，董贤抓住这个时机，说傅晏和息夫躬蓄谋挑起战争，惹怒上天，激起民怨，因而发生日食。为了爱人董贤，刘欣罢免傅晏，将他踢出长安。董贤首次大战，在爱人刘欣的裁判下，勇夺冠军。

有的人被整死，有的人却被气死。傅昭仪大概就是被气死的。首先，她的对手是手握权力的王政君，无论如何，她都比不上；其次，她所领导的傅氏集团非常畸形，有能力的不喜欢政治，没能力的只有被人整的份。

正月十一，能见大场面的傅晏被踢回封地；正月十七，傅昭仪气绝身亡。王政君优雅地坐着，对手不战而死，这是政治斗争的最高境界。只有凤凰，才能进入此等境界。傅昭仪不过是落地的芦花鸡，跟凤凰斗了那么久，也算是能耐了。

孙子刘欣听话，傅昭仪更有福。傅昭仪死后，刘欣尊称傅昭仪为孝元傅皇后，还将她与刘奭葬在一起。王政君是汉元帝的正妻，因为其子一直没有孩子，王政君便主张过继刘欣为自己的孙子。刘欣当皇帝后，一心打击王氏集团，将王莽踢出长安，此时的王氏集团如一个气球突然瘪了。刘欣说，生则同床，死则同穴，这多么恩爱；王政君说，生能同床，死不能同穴，这何等痛苦。

料理完傅昭仪的后事，刘欣借傅太后之名，封赏董贤两千户邑。到目前为止，刘欣对董贤爱意的表示，可是越来越过分了。刘欣爱董贤，又害怕别人看出来，可是作伪的手段十分低劣，将一切都弄得欲盖弥彰。每次封赏董贤，他都要附加几个人作为陪衬，这次就附加上傅晏的名字。傅晏被董贤挤出长安，如果他知道成为董贤的陪衬品，一定会气得撞墙而死。

第十三章　盗国之路

历史的牺牲品

人类有一种很奇怪的现象，如果自己不能实现某些理想，就希望自己的后辈替自己完成。为了让自己的儿子当上皇帝，傅昭仪与王政君使出了浑身解数。不过，傅昭仪功夫不到家，被贬到定陶，从此贴上定陶的标签。儿子不争气，傅昭仪就将希望寄托在孙子身上。她亲自教养孙子，细心调教。皇天不负苦心人，刘欣最终打败短命鬼刘兴，赢得太子之位。在子辈实现长辈理想的意义逻辑上，可以说刘欣实现了他父亲的梦想。

傻人有傻福，刘欣无能，但奇迹总发生在他身上。他实现生身父亲刘康没能实现的梦想，已经是一大奇迹了；现在，他又准备实现养父刘骜所没能实现的梦想，封男宠为大司马。上天将刘欣这个一心一意的男人送给董贤，不得不让人感叹董贤祖上积德。刘欣废掉傅晏，又杀了王嘉，根本不理朝政，这一切都是为了董贤。刘欣对董贤的宠幸已经打破汉朝皇帝的记录。

历代皇帝，都想长生不老，但他们的第一目的都是使自己能够不死，唯独刘欣例外。刘欣是皇帝中的另类，是一个深深陷入对董贤的爱中无法自拔的皇帝。刘欣想拥有长生不老的本领，不是为了他能长生不老，而是为了董贤。刘欣爱董贤爱得发疯，希望董贤能够长生不老。

可刘欣的身体一天不如一天，他似乎感觉到自己就要死了。他老爹刘骜想封男宠淳于长为大司马失败，刘欣就要完成他老爹的遗愿。此前，为了施行军事演习，刘欣封了两个大司马，分别是傅晏和丁明。董贤将祸根的帽子戴在傅晏头上，傅晏就被刘欣贬回封地。刘欣听说丁明对王嘉之死有意见，将丁明免职，贬回封地。

没有了傅昭仪，傅氏集团就算完了。王政君自恃身份，不跟刘欣争斗；王莽被定在封地，管不了长安的事。王氏集团没有强手与刘欣争锋，朝廷没有敢抬杠的家伙，刘欣开始做真正的皇帝了。刘欣终于能够堂堂正正地坐在帝王宝座上，他终于体会到生命的美好。可惜，应了那句“夕阳无限好，只是近黄昏”。自此之后，刘欣的身体一日不如一日。

哀帝元寿元年（公元前2年），十二月六日，刘欣下诏，任命董贤为大司马，兼任司录。司录是长安的卫戍司令，即刘欣将长安的安全交给董贤。这一天，董贤才二十二岁。对比看来，王莽被封为大司马时已经三十八岁了。与王莽这位作伪高手相比，董贤这位大司马真的很年轻。如果董贤有石显万分之一的本事，也许王莽会死在他手里。可是，被刘欣如此看中的董贤，一无是处，可谓是天意。

此时的长安势力被三方占据。王、傅集团日渐削弱，董氏集团拔地而起。在长安闹市，无人不知董贤。董贤很年轻，未来的路还很长；刘欣也年轻，不过他的路却不长。

在让董贤担任大司马的这一年内，刘欣也享受了一年多清清静静的二人世界。他们俩生活的太平静和幸福，上天忍不住不去破坏这份安稳。元寿二年（公元前1年），六月二十六，刘欣弃董贤而去。刘欣之死，让董贤听到了死神的脚步声。失去依仗的董贤不由得发自内心的恐惧。

这时候，长安就是王政君的舞台，她立刻跳出来，将皇帝的玉玺收藏了。玉玺，是皇帝的代表，见玉玺如见皇帝。掌握玉玺后，王政君在东厢召见董贤。王政君很优雅，不去找董贤，而是召见董贤。如果傅昭仪遇上此等掌权大事，一定会跳进朝堂，对群臣指手画脚。王政君在东厢安安静静地告诉董贤该干什么，而不是跳进朝堂，这就叫高雅。

皇帝死了，该怎么办？王政君问董贤。董贤傻了，他不知道怎么办。面对若无其事的王政君，董贤跪倒在地，脱去官帽，一个劲儿地磕头，哭得满脸都是鼻涕眼泪。董贤哭泣，不是为恋人刘欣的死亡，而是因为畏惧。王政君越是淡定从容，董贤越是害怕。

政治阅历丰富的王政君已经成精了。她问董贤该怎么办，只是探探董贤有多大的能耐。董贤表现得一无是处，王政君就给他出个点子，说新都侯王莽担任大司马期间，刘骜死了，丧事都是王莽办理的。

机会在大家面前，谁最厉害谁就是王。当年王莽担任大司马，将刘骜的丧事办得很好；现在董贤担任大司马，竟不知道怎么处理刘欣的丧事了。皇帝死了，王莽却不直接站出来，而是要人三请四请，这就是作伪。傅氏集团倒了，刘欣死了，董贤是个草包，长安就是王莽的了。王政君召见王莽后，下了一道诏书，将调集军队的印信符节交给王莽，命令王莽处理朝臣奏疏。调集军队的大权交给王莽，奏疏也交给王莽，这就是让王莽行驶一切权力。王莽终于等到了手握大权的这一天。

世人憎恶董贤的无能，王莽更恨董贤的无情。王莽说，刘欣生病期间，身为男宠的董贤居然没喂过刘欣一口药。这一条罪状很荒诞，然而，只要想想王莽如何照顾生病的王凤，就会知道王莽想说什么。王莽想说，董贤不配得到刘欣的宠爱。换而言之，和董贤相比，王莽才是真正的演戏高手，做到了善始善终。

罢免董贤的男宠身份后，王莽命人阻止董贤进入司马门。身为大司马，不能进入司马门，就像明明是人，却不能说自己是人。王莽的意思很简单，董贤该交出大司马一职。王莽想当圣人，即使整人，也不会直接下令。跟王莽玩政治，需要意会，不能言传。董贤不懂王莽的意思，他又玩对付王政君的那一招，脱去官帽，光着双脚，在未央宫门前大哭大喊。董贤此举，严重毁坏了王莽的声誉，王莽只能来明的。王政君下诏，罢免董贤大司马一职。当晚，董贤夫妇自杀。

董贤家人不敢声张，连夜草草将董贤夫妇葬了。第二天，王莽挖坟，开馆验尸。王莽确认死者确是董贤。

王莽卷土重来

平心而论，王莽是一位实力非常雄厚的人。王莽生于贫寒之家，学了《仪礼》之后，无时无刻不扮演着儒生的角色，赢得众人赞赏。刘欣在位之时，他被贬回封地，整整三年与权势绝缘。可刘欣一过世，在无能的董贤的帮助下，他以胜利者的姿态重归长安。因为刘欣如刘骜一样未能留下后代，权力真空。在权力过渡之时，王莽的出现弥补了皇位的空缺，也使得他的理想终于有条件实现。

擅长作伪的王莽在他被贬的这三年里，声誉不降反升。为了声誉，王莽逼他的中子王获自杀，因为王获杀了一个家奴。历史再次重演，不同的是对于王立而言，舍不得孩子保不住自己。而王莽则是舍不得孩子，赢不来名声。这世上的东西当真是要一物换一物的。

刘欣当政期间，发生了一次日食，由此召回了前丞相孔光，同时也将王莽召回长安。由于王莽权势太大，刘欣不敢顺意委任他一官半职。自董贤死后，王政君让朝臣推荐大司马的适合人选。然而，朝廷此时最缺的不是大司马的位置，而是皇帝还无人当。由于刘欣没留下儿子，王位继承人是个最大的问题。可王政君偏偏让人先选大司马，很明显就是想让大司马擅权。

大多数朝臣认为王莽最适合做大司马，六月二十八，王莽被封为大司马，名正言顺地掌握大权。王莽掌握大权，不是因为他政治手腕高明，而是历史选择的结果。如果大汉此时出现一位能人，王莽就不能掌权。

王莽此次归来，是以重新复活的身份出现，即今天的王莽不是昨天的王莽。第一次当大司马，王莽很听王政君的话；第二次当大司马，王政君在王莽心中的地位就有一点悬。想当初，王政君叫王莽走，王莽不会留；王政君让王莽留下，王莽不会走。然而，今天的王莽长大了，王政君让他走，他不会走；王政君叫他别杀人，他不会同意。

此刻掌权，王莽要将三年的怨气给出完。当年，王政君想杀赵飞燕，耿育编造出一大堆歪理邪说，刘欣成了赵飞燕的保护伞，致使王政君一年多的努力功亏一篑。王莽负责调查刘骜的死因，最后赵飞燕没死，他恨她入骨。王莽说，赵飞燕妖媚得紧，迷惑刘骜，该死；赵飞燕杀害刘骜的儿子，下药毒害后宫美人，该死；赵飞燕支持尊称傅昭仪为皇太后，破坏宗法制度，该死。三个该死加起来，赵飞燕还是该死。死罪宣布后，赵飞燕被赶到傅昭仪住的北宫。一个月后，赵飞燕被贬为平民，发配为刘骜守墓。

对于一个女人来说，最可怕的日子莫过于无人理会。美人赵飞燕受不了坟墓外的孤寂生活，最终只能是自杀身亡。

至于想斗垮王氏集团的傅昭仪，王莽自然也不会放过。首先，傅昭仪通过硬抢活赖所得到的一切全被王莽剥夺了。王莽将定陶的标签贴回，改称傅昭仪为定陶共王母，改称丁皇后为丁姬。大人物做事，一定除根，王莽也不例外，他将傅、丁外戚成员全部免职流放。

傅氏集团中有一个另类，这人就是傅喜。傅喜不喜欢玩政治，政治也不喜欢玩他。王政君下诏，命傅喜为特进。大靠山刘欣在世时，傅喜不喜欢官；靠山死了，傅喜更不喜欢。傅喜不喜欢政治，但能看懂政治阴谋，知道特进不吉利。傅喜不接受，王政君便遣他回封地养老，此人是个妙人，及早地从政治当中抽身出来，也能得享了天年。

后宫稳住了，傅、丁外戚也稳住了，第三个目标就是董氏家族。刘欣为了表达爱意，将所有东西都送给董贤。董贤死了，王莽一要除根，二要抄家。除根就是将董氏家族全体免职流放，抄家就是收回刘欣所给予的赏赐。据说，王莽从董贤家中抄走的钱可以盖一座长安城。

明处的敌人都死了，暗处的敌人和潜在敌人自然也不能放过。曾经阻挠王莽的何武和公孙禄，也被王莽罢免。

大凡厉害的人，都希望自己身边是有用之人、能用之才，王莽也不例外。外敌被诛灭后，王莽着手清理集团内部的毒素。王氏集团具有很强的腐败倾向，特别爱钱。像王立一样为了钱什么都肯做的大有人在。王莽爱名，不爱钱。为了名，王莽需要清除爱钱的人。王莽不方便弹劾王立，他叫孔光出马。王莽和孔光都是重新复活的人，王莽有权，孔光乖巧，两人心意相通，真是最佳拍档。如此默契的感觉，只有孔光和王莽能够说得清，道得明。他俩诚心合作，准备做一出戏给王政君看。

孔光对王政君说，王立没有大脑，收受奸人淳于长的贿赂，有辱王氏家族名声，应该将他踢出长安。这本来是一出精彩的好戏，只是台词不行，王政君不喜欢。见王政君不同意踢王立，王莽就说，如果王立不离开长安，他就要朝臣罢工。朝臣罢工，王政君第一次听到这个词语，吓得话都说不出来。

达成目的的王莽又连忙安慰王政君，说只是让王立回封地休息，等长安平静了，他会接王立回来。王莽长大了，王政君老了，王立只能乖乖地听从王莽的指示离开长安。

权力欲望的膨胀

王莽大权在握后，欲壑难填。他吃定朝臣，何武和公孙禄不听话，被罢免了；吃定傅、丁外戚，全都被免职流放，清心寡欲的傅喜除外；吃定董氏家族，全都被免职流放，查抄董贤家产；吃定后宫，逼死赵飞燕。他以司马之位，左右着大汉江山。

长安落入了王莽手中，王莽便着手迎立新皇帝。大汉朝廷无能人，刘氏皇子更衰微。刘骜只有两个兄弟，一个是刘康，另一个是刘兴。刘骜爱刘康，刘康短命。刘骜生不出儿子，选立太子，在刘兴和刘欣二人中选择。傅昭仪教导有方，刘欣被选为太子。

相似的历史事件很多，相似的刘氏家庭更多。刘兴无能，也早死，留下一个儿子，叫刘箕子。刘欣没有儿子，他死后，朝臣都觉得应该迎立刘箕子。刘康和刘兴都没福当皇帝，但他们的儿子替他们达成了心愿。刘箕子只有九岁，仅凭这一点王莽就喜欢他。那是因为刘箕子小，需要太后辅政。王政君辅政，就等于王莽辅政。哀帝元寿二年（公元前1年），九月一日，刘箕子登基，王政君临朝听政，王莽处理政府事务。这里需要特别说明，孔光仍是丞相。按照惯例，丞相负责政府工作，而不是大司马。事实上，政府工作交给了王莽，这也表明孔光是可有可无的。

掌权后的王莽，开始发挥他的创造力，实现改革家的梦想。为了迎接新时代，王莽改丞相为大司徒，改御史大夫为大司空，大司马保留。名字改变，工作性质不变，大司徒仍是管理政府事务，大司空负责监察，大司马掌握军权。从这一举措来看，王莽的改革与何武的改革没多大区别，都是改名字不改实际内容。王莽的改革创造性不大，属于假改革。

大腹便便的王莽，其专权的蛮横样谁看了都恶心。大司空是彭宣，负责监察。然而彭宣知道王莽有问题也不能说，他辞职。不能处理政府事务，看见别人辞职，孔光也觉得再干下去没意思，跟着递交辞职信。

王莽刚刚掌握长安，老前辈纷纷辞职回家，这就是打王莽耳光，对王莽的名誉有损。王莽爱名誉就如王立爱金钱，他们两叔侄的欲望都很深。然而，王莽很聪明，知道获取的方法；王立很笨，总将事情搞砸。

孔光的资格很老，王莽不放走，命孔光当皇帝的老师。让孔光当老师，王莽真会想，既不损他的名誉，也不伤孔光的心。回想大汉历史，好多厉害人物都当过皇帝或太子的老师。让高手当老师，走到这一步后，进可攻，退可守。

现在的王莽，就像电影《东邪西毒》中的独孤大侠，因找不到真正的对手而被孤独感包围。自从王莽复出，他没遇上一个能够跟他对着干的高手，好不寂寞。王莽不费吹灰之力就搞垮傅氏集团，剩下的董氏集团更是不堪一击。而且三公之中孔光非常乖，何武和公孙禄有与王莽决斗的雄心，但没有实力。放眼长安，王莽独步天下，无人敢叫阵。

没有对手的日子是苦闷且寂寞的。为了打发时间，王莽决定挑战自己。平帝元始元年（公元1年），王莽到益州郡（今云南晋宁县东晋城镇）抓来三只野鸡，一只全白，两只全黑。王莽告诉王政君，说这三只野鸡是稀有动物，十分吉祥。王政君读书不多，不能理解王莽的深意，让王莽用白野鸡祭祀太庙。

熟读古文的人都知道，白野鸡与周公有关系。王莽抓来白野鸡，绝不是为了祭祀太庙，而是想自比周公。大汉有一堆书呆子，他们借用典故，马上迎合王莽，说王莽是第二个周公。

曹操说“周公吐哺，天下归心”，王莽也想说这句话。古语云，得民心者得天下。王莽收买人心只为一个目的——得到天下。走到今天，王莽这条不知足的大蟒蛇终于准备吞掉大汉江山，登基称帝。

白野鸡一事上，朝臣一致称王莽是安抚大汉的不二功臣，功勋盖世，应该被封为公爵。在中国古代，公、侯、伯、子、男，是最基本的级别。王莽由侯爵晋升为公爵，就是一人之下，万人之上了。

作为一个聪明人，王政君很快看出了端倪。无奈之下，她只好答应封王莽为公爵。诏书颁布，王莽不接受，说应该先封孔光等老臣。王莽这么做，就是此地无银三百两，欲盖弥彰。想要某些东西，胡乱拉个陪衬，刘欣已经将这招用老了，明眼人一看就知道。

王莽不愧是作伪高手，王政君连封四次，王莽拒绝四次。按照常理推论，事不过三，三次后，王莽就要接受。然而，王莽总是喜欢打破常规，喜欢破纪录。王政君知道，她辅助刘箕子，已经是骑虎难下。

王政君老了，只能委曲求全，迁就王莽。王政君第五次封赏，王莽突然称病在家。为了踢王立回家，王莽拿罢工威胁王政君。现在王莽真的罢工，王政君真的傻眼了。王政君也是精通政治争斗之道的人，她稍一寻思，就明白王莽的意思。王政君封太傅孔光为太师，增加采邑一万户，还加封别的三个人。封完陪衬品后，王政君封王莽为安汉公，增加采邑二万八千户。王莽找不到对手，能遇上王政君这半个知己，已经很幸运了。

王政君封赏孔光等人为王莽衬托后，王莽接受封赏开始上朝。王莽不爱钱，不要二万八千户邑的经济赏赐，说等大汉百姓生活好了才领受。王莽几次推辞，最后只要名，不要利，真是作伪高人。

政治悟性很高的王政君能会王莽的意，但她的反应太慢，居然让王莽接连推辞了五次。对王莽这种干大事的人而言，时间比生命宝贵。为了更快地达到自己的目的，王莽决定向王政君发动第一轮权力争夺战。王莽授意朝臣，让朝臣奏请临朝听政的王政君将任免、提拔地方官员的权力交给王莽。

这一年，王政君七十二岁了，她已经没有精力同王莽抗争。于是，她批准朝臣奏请，将政府事务交给王莽，把任免、提拔官员的权力也交给王莽。从此，王政君就是一个手握玉玺，徒有其名的闲人。

“周公吐哺，天下归心”，王莽迫不及待地等待着那么一天。他恨不得手中所握的权力再大一点！

第三卷
帝国没落，满腔柔情失江山

第一章　王氏帝国的崩溃

覆巢之下无完卵

刘箕子九岁登基，王莽为他选媳妇时他十一岁。十岁左右的孩子，正是长身体、长记忆的时候。因为王家后院起火一事，王莽突然将与刘箕子有关的所有人，除了卫姬，都给杀了。王莽杀刘箕子的亲人，少说也有几百人。王莽屠刀一横，刘箕子幼小的心灵上就留下了一道终生难忘的伤疤。

刘欣是权利夹缝中的皇帝，刘箕子是王莽刀下的皇帝。一旦王莽不高兴，刘箕子就可能一命呜呼。刘箕子不能当不高兴的皇帝，他必须对王莽笑，就像玩偶对主人笑。王莽杀了刘箕子的家人，刘箕子更要对王莽笑。如果有一天，刘箕子耍皇帝脾气，不高兴，他的死期就到了。覆巢之下，没有完卵，这是真理。

平帝元始四年（公元4年），二月初七，大司徒和大司空率领皇家迎亲队伍，一路声势赫赫，前往王家迎娶皇后。刘箕子娶了仇人的女儿，还要高高兴兴地和她洞房，还要大赦天下以表示内心的高兴，真是作孽。

王莽不喜欢安静，喜事刚办完，王莽又策划了一出集体请愿的大戏。他命王舜召集朝中官员和一些贫民，在未央宫大门前，向王政君请愿封赏大司马王莽。就这样一出由王莽自编自导自演的大戏，开场了。

历史总是带有欺骗性的，很少有人能够摸清看透历史的真正意义。王莽比历史还复杂，如果不用心，真的不知道王莽想做些什么。大批队伍在未央宫门口请愿，年老无力的王政君只能封赏，她下旨封王莽的两个儿子为侯，再追加迎娶皇后的聘礼三千七百万钱。

朝廷封赏，王莽又说不要。王莽总是说不要，王政君心里烦得要死。王政君真的老了，没有能力了，管不住王莽。自从王莽复出起，王政君这个太后就形同虚设，王莽不会正眼瞧她一下。办一般事情，王莽假意请示王政君，例如不允许卫氏家族进入长安；办更高一等级的事，王莽不同她商量，而是让她猜，例如选立皇后之事；办理再高一等级的事，王莽先斩后奏，如抓捕王立。

面对再三推辞的王莽，一个人跳出来。那就是孔光，发散他政治生涯的最后一丝光芒。孔光说，王莽日理万机，功劳盖世，独一无二，无论封赏什么，都很少，就像拿蚂蚁的口粮喂大象。孔光说得很对，对王莽而言，无论封赏什么，都非常小。王莽心心念念的是大汉的基业，无论是银两还是珠宝都无法满足他的胃口。

王莽接受封赏后，孔光上书，奏请回家养老。孔光的政治生涯既曲折又艰难，在政治生涯的中点，他转了一个大弯，甚至同往昔背道而驰。前期的孔光耿直刚正，因正直被贬后，孔光别开生面，领悟圆滑权变的道理。后期的孔光圆滑权变，很合王莽心意，一直被留在朝廷。纵观孔光一生，对国家没有大功劳，但有苦劳。

孔光在家休养一年后，于当年的四月初一，寿终正寝。在王莽的政治生涯里，孔光是一位很配合工作的人。为了表示对同僚的追思，王莽给孔光办了一个很盛大、很隆重的葬礼。送孔光上山的人很多，仅车辆就有一万多。

风光大葬了孔光后，天下百姓再次齐集长安，如潮水般纷纷涌向未央宫大门。将近五十万人为王莽请愿，这只能说，他真的得到了民心。这样犹如神迹般的一幕被班固记录下来。

未央宫门外人山人海，王莽的心也翻搅如海。众人为王莽请愿，王莽埋头改造九锡。王莽很厉害，总想让百姓歌颂他，让历史记住他。王莽熟读《仪礼》，知道九锡的意义。《礼记》记载，九锡指：车马、衣服、乐、朱户、纳陛、虎贲、斧钺、弓矢、鬯。九锡是帝王赏给大功臣的重要事物，需要功高劳苦如周公才能享用。

王莽想要九锡，更想要自己创造的九锡。经过一番辛苦，王莽的新九锡包含如下物品：绿韨（遮蔽膝的彩绸），衮冕（龙帽）、衣裳（龙袍）、瑒琫（刀柄装饰璧玉的佩刀）、瑒珌（刀鞘上装饰璧玉的佩刀），句履（鞋尖上翘的御鞋），鸾路（帝辇）、乘马（四匹骏马），龙旗九旒（有九个尾梢的龙旗）。

王莽接受封赏已经有模式可循了，且不说他的几推几让了。公元5年，五月，王莽正式接受九锡。接受九锡，身份就相当于周公。王莽穷其一生做梦都想成为周公式人物。如今，愿望实现了，王莽又感觉无聊了；为了消遣无聊，王莽再迈一步，大踏步向更高一层级的欲望前进。

走向欲望的王莽，就像小孩子走路，踏地声越来越响，步子越来越大了，非常豪迈。王莽的胆子更大了，刘箕子的年龄也大了。孩子长大是好事，皇帝长大未必就是好事。皇帝长大了，懂事了。对于无权的皇帝而言，懂事必然不是好事，做对事才是好事。几十万人如一支浩荡无敌的作战军团，同时聚集长安，大声为王莽请愿。请愿队伍声势这么大，即便王莽本身胆小如鼠，有了民声的支持他也变得胆大包天。

刘箕子渐渐懂事了，也开始说错话，或者做错事了。为了权力，王莽毫不犹豫地杀了两个儿子；为了权力，王莽同样不在意牺牲刘箕子。冬至的这一天，王莽送刘箕子一杯椒酒。据说椒酒能驱邪祛鬼，刘箕子很希望驱邪驱鬼，仰头就喝。

话说刘箕子喝完后，世界就将他抛弃了。刘箕子驾崩，时年十四，他死在一个很有成长希望的年龄。刘箕子死了，王莽的女儿守寡，这证明他们不是天生一对，更能证明孔光的荒谬。皇帝突然驾崩，朝廷一定立案调查，只是这次毫无结果。倒不是真的没有结果，而是没人敢调查。

王莽为刘箕子办丧礼，大赦天下，命汉朝六百石以上官员为刘箕子守丧三年。

迷信的人认为，遇见丧事不吉利。王莽的经历告诉世人，遇见丧事不要惊慌，应该沉着应付。因为一个人的死预示另一个人的生。刘骜死后，王莽负责办理丧事；刘欣死后，王莽还是负责办理丧事；儿皇帝刘箕子死后，王莽同样负责办理丧事。刘氏皇帝一个接一个地死在王莽眼前，王莽会想，刘氏衰微，时机就要到了。

国无能主，王莽摄政

刘氏垄断了几百年的皇权，有野心的人看得眼红，无能的人等得心酸。王莽埋葬了三个皇帝，三个皇帝都没能留下子嗣。刘骜过继刘欣为儿子，刘欣登基时正是青壮年，差一点就能够驱除王氏一族在野的势力。可惜的是，称帝后的刘欣一心沉迷酒色，还没选立太子就死在壮年，为王莽进入权力的殿堂打开了大门。王莽趁此天赐良机，剪除异己，最终独霸天下。

短命而死的刘箕子没有留下任何子嗣，为了大汉的江山，王莽只能迎立其他人为皇帝。王莽遭遇过刘欣登基后的反面教训，享受过刘箕子登基后的正面经验，知道他应该迎立年幼的皇帝。在王莽的心里，皇帝越年幼越好，最好是遗腹子。

安葬刘箕子后，王政君下诏选立皇帝。王政君活了很久，他的老公刘奭一脉却后继无人，真是悲哀。刘奭后继无人，不能怪王政君，也不能怪刘奭，只能怪刘骜和刘欣。刘箕子还未成就被毒死，是受害者。对皇室家族而言，什么都不缺，就缺血脉。血脉的连续性，深刻地影响一个王朝的发展。

刘奭一脉断绝，朝臣翻阅刘氏家谱，追溯到刘询的曾孙。在这一辈人中，有五位亲王，四十八位列侯。王莽听到有这么多候选人，心都凉了。王莽不是担心人多不好选，而是害怕选中成年人当皇帝。不过没关系，王莽大权在手，他可以随便破坏规则。游戏场有两种人，一种只能遵守规则玩游戏，另一种一边破坏规则一边玩游戏。前一种人没权，后一种人只手遮天，王莽就是后一种人。

王莽说，刘骜规定，同辈人不能先后当皇帝，即如果哥哥当皇帝，弟弟就不能当。在古代，皇位的继承有两种方式，一种是兄终弟及，另一种是子承父位。兄终弟及指皇帝死后，由他的兄弟继位；子承父位指皇帝死后，由他的儿子继位。刘骜规定同辈人不能先后当皇帝，朝臣只能从汉宣帝的玄孙中选。

在权力继承的关键时刻，上天又帮了王莽一把。汉宣帝有二十三个玄孙，二十三个都没成年，有的甚至是婴儿。为了明天，王莽决定当一次皇帝爸爸，选立刘婴为皇太子。王莽选立刘婴为皇太子，意思就是让刘婴当太子。如果说刘婴不能当皇帝，那一定是因为王莽想当。

时代变迁，王政君老了，她无法适应王莽掌权下的朝廷。面对这样一个阻力，王莽决定将王政君踢下自己驾驭的权力马车。王莽是制造流言的高手，王舜则是天生传播流言的好手，他们两人搭配，天下无敌。王舜去找王政君，告诉她一件事，说北长安郡上了一道奏章，发现一块很奇异的大石，大石上刻有“告安汉公王莽当皇帝”几个字。

王舜看着王政君，王政君看着王舜，彼此都默然无语。在王政君眼里，眼前站立的仿佛是昔日的王莽，那时的王莽很听她的话。她要王莽辞退，王莽毫不犹豫就辞退；她要王莽留下，王莽二话不说就留下。然而，物是人非。此时王舜看着王政君，仿佛看到摄政的王莽。一旦王莽摄政，王舜就会被封官加爵。没有之人是天生注定要成为别人的帮手的，王舜很有成为帮手的潜质。

见王政君失魂落魄，王舜马上安慰，说王莽只想摄政，不会称帝。无权无势的王政君只能相信，也只能屈服。在王政君心里，摄政与当皇帝没区别。她摄过政，知道摄政就是行使皇帝的权力。看着王舜离去的背影，王政君仿佛看到大汉王朝的末日。

公元6年，三月一日，王莽立刘婴为皇太子。刘婴被立为皇太子的诏书一下，王莽之心，天下皆知。王莽想当皇帝，别人也想；王莽想行使皇帝大权，别人更想。为了权力，刘氏子弟率先大举义旗，高呼讨伐王莽。

名誉对于王莽而言，其重要性不亚于生命。因为正是名誉使他步步高升；一旦王莽自毁名誉，名誉也会制他于死地。获得好名声很难，招致坏名声却很容易。就这样，王莽背上篡位的名，成为了众矢之的。第一波义军的到来，是对王莽实力的考验。

刘氏宗室安众侯刘崇伙同相国张绍商议造反，引发第一波义军。刘崇有雄心，但行事全凭血气，成不了大气候。他率领封国境内的人，雄赳赳地攻打宛县，结果被王莽大军碾为齑粉。死了行事莽撞的人，人们会为他们悲哀，而不是为他们默哀，翟义就是持这种观点的人。

翟义是枉死鬼翟方进之子。看到翟义，令人不禁想起翟方进的无辜枉死。翟方进不是昂然走向长安的菜市口，也不是凛然走上断头台，而是无可奈何地结束自己的生命。在刘骜统治的时代，被活活逼死的人不多，其中翟方进之死最为特殊。

吸取了刘崇的败亡经验，东郡郡长翟义秘密传书刘氏子弟，邀请他们结盟造反。翟义的上司刘宇，即东郡都尉，与严乡侯刘信、刘信之弟武平侯刘璜商议，决定在九月起兵。九月是好月份，因为九月可以训练民兵。借训练民兵之机，翟义广招军马，径直向长安进取。

翟义大军开动，东平王刘匡领军紧随。刘匡很有野心，认为王莽将被一举歼灭。一旦王莽被义军歼灭，长安就是他的。他将封国的军队交给翟义，条件是翟义拥立他老爹刘信为帝。刘匡之举表明，起义的并非都是居心纯正的人。改编法国罗兰夫人的一句话：诛杀国贼，多少人假汝之名誉而行。

翟义生就一身正直大气，他出兵的目的只为消灭王莽。他不管谁当皇帝，很快接受刘匡的条件。王莽爱造声势，翟义就将声势造得特别大。翟义自封为汉朝大司马，传檄四方，呼吁百姓参加义军，共同诛杀国贼王莽。翟义以他的行为告诉世人，什么是真正的起义。翟义能跟刘匡合作，可见他比翟方进知道轻重缓急。

到达阳郡（今山东金乡县西北昌邑镇）时，翟义声所帅的义军兵力已有十万。

爬上权力的巅峰

王莽在政治界独步天下依靠的是他的权谋。人有所长，必有所短，军事就是王莽的短处。王莽力求得到民心，全因害怕失去民心。在王莽的思想意识里，从未出现过战争的干扰。崇尚周公的治理，又身在和平的年代，王莽根本不知道战争为何物。

义军刚刚造反时，王莽的反应很像秦二世，他认为天下安康，百姓不会造反。直到义军如山崩般震动长安城，朝臣纷纷上书，王莽才觉悟。他从未想过的事情到底发生了。自认为深得民心的他，一夜之间成了众人唾骂诛杀的对象，王莽很迷茫。

静静地等待时间流逝的王政君，期待着历史给出的最后答案。她再也没有力量去干涉整个事件的发展，不过作为同样时代洪流中的一个人，她渴望知道最后的结果。对于已经伤心过度的王政君而言，结果只是一个事件，不掺杂任何人类情感的历史事件。

义军势大，王莽手上没有勇当万夫的将军，因此他连封七个将军。就战争而言，王莽深信人多力量大，他认为七人足以挫败义军。王莽的政治理想是赢得民心，受民景仰。他很爱惜民心，人多力量大的想法来自王莽的民心观念。这次，王莽将政治观念嫁接到军事战略上，却不将政治权谋用到军事上。这点看来，王莽很是失败。作为一个爱惜民心的人，他的所作所为恰恰是一步步地践踏民心。看来真实的王莽除了玩弄权术，一无是处。

因为义军都是关东人，为防止军队倒戈，王莽禁止关东人担任将领。七位将军领军迎击义军后，王莽又任命三位将领，命他们分别驻守函谷关、武关和宛县。这三个关口是保卫长安的三道防线，函谷关离长安最近，宛县距长安最远。刘崇势单力薄，他率领的第一波义军就是败在宛县。

失去民心后的王莽，面对着百姓的内外夹攻。迎战义军的部队刚出发，京畿地区立刻发生内乱。懂得利用时机的人都会想，王莽派遣大军出战在外，长安兵微将寡，如果及时起义，王莽一定守不住皇宫。赵朋和霍鸿正是因为懂得看破这一点，才顺势起义想借机发财的。这倒不能怪他们，想当年汉高祖刘邦也曾利用天下大乱，顺势起兵。顺势起兵的人越来越多，义军的队伍也逐渐壮大。

朝廷大军作战在外，赵、霍义军遇到的阻力很小。很快他们二人率领的义军势如破竹般，接连攻下二十三个县，翟义所领导的义军势大，但只是手足之患；赵、霍义军势小，却是心腹之患。一旦义军攻入长安城，王莽只能面对失败的惨状。

心腹患大，真是火烧眉毛。急得王莽连忙派卫尉和大鸿胪领兵出城，命他们死力攻击赵朋义军；又命骑都尉和城门校尉严守长安城，不让闲杂人随意进出。王莽视皇宫为老家，派人严密巡逻。

王宇的老师吴章分析有理，王莽还是敬天畏神的。就在义军内外夹攻之时，王莽抱着年仅三岁的皇太子刘婴，气急败坏地前往刘家祖庙。他指天为誓，极力证明自己并不想当皇帝。王莽说，他所做的一切都是为了保护刘氏祖业，绝无二心。为了安抚百姓激愤的情绪，王莽传书四方诸侯，告诉他们刘婴很安全，王莽没伤他一根毫发。

上天再次站在了王莽一边。就在王莽即将败亡的关键时刻，王莽军大败翟义军于陈留郡。翟义十万大军，竟然不堪一击，只能说是天意。义军失败，翟义即刻被捕，最后被五马分尸了。想当皇帝的刘信则趁乱逃亡，不知所踪。为了大汉基业满腔赤诚的翟氏父子，先后为国牺牲，实在是可敬！

最大的义军被剿灭后，赵朋这等专门依靠投机存活的小角色更是不堪一击。俗话说人逢喜事精神爽。转危为安的王莽此时更是锐气当头，他派出几支大军，将赵朋义军活活挤死。主要势力被消灭后，王莽花费两个多月，彻底铲除义军。

义军四起，确实非常惊险。平定下来后，王莽坚信大难不死必有后福。为了后福，王莽决定大干一场。王莽愈发相信他才是顺应天命应该当皇帝的人。

王政君看着义军兴起和衰落，着实百感交集。正当王政君感慨之际，王莽呈上一封奏疏，说剿灭义军后，四处出现祥瑞；祥瑞接连出现，是天意使然；王莽功比周公，他不再用摄政年号，而是直接掌握政权。王莽表示，待刘婴长到二十岁，他就交出政权。王莽说等刘婴长到二十岁，但刘婴哪天死，只有鬼才知道。

王莽摄政期间，天下到处都是灾难，到处都是祥瑞。不能时光穿梭，很难判断是灾难多，还是祥瑞多。但是，义军四起，即使没有天灾，人祸也不小；即使有祥瑞也早就被踏平。无论灾难和祥瑞，受尽苦头的总归是忠厚老实的百姓。

公元8年，十一月二十五日，王莽前往刘氏太庙祭祀，接受加冕典礼；接着，王莽颁布诏书，说祥瑞接连出现，预示他将登基称帝，甚至就连汉高祖刘邦也同意他即位。王莽此言甚是荒谬，他的这些奇谈怪论和耿育当年的论调真是半斤对上八两。

公元8年，十二月一日，王莽登基称帝，建立新王朝。

王莽所做的一切，只是为了证明他获得皇权上顺天意，下合民心。然而，独掌大权只手遮天的王莽，很有自说自话的嫌疑。纵使百姓有眼，也有口难言。王莽为了争取民心，证明自己的合法性，他决定抢夺王政君手中的玉玺。

刘欣死后，为防止董贤擅权，王政君在第一时间将玉玺抢到手。自抢到玉玺起，玉玺从没离开王政君。王莽登基称帝，只有玉玺在手能证明他是被禅让的。简单来说，如果王莽没有玉玺，他就是篡位，就是盗国贼。为了皇权，王莽费了九牛二虎之力，只差最后一步了，无论如何，他都要走到。

自王莽掌权，王舜就是连接王莽和王政君的桥梁。为了少伤感情，王莽又派王舜去向王政君要玉玺。这不是王舜第一次逼迫王政君，对付王政君，王舜已经总结出经验了，即用很好听但很有威慑力的话晓谕。王政君也不是第一次遭遇王舜，一见到王舜，王政君就发生条件反射：第一时间拒绝，第二时间沉默，第三时间顺从。

王舜拿走玉玺，王莽爬到权力的顶峰！

梦想中的天朝大国

王莽自编自导了一场应天意、顺民心的大戏。他的所作所为可以说是前无古例，后无来者。在历史的舞台上，真正的主角是人民。可是，王莽自始至终站在聚光灯下。陪着王莽做戏的官员，生动形象地演绎了食人者、牧人者、治人者。也许有人憎恨他们无能，阻挡了历史前进的车轮。那是因为我们看不清他们背后的大汉百姓。看不到他们光鲜靓丽的衣衫之后，生活在最底层的百姓们所过着的凄惨生活。

称帝后的王莽，下定决心开始大刀阔斧地改革。皇帝改革是改良，不是革命。改良就要从上层建筑着手，慢慢发展，最后改变下层经济制度。王莽改良，先改政治，第一刀砍向政府机构。举一个例子，王莽改大司农为羲和。大司农管理农业，相当于农业部长，王莽改名字为羲和，管理内容不变。“羲和”二字来源于周朝，因为王莽想回到周朝。一般而论，如果只改名字，不变内容，属于假改革，成不了大事，也坏不了事。然而，王莽复古心切，一改再改，百姓就受不了了。再举大司农为例，王莽将它改为羲和，百姓还没适应，他又改为共工。别说百姓不能适应，朝臣都被王莽给转晕了。

政府政策讲求前后一致，互相协调，否则无法施行。王莽朝令夕改，使得百姓根本记不住各部门的名称。再以地名为例，王莽将一个地名接连更改几次。如此一来，如果大汉百姓写信，不特别注明地址，信根本无法送达。王莽改革的出发意愿很好，但是却用错了手段，结果王莽只能是搬起石头砸自己的脚。

第一刀刚砍下去，肉还没切下来。王莽的第二刀就伸向了土地。古代中国是重农抑商，土地是百姓生存的根本。国家税收主要来自土地，如果土地政策大乱，天下必然大乱。王莽为了能够恢复周朝制度，决心效仿周朝推行井田制。井田制的基础是土地国有，国家分配土地。然而，历史行至大汉时代，土地已经开始私有化，政府允许民间买卖土地。土地私有使得汉代出现了很多地主豪强和大姓宗族。王莽新政要收回土地，那些因掌握土地变得富有地主豪强和大姓宗族自然不满。地主豪强和大姓宗族的势力不大，但也不容小觑。毕竟他们是一方的霸主，如果这些人联合造反，王莽只能眼睁睁地看着天下乱作一团。

王莽收回土地，按人口平分土地给百姓，自然能够得到百姓的支持。然而，王莽又新颁布一条法令，禁止人口买卖。必须承认，政府禁止人口买卖有利于维护人的尊严，是一条好的法令。然而，尊严也是需要经济基础。一个人如果没有经济基础，为了尊严，就只能饿死。中国是小民社会，平常百姓没有经济积累，通常是今年吃去年的粮。如果遇上荒年，百姓就要遭受饥荒。每逢荒年，为了避免饿死，百姓只能选择卖身为奴。如今，王莽禁止买卖人口，也就意味着遇到荒年，百姓不能卖出自己，除了打劫和造反，只有等死。禁止买卖人口很好，但前提条件是国家能保障百姓的基本生活。

历史上，王莽改革中最出名的要数货币改革。王莽废除汉朝的五铢钱，以新换旧，以小换大，很简单。然而，喜欢将简单问题复杂化的王莽，面对复杂问题束手无策。王莽准许通用的新货币，有六种，分别是金币，银币，龟币，贝币，钱币，布币。可以想象，大汉百姓去买一头牛，有可能背上一袋钱。如果买卖双方所带的货币恰好相异，市场上的人将不是买卖东西，而是彼此交换货币。学经济的人都了解货币只是一种通用于市场的符号。市场交易本身要求货币具有通用性，王莽制定的货币政策，使得货币丧失了本身的通用性，这样一来相当于将百姓带回原始的以物易物的交易阶段。

王莽效仿商朝的体制，对于经济方面进行中央控制。他在长安、洛阳等重大城市，设立五均司市和钱府官，五均司市统一物资调度，稳定市场物价。如果百姓缺少资金，钱府官负责借钱给百姓。

总之，王莽的改革并不是在周朝的基础上稍作创新，其根本目的不是适应时代的变化，而是实现他自己心中的理想社会。

权术之女的结局

中国古代，尤其是儒家社会，十分讲究“正名”这一问题。为了证明新王朝的合法性，王莽苦心钻研，终有成就。他改封王政君为“新室文母太皇太后”。“新”指王莽所创建的新王朝，“太皇太后”指王政君是太后，两者一连，既保留了王政君的尊贵身份，也体现了新王朝的合法性。如果有什么不好，就是“新室文母太皇太后”太长了，叫起来不顺口。

翟义起义失败，被五马分尸后，王莽将翟义的祖坟给挖了。王莽借此晓谕天下，造反者不会有好下场，终会累及先人。王政君的陵寝被抢，王莽知道她伤心，于是决定在她百年之后，将她与刘奭合葬一处。然而这就必然打扰安眠于地下的刘奭，这就犯了王政君大忌。

王莽此举确实伤了王政君的心，王政君自此不理王莽。新王朝规定，朝服颜色为黄色，每年十二月初一为新年。可是王政君不遵守，她每天都穿代表大汉的黑色衣服，将大汉规定的一月初一当新年。每到新年，王政君都到刘氏宗庙，祭天祭地祭祖宗。王政君还独桌吃饭，只和服侍她的人说话。王莽彻底伤了王政君的心，王政君没有办法直接同王莽抗争，只能用沉默应对。

新始建国五年（公元13年）二月，王政君驾崩，享年84岁。

王莽称帝这些年天灾不断，人祸不止，民不聊生。公元17年发生饥荒，荆州尤其严重。饿死的人太多了，百姓找不到吃的东西，就要饿死了。躺在家里是饿死，揭竿而起也是死。与其坐以待毙，不如奋力一搏。

荆州饥民将自己的命交给上天，共同推举出一位首领，大举入城抢劫。人民是历史的创造者，百姓众志成城抢劫成功。抢劫成功后，他们占据绿林山，专门抢劫官府，赈济灾民，被尊称为绿林军。后世人仰慕绿林军的行为，尊敬“绿林”二字，演化出成语“绿林好汉”。

绿林军如星星之火，顿时燎原，农民起义兴起，纷纷涌向长安。

第二章　揭竿而起重兴汉室

刘秀的身世

结束纷乱，使天下重归平静的人是光武帝刘秀。

刘秀，字文叔，南阳郡蔡阳县人，是高祖刘邦的第九代孙，他祖上可以追溯到景帝所生的刘发。刘发这一支传到刘秀，已经破落不堪。刘秀自负身具高祖之血脉，此生断断不能就此默默无闻。幼年的刘秀心中已经有了匡扶汉室的志向。

刘秀的父亲刘钦是个小小的南顿令，《汉书》记载说："令、长，皆秦官也。万户以上为令，秩千石至六百石；不满万户为长，秩五百石至三百石。"由此观之，刘钦不过相当于是品秩为千石至六百石的一个县令，从长沙王到南顿令刘钦，刘发一族真可谓是江河日下，一代不如一代。汉平帝元始三年（公元3年），刘钦去世，家族失去了唯一的政治支柱和经济来源，刘伯升、刘秀、刘仲兄弟，刘钦的长女刘黄，次女刘元，三女刘伯以及其母樊娴都顿时陷入食不果腹、衣不御寒的困苦境地。幸好，当时刘秀的叔父刘良家中尚有几亩薄田，还能够在这乱世之中谋求一个生存，刘秀、刘伯升兄弟从小就比较勤快懂事，刘良便顺势收养了他们。自此，刘秀变成了南阳郡春陵县里的一名农夫。

二十年之后，刘秀已经长成一个健壮的青年，他身高七尺三寸，须眉浓美，有着大大的嘴巴，高高的鼻梁，饱满的额角。为了养活自己的母亲和几个未出嫁的妹妹，刘秀每日勤勤恳恳，对农事不松懈，但是他的长兄刘伯升却喜好侠义，收养门客，并且常常耻笑刘秀只会经营农业，还把刘秀比作高祖刘邦的兄长刘喜一样，胸无大志，混沌世间。

燕雀安知鸿鹄之志，刘秀不仅善于耕种，还能够在闲暇之余找些书籍增长自己的见识和阅历。反观其兄，虽然性情刚毅，豪气冲天，却好高骛远。此外，刘秀还是一个富有经济头脑的人，年夏、秋大忙以后，刘秀便利用农闲时间，把谷物等农产品运往新野、南阳销售。古人云"人看从小、马看蹄爪"，刘秀从小就乐善好施，学会与人相亲相助，品行淳美，有君子之风，深得乡里赞誉。

王莽天凤年间，精通《尚书》的中大夫庐江人许子威，在长安的太学中开馆讲学。刘秀听说后卖了一些粮食和其他财物，与他家乡的志同道合之士一起凑钱合买了一头驴，雇人驾驭着驴车来到京城长安，从此走上了他辉煌人生的起点。

一个伟人终究免不了俗，摆脱不了七情六欲。刘秀的发奋读书，最初并无什么大志，而是为了发达后娶南阳新野县的阴丽华为妻。

刘秀在长安求学的时间只有短短的三年，但却为他此后的人生奠定了一定的基础。

长安是当时世界上最繁华的城市，文化昌盛。大开眼界的刘秀在这结交了许多俊杰，如朱祐、严光、邓禹等人，都是以后东汉历史上惊艳一时的人物。

朱祐字仲先，南阳郡宛城人，是一个高士才子，文武双全，在长安群儒之中颇为有名。他从小就与刘秀兄弟交好，由于刘秀在学问上远远不及他，所以刘秀经常到他的居所去向他求教。据传，一次刘秀在长安生了病，要买蜂蜜入药。虽然此时刘秀已经到了长安求学，但是其家境却没有任何改变，因此，这买蜂蜜的钱便成了此时刘秀的最大困境。朱祐知道后，仗义疏财，直接自掏腰包添钱帮刘秀把蜂蜜买了回来。对此，刘秀一直心存感激。后来，刘秀取得了天下，回赠给朱祐一石白色的上等蜂蜜，开玩笑地问他："仲先兄，这种蜂蜜，与在长安时我们买的那种相比，味道如何？"说罢，二人相视大笑，当年的情景也一一浮现在眼前。

严光字子陵，会稽郡余姚人，又名严遵。他很有才学，少年之时，即已名满天下。可惜他为人清高孤峻，不慕富贵、不侍权贵，后来成为著名的隐士之一。严光虽然孤傲，却与谦虚好学的刘秀一拍即合。时间一长，二人就慢慢地成了至交好友，成为当时的一段佳话。

邓禹字仲华，南阳新野人，当时只有十三岁，也受业于长安。邓禹虽然年纪最小，却能咏诵《诗经》，俨然是一个神童。刘秀对此十分惊奇，一直想和他结交。而邓禹也看到刘秀相貌奇伟，感觉非比寻常。邓禹再听其言论，看其品行，察其胸襟，更觉得刘秀器宇非凡，绝非池中之物。于是，二人倾心结交，也成了好朋友。

虽然刘秀在长安的三年学习生活很快因为家庭困境而终止，他学习《尚书》，也仅仅是粗略弄懂了书中的内容。但却在与朱祐、严光、邓禹的交往中，受益良多。他们三人在学问、见识、品德上都给予刘秀极大的启发，后来更是在他逐渐强盛的时候成为其心腹臂助，几人少年豪杰，谈笑江山、纵论江河，引得无数豪气人士欣然神往。刘秀也是在此间的交际中，逐渐形成其雍容大度的气派，虚怀若谷的胸襟，坚毅宽厚的品格，处变不惊的反应能力，驾驭群下的深谋远略。他最终凭此问鼎天下。

此时的王莽政府内部，已经暗藏杀机。一切的源头，不过是一个谶语，它是兴盛于秦汉时期的一种神秘的学说，当时人们深信它可以趋吉避凶、还原过去、预测未来，后来张衡等人还就汉室迷信谶语而出言讽刺，为人所不容。整个王莽政权，精通谶纬之术的只有刘歆。他为人奸诈狡猾，对待王莽亦是卑躬屈膝，因而获得了王莽的重用，但是他并不满足。在参阅了大量的资料，对未来的时局进行推演之后，刘歆竟然惊奇地发现，未来的数十年中，刘氏应当再次受命于天，重新夺取天下。而那个顺天应命的人的名字竟然也在推演中泄露出了，叫做刘秀。刘歆这人虽然地位显赫，但却素有野心。其父刘向是汉高祖刘邦之弟楚元王刘交的后裔，也是汉元帝刘奭、汉成帝刘骜时期的朝廷重臣。刘向先后历任中郎、光禄大夫等职，他忠于汉室，为王莽所不容。他对于刘歆奴颜媚骨的性格和不切实际的野心做过多次批判，但都没有什么结果。此番刘向逝世，刘歆失去了唯一的制约，再加上他对自己的推演结果深信不疑。于是，他将自己的名字改为刘秀，以应天象。同时梦想着，有朝一日自己也能够登基九五帝位。

他没有预料到，这个名叫刘秀的人，天下只此一家、别无分号，此刻正在千里之外的南阳郡挣扎求生。

王氏必灭，汉室当兴

刘歆的谶语也在流言蜚语之中不知不觉传到了南阳郡。天下盛传："王氏必灭，汉室当兴。”对老百姓而言，谁当皇帝都是一样，只要他们能够在饥饿的时候有一口饭吃，在寒冷的时候有一件衣服穿，在打雷下雨的时候有一个可以躲避的场所，就足够了。但是如果天下又将易主，那么无论兴亡荣辱，苦的可都是老百姓了。想想“浮尸百万流血漂橹，千里沃野无炊烟”的凄凉和沧桑，多少让寻常百姓不寒而栗。人们不禁或明或暗的问询，天下真的又要大乱了吗？

无人知晓，刘歆所传的真命天子就隐藏在民间，即使连他自己也不知晓。但却有各方术士接连推算而出，真命天子绝对不是那个有才无德的刘歆，正所谓：“金鳞岂是池中物，一遇风云便化龙；九霄龙吟惊天变，风云际会浅水游。”终于在有形无形之中，有人遇见了刘秀这条九天神龙。

地皇初年，刘伯升、刘秀兄弟和他们的二姐夫邓晨一起去宛城拜望一位非常有名气的术士穰城人蔡少公。此人也是个著名的江湖术士，以精通图谶闻名，在南阳郡一带极有名气。不知不觉之间，他们竟然聊到了天下气运。

蔡少公说道：“依照老夫所研究之图谶中的说法，王氏政权必不久长，汉室中兴指日可待，而这真命天子的名字就叫做刘秀。”大家闻言，立马想起了不久之前在宫中改名的国师公刘歆。有人急忙向蔡少公问道：“您说的可是当今国师公刘歆？”刘秀闻言，随即开玩笑道：“说不定，这人会是我呢？”众人闻言，当即大笑，知晓这就是刘秀的玩笑直言，也就没有人当真。然而，刘秀的兄长刘伯升听闻此言，则不免有些激动。当然，他并不相信自己这个胸无大志的弟弟刘秀会成为未来皇帝，只是对“王氏必灭，汉室当兴”的谶语特别感兴趣。而刘秀也在这条谶语中找到了一丝契机。

这日，一个名叫李通的人来找刘秀兄弟。李通，字次元，也是南阳宛城人。李家世代经商，他的父亲名叫李守，精于生意之道，李家生活非常富裕。李守虽然社会地位不高，却治家有道，善于教育子弟。在他的督促管教之下，他的儿子李通也成了一个有学问的人。

李通的父亲也和当时社会的众多富贵之人一样，在这个乱世之中，没有什么力量可以保存自己的家世地位，就连支撑起这个社会的政权都会随时崩溃，因而只能相信一些莫须有的东西，那就是卜卦之术。不久，还真的让他父亲得到一个谶语，叫做“刘氏复兴，李氏为辅”，并告诉了李通，李通得此谶语，日夜研究，终于发现，或许自己就是辅佐那个顺天应命的人。如果成功，那便是三公九卿、封侯拜将，光宗耀祖自是水到渠成。于是，李通毅然决定，辞去现下的补巫丞的这个芝麻小官，去寻找自己的远大前途。适时南阳刘秀的兄长宽厚仁侠之名远近知名，李通的堂弟李轶就对李通说刘伯升、刘秀兄弟泛爱容人，可以共谋大事。李通笑了笑说：“正合我意。”原来他也早就有了想法。于是李通就要李轶设法与刘伯升联系。

皇天不负苦心人，经过几番寻找，李氏兄弟终于找到了刘秀。然而此时的刘秀，却刚刚从大牢中出来。原来，南阳大旱，饿殍遍野，刘秀及其兄长便生了造反自立的心思。为了筹集军费，刘秀利用其善于经营的优势，将家中的粮食全部运到县城变卖。哪知这边的官吏知晓后，不经任何查实，便定了他偷盗粮食之罪。官吏认为在如今这个人人缺衣少食的时候，他们的粮食一定不是来自正途。刘秀就这样被关进了大牢之中。正当刘秀哀叹自己时运不济、命运多舛之时，竟让刘秀碰见了旧时朋友樊晔。樊晔字仲华，新野县本地人，此时正是县里的一个小官吏。樊晔让刘秀饱餐一顿，又帮助他去寻找自己的姐夫邓晨，樊晔花了些钱，将刘秀救了出去。

此事虽然不大，却也让刘秀认识了当时社会官吏的腐败。官员不辨黑白就擅自抓人，这样的朝廷留着也只是祸害百姓。刘秀刚刚出狱，便听闻李轶竟然要来见自己。此前自己的兄长刘伯升因为不满李通的一个兄弟申徒臣为人傲慢，一怒之下，将其斩杀。这样说来，刘李两家还有不小的仇怨。因此，刘秀踌躇不决，他担心李轶此次前来是不怀好意。于是，他前去见李轶，还不忘带上一把匕首。

宛城人李通、李轶见到刘秀，忙用河图符命征验的书来劝导刘秀说："刘氏家族要重新兴盛了，李氏家族是刘氏宗族的辅佐，而刘家的那个真命天子就是刘秀。"刘秀开始不明所以，因为对二人的来意不是很清楚。刘秀担心此事一旦传了出去，自己便是跳进黄河也洗不清了，随时会招致杀身灭族之祸。随即刘秀试探地说道："这个人莫不是当朝国师？"李通、李轶等人何等聪明，知晓刘秀必定是不相信自己。他俩再看刘秀衣袖中还带着匕首，必然是为了防范自己。二人直接道明来意，劝说刘秀举兵造反。刘秀暗想，长兄刘伯升一向结交盗匪，必然会举兵起事，而且此时王莽败象已露，天下一片混乱，便和李通决定准备起事，在城中购置弓箭武器招兵买马。

李通知道，自己一旦举兵造反，王莽政权必定不会放过自己的父亲李守。因当时李通的父亲李守还在长安，李通怕父亲出事，赶紧派他的堂兄的儿子李季到长安把事情报告给李守，让他赶紧逃跑。然而，天有不测风云，李季竟然在半路上一病不起。幸好这个消息还是传到了李守的耳中，李守闻讯，大惊失色，立马决定举家迁徙，逃离长安。

但在李守逃离之前，他将这个绝密消息告诉了自己的世交好友黄显。黄显此时正在新莽朝廷里做中郎将，闻言忙向李守建议道："普天之下莫非王土，率土之滨莫非王臣，你相貌突出，怎么能够逃出官府的通缉呢？如果你能够大义灭亲，在事情没有爆发之前，主动向王莽告发，或许可以免了你一家的罪责。"李守闻言，觉得黄显言之有理。于是，李守便写了一封检举信，委托黄显上书朝廷，告发儿子李通与刘伯升、刘秀兄弟准备谋反。

可惜，李守的检举信还未到王莽的手中，李通谋反的消息便已经泄漏，南阳老家的李氏家族成员大部分已经被捕。王莽得知李守是李通的父亲，不由分说，立即下令把李守捉拿归案，打入天牢。黄显虽然是朝廷官员，却更是李守的好友，他知晓此番自己若不求情，李守必定难逃杀身之祸。于是，黄显冒着生命危险向王莽进言："李守听说儿子犯下了大逆不道之罪以后，不敢逃亡。他为人一向忠义，知道自己的儿子犯了法，就向朝廷请罪了。所以臣愿意带着李守一起东行，跟他的儿子晓以大义。如果他儿子还是不肯回头，李守就会以死谢罪。"王莽知晓黄显是一个忠义之人，认为他的话应该没有问题，就答应由他带着李守一起去南阳平定叛乱。

恰巧在这个时候，南阳太守甄阜的紧急奏章送到了长安，甄阜在奏章中详细描述了李守的儿子李通参与谋反的细节。王莽看到后大怒，立刻下令斩杀李守。等黄显再去求情，也遭受连带之罪。李黄二人在长安的族人也被全部杀光。

另一边，刘伯升一方面大力积蓄力量，另一方面也认识到想造反起义，单单靠春陵宗室子弟以及自己结交的那些宾客、朋友是不够的。造反的力量还是太弱小，难以成大事。于是，他便找上了新市、平林军的绿林首领王匡、陈牧等人，并迅速与之达成起兵协议。

主意已定，刘伯升成为了起义军首领，让刘秀到宛城与李通、李轶等人联合起来做好起义准备，又叫自己的姐夫邓晨在新野带领家眷前来会合。他还督促李通、李轶等人按照原定计划，于九月立秋日在宛城绑架甄阜、梁丘赐举事。而刘伯升自己则率领刘氏宗族子弟在春陵加紧准备物资，等候绿林军前来汇合。

时间一天天过去，就快到了起义时间，宛城方面却杳无音讯，刘秀那边也没有消息。不久，探子回报，李家和黄显家都被王莽灭了族，只有李通、李轶、李松等三人逃走，下落不明，官府正在通缉捉拿他们。刘伯升知道，关键时刻来临了。或许此时南阳郡守已经知道了自己意欲举兵的消息，随时可能来捉拿自己。刘伯升当机立断，起义照常进行。不久，刘秀等人的回来让刘伯升悬着的心放下了一丝。然而，这是族中许多人却不同意起兵，因为他们害怕，起义不成等待他们的是诛灭三族之祸。

其中，刘秀等人最为敬重的刘良也极力反对。刘秀兄弟为了防止他泄密，派人严密看护住他，同时积极筹划，向族人鼓动。终于，经过一番计较，全族人上下一心，决定破釜沉舟，举行起义。在刘伯升的带领下，舂陵刘氏子弟，总共七八千人与绿林军首领王匡、陈牧等人汇合。

这年十月，刘伯升、刘秀兄弟与李通及其堂弟李轶等人在宛城正式起兵，这年刘秀二十八岁。

揭竿起事夺天下

万事俱备，只欠东风，刘氏一族八千子弟都已经在刘伯升、刘秀兄弟处积聚。绿林军首领王匡、陈牧也带人也赶了舂陵与他二人汇合。刹那间军威大振，杀气冲天。只是临行之前，却一直不见李通归来。

除此之外，还有一件事情让刘氏兄弟感到细微不安。起义军队成员龙蛇混杂，特别是王匡、陈枚的绿林军大多是都是土匪山贼出身。刘氏兄弟深知要成大事，就必须严格约束他们，不然迟早会败亡。但事急从权，一时半刻，到也难以制定有效的策略，只能先起义，再图后事。

每一件大事的完成，都不是表面所看到的那样简单，而一个完备的计划，则能够将事情成功的几率大大提升。刘伯升深刻地明白这个道理。在兵力会师之后，他便着手制定了一个先向西夺取西长聚城，再占领棘阳，然后攻击宛城的战略计划。他意图先占据宛城，凭借这个进可攻退可守的有利位置割据一方，然后再传檄天下，号令忠于刘家汉室的天下群英云集麾下，共同讨伐王莽，从而恢复汉室。几大首领知晓这是目前最为稳妥的计划，便欣然同意。

有人说“守业更比创业难”，这句话或许有些道理，但是创业之艰难，也是许多守业之人难以想象的。恰如此时的刘秀兄弟，在上战场之初，虽然变卖了家中所有的财产，却依然十分拮据。后来有人传言，在刘秀上战场之际，竟然没有一匹战马可供刘秀所用。无奈之下，刘秀只得骑着一头水牛冲锋陷阵。这成为了后世演义中的一段佳话，人们都说刘秀是“牛背上的开国皇帝”。直到刘秀在战场上斩杀一名新野军士，他才缴获到自己的一匹战马。这或许有夸大的成份，甚至有人不禁要问，绿林军何等气势，哪能不为刘秀配一匹战马呢？殊不知，刘秀此时虽然骁勇，却只是其兄手下默默无闻的一名军士，即使有战马可配，也是配给刘伯升的。

幸好起义尚且算得顺利，起义大军很快就攻克西长聚城、唐子乡（即今湖北省枣阳市唐子山下的太平镇），他们杀掉了湖阳县尉，打败了新莽官军。初战告捷之下，起义军声威大振，这让全军的士气大为提升。然而，让刘秀和刘伯升兄弟担心的事情还是发生了。起义军刚刚攻克西长聚城，绿林军从将军到寻常兵士就开始大肆抢掠，奸淫烧杀，无恶不作，激起了民间百姓的反对甚至是反抗。而随着起义军攻克了唐子乡，刘氏兄弟的家族部队得到了较多一部分财物，此事让一向嚣张跋扈的绿林军知晓后，刘家部队很快就陷入了危险的境地。说不定绿林军在嫉妒和愤恨财物分配不均的心理上，会做出杀人夺宝的勾当。为了维持起义联盟，刘秀当机立断，将所收缴的财物大部分分给了绿林军，这样才使大祸消弭于无形。

军心一定，士气一涨，刘氏兄弟的野心就逐渐膨胀起来，连着他们的胆子也大了起来。二人与绿林军商议，决定一鼓作气，攻下当时比较大的县城棘阳。整军备战方三日，刘伯升便急不可耐地传令部队进攻棘阳。也算起义军的大幸，还没等起义军到城下，新莽朝廷的棘阳县令岑彭见势不妙，弃城带着家眷逃走。起义军兵不血刃就拿下了棘阳。

此时的李通，由于全族都被王莽杀害，自己更是遭到王莽的通缉，只能带着弟兄弟以及少数宾客逃亡在外，四处躲避。不久，他便听说刘伯升率军，一路势如破竹、所向披靡，此刻正欲攻取棘阳。李通欣喜之余，决定率门下投奔于刘伯升。当他赶到了棘阳城外时，遇到了刘秀的姐夫邓晨率众投奔刘伯升。本来李通还准备混进城中，做刘伯升军队内应。哪知他到了棘阳发现，城门上早已经改旗异帜，刘伯升竟然不会吹灰之力就将棘阳握于掌中。

李通、邓晨来投，虽然没使刘伯升起义军实力大增，但这二人本身非比寻常，又是刘伯升的亲朋好友，他们的到来不禁让刘氏兄弟高兴不已。此时的起义军可谓是人才济济，刘伯升等待多时，终于在这一刻平地而起。他策划已久的计策终于能够得以实行，随即他展开行动准备进攻目标宛城。刘伯升传令部队整军三日，之后再传令部队攻击小长安，即棘阳附近的一个富裕的地方。此刻刘伯升已经成竹在胸，只要拿下小长安，就立刻挥师北进，向南阳郡的重镇宛城进攻。由此一来，大事可期。

刘伯升此刻俨然已经成了骄兵，骄兵必败。殊不知，一股潜藏的危机正徐徐拉开大网，起义军的未来，祸福难料。

所谓潜藏的危机，主要体现在两个方面。一则是起义军龙蛇混杂，他们没有远大的政治抱负，眼中只有美女、金钱或者食品衣物，因而军纪不正。同时起义军成员都不是行伍出身，大多是刘氏宗亲。即使是山贼出生的绿林军，也没有经过正规的军事训练，哪里见过雄兵百万、战车千乘的阵仗。一到行军布阵之时，其弊端就显露出来。日子一长，如果是一路顺利倒还问题不大，但一旦遇到重大变故，那便是兵败如山、一溃千里。二则是刘伯升的军事策略不恰当，他一边四处征战，一边却又拖家带口。而且在其占领的棘阳等地都没有重兵把守，因为刘伯升将全部的兵力都抽调出去，以求一鼓作气，收复天下。

在如此疏忽大意、盲目乐观的情况下，刘伯升兵锋所向，直指宛城。这日起义军到了小长安，虽然天气昏沉、目力所及，只有百步之内。军中将士以为这次还会向上次一样，不战而屈人之兵，夺取小长安。可他们万万没有料到，贪功冒进历来是兵家之大忌。果然，王莽军守将甄阜、梁丘赐早就在小长安准备妥当、以逸待劳，率领正规军给予起义军迎头痛击。

仓促组建的起义军一见无法取胜，随即乱作一团。刘伯升眼见大势已去，也难以掌控局势，稳定军心。片刻之间，起义军阵形大乱，士兵们四散奔窜，各自逃命，全军溃败。刘秀、刘伯升的亲人们也在军中，这乱了他们的方寸。刘氏兄弟好不容易救出几人，却已有数十人倒在王莽军刀之下。其中包括刘秀的二姐和三个外甥女，二哥刘仲，养父刘良的妻子和两个儿子。经此一役，刘氏子弟元气大伤。

哪知屋漏偏逢连夜雨，刘伯升、刘秀二人都没有想到，一旦遇到失败便到了这样一发不可收拾的境地。当他们正准备率残部赶回棘阳之时，官军已经开始大肆攻伐棘阳。幸好棘阳城中，还有一个可堪大用的刘氏子弟刘祉，在他的奋力拼杀下，才得以保全棘阳，留下一个供刘伯升起义军安身立命的地方。

刘伯升、刘秀收拾残部奔回棘阳之时，正好看到刘祉在守城，这才惊魂稍定。然而此刻的宛城，却实实在在地成为刘氏宗族的修罗炼狱。南阳郡守甄阜，听闻刘氏兄弟率军攻伐宛城，立刻下令将在宛城中搜捕到的春陵刘氏族人全部就地正法。宛城街衢之上，顿时成了刑场，血流成河、尸横遍野。刘祉的母亲、妻子、儿女、弟弟等数十口亲属，倒在了甄阜的屠刀之下。春陵宗室的族人数百口也未能幸免于难。刘氏兄弟闻讯，伤痛不已，赶紧收拢残兵败将，闭门自守，再也不轻易出战。经此一役，他们终于明白，要成大事，非唯有超世之才，亦必有坚韧不拔之志。刘氏兄弟此刻才真正成长起来，具备了问鼎天下的基本素质。

生死一战

《孙子兵法·九地》中有这样一则："焚舟破釜，若驱群羊而往，驱而来，莫知所之。"就是表明在万般无奈之下，如果能够摒弃一切后顾之忧，一心为战，或许很弱的一群人也可以获得未曾预料的胜利。著名的楚霸王项羽就在攻伐秦军之时，彻底斩除楚人的后顾之忧，打破了做饭的釜，击沉了渡人的舟船，楚人上下一心，终于取得战争的胜利。

军无常势，水无常态，为人将者，讲求的就是随机应变，善于应用天时地利人和，为自己取得战争胜利增添把握并不是每一个破釜沉舟之人都能和项羽一般，一往无前、决胜千里。

地皇三年（公元22年）十二月，甄阜、梁丘赐自刚刚在小长安一战打败了起义军，还未来得及整军，便带领精兵十万南渡黄淳水，乘胜急速前进，同时将缴获来的大量粮食、辎重安顿在蓝乡，只留下少数士兵看管。大军很快就抵达沘水岸边，在两水之间扎营布防，兵锋直指棘阳。为了显示"不灭反贼，绝不回师"的决心，甄阜、梁丘赐下令拆除黄淳水上的桥梁，示以破釜沉舟之意，意欲尽灭义军。

然而此举却有"画虎不成反类犬"的嫌疑，当初项羽何等英雄，楚人何等齐心协力，他们面对数十倍于自己的兵力，无奈之下，才选择破釜沉舟的做法。甄阜、梁丘赐二人恰恰相反，将当年楚军和秦军的势力对了个调，即使按照常规的做法，官军要取得胜利也不是什么难事。

然而事实并非是这样。他们心中有着自己的如意算盘，即是一方面鼓舞士气，振奋军心，另一方面则是试图效仿项羽，留下千秋美名。可惜他们不知道，世移事异，他们斩断了后路，无疑冒着巨大的军事危险。在破釜沉舟之际，甄阜和梁丘赐心中实则是想着必胜之事，骄兵难持，一旦有变，则会造成无可挽回的损失。

这是否意味着，刘伯升、刘秀所部，一定能够取得胜利了呢？

这时候，刘伯升心中也是忧心忡忡，王匡、陈牧二人一直不是很信服他，刘伯升、刘秀对他们的部队也很难约束。这些人都是草莽出生，一个个土匪气十足，一旦他们取得了片刻的胜利，目光就会变得特别短浅，只想着给自己捞好处，更不谈为民为国，而会烧杀抢掠，危及苍生。

眼下甄阜、梁丘赐率领十余万军队来攻棘阳，气势汹汹、难以阻挡，更听闻那边竟然来了个破釜沉舟。自己万余部队拿什么去抵挡？王匡、陈牧二人心中十分担心，自己的这点老本钱会在这一次战役中全军覆没，再加上自己的部队和刘氏兄弟的部队多有不和，这让王匡二人不禁生出了退却之心。

所谓"山重水复疑无路，柳暗花明又一村"，正当刘氏兄弟担心，王匡、陈牧犹豫不决的时候，一个如定心丸般的好消息传来：下江兵首领王常率领五千人马，已经进了宜秋聚了！

下江兵是农民起义军中的一支。其首领王常，字颜卿，颍川郡舞阳县人。王莽末年时期，王常为了给自己枉死的老乡报仇而杀人，为了逃命，结果落草为寇。后来王凤、王匡等人聚集了数万人在云杜县的绿林山中起义遇到了王常，觉得这个人剽悍勇猛，就把他作为自己起义的先锋军首领。时间一久，王常因骁勇善战，在军中树立起威信，于是四处招兵买马，逐渐有了自己的势利。哪知道当时天灾人祸太多，绿林军不久就溃散了，王常只好带着自己的队伍，与成丹、张印进入南郡蓝口掠食，自称“下江兵”。

后来王莽得知了这帮“匪徒”作乱，就派兵将他们一一击溃。王常兵败无处可去，只好在钟县、龙县之间以盗寇的身份行动，同时不忘招兵买马，很快就又有了数千人的军队。后来他听说刘伯升的义军不错，本想归顺，没想到刘伯升在进攻宛城之战中大败而归，王常只好失望地取消了打算，到宜秋之地安身了。

刘伯升早就知道王常英勇善战，此番若自己能够得到他相助，必能够在接下来的战斗中，多增添一丝胜算，而且，王凤等人闻讯，也不会如现在这般军心不稳，意欲独自退却。于是，刘伯升带着刘秀和李通星夜兼程赶到宜秋。意图说服王常和自己联合，共同抵御敌军的进犯。

见到王常，刘伯升开门见山地说道：“王莽残酷暴虐，所以必将灭亡，汉室也一定能复苏。所以我愿意倾家荡产去兴汉，希望你也能助我们完成大业。届时我得到了什么，自然也不会少了你的。”王常闻言，顿时豪气冲天，心中便已有定议。然而这件事情毕竟关系甚大，还需要和自己的几位兄弟商量才能够决定，待决定之后，他们便会火速向刘伯升通报。

经过王常的一番鼓动，原本不愿意屈居人下的成丹、张印也因为王常的合理分析而欣然赞同。通过王常的分析，他们深切地了解到天下局面，认为王莽为政苛刻残酷，使得百姓流离失所，人心日丧，所以百姓更希望恢复汉室。而绿林军之所以起义失败，是因为以匪冦的身份出现，根本没有给百姓带来安稳日子。但刘伯升一家举事就不同了，他们是打着兴复汉室的旗号，是正规军，而且还有王凤的义军与之联合。与他们合作，将来或许能够成就大功，这才是下江兵成就功业的最好渠道。

三人议定，王常急忙派出信使于刘伯升，请他准备接应。十二月二十六日，舂陵起义军与新市兵、平林兵会师，并在刘伯升、王常的主持之下，组成联军，歃血为盟，立誓共扶汉室。众方约定整军三日后出发。

此时此刻，起义军磨刀霍霍，一个个心怀大畅，只待敌军一来，他们便大杀四方，让敌人片甲不留。

战争最重要的就是能够争取主动，刘王联军此刻正面临这自起义以来最大的一支军力，如何打败他们，争取主动才是避免固守孤城、最终一点点被蚕食的最佳手段。刘秀献计，当前敌我兵力悬殊，即使有王常大军到此联合也不足以和之硬拼。此战只可智取，不能力敌。如今甄、梁二人带兵到此，骄傲嚣张，更是斩断了自己的退路。我军只需要截断他的粮草，缴了他的辎重，自然可以大大地影响其军心，甚至可以不战而胜之。刘伯升闻言，觉得很有道理，就连王常也在瞬间对这个不起眼的刘秀刮目相看。正好探子回报，敌军的粮草辎重都在蓝乡，守军很少，对起义军而言，无疑是天赐良机。

十二月三十日，起义军乘着夜色从棘阳潜出，前去袭击蓝乡，夺取敌人的粮草。此行出乎预料地收获颇丰，缴获了甄阜、梁丘赐的粮草、给养等大批辎重物资。消息传到甄阜、梁丘赐军中，二人不禁方寸大乱，军中更是人心浮动。迟则生变，于是二人决定尽早决战。

地皇四年（公元23年）正月一日，决定义军生死的一战在棘阳城外爆发了。这一战，双方都投入了大量的人力物力财力，更提前做了大量的准备工作，只希望在最终决战时刻，可以尽量地保全自己，杀伤敌人。然而，稍微有点军事常识的人都知晓，决战还未开始，他们之间的胜负已经了然。

这一日，双方将战线集结在棘阳南方。刘伯升命令部队从西南方向总攻甄阜，王常带领下江兵从东南方向攻梁丘赐。一时之间，旌旗如风、狼烟四起、杀声震天、刀光漫卷，才半日，梁丘赐便败溃而逃，甄阜所部本来抱着必胜的决心，正在奋力拼杀，一看梁丘赐军已败，顿时阵脚大乱，也跟着溃败下来。刘伯升派兵乘胜追击，义军追到黄淳水，奈何他们早已经斩断后路，前无退路，后有追兵，为之奈何。梁丘赐二人的士兵要么被杀，要么溺死水中。此一战，斩杀王莽军士两万人，纳降八万人，连主将甄阜、梁丘赐二人也被当场斩杀。霎时间，义军之名，名冠天下，振硕神州。天下英雄闻讯，纷纷云集响应，赢粮而影从。

帝位花落谁家

在对王莽军队取得大胜之后，刘伯升又在清阳打败了王莽的纳言将军严尤、秩宗将军陈茂，进军包围了宛城。无论是声威气势还是实力，起义军都达到了起兵以来的顶峰。然而，随着占领的地方越来越多，起义军的士兵数量越来越大，各路义军首领都生出了更大的私心，因此，推举出一个足以服众的领袖来统一领导他们，才能够维持联军的稳定团结。

于是，建立新政权，拥立新皇帝成了他们眼下唯一的目标。

政权好设立，关键是这个领头人难以选择，众人各怀心思，当然谁也不服谁。而从客观角度来说，刘伯升是最为适合的。在血统上，他是刘氏皇族后裔；在战功上，他首次率领义军举兵，连克数个郡县，多次打胜仗，让王莽军损失惨重，使得敌军只要一听说刘伯升要来，就四处奔逃；而论才德，刘伯升治军严谨，手下将士每过一地，对当地人民的财物粮食秋毫无犯，可谓甚得民心军心。然而，正是因为刘伯升如此优秀，才更让王凤等人心中担心，起兵以来，他们一路烧杀抢掠，无恶不作，好不快活。如果让他当了领袖，众人就没有指望有出头之日了。

他们仔细思量，看中了一个懦弱无能、贪杯好色的刘氏子弟，那就是刘玄。刘玄的曾祖刘熊渠是舂陵节侯刘买的嫡子，刘伯升的曾祖刘外是舂陵节侯刘买的庶子。论以血统，刘玄的身份最尊贵。但说起来，这刘玄并不是刘伯升、刘秀这一支人马，更不是南阳刘氏一族的支系，何以能够被王凤等人选中，做这个傀儡首领呢?

刘玄只能算是刘秀的族兄，和刘秀兄弟一样，都是没落的皇族子弟。这次到达义军，并不是和刘秀、刘伯升兄弟一样，主动起兵到此，而是出于无奈。当时刘玄在家乡舂陵，只是一个安分守己的平头老百姓，怎料其弟弟竟然在一次乱事中被人杀害，限于自己力量有限，刘玄便努力结交江湖豪侠，希望他们能够帮助自己报仇雪恨。哪知这群人不但没有达成自己的愿望，还为自己惹出了祸端。一日，他正和这群人在家饮酒作乐，忽然一个官府差役来此巡查。当时王莽新政，有令不允许百姓私自结交江湖人士的，刘玄一介百姓，他们几个都是附近有名的人，如果被衙役发现，定然会被问罪。刘玄担心之下，灵机一动，何不邀官差前来共饮一杯，或许他高兴之余，就将自己放过。哪知这几位江湖豪侠不屑刘玄的作为，见官差前来，竟然出言戏弄，官差一怒之下，将刘玄门下数人全部带走关进大牢。刘玄眼看自己若是不跑，必定会受到连坐之罪，就连夜跑了出去。

官府第二天前来问罪，竟然不见刘玄在家，所谓“子不教父之过”，官差直接将刘玄的父亲刘子张带去顶罪。幸好刘玄机警，他让人给家里买了一副棺材，诈死骗过了官差，他父亲也就幸免于难。此后刘玄有家难归，只能四处流浪，恰好碰见平林人陈牧、廖湛，聚集上千流民，号称“平林兵”，响应王匡、王凤。他就索性投了他们。留在乱军之中做了安集掾，负责征兵事宜。

他没有料到，好运很快就降临到他的身上。他一到王凤军中，便被重点看护，视为宝贝。等到了该朝立君的时刻，王凤等人竟然告诉他，由于他地位尊崇、身份高贵，那个新君竟然是他。一时之间，刘玄自然是喜不自胜，暗想莫非是祖上坟头冒青烟，自己寸功未见，才疏学浅，在毫无预料的情况下，竟然就要坐上天下英雄人人梦寐以求的位子。

他哪里知道，王凤等人只不过当他是一枚可供利用的棋子。用起来容易，抛弃就更加容易。

刘伯升知晓绿林军各位将领心中已有决意，但他还是比较委婉地说出了自己反对立刘玄为帝的看法，他认为，现在青州、徐州一带赤眉军实力大涨，人数达到十余万。如果他们听说南阳立刘氏宗亲为新天子，怕也会另立新君。如今王莽还没有被消灭，各路义军却再起纷争，宗室之间彼此攻伐，会使天下人疑惑而自相残杀，这不是一条消灭王莽、复兴汉室的正确道路。观察先人，可以发现如陈胜吴广、项羽等先起兵称帝的人，最终一定不能夺取天下。因而这立国立君之举，实在是糊涂之至。只有先尊崇一个德才兼备的人为诸侯王，才能够一方面避免几股义军之间大战，另一方面也起到联络各方，众志成城的作用。

这话乍看之下，还真有道理，其实刘伯升也明白，眼下要他们立自己为天子，实在是比登天还难。既然自己做不了，那么别人也休想占先。

众人虽然作战骁勇，却胸无点墨，经过刘伯升这么一说，一个个都觉得很有道理，可惜“半路杀出个程咬金”，张卬这个火暴性子直接拔出宝剑，大声喝道：“疑事无功。今日之议，不得有二。”诸将闻言，立刻醒悟到这是刘伯升的缓兵之计。于是，众人纷纷附会，支持立刘玄为帝。刘伯升见此，知道已经无可挽回，何不就坡下驴，免得大家将矛盾搬到明面上来。

二月辛巳日，拥立刘玄为圣公天子，刘玄一称帝，便急忙学前朝皇帝，为各位功臣封侯拜将。其中，任命刘伯升为大司徒，加封汉信侯；刘秀为太常偏将军，袭封春陵侯；德高望重的同族叔父，即刘伯升、刘秀最尊敬的刘良为国三老，王匡为定国上公，王凤为成国上公，朱鲔为大司马，陈牧为大司空。起义军还没有一统江山，就开始明争暗斗，争权夺利，实在不是什么好事情。

但以刘伯升的这个大司徒而论，虽然按照当时的官职而言，位居人臣，职同丞相，三公之中，却不过是一个虚职。军权财权可都是掌握在大司空和大司马的手中。刘秀的偏将军一职，更是不值一提，只不过是一个中级军官。绿林系的王凤、王匡等人在此时就开始严明地控制刘伯升的权力，一方面因为担心他才德兼备，有朝一日会凌驾于众人之上，不如刘玄好掌控。另一方面则是因为刘伯升一开始就不懂得韬光养晦，反而处处锋芒毕露，自然惹得别人妒忌。

三月，刘秀、刘伯升和另外众将去攻取昆阳、定陵、郾。由于黄淳水一战使得起义军声威大振，这些地方几乎没有多少抵抗就被起义军攻克。刘氏兄弟也在此期间，得到了许多牛、马、财物，还得到了数十万斛的粮食，刘秀深谙“卿本无罪、怀璧其罪”的道理，为了不引起别人的嫉妒和猜疑，刘秀毫不犹豫地将这些物品转运给围攻宛城的军队。

此刻，王莽得知甄阜、梁丘赐已经被杀，刘玄已经即位的消息，心中大为恐惧，于是派遣大司徒王寻、大司空王邑率兵马百万，其中身着铠甲的士兵四十二万人，于五月到达颍川，重新与严尤、陈茂会合。当初，刘秀曾经为舂陵侯家中拖欠佃租的事情前去找严尤诉讼，严尤见了刘秀就很惊奇。到这时，宛城已经被刘伯升团团围住，从城中跑出去投降严尤的人告诉他说刘伯升的军队不掠取财物、不伤害无辜，只知道操练军队和筹划方略计策。严尤听了之后笑着说：“是那个美须浓眉的人吧？怎么竟然达到了这个境界！”如此可见，此时的刘伯升和刘秀二人，忠义之名已经名扬海内，获得了众多的人心。

王莽为了能够打胜这场战争，急忙征选国内通晓兵法的六十三家数百余人，都委派为军吏；挑选和训练兵卫，招募勇猛武士，军队的旌旗辎重，千里不绝。据传，当时有个自称巨无霸的巨人，身高一丈，腰圆十围，被委派为守卫营垒的官职。《汉书》中记载说，这个巨人“轺车不能载，三马不能胜，卧则枕鼓，以铁箸食”。意思就是说，这个人的身躯非常庞大，身体异常沉重。用两匹马骖乘的轻便马车都拉不动，三匹马也载不动他。睡觉的时候需要用战鼓做枕头，吃饭的时候要用特制的铁筷子才能够进食。

自从秦朝、汉朝以来出师的盛况，从来没有像这样威武雄壮的。王莽为了彻底剿灭乱军，这一次可说是赌上了自己的身家性命。

大风起兮云飞扬，决定江山是姓刘还是姓王的关键一战，正缓缓拉开帷幕。

血战昆阳

昆阳即今天河南省叶县，是当时阳郡的一个小城。前文提到，更始元年（公元23年）三月，刘秀带领本部汉军攻克昆阳。随后，又拿下定陵（今河南叶县东）、郾县（今河南郾城县）诸地。王莽此次率领百万大军，可谓势在必得。

此时的刘伯升，则在加紧攻取宛城。在此之前，刘氏兄弟和绿林军众头领就制定了作战计划，这首要的一步，就是攻取宛城。依靠其坚固，退可守、进可攻。继而号令天下，江山一统。自五月以来，刘伯升就率领数万军队日夜对宛城进行强攻，可是由于事前宛城将士一直负隅顽抗，使得城墙外敌我士兵的尸体堆积如山，却还是没能攻克它。双方都得到王莽军队即将来此增援，此消彼长之下，刘伯升所部士气大挫，反之宛城守军则表现得更为英勇。

前有十丈坚城，后有百万敌军，腹背受敌的刘伯升起义军，此刻在心理上承受着巨大的压力。为今之计，只有一途可以拯救岌岌可危的刘伯升，那就是扼守昆阳，缠住王莽大军主力，为汉军主力夺取宛城争取时间。只要起义军能够夺下宛城，就能凭借坚固城池，和王莽一争雌雄。

而此刻，昆阳城只有区区九千人马，面对号称百万大军的王莽，又能够支撑多久呢？自古狭路相逢勇者胜，刘伯升此刻也顾不得许多了。他只能孤注一掷，全力进攻宛城，务必要在昆阳城破之前，拿下宛城。

五月中旬，王寻、王邑率领大军到达颍川郡的郡治阳翟，距离昆阳仅有一百多里路程。不久，王寻、王邑便与新莽守将严尤、陈茂会合。在新莽诸将之中，严尤是一个具有远见卓识的将领。他观察了战场局势，向主将之一的大司空王邑建议说：“昆阳城小而坚，今假号者在宛，亟进大兵，彼必奔走。宛败，昆阳自服。”他献计让王邑将主要兵力集中以攻打宛城的刘伯升军队，这样就可以造成前后合围之势。严尤此计策，可谓釜底抽薪的绝招，再辅以王邑数十万军队，几乎就是必胜之局。只可惜，王邑一介莽夫，而且心胸狭窄，目光短浅，听严尤计策，不止不应允，还信誓旦旦地说道：“前年，我以虎牙将军的身份奉命讨伐翟义，将其杀死，而且平定了叛乱。然而，由于没有活捉翟义，便使得我被圣上严词责问，差点被治罪。现在我带领着如此雄壮的大军进攻昆阳这么一个小城，如果都不能攻克，我何以向圣上解释呢？”

随即，王邑下令前锋部队全力进攻昆阳。

此刻，戍守昆阳城的刘秀为了有限拦截王莽军队，从城中抽调数千兵力前去城外一出关口阻击他们，城中将领对其不全力守卫昆阳，而去数十里外的关口堵截的做法很不理解。刘秀向其中的一些将领解释道，王莽的部队只有先锋到了昆阳城下，如果我军固守昆阳，那么他们很快就会对昆阳造成合围之势，而且也会知晓城中的兵力有多少，那样昆阳就危险了。如果我军能够在半路上拦住他，不仅能够有效地延缓他进攻昆阳的步伐，也能够让他摸不清我们具体的兵力有多少。而且此也是一个易守难攻的地方，并能作为城中军队的前哨，形成内外呼应之势，于我军有很大的优势。众将领闻言，深感有理，遂决定采取刘秀这一条妙计。

当王寻大兵压境、旌旗漫天之时，昆阳城外众将一个个恐惧不已，他们见王寻、王邑的兵力强大，还未交锋便掉头逃跑。奔回昆阳的将士内心更是惶恐不安地惦念着妻室家小，打算分散返回各自的城邑。

刘秀见此情况，知晓如果任凭它发展下去，那自己的这支起义军就会不攻自破，不仅会守不住阳关，丢了昆阳，更会连累进攻宛城的兄弟军队全军覆没，于是急忙提议说：“现在我们的兵马粮草已经很少，而外敌强大，如今合则赢，不合则败。只要我们能团结起来守住昆阳，就能等到援军，否则所有人都是死路一条。现在如果不同心同德共谋大事，命都保不住，更何况是妻儿和财产？”众将闻言，无不大怒，其中一人语气严厉地说道：“刘将军怎么敢这样说话？这不是陷我于不仁不义的境地吗？”刘秀知晓他们其实已经被自己的言语打动，此刻虽然做发怒状，却也不过是色厉在荏，于是，刘秀笑着站起，从容不迫地让大家少安毋躁。

恰巧这时派出的侦察骑兵返回，告知刘秀敌兵大队人马已到城北。众将急忙对刘秀怎么办。刘秀毫不惊慌，而是为大家铺展开一幅幅客观成败的预测图景。大家也拿不定主意，只好跟着附和了两句。

前面就提到，这时的昆阳城中仅仅只有军队八九千人，刘秀害怕守不住城池，误了全军大计，于是派遣成国上公王凤、廷尉大将军王常留守城中，自己与骠骑大将军宗佻、五威将军李轶等十三人骑马趁着晚上冲出昆阳城南门，到外面去调集兵力。

当时王莽的先锋军队到达城下的有近十万人，与刘秀军队相比，昆阳城中守军的十倍之多，刘秀虽然作战骁勇，却很难冲出敌人固若金汤的包围圈。因此，只能采取“明修栈道、暗度陈仓”之计。用城中军队在城上擂动军鼓，让敌人误以为城中守军会出城接受挑战。自己十三人自从小路中逃出生天。

十三人每次遇见敌人，都只会躲避而不会交战，可谓谨慎小心之至，所以这一路也还比较顺利。到了郾、定陵之后，刘秀调拨各营全部兵力前去援助昆阳，但是众将却贪惜财物，打算分出部分兵力留守。如此目光短浅，怎么能够成就大事，这对任何一个有点见识的人而言，都是难以忍受的。

刘秀果然非比寻常，他不但没有半分生气，还劝慰大家不要为了一点小财就失了本性，人生中的大财还有很多，以后大业办成，少不了金银财宝。众人见他如此一说，心中羞愧难当，亦对刘秀的见识十分佩服，于是一一整装待发，听从刘秀的指挥。

王邑一心要攻克昆阳，谋士严尤为了能够让王邑改变策略，先去围攻正在攻打宛城的刘伯升军队。可严尤几次三番不惜性命向王邑进言，都没有结果，王邑知晓严尤在军中很有德威，因此自己也不能责罚于他。严尤之言，不但没有收到自己预料的结果，反而更加坚定了王邑攻取昆阳的决心。

为了尽快攻下昆阳，王邑派兵将昆阳城重重包围，升起云车从上面俯视昆阳城中，其部队更是旌旗布满原野，钟鼓之声传出数百里以外。一时间，昆阳城外杀声震天。

眼见昆阳城就要守不住了，王凤等人知道一旦城破，必定是鸡犬不留的结局。为求自保，王凤只能试图向王寻乞降，哪知王寻、王邑二人心中早就有了计划，心想这昆阳城眼看已经成了自己的囊中之物。如果是依靠敌人投降才攻下昆阳的话，一者不能泄及攻不下之愤，二者则是不能显示自己军士的雄壮威武，大大地失了自己的面子。因而，对于王凤的乞降，王邑、王寻不过是一笑置之，并让使者带回去一句话，让王凤洗净了脖子等着大军来砍杀。

严尤闻讯，急忙赶到中军大帐，想要阻止王邑的做法，哪知等他到了王邑大帐所在，使者早就被轰走了。只能看到王寻、王邑以为胜利就在顷刻之间，心里得意洋洋、不可一世的样子。

这年六月己卯日，刘秀便和召集来的队伍一起向前方推进，他率领一千多步兵和骑兵进军到距离王莽的军队有四五里的地方扎营列阵。王寻、王邑也派出数千人马迎战。

为了鼓舞士气，刘秀率一个小分队冲入敌军杀了一个回合，剿灭敌人数十余。众将眼见刘秀如此英勇，王莽军队却如此不堪一击，不禁又惊又喜。刘秀知道众将军看见自己作战骁勇，兵锋所向如入无人之境，必会前来助战，遂率领军队向前，不顾一切地奋力冲杀，王寻、王邑的军队向后退去，各部人马一齐乘胜追击，斩下成百上千敌人的首级。

刘秀乘胜追击，连连取得胜利，于是军队向前推进，而敌人则不断后退。所谓“兵败如山倒”，大概就是眼前的这个样子。

这时刘伯升攻占宛城已经三天了，而刘秀一心与敌人交战，对这一鼓舞人心的消息还不知道。为了尽快取得战争的胜利，刘秀便想出了一条攻心之计。他让人装扮成刘伯升的人，从宛城方向来到昆阳，报信说“宛城之下，城门已破。敌军溃败之下，或降或逃，此番大胜，军威大振，不日援兵必到”，又让送信的人故意把信失落了。

王寻、王邑得到了信，知道了这个消息，心中很不高兴，特别是现在义军众将已经取得了多次胜利，胆量更加壮大，无不以一当十。如此下去，自己一方虽然有百万大军，却难以经得起消磨，最终士气一堕，大军虽然人数众多，却都会变成一只只待宰的绵羊。

刘秀将信传到王邑之处，见他们寨门紧闭，高挂免战牌，就知道此番自己的计策已经取得了成功。遂他率领三千不怕死的勇士，从城西渡水冲击敌军最精锐的中坚，王寻、王邑的军阵一见敌人如此英勇，心中胆怯，马上就开始混乱起来。刘秀乘着锐气不可挡之势，率军队摧毁了敌阵，从而杀死了王寻。

城中的义军也击鼓呼喊，一时间呼声震天动地，王莽的军队大败，纷纷逃跑。就在这时，天空电闪雷鸣，大雨倾盆而下，滍川河水大泛滥，战败的王莽部队抢着渡河，结果不少人被挤进了河里，淹死的人数以万计，尸首堆积在河中几乎堵塞了河流。王邑、严尤、陈茂等王莽军大将眼见大势已去、无力回天，只能轻装骑马踏着死尸渡水逃走。

战罢，刘秀缴获了王莽军队的全部粮草和辎重，车辆盔甲和珍宝，多得数不清，一些消化不了的物资只好放火烧掉，以防被别人利用。

昆阳之战后，新莽王朝的主力精锐部队几乎被全部歼灭。至此，新莽王朝犹如冢中枯骨，日薄西山，其覆灭已成定局。所谓“一鼓作气，再而衰，三而竭”，刘秀趁着敌人打败，乘胜追击，不久便率军攻下了荥阳县。

正在起义汉军凯歌高进的时候，一个噩耗传来：刘伯升被更始帝所害，皇帝下旨命令刘秀赶到宛城谢罪，这一切，又是怎么回事呢？刘秀此番，又会有什么样的际遇呢？

哀哉刘伯升，出师未捷身先死

刘伯升之为人，素来开朗豁达，即使自己荣立大功，但为了维持联军大局，即使拥立一个懦弱无能的人做皇帝也没有做出较为强烈的反对。刘伯升之为将，能力突出，在进攻宛城之时，遭到敌军伏击，本来已经成了必亡之局。幸得刘伯升力挽狂澜，亲自与进入南阳郡的长江下游首领们会面，说服他们与之共举大业。在关键时刻挽救了起义军，挽救了那星星之火。

接着，刘伯升又向四方进兵，一路所向无敌，数次打败王莽大军，立下赫赫战功。他带领的这支部队，既让他取得了一场又一场名留史册的胜利，又让他失去了人生中成为九五之尊的机会。刘伯升是一个优秀的将领，这是无可非议的。如果在太平王朝之内，他甚至还能成为一名亲政爱民的千古明君。可惜，他成长太快，光芒太耀眼，让跟随他一起打击王莽军的王凤、王匡等人，不得不采取极端的手段，维护自己岌岌可危的地位。

经过立帝一事的失败，其实刘伯升就应该觉醒了，王匡、王邑等人绝对难以容忍他的逐渐强大。对刘伯升来说，要想保全自己，只能严格遵循韬晦之术，等待时机，再一举取得成功。然而，刘伯升却片面地认为，只要自己不断立功，在功勋上超过任何人，那最终的帝位，一定非自己莫属。可是危险正一步步地接近他。

当时，眼看着更始帝册立，却不是众望所归的刘伯升，使得许多人心中失望不已。这做了皇帝的刘玄，若是一个英明贤德的主子，倒也还勉强可以接受，但是，谁都知道，刘玄不过是一个登徒浪子，整日只知道沉溺于声色犬马之中。因而上至朝廷内外，下到街头巷尾，都对刘玄产生了不满之音。

后世有人说过一句名言：“君如舟，民似水，水可载舟，亦可覆舟。”意思就是说，百姓的力量是伟大的，百姓能够拥立一个皇帝，但也可以推翻一个皇帝。如今刘伯升民心所向，按理说应该是好事一件，可是在这个非常时刻，对刘伯升就是祸不是福了。

此时，四方豪杰听说刘玄这样一个无才无德之人居然做了皇帝，刘伯升不但没有顺应民心坐上帝位，反而被绿林系猜忌、排挤，成为其眼中钉、肉中刺，一个个皆感到愤愤不平。失望之余，前来投奔起义军的人也锐减，甚至连攻城略地也不如以往那么顺利。过去刘伯升所到之地，百姓纷纷听闻他秋毫无犯、爱民如子的名声，人人争相逢迎。现今贵为定国公的王匡率领比刘伯升多几倍的兵力前去攻伐新野这样一个小小的城镇，却是久攻不下，这让王匡非常郁闷。以往各处郡县都望风归附，何以这次会负隅顽抗呢？一问之下才知道，他们是因为来攻取新野的人不是刘伯升，故而害怕城破之后，起义军会烧杀抢掠，故而不肯开城纳降。这让王匡极为不满，这段话也迅速传到刘玄和众臣属的耳中，随即朝野震动。人人纷纷怀疑，刘伯升真的有这么高的威信吗？果然，刘伯升到了新野，新野百姓守军立刻杀猪宰羊，开门欢迎他们。加上刘秀在昆阳一战之中的杰出表现，让王匡、王凤等人十分不安。于是，在私下里，他们都会劝谏让刘玄除掉刘伯升。只是刘玄初登帝位，担心凭借自己的威信，如果杀了刘伯升，会引起军中变乱。加上他必竟算是自己的刘氏宗亲，杀之不义。其实，刘玄只是在等待一个时机，只要大局一定，“飞鸟尽、鸟弓藏；狡兔死，走狗烹”的日子也就不远了。只是，空气中弥漫的这种诡异的气息，只有刘秀有所警觉。虽然他对兄长刘伯升有过提醒，但收效甚微。

当时原本与刘秀、刘伯升交好的李轶，竟然成了两面倒的墙头草。他一方面继续保持与刘氏兄弟的关系，另一方面则积极谄媚的对待朱鲔。这朱鲔不是别人，正是当今新朝皇帝刘玄的亲信，官居大司马。刘秀早就看出这李轶已经不足以信任，遂屡次向刘伯升进言。刘伯升却认为，李轶没有做什么明显的不义之举，自己万没有理由去怀疑他。他担心的，只有刘玄。自己和刘秀刚刚经历一次又一次大胜，名扬海内、声振寰宇，然而功高震主，刘玄早就生出了除之而后快的心思。这次，刘玄借故将刘伯升调到宛城，殿前让他将佩剑解下，刘伯升不卑不亢地将佩剑送到刘玄手中，人的名树的影，刘玄因为畏惧他，竟然不敢有所动作。其实，臣下申屠建早就和朱鲔、李轶二人商议好，只要他解下佩剑，埋伏在殿外的刀斧手便会群起而攻之。见刘玄犹疑不决，申屠建急忙向皇帝刘玄递上一枚玉玦，玦即“决”也，其意不言而喻，但是刘玄始终还是没有做出任何动作。

事后刘伯升的舅父樊宏专门找到他，语重心长地对他说：“昔日高祖与项羽鸿门之会，范增举玦以示项羽。今天申屠也是这种做法，难道不是来者不善吗？”刘伯升当然知道自己的处境不妙，但是要成就兴汉大业，不仅要攻克敌人，必要的时候牺牲自己也在所不辞。

可惜，刘伯升没有料到，牺牲自己的这一天竟然会来得如此之快。其实以他的功绩和声威，刘玄要动他，必须要三思而后行。只有抓住刘伯升的把柄，才能够名正言顺地诛除他。刘玄一直在等待机会。他没有料到，这个制造机会的人，竟然不是自己的亲信，而是刘伯升的部将，春陵刘氏宗亲子弟刘稷。

刘稷也算得是刘氏宗族之中的一个英才，作战勇敢，屡立战功。只是却没有什么头脑。眼见刘玄称帝，他一见昭告，便当即大怒，大骂刘玄不是东西，竟然抢掠了本应该是刘伯升坐的位子。他不知道，他的一番痛骂，虽然是大快人心，但是当它传到刘玄耳中之时，无疑将刘伯升推到了一个危险的边缘。此刻刘稷远在千里之外，刘玄鞭长莫及，要治其罪却有诸多难处，为了不激起变乱，申屠建向刘玄建议，用高官厚禄去笼络刘稷，给刘玄来一个釜底抽薪之计。

哪知刘稷不仅是一个没有大脑的莽夫，更是疾恶如仇，连刘玄派来的封官使者都被他打出大帐之外。是可忍孰不可忍，这不是打刘玄的脸吗？刘玄大怒之下，派遣属下几千人前去，将之五花大绑，送回宛城。李轶建议，必须要杀了刘稷才能够起到杀鸡儆猴的作用，刘伯升闻讯，急忙前来宛城向刘玄求情，此刻刘玄正处于气头上，哪里听得进劝诫，加上李轶在一旁上风点火、落井下石，刘玄一怒之下，将刘伯升和刘稷一同治罪，悉数斩杀。

出师未捷身先死，长使英雄泪满襟。刘伯升一腔抱负，中兴大汉、成就功名大业，还没有完全取得成功，自己就溘然西去。临死之前，心中唯有一念，让刘秀继承自己的事业，承担刘氏宗亲的荣辱祸福。

第三章　天下大乱群雄逐鹿

今日我且哑忍

昔日有韩信受胯下之辱，今日刘秀也遭杀兄之耻，不同的时代，相似的际遇，刘秀比韩信做得更好。非他绝情，不为自己的兄长刘伯升报仇，而是眼下时机未到，自己实力不济，更有王莽、赤眉虎视眈眈。刘秀采取韬光养晦之术，实在是不得已而为之。他明白，之所以自己的兄长刘伯升会被杀害，一者是因为他锋芒太露，招致别人的嫉恨；二者是因为他在自己处于危险至极的境地之时，依然没有任何警觉和提防，才使得他一被杀，其部将顿时群龙无首、乱作一团，却对时局起不了任何作用。

刘秀虽然眼睁睁地看着自己的兄长被杀，但并没有和自己族内的兄弟一般，叫嚣着要为刘伯升报仇雪恨，反而自认有罪，单枪匹马地前去宛城向刘玄请罪。当然。刘秀在临行之前，早就对时局进行了详细的分析，他认为，当前刘玄有很大的可能性不会动自己。第一，是因为刘秀和刘伯升虽然是同胞兄弟，但无论是刘秀的军功还是在更始政权中的威慑力和影响力，都不能够和刘伯升比肩，此番刘玄杀刘伯升，无非是为了取得刘氏子弟权力和绿林系权力的双向平衡，以维持自己无论如何都不败的地位。如果再杀了刘秀，不但会破坏这种平衡，更会惹得刘氏宗亲的严重不满，势必会引起极大的变乱。第二，则是因为人心所向，让刘玄不敢轻易对刘秀动刀兵，自刘伯升高举义旗以来，无数仁人志士望风归附，无非是因为刘伯升和刘秀的贤德声威名震天下，刘秀并不像其兄长刘伯升一样，锋芒毕露，相反，在刘玄的眼中他是一个没有多少威胁的人，杀了刘伯升如同剪除了刘秀的羽翼，从此以后他必然会甘心服从自己，待大局一定，自己再杀他也为时未晚。这次没有必要动他，免得失去人心的同时，还杀了一个可用之人。第三，则是因为刘秀此次独自一个人前去请罪，并且不为刘伯升服丧，没有一点要复仇的迹象，加上他前面在昆阳一战之战中所表现出来的机智勇敢以及他和绿林军将领的交情，使得任何一个想要诛除刘秀的人，到要仔细掂量掂量。

此外，刘秀也对自己此番宛城之行的必要性深有考虑，因为他知晓“人在屋檐下、不得不低头”的道理。眼下刘伯升虽然被杀，却还有更多的刘氏子弟在宛城之中，刘秀手中虽然握有兵马，却不得不投鼠忌器。加上刘玄本来就是名正言顺的皇帝，刘伯升在世之时，也没有出言反对他称帝，因而自己如果举兵讨伐，定然落得个不仁不义、以下犯上的罪名，实在是不智之举。与此同时，随着刘玄的成长和战局的扩大，绿林系的战斗力不断提升，实力不断加强，自己和刘伯升留下的力量，实在微薄得很，因而不能做以卵击石的事情。为了维持政权稳定，一直对付王莽，并保全自己和族人的身家性命，刘秀不得已去受这比胯下之辱更甚的侮辱。

计议一定，刘秀飞马来到宛城，要求晋见更始帝刘玄，哪知刘玄却避而不见。人家好心好意地前来表示诚心，甘心领罪，这刘玄为什么会选择避而不见呢？原来，刘玄和李轶等人亦是担心，刘秀此次前来会不会是另有图谋，即使是前来谢罪，也可能是为了麻痹自己。因而他们选择先不见刘秀，而是在暗中观察其言行，一旦有失，就可以抓住把柄，顺势将其问罪。

刘秀何等聪明，一眼就看穿了刘玄等人的心思，索性和自己在外之时一样，将大哥刘伯升被杀之仇悉数压下，权当没有发生过这件事情。每日谈笑自若，从不夸耀自己在昆阳一战之中的功勋，同时表示极力支持刘玄的统治，一切的功劳都是因为有刘玄这样一个明君的带领。刘玄见此，不管他是有意还是无心，都没办法将其治罪，于是，他索性就坡下驴，装出一脸羞愧的样子，同时破格晋升刘秀为破虏大将军，加封武信侯。虽然此间也有李轶、朱鲔等人极力劝谏刘玄，刘秀不是一个寻常之人，必须要除去他才能够免除后患，但苦于刘秀的作伪实在是天衣无缝。就这样，刘秀由一个小小的太常、偏将军晋升为破虏大将军，并被加封武信侯，成为刘氏宗族新的领导人，不仅保全了自己的性命，也为自己日后的崛起保全了实力。

常言道："锦上添花易，雪中送炭难。"刘秀、刘伯升兄弟遭此大难，让许多慕名而来投奔他们的人不断减少，就连往日和他们的关系很不错的人也化作墙头草，向刘玄倒去。特别是李通和李轶两兄弟做得尤其过火，李通还好，他的兄弟李轶却过分了。可以说，刘伯升之死，李轶负有无可推脱的直接责任。如果是敌人杀害了自己的亲人，刘秀也许不会这么气愤，但李轶却是刘秀兄弟过去的至交好友，所以李轶便成为刘秀心中第一个要除掉的人。

广交八方俊杰

刘伯升一死，曾经的巫术算命之言语就一定不可能应在刘伯升的身上了，其实，在中国古代史学观念中，这也算是一种命运。拥有"真命天子"的命运即天命的人，不是刘伯升。按这种趋势，谁又会是那个顺天应命的人呢？

其实他正在慢慢成长，不断地积蓄力量，收取人心。

在这其间，刘秀并不是一无所获，他既领教了李轶的奸诈，看惯了世事的凉薄；也深刻地感受到邓晨、冯异等人的赤胆忠心。

邓晨字伟卿，南阳新野人，世代都是享受二千石品秩的高官。邓晨就与刘家结了亲，娶了刘秀的二姐刘元，成了刘秀的二姐夫。

刘秀一家自小就是一片破落的景象，曾经繁华鼎盛的刘发时代已经随大江东去，一去不复返了。这邓晨本是达官显贵的家人，何以会和刘家结亲呢？其实，这主要是因为，刘秀的姐姐刘元生得漂亮又知书达理。但这都不足以让邓晨动心。影响了他的是年轻时候，他和刘秀、刘伯升一起前去宛城拜会蔡少公之时的谶语。自那一件事之后，他就开始对刘秀刮目相看，并对其特别照顾，即使是后来刘秀犯了事躲藏到他家，他也毫不忌讳，一心一意地帮助他逃脱官府的缉捕。

地皇三年（公元22年）十月，刘氏兄弟起兵，邓晨闻讯，举家搬迁前来投奔刘伯升，并且在攻伐宛城的一战中，刘秀的二姐刘元和三个女儿都被敌人抓走，最终惨死在甄阜、梁丘赐追兵的屠刀之下，此事既让刘秀对邓晨深感歉意，也坚定了邓晨投效刘秀的决心。即使自己的祖坟都被王莽军刨了出来，祖先们个个暴尸荒野，族人对其谩骂责罚，都不能改变邓晨的志气。更始帝刘玄即位后，邓晨被任命为偏将军，作为刘秀的部将，跟着他攻打颍川。

昆阳之战中，邓晨也算是立下了战功，后来他又跟着刘秀攻略阳翟以东克京县、密县等地。更始元年（公元23年）九月，刘玄为了笼络邓晨，分化刘伯升的势力，将其封为常山太守。

另一人冯异，字公孙，颍川郡父城县（今河南省叶县东北）人。少年的时候，就爱好读书，通晓《左氏春秋》《孙子兵法》，精通军事。刘氏兄弟起事的时候，冯异在南阳郡担任郡里的掾吏，负责监察，守卫父城等五个县。冯异听说刘伯升的义军起兵，攻城略地，声势浩荡，遂与父城长苗萌联合守城，抵御进攻。

昆阳大捷之后，刘秀带领军队进攻颍川，前来攻取父城。刘秀一向以善战出名，自昆阳一战之后，他每到一处，天下英雄莫不束手，此番竟然连一个小小的父城也难以攻破，不禁让人大为惊奇。细查之下才知道，这城中守将不是别人，正是以兵法高绝而出名的冯异。

刘秀见冯异如此英勇，爱才之心大起，遂决定施以计策，将冯异收为己用。这日，刘秀率领大军撤离了父城的城门，冯异十分惊奇。心想此时时刻，敌人正是士气如虹之时，何以会放弃父城不攻取呢？自己已经想尽了各种办法，眼看就要守不住了。冯异觉得，敌人肯定有诈，遂决定率领几个人，亲自出城探访一番。

哪知刘秀早就料到他为人机警，肯定会亲自出城前来探访，于是就在父城巾车乡埋伏了一部分兵力，请君入瓮。待得冯异走到巾车乡，刘秀的伏兵突然杀出，将冯异团团围住。冯异此时势单力孤，知晓反抗也没有意义了，索性就放下了兵器。其实，在这之前，他就知晓刘秀的大名，只是不知道他是否名实相副，所以才没有立刻投降。

恰好这时冯异的堂兄冯孝以及同郡人丁〖XCHS1.tif,JZ〗、吕晏，都投奔了义军，而且此时都在刘秀帐下做事。他们深知冯异之才，便联名向刘秀举荐冯异。刘秀顺势就采纳了大家的意见。

冯异见刘秀不杀自己，再看刘秀气宇不凡，立刻便生出了投效之心，只是此刻自己家中尚有六十岁的老母亲需要奉养，冯异必须要回去一趟，于是从容不迫地向前来招降的刘秀说道："家中老母年事已高，需要人侍奉。倘若冯异跟着将军走了，家中老母谁来侍奉？而且现在您用冯异，不过是用一个匹夫而已，他能发挥多大的能量？可是如果您放我回去，我有把握让这一带都听从您的指挥。"其实，这也是冯异的试探，看刘秀是否一定值得追随，刘秀见冯异言辞诚恳，遂准了他的请求。果然，冯异一回到父城，就对县令苗萌说道："如今汉军诸将只知道横行抢掠，祸害百姓，我们不能够将城池和军民都交给更始刘玄。唯独刘将军所到之处，从不掳掠，从不惊扰百姓。本官观其言语举止，绝非庸人，我等可以归身于他，可图大事！"苗萌素来敬重冯异之才，听到他这样说，遂将父城五县孤立，不服王莽，不侍刘玄，只听从刘秀的指挥。

此后，刘玄多次带兵前来，想让冯异开城献降，都被其严词拒绝，刘玄大怒之下，派兵攻伐，却一直不能破城，只能悻悻而归。后来，刘玄派出的王匡大军攻克洛阳，准备打算从宛城迁都洛阳。刘玄委任刘秀做司隶校尉，到洛阳去置办行宫事宜。冯异、苗萌等人听说刘秀从父城路过，心想终于可以有机会向刘秀显示自己的忠心了。于是立即开门迎接，奉以牛肉、美酒招待，刘秀知道，父城迟早要交到刘玄的手中，一城一地的得失并不算什么，关键是自己可以通过冯异、苗萌的所作所为认识这两个人。刘秀到了父城，授予冯异为主簿，苗萌为从事，准备带他们一起北上。冯异不仅自己誓死追随刘秀，还积极向刘秀推荐英才，如同乡父城人铫期、叔寿、段建、左隆等人，叔寿、段建、左隆等人，刘秀也都让他们做了掾史。刘秀自昆阳之战以来，天下英雄应者云集，在收服冯异等人之前，尤其令人瞩目的，就是祭遵与王霸二人。

祭遵字弟孙，颍川郡颍阳人。外表看来，祭遵不过是一介文弱书生，其实不然，祭遵一直以卫青、霍去病等千古名将为榜样，性情刚毅，固执顽强。一次，家乡县吏来欺辱祭家，祭遵一怒之下，拔剑将其斩杀。自此，祭遵的凶名便传开了。当时恰逢流民四起，烽火大燃，县衙见其有勇略，也就没有责怪他，反而给予他一个县吏小官做，以维持当地治安。昆阳之战胜利结束，刘秀带领军队路过颍阳，祭遵早就听闻刘秀贤名，心中甚是仰慕，多次求见刘秀。恰逢刘秀广纳贤才之际，刘秀爱其仪表不凡、才华卓著，遂留他在身边做了门下史。

另一人王霸，字元伯，颍川郡颍阳县人。他的父亲曾经做过颍川郡的决曹掾。决曹掾，也就是郡里主管司法、监狱事务的官员。后来，他本人由于才能卓著，通过其父亲的关系，便做了狱吏，但却离他的政治抱负十分遥远。因为王霸少年时，就深深地受到父亲的影响，极为推崇法家韩非子以严刑峻法治理国家的方论。长大后，王霸为人慷慨豪放，更不会以做狱吏这样的小官为念。他胸怀大志，抱负远大，小小狱吏，方寸之地，怎能够容纳下他这一匹千里马?

他的父亲也十分了解自己这个儿子王霸的才能和抱负，觉得放在颍川郡真是埋没了他，便出钱把他送到长安去学习。不久，王霸学成归来，在家待业。春陵起义爆发后，刘秀被刘伯升派到颍阳一带征战。王霸心中暗道："我一展才华的时机，会不会就在此时呢？"于是，王霸急忙带领宾客们谒见刘秀，言辞恳切地对刘秀说："将军兴义兵，我等仰慕威德，愿充行伍。"刘秀每到一地，都会事先打听，看当地是否有可用之才，这王霸正是自己此行前来的重要目标之一，于是高兴地说道："我一直想建功立业，与诸位贤士比较起来，又有什么两样呢？"自此，王霸等人被刘秀收编入伍。昆阳之战后，王霸担心其父亲在家会有所不测，遂辞职回乡。三个月后，刘秀奉派到洛阳办差，路过颍阳之时，专程到王霸家去看望其父亲，王霸向其父请求跟随刘秀一起去洛阳。王霸的父亲一见刘秀，暗叹传闻所言非虚，于是勉励王霸说："为父已经垂垂老矣，不能再投军入伍为国家效力了。刘将军为汉室后裔，皇族血脉，身份高贵，才德兼备，你若是去了，一定要我为王氏一门争气。"王霸闻言，坚毅地点头。从此，王霸就投奔到了刘秀的麾下，成为其手下一员干将。

金鳞岂是池中物，一遇风云变化龙。刘秀的势力在不知不觉之间，已经到了一个无法估量的高度。尽管在军事实力上，相对刘玄、王莽等辈，依然胜算不大。但这些人，都在刘秀以后的争霸大业之中，起到了各自不可或缺的作用。

盛衰成败转头看

人们历来把中国历史解释成是一再重复的王朝循环史，这一传统的说法掩蔽了某些时期在循环表象背后发生的一些根本性变化，其实每一个普遍的现象背后，都有其历史背景下重新塑造的特殊现象。

的确，诸王朝的兴亡确是呈循环模式。凡是王朝的创立者总是一个有才干、有魄力的政治家，一般都被儒家学派奉以才德兼备的美名，当然，像秦始皇帝嬴政，则是超出了他们的接受范围，特别是其焚书坑儒的做法，让后世儒家学者讳莫如深。一代明君过后，要不了多久，在宫廷环境中成长起来的其子孙后裔，很可能会变得软弱无能、放荡不羁。这期间也不容置疑，可能出现一个强悍的统治者或一个能干、忠诚的大臣来设法阻挡这种日薄西山的趋势，但根基注定，皇朝的每一滴血液都充满着沉沉暮气，最终成功的起义必定会推翻王朝，重新开始大家所熟悉的循环。而每一次政权的交接或者转移，都会难以避免一次改朝换代型的大混战，无论英雄抑或是枭雄，都各自握有武力，互相争夺吞噬，最后剩下的那一个，即成为儒家学派所称颂为“得国最正”的圣君，一将功成万骨枯，皇帝就在尸山血海中建立他的政权。

王莽的出现，打破了这种惯例，恰如战国时代齐国的田和一样，用和平的方法接收政权，同时也创造了一个权臣夺取宝座的程式，以后很多王朝建立，都照本宣科，其中，尤以东汉汉章帝之后，皇权和外戚权力的交替最为明显。西汉王朝在平静中消失，新王朝在平静中诞生，两大王朝交接之际，兵不血刃。

王莽是儒家学派的巨子，是一个怀有深远抱负和不切实际的理想的学者，以一个学者的身份建立一个庞大的帝国，中国历史上仅此一次。他夺取政权的目的与刘邦不同，刘邦之类只是为了当帝当王、满足私欲。最开始者，莫过于被前朝暴政压得喘不过气来，为了求取基本的生存，被迫揭竿而起，只是随着时间一久，实力一强，内部便会分化，形成不同的利益中心。

然而，王莽总是抱有不切实际的想法，因为极度期望通过自己的努力实现自己的政治抱负，他要获得更大权力，使他能够把儒家学说甚至是在他自己的空想状态在政治上一一实践，缔造一个理想的快乐世界。

这其实是需要莫大的勇气才能够做出决定的，然而，他的改革不仅没有人会赞成和理解，还收取不到与其的效果，反而会激起在根基未稳之时更大的变乱，更会导致他原来所处王朝各路政治集团的内部分裂。他虽然身为取代西汉的新的统治者，却不想延续独尊儒术，接纳“君臣父子”等传统的统治观念，而是认为古代社会中人人应该平等，只是到了后来，为了私心而互相争夺，遂发生不平等现象。富人有很多土地，穷人则一无所有。在王莽那秀气的书生眼中都是不被允许的，即使他们能够保持自由，然而父子夫妇，终年辛苦耕种，却不能吃饱。为了改善这种不公平和铲除造成这种不公平的罪恶，王莽的新政府成立后，马上实施一连串的新社会政策：

首先，实行土地国有，不准私买私卖，否则处以重罪，恢复古代井田制度。八口以下的家庭耕地不得超过九百亩，超过了的土地一律没收，或由地主直接分给他的邻居或家属。

其次，将耕地重新分配，没有土地的农夫由国家分给土地。规定一对夫妇一百亩不满一百亩的由国家补足。

在王莽的构想中，实现平等是最为重要的一环，然而每一种改革都不能与当时的社会实际脱节，既不可以超前，亦不可以落后，否则失败必定成为唯一的结局。

第三，冻结奴隶制度，虽然王莽没有马上废止，但禁止所有奴隶婢女继续买卖。不过，这一条和前述两条叠加起来，便构成了王莽新政的最大威胁，他没有任何有效的手段去控制丧失既得利益者的反击。土地国有使地主阶级怨恨，禁止奴隶买卖使奴隶主和奴隶贩子怨恨，强迫劳动使贵族和一些地痞流氓寄生虫怨恨，禁止铸钱使富豪怨恨。而那些最底层的民众由于组织散乱，没有任何实力，对王莽的新政构不成大的臂助。

除此之外，王莽还对劳动力制度、政府贷款制度、货币制度、商业制度和税收制度等方面进行了修订，尽可能体现出与民平等的想法。但是理想与现实是遥远的。这一切实现的可能性都很低。

不过，无可非议的是，王莽不论是为人臣者还是执掌江山之时，都极度机械地迷信制度的能动性，他甚至狂热地认为“制度确立之后，天下自然太平”。因而其大部分时间都用在改革制度上。

如果仅仅是这样，不管他的新政能不能够取得成功，都还算在情理之中，然而更糟的是，王莽竟然推崇儒家学派所特有的繁文缛节，而不惮其烦的改官名、改地名，一律恢复“古代”原名。当然，王莽并非是第一个改变官衔或郡县名称的皇帝。

公元前144年，当七国之乱后政府重新组织起来之时，前汉已采用新的官名。辗转到公元前104年，当国家修改历法并认为一个新时代开始时，它再次改变官衔。然而此时王莽的改革却是没有必要的。王莽之所以坚持这样改革，是因为他一直秉持儒家“正名”学说，并且特别认真。俗话说“千里之堤溃于蚁穴”，也就在这些小事件上，大失败的连锁反应就此拉开序幕。

王莽的穷途末路

地皇四年（公元23年），以刘玄为首的起义军攻陷固若金汤的常安（新王朝把长安改称常安）。王莽在混乱中被杀。

时间倒退到更始政权攻克常安之前，此时全国遍地烽火，尤其以刘玄为首的暴力集团最为强大。更始元年（公元前23年）六月底，昆阳之战刚刚结束，战报就传到了王莽政权的京师重地常安。王莽得晓前方战报，大惊失色，换了任何一个人也难以相信，百万大军竟然如此不堪一击。他不知晓，眼下军事上的极度失败之后，他如何才能够维持这样一个庞大的帝国。就连曾经支持他的常安三辅之地的官员，此刻也是心中惶恐，整日惴惴不安。因为他们知晓，经过此次大败，王莽再也没有军队可供调用，整个新政权表面看起来正在耀武扬威，其实不过是外强中干，风雨飘摇，岌岌可危。

在昆阳大败之后，各地也纷纷相应，各州郡县刺史、太守等职要么被杀、要么投降、要么自立，并恢复新政以前的一系列旧历。旬月之间，起义之兵，遍布天下；反抗之火，燃于九州。当此之时，天下纷纷谣传，说大新朝即将覆灭，刘氏受命于天，即将重新夺取天下，取代王氏政权。由此而使得双方士气此消彼长，王莽大军更加如山一般崩垮。

流言止于智者，王莽见此，便欲充当一回智者。灵机一动之下，他在上朝之时，当着群臣的面，打开当年汉平帝患病之时的“金滕之策”，泪流满面，还让张邯宣传他的德行与符命之事。

树倒猢狲散，自昆阳大败开始，王氏政权内部就已经逐渐分化，各个豪强为了给自己找个出路，可谓费尽思量、想尽办法。就在这年，卫将军王涉、大司马董忠与国师公刘歆眼见大新王朝大厦将倾，只能密谋出路，悍然决定劫持王莽去向更始皇帝投降。为了增加这次变乱成功的可能性，董忠又与握有兵权的孙伋密谋。这孙伋是一个优柔寡断的人，他一归家，就将董忠找他的事情写在脸上，吃不下饭，妻子陈氏看他郁郁寡欢的样子，急忙关切地向他问道，是不是出了什么事情，董忠见陈氏不是什么外人，便向其妻陈氏吐露了真情，陈氏闻言心中大为震惊，便向孙伋建议此事还需要从长计议，孙伋深以为然。

随即，孙伋就让陈氏告其弟陈邯让他和自己一同商议。陈邯知晓，他们这些人能取得如此地位，全是王莽所赐，董忠一介匹夫，不足以成大事，一个不小心，说不定还会惹下杀身灭族之祸。遂决定一边先稳住董忠，另一边则积极筹划，让王莽防患于未然。如此，不仅可以保全性命和家族，还可以借此得到王莽更大的信任和赏识。

七月，孙伋与陈邯跑去向王莽告密。王莽闻讯大惊失色，立刻命人将董忠等人逮捕归案。不久，董忠遇害，刘歆、王涉也都自杀了。

叛乱虽然被王莽镇压下去，但是并没有就此改善不断恶化的形势，董忠一事不过是王莽新朝暴风雨的前奏，冰山一角罢了。从这时候开始，王莽已经难以控制局势了。

自昆阳一战之后，天下震动，王氏不断衰微，所谓兵败如山倒，王莽新朝军队的精锐在这一战之中几乎全军覆没，只留下王邑与严尤、陈茂等人星夜逃回洛阳重镇。在内忧外患之中之时，原汉宗室钟武侯刘望在汝南造反，并且从昆阳一战之中败逃的严尤、陈茂也献降于他。刘望不久就自立为帝。洛阳一郡，目前已经无大将守卫，空虚之至。王邑升任大司马，只有将军哀章留守洛阳。为了加强防御，控制中原，维持现有的局面，王莽急忙派太师王匡、国将哀章两人共同镇守洛阳。

无独有偶，就在洛阳危机，刘望自立之时，析城邓晔、于匡在南阳起兵，率众攻击新莽守将，即武关都尉朱萌，大军长驱直入，很快就杀向朱萌，此时的刘玄在经历昆阳大胜，刘伯升被杀的事情之后，他雄心大起，一时之间生出了虎踞中原、鲸吞天下之意，而这夺取天下最为关键的一步，就是攻取洛阳、占据常安。

商议之下，刘玄决定派定国上公王匡率军北上，攻取洛阳。又令西屏大将军申屠建、丞相司直李松直取武关。汉军经过昆阳一战，早已经成为闻名天下的虎狼之师，天下豪杰莫不闻之色变。

关中听到刘玄攻来的消息，京兆府、左冯翊、右扶风等均胆战心惊。本来天下烽火四起就让他们担心这个新政权的长久性，如此一来，人人都觉得失望透顶，又各自危险。

武关的朱萌看见自己腹背受敌，只好率守军投降。而邓晔和于匡的军队击败右队大夫宋纲，将之擒杀，随即挥师西进，攻克了湖县。

邓晔一心投效汉军，因而在邓晔兵不血刃就获取武关之后，急忙下令打开武关城门，迎接汉军入城。此后，邓晔为了彻底断绝王莽军队的粮草来源，飞马传信与李松，让实力较大的李松来此和他一起北上立此大功，于是李松率领三千余人赶到湖县，与邓晔的军队会合，三军尚未及休整，便穿越秦岭北上，共同攻击渭河口的京师仓库。可惜遇到新莽守军顽强守御，一时之间，未能攻下。邓晔当机立断，认为苦等在此，不是明智之举，反而会浪费大量时间，于是决定绕道北上。二人商议，李松派偏将军韩臣等人一直往西攻击，韩臣出秦岭之后，在新丰一带击败新莽政权波水将军所属部队，一路狂追，奔至长门宫。邓晔则命令弘农掾王宪为校尉，率领数百人渡渭水，进入左冯翊（今陕西大荔县）境内。而汉军中的王宪亦迅速率部北上，星夜赶到频阳，所过之处，各地纷纷开门迎降，王宪之名，声震关中。

关中各县的首领眼见王宪军队一路所向披靡，都起兵自称汉朝将军，也纷纷率领自己的部队跟着王宪攻击新莽军队。而李松、邓晔也带着大部队到了华阴（今陕西华阴市），对王莽政权首府常安的四面合围之势正式形成，王莽政权岌岌可危，覆灭之日就在眼前。

当然，王莽也知道自己已经是穷途末路了，只是他一时之间颇不甘心，还想做困兽之斗，他效仿秦二世对付陈胜、吴广的办法，将京师所有的囚徒集中起来，抗击四面来军，可惜大军一出城，其中的囚徒就四散而逃，王莽的计划再一次成为梦幻泡影。

无计可施之下，王莽整日长吁短叹，在崔发的建议下，他决定和古时候一样，哭泣哀告上天，请求救援。在王莽的带领下，群臣百官个个失声痛哭，京师之中，只要愿意来哭的，都奖赏官职，不久，有五千人被授予了郎这个官职。如此幼稚之举，不免贻笑天下。

不过，王莽也没有就此放弃，他仍在积极地筹备军事上的进攻，并在军中挑选了九个猛虎将军，希望他们能够力挽狂澜，扶持新朝，迎击汉军。然而他在重用这几个人之时，却也防着他们，只给予他们四千钱，相比于京师重地数以百万计的钱财，这点实在是微不足道。碍于自己的家人还在王莽的手中，九个猛虎将军只能被迫前去华阴回溪。在邓晔和于匡的强大攻势下，他们虽然凭借着高山险隘死守，却由于士气眼中受挫而不能持久，不久，便大败四散。其中两虎回去被逼自杀，三虎退守渭河口京师仓库，剩下四虎则四散奔逃、无影无踪了。

这年九月一日，汉军决定为总攻京师常安的最后时刻，王莽新军虽然顽强，却难以阻挡势如猛虎的汉军。不久，常安城门告破，汉军如同山洪猛兽般，从宣平门蜂拥而入。张邯最先率军杀入，绿林到处，寸草不生；马刀落地，人头不保。刹那间，京师常安化作一片炼狱，血流成河，尸积如山。此时新莽守军之中，尚有王邑、王林、王巡、带足恽等人在与汉军激战，他们紧紧地守着皇宫北门，持续一天的血战，双方都伤亡惨重，常安城也化作一片火海。

在这场攻城战中，王莽的女儿，自小被嫁给汉平帝的新莽公主自感无颜面去面对刘氏宗族，一时百感交集，郁愤难当，遂投火而死。

顾不得为失去女儿而伤心，王莽急忙躲入宣室前殿躲避大火，全身着红黑色戎装，手持传说自虞帝时代传下来的匕首，怀抱其护身符“威斗”，即一个用黄铜掺入五色石所铸、状若北斗、长二尺五寸的铜勺。“威斗”铸造于始建国四年（公元12年），模仿北斗的形状而造，王莽坚信，“威斗”为神物，可以击退叛军，保住自己的皇位。同时他命人布置七星图，自己坐在北斗的斗柄位置，妄想依靠巫术稳住江山。

九月三日凌晨，全城被绿林汉军攻克，王邑父子赶到渐台，用弓箭抵挡汉军的最后攻势，不久便弹尽粮绝，王邑父子、带足恽、王巡等人也相继战死。眼看大势已去，王莽带着几个仅存的追随者躲藏到渐台内室。这日午时三刻，绿林汉军终于杀入内室，将王莽身边的王公大臣杀得片甲不留，人人争先恐后地杀向王莽。商人杜吴抢先杀了王莽，校尉东海人公宾就砍下了王莽的脑袋。众人将王莽的尸体肢解，砍得乱七八糟。王莽首级被献给王宪，一时之间，王宪虚荣心大作，悍然称呼自己为汉大将军，旨在彰显自己攻克常安、杀死王莽的卓越功勋。

这还不算，王宪还让几十万大军烧杀抢掠，将常安化为人间冤狱。王宪本人也淫乱不堪。

好景不长，三天之后，李松、邓晔、申屠建等人终于到达常安，眼见王宪不知节制，肆意妄为，便借口王宪得到王莽的玺绶不先献上，却自己把持，同时挟持宫女淫乐，擅建天子鼓旗，有不臣之心，遂将其斩首。又收编了他手下的军队，将王莽首级连夜送到宛城。这样一来，既除去了王宪这样一个作威作福的人，又夺取了其功勋和军力。很快，王莽首级就送到了刘玄面前，刘玄一见之下，大喜过望，他没有料到，自己梦想了数年的事情，会在这一刻就这样展现在自己的面前。于是，刘玄情不自禁地叹道：“如果王莽能够再精明一点，何至于到现在的这样一个地步呢？”身边的韩夫人忙笑着说道：“那样的话，皇上的地位就难以达成了。”刘玄深觉有理，命人将王莽头颅悬挂在闹市，为天下人所观。可叹愚蠢的百姓，难以理解王莽的理想主义情怀，在王莽身首异处的时候，争着鞭打他的头颅，烹煮他的舌头。

自王莽政权倒台之后，刘玄所部义军如日中天，一路顺风顺水。十月，原来叛变王莽的刘望被更始政权奋威大将军刘信斩杀，严尤、陈茂等新朝旧臣都被杀死，更始政权趁势夺取汝南郡各县。当时在长江流域有一股由流民组织起来的十几万人的军队，四处攻城略地，李宪遂奉王莽命令前去绞杀，不久，流民军队由于缺乏有效的领导和必要的章程，被李宪击打得溃不成军，李宪闻讯王莽身死，考量之下，自立为淮南王。自此，王莽持续十六年的新朝彻底败亡。

王莽虽死，刘玄也没能坐享江山。此时有实力称王的不止他一个。

不过，全国各地都震慑于刘玄的皇帝血统和击杀王莽的威望，一致拥戴他当皇帝。这是一件千年难逢的奇迹，紊乱一团糟的庞大帝国，如果在一位雄才大略的英主手中，必然能够在短时间恢复秩序。可惜时也命也，刘玄注定是一场悲剧，他自己没有功勋，不能服众；他是被绿林系扶持而起，终难以像刘秀等人一样，独立自主地处理国家大事，反而会被群臣所制约。这些人都是山野草莽、盗寇流氓，刘玄并不能对其进行随心所欲的节制，于是，更始政权在目光短浅，任意施为之下，必将是自取灭亡。自古天下都是有德者居之，刘秀深感刘玄必不久矣，不禁仰天问道："鼎之轻重，谁最终能够知晓？"

天下苍生望刘郎

刘玄的统治时间较短，所以未能得到后世之人的承认，他甚至没有得到谥号，在历史上被称为更始帝。虽说他不是一个英主，但在任人唯贤等方面，刘玄还是有值得称道的地方。

刘玄深刻地知道刘秀的才能，比起王匡、王凤等人，他更愿意重用刘秀，无论是其影响力还是其见识能力和德操，都比原绿林系的那些"山大王"要高不止一个层次，因而刘玄在北上到洛阳建都之时，便让刘玄代理司隶校尉的官职，委派他前往洛阳整修宫府、辅佐刘玄建立中央政府，刘秀一到洛阳，便着手设置下属官员和办事机构，起草公文，以从事司察之职，一切都按照过去的章程办理，合乎礼仪，合乎祖制，没有丝毫偏差。

刘秀曾经到过长安学习，对汉室礼仪了若指掌，当时三辅的官员和绅士或者奉命，或者为了牟取自己的地位稳固，许多都到东方洛阳来迎接更始帝，他们见绿林汉军的众将走过，竟然都戴着平民百姓的头巾，穿着女人的服装，大掖上衣和有绣花的短袖衣，都从心底耻笑他们没有礼仪和见识，甚至有人认为此是不祥之兆而害怕跑开。然而，等到他们看见司隶府刘秀的僚属，都喜不自禁。老吏中有人垂泪说道："想不到今日又见到汉家官员的仪仗随从！"从此有见识的人都心中归向了刘秀。

等到更始帝来到洛阳之后，不久就发现刘秀的声望很高，不禁对其生出了更加重用的心思，当然，这并不代表他对刘秀没有丝毫防范。由于刘秀对刘玄一直很恭敬，刘玄相信他是忠心于自己的，当年刘玄杀害刘伯升之时，刘秀不为其守孝、反而前来请罪的举动就说明了一切。不仅如此，刘秀一直没有什么过错，反而立下无数功劳，刘玄如果构陷于他，不仅会激起兵变、民变，而且还会招致有功之臣的不满。因此，重用刘秀才是笼络他的最好手段。于是，刘玄直接委派刘秀任破虏将军行使大司马的职务。

此时的刘玄大军，不仅灭了王莽大军，亦占领了长安、洛阳等天下数一数二的重镇，刘玄不禁暗想："一统天下的时机终于成熟。"当时，河北诸郡还没有平定。刘玄就想派亲信大将去河北做各地的宣慰招降的相关事宜。

按照当时的行政区划，河北诸地并州、幽州、冀州三刺史部辖区，幅员辽阔，土地肥沃，与匈奴、乌桓、鲜卑等少数民族地区接壤，位置十分重要。

对于如此重要的一个战略要地，刘玄自然心向往之。然而自王莽垮台之后，河北诸郡一直处于军阀割据、各自为政的混乱状态，缺乏一个统一的领导。虽然此前刘玄已经派出了韩鸿等人为使者去宣慰。可是当地豪强并起，各处占地称王，韩鸿无大才大志大名声，自然不能获取他们的承认。因而效果并不是很理想，刘玄思前想后，在绿林汉军之中几经争执之后，终于决定先让刘秀去收服这几个地区，待成功之后，在将刘秀调回，以限制其权力。

王郎的短暂王朝

这年十月，刘秀带着符节向北渡过黄河，前往安抚各州郡。每到一地，刘秀都会细心了解当地的刑狱情况，一旦当地民众对过去的刑罚有所不满或者经过自己的明察暗访，发现过去在处理案件上有什么不妥，刘秀都会立即平反冤案，遣返囚徒，废除王莽时制定的苛刻政令。除此以外，刘秀还在各地恢复汉朝的官名，这对稳固人心具有重要作用，吏人们都喜笑颜开，争着拿出牛肉和美酒欢迎慰劳刘秀。

一日，刘秀行进到邯郸，原趙缪王的儿子刘林向刘秀献策说："赤眉军队现在河东，只要令黄河水决堤，就能一举淹灌他们百万人马。"但刘秀却认为，赤眉军都是贫苦大众组成，他们亦是义军的一支，大肆攻杀他们，一者时机不成熟，二来有违天和。遂没有理睬，离开了此地前往真定。

刘林眼见刘秀不肯与自己为伍，决定自立为王，让弄虚作假从事占卜职业的王郎冒充成帝的儿子刘子舆，十二月，立王郎为天子，定都邯郸，就派遣使者招降郡国。如此一来，天下将对刘玄的失望都转移到这个在名义上为正统的刘林身上，王郎不久便强盛起来。

更始二年（公元24年）正月，刘秀因为王郎新近强盛起来，便率军北上巡行到达蓟县。王郎害怕刘秀此行会对自己的地位造成威胁，就发出檄文，愿以封给十万户的奖赏捉拿刘秀。已故的广阳王的儿子刘接也响应他的号召。

俗话说，重赏之下必有勇夫。在王郎的统治下，刘秀成了人人追杀的对象，他为了躲避追捕，急忙驾车向南奔去，不敢进入城市当中，只得路边安宿，唯恐被人逮住。可是长此以往，随从们都没有吃的了。无奈之下，刘秀只好自称是邯郸来的使者进入客栈。

客栈的人把饭给众人送来，众人立刻扑了上去狼吞虎咽。如此模样一看就是饿了好几天，客馆吏员便开始怀疑刘秀的身份，开始旁敲侧击问刘秀的随从们是从何处来的。

随从们一听露馅了，立刻决定离开客栈。正当刘秀登车要跑的时候，却又担心自己跑不掉，只好故作镇定，坐回原位道："请邯郸将军进来吧。"

客栈吏人见此，才将自己的疑心暂时压下，刘秀等人又待了许久，在吏人们放松警惕之后，便驾车离去。吏人见此，幡然悔悟，知晓这人必是假冒的，再一细看，这人不是通缉上的图像吗？为首之人就是刘秀，于是，吏人们远远地叫喊让守城门的人把刘秀一行关在城里。守门的官却说："天下将来归谁难道能预先知道吗，现在就把尊贵的人关起来吗？"刘秀一行得以出了南城门。

刘秀一行终于暂时摆脱了危险，但他们依然担心，王郎会率军来追击他们，因而他们冒着严冬的霜雪，日夜兼程，当时的天气正冷，他们却行色匆匆，没有带上足够的衣服，因而大家的脸都冻裂了，手亦冻僵了，却一点也不能停歇。好不容易到了呼沱河，却没有渡船。所幸天无绝人之路，河面因为封冻结了冰，遂得以过河，然而由于天气初冻，河面的冰很薄，所以大队人马还没有过完河就有几辆车陷到河里，只能丢下这些车。待得他们行进到下博县城西，又遑惑起来，此时王郎正四面围捕，他们孤身数人，到哪里都显得是在自投罗网，一时之间，连刘秀也不知该往哪里走。

这时，有位白衣老人站在道旁，用手指着远方说道："信都郡的人还在为长安坚守着，那里离这地方有八十里。"刘秀等人眼前一亮，终于有了可以投奔的方向，于是，众人马不停蹄，迅速奔赴信都，信都太守任光打开城门出来迎接。于是刘秀调拨周围各县的兵马，得到四千人的部队，首先攻打的就是堂阳和赏县，令这两处的守将投靠了己方。王莽的和成卒正邳彤也率全郡向他投降。

又有昌城县人刘植，宋子县人耿纯，各自率领自己同宗的亲属和子弟，占据了各自的县城，都拥戴刘秀。于是又向北降服了下曲阳县，兵马渐渐地聚集起来，乐于依附刘秀的队伍达到了好几万人。刘秀眼见自己实力大涨，遂决定一鼓作气，领兵北上攻打中山国，不久便攻占了卢奴县。

在所经过的鄗县，刘秀为了扩大战果，便调拨由骁勇将士组成的紧急部队以应急用，又传送檄文到边境地区各部，要他们共同攻打邯郸，各郡县又都响应。

刘秀军队一路所向披靡，各处郡县无不闻风丧胆，于是，刘秀在攻克北方许多郡县之后，又向南攻打新市县、真定县、元氏县、防子县，几乎没有多大的伤亡和代价，便迅速地将这些县城一一攻破，汉军顺势进入了趟地。

这时王郎的大将李育正在柏人县屯兵驻守，汉军不知道此事，以为依然可以和先前一样，一路高歌猛进，哪知汉军刚一遭遇李育的军队，便被其不顾一切的抵抗所震慑，先头部队的偏将朱浮、邓禹不仅遭遇了这一路进军以来的大败，还丢失了辎重和粮草。刘秀在后面知道了以后，心中大痛，这样的关键时刻，极为检验一个人是否有临危应变的能力，刘秀无疑是此中的佼佼者，他迅速收拢了朱浮、邓禹的散兵，而且积极鼓励邓禹、朱浮等将领的士气，大军很快整合完毕，同李育在柏人城城门处交战，大败李育的军队，全部夺回了李育从朱浮、邓禹那里抢去的装备和粮草。李育退回坚守城池，刘秀随即下令攻城，可惜虽然李育遭遇大败，却并没有损伤其在柏人城的元气，因而即使汉军不断猛攻，却依然没有攻克下来。刘秀只好退而求其次，转身去攻打广阿县，不久就领兵攻下了广阿县。

正巧上谷太守耿况、渔阳太守彭宠各自派出将领吴汉、寇恂等人率领骑兵突击队前来协助攻打王郎，更始帝也派尚书仆射谢躬领兵来讨伐王郎，刘秀于是重重犒劳士兵，随后便向东进军包围了巨鹿。王郎的守城将军王饶坚守城中，刘秀的军队攻城，一个多月未攻下来。王郎派遣将领倪宏、刘奉率领数万人马救援巨鹿，刘秀在南乡县迎战，杀死了数千敌人。

四月，刘秀进军包围了邯郸，连战连胜。五月甲辰日，占领了城池，王郎亦兵败被杀。刘秀收集起王郎的公文档案，得到自己部下和王郎勾结诽谤自己的书信数千件。但是刘秀考虑到，要收揽人心，此时正是时候，当下自己要争夺天下，就不能为一些小事斤斤计较，与此同时，也要借助这件事情来彻底地震慑和收服下属的人心。于是刘秀对这些信函连看也不看，便把将领们召集起来，当着他们的面将信函烧掉，对大家说道："让那些有叛逆之心而为此担忧的人安下心来。"

更始帝刘玄眼见刘秀再次立下如此巨大的功勋，实力大涨，不禁对刘秀大加防范，担心他会反出自己、自立门户，于是，战事刚刚结束，刘玄便派遣侍御史持符节立刘秀为萧王，一面以高官厚爵去安抚他，另一边则让他交出兵权，到更始帝所在的地方去。刘秀本就不是常人，常人稍微一想，就知道刘玄此时的心思，更何况刘秀呢？于是，刘秀以河北地区尚未平定为由来推辞，不接受更始帝的征召，同时心中也立下定议，想要自立门户，以实现当日“刘代王兴、新帝刘秀”等预言。

暂时纵虎归山

自刘秀脱离更始帝刘玄之后，其性格中迅捷狠辣、谨慎小心等方面就逐渐显现出来，他不仅大力发展自己的势力，亦对反对自己的势力加以残酷的打击。例如对于赤眉各路兵马和流民自立的兵马的打压，对于刘玄心腹的打击等。关于这点，很多人认为，刘秀主要是因为受到其兄弟刘伯升被害身死的打击。其实，刘秀内在的狠辣，是在长期的战争生涯之中，逐渐形成的，他要的就是足够的实力和威望，在适当的时机，他就会一鼓作气、当机立断地反叛而出。

更始二年（公元24年）五月之后，王郎在刘秀迅雷不及掩耳的攻势下，很快就衰落败亡。刘秀也借此实力大涨，眼下他的势力范围已经不止于河北，在征服王郎所部之后，他率军在围剿铜马、高湖、重连等部流民军的战争中，顺势渡过黄河，进入黄河以南地区。在兖州刺史辖区的东郡、司隶校尉辖区的河内郡等地，都建立了极为庞大的势力，刹那之间，刘秀如一颗徐徐升起的新星，熠熠生辉。

刘秀对自己的属下大肆封赏，俨然已经将自己当做刘玄一般的人物，直接行使天子的权力。又如他对于自己管辖的范围，在大败王郎之后，刘秀便将自己的触角伸到河内郡、东郡等地，这些都不是他的权力可以涉及的地方。

当然，刘秀之所以如此大张旗鼓的树立其自立的意志，也是经过充分考虑的。他知道，此时的刘玄管不到他，一方面自己出了他的势力范围，建立起自己的势力；另一方面则是因为赤眉军眼下发展极为迅速，使得刘玄有了应接不暇之感。

因此，刘玄无论是出于保存自己势力的需要还是借助刘秀剿灭赤眉军的妄想，都让他不可以擅自行动。刘秀此番作为，不仅是显示自己的实力，也是为了招揽四方贤德之士。

例如刘秀在围剿铜马流民军的过程中，刘隆、杜茂、岑彭、马武等当世猛将都先后投效于他，一是因为其才德足以服众，二则是其展示的实力让他们觉得自己投效于刘秀可以大有作为。在获得很多才德兼备的忠臣猛将之后，刘秀的另一行动就是诛除在刘玄身边、时刻威胁自己的政治前途甚至是生命的那些人，其中，以更始政权的尚书谢躬最具代表性。

谢躬和刘秀一样，都是南阳郡人，只可惜谢躬不能和刘秀走到一起，而是投奔了刘玄，并且在政务处理上尽心尽力，忠心耿耿，是刘玄不可或缺的得力助手。前面就是谢躬和刘秀联合，一起灭掉王郎的。刘秀也曾多次暗自试探，看他能否反出刘玄，到达自己的阵营，可惜谢躬一直左右推辞，不为所动。此刻的谢躬夹在刘玄和刘秀之间，实在是很不好过。如果刘秀胜利，他的结局不言而喻；如果刘秀败，他也中定会因为其多次受到刘秀的收买而遭到刘玄及其手下的猜忌，下场堪虞。谢躬最终还是选择了誓死效忠于刘玄。当刘秀的士兵进入邯郸城之时，谢躬也将刘玄的部队调集进去，一时之间，邯郸城城内充斥着两股不同的势力。他们不仅会各自为政，有甚者甚至会发生一些争执。

此外，谢躬比刘玄更为聪明，他在刘秀离开刘玄进军河北之时，就极力劝阻刘玄不要放虎归山，只是没有成功。此刻他又意识到，刘秀的人望很高，如果不将刘玄失去的人心重新笼络回来，更始政权定会命不久矣。于是，在邯郸期间，谢躬多次向民间百姓和军中将士布恩施惠，企图给刘秀来个“釜底抽薪”，断绝其生机所在。

卧榻之侧，岂容他人酣睡？谢躬虽然有才能，亦得到刘秀发自内心的赞赏，奈何不能为刘秀所用，于是，刘秀决定，找个机会杀了他，以绝后患。无独有偶，此刻的谢躬，亦是战战兢兢、如履薄冰，他一方面积极地防范着刘秀，另一方面也极力设法除掉刘秀。只可惜此一时彼一时，当初刘秀尚在刘玄身边之时没能够诛除他，此刻他如龙归大海，再想杀了他，难比登天。

于是，二人各怀鬼胎，却在表面上亲近无二。最终还是刘秀技高一筹，刘秀为了麻痹谢躬，多次当众夸奖于他，并不断送他一些名贵礼物，时间一长，谢躬不禁暗自想："莫非这刘秀服了自己不成，自己真的有姜子牙之才，可以获取刘秀这般人物的好感？"他逐渐放松了警惕，只可惜此时谢躬之妻亦是深有远见之人，她有见于此，知晓自己的夫君这样下去必定没有好下场，忙借机向他劝解，谢躬闻言，虽然面有不喜，担心中终于重新竖起了坚固的防线，因为他明白这样下去，自己必定会被刘玄等人怀疑，同时也得不到刘秀的信任，无论如何都难以得到善终。至此，刘秀还是没有找到能够一举诛除谢躬的机会。

这日，机会终于来了。流民军肆掠，刘秀以无暇分身为借口，再以大司马的身份调遣谢躬前去剿灭他们。此刻刘秀已经贵为萧王，于公于私，谢躬都必须听从刘秀的指挥。刘秀此举可谓高明之至，一者，可以借谢躬之手，阻止流民军的继续北上，同时借流民军削弱谢躬的兵力，达到一石二鸟的效果；二者，可以将谢躬的势力清除出邯郸，由此以来，自己就可以大刀阔斧地开展自己夺取天下的一系列行动。

刘秀固然聪明，谢躬亦不是愚蠢之辈，他哪有不知晓刘秀意图的道理。但与刘秀直接对抗一定不是明智之举，因而谢躬索性就坡下驴，直接带着将军马武、陈康，大将军刘庆等人移师邺城。谢躬到了南线，并没有一头栽进剿灭流民军的泥潭之中，反而借机大肆收买人心、积蓄实力，他任命陈康为魏郡太守，继续宣慰招抚各地。

刘秀得报，心中愤懑不已，既然这一条计策没有取得任何效果，索性一不做二不休，设下鸿门宴。

待谢躬班师回到邯郸，刘秀在邯郸城中的大司马府上张灯结彩，以谢躬围剿流民军获胜有功为名，大摆筵席，设宴庆功。并发出请帖邀请邺城的谢躬及其属官参加。在整个大司马府中，都布置了许多刀斧手，一旦谢躬到来，当即擒拿和杀害他。为确保万无一失，刘秀还积极布置邯郸城内外的兵力，让他们准备防止谢躬的部下将士叛乱。

谢躬何等聪明，一看请柬，就知道宴无好宴。只是去与不去，却是一件让他难以决断的事情。去则很有可能有去无回，不去则更会给刘秀留下把柄，一旦时局有变，刘秀就会让自己理屈词穷。刘庆、陈康等忠于谢躬的人也劝解他不可前往！只是谢躬为了不给刘秀留下把柄，否决了刘庆等人的建议，他慷慨地说道："本官是皇上的使者，他萧王有几个胆子，敢和朝廷对抗？"

当断不断，反受其乱，谢躬在做出决定之后，将手下大将都召集出来，带上甲士数千，枕戈待旦，准备一起奔赴刘秀的"鸿门宴"。

酒席之上，各人推杯换盏、谈笑风生，却难以掩盖那满溢而出的阵阵杀气，恰如平静的湖面，暗影深藏，时机已到，就是刀光剑影、血雨腥风的场景。此时的谢躬恍如无事地在大厅之上，与刘秀等人交换这些年进军的心得，一切都显得气定神闲。其实，谢躬早在入城之前，就将带的数千甲士埋伏在邯郸城门之外，一旦有变，可迅速驰援，同时，谢躬还让马武等几位猛将随他一同入席，可谓是胸有成竹，刘秀见到马武等人，心中不禁翻起波澜："好一个厉害的谢躬，不仅敢于来到鸿门宴，还能为防止不测做出周全的准备，真个有勇有谋的。"

马武忠肝义胆、有万夫不当之勇，一旦动手，鹿死谁手还不可知。于是刘秀决定，索性自己暂时放过谢躬，以待时变，再图进取。

一计不成，多计再生

就这样，一场蓄谋已久的鸿门宴，就在谢躬的精心准备之下，于谈笑间化于无形。然而，刘秀并不会就此放过谢躬，他知道，通过这件事情可以看出，谢躬一定不能为自己所用了，如果他知晓自己有被杀的危险，就不会来暗中对抗，而会选择誓死投效了。刘秀一计不成，再生一计，他要给谢躬来个“釜底抽薪”。

刘秀看中了马武。马武字子张，和刘秀、谢躬一样，都是南阳郡湖阳县人。他为人最重义气，为将自有 股“百万军中、取上将首级”的勇略，因而刘秀素闻其名，亦有收复他的心思。马武作为六将军之首，跟随主将尚书令谢躬渡河入河北协助刘秀共攻王郎，是谢躬手下的首席大将。

此番鸿门宴。刘秀因为谢躬的充分准备，一应计划只能付诸流水，便想到也许可以分化谢躬的阵营，特别是争取到马武的加盟。当然，对于马武这样的人，只能够晓之以理、动之以情，切不可以用强，即使不成，也可以让谢躬心中生出疑虑，从此不再重用于他。

上天仿佛特别眷顾刘秀，这个机会很快就来了。这日，探马来报，两支流民军前来进犯，其一尤来部从东郡出发，进逼魏郡。其二青犊流民军数万人从上党郡东犯，进入河内郡武德县境内，驻扎在黄河北岸的射犬聚，窥伺邺城。这两支流民军东西夹击，大有合围邺城、北上邯郸之势。当此之时，刘秀丝毫没有乱了阵脚，他急命大将军耿弇为先锋，率领汉军南下攻击青犊军。同时亦不忘借机削弱甚至诛除谢躬，命其率部直奔尤来军。

汉军两路很快就在邺城汇合。刘秀一见谢躬，就借机安抚他道：“本王决定南下河内郡武德县，直奔射犬聚，剿灭实力强横的青犊军。依照我军之军力，只要上下一心，勇往直前，打败贼人指日可待！只是本王担心，尤来军在山阳郡，假如听到青犊已经被我军击破，必然惊恐散走，那样就如放虎归山，以后要剿灭他们，就难上加难了。因此，本王想请谢尚书在隆虑山一带狙击尤来军北窜。相信有谢尚书的拔刀相助，一定可以给予敌人顽强的狙击。依照尚书的赫赫伟才以及你部下的无敌军威，一定能够击败这股流民军、将他们全部擒获！若是歼灭了这股草贼，不仅可以让你我的军力大增，稳定魏郡、邯郸郡，尚书也可以立下奇功一件！”

这一番慷慨陈词看似诚恳，实际上则是包藏祸心，其实刘秀是有两重用意的。一方面他可以借助尤来军的强大兵力迅速地削弱谢躬，另一方面则可以让谢躬出了城池，调虎离山。

可叹谢躬终究是技不如人，或者说他并没有和刘秀一样，早就暗怀害人之心。因此，到了大祸临头时还没有丝毫的觉察，反而一心想着报国立功。因而刘秀的提议，谢躬没有丝毫地犹豫，就全部应承了下来，为防不测，谢躬还留下了大将军刘庆、魏郡太守陈康两名心腹镇守邺城。只是谢躬不知道，虽然这二人曾一直是他的心腹臂膀，但当他们面临荣辱得失、生死存亡的抉择之时，是否还能坚持自我？

谢躬做了万全的准备，刘秀亦是没有丝毫懈怠，他早在安抚谢躬之前，就对手下大将吴汉、刺奸大将军岑彭，授以密计，要他们一切依照计策行事。一切都和刘秀的预料一般，在青犊大军遭到刘秀的毁灭性打击之后，尤来军亦心怀恐惧，在刘秀的追击之下，狼狈不已。

不久，尤来军就逃到了隆虑山之下，等待他们就是预先设计好的谢躬的伏击，只是谢躬没有料到，尤来军虽然是残军，却仿佛比过去更加英勇善战，正所谓“穷寇莫追”，此番尤来军已经到了上天无路、入地无门的绝境，只能期盼置之死地而后生，因而原本就以英勇好杀著称的尤来军，此刻更是人人以一当十，势不可挡。

此前他们之所以被刘秀大军击破，不是因为他们战力不强，而是刘秀的幽州铁骑，非是以步兵称雄的尤来军可以匹敌。一场血战下来，谢躬所部大败而归，只是当他们回到邺城之时，才发现自己真正地走到了穷途末路。

谢躬对于刘秀“釜底抽薪”、暗地收买马武的做法早就有所了解，甚至他还对自己的部下做过多次的警告，只是他没有料到，在时势面前，没有什么可以一成不变，就像自己曾一手提拔起来的邺城太守陈康，竟然在刘秀的劝降之下，在自己大败亏输之时，将邺城全部拱手让与刘秀之手。这还不算，陈康为了在刘秀面前立下大功，竟然下令将大将军刘庆以及自己的妻子、儿女全部逮捕下狱。然后大开城门，迎接刘秀部下吴汉、岑彭所率领的汉军入城。

万事不由人，陈康虽然贵为太守，却也必须在刘秀和谢躬之间选择一方。而且只有最后取得胜利的一方，才能够让陈康永葆富贵。之前，吴汉叩门之时，就曾经派来说客说服他，这在《后汉书》上有所记载。所以陈康早就生出了投效刘秀的心思，这一次吴汉派人前来劝降，言辞恳切、极为有理，陈康稍微斟酌，就同意了说客的建议。待得谢躬回到邺城，陈康趁其不备，让埋伏在城门两侧的甲士一哄而出，迅速捉住了谢躬。一时之间，陈康立下如此大功，自然喜不自胜，仰天长笑之间，手起刀落，让谢躬尸首分离。谢躬部下见首领都已经命赴黄泉，群龙无首之下，只能弃械投降。

谢躬一死，刘秀大业初定，吴汉亦因为兵不血刃就攻下邺城、擒杀谢躬而荣立头等大功，成为刘秀手下的第一大将，与岑彭、景丹等一起，成为刘秀日后征战天下、所向披靡的重要助手。消息迅速传到马武耳中，大势已去，马武只能长叹一声，带着本部人马前去向刘秀投降。刘秀本来就很欣赏他的骁勇剽悍，看到他来归降，刘秀当即为其大摆宴席，把他介绍给身边的诸将。在宴会结束之后，刘秀向他试探道：“将军可愿意去接手谢躬所在邺城的防务？”马武闻言，哪里不知道这是刘秀在检验自己，是否是真心归附，所以在刘秀说出此言之后，马武当即跪倒在地，坚决不肯前去邺城，而是希望能够为刘秀鞍前马后，为其效命杀敌。刘秀闻言，当即大喜，他知道，马武终于甘心成为自己的得力臂助。

有一句很有哲理的话：“没有永远的朋友，只有永远的利益。”当初谢躬和刘秀联手诛除王郎之时，是何等的快意恩仇！要不是谢躬的奇袭和诡计，王郎哪里能够那么快就败亡？在那期间，刘秀几次三番的遇险，都全亏了谢躬所救，因此可以说，谢躬对于刘秀，在个人层面上，应该是肝胆相照的朋友，只是到了两军相争、生死存亡之时，谢躬便成了刘秀不得不杀之而后快之人。

第四章　一将功成万骨枯

匡世经纬，胸怀天下

在当时的时局看来，天下不可能一直这样混战下去，不管是刘玄的绿林系军队，还是流民组成的赤眉军，抑或是刘秀的汉军，他们的征战都抱着同样一个目的：一统天下。

为了重新塑造一个稳定的社会，各路军队都由开始的被迫起兵向主动起兵的方向转移，亦为了重新稳定天下，建立强大和稳固的国家政权、社会体系，有见识的人都开始逐步吞并或者歼灭其他势力。

刘秀在诛除谢躬之后，接下来的目标便是扫平数十万如鲠在喉的流民军队。这个过程，要远比诛杀刘玄难得多。

刘秀率领幽州骑兵，与吴汉、岑彭等人，一路高歌猛进，迅速歼灭了铜马、高湖、重连三部流民军。但是此时在黄河南北一带的流民军依然实力超群、声势浩大。其中，尤其以赤眉军的实力最为强大。

面对赤眉军，刘秀没有多少可以获胜的把握，他心中所想的，是如何能够兵不血刃就收服了赤眉军为自己所用。

刘玄、王莽，无论实力多么强大，当他们面对流民军之时，都显得弱小不堪。天下诸郡，闻流民军之名而色变，无人敢捋其锋。一时之间，天下英雄无敌手的流民军，纵横捭阖、驰骋于广阔的江淮河汉之间。此刻王莽已死，只留下刘玄一人苦苦挣扎，龟缩在长安和洛阳之间。

直到刘秀大汉骑兵的横空出世，才得以湮灭流民军的嚣张气焰。一夜之间，三十万铜马、高湖、重连流民军在刘秀大军的铁蹄下，死伤殆尽。刘秀知道，兵贵神速，在灭杀谢躬之后，刘秀实力亦有所增强，更为重要的是，他的后方得到了极大的稳固。因此，刘秀在取得了一系列胜利之后，兵锋所向，直指兵力强盛的青犊军。青犊军刚刚遭逢大败，此番刘秀再度征战，不禁让他们胆战心惊。自己只有十万部众，而且多以步兵著称，在天下闻名的刘秀骑兵面前，实在是胜负难料。为保万全，青犊军只能向其他流民军求援。

短短数日，赤眉、上江、大肜、铁胫、五幡等各部流民纷至沓来，齐聚青犊军帐下，兵力虽然只有十多万人，但是其涉及的势力，则不禁让刘秀倒抽一口凉气。这不要和天下数百万流民军做对吗？刘秀早年就深谙经商之道，赔本的买卖是万万做不得的，因此，刘秀不能让自己的幽州骑兵去和流民军硬碰硬，否则杀敌一千、自损八百，刘玄等人坐收渔翁之利，就极为不妙了。只有在关键时刻，将自己的骑兵用上，才是为将者应该做的事情，而眼下，只能坐等时机，一来或许可以招降一部分流民军，二来则可以让敌人在巨大的消耗中不战而溃。

流民军中也不凡有识之士，见此自然明白刘秀的意图，眼见大军消耗甚巨，流民军将领悍然决定，夜袭刘秀大营。可惜他们遇到了耿乡侯耿纯。耿纯此人，不仅英勇善战，而且对刘秀忠心不贰，他曾经为了表示自己的忠心，将自己祖上传下来的房子悉数烧毁，同时还令家人都跟着大军行动。

这天夜里，青犊军大举来犯，一时之间，汉军营前，喊杀声声震天地，紧接着，如蝗虫一般的箭雨从天而降，汉军差点就乱了手脚。幸好耿纯马上就明白，敌人这是要让自己先乱了阵脚，在趁势攻取营寨。于是，耿纯急忙率领数千铁骑，从青犊军后面迂回杀出，青犊军哪里料到，汉军不但没有半点乱象，竟然会来一手“螳螂捕蝉、黄雀在后”。刹那间，青犊军就大乱阵脚，偷袭之举也就宣告失败。但是青犊军等流民军并没有损失多少，大军战力犹存。要想青犊军就这样放弃攻杀刘秀大军的机会，实在是不可能。于是，青犊军再生一计，决定去偷袭汉军的粮草重地。

可惜他们不知道，此时的汉军，无论是在人心上、士气上还是在战力上，都如同铁桶一般，坚不可摧。此前耿纯打破了敌军的夜袭，使得汉军初战告捷，自然在士气上更胜一筹。刘秀知晓耿纯全家随大军出征，对耿纯的赤胆忠心十分欣赏，但是他知晓，自己当初就是犯了这样一个兵家大忌，才使得刘氏一门在进攻宛城的过程中，死伤无数。所以刘秀这次为了剪除耿纯的后顾之忧，就任命耿纯的族人耿伋为蒲吾长。由耿伋带领着耿纯的全家老小，派精锐骑兵护送北上，安顿到常山国真定城西北八十里的蒲吾县（今河北平山县）居住。此举不仅使得汉军得以轻装简行，亦使得汉军将士从上到下，人人感念刘秀恩德，无不立誓为之效死。

不硬拼还好，如果流民军与汉军正面冲突，势必会遭受汉军的雷霆一击。

这一次，轮到看护粮草辎重的虎牙大将军铫期表现实力的时候了，他本就是汉军之中的著名将领，精通兵法，此番刘秀派遣他来担此重任，可见刘秀对于粮草辎重的重视非同一般。

果然，刘秀的布置发挥了效果，流民军刚一行动开来，铫期就接到了敌军要来劫持粮草的密报，一方面加紧备战、转移粮食等辎重，另一方面，则是飞马向刘秀禀报军情，请求刘秀的援助。待得青犊大军杀到，铫期早就做好了完全的准备，虽然他的兵力不多，但是此番战斗却表现得特别英勇，加上汉军的援军很快就杀了过来，流民军当即大惊失色，知道此番计议又不能取得任何效果了，无奈之下，只能退兵。

终于，几十万流民军的粮草都耗尽了，尽管他们想尽了各种办法去攻击汉军，奈何刘秀每一件事情都做得滴水不漏，商议之下，流民军只能选择退兵。而这一次，等待他们的将是彻底的败亡。刘秀渴盼了许久，就是要敌军弹尽粮绝、穷途末路之时，只有这样，敌军才会变得军心不稳，士气也会跌到最低谷。

正当流民军收拾妥当，准备回撤之时，汉军十万大军悉数杀到了，刹那间，尘烟滚滚、杀声震天，流民军虽然战力下降，但仍然可与汉军一战。半日之间，战场上就尸横遍野，汉军终于在数量上比不过流民军，几番大战下来，虽然流民军损失惨重，但是汉军亦伤亡很大，士气上也不如当初进攻之时一样的旺盛。恰在此时，刘秀急令都护将军贾复率领精锐的骑兵预备队上阵。骁勇剽悍的贾复一上阵，马上稳定住了战局。双方继续激战，一直杀到正午时分，依然难分胜负。

刘秀知道汉军已经疲惫了，所以下令鸣金收军，告诉贾复等到吃完中午饭再打。谁知贾复却是个“拼命三郎”，不到黄河心不死，对于刘秀的话竟然不肯听从。他慨然答道：“汉军既然已经疲乏不堪，那么可想而知，此时的敌军更是虚弱不已，待末将先击破了贼人，然后再就食不迟！”遂率众转身杀向敌军。刘秀闻言，亦觉得他的话有几分道理，只是阵前大将抗命，不但对自己的威信有损，亦会导致上下不和，影响整个战争的成败，所以，刘秀虽然默许了他的行为，但只要战事一结束，少不得要惩处贾复一番。

其实，青犊军此时也已经疲惫不堪，正准备吃饭休息。哪知道汉军大队人马却如同猛虎下山一般疾扑冲杀而来，一时之间，众将士手忙脚乱，不知道如何应敌。

在猝不及防之下，青犊军很快就陷入了被动。而汉军首领贾复更是在乱军之中表现得勇猛无比，所向披靡。他纵马飞奔，冒着飞矢走石，一手持着令旗，一手挥舞长剑，身先士卒，冲杀在最前面。汉军将士们看到都护将军身先士卒地英勇冲锋，顿时士气大振，无不以一当十，拼死上前，向青犊军猛扑过来。

片刻之间，青犊流民军就遭遇大败，狼狈逃走。刘秀终于不忍心责罚于贾复，让其功过相抵。但在内心中，贾复的地位则在无形之中被抬到一个很高位置。刘秀知晓，贾复可堪大用，为免他再次冲杀在前、最终死于马下，刘秀此后一直将他安置在自己的身边，为自己征战天下、治理国家出谋划策。

经此一败，青犊军的主力基本上被斩杀殆尽，汉军没有耗费多大的力气便大获全胜。青犊、大彤两部几乎彻底被打垮，从此一蹶不振。赤眉、上江、大彤、铁胫、五幡五部联军也全线崩溃，四散奔逃。反观黄河南北大势，而魏郡、清河国、河内郡、东郡一带的流民军队伍也被汉军肃清。除了尤来、五幡两部数十万人北进入河间郡以外，各地流民军队全部被刘秀降服。此后刘秀兵到之处，各部无不闻风丧胆、俯首称臣。流民军再也不敢轻易向刘秀大军挑衅，刘秀终于实现了他战略意图的第一步，祸水西引，将流民军的目光吸引到更始帝刘玄的身上。

现在还不到称帝的时候

随着自己实力的不断增强，刘秀越来越相信当初的算命之言，自己可以做皇帝的预言就要实现了。这是天命。对于天命，刘秀一直都极为相信，这无论是在他的为人处世、还是在他行军打仗、抑或在治理天下的过程中，都很明显地表现出来。

刘秀在取得对于赤眉、上江、大彤、铁胫、五幡五部联军的战争胜利之后，便命擅长算命的人前来卜了一卦，卦象显示，只有当刘玄死后，他才能顺天应命、名正言顺地登基称帝。早在刘秀入主河北之时，他的至交良友邓禹就告诉他暂时不能当皇帝，还是要顺应天命等实力进一步增强后再谈。刘秀的属下众将士也都有劝进之言，刘秀也知晓时机尚不成熟，而且他也非常坚持天人合一之说——除非刘玄身死，否则他断然不能妄自称帝。

而刘秀虽然在实际上已经开始自立，但是在名义上，依然还得算是更始帝刘玄的部下，如果他公然谋反，必定会使得天下人寒心，特别是那些士子之心，更是伤不得。早在王莽摄政时，天下就盛传，长安所建的太学有宿舍万间，足以容纳数万的学生，这一数字或许有些夸大。就连刘秀和他的智囊邓禹都是长安太学学生，而且刘秀帐下高级将领有六七人在当时都具有学术的名望。天下士人虽然数量不及农民和工商业者，但是其影响力却不能有半点的忽视，他们要么显赫一时，要么名重一方，而且士人都有一个特性：比较恋旧，以儒家思想的忠君报国为核心，对于汉室正统自然是极力拥护。刘秀在先天上就没有刘玄的血统高贵，而且此时刘玄是名正言顺的汉室皇帝，刘秀更是不能动他。

刘玄一日不死，刘秀一日难安。

终于，刘秀经过与流民联军的大战，将威胁引到了刘玄的身上，刘秀终于可以做一回渔翁，得一次渔利了。

此刻，樊崇和他的一百万赤眉军，正在为自己的生计发愁。此前他们只要粮草短缺，便可以掠取天下，然而几年下来，连连战乱，百姓食不果腹、衣不蔽体，哪里还有粮食，即使到了一些名城重镇，亦一样的萧瑟不已。无奈之下，樊崇只能想着去天下粮仓河北去猎取一番。哪知正当要有所行动之时，前方却突然传来败报，流民五路联军，三十万兵力在刘秀的攻势下，几乎全军覆没。这不禁让樊崇大跌眼镜，他发现，这刘秀非比寻常，眼下还动他不得。

为了免于“偷鸡不成蚀把米”的结局，樊崇决定，既然刘秀已经和刘玄在实际上分立，那么自己去攻取长安洛阳等地，刘秀定不会妄自行动。只是手下诸将都对攻取长安心存疑虑：一则都倾向于东归青州、徐州，享受逍遥快活的日子；二则可以免于直接与实力强大的更始政权作对。樊崇能够成为这百万流民的最高首领，自然非比寻常，他当即看出手下心中的症结所在，大笑道：“诸位莫慌，京师长安富甲天下，只要我军杀进了长安，就能够大块吃肉，大碗喝酒，大讨漂亮女人。如今长安刘玄懦弱无能，使得君臣背离，人心丧乱。我军如今带甲百万、战将千员，要攻取长安，如探囊取物。”众属下闻言，人人摩拳擦掌、欣喜异常，准备到时大干一场。

不久，赤眉军分为南北两路向更始政权长安进军，其中樊崇、逢安率南路军攻武关；徐宣、谢禄、杨音等人走陆浑关。两路大军，双管齐下，向更始政权发起了猛烈的攻击。

更始政权此时也已经如风中的蜡烛，随时都会有熄灭的危险。特别是在谢躬被刘秀诛杀之后，刘玄不仅丧失了自己在河北的势力，亦让自己无人可用。天下之大，刘玄只剩下长安和洛阳两郡可以依靠。于是刘玄派出两路大军，固守长安洛阳，随时准备抵御刘秀的进攻。

前番提到，流民军五路大军，尚有两股实力强劲的尤来、五幡流民军还没有肃清。这两股实力直接插入自己的后方所在，让刘秀如坐针毡，必定要灭之而后快。于是刘秀决定，即刻北征，一方面可以免除自己的后顾之忧，另一方面，则能够顺势收取幽州十郡，以做自己的战略大后方。

恰在此时，赤眉军兵分两路进取长安的消息传到刘秀耳中，刘秀当机立断，原北征的计划照常进行，同时，他让邓禹率领两万精锐部队，趁火打劫、收取长安。与此同时，让寇恂守卫河内郡，拱卫河北。霎时间，刘秀第一次在千里之地布置了三步要棋。在诸侯并起、群雄并立的乱世之中，逐渐显示出其勃勃的生机。

反观当时的其他割据势力，则止步不前。

西顾，扶风人公孙述盘踞巴蜀，进踞成都，但是却一直没有较大的成就。

南望，汝南人田戎攻陷夷陵，自封为扫地大将军。起兵后，攻略周边各郡县，虽有部众数万人，却没有坚固的后方和远大的前景。

再看秦丰起兵于黎丘，自起兵后，虽然部下英勇，却囿于实力不足，名不正言不顺，多年下来，只是攻得宜城等十余县，有部众万人，而且秦丰还自不量力地封自己为楚黎王，让天下人耻笑。

乱军之中，还有平陵人方望，他看到更始政权日趋没落，就把刘婴立为天子，刘婴本是王莽当初立的婴儿皇帝，后来被废。方望将刘婴立为皇帝之后，还封自己做了丞相。刘玄一怒之下，立即派丞相李松围剿，刘婴、方望兵败身死。刘婴之死，其实应该算不上什么大事，然而刘玄却因此而大伤人心，因为他杀害了当今天下最为正统的刘婴。

唯一可以与赤眉军、刘秀汉军和绿林更始政权一争天下的，就是梁王刘永。刘永很早就以刘氏宗亲的身份纳贤起兵，攻下济阴、山阳等二十八城，声势浩大。只可惜，刘永自起兵之日起，就一直受制于青州和徐州一带的赤眉军，更没有一统天下的决心、勇气以及战略计划。

此时此刻，并列天下二雄的刘玄和樊崇，正在长安和洛阳附近展开大战。一月的时间不到，形势急转直下，刘玄军节节败退，樊崇的赤眉军占据了弘农中部地区之后，犹如一柄利剑，将更始政权拦腰斩为东西两段。此地如同一条蛇的七寸位置，一时之间，被赤眉军占据，西去可以攻取长安，东去可以夺得洛阳。刘玄此刻方才明白赤眉军的战略意图，大惊之下，急忙命令讨难将军苏茂东出长安，进入弘农境内截击赤眉军，可惜无论是在兵力还是在战力上，苏茂所率领的部队都难以企及赤眉军，很快，刘玄的军队就大败。苏茂见此，只能带着残部投奔洛阳大司马朱鲔。

更始三年（公元25年）三月，败报迅速传到刘玄的耳中，此刻的刘玄终于领略了赤眉军的厉害，但是他并不会就此屈服。于是，刘玄急令丞相李松率军东出长安，大司马朱鲔西出洛阳，对赤眉形成东西夹击之势。数日之后，以李松为主力、朱鲔为助攻的更始军与赤眉军在今河南灵宝市西北黄河岸边展开了一场惊天动地的大战。

然而这一仗，刘玄更始军依然没有能够取胜，三万余人战死，使得李松所部元气大伤，最终，李松仅仅带着数万残兵败将掉头西逃长安。经此一役，以绿林势力为主的更始军再也不敢出城与赤眉军野战。

冯异的神来之笔

与此同时，邓禹的汉军也因为赤眉军和绿林更始军的无暇顾及，一路势如破竹、高歌猛进。就在赤眉军数十万大军聚义弘农郡中部地区的枯枞山下之时，邓禹的西征大军也趁机向洛阳和长安方向进军，连战连捷，很快包围了安邑城（今山西夏县西北）。当此之时，刘秀运筹帷幄之中，决胜千里之外，他认识到，此刻自己的部队不能够进取了，否则就会步入更始军和赤眉军的夹击之中，这两路部队都不是易与之辈，只要给他们机会灭掉自己，他们必定会毫不犹豫地出手。

因此，刘秀决定，让邓禹坐山观虎斗，切不可贪功冒进，只需要尾随赤眉军相机行事便可。然而，此时樊崇大军挥师西进，以迅雷不及掩耳之势攻陷湖县（今河南灵宝市以西），继而饮马渭水，虎视长安。自行军以来几乎是屡战屡胜的邓禹，是否真的能够静下心来，而不选择孤军深入呢?

而此刻的洛阳守将，大司马朱鲔，在此风云变幻之际，当然也不甘寂寞。此番刘秀已经率领军队北征，其手下大将邓禹则率领汉军精锐数万人西去，仅仅留下冯异等人镇守河内郡。

其实，在刘秀率领大军北伐之前，早就对这一切洞若观火。因此，他没有让寇恂一个人承担汉军的后方防务，只让寇恂负责向北边运送粮草和辎重。而军事防御方面的事情，则由冯异全面负责。

冯异终归没有让刘秀失望，一方面，冯异积极加强孟津一线的防务事宜，另一方面，则是时刻关注洛阳方面刘永等人的动向，一旦有机会，他必定会率众出击。因此可以说，冯异是一名善于思考、拥有全局观念的名将，正是他的神来之笔，一举改变了中原大势。

因为冯异将自己的目光，盯向了洛阳守将之一的李轶。俗话说得好，对于一个人最为了解的，不是他的亲人和朋友，而是他的对手或者敌人。要说当今世上，最想杀李轶的，莫过于刘秀，昔日刘伯升之死，可以说，全部拜李轶所赐。然而世移事异，经过这么久的征战，刘秀和李轶已经不是一个层面上的人物了，昔日的滔天血恨也就逐渐淡化，此时此刻，冯异军中最了解李轶的人，非刘隆莫属。

刘隆本就是刘秀的宗亲，因为倾慕刘秀的才德，而从洛阳守军之中叛出，投了刘秀。只是在临行之前，他对刘秀说道，自己投了刘秀不要紧，只是担心家人会受到牵连，因此，他只能帮助汉军攻打除更始军以外的各处割据势力。可惜，他没有料到，李轶在知道刘隆投奔刘秀去了之后，竟然痛下杀手，将刘隆的妻子、儿女无论老小全部抓起来，满门抄斩。从此，刘隆便一心一意地跟随汉军，与李轶有了不共戴天之仇。

此番刘隆得到刘秀的重用，与冯异一起，合力守卫孟津一线。在对付李轶上，刘隆自然是知无不言、言无不尽，他见时局变动至此，便心生一计，向冯异献出。

不日，李轶就收到一封来自冯异的书信。信中言语情谊恳切，虽无一言论招降之意，却大谈“天命所归”，句句诛心，劝李轶“识时务”。让李轶在感激之余，亦心中忐忑。他不是不知道，刘秀对于自己当初构陷刘伯升之举，心中还是存在一些顾虑的，只是这么些年过去了，也没有见到刘秀有什么动作。而且当初杀害刘伯升的，并不是他李轶，而是刘玄。自己只要立下大功，非但可以补足自己过去所犯下的错误，而且还能够在今后的仕途上，为自己添一个筹码。至少，当前更始衰微，刘玄已经是日薄西山，而赤眉军没有一个人和自己有交情，要谋取以后的荣华富贵，只能投了刘秀。

为了确保万全，李轶亦给冯异回了一信，旨在试探刘秀是否真心地要收纳自己。此刻他尚自不知道，刘秀已经北伐而去，写信复信之举，不过都是冯异自作主张，冯异没有经过刘秀的同意，就对李轶再次写信说，萧王一向宽宏大量，对于个人之间的恩怨看得比鸿毛还轻，只有国家大事才能让其心动一二，李轶大可以打消顾虑，事成之后，不但会前嫌尽释，还能够为李轶加官晋爵。李轶见信之后，哪里有不喜的道理，也正是冯异这一次信件往来，让李轶甘心归附于他，为冯异大展宏图创造了千载难逢的机遇。

李轶在和冯异商议完毕之后，在洛阳城中再也无所作为，整个洛阳的数十万大军，都成了无头苍蝇。此刻刘秀尚自在北方征战，突然传来冯异的一连串捷报：

黄河之北的冯异连拔天井关诸地，旋又攻克上党郡的两座城池，极大的稳固了刘秀的后方统治。此后，冯异挥师南下，连克数城，招降更始守军十余万。而更始朝廷的河南太守武勃，在败讯频频传来之际，来不及向洛阳禀报，便急忙率军征讨各路投降的军队。哪知到了士乡县，武勃所部还来不及展开阵形，便中了冯异的埋伏，当此之时，武勃急忙派遣自己的亲卫前去洛阳求援，只可惜他虽然率领军队顽强抵抗了一天有余，却始终不见洛阳方向有所行动，甚至连一纸飞信也无。最终，武勃只能做看自己部队全军覆没，自己也身首异处。

刘秀初闻捷报，自然喜出望外，可是细看之下，才知道这一切都是拜当初那个构陷自己亲生大哥刘伯升的李轶所赐。刘秀虽然不再时时谨记刘伯升的私仇，但并代表他能够就此忘记。而且，此番他知道李轶投效了自己，便生出了另一条计策，可以将李轶的死发挥到最大的效用。

于是，刘秀当即向冯异下令：“李轶为人阴险奸诈，他的话一般人不能得其要领。为今之计，你应该把他的信公开，告诉更始各地的太守、都尉作为警备之用。”这就是刘秀和冯异的区别，刘秀志在天下，一人一地皆不过是他手中的棋子，得与失他都不会在乎。而冯异则是放眼于夺取洛阳，对于全局缺乏必要的考虑，因此洛阳的关键人物李铁便成了他争取的对象。冯异虽然对于刘秀的做法有些难以理解，但是也不能违背刘秀的意志，于是，冯异马上向各郡县发布公文，其间写道：“此间是李轶的来函，他表面上愿意归顺萧王，实际上却居心叵测，请诸位小心防范，且莫为之所骗。”

果然，李轶的这些信，很快就传到了洛阳实际意义上的最高首领，大司马朱鲔的手中。虽然名义上朱鲔的职位没有李轶高，但是李轶却在洛阳军中没有大的实权，因而朱鲔为了不引起不必要的骚动，便命属下秘密杀死了李轶。如此一来，刘秀报得个人私仇，同时亦让敌军内部，特别是洛阳方面产生分化，更让自己不至于背负杀害功臣的名声，一石三鸟、高明之至。

终于，刘秀的这一计策发挥了它的效用，洛阳变乱开始，内部纷争不断。此消彼长之下，冯异则军威大振，原本数万兵马，在短短的几个月时间内，就有了和洛阳三十万大军相抗衡的实力。刘秀开始以迅雷不及掩耳之势，迅速崛起。

这年五月，朱鲔、苏茂、贾强等人率领三十万人马，向北方的河内郡主动出击，应该说，朱鲔此举的的确确达到了扼敌咽喉的战略效果。只可惜“谋事在人、成事在天”，在更始军北渡黄河之时，竟让汉军哨兵发现了军队的行踪，最终，在城中寇恂和城外冯异的联手攻击之下，两面受敌的更始军大败而回，元气大伤。

与此同时，北方战场之上，刘秀也取得了一系列的胜利，只是后来尤来、五幡、大枪三部在易县设伏，让刘秀大败，使得北方战局陷入了僵持不下的局面。

刘秀为求速胜，在范阳一战之中，亲自率领数千人马，去奇袭流民军，只可惜半路便与流民军的大队人马遭遇，最终全军覆没。只有刘秀一人跳下山崖，所幸被汉军救下，有惊无险、幸免于难。然而此举，却让流民军更加害怕刘秀，因为他们数十万兵马，竟然还是让刘秀逃出升天，这不禁让他们想道，莫不是上天在暗中助他？多年前的卜卦之言依旧历历在耳，流民军众位头领当即决定，迅速逃回。哪知刘秀要的就是这个时机，他带领数万兵马，一路追击，使得流民军再次遭逢大败。

数月之后，河北一带的流民军终于被全部肃清，刘秀可以毫无顾忌地征战天下了。当然，以赤眉军为首的流民军大部，已经紧锣密鼓地在进攻长安。刘秀这边胜利不断，终于，在部队行军到常山国平棘县（今河北赵县）之时，吴汉等将领开始向刘秀进言，要求他登基帝位。

刘秀登基定天下

其实此前马武就对刘秀说过类似的话。想当初，冯异等人捷报频传，刘秀亦在北方取得了无数胜利，马武对刘秀说道：“大王一向恭敬自守，视名利为浮云，但末将以为，大王应早日登临大位，然后征讨四方——看看天下群小，冒着杀头的危险起事，哪个不是想做皇帝呢？”马武到底是一个军人，不懂得迂回之道，言词之间竟然将刘秀和天下诸贼相提并论。此事自然成了刘秀行军途中的一个小插曲，就此略了过去。但是这并不代表刘秀没有动心。

此番旧事重提，而且是吴汉率先提出，刘秀会不会应允呢？刘秀心中也犹豫不决，一方面，他担心自己实力不足，一旦自己登基称帝，天下英雄要么归附、要么反叛，自己能否一一安抚或者剿灭他们，实在是难以预料；另一方面，洛阳和长安这两个天下重镇都还没有拿下，自己此刻登基，时机是否成熟？此外，更始政权未灭，刘玄依然是正统，而且自己的养父刘良一家、结发夫人阴丽华、大姐刘黄、三妹刘伯姬、大哥的两个遗孤刘兴、刘章都在南阳郡的宛城，被更始政权刘玄控制着，如果与刘玄公然翻脸，他是否会不择手段，杀害自己的这些亲属呢？

刘秀的迟疑不是没有道理的，但是“智者千虑、必有一失”，他没有想到，此番刘玄败亡已经是在所难免的事情，自己登基不但可以重新塑造一个正统，而且还能够借机让属下封侯拜将，让天下英雄归附。就其利弊而言，当然是利大于弊。而众位文臣武将的劝进，都没有说到点子上，直到他最为信任的耿纯，说出了他最想听的话：“大王手下的众人离开亲人，冒死相随，为的当然是建功立业、封侯拜相、光耀门楣。若大王不称帝，那么这些人的殷殷期望岂非要落空？他们还能继续在大王麾下拼死效力吗？”刘秀派人把守卫孟津的将军冯异与天井关守将、关内侯王梁等人从河内郡招来，以便自己了解四方的动静。二人闻命，星夜兼程的北驰而去。拜见了刘秀之后，刘秀当即向他们征求对于当下时局的看法，冯异说：“刘圣公的失败已成定局，大王应该顺应天意人心早登大业。正所谓：‘天予不取，反受其殃。’望大王明察。”

诸位将领纷纷赞同，刘秀见此，知道时机成熟了，于是悍然决定，登基称帝。

刘秀将登基的相关事宜，都交给了冯异全力主持，同时，刘秀还叮嘱众将领，在登基之前，不可以太过张扬。

自古每一个皇帝，都要将自己打造成顺天应命的形象，是为“真命天子。”而拥立天子最为核心的舆论力量，就掌握在士人的手中。可见士人自汉武帝以来，其口中笔下的力量是何等巨大，他们如民心一般，可以让一个帝国崛起，亦可以让一个帝国败亡，因此，为了封住天下悠悠众口，刘秀登基还需要一个名正言顺的理由。

恰好此时，有个叫做强华的儒生从长安飞马赶来，此行强华只有一个目的，就是向刘秀献上一封谶符。强华是何许人也，他正是当年刘秀在长安求学之时的同窗，只是二人志趣不同，所以关系并不是很密切。如今刘秀之名声如日中天，威加海内、声震寰宇，昔日同窗自然会来寻一个好处。当然，从来没有无付出便得收获的道理，强华正是看中了刘秀目前急切需要一个晋升帝位的理由，便飞马前来，为刘秀献了一个名叫《赤伏符》的谶符。谶符上说道：“刘秀发兵捕不道，卯金修德为天子。四夷云集龙斗野，四七之际火为主。”

这句话云山雾罩的，但它的意思只有一个，那就是刘秀此刻登基，既是顺天应命、名正言顺。冯异闻听此谶符，自然喜出望外，继而借助它写下祝祭之文。

于是，在几番假意推辞之后，刘秀顺势登上了他梦寐以求的皇帝宝座，更始三年（公元25年）六月二十二日，冯异作为司仪，主持刘秀的登基大典，期间，刘秀带领诸将祝祭天地神祇，同时当众宣读祝文。自此，刘秀宣布改元为建武，并大赦天下。此外，刘秀还下诏将鄗城改名为高邑，作为自己的龙兴之地。

自刘秀起兵以来，历时久远，其麾下也逐渐聚集了一大批能人猛士。他们拥立刘秀为皇帝，自然也是想他登基之后，得以分一杯羹。最终，这些人得偿所愿，封侯拜将，得享尊荣。

几家欢喜几家愁，就在刘秀紧锣密鼓地进行登基大典、为众人封侯拜将之时，刘玄则步入了人生中的终结点。

西迁长安乱

自刘秀称帝之后，天下一片混沌，寻常之人，一时之间，自然找不到未来的方向。民间百姓关注的，也只是谁能给予他们衣服、粮食和住所，而不会去关心谁是将军、谁是帝王。真正关注谁做皇帝的，不过是那些王侯将相，王公贵族。他们为求自保，就必须不断地进取。所以至此天下大乱之际，各处纷纷起兵。

即使在更始朝廷内部，无论是小小士人抑或者是王侯将相，都各自暗怀鬼胎，他们从内心深处，都不再拥护刘玄，只是各自的出路，却都有所不同。

眼下，赤眉军一路西进，更始政权的中央政权遭受到赤眉军的沉重打击。眼看大厦将倾，却无一人愿意出来力挽狂澜。并不是他们没有实力，而是他们不愿意再为更始帝刘玄卖命。例如此刻的更始政权内部，张步为求一方诸侯的地位，遂起兵于剧县，李宪为保自己不和刘玄一般衰败，亦占据了庐江，秦丰则盘踞在黎丘四处观望。当然，这之中，尚还有一些原绿林系的将领，为了维持中央政权的稳定，依旧镇守四方，例如朱鲔守卫洛阳，尹尊屯驻郾城，刘赐守备宛城。仅仅洛阳城以及周边的守军，就达到二十万人以上。再加上其余各地的更始军队，兵马总数更是在五六十万左右。如果能够统一起来，再有一位得力的统帅，逐鹿中原之日，他们也未尝不可一问鼎之轻重。可惜他们为了自己的利益，选择各自为战，最终免不了被敌人各个击破的结局。而反观天下大势，除了刘玄、樊崇、刘秀等人具备争夺天下的实力之外。边陲之地，亦不乏能人异士、实力强横之人，控制着益州、巴郡、牂牁、广汉、犍为、蜀郡、永昌、越巂等地的“巴蜀之王”公孙述，控弦百万、战将千员。占据着天水、陇西、北地、上郡、安定、武都、西河七郡之地的隗嚣，居高临下、虎视中原；盘踞在河西敦煌、武威、酒泉、张掖、金城五郡的窦融，兵力强悍、战将勇猛。这些人都是当世一等一的枭雄，不仅具有问鼎天下的野心，亦具备夺取神器的实力。

刘玄此刻正处于诸强环嗣的境地，早在迁都长安之前，就有人对刘玄陈述迁都长安的弊病，其间言道，迁都之弊，可见三点。

一者，迁都长安，粮食供应问题难以解决。特别是脱离了河北、河南等地，天下粮仓从此距离更始政权的首都千里之遥，继而拱手让出其在战略上的主动权，使得更始政权在战略上陷入了极大的被动。

二者，豪宅、美女、花花世界，这些曾经都是刘玄为了鼓舞绿林系将领同意西迁长安的砝码，此刻却成了刘玄灭亡的掘墓人，迁都长安之举，使得以绿林军将领为核心的中坚力量迅速腐化蜕变，日益堕落，丧失了进取心，更始政权很快就沉溺在酒池肉林之中，丧失了夺取天下的决心和勇略。

第三，则使得更始政权在控制中原上，远远不如洛阳方便。虽然此刻洛阳依然在更始政权手中，但是“将在外，君令有所不受”。更始政权的中央权力机构，其控制力甚至难以万全渗透到洛阳各处，更何况是通过洛阳虎踞中原、鲸吞天下呢?

当然，对于迁都，刘玄也有他自己的考虑，司马迁就在《上林赋》一文中这样描绘长安为中心的关中各地：“终始灞、浐，出入泾、渭、酆、镐、潦、潏，纡余委蛇，经营其内，荡荡乎八川分流，相背异态。”可见当时关中之地，实在是富庶无比，迁都长安，为更始政权的巩固可以提供强大的助力；与此同时，刘玄也认识到，当时赤眉军太过强大，兵力总数有几百万之多，纵横天下，几乎无人能捋其锋。而反观洛阳四周，一马平川，几乎没有任何险关要隘可守，如果敌人大军攻破洛阳四周屏障，那么洛阳也必将成为别人的囊中之物。只有关中三辅，东有函谷关，西有大散关，南有武关。北有峭关，自古号称为“四塞之国”，故称关中。凭借关中险要关隘，刘玄便可以躲避赤眉流民军的正面攻击。因此，迁都长安不失为一个明智的举动；此外，刘玄一直自诩是刘室正统，自然要和西汉刘氏皇族一般，定都长安，刘玄相信，这样不仅可以保持军事上的不败地位，同时也能取得政治上的优势地位。

在利与弊的权衡之间，刘玄和更始政权的文武群臣最终选择了从洛阳迁都到长安，只是当时他亦有过疑虑，到底迁与不迁，谁对谁错。也许只有历史本身，才能够给予他最为正确的答案。

内忧外患，风雨飘摇

更始政权败亡似乎已成不可挽回的事情，而加剧这种败亡的，除了更始政权本身的腐败无能、赤眉军的一路西进之外，还有以邓禹为代表的刘秀汉军的西征。更始三年（公元25年）正月，邓禹率领他所挑选的两万精锐部队以及韩歆为军师，李文、李春、程宪为祭酒，樊崇（与赤眉军领袖同名，却不是同一个人）为骁骑将军，耿欣为赤眉将军，宗歆为车骑将军，冯愔为积弩将军，邓寻为建威将军，左于为军师将军的领兵系统，挥军西进。可以说，为了这一场战役，刘秀可谓是费尽心机，大军果然不负众望，很快就突破太行山天险，进入上党郡境内。此后，大军一路凯歌高奏，经历多长或简单、或艰难的战斗，先后攻陷了上党郡内的箕关以及河东郡的首府安邑，邓禹拿下安邑，不仅彻底平定了河东郡全境，还有一个重大的收获，他还得到了一员大将张宗。这张宗不仅骁勇善战，而且精通兵法，正是邓禹西征最为需要的人才，邓禹利用其将才，在战场上奋勇拼杀，加速了这场战役的胜利进程。不久，整个河东郡都归入邓禹囊中。数月之后，由于赤眉军的任意烧杀抢掠，民心渴盼归附，汉军已经招募了十几万军队，并在衙县与守城的更始政权名将，即中郎将、左辅都尉公乘歙的十几万军队交战中，大获全胜。

面对邓禹的大军，刘玄忧心忡忡，担心不久邓禹大军就会攻破自己苦心在东方构筑的防线，突然出现在长安城外。更让刘玄担心的是，皇朝内部也出现了问题，更始三年（公元25年）六月，王匡、张印在河东被邓禹率领的西征大军打得大败，率领残部仓皇逃回长安。这一下，算是彻底地惊醒了沉醉在温柔乡中的更始政权的诸位头领，有人甚至建议，在长安城中搜集财物，从赤眉军中杀出一条血路，而后回到南阳，以图东山再起。这些话看似没有什么道理，却说到绿林系诸位将领的心坎上去了，刘玄为此担心，也许不久之后，自己的帝位会在皇朝破灭之前就不保。

王匡、张卬等人在向刘玄进言之时，竟然被其大骂了一场，于是，众人决定铤而走险：发动兵变劫持刘玄，胁迫着他一起归还南阳。不过，仅仅靠绿林系的力量还不足以成事。为了确保政变成功，必须还要联络其他的力量。有人提出：御史大夫隗嚣器略深远，可图大事。这隗嚣本是皇帝刘玄的心腹，官居御史大夫，然而，他却为了保全更始政权，向刘玄进言道："陛下自从进入长安以来，举措乖张，政务失驭，人心不附。臣以为，陛下不如逊位，归政于国老刘良，如此一来，人心可安，赤眉自去。"刘玄闻言，当即大怒，这还是昔日自己倚为股肱的重臣吗？刘玄考虑到眼下军情紧迫，最终没有杀他，担心中已经生出了嫌隙。隗嚣也深有自知之明，此后一直称病不上朝。

很快，王匡就找上了隗嚣，双方一拍即合。当然，这并不代表隗嚣就会甘心随着王匡等人造反，他只是在寻求一个活命的机会，到他们发动变乱之时，趁乱返回自己的老巢天水。可惜，人算不如天算，刘玄似乎对此有所觉察，紧急征调王匡、陈牧等人出镇新丰，以去抵御赤眉军。刘玄的这一举措，彻底打乱了王匡等人的计划。

王匡一走，留下的张卬等人明白，樊崇何等军威，王匡此去，无异于以卵击石，怕是"黄鹤一去不复返"了。为了保全性命和富贵，他们毅然决定，重新拟定计划，同时找寻新的合作伙伴。这时的长安，平氏王申屠建主持朝廷日常事务，鞴尉大将军、淮阳王张卬，执金吾、大将军、穰王廖湛，随王胡殷等三人则负责把持长安城中的军务。御史大夫隗嚣则被冷落在一边。可见此时的刘玄，已经极度不信任自己曾倚仗的御史大夫了。只是他没料到，“夫妻本是同林鸟，大难临头各自飞。”昔日一个个宣誓忠于自己的这些大臣们，竟然联合到一起，准备在九月立秋日这天，趁刘玄出席“膢腊社伏”典礼的机会，将其劫持，然后抢劫长安财宝，东归南阳。幸好这个计划被刘玄的一个臣下知道，告知了刘玄，刘玄才得以未雨绸缪、把握先机。最终，刘玄决定要诛除申屠建、张卬、胡殷、廖湛、隗嚣等五人为首的叛乱者，但只可智取，不可力敌。于是，他决意称病，让五人前来探望。隗嚣似乎有所觉察，趁着他们进宫、皇帝放松警惕的机会，准备逃出长安。也正是他，救下了张卬、胡殷、廖湛三人。皇帝刘玄计划等到五人悉数到齐之后，在一举拿下他们，斩草除根。可惜隗嚣一直没到，刘玄便决定等等，然而通过明察暗测，张卬、胡殷、廖湛三人纷纷发现不对劲，于是一个个相继找理由离开。只有一向聪明的申屠建此刻却是犯了糊涂，最终被刘玄抓住，斩首示众。

刘玄立马派人包围御史大夫府，同时搜捕张卬、胡殷、廖湛三人。这三人一路直接回到军营，带兵冲向御史大夫府。此刻邓晔正在猛烈地攻击御史大夫府，突然张卬、胡殷、廖湛带兵前来，两面夹击之下，邓晔顿时大败。隗嚣也趁势带兵西出长安，赶回天水，在那里重新召集旧部，控制了天水郡一带。从此，他自称“西州上将军”，割据一方，不再服从任何人的号令。而张卬、胡殷、廖湛三人，则迅速率领部队包围了皇宫，最终迫使刘玄仓皇逃出长安，奔赴新丰，投奔他的老丈人赵萌。

到达新丰，刘玄急忙命令王匡、陈牧、成丹来见他。陈牧、成丹等人不防刘玄设下陷阱，急忙应命来到刘玄帐下。刘玄二话不说，就命左右将这二人抓住，并问这二人，是否知道自己有罪。陈牧、成丹二人自知大势已去，遂没有多加辩驳，便被推出帐外斩首。王匡因为是主将，暂时幸免于难，但是“皮之不存，毛将焉附”？王匡知道，只要危机一过，皇帝就会对自己痛下杀手，于是，王匡迅速整合本部人马，返回长安。此时，丞相李松带领的勤王兵赶到，偕同赵萌手下的军队，一起反攻长安。一个月之后，王匡等人败逃，刘玄重新做回更始皇帝，只是经此一役，本来就岌岌可危的更始政权，更加风雨飘摇。就连刘玄曾经发号施令的长乐宫也不能再住，刘玄只能搬到长信宫居住。

赤眉立君更始灭

更始三年（公元25年）三月，赤眉军在蓩乡地区击败了丞相李松率领的更始军主力，全歼其部三万多人，打破了更始政权在东线的重要防线。从此以后，赤眉军一路高歌猛进，又接连攻陷湖县等更始重镇，作为自己暂时的立足之地。此时，赤眉军已经是拥兵数十万，更对更始政权的中心所在长安虎视眈眈。

本来，以更始政权和赤眉军的相对实力而言，赤眉军要获取长安，无异于探囊取物，容易之极。但是在这之前，樊崇还必须要册立一个皇帝，同时理清各级职能部门的关系，只有这样，才能约束流民军，让他们不至于到了千古名都长安之后，得意忘形、胡作非为。同时，也能够借此提高赤眉军的凝聚力和战斗力。

在此之前，隗嚣的军师方望，因拥立刘婴而被刘玄派兵剿灭身死。他的弟弟方阳逃往弘农郡，向赤眉军献降。方阳素有才智，被首领樊崇任用为谋士，参赞机务。樊崇亦是一介武夫，对于朝中各处机要及其职能，所知甚少，只能向方阳请教。方阳当然是知无不言、言无不尽。

其实，当今天下诸侯政权的官职部门设置，大多数都是仿效西汉旧制。方阳将这些惯例一一向樊崇解释说明，樊崇深以为善。

针对设立皇帝事宜，方阳亦建议立刘氏宗族子弟为皇帝，名正言顺地讨伐天下群雄。六月中旬，赤眉军行军到了郑县（今陕西华县）境内，樊崇召集诸首领议事，决议向四方访求一名刘氏子孙，将其立为赤眉天子。最终赤眉人马寻到了景王刘章的后裔三人，分别是刘恭、刘茂和刘盆子。这三人的家族家道中落，从小没有必要的教育，正好能够被樊崇这等人所控制。然而，赤眉众首领们却没有料到，竟然一下就寻到了三个合乎标准的人。到底应该册立谁为皇帝，让众人颇为为难。最终，通过抓阄的方式，刘盆子被流民军奉为应命天子。

天子既然册立，刘盆子自然要开始对这些功臣们封侯拜将，其中，樊崇为御史大夫，徐宣为丞相，逄安为左大司马，谢禄为右大司马，将领中自将军杨音以下都封为列卿。当然，实权都掌握在樊崇的手中，这徐宣虽然官居丞相，不过是拜樊崇不识字所赐。

樊崇的心结一解开，攻取长安的计划便开始着手施行了。开始之时，赤眉军还受到李松、赵萌、王匡、陈牧等人的顽强狙击，首次接战不利。但是不久，长安就祸起萧墙，内乱不止。樊崇则在这期间率领赤眉军主力扫荡关中北部各县，大肆掠夺粮食、辎重和财宝。九月，率领赤眉南下的樊崇在高陵大路旁边，意外地遇到了王匡、张卬等更始叛将，他们纷纷跪下，向自己乞降，樊崇自然大喜过望。

不久，流民军数十万大军齐集长安东都门外，不久便破城而入。可惜刘玄早就望风逃遁。樊崇急忙下令，追杀刘玄斩草除根。而此时的长安城内，也已经乱作一团。士兵们到此，在宵小将领的带领下，四处奔驰。不仅老百姓的身家性命得不到保全，就连更始官署都会遭遇大难。连刘秀的养父都差点死于乱军刀下，幸好最终为将领杨音所救。在杨音的秘密帮助之下，刘良率领家眷东逃，赶到洛阳去投奔刘秀。杨音也因为立下此次功勋，在赤眉兵败之后，非但没有受到责罚，反而为之拜将封侯。无独有偶，天下诸侯之中，如杨音这样良心未泯之人，倒是大有人在。其中，刘玄的部下赵熹就是这样一个典型，他千里送京娘，将刘氏一门宗亲子弟的妻子、儿女、母亲等亲人悉数保全，从长安送到南阳，让刘秀大为感激。而赵熹则从此退隐江湖、不问世事。直到二十五年之后，才被刘秀所知晓，刘秀一死，汉明帝刘庄继位，赵熹变成了辅佐他的重臣，成就一代名相的伟业。

赤眉军攻陷长安，最为离奇的，竟然是让刘玄成了漏网之鱼。要知道，之前赤眉军可是做了充分的动员，活捉刘玄者，封侯拜将、赏赐千金。并且在赤眉大军中，还布置了一批专门人员，来对付刘玄。可以说，这次为捉拿刘玄，赤眉军可谓是布下了天罗地网，刘玄俨然是一个乳臭未干的黄毛小子，何以能够逃脱呢？经过多次明察暗访，赤眉军最终知道，刘玄竟然在大军到来之时，就开始从北方逃脱。进入了右扶风都尉严本的地盘，躲进了高陵城。于是，樊崇大军很快就到了高陵城下，刘玄被逼无奈之下，心知大势已去，只能开城乞降，刘玄肉袒跪在长安城长乐宫台阶下，将天子玺绶奉献给赤眉皇帝刘盆子。樊崇亦依照约定，没有诛杀刘玄，而将其封为长沙王。

就在此时，赤眉军中对于樊崇等人肆意荼毒天下心怀不满，于是他们决定找到刘玄，重新拥立他为皇帝。张卬等人亦觉察到军中似乎有不稳的动向，只能向刘玄依附着的谢禄说道，若刘玄被人劫走，必定惹出祸端，不如索性抓住时机将刘玄斩杀。此时刘玄的身边，只有一个刘恭尚且算是忠心于他，谢禄闻张卬言，深觉有理。为了防止刘恭坏事，谢禄便借故把刘恭支走，然后派人命令刘玄到长安郊外去遛马。刘玄一直以为谢禄可以依附，哪里会有所防范呢。于是便欣然出了长安城，到了郊外，谢禄委派的几个跟随刘玄的士兵，便趁刘玄不备，掏出绳索将刘玄就地勒死。

东边的洛阳兵马，早就不归刘玄管辖。自此，更始政权无论是在实际上还是在名义上，都已经彻底败亡。刘玄被杀的消息很快就传到刘秀耳中，刘秀当即派人传诏西征军主将邓禹，务必获取其尸体，在邓禹的努力下，汉军最终将其尸体寻回，并将其安葬在霸陵。刘玄的妻妾和三个儿子刘歆、刘求、刘鲤都得以保全性命于乱世。刘秀安抚了他们，以彰显自己的仁义宽厚。

十里长安，人间地狱

自刘玄一死，长安的赤眉军便没有了任何顾忌，在城中肆意妄为。建武元年（公元25年）十月，傀儡皇帝刘盆子在长乐宫大宴赤眉诸将。诸位将领本就各分派系，为了夸耀自己的功劳，不惜大呼小叫，刹那间，宫城之内乱作一团。而在长安皇城之外，平民百姓则更是过上了猪狗不如的生活，流民军四处烧杀抢掠、无恶不作，长安十里之地，是曾经无数人心向往之的所在，如今俨然一副人间地狱的景象。不久，朝堂之上，赤眉军各路将领公然争吵不休。轜尉诸葛穉在樊崇的授意下，率领甲士上殿，直接杀死百余人。神圣之地，霎时成了修罗场，尸横遍地、血流不止。而曾经刘玄在位之时，留下的千余名宫女，也因为没有粮食可吃而一一饿死。

此时的长安城，只有杨音和刘盆子的兄弟刘恭尚且算得有一些理智。杨音屡次劝解，都没有什么效果。而刘恭为了谋求一条生路，向刘盆子进言，逊位让贤，逃出长安。只可惜，樊崇等人好不容易找到这样一个傀儡皇帝，无论如何是不可能放弃他的。刘恭也因此而差点被樊崇等人杀害，此事只能就此作罢。

而此时的邓禹，则一直犹豫不决。邓禹已经进入左冯翊境内，在拿下了夏阳等地后便一直迁延不进。当此之时，刘秀早已几乎平定了北方流民军，挥师南下，围攻洛阳，自然对于邓禹的战事，只能敦促而不能亲自指挥。刘秀不明白，何以邓禹会如此作为?

其实，邓禹是有自己的考虑的，他认为，如今虽然西征的汉军人数众多，达到十几万之众，数量上与赤眉军相差不大。然而，由于精锐部队只有两万，剩下的都不过是新近招募的散兵游勇，因而能够上阵打仗的人很少。此外，汉军劳师远征，距离大后方河北相去甚远，没有可靠的物资补给线；而前面也没有可以作为依靠的根据地，缺乏足够的粮食。赤眉军刚刚攻陷了长安，获取了无数辎重和粮草，兵精粮足，气势正盛，其锋正锐，实在不可以正面抵挡。只要等到他们消耗完了士气和粮食，就定然守不住长安。到时汉军就可以兵不血刃夺下长安。眼下，上郡、北地、安定三郡，土广人稀，饶谷多畜，汉军应该北上，整军待命，以观时变。

邓禹的这番考虑，看似没有什么疏漏，实则是只知其一，不知其二。他只知道自己的队伍需要补给线，却不知道，此刻赤眉军数十万大军亦是如土匪一般，四处抢掠。长安民众特别是其中的豪强地主，都真心地希望邓禹大军可以入主长安，赶走赤眉军。如果此番不趁着天下归心的时机收复长安，即使将来如邓禹所说，长安兵不血刃就可以归附到自己的手中，不仅难以获取民心，亦难以挽回长安的财物粮草损失，更会让赤眉军四处流窜，为天下带来更大的困扰。

刘秀到底是技高一筹，他早就看到了攻取长安的必要性和紧迫性，因而多次派遣使者前去敦促邓禹出战。哪知邓禹竟然“将在外，君命有所不受”。刘秀远在洛阳，鞭长莫及，只能眼睁睁地看着邓禹一再失去良好的战机。

建武二年（公元26年）正月，长安城的赤眉军再也无粮食可以抢掠，而那些豪强贵族们，要么私藏粮食，要么举家搬迁，赤眉军只能放弃长安。然而，长安虽然变得一贫如洗，其间的琼楼玉宇却没有多少损坏，为了不给邓禹等人留下任何财物，临出城之前，樊崇下令纵火焚烧长安城，将长安城里的皇宫殿宇全部焚毁。可怜昔日繁华富庶的长安城，如今皆化作一片火海，成就满目的败墙和瓦砾。

其实，早在数月之前，刘秀就获取了洛阳。相比于邓禹而言，刘秀在很多方面都是邓禹不能企及的，特别是刘秀在登基称帝之后，其全局性的战略眼光就逐渐显露出来。定都洛阳，亦成为他精明过人的体现，他从王莽和更始帝的下场中得到教训，认为在内战时期应避开长安。此外，定都洛阳，更有他的政治军事上的全局考量，洛阳可以更方便地从大平原的关键经济区得到供应。在以后几年，刘秀稳步而有信心地把他的领地向四面八方扩大。

当面对天下另一个数一数二的重镇，前朝都城长安之时，刘秀却没有丝毫办法，他不可能兵分两头。那边有他最为亲信的邓禹在负责，只可惜邓禹在攻打长安赤眉之时，犯了糊涂，坐失良机。

终于，邓禹所谓的机会来了，可等他到达长安，才发现其实自己一无所得，就连前朝皇帝皇后的陵寝，都遭到赤眉军的无情挖掘。他甚至听闻，赤眉军将吕太后的尸体挖出，众人见其依旧光彩照人，遂兽性大发，对其非礼。邓禹当即大怒，后悔不已，而军中士气也跌落到出战以来的最低谷，为了鼓舞日益低落的士气，邓禹将汉军驻扎在汉武帝时为了演练水军而修建的昆明池边，同时设宴慰劳全军将士。不久，邓禹又选择良辰吉日，按照礼仪到汉高祖的寝庙前祭奠，对赤眉军挖掘过的诸陵进行了清理，将死人尸骨重新入殓安葬。并且将散乱在各处的西汉诸位皇帝的神主牌位收集起来，派人护送到洛阳。此外，邓禹还设置了守陵官数名，派兵防守，防止再次遭到盗窃和挖掘。最后，他还将更始帝刘玄的尸体改葬于霸陵。

邓禹完成了收复长安的重任，但却没有达到刘秀的预期效果。

统一路上的三只拦路虎

其实，在赤眉军逃离长安之后，天下已经初定，但是刘秀依然不能就此放松，他需要面对的，还有边陲之地的诸多分裂势力。自更始政权败亡之后，函谷关以西，邓禹的西征军、樊崇的赤眉军、隗嚣的陇西军、刘玄的更始军残部、公孙述的巴蜀军、窦融的河西军，便以长安三辅为中心，展开了一轮又一轮的血战。特别是公孙述、隗嚣、窦融三人，要么控制着河西之地，要么坐拥川蜀富庶之地，当年高祖斩白蛇起义，就是从川蜀发迹，一步步鲸吞天下。因此在地理位置上看，公孙述、隗嚣、窦融三人都具备问鼎天下的实力。

反观这三位枭雄，对刘秀争夺天下最具威胁的，就是公孙述。公孙述字子阳，关中三辅之一的右扶风茂陵人。他精明干练，能力超群。可谓才德兼备。除此之外，其父亲在西汉之时，也是一方高官，家族教育之下，使得公孙述也精通为官之道，治理吏事民政，井井有条。据传，天水太守听说公孙述是一个能员干吏，对其极为赏识，将其任命为县令，管辖陇县、街泉、阿阳、成纪、望垣等五个县。后来，公孙述又在王莽手下任川蜀之地一个郡的郡守，并逐步取得当地豪强与民众的支持，将踞在成都的宗成等人的部队打得大败，同时，在更始二年（公元24年）派柱功侯李宝、益州刺史张忠，率领军队万余人翻越秦岭，攻取招降蜀郡、汉中郡。从此，公孙述便一直积蓄实力，并于更始二年（公元24年）自称蜀王。到了第二年六月，公孙述终于公开与刘氏正统为敌，登基称帝。此时此刻，他所辖的领地绵延数千里，从西面与西藏交界的地带到东面长江三峡以下，从北面的秦岭山脉到南面的长江。自古蜀道难，难于上青天，只要控制了进入蜀中的几条要道，就能够坐拥富饶无比的成都，继而虎视中原，夺取天下。但公孙述并没有在中原各地处于胶着状态之时，出兵蜀中，因为他考虑到，自己只控制了全国百分之七的总人口，不得以之下，只能暂时选择袖手旁观，可惜最终失去了夺取天下的最好时机。正如他的一个谋士所谏言的那样，当刘秀陷于其他战线不能自拔时，他其实不应该固守蜀中，而应该出兵，向其他地方发起进攻。可惜，公孙述失去了这个机会。就刘秀而言，他小心翼翼地避免与其他的对手为敌，一直沿用着远交近攻的策略，由于刘秀看到公孙述的实力强劲，在通信中亦对公孙述以帝相称。一山不容二虎，最终，二人还是处在了直接对手的立场之上。

隗嚣此人，前文已经有过介绍，他在逃出更始政权的掌控之后，以天水郡为中心，迅速占领河西地区。这一切都和他的才德有莫大的关系，隗嚣为人谦恭爱人，礼贤下士。特别是对于真心前来投奔他的人，不管其身份几何，只要有可以拿出手的才智，他都会倾身接纳。到了天水，隗嚣积极联络各方英豪，提拔阿阳王捷、平襄行巡、长陵王元等担任军中将领，为其镇守一方、征战天下。同时，他还拜平陵人范逡为师友，请金丹、杜陵等人为宾客。隗嚣又任命前王莽朝廷的平河大尹长安人谷恭为掌野大夫，以赵秉、苏衡、郑兴为祭酒，马援为绥德将军，申屠刚、杜林为持书，除此以外，隗嚣还任命王遵、周宗、杨广、王捷、行巡、王元六人为大将军，攻略河西各地。从此，雄踞天水数郡的隗嚣，名震西州，威加海内，天下有志之人莫不心向往之。

除了公孙述和隗嚣之外，西北之地还活跃着一个举足轻重的人物，他就是“河西之王”窦融。窦融字周公，右扶风平陵人。早在王莽摄政其间，窦融就做了强弩将军、明义侯王骏的行军司马，在剿灭叛乱、征战四方之时，骁勇善战，胸中暗藏韬略，很快就得到王邑的赏识。王莽末年，在青州一带樊崇领导的赤眉起义爆发。此时，王匡在朝廷里做太师，经过王邑的引荐和自己的观察，从心底欣赏窦融。窦融亦得以跟随太师王匡、更始将军廉丹一起出征青州。自此以后，窦融一直在王匡身边做部将，地皇三年（公元22年），新莽军在成昌县被赤眉军将领董宪击败，王匡、廉丹败退到无盐之时，赤眉军很快就追了上来，大战之下，将军廉丹战死，窦融跟着王匡一起逃走洛阳。这一次惨败，开始让窦融怀疑，自己誓死效忠的这个王莽朝廷，是否真的有前途？

长安城被更始军攻破之后，窦融向更始军大将赵萌投降，赵萌素闻其才名，故而没有杀他，反而任命他做了校尉。也是命运使然，这赵萌竟然在不知不觉之间，成了当朝天子刘玄的眼中红人，一人得道鸡犬升天。不久，赵萌越看越觉得窦融是个人才，因此非常器重他，便准备向刘玄举荐他为钜鹿太守。但是，由于窦融的高祖父曾经担任过张掖太守，叔祖父也曾经担任过护羌校尉，他的堂弟从弟也做过武威太守。窦氏一族，经年累世都在经营河西，故而非常熟悉当地的风土人情，根基深厚。于是，窦融便想做张掖太守，经过他的一番上下打点，他顺利成了张掖太守。

窦融自此到了张掖之后，便着手开始抚慰周边的西羌少数民族人，同时广泛结交当地的英雄豪杰，如金城太守厍钧、酒泉太守梁统、张掖都尉史苞、酒泉都尉竺曾、敦煌都尉辛彤等人，他们不但在河西之地有实力，而且也有贤德之名，更与窦融是祖籍同乡。窦融与他们结交之后，不吝馈赠，赤诚相见，彼此之间的关系非常好。路遥知马力、日久见人心，半年不到，四方民众便翕然归附窦融。窦融终于成为了河西之地的豪强，在天下混乱之时，裂土封疆、割据一方。

赤眉军败亡

此时的赤眉军，就兵力数量而论，在天下诸侯当中，当然可以数一数二。然而，和以上三股势力相比，在战力上远远不足。当赤眉军放弃长安之后，樊崇便率领他们进入陇东高原，本以为从此可以天下广大、任我遨游，哪知却碰上了隗嚣的陇西军大将军杨广，其手下骑兵丝毫不弱于刘秀的幽州铁骑。因而赤眉军最终遭遇大败，狼狈向东南方向逃窜而去，杨广率领陇西军一直将樊崇赶出了乌氏、泾阳才鸣金收兵。

邓禹见此，忙派兵进剿赤眉军，试图劫回他们盗掘西汉陵墓之时所获取的财物。哪知樊崇早就占据了天时地利，手握“番须口”这一一夫当关万夫莫开的优势地位，直接威胁右扶风西部的安危。于是，邓禹所部与樊崇大军在郁夷县（在今陕西宝鸡市虢镇之西）交兵，无可置疑，西征军大败而归。

邓禹遭逢大败，本应该修身养性、整军待命，然而此时的长安却因为樊崇的劫掠而贫穷不堪，邓禹数十万大军，已经断粮多时。于是，邓禹决定派遣军队去长安城外找粮食。谁知却在南山脚下遭遇了汉中王刘嘉追赶的延岑残部，又大败。无奈之下，邓禹只能暂时撤出长安。

正当延岑为自己获胜而暗自窃喜之时，却不料汉中王刘嘉竟然从背后杀出，兵败之下，延岑只能向汉中王刘嘉乞降。原本刘嘉就是延岑的主公，只是为了自立，他才带兵逃出。此番刘嘉念其战功，故而并没有责罚他，反而任命他为将军。此后，刘嘉、延岑、李宝三人便准备率领着十余万军队北上，屯兵陈仓道口。哪知却遭遇了赤眉军，双方大战之下，赤眉军不敌，就连大将廖湛也被敌人斩下头颅。樊崇权衡之下，只能厉兵秣马，沿着渭水东进，徐图攻取长安。

他哪里知道，邓禹刚刚遭遇连番大败，早就撤出了长安。赤眉军冒着天寒地冻，进入了一片瓦砾的长安城中，后悔不已。甚至连士气也受到影响，大到将领小到兵士，均生出了归返故乡的念头。就在此时，邓禹也率领部众杀了回来，准备借机捞上一把，打击一下敌人的残兵。只可惜，赤眉军并没有他想象的那么虚弱，不久，邓禹便败逃回云阳，其手下将士也只剩下数千人，时局转换得如此之快，实在是让人难以相信。

而一边的赤眉军，却并没有像汉军一样，被延岑、李宝等人杀得大败，真可谓是“天外有天、人外有人”了。此后，邓禹又杀了汉中王部下前来请求联合的李宝，只因为自己连番失败，李宝傲慢便犯下如此错误。此后，邓禹之败更是一发不可收拾。直到刘秀果断任用冯异为征西将军，代替邓禹，才让西线的战事逐渐转危为安。当然，对于刘秀派遣冯异代替自己，邓禹是很有意见的。冯异不过是半路降将，邓禹则是一直跟随刘秀的忠臣。因此，从心底讲，他是不愿意自己大权旁落的。

冯异到达之后，邓禹便命令部下出战，攻打赤眉军。其中，邓弘为先锋，冯异为后援，主要攻击赤眉军弘农郡一部，敌人诈败，邓弘立刻上当，急忙追击，不料敌人调头便猛烈地攻击邓弘，猝不及防之下，死伤无数。幸好冯异当机立断，率领自己带领的数万将士杀出，才救下邓弘、打退赤眉。

当此之时，冯异急忙向邓禹建议：“大司徒！末将以为我军久战，锋锐已疲，不如撤退回营，来日再战不迟。”哪知邓禹不听，遂再次率军出战，而赤眉军这边，则高兴不已，因为邓禹又一次中了他们的诈败之计。邓禹一路追击，直到回谿谷内，遭到赤眉军伏兵的猛烈攻杀。冯异为后援，当他得到邓禹追进回谿之后，大惊失色。他久经沙场，一看之下，便知晓邓禹中了敌人的奸计，他担心邓禹有失，不顾自身安危，急忙率部也跟着进去支援。可惜，等他到达战场，邓禹早就率领二十四人逃往宜阳，余下数千将士都成了谷中之鬼。

一波未平一波又起，赤眉军知晓敌军必定会前来支援，便布下口袋阵，恰好冯异一头扎入。幸得冯异机敏，一见之下，忙将部队调头，从山坡上冲出一条血路，最终逃回大营。“大难不死、必有后福”，此言实在有理，此次一败，可以说都是拜邓禹错误的战略战术所致，冯异返回军营，毫不气馁，积极备战，同时向刘秀报告军情，刘秀闻讯，亦大为吃惊，幡然醒悟不该派遣邓禹前去征西。沧海横流方显英雄本色，刘秀于危难之时，毅然决定，相信冯异的实力，放赤眉军东进。冯异亦不是一个省油的灯，他决意要报回谿一败之仇，下令紧闭营门，坚壁清野，不许部下出战。同时，他又暗中下令四处搜罗在回谿一战失散的残兵败将，尽可能地让他们归队。很快，就有两万多人聚集到他的麾下。于是，冯异忙向樊崇下战书，会猎于野。这一战，首先樊崇便比较轻视冯异，其次，冯异汉军则是知耻而后勇，他们在冯异这一位当世名将的带领下，以区区两万人马，杀得樊崇三十万大军大败而逃。冯异当即率领大军追击，到了崤山一带，冯异追上了赤眉军。

崤山是古代最为著名的战地之一，以山高谷绝，峻坂迂回，形势险要而闻名天下，是关中三辅至中原诸郡的天然屏障。此山中间有南、北二崤道，亦称南陵、北陵。南陵为夏后皋之墓，北陵有周文王避风雨台遗址。也是孟尝君靠着“鸡鸣狗盗”之处，也是老子西行之地。此番被汉军追击，狭长的古道上，赤眉军单面应敌，而且后退的极为缓慢，在冯异强有力的攻击之下，赤眉军再次大败，无力再战，大量士兵放下武器，向汉军缴械投降。樊崇见大势已去，只好抛弃了老弱眷属，率领主力狼狈不堪地向正东方向逃窜。

到此，樊崇才真正领略了冯异的厉害。率领二十万赤眉残军，逃到宜阳境内。从华阴到崤山，再到渑池，最后到新安，冯异与樊崇的这一场大战终于胜利结束。经此一役，冯异俘获赤眉军男女八万余人，可谓大获全胜。虽然这场会战，单以规模而言，不能与昆阳之战相提并论，但是它的战略意义却极为重大。冯异亦通过这场阻击战，再次展现了他非凡的胆略和高超的用兵技巧，以两万人马，将樊崇的三十万大军杀得四散奔逃、溃不成军，赤眉三分之一的重要骨干成员在战役中被消灭，不得不说，这是一个惊人的奇迹。从此，樊崇的赤眉军主力遭到了重创，其寿终正寝之日已经不远。

刘秀早就在宜阳布置下数十万大军，以逸待劳，当樊崇二十万残军到达宜阳之时，看见眼前突然出现的数十万威武大军，吓得心胆俱裂。只见刘秀亲自统率六军，大摆兵阵，大司马吴汉的精兵列队在阵前，中军随后，骁骑、武卫两军分别列阵在左右两侧。赤眉军看到这种阵势之后，都感到震惊和恐怖。樊崇一世英雄，纵横天下，所向无敌，此番刚刚遭受冯异的猛烈攻击，兵败如山倒，让樊崇自己都难以相信。到了宜阳城下，本以为又可以凭借兵力，夺取城池，过上逍遥快活的日子，哪知刘秀竟然来了个瓮中捉鳖。眼下赤眉军已经是弹尽粮绝，辎重全无，兵马劳顿不堪，士气斗志尽失，樊崇虽然目不识丁，却也对时局洞若观火，为今之计，只有投降一条道路可走，于是，樊崇便派遣刘恭前去乞降。此刻，樊崇已经没有了和刘秀谈判的本钱，刘秀答应饶恕他的性命，眼见大势已去，他便同意了投降。

不日，赤眉军的君臣都自行反绑双手，带着高祖刘邦传下的玺印前来投降，光武帝下诏令把受降事宜交给城门校尉办理。又颁布诏书，祭祀高庙，“赏赐天下继承父亲地位的长子爵位，每人加封一级”。

二月己末日，光武帝刘秀到高祖神庙祭祀，接受传国印玺。历时数年，刘秀终于平定了赤眉军，获取和稳固了河东和关中地区，天下一统指日可待。

第五章　天下再复一统

刘秀得陇望蜀

历经长达六年时间的东征西讨、南征北战，刘秀已经基本上统一了中国的东方，与西南巴蜀的公孙述、西北陇右的隗嚣形成了三足鼎立之势。而河西大将军窦融，自建武五年（公元29年）开始，眼看刘秀席卷天下、包举宇内、囊括四海、并吞八荒，虽然偶有挫败，但总的行事看来，他的大军几乎一路所向无敌，刘秀更让征西大将军冯异多次与窦融接洽，窦融深刻地感受到，光武帝刘秀，雄才大略，千古罕见，因此对天下大势有了看法，于是向光武帝派遣使者朝贡，承认刘秀的正统地位。

兵法有云“上兵伐谋”，刘秀一直谋取能够在陇西和蜀中，不动刀兵便能够实现统一天下的功名大业。其实，刘秀大军和隗嚣在历史上曾经有过两次比较成功的合作，一者就是击败赤眉军樊崇残部（诚然，那一次是隗嚣大军的被动防御），二者就是后来，对于陈仓人吕鲔的联手攻击。当时吕鲔拥众数万，接连西蜀公孙述，欲要进攻关中，经过双方的接洽商议，隗嚣决意派兵，会同冯异一起向其进攻，最终将其击败。

刘秀感念隗嚣为人高义，认为他是可以晓之以理、动之以情的，只要兵不血刃的收复了隗嚣，则蜀中不过是囚笼之地，天下一统唾手可得。于是，刘秀给隗嚣写了一封信，他以周文王比喻隗嚣，认为文王当时虽然三分天下已得其二，但仍然将殷商视作自己的主子，而今日之隗嚣即有昔日文王之风范，刘秀此意，可谓“司马昭之心、路人皆知。”他自然是希望隗嚣也能效法文王，扶助刘家汉室。

当此之时，公孙述也早就称帝，他也是聪明之人，早就暗怀君王之志，知道要夺取天下，一定不能让刘秀将隗嚣拉拢，如果自己能够寻求到隗嚣的帮助，他日图谋中原之时，就能够凭借陇右的地理优势，居高临下，一路势如破竹。

于是，公孙述急忙派遣使册封隗嚣为扶安王，一时之间，隗嚣成了天下最为炙手可热的人，他当然不会贸然答应公孙述的册封，因为他心中想的是，自己既然是两边都需要的人，大可以坐地起价、待价而沽。公孙述闻讯，当即大怒，听闻前面刘秀已经派人前来拉拢隗嚣，公孙述担心，他会不会已经暗自投奔了刘秀？无论如何，夺取关中，保证陇右，才能够为自己攻打刘秀奠定第一步。计议一定，公孙述便自益州出兵北上，兵锋所向，直取关中，可惜此次出击，隗嚣早就洞悉了公孙述的意图，隗嚣以逸待劳，以强大骑兵杀向公孙述，将其大败。

公孙述刚刚遭逢大败，东汉在关中的将帅冯异认为，当前公孙述所部定然士气衰弱，要平定西川，占据蜀中，此刻正是天赐良机，于是，冯异上书光武言蜀地可击，刘秀将邓禹（刘秀并没有处置其兵败之罪。）等人招来，计议之下，他们认为，当前三足鼎立之势必定不可能长久，汉军只要趋狼搏虎，就可以坐收渔利。

于是，刘秀将上书给了隗嚣，要求隗嚣发兵讨伐西蜀的公孙述。隗嚣何等聪明，自然知晓刘秀的意图，于是，隗嚣上书言力量不足，且卢芳尽在北边，不宜用兵。刘秀看出了隗嚣的真正用意乃是欲持两端，不愿天下统一，刘秀对隗嚣的态度逐渐开始了变化，认为他并不是和传言的那样，以义气为重。因而复兴汉室的重任，很难依靠到他的力量，此时此刻，刘秀心中其实已经对其动了动武的念头。如果要讨伐公孙述，刘秀只有两条路可以走，一是从荆州出发，水旱并进，然而刘秀长期在北方征战，对于水军的训练自然很少，蜀道难，此一途就只能作罢；二则是从汉中之地，长驱直入蜀中。但却要借助隗嚣的地盘才得以通过，目前还不太成熟。因此，讨伐公孙述之事，只能暂时搁下。

当然，公孙述也明了天下大势，他知道隗嚣的想法，是想做那墙头草，那边强，便朝哪边倒。当年汉高祖西出蜀中，夺取天下之时，便采取了一个著名的策略：明修栈道、暗度陈仓。其实共公孙述在北方开展的一系列政治攻势的同时，亦在南边开始厉兵秣马，整军备战，图谋荆州。这个当初汉高祖的计策有异曲同工之妙，只可惜刘秀非楚霸王，公孙述的计策，他早就有所察觉。

恰如刘秀所料，不久，公孙述的大军进犯荆州的南郡，妄图借荆州北进，夺取天下。

此时的刘秀，还没有彻底放弃隗嚣，他急忙下诏令隗嚣从天水伐蜀，以调动公孙述军回援，哪知隗嚣依然不为所动，并婉言拒绝。由此看来，这隗嚣无论如何，终不能为刘秀所用，于是，刘秀和众将决定，准备先攻伐陇右，获取这一夺取西川蜀中的关键所在。

建武六年（公元30年）四月，刘秀率部来到长安，与建威大将军耿弇等七将军等人合兵一处，并命令他们借陇道伐蜀，实则最后试探隗嚣的心意。隗嚣见数十万汉军齐聚长安，并向自己借道伐蜀，顿时明白这不过是刘秀的“假途灭虢”之策，名为伐蜀，实则为夺取陇右而来，隗嚣当然不会束手待毙，遂直接和刘秀撕破脸皮，派遣大将王元据陇坻，伐木塞道，以阻汉军。

双方大军在陇坻展开激战，汉军因为受到地形的限制，最终大败而还，退出陇坻，隗嚣部将从后穷追猛打，汉军一路败退，惊慌失措之下，大量粮草辎重被夺取。汉军幸得马武断后，才得以将大部退下陇坻，免于全军覆没的结果。刘秀本以为，以长安的势力，要灭除隗嚣应该不是难事，遂率随从返回京师洛阳，坐镇指挥。哪知不久，汉军大败的消息就传到刘秀耳中。刘秀当机立断的令冯异、耿弇、吴汉等七部汉军再次部署，构成犄角之势，力保关中。

隗嚣部将挟陇坻大胜之威，挥师东进，欲进取关中的要地栒邑，栒邑为关中门户所在，历来为兵家必争之地。幸得冯异急速抢占栒邑，并击退了陇右军马。隗嚣见汉军有名将强兵前来支援，自知难以扩大战果，于是就此收兵。通过此次战役，刘秀认识到隗嚣部将的强悍；同时，隗嚣更深刻地认识到，如今刘秀可谓是树大根深，属下能人异士无数，以自己的实力，要彻底的击败刘秀，实在是难比登天。于是，隗嚣再次上书刘秀，婉言表明自己的苦衷，刘秀知道此刻的隗嚣依然还在借用托辞，遂回复隗嚣道：“今若束手，复遣栒弟归阙庭者，则爵禄获全，有浩大之福矣。吾年垂四十，在兵中十岁，厌浮语虚辞。即不欲，勿报”。意思即使说，如果隗嚣归汉，则功名利禄可得，否则，就不必多说了。隗嚣见此，知道自己难以与刘秀并存于世，遂遣使向西蜀公孙述称臣，公孙述遂封其为朔宁王。

此后，双方互有攻伐，总的来说，汉军一直占据着战争的主动权，建武六年（公元30年）冬，汉军在冯异的带领下，攻克了陇右要地略阳。建武八年（公元32年），双方又再次大战于略阳，为了夺回这一要地，隗嚣亲率数万大军攻城，汉军凭借坚固的城池，率部死守。眼看此一战，战局逐渐扩大，俨然成了决定陇右归属的关键战役。于是，刘秀亲临长安，以指挥平陇作战。

恰在此时，窦融部率步骑数万大军归汉，汉军兵不血刃便拥有了河西五郡，此地战略位置极为重要，与长安方面的汉军联合出击，便对陇右构了东西夹击之势。刹那见，陇右诸将闻刘秀大军之名，心惊胆战，他们知道，汉军就要全面控制陇右地区了，为了将来有一个出路，许多将领或明或暗的投降归汉，使得隗嚣的局势更加恶化，无奈之下，只得放弃略阳，退守西城（今甘肃天水西南）。

当此之时，洛阳附近的郡县，由于官吏腐败、民不聊生，便发生了民变，洛阳可是京师重地，关乎王朝的兴衰，而刘秀为了西征，朝中有能耐的文臣武将几乎倾巢而出。为了稳定洛阳的局面，刘秀不得不星夜兼程、东归洛阳，临行时，刘秀依然对陇右的局势不放心，对岑彭说道："两城若下，便可将兵南击蜀虏。人苦不知足，既平陇，复望蜀。每一发兵，头须为白"，这就是"得陇望蜀"的典故。

汉军在刘秀走后，坚持进攻的态势，不久便围住了西城，将隗嚣困在其中，成了瓮中之鳖。眼看汉军胜券在握，却不料西城将士一直坚守不出，加上里面粮草充足，足以坚持半年之久，使得汉军久攻不下。数月之后，陇右大将行巡、王元、周宗等将领率五千余人来此救援，乘高卒至，击鼓大呼："我军百万雄师即将来临啦！"

汉军猝不及防，未料到西蜀救兵会突至，一时之间，阵脚大乱，王元等人浴血奋战，最终护卫隗嚣突围出了西城。经过长时间的拉锯战，汉军虽没有一鼓作气拿下陇右，却使得隗嚣的人马与粮草损失极重，难以支持。建武九年（公元33年）春，隗嚣在忧愤中死去，其子无能，陇右局势江河日下，刘秀为了一举拿下陇右，再次亲临陇右一线，指挥平陇作战，这年十月，耿弇诸将很快就攻破落门，陇右诸将与隗嚣之子隗纯见大势已去，只能率部出降，自此，陇右成为刘秀攻取蜀中的重要平台，天下诸侯，只有公孙述上能够给予刘秀一些威胁。

坐失良机

更始三年（公元25年）四月，经过深思熟虑之后，公孙述在成都即皇帝位，国号大成。公孙述相信，自己一定能够顺天应命、一统天下。

更始政权很快就在流民军和刘秀汉军的双向夹击之下，迅速败亡，整个西方只有邓禹的数万军队在经营，只是他自夺得河东郡之后，屡屡犯下严重的错误，当地士绅豪强、平民百姓的希望都逐渐淡然。而此时的刘秀，则在北伐之后，迅速南下围攻洛阳，在洛阳投降之后，又调集兵力攻取东方刘永，自然无暇西顾，关中不少豪杰均引兵归奔西蜀，蜀势大振。

建武五年（公元29年），割据荆州的秦丰等人被刘秀打败。秦丰属下大将延岑和田戎见大势已去，便率领残军归奔公孙述。延岑被封为大司马，田戎则被封为翼江王。到了建武六年（公元30年），公孙述遣田戎出江关，收拢其旧部，欲取荆州，结果遭到刘秀的无情打击，只得狼狈收手。

直到此时，刘秀基本上已经统一了东方，在积极稳定内部、与民休息的同时，也不断地招兵买马、整军备战，谋划西北的陇右与蜀中的公孙述，在进军西北陇右之时，刘秀亦向公孙写了一封书信，其间说道："天下神器，不可力争，宜留三思。"值得一提的是，刘秀竟然在书信上为公孙述署名为"公孙皇帝"，由此而观之，刘秀因为公孙述的势力太过强大，也不得不承认公孙述的帝位。

时也命也，其实公孙述早就应该挥师东进，趁东方未明之前，抢夺先机。此时此刻，蜀中各位将领正在紧锣密鼓整军备战，他们知道，东方既然已经平定，剩下的西川便成了刘秀的"眼中钉、肉中刺"。必要除之而后快。公孙述手下的骑都尉荆邯便对公孙述道出了一番精彩绝伦的论对，首先从战略上道出了隗嚣之所以失败的错误所在，同时也为公孙述指出了对抗东帝刘秀的策略，即退保则必不可全，进则可有获胜之机。公孙述闻言，亦甚为赞同荆邯的这番论断，欲尽发西蜀之兵，讨伐东方刘秀。使延岑、田戎分出两道，与汉中诸将合兵并势，水路夹攻，如果上天垂帘，必能够一举击败刘秀，手握社稷神器。

其弟公孙光及蜀中部分人以为不宜空国千里之外，认为此时东方尚有隗嚣、刘永、刘秀等人互相攻伐，形式未明之前，大可以坐山观虎斗。如果贸然加入，决成败于一举，成则已，不成则功业尽废，此番蜀中尚未准备妥善，如此进兵，自然成功的可能性不大。于是。他们均极力劝说公孙述罢兵，公孙述聪明一世、糊涂一时，竟然对于其弟的说辞大为赞同，所谓"知己知彼百战百胜"，他只是认识到自己的不足，却没有意识到，蜀中多年偏居一隅，自然和东方诸侯不一样，能够免于战争攻伐，故而能够全力练兵、储备实力。而刘秀等人多年征战，在诸侯混乱之时，无论是政治还是军事，都显得比较凌乱。因而相比之下，此时若公孙述出兵，胜算更大。延岑、田戎就看到了这一点，所以数次请求出兵，但公孙述终究疑虑而没有听从。公孙述的优柔寡断，使得其失去了最后与东方的刘秀争夺天下的资本，待刘秀彻底平定了东方，实力大增，再也没有了后顾之忧，可以全力以赴、大军西指，等待偏安于蜀中的公孙述的结局就可想而知了。

初次交锋

建武七年（公元31年），陇右的隗嚣眼见汉军大军压境，知晓眼下刘秀是三大势力中最为强大的一股，迫于汉军压境，遂向公孙述称臣，以求联兵于蜀，共同对抗东方的刘秀。

到了建武八年（公元32年），刘秀开始大举进攻陇右，隗嚣向公孙述求援，公孙述便遣将援助，并连同隗嚣在西城击败了来犯的汉军，迫其退回了长安一线。可惜不久，窦融率领河西五郡人马，悉数投效刘秀，使得陇右的形势愈加危机，加上隗嚣不久病死，其子无能，使得陇右更加雪上加霜。刘秀借机再次对陇右用兵，陇右之军自然全线崩溃，公孙述的援军也损失甚重，蜀中震动。陇右的覆灭，顿使益州失去了北部屏障，刘秀得以从陇右地区虎视蜀中，迫使蜀中调整战略部署，与刘秀交兵。

建武九年（公元33年），公孙述为了夺取出入蜀中的通道，开始从南北两路，向刘秀进军，多年战争，使得刘秀虽然实力大增，却随着战线的拉长、国土面积的扩大，力量来不及整合并比较分散，此消彼长之下，公孙述所在的蜀中极为稳固，南边蛮夷和西边羌族都比较拥护公孙述，更加上天府之国的益州自古就十分富庶，此消彼长之下，刘秀能否抵挡公孙述的进攻，还未可知。

公孙述眼见刘秀已经吞并了陇右，兵锋直指蜀中，遂令大司徒任满、翼江王田戎、南郡太守程泛等将领率数万兵马，一路从北进击陇右，一路沿江乘竹排下江关（今四川奉节东），北麓兵马早在辅助隗嚣之时，就尝到了刘秀的厉害，因此此番也不过是佯攻。公孙述的重点是在南路。早在数年之前，公孙述便有进取中原的心思，他认为，荆州乃天下之腹，自己坐拥蜀中，只要夺取了荆州，进可以夺取江东和中原地区，退亦可以保蜀中割据之地。果然，这么些年，公孙述勤练水兵的功夫没有白费，在水陆两军的联合夹击下，蜀中军队很快就击破了刘秀的威虏将军冯俊等部，攻克了巫县及夷陵、夷道（今湖北宜都）等地，公孙述的军队因此得以占据荆门、虎牙（此处之虎牙、荆门皆为山峰之名，虎牙山在北，荆门山在南，江水从中而过。其具体地址在今湖北宜昌东南），并横江架起了浮桥和塔楼，立攒柱堵住水道，安营扎寨以阻挡汉军的进攻。

此一役，公孙述大军初次崭露头角，让刘秀大军尝到了苦头。虽然他们进军荆州的计划却没有实现，但是却依靠荆门建立了坚固而险阻的荆门山防线，成为了西蜀南部的屏障，为以后夺取荆州等地提供了平台。此次蜀中军队之所以没有能够迅速的夺取荆州，就是因为当他们攻克荆门之后，刘秀大将岑彭率军前来，意图夺回荆门，公孙述的蜀中军队由于实力有限，只能自保，总算在敌军的多次进攻之下，守住了荆门。

南北夹击

从建武九年（公元33年）到建武十一年（公元35年），刘秀一直在训练自己的水军，前番多次进攻荆门失败，都是因为水军上敌不过蜀中军队。经过两年的训练，汉军水兵人人磨刀霍霍，士气大胜，准备在接下来对蜀中的进军中，实现自己的功名大业。这些年，蜀中也没有闲着，势力不断壮大，刘秀在彻底地稳固后方之后，终于觉察到时机已经成熟，便决意对蜀中用兵，实现一统天下的宏图伟业。

其中，任命大将岑彭和来歙分别从南、北两个方向大举伐蜀。北部可以凭借汉中、西凉、陇右等地的地形优势，只要能够突破川蜀的关卡，就能够长驱直入，直达蜀中首府益州。经过前番几次攻伐荆门蜀中军队的失败，岑彭也从中总结以往的一些教训，开始进攻荆门。关于这一战，历史上曾被重点描述，当时公孙述的军队在三峡下游架一座横贯长江并有军事塔楼的浮桥，浮桥与长江两岸的要塞相连。建武十一年（公元35年）四月末，汉的水师开始对荆门发起进攻，并借东风之助逆流而上驶向浮桥。汉军战船上面早就布置了巨大的火炬，本来蜀中军以为自己这一战应该是胜券在握的，岂料敌人竟然一者借风，二者借火，将浮桥迅速点燃，浮桥着火倒坍，溺死者数千人，蜀中军队沿江两岸的军事要塞变成孤立无援、首尾难顾的所在，猝不及防之下，蜀中军队顿时乱了手脚。汉军终于一鼓作气，打通了由荆门入蜀中的水路。然而蜀道难、难于上青天，蜀中军队边打边退，更是在一路上尽力毁去为了东征而修筑的道路。公孙述哪里料到，昔日为了成就统一天下的皇图霸业所修建的道路，此刻竟然成了汉军灭亡自己的捷径。幸好蜀中军队在守卫之上很有经验，才堪堪延缓了汉军的进攻。

屋漏偏逢连夜雨，就在蜀中军队和汉军出于胶着状态之时，汉军早就着手准备的杀手锏发挥了效用。早在进攻荆门之前，汉军就了解到，川蜀将领之中，王政与大司徒任满素有嫌隙，而且王政此人也是颇有见识之人，看出天下大势的主动权其实一直都掌握在刘秀的手中。无论是军事实力，政治地位以及这么多年所体现出来的刘秀的治国才能，公孙述都要略逊一筹。于是，汉军中派遣说客前来，悄悄地与王政接洽，王政当即同意了汉军的建议，答应在汉军攻伐荆门之时做汉军的内应，为了表示自己的诚意，王政还献计用火攻烧毁浮桥。当汉军和蜀中军队正在血战之时，早就埋藏在大司徒任满身边的王政终于动手了，他趁大司徒任满调集亲兵前去御敌的机会，率领自己的部下，毫不犹豫地抓住任满，并顺势将其斩杀，随即向汉军挥舞白旗致意。蜀中军队在田戎的带领下，向西败退到江州。

岑彭等来到江州后，才发现江州城池竟然在蜀中军队的加固之下，原来就有三丈高的城墙，更加加高了几尺，而城外的护城河也挖得特别深，如此，即使汉军能够攻下江州，凭借江州的哀兵，实在是胜负难料，即使是胜利，也一定是杀敌一千、自损八百的惨胜。于是，岑彭决意转攻平曲，蜀中在江州的兵力，本来以为汉军会一股作气向江州，遂率领三万军队前来援助，岂料汉军会转而攻伐平曲，平曲虽然是蜀中军队的战略物资储备地，但其兵力多被抽调到江州等地布防，霎时之间，蜀中军队大败，汉军光从蜀中军那里夺取的粮食就有数十万石。

花开两头，各表一枝，此刻北边也是一片风声鹤唳。自从全歼了隗氏集团、收取了凉州十郡以后，中郎将来歙、太中大夫马援为主、副将的陇右汉军便开始积极稳定陇右地区，同时时刻准备攻入西川。建武十一年（公元35年）夏初，凉州地界的先零羌发动叛乱，进犯临洮。来歙向朝廷举荐马援为陇西太守，坐镇狄道县，专职负责防御先零羌等工作。马援到任之后，不负众望，奋击来犯之敌，不久便大破先零羌，陇右西部逐步得到了安定。马援走后，南征巴蜀事宜则由来歙本人全权负责。岑彭在南线不断进攻的同时，刘秀给陇右汉军下了一到圣旨，令来歙为主将，虎牙大将军盖延、扬武将军马成为副将，率领陇右汉军主力十余万，取道西汉水谷地南下攻击公孙述的北线防区。汉军遂正式实现了南北两路经过西川的战略意图。

公孙述此时已经南北不能兼顾，他见岑彭的南路大军攻克了平曲，急忙收缩兵力，令延岑、王元与其弟公孙恢率领重兵据守广汉及资中，又遣侯丹率两万余人据黄石（今四川涪陵东北）。岑彭见势，多张疑兵，令臧宫等从涪水上平曲，以牵制延岑等蜀将，自己则分兵顺江而下还江州，然后溯都江而上，攻袭蜀将侯丹部，大破之。此后，公孙述所在大殿之内，就不断传来前方的败报。岑彭在大败候丹部之后，日夜赶路，迅速向西行了二千余里地。又叫精骑奔向广都，离成都有数十里之远，此后蜀地便是一马平川，蜀中军队再也无险可守。随即，岑彭分兵绕道前行两千余里地，以天降神兵的威势，出现在武阳，不久便攻克武阳。

此时此刻，岑彭的前锋骑兵到了广都，距蜀中首府益州不过数十里。其实，公孙述早就在思考，需要防止岑彭的军队入川，无论如何也要将他阻击在广汉城外，遂令延岑等率蜀军主力屯于广汉，旨在堵截岑彭的南路汉军，谁知岑彭的兵马竟绕出延岑军后，如天兵天将一般，突然就出现在公孙述面前，迅速逼近成都，刹那间，蜀地心胆俱裂，公孙述大怒于形，用手杖往地上狠狠地一敲，大喝道："何方神圣来撒野！"

岑彭奇袭成都，与来歙当年偷袭略阳，有异曲同工之妙，然而，岑彭的这次突袭要比来歙当年远得多，他从江州出发，水陆并进，一路上用了若干计策来迷惑敌人，让他们猜不透自己的战略意图。大军左奔右突，一连奔驰二千余，如此长距离的奔袭，在中国战争史上是非常罕见的。前有来歙奇袭略阳，后有岑彭奇袭成都。两位军事奇才都不约而同地采用了"黑虎掏心"之计，分别将隗嚣、公孙述的防御体系打得土崩瓦解，成为汉军一统天下最后两步的重要转折点。如此用兵如神，真让人叹为观止，拍案叫绝！

痛失两将

此刻，北方战线上，刘秀大军也一路凯歌高唱，六月中，汉军在来歙的率领下，一路势如破竹，不久便杀入武都郡境内。入境后，汉军一战击败了王元，拿下了下辨道

（今甘肃成县西北）。王元、环安的大军被汉军击败之后，残部逃入河池。随后，大军乘胜前进，将王元、环安围困在河池城中。

眼看河池城就要被汉军攻破，王元急忙命人快马加鞭赶赴成都，向皇帝公孙述禀报这里的战况，公孙述闻讯，大惊失色。终于他想到了一条“妙计”，即派遣刺客混入汉军军营之中，诛杀了来歙。来歙之死，让刘秀立刻化作哀兵，所谓哀兵必胜，建武十一年（公元35年）七月，将来歙的丧事办完之后，刘秀决定再次御驾亲征，前往长安坐镇，指挥汉军诸部围剿公孙述。刘秀到此，无论是军事战略还是汉军的士气，都上升了一个层次。没过多久，汉军便攻破河池，平定了武都全郡，打开了从北路南下成都的大门。

南线上，从岑彭的天降神兵一事之后，汉军军威大振，士气如虹，不久，臧宫部率五万兵马，大败延岑，史书记载，汉军此役斩对方兵马数万人，血流成河。不久臧宫军进抵绵竹，公孙述的大将、从陇右隗嚣处归奔而来的王元，不得已举城降了汉军。刘秀在南北双线上，都取得了巨大的胜利，当然，作为一个政治家，刘秀也发挥了自己擅长的政治攻势，致书公孙述，言陈祸福，要公孙述明了时局，快快向汉军投降，如此，不久可保九族身家性命、衣食富贵，亦可以免得蜀中大地战火连天，百姓生灵涂炭。公孙述见信，感叹良久，对臣下说，无论废兴，这都是命。前番他成功刺杀了来歙，使得汉军的这位可做上将之人梦断黄泉，成功暂时阻止了汉军的南下。尝到了甜头的公孙述，此刻便想起了故技重施。

当此正值建武十一年（公元35年）十月中旬，岑彭已经率军突破到成都城外不足十里之地，然而此番进兵虽然出其不意，起到了巨大的震慑效果，但在同时，岑彭所部也面临着巨大的军事危险。

大军最忌孤军深入、贪功冒进，一旦不成功，便有全军覆没的危险。如果岑彭能够一鼓作气拿下成都，自然皆大欢喜，然而凭借岑彭的兵力，要攻克蜀中首府成都，无疑是痴人说梦。

与此同时，公孙述采取了坚壁清野、收缩防御的策略，臧宫率领的汉军主力虽然拿下了繁县（今四川彭县）、郫县（今四川郫县），虽然汉军勇猛，并且连下诸城，但蜀中军队也在进行着殊死的抵抗，使得汉军攻势一直没有较大的进展，因而重镇雒城（今广汉市雒城镇）一直都在成家军手中。原本定议的岑彭与臧宫会师的计划一时之间便难以实现。

就在这时，汉军的粮草给养，辎重等都已经接济不上了。为了保存实力，岑彭只好率部南下，返回犍为郡的首府武阳县，驻扎在一个名叫彭亡的小城，这里是当时的军事要地。然而，岑彭再次上演悲剧，他被公孙述刺杀成功。

岑彭被杀，刘秀自然是悲愤难当，然而大业未成、不敢言泣，蛇无头不行，思前想后之下，刘秀只能遣大司马吴汉接替岑彭担任南路汉军的统帅。特命武威将军刘尚为南征军副将，加强对吴汉所部军纪的监督，以确保吴汉不犯大的军事错误，同时也加强对吴汉的亲自指导。

此消彼长

建武十二年（公元36年）正月，吴汉率领南征大军西进，沿着岑彭的入川之路前行，直扑犍为郡首府武阳（今四川彭山县），不久，吴汉于鱼涪津（今四川乐山一带），击败蜀将魏党、公孙永等部，兵围武阳。

万分危急之下，公孙述的女婿史兴率五千兵马来助，吴汉分兵迎敌，击破史兴，横扫犍为全郡，杀入蜀郡境内。诸地闻听吴汉率军大举入境，吓得纷纷闭门坚守，不敢出战。刘秀知道了这种情况，还来不及庆功，便急忙诏命吴汉直取广都（今四川成都市东南），直捣公孙述的心脏，吴汉奉召率军北上，一战即克广都。而南路的臧宫在逼降蜀将王元后，又破涪城，斩杀了公孙述的弟弟公孙恢。面对如此局面，蜀中的将帅恐惧不已，纷纷逃离，虽然公孙述下令逃将的家人也会被诛灭，但是依然无法禁止叛逃的人出现。结果公孙述南线防线全部崩溃，整个成都如同一只待宰的羔羊，赤裸裸地呈现在数十万汉军的眼前。

刘秀自起兵以来，一直坚持“攻心为上，攻城为下”的道理，因此，即使汉军已经要兵临城下，刘秀也还是没有命令军队攻城，而是再次向公孙述写下了一封劝降信，劝公孙述认清方今之大势，切不可因来歙、岑彭之死而狐疑不定，如果现在停止抵抗，向朝廷自首投诚、悔过自新的话，可以保证性命以及宗族安全。再战下去，犹如委肉于虎口。这样的机会，再也难以寻到第二个，最后，刘秀还表示，自己以皇帝的信誉保证，绝对不会食言。公孙述亦不愧为一代枭雄，头可断、血可流，要投降则万万不能。

其实，刘秀大军的最后胜利虽然指日可待，他心中却依然保持着上位者应该具备的冷静，他深刻地认识到，成都、雒城池深城高，防守严密，吴汉、臧宫要攻下城池，非一时三刻可以成功。因此，刘秀在劝降公孙述不成之后，便给吴汉发了一封书信，警告他不可轻敌。刘秀知道，吴汉攻拔广都后，已经生出了骄傲轻敌的心理。

果不出刘秀所料，吴汉竟然一点也未听进刘秀之言。他心中暗想，既然汉军可以不费吹灰之力就杀到成都城下，公孙述犹如冢中枯骨，还有多强的反击能力？吴汉遂与刘尚分兵轻敌冒进，二人兵马相距二十里。刘秀知后大惊，知道吴汉与刘尚的兵马必然会遇上危险，果不其然，公孙述将自己拱卫成都的十多万兵马分为二十余营，一面猛攻吴汉部，一面奋力阻击刘尚，吴汉与蜀军整整激战了一日，终因寡不敌众，败回营垒，幸好刘秀及时提醒和敦促，吴汉才得以不损伤元气。

待得吴汉回营后，心中突生一计，遂厉兵秣马、闭营三日不出，他一面多竖旗帜，使烟火不绝，以迷惑公孙述的军队，另一面，则于第三日晚趁夜色偷渡过江，与刘尚部会师。吴汉与刘尚会合的第二天，蜀国大司徒谢丰不料汉军吴汉部竟然来了个“金蝉脱壳”之计，以为吴汉军还在原地枕戈待旦。于是，谢丰留部分人马牵制江北，自将主力攻江南岸的汉军，结果双方鏖战，从早晨一直打到太阳快要落山，吴汉军两部合兵，军威大胜，斩蜀军五千余人。

此时此刻，刘秀的诏令也到达吴汉的手中，劝吴汉回到广都坚守，“如此一来，公孙述必然不敢略过刘尚、两面受敌地来攻击你。如果他先去打刘尚，你则可从广都驰援刘尚。广都距离刘尚处，恰好五十里，等你赶到时，正是敌军疲惫之时，正可以以逸待劳，一举将其击溃。”刘秀真个非比寻常，吴汉在听取刘秀的战略计划之后，率领军队与蜀军在广都、成都之间展开了数次大战，吴汉军八战八捷，终于越过了这十数里的距离，挥军到达成都城门之外。与此同时，汉军臧宫部也相继攻占了繁县（今四川彭县）等地，与吴汉会师成都。

刘秀的大哥刘伯升曾经立下“统一四海，总齐八荒”的宏图伟愿，可惜最终事与愿违。刘伯升“壮志未酬身先死”，只能将一统天下的心愿交给刘秀去实现。刘秀果然不负大哥刘伯升的希望，从王莽地皇三年（公元22年）十月起兵开始，一直到建武十二年（公元36年）的十月，终于，使得汉军大部兵临成都，十四年的南征北战、东征西讨，刘家汉室终于又要呈现昔日的辉煌。

蜀中已经如行将就木的老人一般，公孙述十分清楚，自己奋斗半生，打下的基业就要拱手让与刘秀了。感叹之余，向延岑曰：“你说现在该怎么办？”意在咨询当前还有什么可以挽救的措施，延岑本人不愧是当世名将，对于公孙述之问，心如明镜一般，遂慷慨地说道：“男儿当死中求生，可坐穷乎！财物易聚耳，不宜有爱。”于是，公孙述“悉散金帛，募敢死士五千余人”，交由延岑指挥。

延岑吸取与汉军交战以来的经验教训，特别是吴汉入川以来的战术思想，也借用了他的“金蝉脱壳”之计，以彼之道还施彼身。一面在正面大张旗帜、鸣鼓挑战，暗地里则派出一支“奇兵”绕到吴汉军的背后，发起了突然袭击，吴汉军大败，吴汉本人也坠马落水，幸得拽住马尾才从水中脱险。其实，吴汉军本来不至于会如此狼狈，要论罪责，则主要是因为吴汉轻敌，竟然没有派出大量游哨在成都周边监视敌军的动向；同时由于兵力所限，既没有将成都完全包围，也没有分兵保护主力的后侧以及两翼，遂使得延岑大军有机可乘。

此战汉军失利，损失颇大，加上粮草难以为继，吴汉心中便萌生了退意。如若汉军东撤，自然是蜀中公孙述最希望看到的结局。如此这般，岑彭入川以来，千辛万苦、舍生忘死才取得的优势便会化为无形。汉军要是想重新集结力量进军蜀中，至少需要一年以上的准备时间，刘秀一统天下的梦想又会变得遥不可及。

最后一役

可叹天要亡蜀，为之奈何？一颗螺丝钉改变一场战争的传奇就在此刻的汉军中上演。这颗微不足道的“螺丝钉”就是蜀郡太守张堪。

恰逢刘秀派遣张堪押运粮草和七千匹战马输送至前线，同时张堪“说述必败，不宜退师之策，当今天下一统已然成了定局，将军切不可以因噎废食，误了大好时机，此次不灭公孙述，蜀中势力定然会死灰复燃，他日再图四海混一，劳民伤财不说，更是胜负难料。”吴汉闻言，深感羞愧，遂决意与公孙述大军周旋到底，不彻底平定蜀中，誓不罢休。

吴汉虽然得到了战略补充，但却和往日不一样，冒险进军了。这一次，他是真正地汲取了连续败仗的教训。不日，吴汉正在苦思破敌良策，突然，《孙子兵法》上的一席话映入了他的眼帘：“兵者，诡道也。故能而示之不能，用而示之不用，近而示之远，远而示之近。利而诱之，乱而取之，实而备之，强而避之，怒而挠之，卑而骄之，佚而劳之，亲而离之。攻其无备，出其不意。此兵家之胜，不可先传也。”

吴汉当即大喜，决定“阴”公孙述一把，令弱兵前往挑战，而将精骑隐于后。公孙述出兵，自然轻易得胜，细看之下，公孙述发现，汉军此役竟然全部是老弱残兵，他不疑有它，认为吴汉已经无兵可派遣，便认为破敌之时已到，遂令延岑领一军攻打臧宫，自己则亲率数万大军出战吴汉，延岑与臧宫交战，三战三胜。

与此同时，公孙述这边与吴汉大战，“自旦及日中，军士不得食，并疲”。吴汉等的就是这个时候，他终于可以派出自己的“后手”，刹那之间，只见高午、唐邯率数万精锐迅速杀出，冲击敌阵，蜀军见突然一支精兵杀来，顿时乱了手脚。哪知吴汉杀手之下，还有杀手，他早就领略了公孙述为达目的、不择手段的作为，深恶痛绝之余，也信手拈来学了几招。

那就是派遣勇士于百万大军中取上将首级。这个勇士就是高午，趁双方相战正酣之时，高午冲入敌阵，直刺公孙述，正中其前胸，公孙述受伤坠马，手下看见，不顾一切地阻止汉军的继续攻杀，将公孙述救回城中。自此，公孙述一蹶不振，将成都兵马悉数交予延岑，要他相机行事，当夜，公孙述死于成都皇宫。蜀帝身亡，延岑知道蜀中军队再也无力回天了。

建武十二年（公元36年）十一月十八日清晨，延岑带着残部在成都城头树起白幡，大开城门向汉军投降。吴汉入城之后，依然没有放过延岑，在成都城内大举屠城，刹那间成都城内血流成河、尸堆如山，兴亡不论，最苦的还是天下的平民百姓。

历时十二年之久的西帝公孙述，终落得了一个身死国灭的下场。无论如何，四分五裂、战火连年的古老中国，在刘秀率领众豪杰，十四年的不懈努力下，终于再次归于一统，这是刘秀最值得肯定的地方，他也因此成了全中国真正的主宰，开始了延绵二百多年的东汉皇朝的统治。

偃武修文黄老学，励精图治造盛世

自刘伯升、刘秀兄弟起兵以来，天下诸侯并起，刘秀最终能够脱颖而出，实在是侥天之大幸。当时天下的诸侯势力多达十四家，所以很多人在评价光武中兴之时都认为，刘秀创业的艰难要远远比当年汉高祖斩白蛇起义苦难得多。

这场旷日持久的战争，具有典型的特征，那就是强烈的地方主义，比汉斯在《汉朝的中兴》一文中说道："光武帝刘秀的胜利在某种意义上说是他家乡南阳郡的胜利。通过他，来自南阳的人在以后很长的一段时期中取得并保持显赫的地位。这个动乱年代中的另一个特征是缺乏革命目标，没有证据能说明，斗争的任何一方被革命的目标所推动，或者任何领袖设法推翻由帝皇统治的公认的制度。当赤眉军在中国流窜以及头目们与南阳绅士在更始帝治下对抗时，所反映的并不是一场阶级斗争。不论他们的背景如何，他们都接受现存的社会和政治秩序。他们只是为争夺这个秩序中的统治权而进行斗争。"

最终刘秀成功地成为掌握天下神器的九五至尊，开始了他一系列改造这个千疮百孔的帝国的计划。总的来说，他的这些措施都是积极可取的，自新莽大乱开始，持续了二十余年的战争，百姓生灵涂炭，四海之内哀鸿遍野。为了使饱经战乱的中原之地尽快恢复和发展，刘秀与民休息，不轻言战事，在建武六年（公元30年），还下诏恢复西汉前期三十税一的赋制。

经过二十年左右的休息，东汉王国不断强盛，已经具备了重新征战四方的实力。

建武二十七年（公元51年），功臣扬虚侯马武与朗陵侯臧宫上书光武帝：请乘匈奴分裂、北匈奴衰弱之际发兵将其击灭。刘秀半生戎马，多半是出于无奈，天下好不容易得享太平，刘秀体恤百姓疾苦，自然不会改变自己与民休息的国家大计，所以拒绝了攻打匈奴要求。

与此同时，刘秀连续下达了六道释放奴婢的命令，使得战乱之后大量土地荒芜而人口又不足的问题得到了解决，也使得自西汉末年以来大量失去土地的农民沦为奴婢的问题得到了极大的改善。除此以外，刘秀还大力裁撤官吏，合并郡县。极大地减轻了人民的负担。不久，中原大地便重新焕发生机，帝国在刘秀的治理之下，人民的生活水平蒸蒸日上。

新旧交替，改变的不止是平民百姓，就连那些曾经显赫一方的王侯将相也已经山河换色。新莽政权所封的人可以不管，但刘秀为西汉皇族后裔，秉持重兴汉室的旗帜，自然要面临如何处理前朝汉室后裔封地的问题。最终，刘秀决意寻找西汉王朝的后裔，为其封王封侯，只是战乱之下，岂有完卵？大部分旧王侯如石沉大海，刘秀只能为刘氏宗亲和汉室功臣封侯拜将。

光武帝刘秀鉴于西汉前期三公权重、权柄下移的状况，虽设三公之位，却把一切行政大权归之于设在中朝由皇帝直接指挥的尚书台。同时，他还以优待功臣贵戚为名，赐以爵位田宅，高官厚禄，而摘除其军政大权。其实质是将权力集中到自己的手中。为了进一步加强中央集权，在对诸王国的问题上，光武帝刘秀亦做出了一系列出于巩固权柄的动作。

在西汉，历代皇帝的儿子除太子外，都会被封为王，并有自己的封地。例如早在平帝元始五年（公元5年），就有二十三个这样的王国存在。为了获取旧贵族王侯对于其政治军事的支持，光武帝刘秀最初恢复了许多旧王国，并为自己的亲族另设七个新王国。到了建武十一年（公元35年），有三个王国的国王死去，其国名便被废除。随着内战的结束，光武帝刘秀终于可以不用前皇室的支持进行统治，次年，刘秀便废除了所有的国，并把它们的王降为侯。这之中，有三个例外：其一自然是刘秀的养父刘良，此外便是已故刘秀的大哥刘伯升的两个儿子，即刘章和刘兴。

在解决封国问题的同时，刘秀也着手处理豪强势大的威胁，到了建武十五年（公元39年），天下豪强土地兼并的问题日渐严重，威胁皇权的稳固和百姓的安居乐业。这一年，光武帝刘秀下令，要求各郡县丈量土地，核实户口，作为纠正垦田、人口和赋税的根据。

这极大地损害了四方豪强的既得利益，一剂猛药下去，各地豪强纷纷表示反对。刘秀遂决定“杀鸡儆猴”。下令将度田不实的河南尹张伋及其他诸郡太守十余人处死，并表示要严厉追查下去。各地豪强大姓纷纷担心，刘秀会对自己动手，于是，他们决定先下手为强，采取各种措施进行反抗，有甚者，某些地区竟然爆发了武装叛乱。其中以青、徐、幽、冀四州最严重。

刘秀见此，知道自己触动了天下豪强的禁脔，为了继续维护自己的统治，他不得已做出让步，此事只有不了了之了。但是，度田因各项政策措施，都不同程度地在各地有所实行，为恢复发展社会生产创造了有利的条件，使得垦田和人口都有大幅度的增加，从而奠定了东汉前期八十年间国家强盛的物质基础。

为了进一步改善民生，提高政府的效率，警惕地方势力的发展壮大，刘秀于建武六年（公元30年）下诏令司隶州牧各实所部，省减吏员，县国不足置长吏可合并者，上大司徒、大司空二府。经过一番革旧翻新，地方官吏缩减至十分之一。在取得政府改革的成功的同时，光武帝刘秀还双管齐下，下诏废除西汉时的地方兵制，撤销内地各郡的地方兵，裁撤郡都尉之职。除此之外，刘秀还取消了都试，即郡内每年征兵训练时的测试。地方的防务则改由招募而来的专门的军队担任。自此，刘秀相信，天下只要按他描绘的蓝图和既定的国策继续下去，刘氏一族定然能够千秋万世、一统天下。

坐拥江山

刘秀在建国后，复立五经博士，恢复太学。太学学生都将入朝为官作为了学习的最高目标，由此，才能够光耀门楣、光宗耀祖。

在治国思想上，刘秀依然延续了西汉武帝的思想，十分崇尚儒术的力量。一次，光武帝刘秀在巡幸鲁地之时，曾派大司空率领百官前去祭祀孔子，后来还将孔子后裔孔志封为褒成侯，他的意图天下皆知，旨在彰显自己尊孔崇儒，要求天下人学习自己，大力学习儒家学说。

孔子更是把“仁”作为最高的道德标准、道德原则和道德境界，而孝悌是仁的基础。所以东汉才会特别重视“举孝廉”的选官制度，自然，儒家思想提倡的这些，对于当时而言，无论是实现统治还是接受统治的人，都是有很大的积极作用的。然而美中不足的是，刘秀竟然对当时儒家的谶纬迷信之说崇拜备至。这使得后来在皇宫内部，产生了一连串的宫闱悲剧。

光武帝对内大刀阔斧、不拘一格地进行改革，对外则施行铸剑为犁、止戈息武的策略，有人不禁想到，难道北方匈奴政权也承认刘秀真命天子的地位？何以他们会一直甘于寂寞呢？

其实，前文已经提到，早在王莽新朝之时，王莽就准备率领大军北击匈奴，只可惜后来因为中原大乱，王莽北伐之事只能不了了之。然而此刻的匈奴，却依然没有任何动作。这又是为何呢？

实际上，匈奴单于利用了这次中原内战的机会，只是他没有将触手伸到中原内地，而是在新建始国二年（公元10年）夺取了对吐鲁番国的保护权，此后还不时袭击中国边境。

到了王莽政权覆灭，天下大乱之时，匈奴却是天灾人祸不断，好不容易重新归于统一的匈奴，因此而失去了在中原横行的机会。

历史记载，自建武十六年（公元40年）之后，匈奴汗国一连几年大旱，赤地千里，寸草不生，牛羊战马饿死者，足足百万之众。内忧之下，外患也接连不断，并对匈奴政权造成了很大的打击。如当时东方新兴的强敌乌桓部落，眼看匈奴衰微，自然不会放过这个凌辱昔日一直欺负自己的对手的机会，遂向东方不断侵袭。匈奴大军在数次大战均告失败的情况下，只能在单于的带领下，不断后撤。其势力范围从原来的整个蒙古草原，萎缩至蒙古哈尔和林及以南地区，大批人畜因战乱和灾荒而死亡，国力大衰，以致各部分立，呈一盘散沙之态。

建武中元二年（公元57年）二月戊戌日，刘秀在南宫前殿逝世，享年六十二岁。

后世之人，对于光武帝刘秀亦有各自不同的评价，其中王夫之说道：“光武之得天下，较高帝（指西汉高帝刘邦）而尤难矣！自三代（指夏、商、周三代）而下，唯光武允冠百王矣。”司马光亦说道：“自三代既亡，风化之美，未有若东汉之盛者也。”

近世梁启超还说：“东汉尚气节，崇廉耻，风俗称最美，为儒学最盛时代。”此外，还有曹植、诸葛亮等人，对于光武帝刘秀都有自己的论述，虽然言语不一，观点亦有出入，但是总的基调都大致相似，对于光武帝刘秀的一生功业，都持肯定之声。

当然，也有人对其过错做出过总结，认为他是一个固执和迷信的人，特别是在对巫蛊之事上，更加地显露无遗。此外，他还经常对批评作出过分的反应，以至于那些劝谏之人，随时都有被斩杀的危险。刘秀还是一个缺乏预见他行动后果的眼光的人，对于公孙述以及后来的匈奴，都没能够兵不血刃地获取胜利，反而付出了沉重的代价，可见其在外交上还略有不足。

光武帝刘秀跌宕起伏、波澜壮阔的一生就此宣告结束，半世戎马、辛苦经营打下来的万里江山，于辗转之间，传到了刘庄的手中，延续着刘家的天下。刘秀一生，短短六十余年光景，却让后世之人不断缅怀和赞叹，他留给后世的，是数百年大汉的功业？还是一个个发人深省的启示？

第六章　妙计安天下，得了江山得民心

汉明帝初露锋芒

征讨途中，中军帐前。

眼看到万千兵勇，军威凌厉如一柄锐利的尖刀；耳听到百里疆场，马嘶鼓震，惊得这如画江山乍起乍沉。众将士得主帅令，可在大军开拔之前仰天呐喊三声，一者是为龙子降世，二者则为丽华平安，三者则为主臣同庆，四者可为鼓舞士气。

当此之时，正是建武四年（公元28年），刘秀携王霸之师，征讨彭宠，大有席卷天下，包举宇内的气概。阴丽华是唯一随军远征的贵人。阴丽华为何许人也？何以能有幸得刘秀如此宠信，随大军东征西讨？

“仕宦当作执金吾，娶妻当得阴丽华。”这两句出自刘秀。那时的刘秀还是一介没落皇族，后来他如愿娶得阴丽华为结发妻子，甚为宠爱。最终阴丽华被封为皇后，成为一段佳话。

曾经盛极一时的赤眉军即将与刘秀帐下的冯异展开最后的决战。此前，汉军主帅乃是邓禹。刘秀的部署是“使计诸将屯渑池，截其东路，异击其西，一举取之”，冯异是刘秀战略的坚决拥护者，可是邓禹却另有想法，他是个冒进的人，不听冯异的劝阻，举兵攻伐赤眉，结果大败而回。

此番，刘秀当机立断，夺了邓禹的兵权，又以冯异为主帅，又亲率大军，终于崤山之底，以逸待劳，大破赤眉军。此役进一步奠定了刘秀一统天下的军事基础，更从赤眉军手中得到传国玉玺。

阴丽华能够随刘秀大军出征，固然和其深得刘秀宠信有关，但更为重要的原因则是刘秀拥有充分的自信，在大军出征的胜利的同时，保证阴丽华的安全。败赤眉，夺玉玺，携雷霆之势，控王者之师，天下谁人可挡？有词《满江红·光武帝刘秀》唱道：

豁达宽容，成就了，中兴伟绩。
能文武，刚柔相济，奇兵突击。
勇猛多谋成大事，推心置腹添鹏翼。
得民心，跃马扫群雄，无人敌。
释刑婢。均税率。
勤政事。崇儒德。
赞修文偃武，与民生息。

宽厚爱民民众拥，秀才治国江山碧。

有志者，万事竟成真。乾坤赤。

仿佛是为了印证此时的大势，刘阳应运而生，他后来改名刘庄，也就是历史上著名的汉明帝。

斗转星移，牵扯日升月落；朝花夕拾，演变生生不息。弹指之间，天下已定。洛阳城中，一片歌舞升平、繁华鼎盛。可此时的长乐宫中，却是一派肃杀气象。光武帝刘秀巍然立于朝堂之上，座下群臣股肱战栗，脸色变换，唯恐一个不慎，无功不说，反误了身家性命。

历代开国皇帝多是精力过人之辈，刘秀也是如此，他对上交的各类文书无不逐一仔细查看。前些日子，刘秀下令“度田”，所谓“度田”，就是诏令天下州郡清查田亩及户口，这是战火之后新政府的必然举措，也是增加赋税的手段。这批吏牍即是各地“度田”后呈上来的报告。当他翻阅陈留县的吏牍时，这样一句话映入他的眼帘：“颍川、弘农可问，河南、南阳不可问。”刘秀有些莫名其妙，但并没有马上表露出来，而是下议于百官。庙堂之高虽可接九天之上，但未必代代皆有经世致用之才，因而刘秀之疑问，亦是百官之狐惑。半晌过后，群臣无一人可说上一二，刘秀转眼望向其子刘庄。一时之间，大家的目光也都集中到了刘庄身上。

刘庄却不慌不忙，一副胸有成竹之相。他拜过刘秀之后，缓缓说道：“河南是首都所在，朝中高官都住在这里；南阳是陛下的故乡，陛下的亲戚大多居于此地。因此对这两个地方的田亩数字，负责检查的官员们当然不敢多问。”说罢，群臣为之侧目，刘秀恍然大悟，心中甚是欣悦，为一个十二岁的孩童有如斯锐利眼光而惊叹。经此一事，刘庄可谓是初露锋芒，也让刘秀废长立幼的想法更加坚定。

建武十九年（公元43年），单臣、傅镇率众造反，攻占了原武城，引得刘秀大怒，于是派太中大夫臧宫前去围剿，然而由于对方准备充足，原武城久围不下，故此刘秀召集众臣商议对策。太子刘彊首先建议以加官晋爵、赏金封侯的方式激励将士攻城，群臣也大多附议，只有刘庄低首不言、暗自摇头。刘秀见状，询问道：“阳儿（刘庄）为何摇头，可是心中已有定计？”刘庄并没有直接说出自己的想法，只淡淡道：“一筷可断，百筷难折。”皇上和百官都知道他有话说，静静地等待，没有打断他。果然刘庄再次进言，力主不要围城太紧、太急，可以引诱贼人突围，然后分而歼灭之，这样以区区一个亭长就能对付了他们。皇上听罢，拍案叫绝，命将士依计而行。结果一如刘庄所料，叛贼分散突围后被一一平定消灭。

关于此次战事的记载，《后汉书》中只有寥寥数语，是故后人对于刘庄能够成为太子的关键知晓不多，而此次事件即是光武帝刘秀决定改立刘庄为太子的重要转斩点。

此外，据历史记载，刘庄在十岁之时便已经通晓《春秋》，闻达于朝野内外。刘庄能有如此表现，并非偶然，这一方面是由于他从小师从经学大师桓荣，可谓名师出高徒；另一方面则是由于他较早地在刘秀身边观察和学习政务活动，增加了自己的才干。当然，这与其天赋也必有一定关系。但是，真正聪明的人是不会让人知道他的聪明的，特别是在充满血雨腥风的皇室内部，因为那势必会引起政敌的妒忌甚至是仇恨。除非你的实力足够强大，能够做到有恃无恐，叫敌人徒唤奈何。

当时，正处于当时女性权力巅峰的皇后郭氏，是阻挡刘庄登上太子位的最大绊脚石。刘彊是郭氏所生，为光武帝刘秀之长子，顺理成章地被册立为太子。但他从小缺乏适当的锻炼，逐渐养成懦弱怕事的性子，兼之他胸无大志，不像刘庄那样“积极备战”，所以争位之事，几乎全部仰仗其母亲郭氏。

郭氏深知刘秀十分倾心阴丽华，自己虽然贵为皇后，母仪天下，但在光武帝眼中的地位，却难以企及阴丽华之万一。同时，阴丽华之子刘庄近年来所表现出的才智，也非自己的儿子刘彊所及。是故郭氏只能寻求娘家的帮助。郭家乃是世家大族，郭氏的外祖父就是著名的定恭王，刘秀成就霸业之前，要极力仰仗他，所以才立郭氏为皇后。兼且初时阴丽华无子，刘彊也就以嫡长子的身份入主东宫。郭氏为让刘彊坐稳太子位，可谓煞费苦心。可是方法用尽，依然挡不住刘庄母子逼来的脚步，她无计可施，竟然当面讽刺刘秀和阴丽华，叫刘秀对她彻底死心。此一时、彼一时，君临天下的刘秀再也不需要郭家的助力，当他决定废除刘彊时，世上再无一人能够改变这结果。

太子大位易手

建武十七年（公元41年）。

太子东宫，已成将倾之大厦。曾经在身边的众位“忠臣良将”已经另投明主，曾经挥手间得以使万众臣服的太子威仪，如今已经是过往云烟。昨日内廷传来消息，皇后郭氏，现皇太子之母因为非议皇上，辱没皇家尊严，以“怀势怨怼、数违教令”之罪而被废黜，早已岌岌可危的太子终于失去其最大臂助，情势更加危急。

光武帝刘秀念及太子尚且年轻，对其母后之事并不知晓，因此特别准许太子见其母后，以话别情。见过母亲，一时间，刘彊仅存的幻想随之破灭，之前他尚自以为，父皇只是一时之气，母后终归会回到其原来的位置，可母亲告诉他，光武帝早就倾心阴丽华，爱屋及乌，对其子刘庄也爱到骨髓。因此，废长立幼之心早已如同一颗种子，在朝局变换，天下易手的情况下，逐渐生根发芽，破土而出。只是郭氏一向谨慎，故而刘秀也暂时找不到废黜他的理由。

常言道“蝼蚁尚且偷生”，何况一朝太子？郭氏见大势已去，心灰意冷。太子刘彊只能退求一方之地，苟延残喘。或许皇上会考虑，在某一天重新召他回来，承继帝位，收到以退为进的奇效。

可惜他不明白，卧榻之侧岂容他人酣睡。

当他向光武帝禀明自己的意愿时，刘庄心跳不已。但随即他便醒转过来，因为他看到父亲此时的眼中，出现了一丝似乎惋惜或者赞许的眼神。因此，他极力反对太子自废。这一举动深得光武帝嘉许，其后纵使刘庄成为东宫太子，最终得传帝王大业，依然对其恩宠有加，没有丝毫的怠慢，其母郭氏也受到了厚待。

刘彊被废以后，虽然自己的幻想逐渐破灭，但是依然还有一部分投机势力想借用刘彊的废太子之名举事，徐图成就大业、颠覆乾坤。其中最为活跃代表的就是刘荆。

刘荆是光武诸位皇子中比较有才能的一个，他给废太子刘彊写信，言及其无罪被废，自己念及手足情深，终于难以坐视不理。故而支持刘彊从自己的封地东海起兵，像汉高祖那样取天下，夺皇位。刘彊接到书信后，当即吓坏，立马把信上交给明帝。明帝早有孝敬师长，爱护兄弟的美誉，念其初犯，因此没有追究此事。但是在刘庄的心里，孰亲孰疏、谁远谁近，已经泾渭分明。这在以后刘庄执掌江山的手段中，慢慢显现出来。

永平元年（公元58年），刘彊病重，刘庄遣中常侍钩盾令将太医乘驿视疾，诏沛王辅、济南王康、淮阳王延诣鲁。及到他即将西去之时，还上书表示感谢。

据传，刘庄读了刘彊的上书，悲恸大哭，感动得无以复加。

刘庄特命曰："王恭谦好礼，以德自终，遣送之物，务从约省，衣足敛形，茅车瓦器，物减于制，以彰王卓尔独行之志。将作大匠留起陵庙。"

从建武二年（公元26年）刘彊即太子位，到建武十九年（公元43年）刘庄入主东宫，刘彊的命运就像全部被别人牵扯，纵使自己有万般无奈，也只能顺时应势，太子大位就此易手。

在刘庄继太子大位之前，发生了一件在今天看来难以理解的事情：刘庄在刘秀的许可下，改刘阳为刘庄。关于刘阳改名的因由，历史上众说纷纭，其中最为盛行的说法认为，刘阳改名为刘庄，主要是想改变他的身份。刘阳是妃子所生，乃为"庶出"；而刘庄则是新封的皇后（阴丽华）所生，就是嫡子。从字义而言，"阳"是鲜明的意思，形容词，虚而不实。"庄"则有庄重威严的意思，似乎更适用于皇帝。《后汉书》中也有记载：皇帝下诏说："按《春秋》的经义，立太子以出身嫡庶的贵贱为标准。东海王刘阳，是阴皇后的儿子，应该继承帝位。皇太子刘彊执著谦让，愿意到诸侯国为王。父子之情，使我难以长久地违背他的意愿。现在封刘彊为东海王，立刘阳为皇太子，改名为庄。"

刘庄在担任太子期间，更加表现出其非凡的才智，其中最具代表性的便是他在对待南北匈奴的主张上。

刘秀半生戎马，最终重建汉朝，因为国力的不足，刘秀被迫一改武帝时对匈奴的战略，由主动进攻转为积极防御。此后经年，匈奴分为南北两部分。南匈奴主动要求内附，光武帝刘秀册封南匈奴的权贵们，而且还和他们和亲。这在以后比较长的一段时间内，维持了北方边境的和平，为东汉的逐渐崛起提供了良好的边部环境。北匈奴看到东汉和南匈奴和亲，也要求和亲。时局未明之前，刘秀一时难以决定，于是和公卿们商量。

当此之时，朝堂之上均以为与北匈奴和亲可以化解过去结成的仇怨，而且还可以自主选择与南北匈奴的和战关系。与南匈奴战则联合北匈奴，与北匈奴战则联合南匈奴，诚可谓是驱狼搏狗的妙计。以此推之，汉室天下当可立于不败之地。唯有刘庄不以为然，他分析，北匈奴因为南匈奴内附汉朝，并且与大汉朝和亲所以害怕我们，如果我们不攻击北匈奴，又和他们和亲。不但北匈奴不再惧怕我们，南匈奴也会对我们有二心，因此，汉朝应该拒绝与之和亲。听完其分析，光武帝刘秀深感有理，于是决定不和北匈奴和亲。

大权在握指点江山

建武中元二年（公元57年），原陵。

四野一片白色，举目全是哀声。在这原陵之上，庄严肃穆，悲凉如风。原陵又名汉陵（今洛阳市北20公里处的孟津白鹤乡）。俗称"刘秀坟"，顾名思义，就是汉光武帝刘秀死后的陵寝。此前二月，东汉的开国皇帝刘秀驾崩，举国上下一起为这一位英主致哀。

刘庄携百官一道，为先皇守孝，夏四月丙辰日，刘庄开始颁布其继位以后的第一纸诏令，基本内容有以下几点：

1.表谦虚谨慎之意。刘庄自称为年轻晚辈，遵照旨意继承汉之大业，因此每日从早到晚都惊恐不安，不敢荒疏懈怠贪求安逸。他承担国家命运，继续奉行先帝的体制而以文德治理国家，有如不知种庄稼的艰难，唯恐出现失误。而先帝之恩德普照天下，其德行能与古代的圣帝明王等同，协和万邦之众，达上通下，恭敬地祭祀百神，施恩惠给鳏寡之人。

2.谋求公卿大夫百官乃至天下百姓之助力。为此，刘庄不惜大肆赏赐天下众人。同时大赦天下，曾经的罪犯都被放出，曾经因为战乱被掳掠的妇女重新获得自由。一部分被贬官吏还能够官复原职，赏赐金银。封侯拜将，如拜邓禹为太傅，刘苍为骠骑将军。又如封赵熹为节乡侯，李䜣为安乡侯，冯鲂为杨邑侯。

3.完成先皇丧葬事宜。派太尉赵憙在南郊祭天告知先帝的谥号，派司徒李欣安放先皇棺木，派司空冯纺率领五校兵士负责覆盖黄土为坟事宜。

他向天下明言，如今上无天子，下无诸侯首领，犹如要渡过湍深的河流却没有船和桨。帝王之位责任重大，而自己年轻，才疏学浅，确实需要有贤德的人来辅佐帮助自己。

刘庄不可谓不高明，在他即位之后，充分地分析了天下大势和国家局势，并结合了百姓和文武众臣的考量，不失时机地颁布了这一纸诏令，此诏令一出，立刻引起了巨大而积极的反响，使得朝野内外，文武同德，上下一心。

政局交替时的国家，终于稳定了下来。一时间，汉朝不仅在战争中取得了一些胜利，同时以轻徭薄赋为核心的各项政策也相继出台。

这年秋天九月，烧当羌人因为不满当地官员的腐败和倾轧，遂举兵反抗，侵犯陇西郡，大军一路士气如虹，在允街县一战中，汉军数千兵马不敌烧当羌人，守城不足一天，就全军败退，城池也被烧当羌人的军队夺取。

当此之时，刘庄及时了解了陇西地区羌人叛乱的前后因由，自认为是汉朝官吏的错，然而，他却不能惩罚汉朝的官吏，因为那样就更加承认了烧当羌人叛乱的正义性，而且阵前杀将，实在不是什么好事情。为今之计，他只能采取措施，获取陇西、凉州等地居民的民心，因为他通过分析，认为当地只是一部分人对于当地的官吏有意见，然而对于中央政府，他们还是比较忠心的，因此，刘庄下令，赦免陇西郡的囚徒，对有罪的人都减罪一等，不征收那里今年的田租和赋税。除此以外，刘庄还对从天水调发的三千人下令，免除他们这一年的雇役钱。

这年冬天十一月，刘庄派遣中郎将窦固，监捕虏将军马武二位将军领兵讨伐烧当羌。自己兴之所至，带了几个随从，出宫直奔军营而去。出得洛阳城，便是官道，官道两旁则是片片良田，一样望去，荒草凄凄。突然闻见号角三响，三通鼓罢。一队兵马裹着应征民夫向西开拔。道路两旁则挤满了送别的人，父母哭儿子，妻子哭丈夫，儿女哭父亲，牵衣拽马，遮道而哭，号泣声响成一片。众征卒无不动容，有软弱者甚至纷纷落下泪来。

恰如后世杜甫的《兵车行》所述："车辚辚，马萧萧，行人弓箭各在腰。爷娘妻子走相送，尘埃不见咸阳桥。牵衣顿足拦道哭，哭声直上千云霄……"

此刻人哭马嘶、尘烟滚滚的喧嚣气氛，极大地感染了汉明帝刘庄，于是回宫不久，便命人暗自查访当前社会状况，随即颁下诏令，命令有关部门务必顺应农时节气，使百姓不要受到烦扰。他知道，当时举贤察能有弄虚作假现象，奸邪谄佞之人未除，权贵阶层行请托之风，酷吏们贪赃枉法胡作非为，百姓愁苦哀怨，无处申诉冤情。因此严格命令主管官吏要查明各类罪行上奏呈报，若举荐不实，将并治举荐人之罪。另外郡县官府经常趁征发百姓服役之机，擅自作奸牟利，欺诈勒索贫弱百姓，使下层贫民先受其苦。应该务求劳役平均，而不要枉滥苛刻。

此令出时，正值中元二年（公元57年）十二月甲寅日。

这些政策不仅在当时取得了巨大的成效，甚至后世也有人对刘庄的作为大加赞赏，有诗词曰：

恭学儒法誉神童，修制礼仪政清明。
秉承汉室严治国，与民养息事亲躬。
冷剑寒霜拨反正，班超出塞漠北征。
君主竭力战事宁，天竺遣使佛道生。

攘外必先安内

松坐怨望、县飞书诽谤。

这日，梁松与妻子朝自己的老家河西之地行了一程，渐渐陷入林莽之中，天上暮色渐浓，片刻之间，只见苍山如海，残阳如血，映着那草色阳光，分外凄美。苦于天色暗淡，地上小路若有若无。呼的一声，一支羽箭穿云而来，千军万马整装出现。细看之下，妻子早已经胸口中箭，欲救无门，生机了无。烟火纷飞，照得梁松的脸如火嫣红，只见妻子的笑容摇晃之间，化为一缕尘烟消散。悲呼！天要亡之，何存幸理?

正所谓“天作孽犹可违，自作孽不可活”。梁松，当朝开国功臣梁统之子。据历史记载，梁松曾经因为一己之私，构陷明帝之岳父马援有作乱犯上的企图，光武帝一时不察，收了马援的官印。这也是招致近日梁松之死的关键原因所在。

《后汉书》则解释成“松坐怨望、县飞书诽谤”。意思是梁松心中存有怨恨，故而生出诽谤之举。《资治通鉴》第二卷上有记载说：“窦穆犯法陵乡侯梁松被指控怨望朝廷，张贴、悬挂、散发匿名诽谤书信，下狱而死。”

梁松是谋害马援的凶手，而马援却是梁松老爹梁统的老友，对梁松根本没有恶意，却仍然被梁松所害。梁松诬陷对手，其阴险和不择手段的印象在人们心中根深蒂固。

正所谓“机关算尽太聪明，反误了卿卿性命”，当然，以上梁松之作为，不过是他陷进去的表面原因，内里则是因为明帝限制外戚和功臣的大局政策所致。

光武帝之时，鉴于王莽篡位的根源在于外戚权重。所以刘秀对外戚的权力有所限制，但与此同时，他又利用外戚来防范宗室，这就不免会为外戚夺权提供方便。大司马吴汉死后，光武还拟让自己的妻弟阴兴接任大司马，因为大臣的反对才作罢，但死后仍然委自己的女婿梁松以辅政大权。

明帝即位后，一改光武帝为政时的柔道，而大刀阔斧地代之以刚猛。明帝根据光武生前的意思，画二十八将于云台，这二十八将代表了对于功臣开国功勋的肯定，但对自己的岳父马援却不予收入。旨在给大臣们一个信号，即自己要限制和约束外戚。有历史书籍可以考证，他的三个舅子马廖、马光、马防都位不过九卿。

说到外戚豪强，就不得不提位列三十二功臣之一，并且主动交纳河西五郡给光武帝的窦融。就其本身而言，窦融为人上合周礼、下对民心，可以称得上是群臣的典范。

曾经光武帝着人向河西发布了一份诏令，大意是向河西之地陈述厉害，其意在于不战而屈人之兵。对于河西的处境，见识之高实乃当世罕见。这令以窦融为代表的河西统治者无不叹服。于是乎，窦融欣然向光武帝回书一封，其间言道：

“臣融虽无识，犹知利害之际，顺逆之分。岂可背真旧之主，事奸伪之人；废忠贞之节，为倾覆之事；弃已成之基，求无冀之利。此三者虽问狂夫，犹知去就，而臣独何以用心！”

最终使得河西之争尘埃落定。窦融崛起战乱之中，以豪爽侠义出名。后来他封爵王侯，担当卿相，却开始邀功求权。而等到他位极人臣，又辞官远宠，一副恭顺小心的样子。随遇而安，和光同尘，知进知退，窦融是多么聪明！

唯一不足之处在于，他不善于约束自己的家人和子弟，结果子孙多不法。在那个纷争动荡的世间，汉明帝为求皇权之稳固，不惜极力削弱功臣外戚的权柄。最终，窦融之兄及子侄或身死狱中，或囿于围城之中，无一善终。

无独有偶，汉明帝在对待外戚的刚猛上，在自己的母亲一系亲戚中也显现出来，例如太后阴丽华的弟弟阴就的儿子，即驸马阴丰，杀了公主，明帝不为其母所动，依然将阴丰杀死，阴就夫妇也自杀。

杀梁松、败窦氏、斩阴丰，这一系列事件联系起来，便仿佛成为一张掌控功臣外戚的大网，为汉明帝王朝的江山稳固奠定了基础。但也有人评价，这一举措使得人人自危，上下难以一心，所以依照刘庄的才略，当时应该出现的更加清明的政局却始终若隐若现，殊为憾事。因此，从这一点来看，其功过尚且难以定论。

兄弟离心

此时此刻，刘英意欲夺取天下的野心已经被人揭发，一时之间，风声鹤唳，人心惶惶。刘英刚刚到丹阳郡，皇帝使者便已经上门，以便在询问刘英的过程中搜集其罪证，刘英知道，该来的终究会来，只是时间早晚而已。听闻目前刘庄正在紧锣密鼓地命令相关官员严厉拷问自己的属下，加紧对自己宫殿的搜查，以便一网打尽。刘英知道大势已去，为了不连累母亲，只得拔剑自刎，以谢天下。

说刘荆谋反尚且有人相信，何以刘英也会生出此等举动？

明帝永平十三年（公元70年）四月，楚王刘英封地上的一名叫燕广的人前来向刘庄告发，言之凿凿地说刘英有“君王之志”。其中还特别提到刘英与方士秘密制作金龟、玉鹤，并在上面刻了文字，准备将其埋藏在某地，继而再有意让人挖出。燕广解释说，刘英此举大有意图，旨在妖言惑众，制造混乱，为他发动兵变、夺取政权做舆论准备。燕广甚至还列出了一些名单，并且照名单所示，渔阳人王平、颜忠等都是刘英的同谋！

案卷资料依然静静地被人放在尚书台上，刘庄久久不能平静。曾几何时，刘英还是自己最为得力的助手，反观今日，却变成背主离心之辈。知人知面不知心，此言诚不我欺！

刘庄哪里知道，有人的地方，便会有争斗，便会有背弃。人具有天然的攻击性，它是人与环境相斗争的产物，是人在面对外来威胁时都会表现出强烈的本能，以几乎失去理智的仇恨反击外来威胁，进而战胜威胁，确保自己的安全。因此，可以说，刘英的举动实则是为求自保，不得已而为之。

刘庄虽然身为天之骄子，却不得不去面对一个接一个的尔虞我诈。为了揽取大权，别人谋反，自己当然要诛逆叛贼。因此，刘庄试图依照严苛的刑罚整顿吏治、维护统治。当然，他的法律背后的精神并非“人人生而平等”，而是要以法作为维护自己统治的手段，是整个统治阶级的法律，即使对于平民的权益的保护，也只是为了维护自己的统治。

被后世广泛斥责为残酷不仁的汉明帝刘庄，面对着刘英叛乱的确凿证据，此刻却并没有立马诛杀刘英。这不禁让刘庄手下大臣们百思不得其解。

其实，这需要从刘荆身死说起。永平十年（公元67年），广陵王刘荆自杀。前文中提到，刘荆怂恿废太子刘彊反叛刘庄，刘彊惶恐之下告发了刘荆，刘庄考虑到，国家初立，正内忧外患之际，如果杀了自己的兄弟，定然会留下话柄，恐非吉兆。刘庄因而宽恕了刘荆之罪责。本以为刘荆会在感激之下，从此安分守己。岂料刘荆并没有像刘庄预想的那样，反而变本加厉。

刘荆乃光武帝刘秀的第九个儿子。汉明帝永平元年（公元58年），刘荆被封为广陵王。

就在这一年，东汉与羌大战，获取了极大的胜利。在此之前的对羌作战中，刘荆还在四处活动，谋求国家政权。当他到了封地之后，他甚至大言不惭地向相士诉问，自己长得像先帝刘秀，先帝文德武功，自己万难相及，所以在那个群雄并起、逐鹿中原的时代中，先帝才能独领风骚，笑到最后。但如今天下大事定也，自己是否也可以像先帝一样，现在起兵，力求在三十岁之时，荣登权力巅峰？后世认为，刘荆的这一举动，实乃不智。因此对其真实程度也有所怀疑。那一相士惊吓之下，立马将之告诉郡中官员，最终传到刘庄耳中。这一次，刘荆知道自己闯祸，只得自己将自己关于大牢之中，俯首待命。消息传来，刘庄依然赦免了他的罪责。

依照后世逐渐完善的法律看来，刘荆两次意图不轨，实乃滔天大罪，但都能免于责罚。这一方面是刘庄出于对大局的考虑，另一方面，则是刘荆特殊身份的庇佑。因此，可以说，当时是人高于法的时代，这“人”不是一般平民百姓，而是王公贵族，所谓“天子犯法与庶民同罪”，不过是一句空头口号。

刘荆在两次谋反之举都被人检举发现以后，稍稍沉寂。眼见大汉江山日渐强盛，天子威加四海，皇恩浩荡，使得百姓安居乐业，边境战事也逐渐平稳。遂使巫祭祀诅咒，汉朝对于巫蛊之事，一向讳莫如深，早在汉武帝晚年，就因巫蛊之祸而迁怒无数人，血流成河；就连先帝刘秀，都是在巫蛊预言的鼓动下，和其兄长刘伯升一起揭竿而起、创立大汉天下的，其间因为埋藏木人，被人陷害者，更是不计其数。幸得此番刘庄并不是一个特别迷信巫蛊之事的明君，所以消息传到他的耳中，他并没有及时地做出动作。然而，刘荆却因此惶恐不安，害怕刘庄一怒之下，会让自己不得好死，遂自杀，一了百了。本来刘荆一死，应该会天下太平，殊不知当时的世家贵族实力强大，对于刘荆之死，许多达官贵人们也心有不满。所以联名请奏太后，请阴丽华太后出面，稍稍“询问”了些许关乎刘荆的事宜。言下之意，实则是表达对刘荆之死的不满。

这样就不难理解，何以刘庄会不及时追究刘英的罪责。皇上虽然气愤，并且令尚书、御史、谒者等三台会同廷尉共同调查，但结果出来，即使查明刘英有罪，却也只能把案子拖着。是时太后已经驾鹤西去。但是素有孝顺之名的刘庄，也不能随意违逆母后的心意。此外，世家大族的势力一时间也难以根除，所以杀和不杀，实在难以决断。

直到永平十三年（公元70年）夏，刘英谋反案件尚自紧锣密鼓的审理之中。一日，司徒大人虞延念及当时有名的臣子公孙弘是个难得的人才，就向刘庄推荐，请求将之从幽州召到京师任职。可是他哪里知晓，此刻刘英之案虽然即将尘埃落定，皇朝也如一汪平静的水面，但京师却是即将有一场大变。正所谓“山雨欲来风满楼”，公孙弘早已经被人列入刘英谋反一案的黑名单，有司衙门正在对其进行调查。虞延此举，无异于自取灭亡。加之阴家闻风而动，诬陷其与刘英早就暗中往来，最终虞延自知难逃责罚，便自裁而死。自永平三年（公元60年）入朝至今，虞延一向以廉洁称誉，先后担任太尉、司徒两职。可谓位高权重，然而虞延死后，他的子孙几乎沦为乞丐，下场悲惨令人感叹。

刘英一案余波尚在，但一波未平一波又起。

虞延一死，刘庄即着人大肆追究“刘英一党”，为鼓励揭发之风，褒扬敢言之士，刘庄随即诏封燕广为折奸侯，统领天下进言之士。继而永平朝历史上最大的一起重案爆发，牵连甚广。有甚者，冤屈下狱，死者难以数计。其中也包括郭皇后生的两个儿子刘康和刘延，亦有人告发其图谋不轨，视其情节较轻，刘庄并没有严加惩罚于他们，只是削减封地。

曾经光武帝刘秀在世之时便担心自己儿子比较多，各自握有实权的同时，谁也不服谁，这势必会导致兄弟相残。果然，刘秀才没入土几年，同室操戈便到此一发不可收拾的境地。恰如后世曹植《七步诗》所述：

其在釜下燃，豆在釜中泣。
本自同根生，相煎何太急。

丝绸之路上的杀伐

进入西汉末年之后，丝绸之路沿线的国家或者民族，逐步摆脱了中央朝廷的控制，直到光武帝刘秀的横空出世，南征北战多年，打败陇右、蜀中、河西等各镇诸侯，一统天下，丝绸之路沿线民族和国家逐渐在名义上臣服汉朝，但是刘秀并没有彻底解决丝绸之路沿线的问题。及至汉明帝继位，国力日强。遂有意凿通丝绸之路，一场大战一触即发。

在此之前，汉光武帝刘秀因为刚刚经历十五载的兵马生涯，虽然得以一统天下，可也使其国力遭到巨大损耗，群臣百姓皆翘首以盼，希望能有一段安宁平静的生活。因此无奈之下，刘秀只能一改过去汉武帝之时主动进攻的战略，转而进行相对更为实际有效的防御政策。汉朝又逐渐与南匈奴和亲，分化瓦解了匈奴政权，到也让边境之地取得短暂的和平。

匈奴亦知道，此时的汉朝虽然内部空虚，但自己也处于分裂状态，所以难以占到丝毫便宜，于是就暂时采取对汉朝求和的态度。与此同时，早已经处于分裂状态的匈奴南北二部，也爆发了战争，最终南匈奴战败。这对刘秀而言，无异于是一个噩耗，因为在此之前，刘秀已经与南匈奴缔结成为亲家，南匈奴战败，就意味着自己所支持的政权遭受重创，于汉朝在北部边境的大局很是不利。南匈奴战败之后，北匈奴便趁势提出与汉朝结亲的请求。一时之间，刘秀陷入了两难的境地，结亲便意味着背弃以前与南匈奴的合约，不结则代表着与此时势力相对强大的北匈奴结怨。恰在此时，刘庄建议刘秀不能同北匈奴和亲，以防南匈奴诸部落离心离德，于大局不利。经过商议，刘秀迁羌人、匈奴人等西北方部族和中原杂居。这在很大程度上，加强了民族融合，暂时也缓解了匈奴和汉朝之间的矛盾。

永平七年（公元64年）春，匈奴东山再起，重新成为东汉王朝西北边境的最大祸患。然而此时东汉军力薄弱、良将缺乏。所以刘庄面对匈奴使者傲慢的态度、无理的要求之时，也只能忍气吞声，被迫开放云中、朔方诸郡，不敢轻言战事。并且经由代理太尉赵熹保举，让郑众出使西域。郑众凭借其堪比苏武的才智品德，出色地完成了任务，为此时的东汉争取到继续休养生息的时间。

永平十五年（公元72年）四月，经过与耿秉、窦固、祭肜、马廖、刘张、耿忠等人的讨论，考虑到东汉经过多年休养，国力日盛。于是汉朝觉得对西域用兵的时机已经来临。经过详细讨论，汉明帝刘庄最终决定先取白山，夺取伊吾，然后再攻击车师，继而出师匈奴周边列国，达成实际意义上的合围之势。并于次年沿着后世之丝绸之路，率领几路大军各自浩荡而去。

此次会战，东汉王朝总体上取得了较大胜利。尤其是所率领大军，在对匈奴作战中，更是取得了自东汉立国以来最为重大的胜利。当窦固和耿忠的大军抵达天山（今蒙古杭爱山）之时，立马抓住战机，一举击溃北匈奴呼衍王，浮尸千余。北匈奴人大溃，东去无门、北逃无望、南遁无路，只得一路西窜。而汉军经此大胜，士气大振，焉能轻易放过匈奴诸部？

于是汉军穷追不舍，一直追到蒲类海（今新疆巴里坤湖）。此地已经是西域胡人之地，南方无人可拒匈奴铁骑，所以匈奴人便调头南逃，窜入了伊吾卢（今新疆哈密）地区。正所谓兵贵神速，大汉军队将士齐心，日行数百里，如风驰电掣般追到，双方再次展开大战，匈奴又败，此战一败，匈奴再无反败为胜的转机，最终全军覆没于汉军铁蹄之下。

从此，蒲类海、伊吾卢一线的匈奴势力被彻底肃清，窦固向汉明帝刘庄上奏报捷。刘庄听闻大喜，遂颁诏在此地设置宜禾都尉，同时命令窦固在伊吾卢城周边留下将士开荒屯田。

开始说道，汉朝出动了几路大军。其中有两路大军分别由驸马都尉耿秉、骑都尉秦彭以及骑都尉来苗、护乌桓校尉文穆带领，向北而去。可惜北方的匈奴诸部早就望风而逃，使得两路大军无功而返。更有甚者，如太仆祭彤与原南匈奴左贤王拏鞮信一起率领大军袭取高阙要塞之时，由于王拏鞮的构陷，祭彤被冠以“率军逗留、畏缩不前之罪”。汉明帝一气之下，将其斩杀。一代忠臣良将就此陨落。汉明帝刘庄气过之后，对此也是追悔莫及，可惜悔之晚矣。

此后，汉朝为继续维护西域边境的稳定，欲选一名才德兼备的官员出使西域。这对一向奉行“男儿何不带吴钩，收取关山五十州”的班超而言，无疑是一个可以一飞冲天的绝佳机会。

班超原本是一个手无缚鸡之力的书生，久居穷困潦倒之境地。百般努力之后，依然无所作为。一日见汉军招兵，考虑良久，终于下定决心，愤而掷笔，应征加入大汉军队，以图建功立业。这就是著名的班超“投笔从戎”的故事。此后在诸多战斗中，班超皆勇猛异常，屡立奇功，逐渐从底层士兵之中脱颖而出，并深得窦固的嘉许。是时西域各国多归附于匈奴，皇帝便想可否自己派出使者，说服西域诸国能够为大汉效力，不仅在军事上打击匈奴，还在政治上孤立匈奴。于是发布诏命，急切希望窦固可择出一人，担当出使西域诸国的重任。如此重任，让这些武将出身的人去担当，哪里能够完成？这让窦固大为发愁。

班超见状，越众而出，愿意领命西去，为大汉建立不世功勋，大有“初生牛犊不怕虎”的气概。窦固知晓班超早年也算是饱学之士，只是郁郁不得志，这才选择从军。心想军中一时之间，还真的只有班超才能担当如此大任，于是便答应了他的要求。最终班超不负众望，以其“不入虎穴，焉得虎子”的勇谋，说服西域各国与大汉交好，就因此事，再加上其兄弟班固在汉朝为官的大肆宣传，班超得以一鸣惊人，成为天下瞩目的风云人物。在这期间。班超率领仅仅三十六人辗转于鄯善、于寘诸国，凭借其勇略游刃于西域诸国与匈奴之间。巧施妙计，诛杀匈奴使节，征服西域诸国，成就赫赫声名，威震西域。此前丝绸之路已经断绝，经过班超的努力，丝绸之路得以重新贯通。次年刘庄又设置西域都护，为汉朝统治西域各地提供政治保障。这些都极大地拓宽了东汉版图，为其边境的长期稳定、国力的日渐强盛奠定了基础。

第七章 明章盛世繁荣

皇太子离奇身世

刘秀一统天下之后，对于阴丽华一家甚为倚重，这并不代表刘秀没有汲取前朝外戚专政导致王莽最终废汉自立的教训，而是刘秀做好了万全的准备，他有信心让阴氏一门忠于自己、辅佐大汉。

及至汉明帝刘庄继位，一样继承了先帝在位之时的做法，对外戚甚为倚重和照顾。其中，刘庄的两个舅父，即阴乡侯阴识、关内侯阴兴皆是忠贞正直之士，在朝野内外都口碑甚好，贤名之声四海雅望。除此以外，他俩还在汉光武帝刘秀夺取天下，立下过赫赫战功，因而他们在世之时，皇帝对阴氏一族甚为倚重，他们也约束着族人，让他们遵纪守法，遂使得阴氏一门成为自西汉以来贤名最甚的外戚。阴丽华的父亲阴陆早在建武九年（公元33年）就离开人世，刘秀遂追封其为宣恩侯，因为阴兴是庶出，所以其爵位被阴就继承，后改为信阳侯。而阴兴到死也只是一个关内侯。然而，这个阴就却是一个志大才疏之人，因而臭名在外。

永平二年（公元59年），阴丰驸马府中，就在这一年，阴识因病逝世，而阴兴早在建武二十三年（公元47年）就离世，自此，阴就成了阴氏家族的族长，失去制约的他，越加地无法无天。

而阴丰就是阴就的儿子，按理说，能够成为驸马，应该被视作阴丰的荣幸，同时因为受到公主的制约，阴丰会变得老老实实。然而，三天已经过去，阴丰尚没有回到驸马府中，郦邑公主独守空房，其中的寂寞，何以排解？其实郦邑公主并无甚不良心机，只是眼见阴丰日渐放肆，在外浪荡不堪，在家无所作为，大有“恨铁不成钢”之感。

且一切罪过的因由，皆是源自阴丰之父阴就。阴就放肆不法的作为，在各个方面均深刻影响到阴丰，“上梁不正下梁歪”，是故阴丰虽正事不成，在歪门邪道上确实“天赋异禀”。原本公主嫁于阴丰，就只是一场政治婚姻，所以郦邑公主对阴丰，根本谈不上任何感情和爱意。此外，公主也是个娇纵成性的人，要知道，她是刘秀与阴丽华最小的女儿，自然被视为掌上明珠，含在嘴里怕化了，捧在手心怕碎了，到了阴丰府上，不仅没有得到应该有的宠爱，这阴丰竟然还屡次想要讨几房小妾。二人婚姻逐渐不谐，甚至逐渐朝向水火难容之境地迈进，两人经常吵架，甚至还屡屡动手。

阴就不止一次因此训斥阴丰，但阴丰都当做耳旁风。后来阴丰又与公主吵架，激动中公主辱及阴就，阴丰盛怒之下将公主刺死。

阴就闻讯，大惊失色，遂快步走到驸马府上，一见公主倒在血泊中的尸体，顿时吓得血色全无，随即昏厥。待得他醒转过来，连忙下令将阴丰这个忤逆子捆绑起来，再命人将自己和阴丰的母亲一同捆绑，一起入宫而去。

公主死，阴丽华和刘庄均感到皇家颜面尽失，而且这公主可是整个刘氏的掌上明珠，阴丽华大受打击，无形之中给刘庄施压，兼且刘庄和公主的关系也很不错，大怒之下，遂将阴丰斩首。

犯罪之人虽然皆受到该有的惩罚，但对于刘庄之母阴丽华的打击却是甚为巨大，一方面，阴丰是阴丽华的侄子，另一方面，公主是阴丽华的女儿，任凭哪一方遭受损伤，都是阴丽华不忍心看见的。一时之间，阴丽华心底创痛难以愈合。既因为自己女儿之死，也因为阴氏家族遭受池鱼之殃，从此一蹶不振。

最终，阴就及其妻子也没有逃脱责罚，毕竟，他只是阴丽华的同父异母的弟弟，兼且皇帝历来就看不惯阴就的所作所为，遂令其自杀而亡。同时阴丰之祸，还让其族人遭受鱼池之殃，刘庄下令将阴氏一门子弟的爵位尽数废除。

阴氏一门既然轰然倒塌，一个左右东汉后宫局面的人物便趁机粉墨登场，她就是马氏，亦即以后汉章帝的母亲，汉明帝的皇后。鉴于阴丽华伤心过度，身体境况每况愈下，刘庄便遣马氏照顾太后。

马氏自从与刘庄成婚以来，贤妻良母的形象便日渐深入人心。刘庄对其甚为满意，甚至在继位之初便想册立其为皇后。但最终只是封其为贵人，原因在于，一方面，前文提到过的马氏之父马援受梁松陷害，至此尚未被平反；另一方面，则是皇后册立需要寻求太后阴丽华的同意，然阴丽华此刻正卧病在床，刘庄实在不便开口。在马氏的精心照料下，阴丽华得以康复，马氏也因其闲德美丽，深受阴丽华的喜爱。此外，马氏因考虑到刘庄子嗣有限，便以大度之心向刘庄引荐美女，尽心尽力之处，唯恐疏忽怠慢，不存丝毫妒忌不平之心，这在很大程度上赢得了皇上刘庄的信任。

马氏和公主郦邑同为皇室贵胄，同为聪明女人，却一损一荣，境遇截然相反。原因在哪里呢？从她们的作为和结果来看，这一方面是由于阴丰与刘庄的不同，但更为重要的是，马氏在德上更有优势，她在面临变故之时，依旧不改变自己高洁之德，最终赢得皇上和太后的双重恩宠。反观郦邑公主，则是娇纵之风变本加厉，不但没有让其丈夫浪子回头，还害得自己香消玉殒。

永平三年（公元60年）正月，阴丽华太后首先进言，要求册立马氏为后，百官宫闱皆表同意，皇帝刘庄亦早有此意。二月十九日，马氏顺利被封为皇后。其子刘炟也顺利成为太子。

刘炟虽然称呼马氏为母后，但他并不是马氏的亲生子嗣，马氏一生无子，成为其最大的隐痛。刘庄亦深感惋惜。永平元年（公元58年），贾贵人诞下刘炟，刘庄认为他是永平年间的第一个儿子，故而相信刘炟乃上天所赐龙子。溺爱之下，刘庄特将刘炟交付马氏养育。

阴丽华病重时候，马氏想尽各种办法，以求阴丽华太后早日康复。急切之间，她便想到将自己的养子刘炟带到宫中，为深宫禁苑提供一丝生气，相信太后看见刘炟，势必会心情大好，其病不治自愈也不是没有可能。

正如马氏所料，刘炟在太后身前表现甚好，充分显示出其作为王子的聪明灵巧，夺得阴丽华的喜爱。兼且阴丽华因此病愈如初，皇上龙颜大悦，对马氏及其养子刘炟更加恩宠。一时之间，刘炟可以说是集万千宠爱于一身。

因此，在马氏成为皇后之时，刘炟亦被册立为皇太子。刘炟因为一直没有被允许和其生母贾贵人见面，所以亦不知晓马氏是其养母。他能顺利成为太子，一方面是由于时机得当，自己充分展示出以后的发展前景；另一方面，则是子凭母贵，马氏对刘炟视若己出，而皇上太后爱屋及乌，皇太子之位自然非刘炟莫属。

国不可一日无君

永平十八年（公元75年），刘庄暴死，一时汉室江山群龙无首，各方势力蠢蠢欲动。

马氏知道，刘庄归天而去，自己即将成为左右时局的关键人物。姑且不论自己如何伤痛，曾经纵使有万种风情，今后也只能是孤芳自赏，马氏也只能笑对即将到来的风云变幻，因为不只是刘庄的亡灵在看着她，全天下的百姓和整个朝堂的文武百官也在关注着她。为今之计，只有首先封锁刘庄猝死的消息，避免朝纲大乱、天下浮动才是国之大事。所以马皇后急忙命令左右，严密封锁陛下归天的消息，同时封闭北宫大门，非有诏书者严禁入内，有违此令，可先斩后奏。

随即，代理太尉赵熹、司徒鲍昱、司空牟融等人得马皇后允许，紧急入宫。何以三人在马皇后严禁进入宫门，秘密封锁消息之时，还得以受皇后召见？

这是因为，先帝在位之时，皇后便深知三人皆是忠勇之士，可堪大任。其中，新任司徒鲍昱，虽然在三公中最为年轻，却是开国名臣鲍永之子，且一向有贤名，刘庄生前对他颇为看重。而十九年前，先帝刘秀的丧事便由现任代理太尉赵熹办过，有过处理此类事情的经验，足可倚重。

三人早已经在来前商议决定：家不可一日无主，国不可一日无君，当前最为重要的事宜在于，马上扶持太子刘炟登基，再布告天下，为皇帝刘庄发丧。听完三人建议，马皇后欣然允许。

而此时的邙山之上，马皇后的两位娘家兄弟正在紧锣密鼓地布置皇上归天后的打算。虽然皇后已然严密地封锁消息，可纸又如何能够包得住火？特别是对于马廖、马防这两位有心之人。此次，二人决定连夜入宫，若能及时帮助皇后稳定宫中大事，扶持太子登基，则二人今后当可一步登天，成为新任皇帝的定策勋臣，荣华富贵必然终生享用不尽。

可惜他们不知，此时皇后早已经是刘家之人，为刘氏宗族，会不惜一切，即使牺牲自己父母兄弟的利益也在所不惜。因而二人虽然及时赶到宫门，却不得进入。因为守宫之人正是皇后及当今太子十分倚重的杨仁。二人虽然欲凭借自己皇亲国戚的显赫身份闯宫，为自己这千载难得的机会拼搏，但是当他们面对杨仁说一不二、杀伐果断的威势之时，也不得不作罢。

虽然此次事件得以解决，但并不意味着这些皇亲国戚会就此罢休。毫无悬念，杨仁最终成为此次事件的牺牲品。

据传，刘炟继位以后，马廖、马防二人随即弹劾杨仁，说二人意欲探视皇上安危之时，杨仁当场阻拦，意行不轨，因而犯有大逆不道之重罪，按律当斩。依照一般逻辑看来，杨仁奉马氏谕令，镇守宫门，面对权贵依然毫不畏惧，刚正不阿，为皇宫之稳定甘冒风险，非但无过，反而有功才是。但是在马氏和刘炟看来，虽然杨仁忠勇可加，能堪大用，但是相较马氏二兄弟，其价值就远远不如也。于是乎，杨仁本有大好前途，但因为荣立此等“功劳”，终被贬为一方县令。而杨仁呢？他不但没有心怀怨恨，而且还对皇上之仁慈英明感恩戴德。由此而观之，人的思想动态，可以说是无时无刻不在变化之中。君子可以变为小人，敌人可以变为朋友，只待时间和环境的“修正”和“雕琢”。

人们对这种变化往往感到不可捉摸。实际上，变化都是一点点渐渐发生的，如同清水煮青蛙，不易叫人察觉。可是只有我们静下心来，就会发现昨日之我与今日之我之间的可怕鸿沟。所谓“今吾非故吾”，就是说明这种情况。

千军万马来相见

永平十八年（公元75年），柳中城外。

天都峰位于柳中城外三十里处，因为柳中城早已经被匈奴大军团团围住，故此处唯一关隘已经成为禁地，不只军中将士，即使是寻常百姓，也不得在此通过或者逗留。因此此地虽山势奇绝，素有风景俊秀之名，却也颇为冷清、难见人迹。然而此刻的天都峰顶，不知为何，竟然有两个汉军的精悍军士，显得颇不寻常。

只见二人一个在前，一人稍微落后几步，前面一人素纱锦衣装扮，后面一人倒是紫袍华服。二人并立于峰顶，俱无言语，只是望着三十里外的柳中城，被夜色笼罩着的万千灯火，还有柳中城外的疏影闪烁。

天就快亮了！

苍茫的暮霭缓缓浮动，隐隐传来尚未归营的匈奴兵士的马蹄声与号角声，透过薄寒的空气，仿佛令那天地之间的肃杀之气，顺着雾气缓缓弥漫开来。已近深冬，远山之间已经盖上轻霜，狂野也罩上蜃气，枯干千年的胡杨林，此刻缄默无声，只有那斑斑点点爬上树干的青苔，掺杂于漫天飞舞的枯枝败叶之间。

柳中城的统帅关宠，为了激励士气，率领数人星夜从敌人包围圈的豁口出，赶到城外三十里的地方，亲自为前去给中原朝廷报信的人送行护驾。此刻，关宠虽然脸上含有轻松之色，但谁都知道，此去报信，可谓前途难测。虽然已经脱离匈奴的包围圈，但是朝廷刚刚遭逢大变，刘庄暴死、新皇帝继位，实在是难以有暇他顾。

自道一声珍重，关宠转身回去柳中，信使缓缓朝其背影跪叩，愿将军福大命大，得以击退匈奴大军。

与此同时，耿恭所部，已仅存千余兵勇，依靠一往无前的气势，死死守护着疏勒城。因为他们都知道，匈奴破城之日，便是城中将士百姓灭亡之时，且将军平日很是善待部下，不已兵士粗鄙而轻视他们，不因曾经有人犯罪而不重用他们，只要有才有德，皆可为军所用，将军的知遇之恩，较之亲于兄弟亦不为过。可见耿恭之人望，之过去作为在此刻便起到关键作用。

这日，匈奴大军见疏勒城久攻不下，殊为心急，遂着使者前去城关处喊话，意在劝降，谋求不战而屈人之兵。那使者口沫横飞地游说一番，还以为此时耿恭必然已经心动。耿恭遂将计就计，邀请使者一个人上前来，与耿恭详细商议，并且把投降之后的事情，说个明白清楚。使者只想着自己能够立此功勋，激动不已。孰料想，汉朝军士虽然被围困在城中，却早已经是铁板一块，誓死与疏勒城共存亡。只见耿恭毫不犹豫的抓住时机，逮住使者，并下令斩其首级，悬于城楼之上。匈奴单于大怒，率军匆匆攻城，城中守军凭借城楼高厚，坚守不出，负隅顽抗，纵使匈奴大军英勇，却没有半点办法。一时之间，双方都难以进退，皆成僵局。

而此时的洛阳城，并没有似匈奴部将所说，乱成一团。因为经过马氏的努力，终于上下一心，将朝局稳定下来。还未等刘炟缓过一口气，边关求救战报便已经搁在皇帝案头，刘炟看着满目用鲜血写就的求救信，一时之间，胸中百感交集。急忙诏令当时的国之柱梁，三公九卿会商于南宫大殿之内。

宦官接过皇帝手中的边关急报，照信念出：“罪臣关宠、耿恭，率部将于一年之内，百战不悔，为大汉之江山，浴血天外。至今兵士不足一千，战甲粮食难以温饱，特此上书恳请陛下发兵救援，成则汉朝天威永固，不成则将士共疏勒城池同灭亡。罪臣百拜。”

百官一时间一片沉默，随即开始讨论何以看待当前时局以及对待此封求救书信。

司空大人第五伦认为，西域距离此处何止千里之遥，就此发兵已然万万不及。兼且皇帝尚新近接替大位，朝中之事物可谓百废待兴。因此，皇帝此刻万万不能发兵。

司徒鲍昱闻言，不禁大怒，且不说此次出兵，面对已近强弩之末的匈奴士兵，必将取得胜利。单论关宠、耿恭等将士，此次深陷囹圄、百死不悔，为的是什么？还不是为巩固大汉江山。从这两点出发，就不该抛弃他们不管。而且自高祖刘邦立国以来，边关匈奴之患就从未断绝。汉军入主西域，浴血奋战、舍生忘死，从未失去对与汉朝的忠勇气节，只因先帝驾鹤西去，才使得匈奴军士有机可乘，大汉军队秉承为国捐躯之信念，不惧生死，才被围困在西域城池之中。匈奴人正是以为，汉朝此时亦是无暇他顾，匈奴只需围攻便可不战而胜，吾等切不可中了敌人的奸计。

刘炟闻言，深感有理，百官亦是大为赞同。

皇上与文武大臣经过商议，终于同心同德，得出决议：以耿秉带兵屯酒泉，代理酒泉太守。而酒泉太守段彭与谒者王蒙、皇甫援三人火速征发张掖、酒泉、敦煌三郡郡兵，配合班超的鄯善国军队，分道出师救援！而有了上述几路疑兵的掩护，自洛阳京师之地的士兵便可早日达到疏勒柳中等地。

三十余日之后，柳中城，关宠所部已经死伤殆尽，唯独他和手下数十人左右还在死死抵抗着匈奴铁骑的进攻。

只见关宠拔出自己最后一支箭矢，挽雕弓、如满月。眼望东南，一片疮痍。曾几何时，这里是一片充满生机的土地，曾几何时，自己与兄弟们在当地居民支持下，在着柳中城内，固守待援。可多日过去，东南方向没有一丝烟尘卷起，只有那偶尔飞过的雄鹰，在这天空高出任意嘶鸣。弟兄们一一阵亡，只留下自己一个孤家寡人，刀锋上满是缺口，战旗上满目疮痍，自己早已杀红的眼睛，逐渐冷却下来。

城外，匈奴给了关宠三个时辰考虑，如若投降，匈奴必将给予其高官厚禄。如是负隅顽抗，城破便在旦夕，破成之日，城中必将鸡犬不留。

关宠举眉轻笑，仿佛世界在这一刹那便变得很轻，搜的一声，箭矢从匈奴大军头顶飞过。关宠终于倒下，只有耳中模糊的提到，汉军！汉军！汉军到了。

经过一月的时间，由酒泉郡太守段彭、谒者王蒙、皇甫援三人率领的汉朝援军星夜兼程，终于赶到柳中城下集结。只是城中守备将士已经全部阵亡。

几人欢喜几家愁

始置于汉武帝开通西域道路、设置河西四郡之时的玉门关，因西域输入玉石时取道于此而得名。《汉书·地理志》有过记载，玉门关与另一重要关隘阳关，均位于今敦煌郡龙勒县境，皆为都尉治所，为重要的屯兵之地。

中郎将郑众，在得知耿恭即将胜利归来的消息以后，早就马不停蹄地赶到玉门关处迎接。当疏勒城仅剩的十三名守卫将士返回此处之时，西北长空刚刚还嘶吼的狂风戛然而止，只有那十三名形容枯槁的将士们静静地站在玉门关外，郑众见此，不禁潸然泪下，感叹耿恭等人在面对必死局面之时，不畏生死，在疏勒城一方之地狙击敌人一年有余，可谓国之良将，大汉英雄。有兵士将军如此，何愁大汉朝不能光照千古、流芳百世？

且说耿恭等人能够平安归来，还多亏一位名叫范羌的高洁之士。援军见柳中城一片死寂，未免大军徒劳无功的前去疏勒，并且避免可能被匈奴军队伏击的危险，汉朝援军决定只攻打附近匈奴部队，虽获得大胜，但却不准备远去疏勒做无用之功。唯有范羌一人，夜闯联营，请命带军队救得疏勒守军出来。最终，援军被其至诚所感召，便授其两千士兵，最终救得十三名疏勒守军，回到玉门。

皇帝闻讯，龙颜大悦，对其封侯拜爵自不多表。然而耿恭虽回，上下争相庆贺，却忘记西域之地，尚有班超游说于列国之间。（班超于永平年间，刘庄在位之时就出使西域，此时已经是西域都护的长官，常年掌管西域，保证西域诸国的稳定，防止匈奴的入侵。）

此时的班超，可谓前后两难、进退维谷。前日听闻汉军打败匈奴军队，自不免高兴的小酌几杯。然而高兴之余，亦不免心中犯愁，因为今日班超就已经收到大汉皇帝刘炟的亲笔谕令，紧急召他回返中原，以免与匈奴再开战事。这当然不能责怪刘炟胆小无能，而只能说是他初登地位，不能够太过草率，贸然开战实乃以举国之力牟取不必要的利益。

班超明白，虽然自己来西域之时，仅仅带部下三十六人，但凭借自己的三寸不烂之舌，加上东汉皇朝天威浩荡，自己依然能游刃有余，闯出显赫声名。也正是因为自己能够长期镇守此地，西域各国才不敢轻举妄动。此次若自己奉诏回京，则西域疏勒、于阗、鄯善、车师诸国必将望风而动，纷纷归属匈奴。那么，将士浴血拼杀、自己饱经患难多年才创造的西域现有局面，则会在瞬息之间化为乌有。然纵使自己有百般不愿，也必须奉诏。须知汉室天下，早已经颁布严刑峻法。自己奉诏不遵，家中尚有兄弟姐妹、白发老母。他们本来无罪，但因己之过，势必会承受诛灭三族之责罚，自己于心何忍?

班超部下见此，也不好开口挽留，只有疏勒都尉黎弇拿起壁上宝剑，拔剑自杀。临死前，仍然叹息自己与其死于匈奴之手，何必假借他人，就拔剑自刎了。

班超听闻此事，伤心不已。再看东行路上，各地守将、各国国王纷纷请求班超留下，见此，班超终于有所决定。此去洛阳，京师重地，太傅赵熹、司空第五伦、还有太尉牟融、司徒鲍昱，哪个不是名重一方、学富五车、才高八斗的超世之才，自己和他们相比，实在是不值一提。有他们坐镇京师，自己回去，万难有所建树。因而班超决意留在此地，并凭借自己的一腔热血和西域诸国对自己的百般信任，建立一番功业，以屏障大汉江山。主意已定，班超遂修书一封，向汉章帝刘炟严明西域详细情况，表明自己的心迹。刘炟知晓班超的能耐以及将他留在西域的好处，加上自己并无任何损失，便允其所奏。至此，班超决定留在西域镇守一方，西域终于得以安宁，汉匈大战也告一段落。

书生治天下

刘炟本是个书生，工于书法以及儒家经典，称呼其为“书生皇帝”亦不为过。历来皆有人认为，书生即是软弱无能、极好意气用事之人，因而用之于国家，则必为国之祸患。登基成为九五之尊的刘炟，又会是如何一个皇帝呢?

历史证明，只要能够充分利用自己所学，因循时势，书生也未必就会成为百无一用之人。刘炟在接下来的统治之中，对于各种关系的处理表现得尤其突出，充分显示出一代明君的卓然智慧。

前面提到，班超在西域真实显示出“将在外，君命有所不受”的果决。亦见识到刘炟在对待班超之时的随机应变的能力。但是，在对匈奴及西域的政策以及在对内是否延续汉明帝在位之时所用政策上，汉朝百官重臣还经过一场不亚于任何战争的唇枪舌剑。

在对内统治问题上，以太傅赵熹、司空第五伦为代表。主张改变明帝时期的严刑峻法，力求仁政治民，这似乎暗自与汉章帝所遵循的儒家之法相应和。而以太尉牟融、司徒鲍昱为首的强硬派则认为，只有延续依法治国的英明抉择，才能保持汉朝天下有法可依，人们皆循规蹈矩，百姓安居乐业，世事升平欢喜。

而在对外政策上，汉明帝在永平十五年（公元72年）以后，就着手准备对匈奴作战。班超出使经营西域，汉军在与匈奴的作战中，也取得一些胜利，但国力消耗太过迅速。至今不过三年，却已经导致国家日渐衰弱、百姓苦不堪言。因此，以校书郎杨终为代表的朝中大臣，便开始直言相谏。他们普遍认为，世祖刘秀确立“止戈息武”的国家大计，国家才得以修身养息。然而明帝继位之后，对西域诸国动武，原因有四：一来国力日盛，二来边患四起，三者怀有雄霸之心，四者则是铁血政策之施行。然今日边关战事渐渐平息，时值天下大旱，百姓温饱堪虞。为今之计，当重新遵循世祖皇帝所立政策。司空第五伦亦同意杨终所谏言。皇帝刘炟亦感觉其道理所在，然而他并不能就此决断。因为他明白，只有广泛征求意见，才会求得最终最好的解决办法。

与此同时，太尉牟融、司徒鲍昱则强烈认为，一来当前汉军已经在西域各方的政治外交和军事上取得巨大进展，如果半途废除既定国策，则过去之努力即会全数付诸东流。二来古语有道“孝子三年不改乃父之道”，先帝刘庄在位之时，便已经定下对匈奴的铁血战略，如若改之，恐怕皇帝刘炟会枉自背负不孝的名声，对国家不利。

一时之间，朝堂陷入僵局。直到第五伦等以始皇帝穷兵黩武、大兴土木，最终招致强大无匹的秦国败亡的结局为根据，劝阻刘炟以高祖刘邦、世祖刘秀为榜样，与民休息。只有放弃西域诸国，与匈奴等边陲国家订立和平盟约，才能够永葆大汉江山之稳定，成就太平盛世之功业。刘炟才终于下定决心，制定自己成为皇帝后的基本国策。

刘炟自小便学习儒家经典，儒家思想对他现在的抉择以及以后的施政，都产生出巨大影响。亦希望依靠“礼治”“德治”思想教化百姓，慑服四方。

汉章帝刘炟亦需要标榜自己的孝廉之名，以教化天下，获取民心。窦皇后拿来《舜典》，他便以其“五教在宽”为宗旨，顺便赞颂一番先帝刘庄一生的功业。当然，在延续刘庄功业之同时，亦要进行革新。为防止人心涣散，臣属离心，只能用古代经典如《大雅》《春秋》等为自己的施政策略找到理论根据。

此后，汉朝一改过去严刑峻法的政治方针，转用宽和以待天下。但似乎上天有意为难刘炟，例如当时汉朝曾爆发多次自然灾害，同时时常天有异变。《后汉书》记载：

永平十八年，刘炟新近继位，便有牛疫病流行。京师及三个州大旱不雨。

建初元年三月甲寅日，山阳、東平发生地震。八月庚寅日，有彗星出现在天市星座。

建初四年冬季，牛瘟疫大流行。

建初五年春二月庚辰初一，天有日食出现（古代有叫做“天狗食日”，为不祥之兆）。

建初七年，京师及郡国螟虫为害成灾。

建初九年夏四月乙巳日，客星进入紫宫星座。

和刘庄崇尚人治不同，刘炟虽然也是一个堪称圣明的君主，但是对于天兆之说，他也是十分相信的，因为汉朝自武帝以来，都是以儒家“天人合一”的思想，作为国家意志的立身之本。此番面对如此多的天灾异相，刘炟不免心有担忧，但担忧归担忧，刘炟却并未就此被吓退，而是更加励精图治。他明白，在这特殊的时刻，愈加需要展现自己的手腕，在乱中求治，百姓才能够体会到自己的恩德。一方面收获百姓之心，另一方面则震慑百官。

于是乎，在京师及其周围三州郡爆发旱灾之时，刘炟下令不收充、豫、徐三个州的田租、草料，并且用现有的谷米救济贫苦灾民。严明举孝廉的法令，严格官员选拔制度，救济无家可归之人。

刘炟要求各级官员各自奉献真诚，专心地去办理人们所急的事。同时，还一改先帝刘庄在世之时的严刑峻法，对于犯罪不够死刑的，等到立秋以后立案核实，对于一般罪犯者，尽量能够在使其改过的基础上，轻判其罪责。有关主管要明白选举人才的重要性，推荐贤良，罢免贪官污吏，顺应时令，清理冤狱。

经过皇帝的仁治，天下得以舒缓一口气。即便如此，皇帝仍然时时自危，如此治理天下，真可说是“战战兢兢，如履薄冰”。孤立无援的皇帝，深感需要有人来辅佐自己。因此，刘炟坚持不拘一格选拔人才的策略，不以出生高低贵贱作为评判人才优劣的标准。如何获取自己需要的人才呢？刘炟想到，需要命令太傅、郡守等人推举人才，并采取举孝廉的方式，找寻人才去补充县令、郡守等官职。最后，他还特别命令把上林中的泡沼禁苑田赋给贫穷的人。

经过刘炟不懈努力，汉朝又出现了欣欣向荣的景象。刘炟勤政爱民、虚怀纳谏的仁君之名得以名留千古。刘庄在位时采用铁血政策，至今为止，朝中大臣仍然对当初动辄杀人盈千的恐怖形象心有余悸，因此，刘炟采取的仁治，无疑是收取人心的绝佳手段。加上对汉朝周边地区的和平政策，刀枪入库，马放南山。人民重新得以休息，沉重的税赋、徭役得以减轻，天下千万百姓有感皇帝恩德，浩荡天恩，为民所赞叹。一时之间，天下归心。

大汉柱石刘苍

于穆世庙，肃雍显清。
俊乂翼翼，秉文之成
越序上帝，骏奔来宁。
建立三雍，封禅泰山。
章明图谶，放唐之文。
休矣唯德，罔射协同。
本支百世，永保厥功。

——刘苍《武德舞歌诗》

《武德舞歌诗》为刘苍所做，是现存汉代唯一一首宗庙祭祀乐歌，它是合登歌、舞歌于一体的祭仪乐章。客观地说，这首宗庙祭仪乐歌的艺术创新是极有限的。众所周知，历代统治者视祭奠仪式为一项庄严的事情，朝廷所举行的祭祀仪式负载着统治阶级深厚、殷切的精神期盼，这也是历代祭颂文学的主旋律。郊庙祭祀乐章的制作者常常是享有特权名位显赫之人，由此，刘苍于东汉的影响力可见一斑。

刘苍之所以能够得到如此重用和信任，一方面自然和刘苍的皇子身份有莫大关联，另一方面则是因为他确实有真才实学。到了刘庄死后、刘炟继位，刘苍几乎可以被称为汉朝一柱石，许多大事，刘炟在悬而不决之时，都会找刘苍进行讨论。

刘苍是刘秀与阴丽华所生的第二个儿子，是刘庄的同母弟弟，其地位之显赫，自然不用多说。刘苍于建武十五年（公元39年）受封为东平公，建武十七年（公元41年）被封为东平王，定都无盐（今山东东平县东），明帝永平五年（公元62年）正式就国，遂从洛阳徙居无盐，开东平藩王一族（此一族可以说是东汉王朝众多宗室藩族之中最为优秀的一族）。

刘苍自我修养很高，无论学识见识，还是品德，都得到了广泛的好评。早在刘庄为太子之时，刘苍就得到了刘庄的器重，到了刘庄做皇帝，刘苍便得到更大的恩宠。例如每次刘庄外出巡游之时，刘苍便为其驻守洛阳，处理京城一应事宜。

刘苍曾与大臣共同拟定了南北郊冠祀和冠冕车服等一整套礼乐制度，还曾多次谏劝汉明帝不要在春耕农忙时狩猎游玩，以误农事，虽然"忠言逆耳"，但刘苍的建议都为明帝听取。与当时王子们骄奢淫逸的作风决然不同，刘苍虽位居一人之下、万民之上的尊贵地位，但却毫无骄纵之意。相反，刘苍因辅政期间"多所隆益、声望日重"，非常不安，便多次上奏请求辞去辅政之职，出所封东平王国，以维护皇帝的权威。这样，刘苍才在永平五年（公元62年）离开京师来到东平，但仍佩骠骑将军印。

刘庄年仅三十六岁就驾鹤西去，所以到刘炟登上九五大位之时，刘苍依然活跃于朝堂之上，时常为皇帝建言献策。而且，刘苍也意识到，自己的这个侄子，心胸之宽广非刘庄可比，因此，在谏言之时，也就没有多少顾忌。这样一来，不仅成就了刘苍的忠臣之名，也使得刘炟虚怀纳谏的美名流传至今。

一次，刘炟忽然召集刘苍入宫，言辞恳切之极。刘苍听罢宦官念完诏令之后，突然之间便觉察出会有非比寻常的事情要发生。果不其然，刘炟此次召集刘苍入宫，正是为商议大建刘庄守陵县邑的相关事宜。

刘苍及至宫内，不等皇帝开口，便问及当前国家最大的实际是什么。刘炟当然知道，国家正处于内忧外患之中，刘炟刚刚继位，与匈奴的战争尚没有完全结束，年年征战致使国库空虚、百姓深受其害。刘炟是一代英主，怎么会不知晓民间疾苦呢？因此，刘苍极力反对大修守陵县邑的举措，认为修守陵县邑不仅需要大量的物资，还需要充足的劳力，非数年之功难以达成。而先帝在位之时，便不以好大喜功为荣，如此虚耗国力、劳民伤财的不智举动，如何能够慰藉先帝在天之灵呢？如果非要这样，无疑是自取灭亡。

刘苍之言，也只有他合适说、能够说。因为乍听之下，实在很无理。这在君权至上的封建专制社会，是很难被容忍的。然而刘苍地位之高、资格之老，使他成为大汉朝臣当中为数不多可以这样对汉章帝刘炟说话的人。兼且刘炟素有心胸宽广的美誉，听罢此言，不但不会因为愤怒而做出错事，反而会嘉奖其忠勇敢言的行为。当然，若换了一般的官吏，即使刘炟再是宽宏大量，也必会治其一个不敬之罪。

刘炟其实也并不是非要为刘庄修建守陵县邑，只是为了彰显自己孝顺先帝的心迹。而刘苍之言，不但为自己找到一个可以下台的台阶，还说得十分有道理，因此，刘炟欣然接受刘苍的谏言。刘苍也因此树立了其国之柱石的地位。皇帝刘炟一旦有难以决断的事情，便会千里迢迢地问询刘苍，请求他为国家排忧解惑。在刘苍的建议之下，刘炟在建初元年（公元76年），就确立了对外休战、对内求稳的安邦定国之策，不久国家稳定下来，人民重新得到休养生息的机会。然而，外部祸患并没有向刘炟、刘苍、三公九卿制定国策之时预料的那样，止戈息武。

来而不往非礼也

汉朝自武帝以来，在对外问题上都采取的是主动进攻的战略。及至刘炟继位，面对百废待兴的国家时局，加上自己从小接受儒家思想的熏陶，自然趋向于将国家政策由铁血转为平和。然而一个人的轨迹且变换难测，何况一个国家的政策呢？虽然汉章帝不再对外进攻，但是在各种原因之下，边关战事依然不绝。被逼无奈之下，汉章帝刘炟只能高举旗帜，举兵迎战。软弱和被动，是不能够取得敌人的尊敬的，只有以牙还牙，才能够保家卫国、拱卫天下。

毫无疑问，自西汉以来，北边匈奴就一直是汉朝防范的焦点，但自建初二年（公元77年）之后，匈奴战败，西北边境便由此进入相对较长的平和时期。但南方战事则持续了较长的时间。

自建初元年（公元76年）开始，南方哀牢王就开始对大汉郡县进行进攻，而其起因，则要追溯到永平十一年（公元68年）春天。这年，哀牢王柳貌主动归附汉朝天子刘庄治下，刘庄经过认真的考虑，随即任命郑纯为益州西部都尉，管理哀牢国的土地。郑纯是广汉郡人，深谙为官之道。他到任之后的第一件事情，便是四处走访，了解当地的风土民情。郑纯为官清廉、善用宽和知道教化当地人。没有多久，当地人就对郑纯产生了很深厚的感情，郑纯不辱使命，终于在当地扎下了根，并利用自己的影响力，向当地人们传授汉人的礼法和农业手工业相关方面的技术。郑纯的行为使当地发生了翻天覆地的变化，哀牢国人民也深感其恩典，对于汉朝的统治，也逐渐习惯和适应。可惜事不久长，随着郑纯的去世，他的继任者便不再延续郑纯的治民政策，而是不考虑实际，盲目地向当地人推行汉法，遇有不服从教化的人，就用严刑峻法对其进行惩治，一时之间，哀牢国地区人民对汉朝官员畏惧如虎，然而自己无数代人薪火相传留下来的传统，又如何能够在短时间内改变呢？即使改变，也应该在自愿的前提下，而不是屈服于暴力强权。

早在汉朝进入哀牢国地区以前，哀牢国国王柳貌的归附举动就有一些人反对，他们认为这是背弃祖宗和传统大不敬行为。哀牢国数代人的基业，就这样拱手让人，自然使得那些元老重臣们心有不甘。只是因为柳貌在当地人心中的地位甚为崇高，所以那些内部反对势力也只能心里不服，而没有相应的行动，加之当时汉朝强盛，威加海内，四夷拱手，使得他们一时之间，倒还找不到有力的反对理由。而且由于郑纯的宽仁政策在当地甚得人心，这种反对之声也就日渐淡化。

等到柳貌一归天，新任的哀牢国国王类牢便在反对势力的鼓动下，准备起兵反对汉朝。加上汉朝官员的欺压和盲目执政，哀牢国居民和当地统治阶级终于忍无可忍，断然起兵。当地首府不韦县陷落，太守以下的地方官员全部被杀。哀牢国势力在取得进攻不韦县的胜利之后，兴兵继续向北。不久，益州告急。刘炟接到益州的告急文书，急令益州刺史调集各郡郡兵南下增援。他下了严令，无论如何也要守住博南山北麓的博南县！等待朝廷援军的到来。

虽然皇帝早就决定不擅自对周边地区动刀兵，但事已至此，就由不得自己了。只能先平定叛乱，在徐图进取。

正在刘炟为边境战事四起而发愁之时，十一月，阜陵王刘延谋反。

权利争夺，古今有之。但唯独皇室之中的争斗显得尤其激烈。叛乱者成功则已，不成的话，只有死路一条，而且自己的族人也要跟着遭殃。因此古今中外，对于皇室之中的兄弟相争，都让人谈起色变。其血腥和残酷，丝毫不亚于一场旷日持久的大战。

很明显，刘炟并不是嗜杀之人。相反，他看到自己叔叔谋反的消息，并没有当即派人去抓他，而是着人严格按照法令，对其罪行进行辨别真伪。最终的调查结果表明，刘延叛乱罪证确凿。但是其叛乱的手段就不是很高明了，他并没有联合文武官员进行逼宫，也没有擅自调集军队围攻宫廷。他幼稚地认为，使用巫术可以让刘炟陷入危机，使得自己登上皇帝宝座。与其说刘延有罪，不如说是他糊涂。当年刘秀因为巫卜预言起家，但并不是因为它真的有什么实际的神奇作用，而是因为这巫蛊之事广为天下人所知，让人相信便发生了作用。

刘炟一个崇尚教化和仁治的皇帝，要一个以仁为本治理国家的君主，去杀自己的亲人，实在比较困难。兼且刘延叛乱的影响力并不是很大，对刘炟也并没有造成事实上的威胁，因而刘炟一开始将他贬到一个小国，不久赦免了其死罪。贬为阜陵侯。当然，刘炟知道，百足之虫死而不僵，刘延虽然被贬，但其根基尚存、元气未损。为防止他再次犯上作乱，刘炟就软禁了刘延，时刻派官员监视于他，并且不准他与其他任何人进行接触。公元87年，经过多年的观察以后，发现刘延终于变得老实起来，于是他被再次封王。刘延在两年后病死。

这时候，刘炟已经开始习惯自己九五之尊的位子，并为巩固自己的帝位做出各种各样的努力，军事上对敢于反叛的势力进行镇压，收缩西北战线的兵力，例如史书记载：“甲辰日，撤销伊吾卢的屯兵”。政治上以宽仁的心处理国家大事，不像过去刘庄那样，动辄杀人数千，致使朝野上下一片恐怖。

除此以外，刘炟还对刘庄造成的冤假错案进行部分平反。而在经济上，刘炟则主要依靠的是重农主义，他为了发展农业，获取王朝自立的根基，甚至连一些商人也被劝解回去务农。

刘炟曾发布诏令劝事农桑。诏令发布后，官员得以各司其职，农业得以充分发展。在军事上的处境也日渐好转。根据《后汉书》上记载：“永昌、越巂、益州三郡民、夷讨哀牢，破平之。”从这段话中可以知晓，建初二年（公元77年）之时，皇帝刘炟紧急诏令三郡居民对哀牢大军进行抵抗和征讨，终于破其军队，平了他们的叛乱。

无论是内政还是外交，汉章帝刘炟似乎都处于被动的地位，但是经过自己与群臣的不懈努力，依然在最终取得了胜利，收到后发制人的良好效果。这是什么原因呢？也许正是因为他的后发，使得其民意上成为了先发，掌握了主动权，兼且军队作战勇敢，政策有所谋略，所以刘炟虽然没有亲自指挥，却依然能够决胜于千里之外。

第八章　宫内宫外战争不熄

封侯非我意

刘炟与刘秀相比，其勇略不足；与刘庄相论，其果决不够。刘炟从小就没有经历过什么大的战事，刘庄也没有给刘炟多少可以独当一面的机会。因此可以说，刘炟其实是在亲人的庇护下长大的，加上他从小接受诗书礼乐的教化，刘炟其实应该是一个相对比较软弱的君主。

刘炟其实比其他任何人都清楚，自己的长处在哪里，自己的不足又在哪里。俗话说得好，守业更比创业难，汉朝此时早已是江山稳固，作为一个守成的君主，只要国家不发生内乱，外部边境相对稳定，国计民生有所改善，自己就算是“功德圆满”了。而要达成这些目标，靠自己一个人的力量显然不够。而他又不能完全信任一般的臣属，因此，刘炟选择了自己的亲人借为臂助。于是大肆封赏母后的马氏家族，让这些拥有较大实权的亲戚们，死心塌地地效忠于自己。

这年春天，大汉一些州郡再次爆发了严重的旱灾。有人上书说，因为对于功臣亲属的封赏不足，上天便降下灾难，以发出警示。这当然不能让刘炟全面相信，毕竟自己也算是一个皇帝，那些上天暗示云云，不过是别有用心之徒为自己谋利益而找的借口罢了，更多的时候，是皇朝内部为维持自己的统治，而采取的愚民手段。但是这一封上书，皇帝竟然采纳了其中的意见，很显然，它为皇帝封赏外戚重臣们提供了一个契机。

刘炟毕竟比较年轻，虽然马氏已经逐渐淡出东汉皇朝权力的中心，但威信可是一点都没有降低。因此，皇帝要施行封赏外戚重臣的政策，还必须要取得太后马氏的支持。而马氏会支持吗？

说马氏是一个看似忠厚却绝顶聪明的女人，一点也不为过。从来后宫嫔妃之间的争宠，就是一场看不见硝烟的战争，当初争夺皇后之位，马氏能够从步步危机、层层杀气的深宫内院之内脱颖而出，成为母仪天下的唯一女子，又岂是一般女子可以成功的？

说起马氏，她从小生于显贵之家，对于皇宫权力的那些尔虞我诈、明争暗斗早已经是司空见惯。而且她从小开始习读历朝史书，对于国家兴亡、个人祸福的道理，也早就深谙于心。马氏知道，如果皇帝赋予外戚太大的权力，非国家之福气。当然，她也许会考虑的更为狭窄一些：如果将来外戚权力过大，则自己的儿孙们势必会遭殃；反之如果一旦儿孙们有能力独当一面，并且认识到外戚权重的害处之时，那自己的那些亲戚们也就会祸从天降了。一面是自己的族人，一面是自己的儿孙，无论是谁受到不应该受到的伤害，都是马氏不希望看到的。

当然，这之中最让马太后恐惧的，还是后者。因为就在不久之前，马氏就经历了外戚权重而招致皇帝削权杀人的惨剧。每念及此，马氏都会不寒而栗。

首先是刘庄在位之时，马氏的父亲马援被害一案。

马援本来就已经是皇亲国戚，地位显赫，天下少见。然而他却依然贪功冒进，招致在关键一战上的大败。马援素有贪财之名，所以先帝见其吃了败仗，就显得尤其生气。加上梁松的构陷，马援哪里还有幸免于难的道理。从这一点，马氏深刻地认识到，自己家族要想长盛不衰，必须要学会韬光养晦。仅仅凭借一颗对于皇帝的忠诚之心是远远不够的，因为那可能会在自己权力达到一定高度之后变质，也可能会在自己“功高震主”之时，为皇帝所不容，更可能被别有用心的小人所陷害。怎么样的作为才算是韬光养晦呢？马氏认为，一方面需要在有功劳时不居功自傲，无功劳之时不一味贪功。另一方面，则是要谨防财富权力对人的腐蚀，只有相对地洁身自好，才能够保证皇帝对于自身的长期信任，才能够保证自己家族的兴旺不衰。

其次则是阴丽华一家的悲剧。阴丽华一家如果能够洁身自好的话，又何至于遭受家破人亡的悲剧？曾经阴兴、阴识主持家务之时，阴氏家族的声誉很是不错，皇帝为此也甚是高兴，然而到了阴就主持家务之后，阴氏一门便开始不奉节守礼，仗着皇室家族对于他们的信任和宠爱，仗着阴丽华是母仪天下的皇后，不把天下人放在眼里，任意妄为，最终导致阴丰杀死公主的惨剧。阴氏家族自此一蹶不振，就连阴丽华贵为皇太后，面对当时的处境，也只能望洋兴叹，有心无力。

多年在阴丽华身边伺候，马氏比其他任何人都清楚阴丽华的苦衷，俗话说伴君如伴虎，自己的丈夫刘庄不正是一个比老虎更为凶狠的君王吗？多年在刘庄身边，亦让马氏对皇室宫廷内部权贵之间的争夺甚为担忧和恐惧，生怕有一天这种祸患会再次降临到自己的家族头上。因此，刘炟欲想封赏外戚的举动，对马氏而言，无疑是在她头上悬起了一柄随时可能落下的锋利宝剑。马氏皇太后，已经四十多岁的人，再去参与皇室内斗，此刻已经是力有不逮，她只想过些安稳的日子。

所以当刘炟向皇太后马氏提及要大肆封赏马家亲戚之时，马氏没有任何的高兴和激动，反而面色一沉，心中不悦起来。因为，她知道，这也许会演变成为一场灾难。

前面刘庄升天之后，马氏兄弟便想趁势进入皇宫，帮助刘炟继位，进而自己可以青云直上，为天子执掌权柄。但都被当时的马皇后派人阻止。此刻，马皇后已经变成了马太后，但是自己的基本原则不会变，因为她知道，自己家族的马氏兄弟，马防、马光兄弟只是纨绔之徒，实在是烂泥扶不上墙。只有马廖还算有些才能，但都难堪大用。马氏兄弟仗着自己皇亲国戚的身份，早已经成为名重一时的大官，如马廖成了九卿之一的卫尉，马防做了中郎将，马光则当了越骑校尉。

前面司空大人第五伦刚刚奏报刘炟，说当前皇宫内外，群臣上下对于马氏兄弟多有不满。马氏就开始对自己的这些个兄弟有所警觉，于是派遣下人前去查探，一见之下，甚为吃惊。自己仆役的穿戴十分朴素，但却应该是整个京师最为高贵的待遇了，岂料与马府仆人的绿衣白衫相比，竟然显得寒碜之极。这还是马氏兄弟无法无天的沧海一粟，比这更过分的都不胜枚举。不久之后，马太后决意去往别院修养，路过马家在京师的府邸之时，竟然看见成群结队的官员来此拜谒，其间会不会发生什么欺上瞒下、贪赃枉法的事情，就难以预料了。不过这一切，马氏都只是隐而不发，因为暂时她还不想让事情闹大，加剧马家的危机，为今之计，马太后只能坐观事态发展、相机行事。

直到一次马府置办丧事之时，竟然大违祖制，修筑高坟。这在当时甚为尊崇祖制的时代背景之下，此种做法，无疑会惹人非议，指责他们僭越祖制。马氏听闻，大惊失色，这一次，无论多大的影响，都需要管一管了。于是，马氏急忙命人召集马氏兄弟入宫，陈述其中利害，并对马氏兄弟做法进行了严厉的责问，怎奈他们不但不知悔改，还以孝顺之名为自己的所作所为辩白。马氏也只能叹息一声，让他们先行离去，然而她心中的担忧，却更加严重了。

由此可见，如若刘炟进一步地重用马氏三兄弟，则三人必将会难以自重，骄奢放纵的性格也必将会变本加厉，最终使得一向宽容的刘炟也会忍无可忍。正所谓“一朝天子一朝臣”，马氏在世，协调各方，小过可以为其遮挡，大过亦可以逐步化解，无论如何，马氏的太后地位无人可以撼动。但这并非长久之计，倘若某天马氏西去，留下马家族人，不知节制之下，很难预料会不会重演阴丽华家族的悲剧。

于是皇太后下定决心，竭力去阻止马氏家族被赐爵封侯，然而不知为何，刘炟这次似乎铁了心要封赏马氏家族兄弟。太后与皇上之间的第一次争斗，逐渐拉开序幕！

此后贤名满天下

建初元年（公元76年）冬，马太后为防止刘炟分封马氏家族的决定付诸行动、成为实事，遂决定先刘炟一步，以皇太后的身份，向群臣百官晓之以情、动之以理，阻止封侯赐爵于马氏兄弟的行动。之所以这样做，马太后是经过深思熟虑的，一旦刘炟分封之事成为事实，那时再做反对之举，不但会招致马氏兄弟的不满，更会有损自己儿子的信誉以及当朝天子刘炟的威仪。

这样，一封诏书便产生了。其间提到：“听闻天子即将为马氏兄弟丰厚赐爵，皇帝恩典，马氏一门只能心中存有感激，但却万万不能接受皇帝的好意。身为臣子，何以能够一直惦记着着自己的好处，而不顾天下人的得失。只有为皇帝分忧，为百姓办事，节俭持家、为官清廉才是臣子应该做的。”

太后诏书可谓开题点睛，继而还在其诏书中援引当初王莽也是因为自己功劳巨大，汉朝对其十分倚重，从而对其大肆封赏。然而一个人总会有贪心的，皇帝的赏赐，知足而报恩则已，否则必将会导致臣下不知所以，盲目自大，不断获取更大的权力、结党营私，外戚权重之下，国家势必会陷入祸患之中。诏书中还以先帝刘庄为例子：“昔日先帝是何等英明，阴氏一门阴兴、阴就、阴识等人又是何等的出类拔萃，但是皇帝始终对其权力有所限制，为官最大者，也不过是九卿之职，何曾有过三公之念想？即使是对于诸位皇子，刘庄也从不加以特别地重用，而是广招贤臣，为皇帝大业打理一切。反观今天的马氏兄弟，且不说万万不及诸位先帝的皇子们，但就与阴兴等人，也是无法相提并论的。马氏兄弟如今已经是备受恩宠，无功不受禄，怎么还敢奢望更大的恩惠呢？我如今尚且在位，马氏兄弟就时常违逆我的旨意，某一天我若不在坐镇后宫，以马氏兄弟之骄奢傲慢，有谁能够保证不招致灭族的祸患呢？”

诏书到此，言辞恳切，太后马氏依然恐其不足以表自己反对赐赏马氏兄弟的决心，愤而说道：“我自认为无所作为，全凭借太后和先帝的恩宠，自己才得以母仪天下。对于马氏一门，我时常对其进行教育和批评，然而自己才短智疏，马氏兄弟不但没有丝毫收敛，反而对自己身先士卒、节俭自好的作为嗤之以鼻。我又有何办法呢？只能希望皇帝不要对其进行封赏，皇帝之孝顺，我能够深切的感受，但是这种做法，实在是上不合先帝之意，下有损百官百姓之心。”

刘炟见了皇太后的诏书，淡然一笑，他猜想，这必定是皇太后故作姿态，其实太后听闻自己欲将对马氏族人进行封侯赐爵，心里必定十分欢喜。

因此，皇帝刘炟决定，自己身为九五之尊，难道还不能助母后抵挡那些流言蜚语吗？有鉴于此，皇帝刘炟便决定到自己母后马氏的寝宫面见于马氏，向她表明自己的心迹。

然而马氏听完刘炟所说后，却回道："高祖在生前就留下遗令，无军功者不得封侯。如今马氏兄弟相比阴氏家族、梁氏一门，实在是无尺寸之功可言。而且马氏兄弟别人不知道，我可是了如指掌，他们都不是有才之士，能够恪守祖业不败亡，就是马家之幸事了。况且当初先帝在位之时，就已经严明了赏罚的条令。如今帝薨不足三年，皇帝怎么能够违逆祖先遗训。我反对封侯之言论，并不是为了赢得一个谦让之礼的虚名，而是为了大汉江山与马氏一门着想。外戚权重，流弊无穷，古往今来，这种例子早已经是不胜枚举。又何必要明知故犯，让马氏一门遭受重蹈覆辙的危险呢？"

皇帝刘炟听闻太后所言，虽然感觉似乎有理，但是自己多日谋划，如此就放弃了，叫刘炟怎么能够甘心，于是刘炟冒着马氏震怒的危险，悍然进言说道："如今天下已定，再也不似先帝在位之时，国家蒙难，外患内忧不绝，自己年轻，见识浅薄，此后势必要大力仰仗自己这些亲戚们的帮助和支持。值此国家兴旺、国力蒸蒸日上之际，分封一个马家，天下人不会有什么流言蜚语。"刘炟见自己母后马氏似乎还在犹豫，便决定在添一把火，以长跪不起来威胁母后就范。

这一举动，让马氏太后殊为惊异，心中想：过去皇帝一直很遵循自己这个母后的旨意，虽然自己不是他亲生的母亲，但自打刘炟小时候开始，自己与刘炟之间就情愈亲生母子，刘炟怎么突然之间变得强硬起来，难道真的是翅膀硬了，便不再听从自己的教诲？这还是曾经那个温文尔雅，事事听命于自己的刘炟吗？

马氏把心一横，愤而说道："为娘自你出生之后，万事无不为你思考，并且自成为皇后开始，为了刘氏天下，自己可谓是尽心尽力，一刻也不敢懈怠，多年下来，自己染上了许多疾病，但依然想将自己的病养好，如今你还年轻，许多事情一时之间还难以明白，但是要封侯马氏家族，必须要等到为娘死后才能够达成！"

刘炟不料自己的母后会如此震怒，猛然间发现原来是自己误会了母后，并非是母后谦虚，而是她真正在为大汉江山着想，也在为自己的家人着想。惊吓之下，连忙向母后道歉，并承诺不再提起此事。但在他心中，依然觉得，自己的母后太过危言耸听了，有自己在，断然不会出什么事情。

赐爵封侯之事，就此告一段落。但是皇朝内部远远没有平息。特别是马氏兄弟听闻此事之后，原本以为自己可以"一展抱负"，高兴之余，没有料到，如今都化为泡影，实在是心有不甘。但要他们去找太后理论，却是万万不敢。直到有一天，太后忽然记起，自己的母亲蔺夫人去世之后，马氏兄弟将其与马援合葬。合葬之时，为彰显马氏一族的功绩，特命人将陵墓加高。马氏太后意识到这件事情的严重性，便再次召集马氏兄弟入宫，特别是对其中颇通晓礼仪的马廖进行劝解，希望他能够严格按照祖制行事，只有这样，才能保证马氏一门长盛不衰。

马廖见此，也深刻地感受到太后的苦心，遂命人将马援的陵寝铲低。为防止马家之人此后生事，干涉国家朝政，太后还连发几道诏令。不准马氏之人通过自己的身份牟取私利，如果此后马家有人被查出确实做过违法乱纪的事情，必将严惩不贷。马氏为了给皇朝做表率，以身作则，过上更加简朴的生活，并广为推广。自此，马氏一门与刘炟等人对封侯赐爵之事一直没有再次提起，马氏也因此而名扬海内，其贤德美誉名满天下。

建初三年（公元78年），自马援被梁松诬害已经过了二十九年。刘炟派五官中郎将持节追策，追谥马援为忠成侯。马援身上的冤屈终于得以昭雪。这使马太后非常高兴。

浮尸百万，流血漂橹

建初二年（公元77年）夏，边关告急，西凉地区传来紧急文书：“臣等有罪，金城、陇西、汉阳三郡发生羌人变乱，祈请皇帝陛下尽快发兵，镇压叛乱之徒，以正法纪！”

这对于刘炟而言，无疑不是什么好消息。原本以为自己终于可以暂时安歇一阵，孰料出了这等事情。可是不管怎么样，刘炟作为一国之君，势必需要第一时间做出反应，以面对这件事情。

于是，汉朝紧急召开会议，商议如何处理羌人叛乱事宜。当前洛阳在陇西委任的太守是孙纯，颇得皇帝和朝廷的信任，有他暂时抵挡西羌的叛军，朝廷也很放心。经过商议决定，朝廷暂时不需要派遣大规模的军队前去镇压，以免事态恶化，到达难以收拾的地步。只需要边境太守们竭诚努力，这股叛乱也就顺理成章地会被镇压。而且皇朝年年用兵，皇帝刘炟早就制定了与民休息的既定国策，朝令夕改，非明君所为。对付如此小规模的一场变乱，朝廷实在没有什么理由兴师动众。

在汉朝商议对策的同时，羌族各个部众之间当然也不会闲着。一方面加紧对于凉州各地的攻伐；另一方面，则是联合各部，一致对外。他们明白，开弓没有回头箭，一旦叛乱，便是灭九族的大罪。因此，不成功则成仁。

这时候，羌族最大的部落烧当羌也受到叛乱的羌族部众的感召，紧锣密鼓地行动起来。羌人曾经与汉朝有过一场大战，虽然初期取得很大的胜利，但是后来由于汉朝兵员、钱粮源源不绝，羌人难以自足，使得羌人与汉朝的作战变得越来越艰难。加上后来汉朝正确的军事策略，战局急转直下。最终羌人战败，其首领滇吾被汉朝软禁致死。事隔多年，烧当羌依然没有忘却以往的仇怨，目前烧当羌的首领正是滇吾的儿子迷吾，乍听闻卑湳、勒姐、吾良三部落举兵抗汉，迷吾不禁大喜。他觉得报仇的时机已经到来。于是，他急忙召集部族中的各个长老商议，决定举兵，号召所有的羌人团结起来，报仇雪恨，对抗汉朝暴政。

羌族诸多部落之中，烧当羌无疑是势力最大、威信最广的部族。因而只要他们一反，所有羌人就会云集而响应。一时之间，凉州局面达到难以控制的地步。金城、陇西、汉阳诸郡也开始行动起来，但是此时迷吾与羌人诸部族的联合，共有五万大军。而朝廷留在这三个郡的军队，不仅数量上不足，而且还不及羌人军队的骁勇善战。

千里凉州，死于战乱的官兵数以万计，百姓饿死、被杀死的更是无以计数。人间地狱也不足以形容其战争的残酷和惨状。自汉阳、金城两郡被羌人围住，凉州就只能依靠陇西太守孙纯进行殊死抵抗了。虽然战局对于汉朝而言，十分不利，但太守孙纯不仅没有丝毫灰心丧气，还积极鼓舞将士，组织他们凭借陇西郡的坚固工事进行积极的防御和抵抗。在他的有效抵抗之下，羌人叛军的攻势得以暂时控制，于是孙纯派人远去洛阳求援。但是此刻的朝廷，并不准备出兵，而是派遣吴棠戴罪立功，封其为护羌校尉，坐镇安夷。在他和孙纯的努力之下，西凉的局势得以暂时稳定，但由于缺乏强有力的措施和支援，西凉的局面随时都有可能恶化。

同年六月，羌人携前朝旧事之遗恨，率领羌族全部精锐，接连攻克金城、汉阳等郡。整个凉州陷入一片危机之中，汉朝在这里的统治仿佛已经不能长久。难道这里又要重新归于分裂的局面吗？

不久，消息传到汉廷，刘炟等认为吴棠办事不力，于是将其召回京师洛阳，革职查办。此时此刻，朝廷终于着急起来，急切地希望能够出现一个可以力挽狂澜的人物。

当此之时，朝堂之上有人谏言说："武威太守傅育久经沙场，素能得群胡之心，可以派上用场！"傅育此人为官清廉，从政十几年以来，从不贪赃枉法。就是朝廷给予他的一些微不足道的俸禄，也让他拿去接济了周边治下的百姓。所以多年过去，其家里还是一贫如洗，只留下一个清官的好名声。俗话说得好，是金子早晚会发光的，值此国家危亡之际，便有人想起，二十年前，他还是一个小将之时，就与马武参加过第一次平定羌族叛乱的战争。通过这一次战争，军中许多人认识了傅育这个足智多谋、英勇善战的大将。此后，傅育被任命为武威太守，为汉朝镇守西北边疆。多年下来，他也经历了无数次大小战事，逐渐成熟起来。震慑西北，威震天下！经此一说，刘炟悬着的一颗心终于落下一半，他急忙任命傅育为护羌校尉，领兵万余，以平定西羌的叛乱。

当然，说刘炟悬着的心终于落下了一半，并不是指还没有取得战争的最后胜利，而是整个对羌族士兵的战争，仅仅依靠傅育，是远远不够的。毕竟多年过去，傅育已经比较老了，难以将羌族叛军一举歼灭。所以，要放下皇帝刘炟悬着的另一半心，就必须还要找一个可以挂帅的人，领兵西去进行支援。

前面提到的耿恭，在被汉军救出西域之后，因为其在西域立下汗马功劳，便被皇帝封为长水校尉，统领着京师五大禁军之一的长水营禁军。一日，耿恭正在家研习兵法之时，突然内廷来人通传，要求他即刻进宫面圣。其实他早就知晓了西羌变乱的消息，而且这些日子，在家里养伤也没有闲着，而是在苦心思考剿灭叛军的对策。

刘炟问起，可否有破敌良策之时，耿恭对答如流，大合皇帝的心意。刘炟因此再次对耿恭刮目相看，前面听人说，耿恭治军有方，旗下将士悍不畏死、勇猛异常，军中将士对耿恭更是心服口服。如果说开始之时，自己对于耿恭只能还有所怀疑的话，这下，刘炟可以说是彻底放心了。一时之间，仿佛胜利就在眼前。

为报国家战四方

大事议定，接下来便是付诸实践的时刻了。

其实，在耿恭于西域立下赫赫战功之后，回到洛阳本就应该被封侯的，但是皇帝刘炟认为，耿恭无论如何地骁勇善战，也无论立下了多少的汗马功劳，他都只是一个外人。所以耿恭只被封为一个禁军统领。

耿恭心想，自己这次是主动请缨，且胸中早已经有了退敌良策，这些皇帝刘炟都是知道的，因此，此次出征，皇帝陛下必将会拜自己为主将，统帅大军征讨叛逆。耿恭甚至觉得，自己建功立业的时机又一次来临，人生最为辉煌的时刻就在自己的眼前。

可惜，他想错了。甚至满朝稍微有些见识的官员也想错了。刘炟并没有拜耿恭为主将，而是以中郎将马防行车骑将军事，耿恭这一个曾经身经百战的老将，竟然只是被委以副将之职。众所周知，马防是马氏家族中最没用的一个，成事不足败事有余。其实他们不知道，皇上此举是甚有深意的。因为他记得，此事之前，自己刚刚为马氏一族赐爵封侯之事，与皇太后马氏发生争执，最后搞得自己灰头土脸，封侯赐爵之事也只能就此作罢。

皇帝觉得，当前如果赐封于马氏兄弟，很明显，会让人认为自己太过徇私。因此，只有让他们荣立功勋，才能够在自己赐封他们之时，百官甚至是母后也无言以对。百官对此，心中虽有质疑，但却不好直接反对。皇帝为了让舅父稳操胜券，将拱卫京师的北军所有主力，总计三万人配备给马防，更有耿恭这一当世名将随军参谋。汉军此行，还不是手到擒来？

大司空第五伦本就是个直言不讳的性子，先前见皇帝任人唯亲，就心存不满；但是考虑到之前皇帝在马太后那里大大地失了面子，自己也就不好太过紧逼，让皇帝另换主将。可是这次不同，京师洛阳的精锐几乎都被马防带去凉州。马防是个庸才，这是谁都知道得一清二楚的事情，此次他担任主帅，胜利了万事大吉，可是万一败了，则洛阳再无兵可用，羌族如果居高临下，挥师东进，则皇朝危矣！

第五伦向皇帝刘炟陈述其中厉害，可谓言辞恳切之至。其实皇帝何尝不知道，自己的这个舅舅是怎么样的一个人。也正是因为其无才，所以才更需要强大有力的兵力保障。何况自己曾经命令过马防，让他遇到大事之时，一切事宜还需要多听听副将耿恭的看法，相信此次西征，汉朝大军无论如何也不会败的。可是第五伦位及三公，丝毫不理解自己的苦心不说，还处处与自己作对，实在让人难以忍受。刘炟性格比较舒缓，因而对第五伦劝阻之事，也就没有深究。但是要他临时替换主将，却是万万不能的。

建初二年（公元77年）秋，行车骑将军事、中郎将马防与长水校尉耿恭带着援军三万大举西进，行军路上，只见黄沙弥漫，马鸣风萧萧；旌旗舞动，鼓动山川摇。三万大军，一字排开，如一条刚刚逃出洪荒的巨龙，浩浩荡荡地向西凉席卷而去。数十日之后，大军前锋以迅雷不及掩耳之势，直抵汉阳郡首府冀县（今甘肃甘谷县东南）城下。

而此刻的羌人大军，主力并不在冀县之内。眼见汉朝援军只有区区三万人马，比起迷吾所部的五万人马，实在不算多。何况羌人军队还获取了本地大多数人的支持，对本地各处的地形也甚为了解，可以这样说，天时地利人和，羌人军队已经占据了其中的大部分。如此看来，羌人军队几乎是必胜之局，为何迷吾会不战而逃呢？难道仅仅是因为汉军之中有一个盖世名将耿恭吗？

这些疑惑，不仅汉军不了解。即使是羌人军队的一般将领，也对迷吾的做法表示困惑。只是军人以服从命令为天职，羌人军中虽有诸多不解，却也甘心听从大首领迷吾的号令。

毫不夸张地说，迷吾是真正的一代枭雄。他不仅有自己领导羌人、抗拒汉军的勇气，也有趋利避害、上军伐谋的智慧。正所谓“知己知彼百战百胜”，迷吾对于汉军的动向、汉军军士素质的了解，一点也不逊色于对自己军队的了解。他知道，朝廷大军都是拱卫京师的精锐，个个都是以一当十的角色。自己的军队刚刚连番遭遇大战，已经疲乏不堪，因此汉军虽然行军千里，却还可以说有以逸待劳的优势。此外，耿恭之勇略，天下谁人不知？因此，此次战役，羌人军队只可以智取，不可力敌。于是迷吾急忙放弃对陇西郡的进攻，转身西去。他断定汉军不可在此久居，因此只要汉军一撤，自己还可以卷土重来。

不久，迷吾大军就攻破傅育在临羌设置的防线，南渡黄河直接回到自己的老巢尕让（今青海贵德县）。可是他忘记了一件事情，不是所有羌人部队都能够及时转移的，自己率领大军离开，其他部落的军队便会就此失去援助，势必会陷入重重包围之中。

此时羌人的另一支军队，由羌人的二首领布桥率领，正在陇西郡的部分地区烧杀抢掠。直到他知晓自己回去的路被傅育生生掐断，陇西太守孙纯把守住各处要塞，截断自己西去的路途之时，才翻然醒悟，自己没有办法西逃了。于是他毅然决定，率军攻取临洮（今甘肃岷县东南），而后夺路南逃。

因此可以说，临洮一战，事关布桥的生死存亡，也关系这以后汉军和羌族军队的战争胜负。临洮存，则汉军援军到来，就能一举歼灭西羌军队；反之，则布桥所率领的军队一路南下，汉朝西南边境从此便会陷入一场大的祸乱，即使援军赶来，也只能望洋兴叹。

最终，汉军面对羌人军队的一波又一波进攻，没有丝毫的惧意和退却，殊死抵抗之下，汉军军士十不存二，但是羌人军队也损失惨重。面对日渐严重的军事形势，布桥所部一筹莫展，只能做出最后的殊死一搏!

壮志未酬

恰如钱穆的《国史新论》中关于中国汉朝时代的诸位名将的论述所言，一个优秀的军事人才，需要精通人事、军事、政事，很明显，刘炟此次派遣的主将马防并不是一名可堪大用的将军。首先，其不通军事，因而要取得战事的胜利，获取自己想要取得的功勋，就必须全力仰仗耿恭这一精通军事的人才。其次，不通人事，因此，他与耿恭的联合只会是一时的需要，而不可能永久的稳固。最后，不通政事，因此，即使他侥幸在耿恭的全力帮助之下剿灭羌人的叛乱，凉州之地也轮不到他来镇守，一切的殊荣，都只能归功于他是刘炟舅父的先天优势之上。

其实，在马防和耿恭二人携手远征凉州之前，马家与耿家便素有嫌隙。于个人而言，马氏兄弟因为深受皇帝刘炟的恩宠，多年下来，一直没有什么人可以制约他们的言行举止，于是他们便经常做些违法乱纪的事情，过着骄奢淫逸的生活。其臭名远扬，可谓尽人皆知。朝堂上下也就分为了三类人，一是贪慕其地位显赫，与博取功名者，这种人对其言行不但不反对，反而会煽风点火、助纣为虐。二则是对其言行很反感，但担忧自己得罪了马家，便会招致嫉恨、乌纱不保。最后则是疾恶如仇之人，他们只要一见到其不合乎礼法的行为，即使自己会有危险，也会坦率直言。很明显，耿恭就属于第三种人。耿恭，为当世名将，亦可以说是从死人堆里爬出来的人，为了大汉江山，可以说是出生入死，不计个人荣辱得失。见马氏兄弟如此作为，不是要败坏天下，惑乱朝纲吗?为人正直的耿恭，焉能不怒不气?幸好朝中还有好意之人，知道马家势大，为了耿恭的安危，屡次劝阻他不要意气用事。但越是这样，忠厚老实的耿恭就越不信邪，终于有一天，耿恭联合一些大臣，将马氏兄弟弹劾。马氏兄弟何许人也?他们可都是当今圣上刘炟的舅父，当今太后马氏的兄弟，因此，此次弹劾也就不了了之。但是，耿恭却因此事将马家彻底得罪，马氏三兄弟，马廖的心胸稍微宽广一些，马光则是一个无甚心计的人，只有马防，心胸狭窄、睚眦必报，说其是一个小人也一点不为过。

在此之前，耿恭就在窦固手下任将，上下之间颇为亲近，然而，窦家则和梁松陷害马援致死有莫大的关系，因此，马家对于窦家的仇怨，一点也不弱于梁家，柿子拣软的捏，梁家、窦家都是当朝显贵，引为刘氏肱骨之臣，要扳倒他们两家，实在比登天还难。于是，仇怨无法发泄之下，耿恭便成为他们泄愤的唯一对象。

如此说来，此次耿恭与马防一起征西，岂不是危险至极吗?

其实马防虽然无甚才能，却深有自知之明：此次大战欲要取胜，必须要全力仰仗耿恭之能。出征之前，皇帝刘炟的叮嘱，至今可还是铭记于心。于是，马防在军中，一应大小事务，多要听取耿恭的意见。另一方面，则秘密命令下人搜集耿恭所谓的罪证。耿恭鉴于马防如此谦逊，刮目相看之下，倒也觉得自己过去似乎错怪了人家，怎么看，这马防都不像是一个睚眦必报的小人。于是后悔之下，耿恭决意全力辅佐马防。

及至临洮被布桥围攻，双方大军处于胶着状态之时，耿恭建议马防挥师南下。因为迷吾如今已然返回自己的老巢，汉军亦是鞭长莫及，而此时布桥虽然围住了临洮，却也只是困兽之斗。只要大军南下，前后夹攻，不愁布桥军队不大败亏输。马防听从了建议。经过三个昼夜奔行，汉军兵从天降，迅速击向了布桥所部。前有坚城防守，后有精锐援军，一时之间，布桥手足无措，临洮城中将士听闻援军到来，士气大振，连日以来所受的窝囊气，终于有地方可以发泄，于是便打开城门，如洪水猛兽般冲向布桥之军队。是其兵败如山倒，此次大战，布桥所部要么被歼灭，要么被俘虏，临洮之战，汉军终于取得胜利。

而布桥在看见汉军援军到来之时，早就率领几个亲信，逃之夭夭了。只留下一些不重要的将领，与汉军周旋。布桥最终逃到一个名为望曲谷（今甘肃岷县腊子口）的地方，纠集残部两万余人把守此地。此地易守难攻，携崇山峻岭之高峻，挽百丈悬崖之陡峭，一夫当关万夫莫开。汉军虽然屡屡发动猛攻，也难以攻破。

建初三年（公元78年）正月，马防与耿恭所率领的主力经过几个月以来的休整，到达望曲谷，全力进攻布桥所部。连日下来，布桥所部早已经是人困马乏，粮食、水源都日渐短缺。终于，把守军队再也难以抵挡住汉军的攻势，两万人马，一万被杀，一万在布桥的率领下，投降汉军。

马防获得大胜，急忙飞马向刘炟传递捷报。刘炟大喜，遂命人召马防率领主力回去洛阳，拱卫京师重地。耿恭则留在此地，继续剿灭羌人叛乱军队的残余势力。羌人遭逢大败，而汉军士气正是旺盛之时，一路攻伐，所向披靡。最终，勒姐、烧何等十三个部落共数万羌人，全部向耿恭投降。

此次战役之后，耿恭名声大振，而等待他的，是加官晋爵，还是步步危机呢？

建初四年（公元79年）春，耿恭回到洛阳，不过他并不是到此领取功劳，而是接受惩罚。

原来，马防自回到京师之后，清楚地知道，不管是皇帝刘炟，还是将士百官，都明白此次战争名义上是自己为主将，实际上则是耿恭挑大梁。只要耿恭一回来，只要不发生意外，封侯赐爵之事必将成为定局。因此决定，先下手为强。

于是连本上奏朝廷，揭露自己所搜集的耿恭“罪证”。同时差遣自己的亲信，寻到陇西郡监军谒者李谭，授意他来京师告御状，说耿恭在军中私自收揽人心，用心险恶。在外则多次与羌人首领往来，不思报国杀敌。为了自己的私利，竟然置国家利益于不顾。一家之言，刘炟尚自不能轻信，可是这次连陇西郡监军都如是说法，这耿恭之罪行，还不是真的吗？为保持凉州的稳定，急忙下诏将耿恭召回洛阳。

耿恭正自谋划攻伐迷吾，彻底铲除羌人之地祸乱的根源，突然之间被召回洛阳，不免心中忐忑。待他一到洛阳，便被刘炟下狱，接受审讯，耿恭自狱中，见自己蒙受不白之冤，知道是马防的陷害，于是想尽说辞为自己洗刷冤屈。同时，朝堂之上也多有与耿恭交好的大臣劝皇帝三思。

刘炟明白，耿恭于狱中之言，不可不信也不可尽信，一者马防为自己的舅父，母后的兄弟，即使是他陷害于人，也不能做看其成为众人皆知的事情。二者监军谒者与马防一向对自己忠心耿耿，自己将功劳都记在马防的头上，他们实在没必要诬陷耿恭。但反过来一想，耿恭自成名以来，对朝廷之事也算是尽心尽力，此次平羌战役没有耿恭是难以取胜的，因此，耿恭即使有罪，将功抵过之下，也罪不至死。

最终皇帝刘炟决定，永不叙用耿恭。曾经怀揣着封侯拜将的梦想，东征西讨、南征百战，身上伤口无数。如今羌人之事还没有彻底解决，自己却遭受奸人构陷，耿恭不免郁郁寡欢，几年之后，忧愤而死。

世人不免唏嘘嗟叹：壮志未酬身先死，长使英雄泪满巾！

窦氏家族的再次崛起

汉章帝刘炟，有一个特点，就是把名声看得比什么都重要。前朝刘庄对于法律的崇敬，也几乎赶不上他对于名声的重视。因此，他相信只要通过册立窦家的女儿为贵人，那就可以彰显自己的同情之心，仁君之名自然会不胫而走。例如前面为了求得孝顺的名声，甚至违背群臣和马氏太后的意愿，竭尽全力去完成敕封马氏兄弟。

除此之外，刘炟还是一个好色之徒。他自登基以来，年仅二十余岁就已经是儿女成群。并且极为羡慕前朝如汉武帝等人，有三宫六院，后宫佳丽三千。但是刘秀自东汉开国以来，对于皇帝妻妾就有很严格的限制，即使刘炟再怎么放纵，自己也是以明君自居，因此无论如何也不能违背祖训的。无奈之余，刘炟只能变着法子为自己选出宫廷佳丽。

窦家也曾算是名门望族，只是在刘庄之时，因为一时的小错（永平五年二月，窦穆逼婚六安侯刘盱，皇帝震怒，下令免除窦穆一门所有子弟的一切职务，又遣送窦氏所有的家眷回原籍右扶风，被太守严加看管。并且窦穆与两个儿子窦勋、窦宣一道被处以极刑。）而家道中落。刘炟决定为窦家平反，就成为了他改革的重要一环。

窦氏遭逢大难，早就想一朝翻身，重新为人。连日来，皇帝刘炟四处寻访知书达理、聪明伶俐、美丽大方的女子，窦氏知晓这一消息，不禁大喜过望。窦勋与沘阳公主生有两个女儿，个个冰雪聪明、才貌双全。窦家决定借此翻身，于是将这两个女孩送到宫里，事前还对二人进行了一番劝解，儿女亦是不甘心久居人下的人，于是也愿意入宫，徐图进取。

正所谓“工欲善其事，必先利其器”。在进宫之前，窦家必须要打点好宫廷中的相关人员，否则一入皇宫深似海，两个女子即使再有才德，也会被淹没于芸芸众女之中。建初二年（公元77年）八月，趁着宫里的人来此选宫女的机会，窦家备下重礼以贿赂此事的负责人中大夫、掖庭丞及相工，请他们对自己的女儿多多照顾。

得到这几个人的相助，皇帝刘炟一到他们入宫，就迫不及待地接见了窦家二姑娘。一见之下，果然文采斐然、美貌如花。特别是窦家大女儿，一见面便得到皇帝的宠爱。此后二人更是形影不离，窦家大女儿欣喜之余，也不免担忧。她是个聪明人，知道要执掌后宫，光得到皇帝的宠信是远远不够的。外事不敢说，后宫之内，能够一言九鼎者，并不是皇帝刘炟，而是太后马氏。

这年十二月，窦氏二女子都被封为贵人，这让此时还在陇西郡作战的马防大吃一惊，马家与窦家素有嫌隙，可惜自己有心反对，却鞭长莫及。只能将自己的希望寄托在深宫之中的马氏太后手上。殊不料，马氏此时已经对于窦氏不那么反感，而且为了马氏兄弟特别是马防远征西凉的事情，可谓是操碎了心。不久，马氏便一病不起。

而此时的窦氏二女，早已经甚得皇帝刘炟的宠信，后宫大权，也几乎尽数掌握在她们手中，因此，其中一人被立为皇后，也就是顺理成章的事情。

建初三年（公元78年）三月二日，刘炟将贵人窦氏立为皇后。一时之间，朝野震动。何以马太后会坐视窦家做大而不理呢？这主要是出于两个方面的原因，一是窦氏二女为了家族的重新崛起，自入宫以来便谨小慎微，做出一副谦逊恭顺的样子，这在很大程度上，不仅麻痹了皇帝刘炟，也蒙蔽了太后马氏。二则是因为，马氏此时已经快要病入膏肓，对自己儿子心意之坚决也感同身受，与其现在就树敌于窦家，将来再去修缮关系，还不如现在就送一个顺水人情，只盼将来窦氏做大之后，能够对马家心念旧恩。

建初四年（公元79年）四月，马防等平羌部队大胜归来。不久，南宫便传来消息，皇帝欲以马防立下不世奇功为由头，再次封赏马家兄弟。其中，封卫尉马廖为顺阳侯、车骑将军马防为颍阳侯、执金吾马光为许侯。

马氏早已经身在病中，闻讯大惊，急忙召皇帝刘炟进后宫，将自己不愿之意向刘炟表达。其中言道："你可知道母后何以会一直反对马家兄弟被赐侯封爵？这是因为，母后终归是要先你们而去的，母后垂暮之年，死去到不是什么大事，只怕马家兄弟骄纵惯了，我一去便无人管束，势必会酿成大祸。母后一生别无所求，只希望能够获取一个谦虚节俭的好名声，能够青史留名，不辜负先帝的期望。你这样做，叫母后怎么心安，叫母后如何含笑九泉？"

听得马氏声泪俱下的言语，刘炟也是甚为震动，知道自己的一番好心，终归是没有用到点子上。但他还是出不了自己想要封赏自己舅父们的窠臼，于是将他们由列侯封为关内侯。马氏兄弟也在马氏太后的敦促下，向皇帝刘炟上书辞让，但是刘炟一国之君，岂可将自己的诏令一改再改的道理，终还是没有答应，迫于马氏的权威，马家兄弟最终联名上书，辞去官职。可即使这样，等到有一天窦氏掌权，真的会放过马家吗？马家此刻不积攒强大实力，真到了那天又该拿什么去应对？

建初四年（公元79年）六月，马氏终于不堪重负，如一座支撑大汉的巨峰轰然倒塌。溘然长逝之前，依然不忘对自己兄弟的嘱咐，要他们谦逊谨慎。不久，马氏被安葬在显节陵，常伴君侧。马氏苦心孤诣一生所造就的辉煌，就从这里开始逐渐暗淡，一个旧的时代的结束，迎接它的必将是一个新的时代的开始。

后宫硝烟弥漫

国家风调雨顺、百姓安居乐业，西域在班超的努力下，一直维持着稳定，凉州在羌人叛乱被平定之后，也逐渐稳定下来。西南边陲国家也对中央朝廷忠心。刘炟以儒家思想治理国家的愿望已经达成。可是他似乎忘了，在马氏死后，还有比以儒家学说教化人民、治理国家更为紧迫的事情，那就是安定后宫。

此时的后宫，因为刘炟的存在，还没有爆发大规模的冲突和明显的争斗，但是也暗自隐藏着两大危机。一个是刘炟的亲生母亲贾太妃，在马氏死后蠢蠢欲动。另一个则是后宫妃子之间有人受宠，有人被冷落，但每时每刻，她们都没有闲着，而是为了扩大自己的权利，为了自己儿子的未来，做着自己尽可能做的准备。

反观刘炟，对于马太后的死，可谓是伤心欲绝，一点也不顾及自己亲生母亲的感受。并且在此之前，他早就知道马氏并非自己的生母，但是他知道，自己能够坐上九五大位，全靠自己有一个深受先帝宠爱的母后马氏。自己从小在马氏身边长大，马氏也一直将自己视为己出，因此生母不及养母大，也就是天经地义的了。此外，自己在外人眼中，一直是先帝正妻马氏的骨肉，名不正则言不顺，如果承认自己是贾太妃所生，势必会对自己的名声有所影响，甚至会对自己的地位造成不必要的冲击，这是刘炟万万不可以容忍的。因此，刘炟自马氏死后，便一直没有对贾太妃有过任何实质性的表示。最终，只是将她的绿色绶带改为与诸侯王同级的红色绶带，并给予了一些生活上的封赏。而对于其族人，因为没人在朝为官，也就不予考虑加官赐爵之类的事情。

而后宫中的另一场纷争，也在刘炟加紧搜集美貌才女的过程中，不断地演变扩大，特别是一些本身就地位显赫的人，有自己家族的支持，在这深宫内院之中，就更加如鱼得水了。

这之中，主要有三个派别的势力，各自占据了后宫的一方地位。一者，窦皇后当然不在话下，此时已经成为皇后的她，当然不可能愿意屈居人下，但可惜自己的肚子一直不争气。

刘炟对于窦皇后十分宠爱不假，但是他并不是一个用情专一的皇帝，仅仅以家世地位都比窦皇后只强不弱的宋氏姐妹、梁氏姐妹而论，都让窦氏姐妹大为头疼，皇帝对于他们的宠爱，更是一点也不弱于窦氏姐妹。而先帝在世之时，虽然也有后宫佳丽无数，但唯独专宠于马氏，即使马氏无后，自己也会帮助他找一个刘炟代替，以巩固她的地位。

宋氏姐妹也知道自己的处境，但她们和贾太妃不一样，贾太妃做贵人之时，家中没有任何势力，因此自己也就只能任之凭之。宋氏姐妹则身出名门，其祖父宋嵩是右扶风人，早年曾经追随世祖刘秀南征北战，立下无数功劳。宋氏姐妹不仅生得水灵，而且知书达理，十分符合刘炟的审美标准。刘炟即位后，姐妹俩一起被封为贵人。她们对刘炟侍候得很周到，对马太后也很是孝顺。兼且宋大贵人还为刘炟生下长子刘庆，此子聪明活泼，甚得马氏和刘炟的怜爱。一时之间，母凭子贵。马太后未死之前甚至想让宋大贵人做皇后。

而梁氏一族此时也正值春风得意之时，虽然早年梁松曾因为陷害马援而被定罪，但是自从刘庄死后，梁氏一门就逐渐兴旺起来。何况瘦死的骆驼比马大，梁氏虽然衰落，但自从梁氏姐妹入宫之后，梁家就逐渐兴起，特别是梁氏姐妹在后宫得到了皇帝刘炟的极大宠爱，梁氏一门当然能够得以重新崛起。此外，梁家和窦家素来交情匪浅，梁家在宫中也不至于被放在风口浪尖的位置，梁小贵人还为刘炟生了个儿子，名叫刘肇。于是更得刘炟的恩宠，甚至被视为梁家姐妹最大竞争对手的窦皇后，此刻也想染指她的儿子，以重新演绎马太后夺贾太妃儿子刘炟的故事。

于是，各家都在刘炟在位之时，使出浑身解数。其中最具进攻性的人，当归窦皇后莫属。她的计划共有三步：

第一步，继续保持自己在刘炟身边的宠信，她明白，马太后一死，决定自己未来之成败的人，就是眼前的刘炟。因此，窦皇后会想出各种法子，保持刘炟对自己的兴趣不减，例如加强诗词歌赋、歌曲舞蹈等的学习，向皇帝刘炟献媚。又如利用侍寝之机，不断向皇帝吹风，说梁氏和宋氏姐妹的坏话，刘炟耳根子一直很软，这是窦皇后早就抓住了的弱点。刘炟一听自己的发妻都如此说辞，一天两天还兀自不信，但是次数多了，就逐渐生出了对于梁氏和宋氏姐妹的冷淡。

第二步，不断搜罗关于四个贵人试图夺权的罪证，窦皇后曾经召集自己的母亲沘阳公主入宫商议夺权事宜，沘阳公主是刘庄之兄、被废太子东海王刘彊之女，对父亲被先帝刘庄夺去了皇位，一直耿耿于怀。此外，丈夫窦勋又被刘庄下狱致死，故而她对刘庄恨之入骨。沘阳公主为给父亲和丈夫报仇，极力支持女儿积极采取行动。不断给宋氏姐妹身边安插眼线，幸亏宋氏姐妹甚为机警，一直洁身自好，但是窦皇后以有心算无心，宋氏姐妹掌握不了先机，很难说永远不会失势。

第三步，则是紧锣密鼓地进行废太子事宜。建初四年（公元79年）四月四日，刘炟颁诏立皇子刘庆为太子。四月七日，又封皇子刘伉为千乘王，刘全为平春王。一见宋氏姐妹之子成为太子，皇后便如坐针毡，开始行动起来，她想，与其让宋氏做大，还不如先笼络梁氏姐妹，让其把儿子刘肇过继给自己，自己帮助刘肇成为太子，并登基帝位。此后后宫敌手渐渐被除去，大权在握的窦皇后，何愁不会重演太后马氏的戏。

一场后宫的血雨之路就此铺开，到皇帝刘炟死后，更是明显地演变为外戚之间权力的争斗，东汉自此也走向了自己的噩梦。

第九章　外戚政治的重演

废黜太子刘庆

汉室天下走上外戚乱政的不归路，是从太子刘庆被废开始的。

刘庆是宋大贵人所生，为刘炟的长子，在太后马氏尚且在世之时，刘炟便立下刘庆为太子。宋氏姐妹认为，只要一天太子在位，即使当今皇帝不宠信自己，待到太子继位，宋氏一门必将是“一人得道，鸡犬升天”。可惜她们不知道，窦皇后是何等厉害的一个女人。

第一，在自己的努力之下，皇帝刘炟对宋氏姐妹特别是宋大贵人冷淡起来。

第二，窦皇后还命人在不知不觉中，搜罗宋氏族人的不法之举，并派人在市井之中广为传播，这在很大程度上对宋氏的名声有较坏的影响。只是一个世家大族，难保不出几个害群之马，只要不危及皇朝统治、汉室基业，刘炟也不会怎么责怪于宋氏姐妹。窦皇后之聪明，少有匹敌者，因此，这一点她也必定是心知肚明的。为了防止打草惊蛇，窦皇后还在暗中抓住了宋氏宫中的大太监的把柄，并威胁他为窦皇后办事，密切注意搜集宋贵人的不法举动。

第三，则是与自己的母亲沘阳公主保持密切联系，沘阳公主也是一个聪明绝顶之人，而且心怀仇恨已久，对于皇朝基业，几次三番有染指之嫌。有她经常在窦皇后身边出谋划策，窦皇后当然是如虎添翼。

此时，窦皇后已然做好了万全的准备，只要宋氏姐妹稍有疏忽，窦皇后便不会放过机会。

终于，万事俱备之下，这股东风吹来了。

这日，长年潜伏在宋大贵人身边的大太监忽然传来密报，说宋氏姐妹秘密命人在外搜集了几只活兔子。本来几只小兔子，在今天看来无伤大雅。但在当时的宫廷之中就是非同小可的事情了。历朝历代以来，以动物为引子，做巫术诅咒之事者，大有人在。

宋氏姐妹一向小心，也知晓这其中的厉害，何以她们会明知故犯呢?

这也怪不得二人大意。因为自从窦氏姐妹入宫之后，皇帝便对宋氏姐妹二人逐渐淡忘，开始之时还三天两头地到此临幸一次，但时间一久，宋氏姐妹这边就越来越冷清了。正所谓“树倒猢狲散”，窦氏做了皇后，门下太监有时候都不怎么听取自己的命令了。宋大贵人见此，终日郁郁寡欢，最后心病成疾。这日，宋小贵人来到姐姐宫内，眼见一片惨淡，不禁悲从中来。复又听得姐姐说道，自己好久没吃什么热的食物了，每日残羹冷炙以度日，甚为思念数年之前所吃的兔子肉。宋小贵人见此，心想自己只要办事隐秘，加上皇帝刘炟也不是什么嗜杀之君，去宫外取活兔子进来应该不会有事，一旦有事，自己一力承担下来，只要姐姐能够病好如初，那宋氏就永远不会垮台。

可惜她百密一疏，没能料到窦皇后早就在她们身边安插了耳目，而且还是自己姐妹比较信任的大太监。窦皇后得知消息，还不知道其中的厉害，直到自己母亲点明，才明白扳倒宋氏姐妹的机会终于让自己等来了。于是连夜上报皇帝刘炟，刘炟听此，初还不信，于是宣大太监与宋氏姐妹对质，大太监心知自己有把柄在窦皇后的手中，一时不慎，便会有杀身灭族之祸，于是只能硬着头皮说，宋氏姐妹在用活兔子为祭，口中念念有词。这时候皇帝刘炟已然信了八分，即使宋氏姐妹说明自己的想法和处境，也断然难以开脱罪责，只能图个一时的口舌之快，对叛主之人唾骂不已。窦皇后为了将二人以巫术诅咒刘炟的罪名做实，还命人寻到当日看守宫门的守卫，并授意他一番说辞。同时还让手下在宋大贵人宫里找到了那几只兔子。此外，窦皇后更将宫外宋氏一族门人的不法作为抖搂出来。一时之间，可谓人证物证俱在，任宋氏姐妹如何聪明，也只能百口莫辩。但二人明白，无论如何也不能承认诅咒皇帝之事，只要太子刘庆还在，自己二人终会有出头之日。

建初七年（公元82年）正月，皇帝下令，将宋氏姐妹打入冷宫。同时听从皇后建议，让太子刘庆马上搬出太子宫，改到承禄观居住。

当时皇帝身边不乏明白人，但如果是普通官员，任你是三公九卿，也不能干涉后宫之事。于是，当时的首领太监郑众就成为调和这件事情的关键人物。作为深宫之中的佼佼者，郑众当然有其非常人可比的地方。因此，在这件事情爆发之前，他就对多方形势洞若观火。但是他一介宦官，对于后宫之间的争斗，如果横加干涉的话，也势必会犯下大的忌讳，从而招致祸患。

但是，出于对皇上刘炟的一片忠心，他知道，窦皇后将太子赶出太子宫，并非出自什么好意。因为他知道，承禄观并不是一个人人可去的地方，那里阴冷潮湿，环境恶劣，太子刘庆年方五岁，一个人在那里，指不定哪天便死于非命。于是，他旁敲侧击地向皇帝刘炟进言，为江山社稷、皇子安危考虑，必须要保证刘庆的安全。

刘炟闻言，知道此次之事，或许并不是全如窦皇后所说，但是事已至此，自己如果反悔，于名声大大有损。虽然明面上不能有所表示，但是皇帝心里，却生出了对宋氏姐妹的一丝愧疚。于是命郑众前往承禄观，为太子刘庆保驾。

可惜，任凭郑众如何厉害，对于窦皇后的阴险狡猾，他也是防不胜防。

他前脚刚刚踏入承禄观，后面就听闻宫内传来消息：太子被废，改刘肇为太子。消息传达冷宫，宋氏姐妹顿感前途渺茫，唯一的一丝机会就此破灭。她们怎么也想不明白，太子刘庆没有一丝过错，即使有错，也在自己两姐妹身上。而且太子甚得皇帝和太后的喜爱，何以会沦落至此？

正所谓“覆巢之下岂有完卵”，刘庆失去宫中宋氏二姐妹相助，就如同行军打仗被敌人断了粮草，这样的战争，除非发生奇迹，否则一定不会胜利。宋氏二姐妹的奇迹，就是马太后能够复活。这样非但能够保住自己，更能够保住太子、抑制窦皇后。可是这样的事情，显然是不可能发生的。

而窦皇后和她们一样明白，只要刘庆一天不废黜，待到他独掌大权，自己和窦氏家族就会陷入万劫不复之境地。因此，她在宋氏二姐妹被打入冷宫，并且谋害太子刘庆不成之际，只能向皇帝刘炟陈述，太子刘庆因为自己母亲被关押，一定会心怀怨恨，这样的人，绝对不能成为帝位储君人选，同时还以一个外人的身份建议，梁贵人的儿子刘肇年幼便聪明活泼，可堪大用。皇帝听罢，感到窦皇后的话很有道理，为防止将来宫中出现祸患，刘炟遂决定废黜太子刘庆，改立刘肇为太子，坐镇东宫。

绝望之余，宋氏姐妹二人双双自杀。而太子则表现得毫无伤心之态。大凡母亲身死，为人子者，必将痛哭不已，然而刘庆则在郑众的教育下，认识到当前的局势："留得青山在，不愁没柴烧。"只要自己还活着，并学会韬光养晦，自己就有复位的希望。即使复位无望，自己也可保性命不失。皇后见此，心想一个五岁大的孩童，大概是没有意识母亲的重要性。因此，窦皇后潜伏在眼中的杀气，也逐渐淡化。当然，她也有过担心，自己是否会失算，这孩子是否在装傻充愣？但是没办法，因为皇帝刘炟得知宋氏姐妹双双毙命的消息，心中歉疚更深。在郑众的帮助下，刘炟决定将刘庆接回太子宫，与现太子刘肇一起，居同所、行同车、睡同寝。二人也渐渐形影不离，甚为亲密。窦皇后见此，即使自己再是权势滔天，也不能擅自对刘庆出手。或许某一天，自己还能用得上这个废太子。

很明显，刘庆不会因为太子之位被废黜而就此沉寂，他要做的事情，也必将名留史册。

梁氏的悲剧

宋氏姐妹终于垮台，从此再也没有翻身的机会，其家人更是被流放西凉地区。自此，刘庆就只能独立承担起自己的复仇大计。"大树底下好乘凉"，如今他唯一可以攀附的，就是仍然是个懵懂少年的刘肇。

刘肇固然是年少无知，但是他的母亲梁氏等人却和他一样，茫然未觉，大祸已然临头。收拾了宋氏姐妹，后宫之中，堪与窦皇后一较长短的人，只剩下梁氏姐妹了。

其实她们也曾想过，自己是否会成为这一位心狠手辣的皇后欲除之而后快的下一个目标。经过分析，她们心中早就有了计较。因此，对于宋氏姐妹的凄凉下场，她们才得以表现得那样开心，甚至在自己梁家的宅院中，大摆酒宴，庆祝自己这一步走得明智。

梁氏姐妹认为，窦皇后对付谁也不会对付自己的。一来，梁窦两家说来可以算得上是世交，想当年，梁府的梁统老太爷与窦家的窦融老太爷，他们一道镇守河西五郡，后来又一同归顺大汉。此后经历了三代皇帝，一荣俱荣，一损俱损，两家早已经是唇齿相依、生死相随的关系了。因此，窦皇后即使再过心狠手辣，也不可能对自己人动手。二来，前不久为了扳倒太子刘庆，自己可是主动献出刘肇，成为窦皇后的养子。如此一来，两家可以说是亲上加亲，为了相互之间共同的利益，窦皇后断断不能对自己下手的。

梁氏家族在庆贺之时，还不忘对未来有新的计划。因为目前为止，窦氏家族可谓是大树参天、枝繁叶茂。凭借这窦皇后在皇宫内院中的说一不二，窦家族人也纷纷陆续掌权。尽管如此，梁氏姐妹并不担心什么，因为在她们看来，一旦自己的儿子长大成人、继承大统，梁家很快就能和窦家平分秋色、甚至是超过窦家。

殊不知，梁氏姐妹所喜者，也正是窦皇后所忧者。窦皇后日夜担心，刘肇必定会在自己母亲的唆使下，倒戈相向，到时再来反悔，必将晚矣。窦皇后既然膝下无子，权力就只能为自己所掌握，无论是梁氏姐妹，还是刘肇小子，都不过是窦皇后达成自己目的的一种手段。无论如何，窦氏都不会允许给他人作嫁衣的事情发生，过去不行，现在和将来更不可以！

可叹梁氏姐妹已然成为窦皇后欲要除之而后快的目标，她们却毫不自知。窦氏就利用皇帝正妻的身份，对梁氏二姐妹恶意陷害，不知不觉之间，窦皇后就完成了皇帝疏远梁氏二人的重要一步。

但是俗话说得好，扬汤止沸，不如釜底抽薪。要彻底打垮梁氏，还需要从她们的家人着手。因为在梁氏二姐妹防范最为严密的时刻，也就是其家人心中最为放松的时候。

而这一次，窦皇后将矛头直接指向了梁氏二姐妹的父亲梁竦。

梁竦早年便已经是学富五车，才通古今，只可惜家门不幸，遇上刘庄这一个残酷的君主，自己也被贬到九真郡。及至自己的两个女儿做了皇帝刘炟的妃子，梁竦也终于得以被赦免，回到自己的家乡，衣食无忧、生活不愁。

可是，一个堪比傅毅、班固、崔骃，其作品《七序》曾被当朝历史大家赞叹为“孔子著《春秋》而乱臣贼子惧，梁竦作《七序》而窃位素餐者鼻”的大才子，又怎能够安心于此、终老一生呢？可惜每一次自己找到入朝为官的机会，都由于窦家族人从中作梗，让自己功亏一篑。一次又一次的失意，造成了他书生意气般的冲动性格。他的长嫂，十分欣赏他的才华的舞阴公主，曾经对其劝解，不要介入朝廷争夺之时，也是无济于事。

直到有一天，他偶然和几个友人登高，几杯酒下肚，不禁心怀大畅，提笔写下：“大丈夫居世，生当封侯，死当庙食。如其不然，闲居可以养志，诗书足以自娱，州郡之职，徒劳人耳！”只盼有一天陛下能够明白自己的心意，好叫自己的一身才华，得以施展开来。

可惜他不知道，自己的这一番言论，本来是为了彰显自己的抱负，酒后而发。落在有心人手中，则成了诬蔑自己有不轨之心的利器。

此时，在凉州地界的太守名为郑据，他虽为一方太守，确也是窦皇后早就安插在梁家头顶的一把利剑，时刻准备着利用他，让梁家族人永不翻身。利用梁竦写下的这篇言辞，窦皇后急忙命人匿名向皇帝告发梁家，说他们出言诽谤朝廷，犯下大逆不道之罪，梁氏族人心怀怨恨，于自己的属地暗自招兵买马，图谋不轨。

本来皇帝在窦皇后的言语之间，就已经生出了对于梁氏二姐妹的厌恶之心。此刻闻言，遂授意凉州太守郑据全力调查此事，如此这般，不正中郑据下怀吗？于是，在窦宪的授意之下，郑据将梁竦抓获，并在狱中屈打成招，承认自己与舞阴公主以及梁氏姐妹合谋，准备谋杀圣上而拥立太子刘肇登基。为让梁竦彻底闭口，待递上这一份供词之后，梁竦在不知不觉之间就冤死狱中。这一下，梁家算是彻底完了。

罪证确凿之下，梁氏姐妹尚不自知，还想尽各种办法，让皇后窦氏为其帮忙，营救自己的父亲。直到她们二人也被盛怒之下的皇帝刘炟打入冷宫，二人才翻然醒悟，是窦皇后设计陷害了她们。不久，梁氏姐妹忧愤成疾，双双毙命于冷宫之中。而梁氏族人此次也是在劫难逃，举族被流放到九真郡，即使连金枝玉叶的舞阴公主也不得幸免，以“附逆”的从犯之罪，被贬逐到新城（今河南伊川县西南）永远圈禁。为防止公主自杀，刘炟还在她身边安排了专门的看护，同时向群臣和后宫诸妃子宣布，太子是皇后之子，若有胆敢妄言者，一律严惩不贷！

前人不暇自哀而后人哀之，后人哀之而不鉴之，亦使后人而复哀后人也。梁家之祸，当然少不了窦氏皇后的手段，但更多的，则需要从梁氏自己的所做作为之中，找出自己崛起梦的破灭的原因。她们只顾着和窦皇后同流合污，对宋氏姐妹的悲惨遭遇不但不抱以同情，甚至还在她们落难之时落井下石。而当自己成为窦皇后的眼中钉、肉中刺之后，还一点也不自知，尚自幻想有朝一日，自己的儿子登上九五大位，梁氏一族就可以与窦氏分庭抗礼。梁氏一族的遭遇，不禁让后人感慨不已，实在可悲、可叹、可怜。

马太后的担忧

时隔多年，刘炟依然记得自己的母后当初极力反对自己赐封马氏兄弟的事情。在刘炟的记忆中，马氏一辈子有两件事最让他记忆深刻。马太后拒绝封赏马家算是一件，而另一件，就非当初马氏力挽狂澜、临危受命，在先帝刘庄归天之后，排除万难，最终将自己扶持上帝位。

因此，无论从哪个层面而言，刘炟对于马氏，没有一丝对和自己亲生母亲骨肉分离的怨恨，有的只是感激。

刘炟爱名声重于性命，这已经不是什么隐秘的事情。但是他对于马氏的孝顺，也一点没有作伪。所以时至今日，无论马家有什么过错，只要不是十恶不赦之罪，刘炟都能一手盖过。

可惜，马氏家族却一点也不自知，要知道马太后已经离世，如今自己得以和窦家平分秋色，大多是依靠了马氏的余荫。马氏兄弟如果不能做好自我防范，终有一天，会在这风起云涌的皇朝权力争夺中，承受滔天大祸的恶果。

人的忍耐是有限度的，何况是手握生杀大权的皇帝刘炟呢？再加上有心人如窦氏的从中挑唆，马太后的担心终究会变成现实，只是她没有料到，这一天会来得这么迅速。

建初八年（公元83年）十二月，经过查证，廷尉在上奏给刘炟的奏章中称道：“马防、马光奢侈无度，僭乱礼教，理应严惩。马豫飞书怨谤朝廷，也应同罪！”并将马防和马光二兄弟一起弹劾。

马豫又如何会诽谤朝廷呢？

原来，马太后在世之时，曾将马家的掌家大权交到略有些作为和见识的马廖手中，并且马氏一门都回到了自己的老家。但是自马防征讨西凉回来以后，恃功自傲，并且他又被朝廷封侯，自己的另一位兄弟马光就不再买马廖的账了。大树底下好乘凉，如今马防得势，马光一个小人，又岂能放过这个机会。正所谓“盛极必衰，物极必反”，马防和马光见自己得到皇帝刘炟的信任，对家人和自己的约束就越加松弛，等到马太后死去，他二人更加肆无忌惮。

窦家在窦皇后和沘阳公主的联手策划之下，连续斗垮了宋氏家族和梁氏家族，现在朝野虽大，却也只有马家还能勉强和窦家比肩。马家兄弟素来就没什么见识，看着宫内局势变动到如今这个地步，不忧反喜。认为自己的两大竞争对手，就这样被窦家整垮了，此后朝中，也就只剩下窦家一门可以和马家相提并论了。他们并没有意识到，一山不容二虎，窦家怎么能够容忍马家和自己家族分权呢？

这时候的马家兄弟，依然我行我素，心怀不轨者当然是暗自窃喜，心怀仁义者则是为其担忧。杨终便是一个衷心为友的人，他素来与马廖交情匪浅，见马家兄弟如此作为，只能写书信给马廖，希望他能够约束自己的两个弟兄，免得招致无妄之灾。可惜马廖回信说，二人此刻正是日中天，怎能听自己的劝解，无奈之下，此事也只能就此作罢。

朝中有人好做官，朝中无人寸步难。窦家趁着马家兄弟在朝无人，并且马氏兄弟无能的机会，悍然决定，抓住机会，将自己的最后一个劲敌整垮，如此，窦家便能一手遮天。建初八年（公元83年）冬，刘炟外出巡视陈留、梁国、淮阳、颍阳四郡国，窦皇后见有此良机，急忙授意窦宪兄弟联络朝中的官员，大肆给马家兄弟罗织罪名。不久，刘炟回京，有司官员便不失时机地呈上了弹劾马家兄弟的奏章。奏章中提到，马氏兄弟近年来不断地搜刮民脂民膏，富可敌国，奢侈无度，连门下的食客就有数百之多。不仅如此，他们还大肆建造宅第，栋宇连云。将军马防为皇帝执掌军权，不思报国不说，还屡屡违反朝廷禁令，私自贩卖军马、征收赋税。如此胆大妄为，理应严惩！

其实说道穷奢极欲，当今天下，除了皇帝陛下之外，天子之臣，有几人能够比得上窦家。而且窦家的名声也不好，何以他们就能没事呢？这是因为，一来，如今的朝廷，已经没有任何一个家族敢于和窦家作对了。窦皇后深受皇帝宠爱，鸡犬升天之下，窦氏一门自然炙手可热。二来，朝廷之人，多为趋炎附势之辈，为了明哲保身，即使是刚正不阿之人，也只能暂时忍气吞声，以免造成不必要的牺牲。而那些墙头草们，则是趁此机会，好好地向皇后表忠心，如此，才能保证自己的前途一片光明。

正所谓“锦上添花易，雪中送炭难”，个人交往尚且如此，又何况国家政治呢？马家兄弟到也怨不得别人，谁让他们不知自律呢。如今满朝文武，大多在指责他们的罪过。刘炟是最为依仗他们的，如此一来，不就等于百官在骂自己有眼无珠吗？

帝王就是这样，知错改错，但绝对不会认错。因此，这罪名就只能让马家兄弟承担了。刘炟一纸诏令，将马家财产变卖，马家食客遣散，对马家进行严惩。时任步兵校尉的马廖之子马豫，本来就是个火暴脾气，见当下的舆论如此不利于马家，窦家作威作福，却得不到一点惩处，心中不服，便命人四处“飞书”，严正批评窦家不说，还将朝中官员骂了个遍，认为他们是因为太后不在，才来专门欺负他们马家。

以事实而论，的确和马豫所说一样，群臣百官都是柿子拣软的捏。但他这样明着说出来就不对了，不但得罪了百官、直接树敌于窦家，还为窦家的进一步行动提供了说辞。于是便有了“飞书诽谤朝廷”一说，这在当时可是大罪。刘炟大怒之下，撤了自己三个舅舅的职位，还将马豫下狱，酷刑致死。

不见棺材不落泪，如今马家终于意识到自己的错误，明白了当年马氏太后的苦心；也见识到窦家的厉害以及现实变迁的残酷，幸好皇帝比较仁慈，念及自己和舅舅们的亲情，这才没有深入追究马家的罪行。自此，马家只留下马廖、马光二人留任京师，昔日的世家大族，元气大损之下，只能徐图东山再起。

江河日下，人心不古

如果马家、梁家以及宋家还能够和过去一样兴盛，就可以和窦家一起，形成一个平衡。梁家、宋家、和窦家在宫内是一个平衡，窦家和马家在宫外势力中又可以取得一个平衡。中国传统的思想中，最为重要的就是中庸之道，也就是通过相互间的协调，达至最终的稳定。不管马家、梁家和宋家在兴盛之时是何等作为，他们都是保持大汉元气的关键所在，一旦窦家独大之后，朝堂之上、深宫之中，窦家都会失去制约，导致汉朝的败落。

窦家在建初九年（公元84年）之后，就不断得势，窦皇后甚得皇帝刘炟宠信，每日朝毕，都会要求窦皇后侍寝，外戚之中窦宪的权力也不断扩大。自从建初三年（公元78年），窦氏被立为皇后，窦宪身为皇后之兄，初为郎，后任侍中、虎贲中郎将。其弟窦笃任黄门侍郎。兄弟二人，同蒙亲幸，并侍宫省，宠贵日盛，王公侧目。

这二人本来就仗着自己妹妹在皇宫受宠，狂妄自大，不知所谓。及至宋家、梁家和马家先后被自己陷害成功之后，窦宪等人更是无法无天。

一次，窦宪到达洛阳城外一庄园，看见其造型独特，风景清幽，便有心将之据为己有。此庄园的主人正是邓乾。邓乾就是当今驸马，皇帝刘炟的亲妹妹沁水公主的丈夫。见窦宪扔下一贯钱，还不足以买庄园的一个小亭之时，邓乾不禁愤懑不已，就准备要和他据理力争。幸亏沁水公主也是聪明之人，当即劝道："如今窦家势力如参天大树、遮云蔽日，我们不能学梁家、宋家和马太后的那些兄弟，莫说是我们，就是当朝皇帝的姑姑，还不是因为得罪了窦家，而被陷害到圈禁的地步。"

于是，邓乾在公主的劝解下，只能将自己的庄园拱手相送。当然，此后因为皇帝刘炟自己感觉到不对，逼问之下，才知道窦宪欺负到自己妹妹的头上，按理来说，如此作为，皇帝刘炟应该是万万不能忍受的，可惜他禁不住窦皇后的几番劝阻，最终只叫窦宪归还庄园、在家自省，没有施予其他的惩罚。如果当时宫中还是三足鼎立之势的话，窦宪之罪万万不能如此轻松地就被放过。

从这件事可以看出，刘炟越发地软弱了，而且他的作为基本都已经掌握在皇后的手中。比起刘秀和刘庄来，在坚韧和强硬上的确是大有不如。幸好此时朝中还有一干能干的贤能之士，为皇帝打理江山。大汉王朝虽然日渐呈现衰落之象，却还不到无药可救的地步。

但是，有哪一朝臣子可以不凋零呢？随着年岁日长，曾经的股肱脊梁们都垂垂老矣，一个个先后离去。建初四年（公元79年），太尉牟融病死在了任上。建初五年（公元80年），太傅赵熹去世；建初六年（公元81年），太尉鲍昱病逝；建初八年（公元83年），东平王刘苍也病故。这些人一去，皇帝刘炟就如失去双手四肢一样，面对日益严峻的朝内外局势，应接不暇。此时的大汉皇朝，真的走到了江河日下的窠臼之中了。

当然，朝中势力依然可以分为强硬派和温和派。强硬派以太尉鲍昱为首，太尉死后，大司农邓彪升任太尉，此人不过是个浪得虚名之人，才华平平，德行也没有什么可以称道的地方。桓虞素有贤名，但是此刻限于资历，只能暂时担任司徒。在邓彪的带领下，虽然得以让强硬派有个领导，但是每次争斗，都没能在温和派的代表第五伦手中占得一丝便宜。为此，邓彪只能在朝中寻找接班人。汝南名人、楚郡太守袁安才华横溢，被邓彪看中以后，担任了太仆一职。第五伦见此，也积极在朝野内外搜罗人才，最终出身名门世家的会稽郡山阴人郑弘被他看中，并在第五伦的保举之下，做了大司农。看起来，朝廷重臣、国家基石似乎已经后继有人，但是他们没能看到，皇宫内院之中的窦皇后的崛起，才是让东汉王朝盛世衰危的最大隐患。而窦皇后自从将梁家、宋家和马家打入万劫不复之境地后，整个皇宫后院，再也难以找到可以和窦皇后匹敌的人来，因此，她只能一方面打理好和皇帝刘炟的关系，保证自己恩宠不断，同时则要努力教育好刘肇，让他能够为自己所用。另一方面，则是不断向皇帝耳边吹风，以减少窦宪因为霸占公主庄园在皇帝刘炟心目中的坏印象。

而另一边的窦宪，也没有闲着，他知道自己有个妹妹在后宫之中一手遮天，因此即使有罪也依然恃无恐。当务之急，是要能够在朝廷之中找到可以为自己所用的人才来。司徒桓虞与司空第五伦等人当然不可能，他们都自视清高，不肯与自己为伍。特别是第五伦，找准机会就会向皇帝参自己一本，对窦宪而言，第五伦几乎成了当下的头号劲敌。于是，他将自己首要的考虑对象定为郑弘，可惜，他没有意识到，郑弘是第五伦一手培植起来的死党，也正是因为他的清正严明，第五伦才不惜用自己在朝中的位置，向皇帝保举于他。所以当窦宪找到他时，不免碰了一鼻子的灰。

当然，窦宪的努力并不是没有收到任何效果的，相反，朝中有一大批手握重权之士，或囿于现实和窦宪的权势，或主动投诚，求取光明前途，被窦宪搜罗到自己的羽翼之下。如昌阳侯郭璜、侍中郭举父子，中郎将耿夔，中尉邓疊，护羌府长史任尚，兰台令史班固、傅毅等人，甚至是后来的太尉也与他们沆瀣一气。这些人中，要么是边关大将，要么是军中勇士，要么武功卓绝，要么是风流才子。文武齐全、势力庞大。他们的崛起，一方面是东汉士大夫政治的逐渐兴盛，另一方面则是外戚权力向朝中的不断渗透。大汉王朝在这一批人的手中，实在是福祸难料。

皇帝在手，江山我有

章和二年（公元88年）二月，刘炟崩于章德前殿，年三十三。自刘炟死后，东汉天下步入了另一个时代。纵观刘炟的一生，也许可以用七分功，三分过来形容。一者，改变先帝所施行的铁血强硬政策，用温和的方式管理国家的内外事务。边境地区与民休息，不再轻言战事。内部地区拨乱反正，严明官员选举的举孝廉制度，虚心纳谏，大力发展农业。几番平定羌人叛乱，西域都护班超在他的支持下，稳定了西域地区。二者，自己先后纵容马氏族人和窦氏族人，宫廷之中内乱不断，最终导致外戚政治的兴起。边境地区管理不严，造成官员腐败，民不聊生的现象四起。朝堂之上不懂得御下之术，使得群臣百官分为针锋相对的两个派别，最终士族阶级顿起，成为东汉前期以后左右着东汉朝政的三股力量之一。

汉章帝刘炟死后，在皇后和窦宪的扶持下，年仅十岁的刘肇登上大位。长子刘庆早就做了清河孝王，即使刘庆有君王之志，诛逆之心，也只能望洋兴叹，因为窦宪和窦皇后兄妹的权势太大，捏死他区区一个王爷，如同捏死一只蚂蚁那样简单，但是多年以来，自己和刘肇也算是交心深厚。在不断的交往中，刘庆越来越看不透这个被人强制改变命运的兄弟刘肇了，他渐渐意识到，刘肇此子，也非池中之物。他只能等待，等待着给予窦氏家族一击致命的时机。可是这个时机，真的会到来吗?

刘肇继位，窦皇后顺理成章地成了太后，其兄长窦宪则做了辅政大臣，一时之间，不仅皇帝在他们的手中被视为玩物，即使整个江山，也几乎要改名换姓了。

他们为了更加稳固地控制刘肇，不惜擅自改动刘炟的遗诏，让徙西平王刘羡为陈王，六安王刘恭为彭城王离开京城，同时大力调整人事，封黄门侍郎窦笃为侍中、虎贲中郎将，窦景、窦瑛为中常侍，共同入宫参典机要。不久，又将刘炟在世之时最为要好的兄弟刘党撵出京师洛阳就封而去。群臣早就怀疑此诏书的真实性，刘炟在位之时，何等在乎自己爱护亲人的名声，何况是自己最为亲厚的兄弟刘党呢？可惜此刻的朝堂，虽然官员众多，却要么是窦宪的爪牙，要么是明哲保身、害怕引火烧身之人，就连一向忠义正直的司徒袁安与司空任隗，也只能扼腕叹息。刘炟之死，实在太过突然。窦皇后身在后宫，对其病情自然是了如指掌，因此，才能够在皇帝一死便掌握了先机，杀他们一个措手不及。而以司徒袁安与司空任隗为首的文武官员，则因为准备不足，一失足成千古恨。

汉和帝刘肇新近继位，随着年龄增长，越发感觉自己孤苦伶仃，无依无靠。汉室大权终于全数落入窦氏兄妹手中，明章之治，这一可以堪称东汉最为伟大的黄金时代结束，随即，外戚政治粉墨登场。此后的一百多年中，窦、邓、阎、梁等家族相继控制着东汉的朝野内外，一幕幕宫廷悲剧不断上演。江山代代有人坐，最苦莫过老百姓。外戚、士族、宦官、汉室正统，在此后的时间中，就从未停止过争斗，但无论是谁，都很少有人在改善民生的功业上书写着自己光辉的一笔，有的，只是尔虞我诈、血雨腥风。

窦太后临朝听政

外戚政治的唯一基础是皇帝年幼。如果皇帝成年，已经能够临朝断事，皇太后就无法掌握他，太后背后的外戚也会失去权柄。所以拥立幼儿是外戚掌政的第一步。

窦太后在利用假的诏书逼走刘肇的几位叔叔，又擅自任命自己的亲信担任皇朝的高官要职之后，终于如愿以偿，以皇帝年幼为理由，临朝听政，为皇帝出谋划策。事实上，窦皇后和窦宪一起，总揽朝政，皇帝刘肇，不过是一个绣花枕头，有名无实罢了。

但是，要完全掌控朝政，做实际意义上的皇帝，窦太后还需要做很多事情，以巩固自己的统治，当然，群臣百官在自己的身家性命都受到威胁之时，也不会束手待毙。特别是司徒袁安、司空任隗二人都是三朝元老，在朝中威望很高，窦氏兄妹要想完全控制朝纲，就必须面对这两个实力强大的人。司空任隗，其父是开国元勋、位列云台的阿陵侯任光。任隗为官清正廉洁，很有才干。他深沉有度，为人不卑不亢，精于谋划，做事机敏，对于窦氏兄妹而言，比之马氏、梁氏兄妹等人，要难对付得多。袁安亦是刘庄在位之时的老臣，才干能力都是当朝一流，德行心性更是世间少见，毫不夸张地说，他是第五伦之后，东汉王朝之中最有威望的大臣。朝中诸多大臣如尚书仆射乐恢、尚书宋意、太尉掾何敞等人也唯他二人马首是瞻。虽然朝廷的生杀大权悉数掌握在这对兄妹手中，但是迫于人心所向，他二人一时之间还真不敢随意动作。他们可真不想自己辛辛苦苦经营多年才得到的有利局面，一时不慎便毁于一旦。

于是，他们只能从削弱司徒袁安、司空任隗的权力开始。第一步，窦氏姐妹想到了扶持一向为官无所作为的邓彪，于是窦宪上奏，恳请皇上批准任命邓彪为太傅，兼掌尚书事务之权。众所周知，邓彪忠厚有余，但才干不足。曾经因为节操高尚，而被先帝刘炟任命为太尉。可惜邓彪做了太尉之后，只是看中自己清正严明的名节，却没有什么实在的作为，颇有沽名钓誉之嫌。建初九年（公元84年），刘炟终于下定决心，撤换了邓彪，改第五伦所举荐的郑弘为太尉。可惜郑弘虽有不世奇才，却难以防止小人陷害，最终被窦家害死。直到此时，一直忠于窦家的宋由便做了太尉。宋由的才智，领一太守职也难以胜任，至于权谋斗争，更难以向司徒袁安和司空任隗一样，运转自如。

邓彪上台之后，虽然名义上统领三公九卿，兼录尚书机要任务，但他唯恐得罪人，不管是司徒袁安、司空任隗还是窦宪兄妹，他都力求交好，为了明哲保身，邓彪只得每日不问政事，使得大权旁落，悉数掌握在窦宪的手中。

天下虽大，此时却也难以找到可以和窦宪一比权势的人物出来。窦宪生性比较暴躁，平生第一恨事，就是当初自己父亲窦勋被冤死狱中。其主审便是谒者韩纡。现如今，韩纡早已经命归黄泉，窦宪再是厉害也无能为力，但是胸中一股怨气，几十年如一日，又岂是韩纡一死就可以了之的。于是，窦宪将韩纡的儿子以莫须有的罪名抓捕入狱，处以极刑，削其首，以告慰亡父窦勋在天之灵。

此事过后，窦宪心中的理想则在暗自增长，催促自己开始行动起来。

这就是对匈奴的战争。

在朝廷讨论是否要发动对匈奴的战争之时，许多大臣，包括司空任隗认为，在匈奴不再采取侵略政策时这样滥用帝国的资源，迫使部队在远离家乡的地方艰苦的服役是愚蠢之举，虽然没有人听取他们的申诉，司空任隗和司徒袁安仍然继续提出自己的观点，以致有许多同僚担心他们的安全。但是他们得到了升任司徒的鲁恭的支持。当时鲁恭仍任侍御史，就请求不要让人民卷入窦宪发动的战争，他还认为，非汉族人的习性和中原人完全不同，从这一点说，就不应该允许他们作为杂居社区的成员与汉人住在一起。另外，匈奴不久前被鲜卑打败，利用这个机会既不正当又不合适，匈奴已经从边疆防线上往后撤退了一大段距离，要找到他们就得花费巨大的人力、物力，因而极不合算。鲁恭引用大司农的观点，即现有资源不足以支持这么大的战役，而且他还说其他官员也一致不同意发动这场战争，同时也不应该用公众的生命去满足某一个人——即窦宪的愿望。

如此大的阻力，窦宪能够实现自己成为卫青、霍去病一样的大将军、打败匈奴的愿望吗?

窦宪的愿望

匈奴自西汉立国以来，就一直是中原王朝的心腹大患，无数英雄男儿都渴望着有朝一日能够屠灭匈奴，就连权倾朝野的窦宪，也生出了赶超前朝卫青、霍去病的心思。

永元元年（公元89年）春，南宫大殿。

此刻群臣正在大殿早朝，只见皇帝刘肇坐在皇帝宝座之上，已经明显地具备了一个皇帝应该有的样子，乍看之下，还真以为皇帝刘肇已经亲政。仔细一瞧，龙座之后俨然有一排水晶链子，而链子后面，则是实际上执掌大权的窦太后。在太后的授意之下，宦官接过皇帝手中诏书，向百官宣道："匈奴为害我朝已久。仰赖祖宗保佑，我们才能出师克敌，使万里疆土复归平静。请有关主管官员遵循先人成法祭天，以彰扬兴盛美好的事业。"

此刻，北击匈奴的大业终于在窦氏兄妹的操纵下，正式开始施行，而在此之前，朝堂之上，以司徒袁安、司空任隗为首的反对派和以窦宪为首的主战派，还进行了一场决定匈奴命运的唇枪舌剑。

永元元年（公元89年）冬十月乙亥，以侍中窦宪为车骑将军，伐北匈奴。

太后带领皇上，亲自来到洛阳郊外的祭祀台上为自己的这位兄弟壮行，祈求上天赐福于大汉，让汉朝将军窦宪能够得胜归来。

司徒袁安、司空任隗等人此时终于明白，自己无论怎么反对，北击匈奴的事已成定局。为今之计，也只能在大事上和窦氏兄妹保持一致以保持政局的稳定。

这一次，窦宪要出击匈奴，一则是为了还自己多年以来的愿望：做一名可与卫青、霍去病一样的英雄，扬名朝野、流芳百世；二则是为了能够戴罪立功。窦太后曾与一个叫刘畅的人有染，窦宪知道后一怒之下便把刘畅杀了，开始时窦宪还诬蔑是刘畅的弟弟刘刚所为。可是胳膊终归是拗不过大腿，窦宪虽然权倾朝野，但论到名正言顺地执掌国家最高权力的人，还只能非窦太后莫属。最终，任凭自己百般狡辩，还是没能瞒过窦太后的法眼。

窦宪的罪名一坐实，窦太后便陷入了两难的境地。不惩办窦宪无以正法纪，百官难免不服，群臣势必非议。依法办理的话，窦宪便犯下了杀头大罪，窦太后当然不能够自掘坟墓。思虑良久，只能暂时将窦宪幽禁在后宫禁苑之内，一有时间，窦太后便会前去看望和安抚自己的这位兄长。直到窦宪说出自己的愿望，窦太后当即大喜，只要能够打击匈奴，窦宪不仅能够得偿所愿，还能够戴罪立功，实在是个两全其美的事情。兼且刘炟上位以来，一直在休养生息，除了羌人、南越等地方偶尔的边患，便没有什么消耗国力巨大的战役发生。听闻不久之前，鲜卑也打败了匈奴，迫使匈奴向北迁徙了数百里。匈奴刚刚经历战事，兵马粮草必然有所损耗，因而此次北击匈奴，能够战胜的几率可达八成以上。

此时，匈奴依然处于南北分裂状态，多次的内部战争，也在很大程度上削弱了匈奴一部的整体实力。南匈奴在对北匈奴的战役中，历来都是败多胜少，大漠之中最为珍贵的就是土地，因为只有有了土地，才能保证牧民们四处迁徙之时，不会受到草场不足的困扰，几番战乱下来，南匈奴不断收缩自己的领地，旗下的牛羊马等也被北匈奴大量地掠夺。因此，南匈奴一直希望，能够借助汉朝的军力，重新夺回自己所失去的一切。

朝廷除了任命窦宪为车骑将军之外，还为其佩金印紫绶，比照司空规格配备属员。同时以执金吾耿秉为副，发北军五校、黎阳、雍营、缘边十二郡骑士及羌胡兵出塞。

如司徒袁安、司空任隗等人所料，北匈奴因为与鲜卑一战，不得已向后撤退了数百里。这对于汉朝而言，可以在很长一段时间内免除边境祸患，当然是好事一件，可是当窦宪等人率领八千骑兵到达塞外之后，向北而去，一个冬天都没有发现北匈奴的踪迹。此番可算是孤军深入，幸好有南匈奴在粮草资源上的支持，才没有导致汉朝大军粮草危机的发生。但是窦宪和耿秉都知道，这样下去终归不是长久之计，南匈奴在与汉朝讲和之前，其收入的主要来源，除了自给自足之外，还有每年秋天到汉朝边境的掠夺。此番与汉朝共同抵御北匈奴之后，自己当然不能再与过去一样，不时到南边土地上去烧杀抢掠一番。如此一来，边境到是比较安定，但南匈奴不免在物质上就少了一大来源。自给尚且不足，何谈能够保持对汉朝大军的长久供应呢？

汉朝和南匈奴联军的当务之急，当然就是能够尽快找到北匈奴的大军主力所在，谋求与之决战。

为了扩大搜索范围，汉军派出了大量的探子。和南匈奴的探子一起，乔装为牧民北上，希望能够尽快找到北匈奴大军的影子。同时双方大军为了扩大搜索范围，将联军一分为五，从朔方鸡鹿塞出兵。

不久，南单于屯屠河手下的探子终于发现了北匈奴大军的踪迹。

原来，北匈奴单于早就已经接到前方的战报，知道汉军和南匈奴大军结盟，向自己紧逼过来。前面刚刚和鲜卑因为地盘之争大战了一场，元气大伤不说，还因为军事上的失误，被鲜卑打了个措手不及，最终招致整个战役的失败。迫于无奈，北匈奴只得向后退却了数百里，一则是防止汉军和南匈奴军队的偷袭，二则是希望汉军和南匈奴军队能够见到自己暂时无意南征的意图而不会再劳师远征。可惜北单于没有料到，汉朝竟然会出了窦宪这样一个人物。如果窦宪仅仅有一个为大将的理想而没有实力，那这次战役就不会发生，至少不会是现在。可是这下窦宪兄妹擅权，整个汉朝天下都在这二人的掌中，天时地利之下，虽然朝中大臣普遍认为，北击匈奴是不智之举，但窦太后依然力排众议，全力支持窦宪的决定。

这下，轮到北匈奴单于担心了。每日下来，他们都忧心忡忡，唯恐汉军和南匈奴的大军会在某一天突然前来趁火打劫。一日，在西南边境与鲜卑对峙的大将买提突然归来，买提历来就是北单于的心腹大将，熟读兵法、深谙带兵，素以工于谋略著称。待他进得北单于大帐之中，北单于高兴不已，连忙向他咨询此次战役的取胜关键所在。买提闻言，淡然一笑，不缓不急地向单于说道：“汉人兵法有云，知已知彼百战百胜。大王可知道现在汉军最希望的事情是什么？”单于闻言，摇头说道：“愿闻将军指点。”“当此之时，汉军军力正盛、士气大旺，与南匈奴联合，更加如虎添翼，但是此番前来，汉军离他们的大本营洛阳可谓路途遥远，长久下去，汉军必定会人困马乏，疲于奔命，即使有南匈奴的资助，也难以长远。因此，他们此刻最想做的事情，就是找到我军主力，然后进行决战。”北单于能够从他的数位兄弟之中杀出重围，被老单于看重，坐上单于的位子，当然也是一个聪明之人。只是连日以来，为越来越不利于自己的战局揪心，不免会智者千虑必有一失。北单于顿时便生出了醍醐灌顶之感。

“敌人越想做成的事情，我们就越不能让他办成，只要我军深入大漠，为我军赢得时间。我军民一体，历来是四处迁徙，只要我军不和汉军交锋，就一定能够拖垮汉军，到那时，南匈奴独木难支，我军就可以不战而屈人之兵。”说完，单于和买提将军双双大笑起来。

于是，北匈奴大军再次向北撤离，这一次，他们直接撤退了一千余里，搞得汉朝和南匈奴联军不知道他们去了哪里。甚至连日以来派出的探子也只能看到地上井然有序的撤离踪迹，但是究竟北匈奴往北撤了多少里，撤到哪里去了，却是不得而知。一时之间，汉军陷入了粮草短缺、远离故土的窘境，面对如此危局，窦宪等人是撤军，还是原地待命，或者是继续北进？北匈奴以逸待劳，自己的将士日渐消瘦，如此发展下去，汉军势必会大败亏输，似乎已然黔驴技穷的窦宪，此时又该如何应对呢？

会战北匈奴

前面提到，北匈奴早就想好了应对联军的策略，只需要以逸待劳，汉军和南匈奴的军队就会大败而去。可惜他们不知道，不止匈奴人了解草原，某些汉人也对草原和大漠了如指掌。其中最具代表性的就是耿秉。

十六年前，大将窦固出酒泉（今甘肃酒泉）西进，直到天山，占领北匈奴最肥沃的耕地之一伊吾卢（今新疆哈密），留兵屯垦。另一位大将就是此次和窦宪一起出征的耿秉。耿秉在大军出征以前，就对匈奴地区的风土民情、气候地形等进行了深入的了解。此次出兵，正可以一展所长。耿秉率军出张掖（今甘肃张掖）北进，深入三百公里，直到三木楼山。可惜北匈奴坚壁清野，下令向后撤退，没有受到重大创伤，然而耿秉却因为那一次的从军经历而对大漠草原的环境了解至深。

此次是耿秉第二次深入草原作战，虽然他只是副将，却也深得窦宪的信任。窦宪见大军进退维谷，军中将士多有返回洛阳之意，只能向耿秉咨询部队下一步的方向。耿秉当然明白，其实这一场战役本来就是不必要的，只是若贸然建议部队回去，窦宪不仅会颜面尽失，还会罪上加罪。这当然不是窦宪所希望的，因此，要想这一切都不发生，大军只能继续北进，而且还必须一战而胜。可是如今北匈奴大军逐渐向北而去，大军这么久也没瞧见北匈奴的踪影，又怎么能够一战而胜之呢？

耿秉见军中主将均是有口难言，便神色从容地向窦宪进言。当此之时，正要入秋，北方温度亦开始下降，水草越往北就越稀疏，因此，北匈奴也不能马不停蹄地向北而去，万般无奈之下，只能向南转战，才不至于将自己的军士和百姓困死。耿秉在分析了这些因素之后，建议大军继续北进，同时加紧派出更多的探子，以搜集战略情报，找到北匈奴主力。窦宪闻言，心怀大畅，不禁感慨道："耿秉之见，诸将不及也！"于是，窦宪和南匈奴单于商议，部队继续分开向北进军，同时保持各方的信息通畅，部队队形也需要保持犄角之势，以防在遇上敌军偷袭之时，可以互相驰援。

北匈奴此刻也意识到，汉军如果再不撤退，自己便再不能往北走了，一旦秋天过去，百草萧瑟，牧民的牛羊马以及部队的战马都只能饿死，匈奴就真的会全军覆没了。因此，只有南进，在最短的时间内，找到汉军，才能趁匈奴军士士气旺盛、战力未衰之时，一举攻破敌方联军的围困之势。

连日下来，汉军又向北进军了五百余里，但始终没有看到北匈奴大军的踪迹，军中将士对此也大多生出退却之心，窦宪见此，亦不免忧心忡忡。耿秉见状，急忙向窦宪进言，暂时命令大军停止进军。耿秉考虑到，汉军行了这么久，应该就快和北匈奴大军交锋了，如果此时联军任意一部遇上北匈奴，都难以保证必胜。即使是胜利，也只会"杀敌一千，自损八百"，因此，当务之急，只有将大军合为一部，才能够在遇上匈奴大军之时，保证自己军队战力的绝对优势。

窦宪闻言，感到很有道理，于是令属下向大军各部传递将令，让他们急忙向中军收缩，会师一处。与此同时，窦宪还派出副校尉阎盘、司马耿夔、耿谭率左谷蠡王师子和右呼衍王须訾等一万精骑为先锋，以策应主力大军的安全。不久，几路大军在涿邪山（今蒙古西部、阿尔泰山东脉）会师。

当大军进至稽落山地区时，与北单于统率的主力部队相遇，连日来，汉军一直不见北匈奴大军的影子，乍见之下，大喜过望，主将一声令下，大军如过山蚂蚁一般，潮水般地向北匈奴奔去。反观北匈奴的大军，连日来都在躲避汉军，心中在就留下了害怕的阴影，双方部队激战之下，汉军大败北匈奴军。北匈奴军溃散，单于趁乱遁走。杀得眼红的汉军一直追至私渠比鞮海（今蒙古邦察干湖），斩杀匈奴单于以下一万三千人，获马牛羊等百万多头。温犊须、温吾等八十一部归降，前后共有二十多万人。窦宪、耿秉等将领登上燕然山（今蒙古杭爱山），中护军班固为其刻石作铭，记述其丰功伟业，流芳百世。此刻，北匈奴已经元气大伤，难以翻起什么大浪，于是窦宪派出了吴汎、梁讽携带金帛去招降北单于。招降途中，吴、梁二人又收降一万多人。追上北单于后，吴汎向他宣明汉朝的威德，并赐以金帛。单于于是决定仿效呼韩邪单于，做汉的藩属，保国安民。于是，在单于的带领下，北匈奴残部便随吴汎等率众东返。

《后汉书》记载："九月庚申，以车骑将军窦宪为大将军，以中郎将刘尚为车骑将军。"窦宪得到了巨额的封赏，在自己的官署之内大兴土木，雕梁玉柱，穷奢极欲，朝廷众人敢怒不敢言。为了进一步巩固窦氏家族的统治，永元二年（公元90年）夏五月庚戌日，在窦宪和窦皇后的授意之下，分泰山为济北国，分乐成、涿郡、勃海的部分为河间国。丙辰日，封皇弟刘寿为济北王，皇弟刘开为河间王，皇弟刘淑为城阳王，继封已故的淮阳王刘昞的儿子刘侧为淮阳王。并命他们即刻就封，以削弱京师之中窦氏家族独揽大权的阻力。

匈奴南北二部都已经臣服，按理说，窦宪和窦太后现在应该坐享其成就行了，可是，善于权谋的人，是不会甘于寂寞的。因此，窦宪又找到了出兵匈奴的理由。

在窦宪率军击溃北匈奴之后，北单于派遣其弟右温禺鞮王奉奏向朝廷贡献。时隔一年之后，窦宪提出，北匈奴只派遣其弟弟入朝，却没有亲自前来，明显是对向汉朝献降没有诚意。在窦宪的操作下，窦太后再一次答应了他要北击匈奴的要求。汉和帝永元二年（公元90年）五月，窦宪派副校尉阎盘率两千骑兵进击屯驻于伊吾卢地区的北匈奴军，旋即将匈奴军击破，占领了伊吾卢地区，车师前后王均遣子入侍，也就是派出质子到洛阳以表示对汉王朝的臣服。

同年七月，窦宪率军出屯凉州，统辖陇西、汉阳、武都、金城、安定、北地、武威、张掖、敦煌、酒泉等郡兵马。并以侍中邓叠为征西将军，做自己的副手。

北单于见其弟右温禺鞮王被汉朝送回，知道汉王朝责怪。为了避免战争，他急忙派出使者入塞通告，自己将准备亲自入朝。消息传到窦宪耳中，窦宪便派班固、梁讽前往迎接。

正在此时，南匈奴看到北匈奴依然对自己具备一定的威胁，特别是北匈奴一旦和汉朝交好，南匈奴在汉朝的地位就会降低，为了彻底地控制大草原，南单于急忙上书请求出兵击灭北匈奴，继而命左谷蠡王师子等率领左右两部八千骑兵出鸡鹿塞。南匈奴军兵分两路，向北挺进。及至两军会合之后。南匈奴大军乘夜包围了北单于本部。此刻汉廷也尚未反应过来，待到木已成舟，汉廷也只能隔岸观火。北单于见自己陷入南匈奴大军的重重包围，心下大惊，亲自率精兵千余人与南匈奴军激战。北单于负伤落马，又慌忙爬上马去，最终仅率轻骑数十余人逃遁而去。南匈奴军缴获了北单于的玉玺、俘获阏氏及儿女五人，斩首八千人，俘虏数千人。至此，南匈奴终于改变了过去一直被北匈奴打压的困境，变得相当强盛，拥有人口三万四千户，总计二十三万多人，拥兵五万多人。

永元三年（公元91年）春，北匈奴遭南匈奴打击后，衰弱已极，窦宪于是想彻底将北匈奴击灭。这年二月，窦宪派遣司马任尚和左校尉耿夔为先锋，率军出居延塞，出其不意地将北单于部包围于金微山，多年下来，北匈奴已然是日薄西山，耿夔所部几乎不费吹灰之力，便大破北匈奴军，俘获北单于之母，斩名王以下五千多人。尽管如此，在族人的竭力保护之下，北单于还是得以逃走，从此不知所向。此次耿夔携任尚率军出塞五千多里，最终大胜而归。这是自汉代出兵以来，最远的一次进军。朝廷为表彰耿夔的功勋，封其为粟邑侯。

驻于蒲类海（今新疆巴里坤湖）地区的北单于弟右谷蠡王于除鞬、骨都候以下数支人，见北匈奴单于大势已去，遂遣使者入塞，希望能够保存北匈奴最后一丝血脉，为大汉朝拱卫边境。窦宪闻言，当即应允，遂上书，请立于除鞬为北单于。朝廷允诺。

永元四年（公元92年），朝廷诏命耿夔出使北匈奴，并授北单于于除鞬玺绶，与南单于同等对待。至此。汉朝终于实现了窦宪和其妹窦太后既征服北匈奴，又让其与南匈奴分而治之的战略企图。

此番接连三次战役，汉军和南匈奴军队都充分利用了北匈奴飘忽不定、行动快速的特点，以远程奔袭、先围后歼、穷追不舍的作战方略获取胜利，使延续数百年的汉匈战争得以胜利结束。

东汉征匈奴之战，历经汉明帝、和帝两代奋战，终于于汉和帝永元三年（公元91年），将北匈奴彻底击败，并于其后两年时间内，彻底灭亡了北匈奴。从而，使汉代北部边患由此暂时解除，中国北方地区遂被东汉王朝统一。东汉王朝这一战争壮举，虽然于当时的社会实际有很大不符，但客观上，则为推动中国版图奠定的历史进程起了不可磨灭的伟大历史作用。

九霄龙吟

刘肇久居深宫之中，一年到头也难得出去一次，因此，清河王刘庆就显得旁观者清了，他认为，目前局势一变，皇帝可以依靠的臣属，多是那些平时经常和窦宪作对的人了，例如司空任隗、司徒丁鸿（永元四年三月癸丑日，司徒袁安死去，闰三月丁丑日，任命太常丁鸿为司徒）等人。刘肇大喜之下，遂决定召集司空任隗、司徒丁鸿这二人进宫面圣。刘庆闻言，急忙劝阻。他分析到，如今窦宪在朝朋党众多，一旦皇帝召集司空任隗、司徒丁鸿入宫，势必会引起窦宪的警觉。刘肇闻言，深感忧虑，忽然，刘庆灵机一动，说道："自己年少之时，母亲被害，自己一时伤心过度，差点做出错事，幸好有一忠臣为自己开解，自己才得以苟全性命于乱世。"

皇帝刘肇忙问那位忠臣是何人，刘庆笑道："他就是钩盾令郑众。此人历来忠于我大汉皇朝，对于陛下也是忠心不贰，有他相助，大事可成！"刹那间，刘肇仿佛看见了黎明到来之前的晨曦，于是决定向郑众求助。

郑众为人除了忠诚可靠以外，还处事谨慎机敏，心机很深。在窦氏兄妹为祸汉廷、把持朝政的这一段时间内，不但没有得到重用，还被贬做了皇帝后花园的管理人员，幸好他一直谨小慎微，才不致让窦氏记恨自己当年帮助刘庆的事情。但是这一段时间里，他并没有闲着，而是时常利用自己昔日的威信和自己的钱财，在后宫之内游走，培植自己的势力，一旦宫廷有变，可以让这些势力为自己所用。同时也和刘庆保持着联系，为免刘肇在思想上被窦太后控制，也在暗中向刘肇告诉了其身世。

郑众早就看不惯窦氏兄妹作威作福的样子，只是自己毕竟是小小的一个宦官，在刘秀、刘庄执政之时，对于宦官的限制就比较严格。虽然刘炟即位以后，对于这些的限制相对较少，但是碍于刘炟是一代明君，宦官势力也没有真正地成长起来。因此，郑众需要的，只是一个机会。如今，这个机会来临了，刘肇深夜召见自己一人到皇帝寝宫。此番事情郑众已然仔细问过，宫中窦氏势力没有一人知晓，可以看出，皇帝刘肇终于要有所动作了。

刘肇见到郑众，本想做一番测试，看看郑众是否如刘庆所言。但转念一想，自己如果这样做，一则是刘庆会心中怨憤自己不相信他，二则是自己也很欣赏郑众，不希望他在为自己办事之时，还会心存顾虑。于是，刘肇直截了当地向郑众说出了当前的宫内朝廷的局势，并且旁敲侧击地向郑众表明了自己欲要亲政的想法。郑众一听便明白了皇帝的心思，急忙说道："当今天下，虽然名义上姓刘，但实际上则是掌控在窦氏家族手中，此番，窦宪欲要自立，必定会首先谋刺皇上。而皇帝要独立，也必定需要首先除掉窦宪。此事，宜早不宜迟，先动手者可以尽得先机，后出招者必会处处受制。"郑众此言一出，正合了皇帝刘肇的心思。二人商议，当前窦宪不在京师，而是驻扎在外，朝中重臣多为窦氏一门及其党羽。因此，此事还需要从长计议，不可擅动，以防窦宪拥兵自重，率军叛乱。

当此之时，窦宪在外依然没有察觉到皇帝刘肇欲要灭杀自己的心思，不是他大意，而是今日的朝廷，窦氏一门早已经根深蒂固。且不论太后在深宫之中，为皇帝刘肇所敬畏，在朝堂之上，临朝听政，为群臣所慑服。单论其朋党势力之强，就不得不让人为之侧目。有耿夔、任尚为其爪牙，邓叠、郭璜为之心腹，更以班固、傅毅皆置幕府，以典文章，把揽朝政，占据要津。一时刺史、守令等官员多出其门。此外，窦氏一族，满门权贵，兄弟窦景为执金吾，窦笃进位特进，窦瑰为光禄卿，窦宪的叔父窦霸为城门校尉，窦褒为将作大匠，窦嘉为少尉，其他窦氏族人任侍中、将、大夫、郎吏等职的，还有十余人。窦宪的兄弟族人当朝，贵重显赫，倾动京都。因此，窦宪一门心思地认为，自己一定能够使江山永固。而且当今圣上年纪还小，对自己除了敬畏之外，绝不会生出悖逆之心。即使有了这个心思，自己只要回朝细细谋划一番，将皇帝秘密处死，这最后的一个后顾之忧也就烟消云散了，到时即使窦宪自己坐上这皇帝大位，也不是没有可能。

窦宪每念及此，不免心中激动异常，没过多久，他就从自己的驻兵之地班师回朝，图谋大举。他不知道，此时的深宫之中，一张大网正在悄然打开，等着自己自投罗网。

和帝刘肇听闻窦宪将归来的消息，心中忐忑不已，一整夜没有合上眼。第二天清晨，便听从郑众的建议，下诏让大鸿胪持节到郊外迎接，并按等级赏赐军中将士，以安其心。同时让郑众召集司空任隗、司徒丁鸿等人，让他们带兵把守进城的几大宫门，只待窦宪一入皇宫，便来个瓮中捉鳖。

此时，窦太后在宫廷之中，也察觉到时局有变，于是准备出去向自己的兄长窦宪通风报信，但是皇帝刘肇早就命人把守住了宫门，几番派出去的人手都是有去无回，窦太后心中焦急，只能在宫中向佛祖祈祷，希望自己担心的事情不要这么快就来临。

及至窦宪入了洛阳城之后，城中守将急忙关闭了城门，待得窦宪入宫，才发现宫中早已经不是自己去时的模样，特别是整个皇宫之内，充斥着一股冲天的杀气，而且守卫宫门的士兵多非自己的人。即使如此，窦宪依然一笑置之，他始终相信，以自己的权谋武功，皇帝刘肇是断断不敢在太岁头上动土的。大鸿胪将窦宪等人一路引到皇帝刘肇的宫门之前，刚一跪下，四周便冲出数百甲士。此番入宫，窦宪并没有率领自己的亲卫前来，只带了手下一干将领一起来朝见皇帝。一见此种阵仗，心中没有半分准备，纷纷束手就擒。

经过查实，窦宪谋反之罪证据确凿，不容置疑。其手下朋党邓叠、邓磊、郭举、郭璜等人均被逮捕，不久便被诛杀。同时幽禁了窦宪，命人解除其大将军印绶。为稳定窦宪所部军心，一时之间，皇帝还不能就此斩杀了窦宪。商议之下，决定封窦宪为冠军侯，与窦笃、窦景、窦瑰都去到封地。不久，窦宪等人被迫自杀身亡。窦太后闻讯，知道大势已去，遂命人紧闭宫闱大门，不与窦氏族人相联系，以免受了牵连。

知道此时，窦太后尚自以为，刘肇不知道自己的身世。其实刘肇自四岁离开自己亲生母亲，就在心里留下了一颗种子。他和刘庆一起玩耍之时，也时常会流露出自己思念母亲的情绪，等到自己的母亲被害死，他为求自保，只能暗自落泪。在表面上，依然表现着对窦氏的尊敬。当然，随着年岁日久，那颗种子在窦太后的努力下，最终没有生出仇恨，但是这并不代表自己可以一辈子做个傀儡，任人鱼肉。

刘肇一向最为敬佩自己的父亲刘炟，力图做一个孝顺之人。因此，对于窦太后特别时期的养育之恩，他还是比较感激的。因此，他并没有在自己继位之后，废黜了窦太后。反而依然尊她为太后，除了不再临朝听政之外，其余待遇和往日一样，没有丝毫更改。此外，刘肇也知道，多年下来，窦太后在宫里宫外的势力很强大，如果贸然向太后动作，势必会引起天下动荡。如今初逢大变，国家急切地需要稳定。

即便如此，窦太后再也不能和往日一般肆无忌惮了，自己的娘家人犯下谋逆大罪，自己即使没有参与，也有管教不严之责。因此，此后的窦太后便深居后宫，唯恐皇帝刘肇会在某一天“知道自己的身世”，诛除了自己。从这一点可以看出，窦太后太低估刘肇了。刘肇不是不知道，而是知道了却有更好的谋划。

此番刘肇之所以能够成功地剿灭窦氏乱党，一是因为窦氏一门的所作所为早就已经引起了天下人的共愤，群臣百官有很多人支持皇帝亲政；二是因为谋划严密，特别是选才任人上，皇帝刘肇首先想到了宫中的大臣，其次又能够和极度怨恨窦氏的刘庆联合，再与一直忠于汉室的郑众商议，得以成就大事；第三，则因为整个围捕过程干净利落，没有一点拖泥带水，全面出击之下，兵不血刃便平息了这场未开始实施的叛乱，并且在最大程度上降低了伤亡，避免了王朝内部的相互争斗而引起的国力衰退。

此次刘肇所展现的机智和敏锐，干练与稳重，不得不让人叹服！

和帝亲政，天下归心

扫平外戚势力之后，汉和帝刘肇终于得以临朝亲政。首先，就对这次平叛事件的诸多臣属论功行赏。特别是郑众和刘庆，通过此次事件，甚得刘肇的信任。刘肇向刘庆赏赐了大量钱粮，恩宠之深厚，一时没有第二个皇亲国戚可以与之相提并论。而郑众则是刘肇赏赐最为丰厚的另一个人。郑众前半生多郁郁不得志，经过这次平叛，助皇帝夺回大权，自然能够平步青云。于是，郑众被任命为大长秋。大长秋一职，乍看之下名不见经传，细细思量，才知道这一官职是则是皇帝近侍官首领，非皇帝亲信不得充任，主要负责宣达旨意，管理宫中事务。

刚开始之时，皇帝刘肇还对宦官掌权有所顾忌，历朝以来，宦官掌权，江山必乱。因此，并没有给予郑众参与军政大事的权力。郑众也对自己的处境很了解，因此，每次皇帝赏赐，他都推脱不要。其仁爱谦逊的态度便逐渐受到皇帝刘肇的喜爱和尊重，进而在遇到国家大事难以解决，而朝中重臣相继死去的情况下，诏令郑众与之商议。至此，宦官之权柄得以扩大，并渗透到国家的大政方针之中。恰如史书所言："宦官用权自此始矣！"

在封赏功臣的同时，刘肇也开始大力革新国家政策，逐渐实践着自己的政治抱负。永元四年（公元92年）十二月壬辰，刘肇刚一上任就颁布诏令减土地税。后来，他又多次下诏，劝农权耕。

透过这一举动，刘肇勤政爱民的形象便被人民广为传诵。但是，皇帝刘肇毕竟个人精力有限。自己所依靠的几个重臣相继过世，永元五年（公元93年）春正月，千乘王刘伉死去；永元五年正月，广宗王刘万岁死去；二月甲寅日，太傅邓彪死去；永元五年十月，太尉尹睦死去。此前的永元四年（公元92年），司徒袁安、司空任隗二位国之栋梁也相继去世，此后不久，司徒丁鸿、城阳王刘淑、乐成王刘党、陈敬王刘羡等人也相继西去。一时之间，朝堂可用之人变得越来越少。为了解决这一问题，永元五年三月，刘肇特别颁布了一纸诏令，责令选贤任能。

可以看出，和帝刘肇实在不失为一个年轻有为的英明圣主。他在平定窦氏乱朝之后，积极支持班超在西域的斗争，不久，班超大破焉耆，西域降附者五十余国。同时派遣著名将领乌桓校尉任尚领兵东北，大破南单于，收复辽东。而他在小的时候，便深谙为政之要，对于百姓怀有一颗怜悯之心。时常下诏赈灾救难、减免赋税、安置流民、勿违农时，同时，和其父亲刘炟一样，以宽和的态度对待犯罪。即使他知道窦太后的所作所为，并能够无所顾忌地惩处她时，刘肇也没有采取行动，而是让窦太后恩宠不减，直到她死后，依然力排众议，以"恩不忍离、义不容亏"为由，将窦太后谥为章德皇后。同时对于梁贵人、宋贵人的问题也都妥善安置。其母梁贵人被追封皇太后。此外，和帝还一直坚持以民为本、任人唯贤、注重道德教化左右，使得汉朝在他的治理下，整个国家与他的谥号"和"帝暗合，一时之间，大汉朝四海升平、海晏河清。

阴孝和与邓绥的后宫斗争

尽管和帝刘肇尽心竭力地想将国家治理好，重振刘氏伟业，但是东汉王朝的命运似乎冥冥中自由天定，逐渐走向了黑暗的深渊。

首先，是宦官的崛起。

皇帝跟外戚斗争，必须获得别人的支持。而皇帝长于深宫，无法与外边互通消息，于是宦官就成了皇帝的倚靠和助力。东汉政权的第四任皇帝刘肇最先向外戚发动攻击。在他与宦官郑众的逼迫下，外戚窦宪自杀。但是，窦氏衰落之后，郑众凭借功劳，其威势不减反增。于是自郑众开始，宦官的权力越来越大。

其次，则是班超经营多年的西域的丧失。

早在刘庄在位之时，班超便投笔从戎，跟随当时的大将军耿恭南征北战，最终靠着自己的三寸不烂之舌，带着三十六个随从，征服了西域各国。后来刘炟继位，改变国策，欲将班超调回洛阳，放弃西域，终在班超的竭诚努力之下，刘炟答应了他继续经营西域的请求。

经过多次战争，班超这位西域都护在事实上掌控了西域各国。到元和四年（公元87年），曾经帮助汉朝进攻车师的大月氏来到班超驻地，请求与汉朝给为秦晋之好。班超见汉朝此时正是国家蒙难之时，不宜与以边陲小国结亲，便拒绝了大月氏的请求。永元二年（公元90年），心怀怨恨的大月氏便率领七万军队东越葱岭，攻打班超。多日攻取不得，大月氏只好去龟兹求救，半路遭到班超数百军士的埋伏，求救使者也命丧黄泉。

大月氏首领随即向班超请罪，班超并没有追究他们的过错，便让他们得以重返故土，大月氏大惊之下，与汉朝和好如初，消息传来，窦氏兄妹也感到很高兴。

不久，龟兹、姑墨、温宿等国相继归附。又过了些时日，西域五十多个国家都归附了汉王朝，班超终于实现了立功异域的理想。

然而好景不长，毕竟西域各国之所以臣服汉朝，主要有三个方面的原因，一是汉朝政治清明、经济良好、军事强大；二是北方强大的匈奴政权的土崩瓦解和臣服，使得汉朝在西域地区没有了竞争对手；三则是出于对班超个人魅力的敬服，班超经过几十年来的经营，在西域的势力已经根深蒂固。无论是他的军事能力还是外交能力，都得到了西域诸国的敬服。

可以说，这三个方面缺一不可，直到刘肇末年，东汉国力下降，班超也退休回到洛阳。将领任尚接替了班超西域都护的位置，可惜任尚之为人勇武有余、谋略不足，在他和班超交接官印之时，班超就对任尚说："塞外的情形可谓是鱼龙混杂，而你的性情太过严正。俗话说：太清澈的水没有大鱼，太严格的要求失去团结。我的意思是，你只需总揽大纲，不要挑剔小节，对他们的小过错更应该尽力宽恕。"

然而，任尚对其言语不置可否，在其掌权其间，一改班超在西域的成功施政方针，只四年时间，任尚就激起西域所有国家的叛变。至此，西域各国再也难以恢复到班超在位之时的状态。兼且汉朝一代不如一代，国家内部纷争不断，无暇他顾，最终导致了汉朝掌控西域权力的彻底丧失。

最后，刘肇则是在后宫皇后大位的变迁中，使得国家变乱，外戚政治又一次登上中国的政治舞台。

皇帝刘肇本来设立了一个皇后叫小阴氏，但是后来却改立了邓绥为后。这又是为何呢?

其实论起才情相貌，小阴氏都远远比不上邓绥，邓绥六岁就通读史书，十二岁精通《诗经》《论语》，每次与其兄长对答之时，号称饱学之士的兄长们也常常只能甘拜下风。因为邓绥聪慧好学，才华超群，故而家人都称她为"诸生"。父亲邓训更是对女儿异于其他女子的言谈举止暗暗称奇，认为她将是儿女中最有前途的，事无巨细都与这个小女孩商量后再行。本来，邓绥是能够和小阴氏一起入宫的，那样小阴氏也就不会先自己而被册立为后了。然而，就在自己即将入宫的前夕，邓绥的父亲邓训却离开了人世，为了守孝尽丧，邓绥只得在三年之后才得以入宫。

三年艰苦的守孝生活结束，邓绥已然变得形容枯槁，虽然此次又一轮选妃入宫开始了，邓绥因为三年前就被选取，这次去宫内也必定是水到渠成的事情。然后在入宫的前三天夜晚，她却做了一个奇怪的梦：邓绥梦见自己以手抚天，还抬头饮用青天上的钟乳。第二天，邓绥将这个梦告诉了自己的家人，其家人便找来善于占卜之人为她解梦。占卜者听后大惊失色、遂肃然起敬地说道："过去帝尧曾经梦见自己攀天而上，商汤也梦见登天而食，这都是千古帝王的先例。如今你家姑娘也做这样的梦，她的前途大吉大利难以言传。"后邓家人又请来相士，相士一见邓绥，当即恭敬的说道："小姐不同凡响，必走成汤之路！"邓氏族人一听，当然高兴不已，遂命人严守这个秘密。

可惜，在邓绥入宫之前的永元八年（公元96年），小阴氏阴孝和就已然做了皇后。因此，邓绥本应该一片坦途的后宫之路就这样布满荆棘。邓绥一入宫，其绝世的容颜便倾倒了众人，更别说年方十八、正值年少轻狂的汉和帝刘肇了。刘肇一眼就看中了邓绥，此后便甚得宠幸，次年便被封为地位仅次于皇后的贵人。这年，她才十六岁。

随着邓绥德名日盛、声誉日隆，皇后阴孝和也日益感到自己再不出手，怕是这皇后大位也要拱手让人了。百般无奈之下，阴孝和决定，以巫蛊妖法去诅咒邓绥，这当然没有什么效果。可到了永元十三年（公元101年）夏，阴孝和见和帝病危，便想趁机向邓绥暗下毒手。幸好邓绥在宫中颇有人缘，连皇后身边的小太监也感到阴氏过于阴毒，于是便悄悄地将这个消息传到了邓绥的耳中，邓绥听闻，吃惊不已，再看皇帝，已经病入膏肓、命如游丝，此番皇上如有不测，自己难免会遭受杀身灭族之祸，皇后独掌大权，难免会重蹈窦氏兄妹之乱。

一念及此，邓绥顿时冷汗如雨，扬言要自杀以报皇恩。邓绥此举，可谓高明之至，一旦皇宫有变，自己自杀之举兴许会换来百官的同情，可免遭祸患。如果皇上病好，则自己就可以获得一个好名声，贤德之名更加远扬。当然，邓绥最终没有自杀，皇帝刘肇也病好如初。

和帝病好之后，得知邓绥被逼得险些自杀，心中不免对阴孝和之狠毒不满。皇后身边之人也对阴孝和很不满，不久，皇后行巫蛊之术的事情便传到了皇上的耳中，这在当时可是了不得的大事，前朝旧历，多少人因这巫蛊之祸魂断九泉。皇上闻言，心下大怒，急忙命人彻查此事。

永元十四年（公元102年）夏天，皇后因行巫蛊之事证据确凿，便遭到废黜。阴孝和被废后迁于桐宫，最终忧惧而死。阴孝和到死也不明白，自己只是试着施行巫蛊之术，却并没有取得任何的效果，何以会招致如此大祸。其实，这一切都是在潜移默化中造成的结果。自邓绥入宫，得到皇帝宠幸，再到邓绥和阴氏两个人的所作所为的强烈对比，刘肇要废黜阴孝和的心早就暗自增长。说起来，阴皇后还是光武帝皇后阴丽华之兄阴识的曾孙女，与刘肇大有渊源。她与邓绥也是姑表亲戚，且低邓绥一辈。刘肇一向以仁治国，此番却犯了东汉一干皇帝的大忌。

树倒猢狲散，在皇帝下令彻查此事之后，阴氏族人阴轶、阴辅、阴敞都被打入天牢，其中会不会有屈打成招之事就不得而知了。事发之后，阴孝和的父亲阴纲服毒自尽，其族人被刘肇全部流放到南方遥远的蛮荒之地日南郡。自此，这个事件才全部结束。其实从后来邓绥所展现的才智手段来说，这件事情也有可能是她策划的，而且因为邓绥并没有和窦氏兄妹一样，中途被诛。因此，史书也就可能对其有所删改，而且这一期间邓绥的作为史书记述的很少，功过只能让后来者去发现了。

国不可一日无君，当然这君王后宫也不能一日无主。永元十四年（公元102年），邓绥便因其贤德，获得朝廷上下一致同意，而被册立为后。刘肇在之前的立后讨论上言辞恳切地说道："皇后之尊，与朕同体，承继宗庙，母仪天下，岂能轻视？朕以为邓贵人德冠后宫，贤称天下，最为合适。"

邓绥之谦虚恭顺、贤良淑德，足以领袖后宫。刘肇之明辨是非、以民为本，亦足以治理天下。眼看皇朝的未来蒸蒸日上，汉室江上也将恢复汉武大帝在世之时的隆盛。殊不料，元兴元年（公元105年），年仅二十七岁的刘肇病逝，而且其后人多不堪承继大业，要么患有笃疾，要么夭折殒命，唯一的刘隆（后来的汉殇帝）也年仅百日，未脱襁褓。邓绥顺理成章地临朝听政，掌握国家的实际权力，并自称为"朕"。邓氏家族随即成为又一个窦氏，外戚力量再一次崛起。

第十章　灵帝无道，汉室衰微

短暂的外戚统治

窦太后执掌朝中大权之后，急忙效法前朝窦宪兄妹，以及邓氏一族的做法，大肆封赏自己的族人。封父亲窦武为闻喜侯、弟弟窦机为渭阳侯、堂兄窦绍为鄠侯、窦靖为西乡侯。窦氏一家权倾内外，皇权再次回到外戚手中。

古来女子称帝者，只有武则天一人。窦太后要执掌江山，光靠自己一族是不行的，还需要学习前朝梁太后、邓太后等人，找一个幼子称帝，自己好从后面操纵。这是务实不务虚的做法。因桓帝无子，便需要从刘氏宗族之中寻找一个合适的人选，来充当这个傀儡皇帝。桓帝死后，窦妙急召父亲窦武进宫协商，经侍御史推荐，选中了汉章帝的哥哥河间王刘开的曾孙，汉桓帝的堂侄，年方十二岁的解犊亭侯刘宏为太子，继承皇位。

窦氏一门中，窦武素来有被封侯拜将的才德，因此，其见识也远超窦氏一族中的其他人。他认识到，当前朝局不稳，朝中大权很多掌握在宦官的手中，这极大地限制了窦氏一门的发展。眼下汉庭刚刚经历“党锢之祸”，党人虽然遭受打压，但是却赢得了广大百姓的支持。窦氏一门自从窦宪兄妹之后，便日益衰微，近些年才逐渐兴起，但是要对付宦官，在力量上还是略显不足。所谓“杀敌一千，自损八百”，即使成功地诛除阉党，也势必会落得个两败俱伤的结局。

于是，党人便成了窦氏打击宦官的首要拉拢势力。在窦武的推动下，窦太后再次起用陈蕃为太尉，同时找回李膺、杜密等有名党人，参与朝政。然而窦太后人处深宫，被势力强大的宦官所包围，宦官们整日甜言蜜语，窦妙一介女流，在政治上还显得十分生涩，因而在不知不觉之间，就被宦官哄得晕头转向，视他们为心腹，经常受他们的影响而改变主张，对此窦武和陈蕃等人都很担心：照此下去，太后没了是非之心不说，还会严重削弱外戚和士大夫的权威。于是，窦武便生出剪除宦官之意，但窦太后却因为不相信宦官的危害而迟迟不能下定决心。

迟则生变，窦武和陈藩深刻地明白这个道理。这日，窦武和陈藩秘密进入皇宫内部，晋见窦太后。其实窦太后早就知道他们会来，也知晓他们来到其寝宫的目的。窦妙觉得，自己不能见他们，否则他们又会提起扫除宦官这件事情。他们一个个对自己忠心耿耿，对皇朝事物更是尽心尽力，杀之不忍，害之不仁。索性自己不见窦武和陈藩，将这件事情拖着，或许不久以后，他们就会明白自己的苦心，了解宦官的忠诚。

此时太后掌权，便和皇帝一样居住在北宫之内。窦武和陈藩到达北宫，忙令太监通传，说有重要事情禀报太后。哪知这太监在通传这件事情之前，竟然事先向宦官侯览、曹节、王甫等人报告。侯览遂命人严密监视窦太后等人。

闻知窦太后竟然避而不见，不禁让侯览等人不明所以。窦武等人遂跪在宫外，声言如若太后一直拒而不见，他们就一直跪着。太后眼见自己的策略竟然不见效，只能宣他们进殿来，显然这时太后已经在某种程度上，被他们的胡搅蛮缠弄生气了。窦武一见太后，忙向她哭诉道："大汉将亡了，吾等危险了。"太后闻言，忙将窦武扶起来，诘问他何故如此危言耸听。窦武忙向太后说道："如今朝廷之中，主要有三种势力，一则是朝廷百官，二则是我等外戚，三则是宦官阉党，前两种都是为了匡扶社稷，维持江山的有力力量，但最后一种则极大地威胁了皇朝的统治，他们整日无所事事，只想着如何牟取私人的利益，如何谋害正义的力量，多少仁人志士被他们构陷，太后如果不想重蹈覆辙，就必须要汲取前人的教训，迅速诛除这群势力，维持我们的长久统治。"

太后闻言，心中暗道：果然不出我所料。当下，万万不能如他们所愿，一来是那些宦官极力支持自己做了皇后，如今又成为太后，临朝听政，杀了他们，不就是恩将仇报吗？二来他们如今个个对自己忠心不贰，而这群士大夫最喜欢搬弄是非，如果诛除了宦官，将来皇帝长大成人，他们独大，要自己交出权力，又拿什么去制约他们呢？当务之急，就是先稳住他们，再想办法化解此事。

心中计定，太后便让窦武和陈藩先回去，此事自己定有妥善的解决办法，要他们不要急于一时。

但她没有料到，这话传到宦官的耳中，便不是太后的本意了。他们以为，定然是太后限于自己权力未稳固，待得江山一定，便是"飞鸟尽，良弓藏，狡兔死，走狗烹"。宦官头领曹节有鉴于此，向大家建议道："先下手为强，后下手遭殃。"

这年九月，宦官侯览、曹节、王甫等人把灵帝骗出来开路，掌握了宫廷禁卫军，封锁了各个宫门，也就间接地控制了皇宫禁苑。随即，他们带领一队禁军，以皇帝的名义，闯进长乐宫，以武力逼迫窦太后交出了传国玉玺，并起草诏书调取了军队的符令节杖，以谋反罪名派军队逮捕围攻窦武、陈蕃。

窦武父子知晓大势已去，随即自杀，陈蕃门下数十人被杀，幸好陈藩德高望重，在朝野上下有很深的根基，便只是被贬官。窦太后虽然在开始之时，极力维护宦官，却没有求得他们的赦免，而被迫迁入南宫幽禁，窦武家属流放日南比景。城门失火，殃及池鱼，凡是陈蕃、窦武举荐的，以及他们的门生、旧属，自公卿以下，一律免官，永不录用。至此，宦官们取得了决定性的胜利。他们操纵灵帝，封曹节为长乐卫尉，育阳侯；王甫为中常侍。其他朱瑀、共普、张亮等六名宦官为列侯，十一人为关内侯。

窦氏一门短暂的专权统治就这样结束，留下年幼无知的汉灵帝在那深宫内院之中，外戚和士大夫的势力都黯然收场，东汉政权正走向落幕之时。幽居南宫的窦太后，虽然已经失去父兄和权势，但她名义上仍然是灵帝的嫡母，宦官虽然掌握了灵帝，但却不能够妄自处置她，皇帝亦因为太后有援立的功劳，在建宁四年（公元171年）十月初一，率领群臣到南宫朝拜，亲自进献祝寿。此外，黄门令董萌因此多次为太后向皇帝诉说冤情，皇帝采纳他的建议，对太后的供养资财俸禄比以前更多了。然而此时的宦官，已经是无所不用其极了。中常侍曹节、王甫痛恨董萌依附帮助太后，就诬陷董萌诽谤灵帝之母，董萌因此获罪下狱而死。

窦武和陈藩的苦心经营，却坏在了这个无才无能、惑于群小的窦太后手中，窦太后亲手断送了自己和家人甚至是整个东汉的前途，深刻地感受到懊悔和痛苦，可惜为时已晚。

汉灵帝熹平元年（公元172年）六月，窦太后的母亲病故，伤心过度的窦太后不久病逝。她死后，掌权的宦官们仍不肯放过她，将其遗体送到城南的一个宅院里，不让她和桓帝合葬。兹事体大，灵帝犹豫不决。于是急忙召集朝会讨论此事。可惜，此时的朝堂之上，众宦官已然权势滔天，百官都不敢出声，唯恐招致杀身之祸，只有廷尉陈球顶住压力，挺身而出，指出"皇太后以盛德良家，母临天下，宜配先帝，是无所疑。"太尉李咸等人也和宦官赵忠、曹节、王甫等人展开了激烈的争论，最后终于让宦官们无言以对，使灵帝同意让窦太后以先帝嫡配的身份合葬宣陵，谥为"桓思皇后"。

宦官之乱

其实自从东汉章帝之后，汉朝便朝着一个不可挽回的结局欣然迈步。苟延残喘的东汉，能够在这样的一个时局中支持起来，主要还是依靠着外戚中如邓太后、梁太后等优秀人物给这个行将就木的政权注入一剂良药。刘氏衰微，为了维持汉帝国的统治，便一直上演着一个使人感慨的单调场景，第一批新贵靠女人的关系煊赫上台，昂首阔步，不可一世，不久全被拖到刑场被杀掉。第二批新贵也靠女人的关系煊赫上台，昂首阔步，不可一世，不久也全被拖到刑场，也都被杀掉。以后第三批、第四批、第五批，陆陆续续，让人眼花缭乱。外戚中的这些非常聪明的才智之士，如窦宪，不可能对于汉朝的衰微毫无警觉，他们的存在不过是历史的一个过客，终究挽回不了大局。但权力的迷惑太大，使他们自以为可以控制局势。

直到宦官专权，士大夫阶级的逐渐崛起，这种皇权和外戚之权的争斗才变换成另一种形势，要么结盟，要么刀兵相见。其实士大夫比宦官执掌大权的时间更久远，但却很难联合起来。而宦官则因为具有共同的志趣，靠近桓帝，身居后宫，而具备一定的天时地利。自桓帝刘志开始，宦官便积极参与皇朝大权的争夺，在这一过程中，宦官也以正式官员的身份而得以嚣张禁苑、跋扈朝野。此外，他们的亲友，也跟着鸡犬升天。这些新贵跟宦官一样，除了贪污和弄权外，什么本事也没有。外戚中还有很多制约，而宦官则限于皇宫内部，很少私自出宫，因而这些新贵比外戚和宦官当权所表现的还要恶劣。士大夫阶层因此受到更重大的伤害，限于自己的力量，只能暂时寻求与外戚联合，把目标指向宦官。他们利用所能利用的政府权力，对宦官采取流血对抗。宦官自然予以同等强烈的反应，中国遂开始了第一次宦官时代。从公元159年十三个宦官封侯，到公元189年宦官全体被杀，共三十一年。

宦官跟士大夫间的斗争，血腥而惨烈。不过要特别注意的是，一则是宦官天生的生理缺陷，导致其心理上的不平衡；二则是在现实世界中，宦官本来就一直被士大夫和外戚压制着，在更多的场合，饱受着侮辱和欺凌，因而造成了他们内心极重的报复心理，一旦他们大权在握，便会肆无忌惮、不计后果地向对立阶级发动进攻。造成的后果，也必当是残酷而惨重的。

第一次党锢之祸之后，士大夫阶级受到了极大的打压，但也成就了很多人物。一时之间，贤士之名，名满天下，其中以李膺最具代表性。李膺被迫害之后，威信更高，被儒生誉为"八俊"之首。这无疑是对宦官集团的不满和蔑视。

及至灵帝即位，对于宦官更加依赖。他曾指着两名恶名昭彰的宦官说："张让是我父，赵忠是我母。"小到日常政务，大到人事遴选，几乎全部委于自己宠幸的张让、赵忠等十人，人称"十常侍"。

这些宦官抓住了灵帝年幼无知、昏聩无能的契机，大献殷勤，将皇帝置于掌中。为了让身居内宫的灵帝能够玩乐高兴，宦官专门在外组织了一场"选美"活动，只不过这次选的不是美人，而是俊美的驴子。最终有四匹驴子得以进入皇宫大内，成为皇帝的玩乐之物。灵帝从小金玉之身，十二岁之后又被送到皇宫，哪里有机会能够见到一头驴子，因而一见之下，如见天上神物，喜不自胜、爱愈至宝。随即宦官又为皇帝招来一架驴车，供其玩乐。起初还有驾车之人，后来灵帝失去兴趣，便自己来驾车。这件事情不知不觉便传到民间，京城许多达官贵人问询，不但没有引起他们的醒觉，反而争相效仿，以为时尚，一时民间驴子成为最为炙手可热之物，价格陡涨。

灵帝毕竟只是一个少年，许多事情也只不过出于好奇之心。然而宦官如此，则是放纵灵帝成为一个昏庸无能之人。灵帝自然没有任何觉察。不久，灵帝便失去了驾驶驴车的兴趣，宦官见此，灵机一动，忙找来一只狗，戴上贤冠、穿朝服、佩绶带，大摇大摆地上了朝。待灵帝认出乃一狗时，不禁拍掌大笑，赞道："好一个狗官。"古语有云："士可杀不可辱！"言者无意，听者有心，这不是变着方的辱骂群臣百官吗？然而宦官专权，皇帝尚且不过是他们手中一个傀儡，虽然大多数人不堪忍受此等奇耻大辱，却只能心中怨愤，敢怒不敢言。

无独有偶，在朝堂之上，宦官胡作非为；在地方郡县，宦官及其家人更是无法无天。宦官侯览此时已经是位居高官，但他却并不满足。当他回到自己的家乡之时，大肆地侵占百姓的土地，用以修建亭台楼阁，供个人享受。百姓不满其作为，便向县官告发了这件事情，县官见侯览势大，不但不为民申冤，反而将之告诉了侯览。侯览知晓了这件事情，亦没有丝毫收敛，反而变本加厉，将被侵占田地的百姓都赶出了自己居住的地方，并扬言如果敢回来，便以乱党论处。一时之间，许多百姓流离失所，一片天怒人怨。

此事恰巧被督邮张俭发现，张俭为人正直，为官清廉，最恨宦官乱权、残害百姓，遂上书弹劾，要求灵帝惩办侯览。此时此刻，灵帝正在其乐无穷地恣意纵乐，刑罚行政皆掌握在宦官的手中，此书还没到灵帝手中，便被侯览扣下，并指使人诬告张俭联络党人，图谋不轨。在宦官的授意下，灵帝下令讨捕张俭等人，宦官曹节趁机奏捕李膺、范滂等人，说他们蛇鼠一窝、结党营私、意图谋害皇帝，攫取军政大权。皇帝闻言，当即大怒，派遣禁军连夜封锁城门，同时遣人前去抓捕李膺等人。可叹他们还没有任何觉察，便身陷狱中，负责刑狱的太尉一职此刻也是形同虚设，皇帝直接下令，将抓捕起来的六七百人要么流放，要么关押狱中。不久，曹节等人又向灵帝进献谗言，说在洛阳城中，士大夫一党还培植了很大一批潜在的势力，只要时机成熟，他们就能身居高官，把持朝政，这批势力就是太学学生。他们门阀观念极重，对于自己的恩师可谓言听计从，如李膺、范滂等辈，在太学之中皆是威信很大，党羽众多。

门第形成之后，行业之间的跨越就变成单向性的，即一个士大夫可能被贬谪而成为一个手工业者，但是一个农民是不可能跃上枝头，麻雀变凤凰的。一个士大夫的门第，以其家族中做官人数的多寡和官位的大小，作为高低的标准。像杨震，四代中出了三个宰相（四世三公）。这种门第，受到社会普遍的羡慕和崇敬。

门阀观念从当时就一直延续，它强固地维持士大夫阶层千年不坠，直到二十世纪初期的晚清政府，门阀都在中国历史上发生普遍的影响。汉桓帝即位之后，政治虽然腐败，但首都洛阳的太学学生，却反而增加，老一代的士大夫需要它训练下一代的士大夫，既为了江山社稷的稳定也为了培植自己的势力，所以积极支持太学的扩充。到汉桓帝统治中期之时，太学生已多达三万余人。这些太学学生，在学业完成之后，大多会成为汉朝未来的官员，因而为了谋求升迁之道，寻求治国经验，他们不可避免地会跟政府中已成为士大夫的现任官员们交往密切。谈论儒家学派的典籍是其必不可少的内容，但天下兴亡，匹夫有责，在有心和无意之间，他们也必定会谈论到现实政治。好像新闻记者或政治评论家，他们对人物的赞扬或抨击，形成一种有影响力的舆论，在很多情况下可以左右朝局的变动和国家形式的发展。

恰在此时，太学之中见李膺、范滂被捕，义愤之下，出言诽谤，写诗赋讽刺宦官朝政。正好为宦官打击太学学生提供了理由。在宦官的蛊惑下，灵帝下令拘捕了太学生一千多人。熹平六年（公元177年），永昌太守曹鸾见宦官如此作为，朝中大臣大多受到打压，整个汉室几乎无人可用，遂上书要求赦免党人。灵帝没有多少主见，便叫来宦官参详，宦官认为这是替党人翻案，言辞直指皇朝大计。如果翻案成功，天下人便会说皇帝冤枉忠臣，不辨是非，支持灵帝的宦官也会遭受致命打击。灵帝闻言，觉得很有道理，他虽然比较同情士大夫，但当危机到自己的安危之时，也只能暂时将事情压下。可他没有料到，宦官们竟然将曹鸾活活打死，然后又下令禁锢党人，株连亲属，把对党人的迫害活动推向了高潮。经过这场浩劫，天下儒生几乎被一网打尽。

应该说，这次天下儒生与宦官夺权的斗争，如果能够取得成功，或许能够成为汉朝重新崛起的一次契机。可惜，最终还是以失败告终。究其原因，主要是因为党人对于宦官的势力错误估计，因而没有在最恰当的时机，给予他们最致命的打击。此外，他们没有意识到，宦官力量的基础全部寄托在皇帝的喜怒上，因而并不稳固。如果士大夫阶层稍为讲究一下方法，那么矫正宦官政治的弊端，会变得非常容易。可是士大夫领袖人物，所凭恃的却只是道德上的义愤填膺，所以终于酿成了党锢之祸，而整个局势也糜烂下去。

卖官鬻爵只求财

灵帝贵为一朝天子，不思为国为民，只贪图个人享受，国家之惑乱可见一斑。在灵帝统治的二十多年中（公元168年至公元189年），汉朝的官僚体制已经变得面目全非。自熹平七年（公元178年）以后，文武官员体制已然发生了巨大的变化，高官显位并不是凭借个人名望、孝顺廉洁、功勋才德获得，而是有钱者居之。

其实，卖官的根源要追溯到七十年以前。那时天下时常出现捉摸不定的灾难，习惯上需要免去三公的官职，当时一旦不能解释的事情，人们就会揣测：是国家出现了某些疏漏，所以上天降下惩罚。而皇帝作为天下之主，当然应该就上天的惩罚承担责任，而国不可一日无君，被逼无奈之下，只能将罪责移到三公的身上。因而三公的任职期限便难以预料。其职能和政治现实便在不知不觉之中被分开了，其权力受到极大的削弱，但是皇帝却并没有集权于身，所以这些被削弱的权力就在无形之中转移到其他政府机构了。最初，尚书台的权力得到加强，自窦武之后，这些权力便转移到宦官的身上去了。

汉灵帝之时，虽然国家衰微，但是外患则不是很多，少有的几次边境战事也在不知不觉之间被平定。因而国家消耗并不是很大。

过去汉朝也有过买官易爵的事情，但都是为了解决巨大的财政困难，而且都是在有限的规模和很低的官职上。但如今，汉灵帝公然承认，只是出于满足自己、太后以及几个宦官的贪欲，便大肆出卖国家的最高官职。公元178年，三公成为炙手可热的商品用于交换，如果是因为三公的权力被严重削弱而使得出售官职成为可能，那么最高决策层的贪污腐化则是卖官鬻爵的根源诱惑所在。

买卖官职之举是在大汉宫城之中一个叫西苑的地方组织进行的。三公之位价值一千万，九卿之位价值五百万，这些都是虚职，不能有效的搜刮民脂民膏，因而很多人宁愿去买一个郡守。当时汉朝有一百多个郡县，一个郡守职位，可以卖得两千万。曾经的举孝廉制度依然有效，只需缴纳五成的买官费就可以获取相应职位。崔烈曾在中平二年（公元185年）用仅仅五百万就获取了司徒之职，让皇帝懊悔不已，为了获取更多的钱财，公元187年，灵帝决定，出售关内侯以获取钱财。

皇帝卖官鬻爵，只为满足个人私欲，可见当时汉灵帝的昏庸到了何种程度。当然，除了搜刮钱财之外，卖官之举也有其更为深刻的原因，一则是从建宁二年（公元169年）开始到光和七年（公元184年）结束的两次党锢之祸。天下贤明的儒生都被害了个遍，因而造成职位上的严重空缺。二则是回避制度上的限制，当时一个官员是不允许在其所出生的郡县任职的，即使在其妻子出生的郡县也不被允许，导致官员空缺越来越大。最终，皇帝用来满足酒池肉林情趣之事的“鸿都门学”学生便成了皇帝选拔官员的直接来源。在这种风气的治理下，汉朝灭亡的日子就要来临了。

汉末的农民起义

由张角领导的黄巾起义，是中国历史上最伟大的农民起义之一，他主要借助了两大宗教力量的影响，一是佛教，二是道教。

前文提到，佛教于汉明帝时期传入中国，主要得益于张骞通西域之后，丝绸之路的畅通，东西方文化得以在这条路上长久地交流。佛教便在此后不久，从西域传向东土大汉。东汉王朝第二任皇帝刘庄曾梦见一个金人。有学问的大臣就告诉他，金人是西域的一个被称为“佛”的神祇。刘庄随即派遣官员蔡愔及秦景等人去西域求佛，那时还没有人知道西域的佛是由天竺（印度）传入。蔡愔于公元65年出发，两年后返国，随同他来的有两位外国籍的高僧摄摩腾和竺法兰以及白马驮着的佛教经典。刘庄特地在首都洛阳东郊建造一座白马寺，招待这两位高僧并安置经典。佛教自此被统治者承认，成为东汉统治天下的另一重要工具。

不过事实上，白马到洛阳时，佛教在民间已经大大地流行，亲王刘英，即刘庄的弟弟就以信奉佛教而闻名，举国皆知其修身养性的佛家宗旨。

道教是传统的中国宗教，其具体的诞生或者出现日期，现在已经无证可考。只知道道教跟道家学派有密切关系。道家学派中有一部分人士转变为“阴阳家”，介乎学派与宗教之间。这种以炼丹炼金，求长生不死药的高级巫师，被称为“方士”，深受历代帝王的欢迎。以后方士中又有一部分转变为念咒画符的人物，道教遂在不知不觉中形成。汉顺帝时方士中一位大家张道陵集神秘之大成，在四川鹤鸣山修炼，山不在高，有仙则明，是说有了名士才让山成为名山。张道陵则是运用了名山让自己重新显示出神秘莫测、道法高深的模样，不时用符咒为人治病祈祷。说也奇怪，很多时候他的这些方法都能奏效，因而使得民间大众云集响应，赢粮而影从。逐渐形成一股势力，历史上称之为“太平道”。追随他的门徒，都要奉献五斗米，所以也称“五斗米道”。张道陵死后，儿子张衡继承。张衡死后，儿子张鲁继承。张鲁时已到汉灵帝统治时期，各地混战不休，朝廷昏聩无能，大汉摇摇欲坠，政府欲要借助其拥有的群众力量，便委派他当汉中（陕西汉中）郡长（太守）。此时尚没有“道教”这一说，直到三百年后五世纪时，名道士寇谦之出世，才确定“道教”名称。

汉朝对于羌人的战争从汉明帝时期到汉灵帝之时，一直没有断绝。虽然在公元169年被全部扑灭，但是也留下了巨大的祸患。没有被战争直接波及的中原地区，因军需万急，导致黎民百姓不堪忍受沉重的徭役负担。在苛捐杂税和官员贪暴以及地主剥削重重迫害之下，大量农民被迫开始逃亡甚至发生民变。逃亡和民变又引起因劳力缺乏而产生的水灾旱灾蝗灾。水灾蝗灾又引起农村破产。这一系列事件逐渐构成一个恶性循环，整个汉朝的根基岌岌可危。而此时的朝野上下，宦官跟士大夫正斗争得如火如荼，没有人关心那些在死亡中挣扎的农民。农民为了生存，遂逐渐集结在一个标志“黄巾”之下，希望自己决定自己的命运，能够饥饿之时有饭可吃，寒冷之时有衣可穿，风雨交加之时有一栖身之地。眼看这么基本而质朴的愿望却在汉室昏聩的统治之中逐渐化为梦幻泡影，农民遂投身到轰轰烈烈的反汉起义之中。在黄巾标志下，张角在他的家乡巨鹿（今河北宁晋），供符咒传教。十余年后，张角的门徒达到有数十万人。“苍天已死，黄天当立，岁在甲子，天下大吉。”这是张角的起义口号。黄巾势大，不少宦官认为东汉政府已无前途，纷纷投诚张角，约定黄巾军到达京师之时，便打开城门，迎接张角入朝。可是如此庞大的组织中不可避免地会有内奸或变节分子，再严密的城墙也会有透风的地方。另一位门徒唐周，因为得不到张角的器重，又害怕起义失败而招致杀身之祸，便向东汉政府告密。

宦官们听闻此事，当即行动起来，就在光和七年（公元184年）一月，马元义被捕，被最残忍的车裂酷刑处死。根据口供的牵引，辗转杀了一千多人，并通缉张角。张角仓促间下令起兵，一夜之间，百万以上的农民，掀起暴动。他们用黄巾裹头，以分别敌友。可惜他们没有料到，这次出现的剿灭自己的汉军，并不像这个政府一样，满是沧桑，反而个个英勇善战，以一敌十。也难怪，公元184年距羌战平息，仅十五年。东汉政府用以讨伐羌部落的军队，恰好用以讨伐黄巾。那些凉州（河西走廊）部队在血腥中成长，强悍善战，特别是经过与马背上的民族羌人的战争，不仅余下来的军队人人擅长骑射马战，更有大批的羌人投入到汉军之中，为汉军的强大注入了极强的生机。没有经过训练的农民们，面对这群虎狼之师，虽然有刀枪剑戟在手，却和手无寸铁没有任何两样，坚持不久便兵败如山倒。而正在此时，张角因为其最为钟爱的弟子马元义的被杀，而伤心不已，大病之下溘然长逝，失去领导中心的黄巾军很快就被汉军瓦解。于是这一历史性的农民暴动，只支持了十一个月，就被分别击溃。然而，这个世界却再也不能恢复原状了。汉政权的权威遭到了严重的挑战，汉帝国的统治阶级腐朽不堪，以致没有任何途径可以解救他们；汉朝的一些官职制度也都遭受了毁灭性的变迁。从此，虽然有人力图改良，但都逃不过最终的一个结果：推翻汉朝，改朝换代。

特别是此时的凉州部队，在剿灭黄巾起义的过程中，将势力从西凉边境延伸到中原腹地，汉政府碌碌无为，汉军队不值一哂，使得西凉军将领开始轻视朝廷，当朝廷征召他们到洛阳担任宫廷少府时，大将之一的董卓竟然拒不接印，唯恐放弃西凉军权，此后便会垂垂等死。偏偏又遇到两个愚蠢至极的官员何进与袁绍，想利用他来胁迫何太后，从而维持汉室的统治。此种驱狼搏虎的做法，无疑是在引火自焚。公元189年，当洛阳追兵在黄河南岸小平津从宦官手中救出刘协时，董卓率领大军，适时地赶到，刘协就在凉州兵团护驾下，返回首都洛阳，是为汉献帝，从此开始了他极富传奇色彩又悲剧感十足的一生。

第十一章　东汉覆灭

末世的东汉后宫

汉灵帝一生，不得不让人想起昏庸无道四字。特别在对待后宫男女之事上，更是古今难寻，堪称一绝。就连母仪天下的宋皇后也因姿色平庸，招致皇帝不喜。宦官谗言一进，便马上立竿见影，皇后被冷落，遭废黜，杀身殒命，其家族也凄凉收场。

其实，在宋皇后举家灭族之后，汉灵帝心中还是充满歉疚的。可是事已至此，懊悔也没有作用了。心中所念，梦中所现，不久，汉灵帝竟然梦到了先帝汉桓帝。桓帝在梦中就宋皇后遇害之事，愤怒地对灵帝说："宋皇后有什么罪过，而你却听信重用邪孽之徒，让他们断送了她的性命？勃海王刘悝既然已经自行贬降，却又受诛杀。今日宋氏和刘悝到天上自诉冤屈，上天动怒，你罪责难逃。"

梦中桓帝的一言一行、一颦一笑，都恍如真实地发生在眼前，灵帝闻言，顿时冷汗直冒，直到惊醒过后依然十分恐惧，他以此事向羽林左监许永询问说："此梦有什么征兆吉祥不吉祥？可以消除不祥吗？"

这许永虽不是皇后心腹，但是皇后在位之时，对其优待有加，自己曾经犯过几次错误，都被其大度赦免，因而对于皇后被废，宋氏遭难，许永心中是十分同情的。见皇帝依此事问询于他，许永觉得，也许这是一个机会，可以借助其梦境来肃清现实的浑浊，自己人微言轻，也算是尽力为宋皇后洗掉冤屈，还了当初宋皇后的容人之恩。计较一番之后，许永诚恳地说，宋皇后母仪天下，万民莫不蒙受其教化。从没有听她有过错，可是她最终因为谗言被诛，累及亲族，普天之下，谁不为她惋惜痛心?

可是，这次虽然许永一片苦心，却要白费了。首先，自窦武死后，宦官权倾朝野，此刻宋皇后一死，他们更是全面地控制了皇帝，而且汉灵帝并不是以傀儡自居，而是心甘情愿地被其控制。换句话说，汉灵帝或许并没有用皇帝的身份定位自己，而是整日纵情声色。其次，他仅存的一丝歉疚，也通过梦境呈现，再通过许永释赎，愧疚之情已经很少了，可谓此次一梦解千愁。最后，则是一代新人换旧人的效果明显，汉明帝从不相信"茕茕白兔，东走西顾，衣不如新，人不如故"，他要的只是片刻的欢愉。因此，灵帝毫不犹豫地将其建议拒绝。

汉灵帝自认为自己是一个视天下女子为玩物的人，可是，他不知道，自己只是没有在对的时间遇见对的人。在一个正确的地方，那个正确的人出现了，她就是王美人。王美人是汉朝封国赵国的人，其祖父王苞，曾经担任过汉朝的五官中郎将。王美人的出现，是汉灵帝一生之中的一个转机，或许他会出于对她的宠爱，而改头换面，做一个勤政爱民的好皇帝。

王美人如一阵春风吹醒了大汉糜烂的宫廷，其绝世的容颜、高尚的德操、贤良淑德的大家闺秀之风、满腹经纶的才学之气，在那一刹那间就征服了汉灵帝。汉灵帝虽然滥情，但对于王美人却甚为宠爱，兼且每日能够与王美人吟诗作画，好一片诗情画意。在王美人的劝导下，灵帝甚至决意好生治理天下。

可惜，王美人没有遇到正确的时机。

好景不长，熹平五年（公元176年），嫔妃何氏率先为灵帝刘宏诞下龙子，随即便被封为贵人。在何氏的打理下，何氏与宦官逐渐走到一起，以便更好地控制灵帝。果然，光和三年（公元180年），宦官集体向皇帝上书，要求他册封何氏为后。灵帝心中其实早就拟定了皇后人选，那就是王美人。奈何她一直没能诞下皇子，立她为后名不正言不顺，群臣百官都不会答应。此刻宦官掌权，灵帝也只能被迫册立何氏为后。

何氏是东汉皇后之中唯一的非贵族，以前其家族也是名不见经传。

其实，何氏之父本是一介屠夫，因而作为屠夫之女的何氏，出身十分低微。本来并无应选后宫宫女的资格，可是其父何真为了改变现状，把心一横，将自己一生的大半积蓄拿出，贿赂负责诏选天下女子的官员，结果何氏得以进宫。当然，何氏能够在后宫之中风生水起，不仅是因为其狠辣谨慎的性格，还因为她具有一副绝好的容颜。灵帝一生别无所求，只想将天下美人置于自己的深宫禁苑之内，一见如此美艳动人的何氏，自是宠爱有加，加上她又为灵帝诞下皇子，顺势便成为贵人。此前灵帝虽曾得数名皇子，可是都先后夭折，因为怕皇子早逝，把他寄养于道士家。此后，何氏延续了和宦官交好，大力打击宫内嫔妃的策略。很快就做了皇后。一人得道，鸡犬升天，何氏为后，连带其屠夫之父也获封午阳选得侯。其兄弟何进本来也是一个市井流氓，整日无所事事，随着其妹何氏母仪天下，他也顺利地获取了不小的官职。

当此之时，汉灵帝最为宠爱的王美人竟然也身怀数个月的身孕。为此，何氏整日忧心忡忡，担心一旦她诞下皇子，自己就不能再母凭子贵了。届时皇帝陛下废皇后、立储君还不是一道圣旨的事情。王美人亦不是易与之辈，她知道自己怀上皇子，已经招致皇后何氏的嫉恨，也许明天就会引来杀身灭族之祸。此前宫中已有先例，何氏性情倔强为人多忌妒，后宫中无人不知、无人不晓，没有人不怕她。于是，王美人决意打掉自己肚中的孩子。可惜屡次都被宫人发现，报与皇帝阻止了自己。光和四年（公元181年）三月，在皇帝的护佑下，王美人顺利诞下皇子，他就是著名的刘协。灵帝见此子生得小巧玲珑，如粉雕玉琢一般，惹得灵帝心怀大畅，对于王美人更加宠幸。此时的王美人，可谓集万千宠爱于一身，眼见皇帝天天与自己厮磨在一起，王美人便以为，何氏难以找到机会陷害自己了。可惜她身为女人，却不明白最毒女人心，这年，趁着灵帝外出狩猎之机，何氏终于下定决心，快刀斩乱麻。灵帝一回到洛阳，便听太监来报，说王美人中毒而死。灵帝闻言，心神大震，急忙命人着手调查此事，很快，凶手便原形毕露，她就是何氏。

灵帝龙颜大怒，招来何氏，还没有问话让宦官拟一诏书，废黜何皇后。灵帝哪里知道，早在他回来之前，何皇后早就打点好了一切，许宫中宦官以高官重利，要求他们帮助自己。钱权可通神，皇帝刚刚表达这一意图，中宦官便一起反对此事，并向皇帝苦言相劝。灵帝也知道自己之所以能够如此享受，全部仰仗宦官们的支持，此刻他们权重，王美人也已经死去，一切都已经于事无补。于是，灵帝只能就此作罢，不惩治何皇后。

灵帝眼下唯一能够为王美人做的，就是尽力保护皇子刘协。于是，灵帝将其交给董太后抚养成人。此后，灵帝总是在过去王美人的寝宫之中徘徊，感伤怀念之情感动了许多人，回忆起从前二人诗赋唱和的情景，灵帝写了《追德赋》《令仪颂》，来追怀王美人的美德与善仪，情意缠绵，如泣如诉。

宫中巨变

王美人一死，宫中便再也无人可以威胁何皇后的地位，灵帝之母董太后虽然身份高贵，却没什么权威和心智，因而在何皇后眼中，也不足为惧。此时，汉灵帝只剩下两个儿子可以争夺太子大位，一个是何皇后之子“史侯”刘辩，另一个则是王美人遗孤“董侯”刘协。

依照惯例，嫡长子继位，天经地义。在传统观念上看来，刘辩是唯一的合法皇位继承人，而且外戚、宦官和文武重臣都比较支持立刘辩为储君。只有董太后因为看着刘协长大，对其亲爱有加，便力主立刘协为太子。灵帝便以刘辩“轻佻无威仪，不可为人主”为由，将这件事情暂且压下。

灵帝的一生，昏聩不明。诸葛亮在《出师表》里述说后汉败亡的往事，“未尝不叹息痛恨于桓灵也”。

无可非议的是，灵帝在位之时，还是做了一件明智的事情，即选择了一个忠心于自己的好大臣，他就是蹇硕。汉灵帝末期，灵帝亦已深切地感受到世运不济，东汉政权已经岌岌可危，为了维持这样一个乱而不损的时局，他亲手组建了一个以“西园八校尉”为核心的卫戍部队，任命“壮健而有武略”的小黄门蹇硕为上军校尉，统帅这支部队。并且在弥留之际嘱托他的这位心腹拥立刘协为帝，一则是为了弥补自己对于王美人香消玉殒的遗憾，二则是为了制衡外戚，防止其再度专权。

中平六年（公元189年），昏庸的汉灵帝在人民的一片怨声下结束了他的一生，终年三十四岁。死后谥号孝灵皇帝，葬于文陵。

蹇硕无愧于汉灵帝的重托，几次三番地发动对何皇后二人的进攻，可惜天不遂人愿。初时，汉灵帝的灵柩停放在殿中，蹇硕便命人在灵柩四周密布伏兵，等何进入殿拜奠时，就乘机动手将其杀死。然而，蹇硕计策竟然被属下出卖，被何皇后的哥哥何进知晓。何进闻知消息，立即进行部署，调集禁军甲士，封锁四方城门，同时通报何皇后。何太后位居正宫，调兵遣将就占有优势。而蹇硕不过是一个校尉，与手握重兵兼且得到各方拥戴的何氏兄妹而言，实在是实力微薄。何皇后马上下令，封锁禁宫，同时与何进一起拥兵入宫，升朝议政，宣布十四岁的皇长子刘辩为皇帝，史称汉少帝。何皇后以太后身份临朝，何进与太傅袁隗辅政，负责军国事务。

蹇硕见事情败露，却丝毫不灰心，誓死要完成先帝的遗愿，他认识到，当今皇宫大内，能够与何氏兄妹抗衡者，只有宦官。于是，他早仓促之间找来一些宦官，以完成先帝遗愿，诛灭乱臣贼子的名义，号召大家一起捕杀何进。他不知道，何氏兄妹能够有今天的成就，就是会笼络宦官的心。因此，宦官们为了自己的利益，将如此机密大事告诉了何进，何进命黄门令逮捕并处死了他。

何进以皇帝舅舅资格辅政，地位立刻高过三公，为了维持政权的稳定，何氏兄妹不久又拉拢了“累世宠贵，海内所归”的袁绍、袁术，军权、声望都达到顶峰，权力日益膨胀。骠骑将军董重看着何进横行朝廷，心中十分不平。董太后眼看本来应该是自己独大的朝局，竟然被何氏兄妹夺取了，心中愤恨不已。于是发誓除掉何氏外戚。可惜，何氏兄妹在董太后动杀机之前，就已经盯上了她，因为她明白，自己要想寻求江山稳固，就必须要诛除惑乱的根源，即刘协。而刘协历来由董太后抚养看护，因而除掉董太后才是当务之急，先下手为强，董太后还没有反应过来，何皇后便与何进设毒计，除掉了董氏。

除掉董太后一族以及蹇硕之后，天下唯一可以威胁何氏兄妹外戚专权的就只有宦官了，此时何皇后已经成为了何太后，对于宦官在宫中横行，也胸怀“过河拆桥”之心。只是眼下宦官权力还未有丝毫削弱，何太后便认为，不可以轻举妄动，以免打草惊蛇。而袁绍则不然，他代表的士大夫阶级，在经历党锢之祸之后，几十年的休养生息才略微恢复元气，此番有天赐良机，当然要和宦官阉党一决雌雄。眼见太后坚决不同意自己现在就诛除太后的做法，袁绍只能跟外戚领袖大将军何进私下里结合，密谋铲除宦官。

一方面，袁绍建议招董卓入朝，以“清君侧”之名讨伐宦官，进而胁迫何太后。袁绍的建议遭到了曹操的反对，他说，对付宦官，一个法官就行了，这样引狼入室，恐非天下之福。然而，曹操的建议未被采纳。可惜事机不密，何进等人的密谋被宦官们知道了。于是宦官们悍然决定发动宫廷政变，把何进诱进皇宫砍头。

何进部曲将领吴臣、张章获悉何进被杀，急忙调集军队包围了皇宫。虎贲中郎将袁术也率兵攻打宫殿，放火烧了南宫九龙门及东西宫，逼迫宫中交人。袁绍遂率领禁卫军纵火焚烧宫门，攻入皇宫，对宦官进行灭绝性的屠杀，无论老幼，无论善恶，都在同死刀下，有些倒霉的年纪较长的洛阳市民，因为没有留胡须的缘故，被误会是宦官，也遭到灾祸。

当袁绍攻入皇宫时，宦官张让等人慌忙去见何太后，也没说何进已死，只说他谋反焚宫。何太后也惊慌失措，被张让、段珪等挟着，与少帝刘辩、陈留王刘协一起，从复道逃入北宫。这时，袁绍等也带人冲入宫中。他命令军士见宦官就杀。但却不见张让、段珪。原来，他们早劫迫少帝兄弟逃出皇宫，后来为卢植等人所迫，投入滚滚东去的黄河之中。

中国第一次宦官时代，到此结束。然而，东汉王朝也跟着走到了尽头。

挟天子以令诸侯

董卓进驻洛阳之后，军阀混战便从此不休不止，一发不可收拾。轰轰烈烈、涤荡心魄的三国时代就此拉开序幕。

董卓来到洛阳勤王，竟然给予了刘协一番际遇，刘协在少帝刘辩继位之后，被封为陈留王。刘协为董太后抚养长大，虽然年幼，但远比刘辩更聪明更有气魄。董卓是董太后的同族，于是心中便产生了废掉刘辩，更立刘协的想法。他以迎少帝有功，扩大自己的势力，把持朝政。

中平六年（公平189年）九月初一，董卓率领公卿到崇德殿，强迫何太后诏策废除少帝，贬为弘农王；立陈留王刘协为帝，是为汉献帝。

董卓一到洛阳，便用其凉州兵团马上把洛阳控制住。朝中原来那些分属于袁绍、曹操的禁卫军，常年养尊处优，面对能征善战的凉州军队，一个个噤若寒蝉。袁绍知道已无能为力，只能逃走到自己的属地冀州，积极发展军队势力。而曹操则潜伏在洛阳，密谋一个良机。终于，他以宦官之后，迅速接近了董卓，并和大臣王允合议，诛杀董卓。王允将自己家族的宝刀赐予曹操，只盼他能够手刃董贼。可惜，董卓一直有其义子吕布保护。人言，人中吕布、马中赤兔。要在当时勇武天下第一的吕布面前杀死董卓，定比登天还难。

这日，董卓召曹操入其寝宫，为了奖赏他积极地支持自己，便命令吕布前去马厩挑选一匹最好的战马给曹操。酒过三巡，董卓不胜酒力，便在曹操面前睡去，他哪里知道，这个他认为最忠心自己的曹操，正欲谋害于他。可是，真的到了动手的时候，他却踌躇不定了。此番自己即使能够手刃董卓，也势必会招致更多的军阀来控制献帝，把持朝纲。但是如是不杀他，献帝就不能得到自由，汉室天下必将危亡，自己也会被千夫所指，永远不能出头。

曹操一代枭雄，此刻却陷入了两难之中，忽然，刀光一闪，董卓猛然惊醒："曹操，你欲何为？"曹操见事情败露，忙急中生智，借口向董卓进献宝刀。董卓一时没有怀疑，放过了曹操，曹操当即离开董卓，杀了城门守将飞离洛阳。待得董卓醒悟过来，已经为时晚矣。

自此，曹操声名大振，虽然没有成功杀掉董卓，却使得天下士人归心，就连曾经捉住他的县令陈宫也放了他，虽然曾经曹操羞辱了陈宫，陈宫却因为其义举而誓死跟随曹操。可惜后来曹操"宁愿我负天下人，休叫天下人负我"的所作所为，为陈宫所不齿，便离开了曹操。

曹操既走，董卓高兴地发现，他控制首都就等于控制皇帝，控制皇帝就等于控制全国。朝中士大夫也有反对他的人，但是每次都被他以铁血政策所化解。士大夫工于权谋，却也有一个致命的弱点，就是缺少杀伐果断的勇略。因此，董卓不久便稳定了洛阳局势，连位居三公的王允也噤若寒蝉，不敢直视其目。

董卓本来只是西凉部队的将领，统辖范围不过几十个郡县，现在成了全国主宰，便如那乞丐突然成了亿万富翁。太快的形势变化，使他把政治看得过于简单。认为现在什么都有了，只缺少威望，而建立最大威望的最大妙法，莫过于把旧皇帝废掉，另立一个新皇帝。正好刘协甚合董卓的心意，朝中士大夫大多数也比较支持刘协即位。于是，董卓强迫刘辩退位，另立刘辩九岁的弟弟刘协上台。第二年，更把刘辩和他的母亲何太后杀掉。

董卓以为，自此自己便可以坐享其成，挟天子而号令天下，一时之间，天下无人可以制衡他。对大臣，董卓随时会杀其身、灭其族；对于后宫嫔妃，董卓亦是天天毁其身、败其誉。以为这样天下群臣百姓就会臣服在其淫威之下。可是董卓没有料到，蛮干不但不能建立威望，反而引起强烈反感，等于把攻击自己的刀柄授给敌人。果然，正苦于没有借口的敌人有了借口，各地反对董卓的武力，共组成十八镇诸侯，在东方集结，推举"四世三公"、军力最强的袁绍当盟主，以江东孙坚为前锋，讨伐董卓。几番大战下来，董卓损兵折将，特别是上将军华雄被关羽斩杀，更是让董卓内心极为恐惧。此外，董卓并不熟悉洛阳，他的根据地在关中（陕西中部），于是下令把首都迁到长安，距他进入洛阳只六个月。皇帝和人民，一齐踉跄上道。为了彻底执行，也为了不给诸侯留下任何实物，董卓纵火焚烧洛阳，自姬旦在洛阳筑城以来，经营了一千四百年的当时世界最伟大最繁华的都市，化成一片焦土，方圆一百公里以内，不见任何炊烟。居民仓促中向西搬移，既没有计划，又没有准备，举家搬迁，像押送囚犯一样，在联军争先进入洛阳之时，凉州兵团夹驰道旁，奔腾鞭策，马蹄的践踏和饥饿疾病，使死亡相继，洛阳长安相距直线五百公里，沿途堆满尸体，人人恨死了董卓，正是屠灭董卓的最好时机，可惜其他人要么目光短浅，要么实力不足（如刘备），只有曹操向孙坚借了五千骑兵，连带自己的三千家族骑兵，追击董卓而去，试图劫回献帝，可惜最终还是狼狈而回。

尽管洛阳化为一片瓦砾，董卓还是在有意和无意之间留下了皇权的象征物——玉玺。此物被十八镇诸侯联军的先锋孙坚所得，一时之间，甚为欢喜。黄盖、孙策等辈，无不向孙坚道贺。只有孙权道破玄机，此物不但没有任何实际用处，反而会平白招来别人的嫉恨。曹操也极为同意孙权的看法，不由赞叹："孙氏一族，满门英豪，可叹、可喜、可虑！"后世也有附会当时曹操的想法："天下英雄谁敌手，曹（曹操）刘（刘备），生子当如孙仲谋（孙权字仲谋）。"果不其然，孙策匹夫无罪、怀璧其罪，在返回江东的途中，荆州牧刘表应袁绍所请，伏兵江上，孙坚死于非命。江东大权从此由长子孙策执掌。

眼见天子囿于董卓之手，西凉军兵强马壮，关中更是土地肥沃，居高临下，兵锋所指，中原无可抵挡。更兼有董卓爱将吕布保驾，一时之间，天下无人可以撼动董卓第一诸侯的地位。一个没有政治头脑的人偏偏坐在非有政治头脑不可的座位上，不啻坐在毒蛇的牙齿上。董卓的末日终于来临。

事情的起源其实应该追溯到董卓知道曹操意欲谋害自己之时。那时，他一见七星宝刀便知道是王允的主意，便命吕布前去搜查。哪知道吕布没有搜到证据，反而搜出了个绝世美女貂蝉。二人一见倾心，吕布更是被她迷得神魂颠倒。一段痴狂的爱情就此萌芽。如果让这二人就此发展下去，倒也是乱世之中一桩美事。只是貂蝉的义父王允却看到了诛灭董卓的契机。

吕布与貂蝉很快坠入爱河，不可自拔，王允便以大汉兴亡、天子荣辱、自己生死为要挟，要貂蝉同意自己的计策。貂蝉一界女流，碍于王允的养育大恩，便从了王允，将自己送到董卓府上，任其施为。吕布知晓，不禁大怒，细问之下，才知道是董卓抢了自己最钟爱的女人。在王允的唆使下，吕布叛变，把董卓刺死，屠灭董卓三族，董卓制约天下只有短短三年五个月，就此败亡。

不甘寂寞的郭汜

汉献帝能够承继大统，可以说是自己也是汉室的幸事；但他一生却从未能够自己做主，实现自己的政治抱负，则又是不幸的。在那个诸侯并起、群雄争霸的时代，汉献帝能够苟全性命于乱世便已是奢求。

刘协刚刚脱离了董卓的掌握，却又将自己置于郭汜之手。后来好不容易逃脱了郭汜的掌控，却又落入曹操的囊中，从此，再无转机。

事情要从董卓被灭开始说起。那时士大夫首领王允成为名副其实的领袖，被封为录尚书事，吕布晋升为奋威将军，二人共同主持朝政。可惜王允只是一个谋略家，却不是一个有远见卓识的政治家。那时皇帝的威信仍在，董卓死了之后，朝廷下令大赦，社会似乎又有恢复正常的可能性。董卓手下大将牛辅，驻防陕县（今河南三门峡），不接受命令，击败前往接收他军权的政府部队。可是，不久他就死于军营中的一次夜惊。他属下的三个中级军官李傕、郭汜、樊稠，决心投降，但他们曾经在大赦令之后继续反抗政府，所以要求政府再下一次大赦令。王允以为江山已定，自己定可以率领群雄，不费吹灰之力地灭掉董卓残部，因而坚决拒绝三人的请求，他说："刚刚大赦过，不到一个月，怎么可以再赦？"三个军官见此，知道开弓没有回头箭，不是你死就是我亡，只有叛变到底，才能保证自己的身家性命不受威胁。王允没有料到，自己一个错误的决定，竟然激起了西凉军士的同仇敌忾之心，他们向首都进军，一路所向披靡，不久便攻陷长安。霎时间，王允成了叛徒，就在长安城下，被执行死刑。吕布则率领军队，携貂蝉逃出。三个叛军首领则成了国家正式高级官员，昂然地下令镇压叛徒。

三人虽然善于带兵打仗，却并非雄主明君，在攻陷长安之后，李傕升为车骑将军、开府、领司隶校尉、假节、池阳侯，后李傕又升为大司马；郭汜为后将军、美阳侯；樊稠为右将军、万年侯；张济被封为镇东将军、平阳侯，外出屯驻在弘农。在这期间，汉献帝刘协亦在积极谋划，不甘心做一个傀儡，眼见朝中无人可用，便积极地收揽人心。

兴平元年（公元194年），三辅大旱，这时候谷一斛值钱五十万，豆、麦一斛值钱二十万，人又互相残食，白骨堆积。皇帝让侍御史侯汶拿出太仓中的米和豆，让饥民做糜粥来充饥，但是经过几日还不见饿死的人数有所减少。皇帝怀疑分发救济中有人弄虚作假，于是亲自在御座前量试米豆做成糜粥，才得知其中确有不实之处，便派侍中刘艾出官责让有关主管人员。于是尚书令以下各级官员都到省阁谢罪，奏言收捕侯汶以审查其实情。皇帝下诏书说："不忍心把侯汶交给司法部门处理，可杖打五十。"自此之后，百姓大多得到赈济保全。长安城内，人人赞扬献帝刘协的仁君风范。郭汜等人有鉴于此，加紧控制刘协，其权力受到极大的限制。

这年八月，冯翊羌反叛，侵犯属县，郭汜、樊稠率兵马打败了他们。屯于郿城的征西将军马腾和屯于金城的镇西将军韩遂与朝臣种邵、马宇、刘范（刘焉之子）联系，借机袭击长安，李傕派郭汜、樊稠以及侄子李利与马腾、韩遂在大战于长平观下。由于郭汜部将兵士都是西凉勇士，兼且在军队数量上也超过了马腾所部，不久马腾、韩遂大败，被斩杀一万多人，马腾、韩遂从此退回凉州。直到曹操成为天下第一诸侯，攻打孙刘联盟之时，他才率军攻袭曹操所设都城许昌。眼见一时之间，朝廷无力完全诛灭马腾，不久便下诏赦免马腾等人。四月，以马腾为安狄将军，韩遂为安降将军。

至此，长安初定，李傕、郭汜、樊稠等人一起总领朝纲，可是一山不容二虎，三年之后，为了争夺最高统治权，郭汜等人不顾曹操、公孙瓒、袁绍、袁术、孙策等人虎视眈眈，李傕、郭汜把樊稠杀掉，接着李傕、郭汜也反目成仇。李傕劫持皇帝刘协，郭汜劫持文武大臣，就在长安城中对垒攻杀，五个月中，死伤数万人。长安成了恐怖与饥饿的鬼城。后来由另一位大将张济从中调解，两大军阀才同意释放刘协和群臣，让他们东返洛阳。长安城空四十余日，强壮的人向外逃散，老弱互相杀害煮食。两三年之内，关中很少看见行人。长安紧接着洛阳，成为第二个遭到浩劫的都市。军阀争战之祸，实在是令人发指。

刘协和群臣刚逃出长安，李傕、郭汜二人才翻然悔悟，自己竟然愚不可及地放掉了护身符，放掉了这个可以统领群雄、号令天下的信物。于是，二人马上又化敌为友，飞马追赶刘协。刘协像被缉捕的盗贼一样，亡命奔逃数百里。携群臣老弱，历时几个月的时间，到第二年才算逃到洛阳。刘协与群臣星夜离开长安，妄想到达洛阳之后，重新中兴汉室，可当他们到达洛阳之后，眼见满目疮痍，一堆瓦砾，顿时伤心不已，有甚者更是老泪纵横。没有房屋住，也没有东西吃，高级官员们亲自到野外捡柴挖菜，有些就在断瓦残垣间饿死。有些怀中有珠宝的，就被士兵抢劫后杀死灭口。御前会议也只能在废墟上举行，这时，皇帝的权威荡然无存，全国被大小诸侯割据，南有刘表（后为刘备占领），中有徐州吕布，东有孙策，益州（西川）有刘璋，许昌有曹操，河南有袁术，冀州有袁绍，青州有公孙瓒，辽东有公孙度，西北有汉中张鲁，西凉马腾。一时之间，全国十三个州，除兖州（山东西部）之外，混战遍及十二个州。

以上诸侯全体都是政府官员，他们都怀有称王地方之心，因而对于汉室政权，也只是名义上承认，但私下里却从没有任何的行动。当刘协逃回洛阳，正狼狈不堪时，竟然没有一个军阀运送一粒粮食或一文金钱，使得献帝和群臣过着比乞丐还不如的生活。袁绍的谋士许攸曾经建议他将天子接到自己的封地，袁绍不为所动，因为他认为那等于凭空弄了一个管辖自己的主人坐在自己头上，只有傻子才干。唯一的英雄人物是曹操，刘协逃回洛阳的次月，曹操就率领他的兖州兵团抵达洛阳。给予刘协和群臣的第一件东西，不是美女、亦不是金银财宝，而是一碗热肉汤。当时群臣百官连带献帝都大呼曹操是忠臣，可是他们哪里知晓，曹操虽是治士之能臣，亦是乱世之奸雄。有此良机，安能不挟天子以令诸侯?

不等众人同意，曹操便以洛阳太过于残破，无法居住为理由，迁都到他的根据地许县（今河南许昌）。向全国各镇诸侯大肆封赐爵位，这时他们才意识到，曹操捡了一个大便宜，此时封赏的诏令不接，便是乱臣贼子；但若是接受，以后曹操在发布对于他们不利的诏令，接与不接便进退维谷了。特别是袁绍，此刻已经灭了公孙瓒，雄踞天下四州，手下兵士百万、战将千员，已经成为天下第一大诸侯，失去献帝，便成了名不正言不顺。懊恼之余，唯一的办法是硬着嘴巴宣称曹操劫持皇帝。

治士之能臣，乱世之奸雄

曹操在生前对群臣所说的最后一句话，便是："天下人昨天看错了我曹操，今天又看错了，也许明天你们还会看错。但是我，却依然是我！"无论天下人如何评判曹操，他心中自有一番计较。任你东西南北风，我自岿然不动，曹操的个人逻辑每每出人意料，为传统儒学所不容，因而赋予其奸雄之称。

曹操不愧为一代雄主，在获取献帝之后，在政治上向各方诸侯进攻，依靠政治上的优势，使得军事上的不足得到很大的弥补。

初平三年（公元192年），青州黄巾军大获发展，连破兖州郡县，阵斩兖州刺史刘岱。济北相鲍信等人迎曹操出任兖州牧。曹操和鲍信合军进攻黄巾军。不久鲍信战死。曹操"设奇伏，昼夜会战"，终于将黄巾击败。自此获降卒三十余万，人口百余万。曹操收其精锐，组成军队，号青州兵，实力大增。此后，他又击破吕布，挺进徐州。

眼见曹操日益壮大，袁绍终于坐不住了。在灭杀了公孙瓒之后，势力大增，如果不出意外，灭掉曹操指日可待。于是，袁绍便用对付董卓的办法对付曹操，他发动勤王军事行动。但是此刻各方诸侯心中都有自己的小算盘，都不愿意助袁绍灭了曹操，因为那样一来，天下为数不多可以与袁绍争雄的曹操就会灭亡，群雄就会被袁绍以秋风扫落叶之势屠尽。只有荆州刘备率领为数不多的兵士前来相投。

其实在此之前，刘备曾想前往许昌晋见献帝，刘备素以汉室家族自居，亦以锄强扶汉为己任，此番曹操将献帝拘役，自己只能帮助袁绍灭了曹操，才能够解救献帝。刘协迁都许县后四年，即建安五年（公元200年），曹操和袁绍在官渡（河南中牟东北古鸿沟渡口）决战。当时曹操和袁绍在军力上悬殊巨大，袁绍具有绝对优势。兼且曹操劳师远征，粮草军械严重不足，当此之时，曹操谋士司马荀彧极力劝解曹操破釜沉舟，不要撤兵。恰逢袁绍之谋士许攸进言灭曹，袁绍却由于其子病重而耽误军事，许攸大骂其为庸主，被袁绍贬谪，心中郁闷难当，便来投曹操这儿时玩伴，并献计烧毁袁绍军粮重地乌巢。败讯传来，袁绍军队大乱方寸，随即大败。大将张郃、高览等人率部投降曹操。袁绍弃军逃回黄河以北。曹军大获全胜，斩首七万余级，尽获袁军辎重图书珍宝。曹操清点袁绍书信，得到自己部下勾结袁绍的信，尽烧之，说："当绍之强，孤犹不能自保，而况众人乎！"曹操趁势进兵，终于在建安九年（公元204年）占领了冀州，成为天下第一诸侯。但是袁绍的势力并没有彻底肃清。袁绍之子袁尚、袁熙皆逃奔三郡乌桓。建安十二年（公元207年），曹操为了肃清袁氏残余势力，也为了彻底解决三郡乌桓入塞为害问题，决定远征乌桓。最后彻底击溃乌桓。

自此，曹操基本肃清了北方，天下十三州他已经居其半。本欲就此一统天下，成就功名大业，可惜时局不明，军事上的严重错误，导致赤壁之战的大败。

此间的献帝刘协也加紧了活动的步伐，力图摆脱曹操的控制。袁绍败军之前，曹操将刘关张三人引到自己的都城许昌，天子见有机可循，直接称呼刘备为皇叔，并为其封侯。以求培植忠于自己的势力。并且在暗中用衣带写下血诏，号令天下诸侯勤王讨贼。刘备在与曹操煮酒论英雄之后，便知道曹操必定不会容自己存活于世，此番正好名正言顺地为天子讨逆。哪知事情败露，献帝妃子东贵人之父董承等人都被曹操诛杀，怀孕的董贵人也被绞杀。伏皇后畏惧曹操，于是写信给她的父亲伏完，尽数曹操残暴不仁之事，希望伏完能够效仿董承，铲除权臣，但伏完始终未敢行动。自此，曹操无论是军事上还是政治上都得到了强盛和稳固，为以后的天下一统奠定了雄厚的基础。

四百年江山终有尽头

自卧龙先生诸葛亮出世之后，天下三分的蓝图便已经被描绘。刘备打出了“汉贼不两立，王业不偏安”的旗号，妄图一统天下，中兴汉室。可惜投徐州牧陶谦，则徐州最终被曹操所获；再投袁术，袁术无容人之量，便被曹操所灭；最后投了袁绍，以为凭借这其强大势力，可以实现自己的一腔抱负。哪知袁绍有时是贤君，有时却是庸主，更无容人之量、扶持汉室之心。官渡之战之后，曹操势力滔天，刘备只能投了荆州牧刘表。可谓空有凌云万丈才，一身襟抱未曾开。郁闷之下，终于三顾茅庐，寻到卧龙凤雏之一的诸葛孔明。当初荆州隐士水镜先生就曾预言：“卧龙凤雏，得其一便可安天下。”果然，诸葛亮隆中对，制定了以后刘备的进军方略，刘备自此不再是一只无头苍蝇，而是有了“先取荆州，后得西川，再图中原”的三步走庞大计划。终于，孙刘联盟的建立，夺取了赤壁之战的胜利，瓦解了曹操一统天下的野心，同时也让刘备有了立身之地荆州，从此不再寄人篱下。

此后，刘备更是借汉中张鲁进攻西川刘璋的机会，带兵三万前去西川，助刘璋抵抗张鲁。本来，依靠西川的军力，汉中倒是不足为惧，只是之前，曹操和西凉马腾、马超大战一场，二十万军队被斩首大半，但仍然有五万军队被能征善战的马超带到汉中，投降张鲁。因而张鲁进攻西川，一路势如破竹，无人能挡。

刘备到达西川，刘璋百里相迎，但西川各路人士纷纷反对让刘备带兵而来。他们担心刘备会反客为主，乘机夺取西川。刘璋也不是没有考虑到这一层，一则是手下最为信任的谋士张松大力劝谏自己邀刘备入川，他不知晓，此时张松因为刘璋之昏聩，早已经投了刘备。二则是刘备此次前来，关羽、张飞、赵云一个没带，因而刘璋也就放松了警惕。

刘备来到西川，手下人都劝谏他乘机夺了西川，可是他们哪里知道，刘备素以忠义为立身之本，此番害了刘璋便是不忠不义，西川必定不会稳定，自己也失去了夺取天下的灵魂所在。不久之前，刘备得到了和诸葛亮齐名的贤士凤雏庞统，庞统知晓刘备的苦衷，此刻虽然成功阻击了汉中军队，并招降了马超，但刘备却依然不肯离去，就是因为舍不得西川。庞统知道刘备之所以迟迟不肯发兵攻取成都，是因为没有一个名正言顺的理由。因而，庞统设计让刘璋知晓张松已经叛投刘备，于是引得刘璋杀了张松，同时也领军攻伐刘备。庞统在落凤坡被杀，刘备心肝俱裂，随即夺取了西川，再乘势攻取投降了曹操的汉中。

然而，他却失去了一统天下的机会。这主要是因为两个方面的原因，一是在夺取汉中之前，即建安十九年（公元214年）伏皇后要求其父伏完诛杀曹操的密谋败露，曹操要挟献帝废黜伏皇后，并代献帝写好了废黜伏皇后的诏书。献帝也是太急了一些，在听闻刘备夺取西川之后，便和宫人暗自庆贺，以为汉室中兴之日不晚了。他哪里知晓，刘备何人？可与曹操争夺天下之人，久怀君王之志，即使他能够在一统天下之后，拥立刘协继续为帝，但是群臣百官苦心经营半生，怕是也不会答应。曹操写好诏书之后，急忙派御史大夫郗虑拿着诏书，同尚书令华歆一起带兵包围皇宫搜捕皇后。伏皇后藏到宫中的夹墙里，被华歆拖出。伏皇后披头散发赤脚走出，向献帝哭诉求救，刘协无奈地说："朕也不知自己的生命何时终了呢！"回过头来对郗虑说："郗公！天下有这道理吗？"伏皇后被幽闭而死，刘协与她所生的两位皇子亦以毒酒毒杀，伏氏宗族百余人被处死。自此，忠于汉献帝，可为刘备内应的势力被大部肃清。建安二十年（公元215年），曹操威逼刘协立其女为皇后。

第二，则是关羽冒进，导致荆州失陷于东吴，荆州一旦为东吴所取，东吴实力大增，三足鼎立之势便再也万难改变。刘备虽然坐拥西川，富庶无比，但是西出东征，劳师千里，必然难以久持。曹操也由于军力不足，只能施行屯田、休战、养兵三策。孙权则由于实力大涨而得以保全江东。

从此，献帝复国没有了任何机会，人生几何，或许他的政治生命就如那朝露一般，来日无多。不久，曹操僭越为魏王，之所以说其僭越，是因为汉高祖在位之时，便定下外姓不得称王的规矩。曹操此举，天下虽然不服，却没有激起大的动乱，刘备也在不久自立为王。这从另一个侧面，东汉确实已经名存实亡了。

延康元年（公元220年），魏王曹操去世，他的儿子曹丕，在司马懿的建议下，认为先王曹操素有威仪，因而才得以统领群雄。此番曹丕继位，要树立恩威，就只能对功臣进行封赏，也只有废汉自立，才能够对群臣进行分封。曹丕亦认为自己在北方的地位已经足够稳固，有足够势力登上九五大位。这年十二月十日，曹丕逼迫刘协禅让帝位给他，刘协虽百般不愿，但还是被迫告祭祖庙，使张音奏玺绶诏册，禅位于曹丕。曹丕在繁阳亭登上受禅坛，接受玉玺，即皇帝位。随即进入许都，改延康元年为黄初元年，国号为魏，追尊曹操为武皇帝，庙号太祖。废献帝为山阳公，曹皇后为山阳公夫人，勒令搬出宫去，但仍然可以用汉天子礼乐。不久，刘协在就封国之时，自己将船凿出一个洞，行至渭水江心，与曹皇后共赴黄泉。

在三国并立的金戈铁马声中，汉帝国就此轰然倒塌。狂沙漫天之间，充满了叹息和无奈，也洋溢着激情和奋进。历史始终向前，脚步不会停止，汉朝四百年兴亡历史，给后人留下无尽的思考和财富。

此时此刻，只听见献帝刘协在渭水江心仰天长叹："一片青山景色幽，前人田地后人收。后人收得休喜欢，还有后人在后头！"